BOCCACE

LE DÉCAMÉRON

TRADUCTION NOUVELLE

PAR

FRANCISQUE REYNARD

TRADUCTION COMPLÈTE

PARIS

G. CHARPENTIER ET Cie, ÉDITEURS

13, RUE DE GRENELLE, 13

1884

LE DÉCAMÉRON

BOCCACE

LE DÉCAMÉRON

TRADUCTION NOUVELLE

PAR

FRANCISQUE REYNARD

TRADUCTION COMPLÈTE

PARIS

G. CHARPENTIER ET Cie, ÉDITEURS

13, RUE DE GRENELLE, 13

1884

Tous droits réservés.

PRÉFACE DU TRADUCTEUR

En France, on s'imagine que Boccace est un auteur de contes plus licencieux les uns que les autres, et l'on dit en souriant d'un air malin : les contes de Boccace, comme on dirait : les contes de La Fontaine. Or, si rien n'est moins exact, rien ne saurait mieux donner la mesure de notre superbe indifférence en fait de littérature étrangère.

Quelqu'un qui nous avait observés de près a dit, avec autant d'à-propos hélas ! que d'esprit, que ce qui distingue les Français des autres peuples, c'est leur ignorance profonde en géographie ; il aurait pu aussi justement ajouter : leur ignorance à peu près complète des littératures étrangères. Les œuvres des écrivains étrangers sont quasi inconnues en France. Les lettrés — encore est-ce l'exception — savent le nom des plus illustres, connaissent le titre de leurs principaux ouvrages, au besoin peuvent en citer une phrase ou deux, et, grâce à ce mince bagage, acquièrent une facile réputation d'érudit. Mais combien y en a-t-il parmi nous qui se soient donné la peine d'étudier les chefs-d'œuvre que la renommée consacre au delà de nos frontières ? Combien y en a-t-il qui soient assez familiers avec la *Divine Comédie* de Dante, par exemple, pour parler avec quelque autorité de cet incomparable poème qui a tracé en pleine obscu-

a

rité du moyen âge un si éclatant sillon de lumière ? On nous apprend au collège, quand on veut bien nous l'apprendre, que la *Divine Comédie* est une conception de génie, mais on se garde de nous en mettre une ligne sous les yeux, et nous allons toute notre vie d'homme instruit, ou prétendu tel, parlant avec un enthousiasme banal d'une chose que nous n'avons jamais vue et que nous n'avons nulle envie de voir. Nous citons à tout propos, avec l'aplomb ordinaire des gens qui ne savent rien, le fameux *Lasciate ogni speranza*, pour faire voir que nous possédons notre texte, mais il ne faut pas nous demander plus. Nous serions même fort embarrassés de dire à quel endroit du poème se trouve ce passage que tout le monde cite par ouï-dire, et à quoi il a trait.

Ce que je dis de la *Divine Comédie* peut s'appliquer à n'importe quel chef-d'œuvre étranger. Pétrarque et Arioste sont encore moins lus chez nous que Dante. Nous avons, pendant cent cinquante ans, repoussé Shakespeare, et quand nous avons consenti à le laisser pénétrer jusqu'à nous, c'est à la condition qu'il nous arriverait émondé, mutilé, châtré par un Ducis. Je ne suis pas bien sûr qu'il n'existe pas encore des gens disposés, sur la foi de Voltaire, à traiter de « barbare » le poète d'*Hamlet* et d'*Othello*. Quelques-uns d'entre nous, les moins ignares, savent que Camoëns a fait les *Lusiades*, Milton le *Paradis perdu*, Klopstock la *Messiade*, mais c'est tout. Il n'est pas vingt Français qui puissent se vanter d'avoir lu d'un bout à l'autre ces poèmes qui ont immortalisé leurs auteurs. Si nous connaissons l'épisode de Marguerite, du *Faust* de Gœthe, c'est grâce surtout à la peinture d'Ary Schœffer et à la musique de Gounod. Quant au reste, nous n'en soupçonnons pas un traître mot, et nous n'en avons cure.

Voilà pour les plus grands, pour ceux dont il n'est pas permis de ne pas savoir le nom. Pour les autres, quel que soit le degré de célébrité dont ils jouissent dans leur pays, nous ignorons la plupart du temps jusqu'à leur existence.

PRÉFACE DU TRADUCTEUR.

Boccace a subi le sort commun chez nous aux écrivains étrangers, et bien que ce nom soit presque aussi populaire en France qu'au delà des Alpes, nous ne le connaissons pas mieux que Dante et Shakespeare. Que dis-je? Son cas est plus particulier encore. Si nous ne connaissons ni Dante ni Shakespeare, ou si nous ne les connaissons que très imparfaitement, nous ne nous en faisons pas du moins une idée par trop fausse. Nous savons, d'une manière générale, que Dante a écrit un poème où il raconte ses pérégrinations imaginaires à travers l'enfer, le purgatoire et le paradis, et que Shakespeare a composé de nombreux drames dont les plus célèbres nous sont connus, ne fût-ce que par leur titre ; tandis que nous avons de Boccace et de son œuvre une idée absolument erronée.

Boccace n'a point écrit de contes, dans le sens du moins que nous attachons à ce mot. Il a laissé, entre autres ouvrages en prose et en vers, dénotant tous un écrivain de premier ordre [1], un livre intitulé *le Décaméron*,

---

1. Voici la liste des principaux ouvrages de Boccace :

Le *Filocopo* 1339 — roman en prose, dont le sujet est tiré du roman français de *Floire et Blancheflor*.

La *Teseïde*, 1340 — poème écrit sur la demande et en l'honneur de Marie, sa maîtresse, fille de Robert, Roi de Naples, et qu'il a immortalisée sous le nom de Fiammetta. C'est encore une imitation d'un de nos romans du moyen âge, et dont le héros est Thésée, « duc d'Athènes ».

L'*Ameto*, 1342 — composition mêlée de vers et de prose, où Boccace nous apprend qu'il est né à Paris, ce qu'il ne faut point prendre à la lettre. Il naquit, en réalité, à Certaldo, d'une femme que son père avait connue à Paris.

Le *Filostrato*, 1345 — poème où il décrit les amours de Troïle, le plus jeune fils de Priam, avec Chryséis, fille du grand-prêtre Calchas, qu'il appelle « l'évêque de Troie. »

L'*Amorosa Visione*. 1345 — poème où l'on trouve de nombreuses imitations de la *Divine comédie* et des autres ouvrages de Dante.

L'*Elegia di madama Fiammetta*, 1346 — roman en prose où il décrit son amour pour Marie, fille de Robert de Naples.

Le *Ninfale Fiesolano*, le poème des nymphes de Fiésole, 1347 — où la Fiammetta joue un rôle. Elle est une des sept nymphes que le poète met en scène.

Le *Décaméron*, 1348-1353. — C'est l'œuvre capitale de Boccace.

La *Vita di Dante*, 1351. — On trouvera la traduction de cet ouvrage, très court mais fort intéressant, en tête de notre traduction de la *Divine comédie*, publiée dans la collection elzévirienne d'Alphonse Lemerre.

Il Corbaccio, 1355 — recueil de chansons, œuvre de vengeance contre une femme pour laquelle il avait commencé par faire mille folies.

La *Genealogia degli Dei*, 1363.

d'un mot grec qui veut dire les dix journées. Dans ce livre, son chef-d'œuvre et son vrai titre de gloire, Boccace nous dit comment, pour fuir la peste de 1348, sept jeunes dames et trois jeunes gens de Florence formèrent joyeuse compagnie et s'en allèrent vivre aux champs, au sein des plaisirs et des amusements de toutes sortes, dans l'oubli le plus complet des horreurs qui désolaient leur malheureuse cité. Il nous décrit leurs ébats à travers les campagnes enchanteresses de l'Arno ; puis, quand ils sont las des plaisirs de la table, du chant ou de la danse, de la promenade ou de la pêche, il nous les montre se rassemblant autour de quelque belle source d'eau murmurante, sous les grands arbres de quelque parc ombreux, pour raconter, chacun à son tour, à la mode florentine, des nouvelles sur les sujets les plus divers, mais dont le fond à peu près invariable est une histoire d'amour gaie ou triste, lamentable ou folle, suivant l'humeur de celui qui raconte, ou suivant le sujet imposé par le roi ou la reine de la journée. Si, dans quelques-unes de de ces nouvelles, le narrateur dépasse parfois les bornes du bon goût ou de la décence, ce n'est qu'accidentellement, et le ton général de l'œuvre est sérieux sans jamais être pédant, et très souvent dramatique sans cesser d'être simple.

Tel est le sujet du livre, mais il a une portée autrement grande que celle de simples récits destinés à distraire ou à émouvoir les belles lectrices auxquelles Boccace l'a spécialement dédié. C'est la peinture vivante de toute une époque, de la société telle qu'elle était au quatorzième siècle ; depuis le serf coubé sur la glèbe, jusqu'au très haut et très puissant baron qui n'a qu'un mot à dire, un signe à faire, pour envoyer impunément à la mort femme, enfants, vassaux ; depuis la courtisane qui se vend, jusqu'à la grande dame qui se donne, en passant par l'humble fille qui gagne sa vie en travaillant, et chez laquelle la passion souveraine, l'amour, n'agit pas avec moins d'empire que chez les princesses de sang royal ; depuis le pauvre palefrenier épris de la

reine et parvenant, à force d'intelligence et de volonté,
à satisfaire sa passion, jusqu'au roi bon enfant et pa-
terne, qui se laisse cocufier comme un simple bourgeois
de Florence ; depuis le moine fainéant et goinfre, coureur de femmes et montreur de reliques fantastiques,
telles que les charbons du gril de saint Laurent ou les
plumes de l'ange Gabriel, jusqu'au sinistre inquisiteur,
« investigateur de quiconque avait la bourse pleine » ;
jusqu'à l'abbé mîtré et crossé, détenteur de biens immenses et tenant nuit et jour table ouverte à tous venants.
Et tous ces personnages ont une allure si naturelle, ils
se meuvent dans un cadre si vrai, si bien ajusté à leur
taille, que nous les voyons aller et venir comme si nous
avions vécu au milieu d'eux en plein quatorzième siècle.

Dans un ordre d'idées non moins élevé, le *Décaméron*
est une éloquente et courageuse protestation de bon sens
et de l'esprit de libre examen contre l'abêtissement organisé en système par la scolastique de l'école et la su-
perstition monacale. On a peine à croire que Boccace ait
pu écrire sur le clergé de son temps les virulentes satires
que son livre contient presque à chaque page, et qu'on
dirait échappées de la plume d'un écrivain contempo-
rain, tellement elles sont empreintes du sentiment de
la liberté de conscience et de la dignité humaine. Il est
allé plus loin ; non content de fustiger à tour de bras
moines et prélats, il s'est attaqué au dogme lui-même.
Il n'a pas craint de mettre sur le même rang les trois
religions : juive, mahométane, chrétienne ; de leur donner une commune origine et de laisser entendre fort
clairement qu'elles se valaient toutes les trois ; audace
grande en face des bûchers de l'Inquisition. Les distinc-
tions sociales, toutes de convention, n'imposent pas davantage à Boccace, et il y a tel passage de son œuvre où
il n'hésite pas à déclarer que tous les hommes naissent
égaux, et que la seule noblesse est celle de l'intelligence
et de la vertu, non de la naissance et du hasard.

L'auteur du *Décaméron* est donc plus qu'un agréable

et ingénieux faiseur de contes égrillards ; c'est un des maîtres peintres de l'humanité, et, après avoir écrit le dernier mot de son livre, il aurait pu s'écrier avec tout autant de fierté qu'Horace : *exegi monumentum.* C'est en outre un des plus grands écrivains de l'Italie ; il a fait de l'autre côté des Alpes, pour la prose, ce que Dante et Pétrarque ont fait, presque à la même époque, pour la poésie. De ces trois génies dérive tout ce qu'il y a de beau, de vrai et de grand dans les lettres italiennes. A ces titres, Boccace méritait d'être connu chez nous autrement que par les récits graveleux dont La Fontaine a pris le sujet dans son livre, ou par la grotesque parodie qui a servi de prétexte à Mirabeau pour donner carrière aux fougues de son imagination, sous le nom de *traduction libre.*

Car c'est à ses imitateurs plus ou moins scrupuleux, que Boccace doit tout à la fois d'avoir un nom populaire en France et d'y être pris pour ce qu'il n'est pas. Il a eu la chance heureuse et malheureuse d'être outrageusement pillé par La Fontaine qui prenait son bien où il le trouvait. La Fontaine est allé choisir dans le *Décaméron* les anecdotes les plus grivoises, les plus propres à aiguiser l'esprit des amateurs de gravelures, et avec sa malice, sa verve toute gauloise, son prodigieux talent de conteur, il les a habillées à sa façon. Mais s'il a pris à Boccace son rire et sa belle humeur, il s'est donné de garde de lui emprunter l'émotion profonde et sincère qui, chez le grand Florentin, fait toujours pardonner la légèreté du sujet. La Fontaine est un épicurien ; le sentimentalisme est son moindre défaut. Ses héroïnes n'ont d'autre objectif que le plaisir ; elles se donnent parce qu'elles éprouvent à se donner une jouissance matérielle à laquelle elles obéissent presque uniquement. Les belles amoureuses du *Décaméron* se livrent parce qu'elles aiment ; elles se donnent simplement, naïvement et au besoin elles savent mourir naïvement et simplement aussi, quand leur amour est trahi ou méconnu. Quelles figures plus adorables que celles de la Griselda, ce type ravissant de résignation et de tendresse conjugale ; de la Salvestra expirant de douleur sur le corps de son amant ; de la Simone, de Ghismonda, et de tant d'autres, qui placent les femmes de Boccace à la hauteur idéale des femmes de Shakespeare ! Ces créations charmantes, d'une conception si suave, si poétiques et pourtant si vraies, La Fontaine les a vues passer sans en être touché, sans les avoir comprises, ou peut-être sans vouloir les comprendre. Combien Alfred de Musset s'en est mieux inspiré ! Il a pris, lui aussi, à Boccace le sujet de deux de ses nouvelles, et il en a fait deux chefs-d'œuvre de grâce émue, de finesse et d'exquise poésie. C'est que Musset n'était pas seulement un grand artiste ; c'était un grand poète, et quelque paradoxal que cela puisse paraître de prime abord, son génie se rapproche infiniment plus de celui de Boccace que le génie de La Fontaine.

Si les emprunts de La Fontaine au *Décaméron* n'ont servi qu'à nous donner le change sur Boccace, on peut dire également que les traductions qui en ont été faites en français sont insuffisantes pour nous faire connaître le chef-d'œuvre du grand prosateur Italien. Il n'en existe que deux ayant une certaine notoriété ; l'une et l'autre sont fort anciennes. La première a été écrite en 1545 et publiée, à Lyon, en 1548 ; elle a pour auteur Antoine Le Maçon, secrétaire de la reine de Navarre. Elle est exacte, faite avec beaucoup de goût et une parfaite connaissance de la langue italienne ; mais elle a deux inconvénients graves : elle est devenue très rare, malgré les deux éditions qui en ont été récemment publiées [1], et elle est d'une lecture peu facile pour les gens qui ne sont point familiers avec la langue du seizième siècle. Aussi n'est-elle connue que des érudits, et elle ne saurait satisfaire la juste curiosité de la masse des lecteurs.

La seconde traduction est de Sabatier de Castres ; elle date de la fin du siècle dernier. C'est la plus répandue ; c'est la seule à vrai dire que le public ait à sa disposi-

---

[1] Jouaust, 1874 ; Liseux, 1878.

tion, et on peut affirmer qu'elle n'a pas peu contribué à donner de l'œuvre capitale de Boccace une idée absolument fausse. C'est pour Sabatier de Castres qu'aurait dû être inventé le fameux proverbe : *Traduttore, traditore*, traducteur, traître. Il n'est pas possible, en effet, de tronquer, de défigurer plus effrontément l'œuvre qu'on a la prétention de faire connaître. Sabatier de Castres taille, rogne, ajoute, change dans la prose de Boccace avec le sans-gêne le plus complet. Un passage lui semble-t-il difficile à rendre, il le raccourcit, il l'allonge, il le paraphrase à son gré, à moins qu'il ne le supprime tout à fait, comme, pour ne citer qu'un exemple, la fameuse description de la peste de Florence. Qu'on juge par là du reste. Quant aux endroits scabreux, là où la finesse de touche de Boccace voile la crudité du fond, Sabatier appuie comme à plaisir ; il explique, il souligne, il commente, et réussit la plupart du temps à faire une insupportable grossièreté de ce qui, dans le texte, n'était qu'une inoffensive plaisanterie.

Une simple observation fera du reste voir sur-le-champ le crédit que mérite la soi-disant traduction de Sabatier de Castres. Chaque nouvelle du *Décaméron* est précédée de réflexions ingénieuses et plaisantes, d'un ordre parfois très élevé, et toujours fort intéressantes, que Boccace place dans la bouche du personnage qui raconte. C'est ce qui forme la liaison de son œuvre, en fait un tout, la rend intelligible, en donne le véritable sens. Eh bien ! Sabatier de Castres, dans une note placée en tête de la première journée, déclare à ses lecteurs qu'il a cru devoir « ôter, au commencement de chaque nouvelle, les réflexions de chacun des auditeurs, afin de rendre le récit plus vif et plus agréable. » Cela ne rappelle-t-il pas ce directeur de théâtre de province annonçant sur ses affiches qu'il avait supprimé la musique de la *Dame Blanche* comme entravant l'action ? Un habile homme que ce Sabatier de Castres ! il a tout le long du chemin des lanternes allumées pour éclairer ses pas, et son premier soin est de souffler dessus. Il n'a pas manqué au surplus d'intituler sa traduction : les *Contes de Boccace*. De *Décaméron*, il n'est pas plus question que si le *Décaméron* n'existait pas.

Donc, ni la version de Le Maçon, complète et fidèle, mais d'une lecture difficile sinon impossible, rare d'ailleurs et fort chère, ni celle de Sabatier de Castres qui, elle, est une véritable tromperie, ne sont de nature à donner de Boccace et de son œuvre capitale une idée vraie. C'est pourquoi j'ai cru qu'il serait intéressant de présenter aux lecteurs français l'auteur du *Décaméron* sous son véritable aspect. Aussi bien le public, venu enfin à des idées plus justes, ne veut plus de ces traductions par à peu près, avec lesquelles les Dacier, les Lebrun, les Tressan et tant d'autres depuis, l'ont si longtemps berné. Il veut connaître les chefs-d'œuvre étrangers tels qu'ils sont ; il veut savoir ce que l'auteur a dit, tout ce qu'il a dit, rien que ce qu'il a dit, comme il l'a dit. C'est à cette formule que doit dorénavant se conformer tout traducteur qui a le sentiment de sa responsabilité, et c'est ce que je me suis efforcé de faire dans la traduction qu'on va lire. A défaut d'autre mérite, elle a celui de reproduire, aussi exactement que possible, l'œuvre de Boccace et sa physionomie propre. Elle n'a rien emprunté aux traductions qui l'ont précédée ; elle a été faite directement sur l'excellente édition classique de Le Monnier, édition collationnée sur les meilleurs textes. C'est, pour employer l'expression de Montaigne, une œuvre de bonne foi avant tout.

En entreprenant ce travail, je ne m'en suis nullement dissimulé les difficultés. Boccace est, en effet, un des écrivains les plus difficiles à traduire ; non pas que chez lui le sens soit obscur, mais la contexture même de sa phrase en rend la traduction, — j'entends la traduction exacte, la seule que j'admette, — pleine de difficultés. Dans son admiratien exclusive des anciens, Boccace a pris pour modèle Cicéron et sa longue période académique, dans laquelle les incidences se greffent sur les incidences, poursuivant l'idée jusqu'au bout et ne la laissant que lorsqu'elle est épuisée, comme le souffle ou l'attention de celui qui lit. Dans la langue latine, souple, flexible, aux inversions naturelles, ce système peut être la source de grandes beautés ; il n'en est pas tout à fait de même pour la langue de Boccace, déjà plus sèche, plus précise, moins apte par conséquent aux inversions et qui s'accommode assez mal de la période cicéronienne. Aussi le plus souvent sa phraséologie est-elle fort complexe, et pour suivre le fil de l'idée première, faut-il apporter une attention soutenue. Ce qui est déjà une difficulté de lecture dans le texte italien, devient un obstacle très sérieux quand on a à traduire ces interminables phrases en français moderne, prototype de précision, de clarté, de logique grammaticale. La langue française, au point de perfection où elle est arrivée, exprime la pensée avec autant d'exactitude mathématique que le chiffre exprime le nombre. Quelle que soit son affinité avec notre idiome, l'italien n'a pas le même rigorisme de la forme. Il permet à l'écrivain des escapades hors de la syntaxe, des licences grammaticales que le français ne saurait tolérer. On conçoit donc qu'il est parfois très difficile de rendre exactement en français, instrument rigide par excellence, ce qu'un auteur italien a écrit avec toute la latitude que lui laisse le peu de sévérité de la langue italienne. Cette difficulté est plus spéciale à Boccace. Je sais bien qu'il y a un moyen commode de l'éluder, et que ce moyen, mes prédécesseurs ne se sont point fait faute de l'employer : c'est de couper les phrases et d'en faire, d'une seule, deux, trois, quatre, autant qu'il est besoin. Mais à ce jeu, on change notablement la physionomie de l'orignal, et c'est ce que je ne puis admettre.

J'ai donc pris le taureau par les cornes et j'ai accepté la phrase de Boccace comme elle est, à moins, et le cas est rare, qu'il y eût impossibilité matérielle à la transporter dans une phrase qui restât française tout en conservant la physionomie italienne. Si cette méthode a augmenté dans de sérieuses proportions les difficultés du traducteur, elle offre au lecteur l'immense avantage de mettre sous ses yeux le calque on ne peut plus fidèle de l'original. Je dois ajouter que la tournure légèrement archaïque que la phrase acquiert par ce procédé, lui donne une saveur qui n'est point sans charme, tout en offrant une nouvelle garantie d'exactitude. Voilà, je ne puis trop le redire, ce qui fait tout le mérite de la présente traduction, ce qui constitue sa raison d'être et doit la recommander aux lecteurs.

Cette traduction n'est, du reste, qu'une faible partie du travail considérable conçu d'après le même plan, et qui comprendra, si mes forces me le permettent, tous les grands classiques italiens. Déjà la *Divine Comédie*, de Dante, a paru[1] ; le *Roland furieux*, d'Arioste, est sous presse. Puis viendront successivement Pétrarque, Tasse, Machiavel, Goldoni, Foscolo, Manzoni, etc. En me vouant à ce labeur de longue haleine, mon but n'a pas été seulement de faire une œuvre utile ou agréable à mes compatriotes ; j'ai voulu, tout en donnant un témoignage particulier d'estime à la généreuse nation dont la littérature a eu tant d'influence sur la nôtre, contribuer à resserrer les liens qui unissent deux peuples faits pour se connaître et s'aimer, et destinés à marcher désormais côte à côte et du même pas dans la voie du progrès et de la liberté.

1. Alphonse Lemerre, 2 vol., édition elzévirienne.

FRANCISQUE REYNARD.

Paris, 28 mars 1879.

LE
DÉCAMÉRON

Ici commence le livre appelé Décaméron, et surnommé Prince Galeotio, dans lequel sont contenues cent Nouvelles, dites en dix jours par sept dames et trois jeunes hommes.

AVANT-PROPOS

C'est chose humaine que d'avoir compassion des affligés; et bien que cela soit un devoir pour chacun, ceux-là surtout y sont le plus obligés, qui ont eu jadis besoin de confort et l'ont trouvé chez quelques-uns. Parmi ces derniers, s'il en fut qui en eurent jamais besoin, le tinrent pour cher, ou en éprouvèrent du plaisir, je suis un de ceux-là. Dès ma première jeunesse, en effet, jusqu'au temps présent, ayant été embrasé outre mesure d'un très haut et noble amour, plus peut-être qu'en le racontant il ne semblerait convenir à ma basse condition, et bien que par les gens discrets à qui la connaissance en parvint j'en aie été loué et estimé davantage, néanmoins cet amour me fut très dur à supporter, non certes par la cruauté de la dame aimée, mais à cause du feu excessif allumé en mon cœur par un appétit peu réglé ; lequel feu, pour ce qu'il ne me laissait satisfait d'aucun résultat convenable, m'avait fait sentir souvent plus d'ennui qu'il n'était besoin. En cet ennui, les plaisants récits d'un ami et ses louables consolations m'apportèrent tant de soulagement, que j'ai la très ferme opinion que c'est à cela que je dois de n'être point mort. Mais, comme il plut à Celui qui, étant lui-même infini, donna pour loi immuable à toutes les choses mondaines d'avoir une fin, mon amour, fervent par-dessus tous les autres, et que ni force de raisonnement, ni conseil, ni vergogne apparente ou péril imminent n'avait pu rompre ni ployer, de soi-même, avec le temps diminua de telle façon, qu'il m'a seulement laissé en la mémoire ce plaisir qu'il fait éprouver d'ordinaire à quiconque ne se hasarde pas à naviguer trop avant parmi ses plus profonds abîmes. Pour quoi, là où il était d'habitude pénible, tout souci étant écarté, je sens qu'il est resté délectable. Mais bien que la peine ait cessé, je n'ai point perdu pour cela le souvenir des bienfaits que j'ai reçus autrefois de ceux que leur bienveillance pour moi portait à prendre part à mes peines : et je ne crois pas que ce souvenir s'efface jamais, sinon par la mort. Et pour ce que la reconnaissance, comme je crois, est entre toutes les autres vertus celle qu'il faut louer, et que le défaut contraire est à blâmer, pour ne point paraître ingrat, je me suis proposé, selon le peu que je puis par moi-même, en échange de ce que j'ai reçu, maintenant que je peux me dire libre, d'apporter quelque allégement sinon à ceux qui m'ont aidé et qui, grâce à leur bonne étoile ou à leur intelligence, n'en ont pas besoin, du moins, à ceux à qui cela est nécessaire. Et bien que mon appui je veux dire mon confort, doive être et soit peu de chose aux besoigneux, néanmoins il me semble qu'il doit se porter de préférence là où le besoin apparaît plus grand, non seulement parce qu'il y sera plus utile, mais aussi parce qu'il y sera tenu pour plus cher. Et qui niera que, de quelque valeur qu'il soit, ce confort ne doive être donné bien plus aux dames amoureuses qu'aux hommes ? Au fond de leurs délicates poitrines, tremblant et rougissant, elles tiennent cachées les amoureuses flammes, lesquelles ont bien plus de forces que celles qui sont apparentes, comme le savent ceux qui ont éprouvé leurs atteintes. En outre, restreintes dans leurs volontés et dans leurs plaisirs par les ordres des pères, des mères, des frères et des maris, elles restent la plupart du temps renfermées dans l'étroite enceinte de leurs chambres, et, s'y tenant quasi oisives, voulant et ne voulant pas en une même heure, roulent des pensers divers qui ne peuvent être toujours gais. Et si quelque mélancolie, mue par un désir de feu, survient en leur esprit, il faut qu'elles l'y gardent à leur grand ennui, à moins qu'elle n'en soit chassée par des propos nouveaux ; sans compter qu'elles sont beaucoup moins fortes que les hommes pour supporter les peines. Il n'en est pas de même des hommes amoureux, comme nous pouvons apertement le voir. Eux, si quelque mélancolie, ou si quelque pensée pénible les afflige, ils ont mille moyens de l'alléger ou de s'en distraire, pour ce que, s'ils le veulent, ils ont loisir d'aller et venir, d'entendre et de voir de nombreuses choses, d'oiseler, chasser, pêcher, chevaucher, jouer ou marchander. Chacun de ces moyens a assez de force pour tirer, en tout ou en partie, l'esprit à soi, et le détourner des ennuyeuses pensées, au moins pour quelque temps ; après quoi, par un moyen ou par un autre, la consolation survient ou bien l'ennui diminue. Donc, afin que par moi soit en partie corrigée la faute de la fortune, laquelle, là où il y a le moins de forces, comme nous voyons pour les femmes délicates fut plus avare d'aide, j'entends, pour le secours et le refuge de celles qui aiment — car aux autres c'est assez de l'aiguille, du fuseau et du dévidoir — raconter cent nouvelles, fables, paraboles ou histoires, comme on voudra les appeler, dites en dix jours par une honnête compagnie de sept dames et de trois jeunes hommes, compagnie formée au temps pestilencieux de la mortalité dernière, ainsi que quelques légères chansons chantées par lesdites dames pour leur plaisir. Dans ces nouvelles, se verront plaisants et âpres cas d'amour et autres événements de fortune, advenus aussi bien dans les temps modernes que dans les temps antiques. Les susdites dames qui les liront, pourront aussi tirer plaisir des choses plaisantes qui y sont montrées et en prendre d'utiles conseils, en tant qu'elles pourront y reconnaître ce qui est à fuir et pareillement ce qui est à suivre ; lesquelles choses je ne crois pas qu'on puisse entendre, sans que l'ennui en soit dissipé. Si cela arrive — et Dieu veuille qu'il en soit ainsi — elles devront en rendre grâce à l'Amour, lequel, me libérant de ses liens, m'a rendu le pouvoir de m'appliquer à leurs plaisirs.

PREMIÈRE JOURNÉE

Ici commence la première Journée du Décaméron, dans laquelle, après que l'auteur a expliqué pour quelle cause il advint que différentes personnes dont il est parlé ci-après se réunirent pour causer entre elles, on devise, sous le commandement de Pampinea, de ce qui plaît le plus à chacun.

Chaque fois, très gracieuses dames, que je considère en moi-même combien vous êtes toutes naturellement compatissantes, je reconnais que le présent ouvrage vous paraîtra avoir un commencement pénible et ennuyeux, car il porte au front le douloureux souvenir de la mortalité causée par la peste que nous venons de traverser, souvenir généralement importun à tous ceux qui ont vu cette peste ou qui en ont eu autrement connaissance. Ce n'est pas que je veuille, pour cela, vous effrayer et vous empêcher de lire plus avant, comme si vous deviez, en lisant, trépasser vous-mêmes au milieu des soupirs et les larmes. Cet horrible commencement ne vous causera pas plus d'ennui qu'aux voyageurs une montagne raide et élevée, après laquelle vient une belle et agréable plaine qui paraît d'autant plus séduisante, que la fatigue de la montée et de la descente a été plus grande. Et de même que l'allégresse succède à la douleur, ainsi les misères sont effacées par la joie qui les suit. A ce court ennui — je dis court, parce qu'il ne dure que quelques pages — succéderont vite la douceur et le plaisir que je vous ai promis précédemment, et que, si je ne vous le disais, vous n'auriez peut-être pas attendus d'un pareil début. Et de vrai, si j'avais pu honnêtement vous mener vers ce que je désire par un chemin autre que cet âpre sentier, je l'aurais volontiers fait. Mais, qu'elle qu'ait été la cause des événements dont on lira ci-après le récit, comme il n'était pas possible d'en démontrer l'exactitude sans rappeler ce souvenir, j'ai été quasi contraint par la nécessité à en parler.

Je dis donc que les années de la fructueuse Incarnation du Fils de Dieu atteignaient déjà le nombre de mille trois cent quarante-huit, lorsque, dans la remarquable cité de Florence, belle au-dessus de toutes les autres cités d'Italie, parvint la mortifère pestilence qui, par l'opération des corps célestes, ou à cause de nos œuvres iniques, avait été déchaînée sur les mortels par la juste colère de Dieu et pour notre châtiment. Quelques années auparavant, elle s'était déclarée dans les pays orientaux, où elle avait enlevé une innombrable quantité de vivants; puis poursuivant sa marche d'un lieu à un autre, sans jamais s'arrêter, elle s'était malheureusement étendue vers l'Occident. La science, ni aucune précaution humaine, ne prévalait contre elle. C'est en vain que, par l'ordre de magistrats institués pour cela, la cité fut purgée d'une multitude d'immondices ; qu'on défendit l'entrée à tout malade et que de nombreux conseils furent donnés pour la conservation de la santé. C'est en vain qu'on organisa, non pas une fois, mais à diverses reprises, d'humbles prières publiques et des processions, et que d'autres supplications furent adressées à Dieu par les dévotes personnes ; quasi au commencement du printemps de ladite année, le fléau déploya ses douloureux effets dans toute leur horreur et s'affirma d'une prodigieuse façon. Il ne procédait pas comme en Orient où, à quiconque sortait du sang par le nez, c'était signe d'une mort inévitable ; mais, au commencement de la maladie, aux hommes comme aux femmes, naissaient à l'aine et sous les aisselles certaines enflures dont les unes devenaient grosses comme une pomme ordinaire, les autres comme un œuf, et d'autres moins, et que le vulgaire nommait bubons pestilentiels. Et des deux parties susdites, dans un court espace de temps, ce bubon mortifère gagnait indifféremment tout le reste du corps. Plus tard, la nature de la contagion vint à changer, et se manifesta par des taches noires ou livides qui apparaissaient sur les bras et sur les cuisses, ainsi que sur les autres parties du corps, chez les uns larges et rares, chez les autres petites et nombreuses. Et comme en premier lieu le bubon avait été et était encore indice certain de mort prochaine, ainsi l'étaient ces taches pour tous ceux à qui elles venaient. Pour en guérir, il n'y avait ni conseil de médecin, ni vertu de médecine qui parût valoir, ou qui portât profit. Au contraire, soit que la nature du mal ne le permît pas, soit que l'ignorance des médecins — parmi lesquels, outre les vrais savants on comptait un très grand nombre de femmes et d'hommes qui n'avaient jamais eu aucune notion de médecine — ne sût pas reconnaître de quelle cause il provenait et, par conséquent, n'appliquât point le remède convenable, non-seulement peu de gens guérissaient, mais presque tous mouraient dans les trois jours de l'apparition des signes susdits, qui plus tôt, qui plus tard, et sans éprouver de fièvre, ou sans qu'il survînt d'autre complication.

Ce qui donna encore plus de force à cette peste, ce fut qu'elle se communiquait des malades aux personnes saines, de la même façon que le feu quand on l'approche d'une grande quantité de matières sèches ou ointes. Et le mal s'accrut encore non-seulement de ce que la fréquentation des malades donnait aux gens bien portants la maladie ou les germes d'une mort commune, mais de ce qu'il suffisait de toucher les vêtements ou quelque autre objet ayant appartenu aux malades, pour que la maladie fût communiquée à qui les avait touchés. C'est chose merveilleuse à entendre, ce que j'ai à dire; et si cela n'avait pas été vu par les yeux d'un grand nombre de personnes et par les miens, loin d'oser l'écrire, à peine pourrais-je le croire, même si je l'avais entendu de la bouche d'un homme digne de foi. Je dis que l'énergie de cette pestilence fut telle à se communiquer de l'un à l'autre, que non-seulement elle se transmettait de l'homme à l'homme, mais, chose plus étonnante encore, qu'il arriva très souvent qu'un animal étranger à l'espèce humaine, pour avoir touché un objet ayant appartenu à une personne malade ou morte de cette maladie, tombait lui-même malade et périssait dans un très court espace de temps. De quoi mes yeux — comme j'ai dit plus haut — eurent un jour, entre autres faits du même genre, la preuve suivante : les haillons d'un pauvre homme mort de la peste ayant été jetés sur la voie publique, deux porcs étaient survenus et, selon leur habitude, avaient pris ces haillons dans leur gueule et les avaient déchirés du groin et des dents. Au bout d'une heure à peine, après avoir tourné sur eux-mêmes comme s'ils avaient pris du poison, ils tombèrent morts tous les deux sur les haillons qu'ils avaient malencontreusement mis en pièces.

De ces choses et de beaucoup d'autres semblables, naquirent diverses peurs et imaginations parmi ceux qui survivaient, et presque tous en arrivaient à ce degré de cruauté d'abandonner et de fuir les malades et tout ce qui leur avait appartenu ; et, ce faisant, chacun croyait garantir son propre salut. D'aucuns pensaient que vivre avec modération et se garder de tout excès, était la meilleure manière de résister à un tel fléau. S'étant formés en sociétés, il vivaient séparés de tous les autres groupes. Réunis et renfermés dans les maisons où il n'y avait point de malades et où ils pouvaient vivre le mieux ; usant avec une extrême tempérance des mets les plus délicats et des meilleurs vins ; fuyant toute luxure, sans se permettre de parler à personne, et sans vouloir écouter aucune nouvelle du dehors au sujet de la mortalité ou des malades, ils passaient leur temps à faire de la musique et à se livrer aux divertissements qu'ils pouvaient se procurer. D'autres, d'une opinion contraire, affirmaient que boire beaucoup, jouir, aller d'un côté et d'autre en chantant et en se satisfaisant en toute chose, selon son appétit, et rire et se moquer de ce qui pouvait advenir, était le remède le plus certain à si grand mal. Et, comme ils le disaient, ils mettaient de leur mieux leur théorie en pratique, courant jour et nuit d'une taverne à une autre, buvant sans mode et sans mesure, et faisant tout cela le plus souvent dans les maisons d'autrui, pour peu qu'ils y trouvassent choses qui leur fissent envie ou plaisir. Et ils pouvaient agir ainsi en toute facilité, pour ce que chacun, comme s'il ne devait plus vivre davantage, avait, de même que sa propre personne, mis toutes ses affaires à l'abandon. Sur quoi, la plupart des maisons étaient devenues communes, et les étrangers s'en servaient, lorsqu'ils les trouvaient sur leur passage, comme l'aurait fait le propriétaire lui-même. Au milieu de toutes ces préoccupations bestiales, on fuyait toujours les malades le plus qu'on pouvait. En une telle affliction, au sein d'une si grande misère de notre cité, l'autorité révérée des lois, tant divines qu'humaines, était comme tombée et abandonnée par les ministres et les propres exécuteurs de ces lois, lesquels, comme les autres citoyens, étaient tous, ou morts, ou malades, ou si privés de famille, qu'ils ne pouvaient remplir aucun office ; pour quoi, il était licite à chacun de faire tout ce qu'il lui plaisait. Beaucoup d'autres, entre les deux manières de vivre susdites, en observaient une moyenne, ne se restreignant point sur leur nourriture comme les premiers, et ne se livrant pas, comme les seconds, à des excès de boisson ou à d'autres excès, mais usant de toutes choses d'une façon suffisante, selon leur besoin. Sans se tenir renfermés, ils allaient et venaient, portant à la main qui des fleurs, qui des herbes odoriférantes, qui diverses sortes d'aromates qu'ils se plaçaient souvent sous le nez, pensant que c'était le meilleur préservatif que de réconforter le cerveau avec de semblables parfums, attendu que l'air semblait tout empoisonné et comprimé par la puanteur des corps morts, des malades et des médicaments. Quelques-uns, d'un avis plus cruel, comme étant par aventure le plus sûr, disaient qu'il n'y avait pas de remède meilleur, ni même aussi bon, contre les pestes, que de fuir devant elles. Poussés par cette idée, n'ayant souci de rien autre que d'eux-mêmes, beaucoup d'hommes et de femmes abandonnèrent la cité, leurs maisons, leurs demeures, leurs parents et leurs biens, et cherchèrent un refuge dans leurs maisons de campagne ou dans celles de leurs voisins, comme si la colère de Dieu, voulant punir par cette peste l'iniquité des hommes, n'eût pas dû les frapper partout où ils seraient, mais s'abbatre seulement sur ceux qui se trouvaient au dedans des murs de la ville, ou comme s'ils avaient pensé qu'il ne devait plus rester personne dans une ville dont la dernière heure était venue.

Et bien que de ceux qui émettaient ces opinions diverses, tous ne mourussent pas, il ne s'ensuivait pas que tous échappassent. Au contraire, beaucoup d'entre eux tombant malades et de tous côtés, ils languissaient abandonnés, ainsi qu'eux-mêmes, quand ils étaient bien portants, en avaient donné l'exemple à ceux qui restaient sains et saufs. Outre que les citadins s'évitaient les uns les autres, que les voisins n'avaient aucun soin de leur voisin, les parents ne se visitaient jamais, ou ne se voyaient que rarement et seulement de loin. Par suite de ce deuil public, une telle épouvante était entrée dans les cœurs, aussi bien chez les hommes que chez les femmes, que le frère abandonnait son frère, l'oncle son neveu, la sœur son frère, et souvent la femme son mari. Et, chose plus forte et presque incroyable, les pères et les mères refusaient de voir et de soigner leurs enfants, comme si ceux-ci ne leur eussent point appartenu. Pour cette raison, à ceux qui, et la foule en était innombrable, tombaient malades, il ne restait d'autre secours que la charité des amis — et de ceux-ci il y en eut peu — ou l'avarice des serviteurs qui, alléchés par de gros salaires, continuaient à servir leurs maîtres. Toutefois, malgré ces gros salaires, le nombre des serviteurs n'avait pas augmenté, et ils étaient tous, hommes et femmes, d'un esprit tout à fait grossier. La plupart des services qu'ils rendaient, ne consistaient guère qu'à porter les choses demandées par les malades, ou à voir quand ils mouraient; et souvent à un tel service, ils se perdaient eux-mêmes avec le gain acquis. De cet abandon des malades par les voisins, les parents et les amis, ainsi que de la rareté des serviteurs, provint une habitude jusque-là à peu près inconnue, à savoir que toute femme, quelque agréable, quelque belle, quelque noble qu'elle pût être, une fois tombée malade, n'avait nul souci d'avoir pour la servir un homme quel qu'il fût, jeune ou non, et de lui montrer sans aucune vergogne toutes les parties de son corps, absolument comme elle aurait fait à une femme, pour peu que la nécessité de la maladie l'exigeât; ce qui, chez celles qui guérirent, fut sans doute causé, par la suite, d'une honnêteté moindre. Il s'ensuivit aussi la mort de beaucoup de gens qui, par aventure, s'ils avaient été secourus, s'en seraient échappés. Sur quoi, tant par le manque de services opportuns que les malades ne pouvaient avoir, que par la force de la peste, la multitude de ceux qui de jour et de nuit mouraient, était si grande dans la cité, que c'était une stupeur non pas seulement de le voir, mais de l'entendre dire. Aussi, la nécessité fit-elle naître entre ceux qui survivaient des mœurs complètement différentes des anciennes.

Il était alors d'usage, comme nous le voyons encore faire

tre en chantant et en se satisfaisant en toute chose, selon son appétit, et rire et se moquer de ce qui pouvait advenir, était le remède le plus certain à si grand mal. Et, comme ils le disaient, ils mettaient de leur mieux leur théorie en pratique, courant jour et nuit d'une taverne à une autre, buvant sans mode et sans mesure, et faisant tout cela le plus souvent dans les maisons d'autrui, pour peu qu'ils y trouvassent choses qui leur fissent envie ou plaisir. Et ils pouvaient agir ainsi en toute facilité, pour ce que chacun, comme s'il ne devait plus vivre davantage, avait, de même que sa propre personne, mis toutes ses affaires à l'abandon. Sur quoi, la plupart des maisons étaient devenues communes, et les étrangers s'en servaient, lorsqu'ils les trouvaient sur leur passage, comme l'aurait fait le propriétaire lui-même. Au milieu de toutes ces préoccupations bestiales, on fuyait toujours les malades le plus qu'on pouvait. En une telle affliction, au sein d'une si grande misère de notre cité, l'autorité révérée des lois, tant divines qu'humaines, était comme tombée et abandonnée par les ministres et les propres exécuteurs de ces lois, lesquels, comme les autres citoyens, étaient tous, ou morts, ou malades, ou si privés de famille, qu'ils ne pouvaient remplir aucun office ; pour quoi, il était licite à chacun de faire tout ce qu'il lui plaisait. Beaucoup d'autres, entre les deux manières de vivre susdites, en observaient une moyenne, ne se restreignant point sur leur nourriture comme les premiers, et ne se livrant pas, comme les seconds, à des excès de boisson ou à d'autres excès, mais usant de toutes choses d'une façon suffisante, selon leur besoin. Sans se tenir renfermés, ils allaient et venaient, portant à la main qui des fleurs, qui des herbes odoriférantes, qui diverses sortes d'aromates qu'ils se plaçaient souvent sous le nez, pensant que c'était le meilleur préservatif que de réconforter le cerveau avec de semblables parfums, attendu que l'air semblait tout empoisonné et comprimé par la puanteur des corps morts, des malades et des médicaments. Quelques-uns, d'un avis plus cruel, comme étant par aventure le plus sûr, disaient qu'il n'y avait pas de remède meilleur, ni même aussi bon, contre les pestes, que de fuir devant elles. Poussés par cette idée, n'ayant souci de rien autre que d'eux-mêmes, beaucoup d'hommes et de femmes abandonnèrent la cité, leurs maisons, leurs demeures, leurs parents et leurs biens, et cherchèrent un refuge dans leurs maisons de campagne ou dans celles de leurs voisins, comme si la colère de Dieu, voulant punir par cette peste l'iniquité des hommes, n'eût pas dû les frapper partout où ils seraient, mais s'abattre seulement sur ceux qui se trouvaient au dedans des murs de la ville, ou comme s'ils avaient pensé qu'il ne devait plus rester personne dans une ville dont la dernière heure était venue.

Et bien que de ceux qui émettaient ces opinions diverses, tous ne mourussent pas, il ne s'ensuivait pas que tous échappassent. Au contraire, beaucoup d'entre eux tombant malades et de tous côtés, ils languissaient abandonnés, ainsi qu'eux-mêmes, quand ils étaient bien portants, en avaient donné l'exemple à ceux qui restaient sains et saufs. Outre que les citadins s'évitaient les uns les autres, que les voisins n'avaient aucun soin de leur voisin, les parents ne se visitaient jamais, ou ne se voyaient que rarement et seulement de loin. Par suite de ce deuil public, une telle épouvante était entrée dans les cœurs, aussi bien chez les hommes que chez les femmes, que le frère abandonnait son frère, l'oncle son neveu, la sœur son frère, et souvent la femme son mari. Et, chose plus forte et presque incroyable, les pères et les mères refusaient de voir et de soigner leurs enfants, comme si ceux-ci ne leur eussent point appartenu. Pour cette raison, à ceux qui, et la foule en était innombrable, tombaient malades, il ne restait d'autre secours que la charité des amis — et de ceux-ci il y en eut peu — ou l'avarice des serviteurs qui, alléchés par de gros salaires, continuaient à servir leurs maîtres. Toutefois, malgré ces gros salaires, le nombre des serviteurs n'avait pas augmenté, et ils étaient tous, hommes et femmes, d'un esprit tout à fait grossier. La plupart des services qu'ils rendaient, ne consistaient guère qu'à porter les choses demandées par les malades, ou à voir quand ils mouraient ; et souvent à un tel service, ils se perdaient eux-mêmes avec le gain acquis. De cet abandon des malades par les voisins, les parents et les amis, ainsi que de la rareté des serviteurs, provint une habitude jusque-là à peu près inconnue, à savoir que toute femme, quelque agréable, quelque belle, quelque noble qu'elle pût être, une fois tombée malade, n'avait nul souci d'avoir pour la servir un homme quel qu'il fût, jeune ou non, et de lui montrer sans aucune vergogne toutes les parties de son corps, absolument comme elle aurait fait à une femme, pour peu que la nécessité de la maladie l'exigeât ; ce qui, chez celles qui guérirent, fut sans doute causé, par la suite, d'une honnêteté moindre. Il s'ensuivit aussi la mort de beaucoup de gens qui, par aventure, s'ils avaient été secourus, s'en seraient échappés. Sur quoi, tant par le manque de services opportuns que les malades ne pouvaient avoir, que par la force de la peste, la multitude de ceux qui de jour et de nuit mouraient, était si grande dans la cité, que c'était une stupeur non pas seulement de le voir, mais de l'entendre dire. Aussi, la nécessité fit-elle naître entre ceux qui survivaient des mœurs complètement différentes des anciennes.

Il était alors d'usage, comme nous le voyons encore faire

aujourd'hui, que les parentes et les voisines se réunissent dans la maison du mort, et là, pleurassent avec celles qui lui appartenaient de plus près. D'un autre côté devant la maison mortuaire, les voisins et un grand nombre d'autres citoyens se réunissaient aux proches parents ; puis, suivant la qualité du mort, les prêtres arrivaient, et il était porté sur les épaules de ses égaux, avec une grande pompe de cierges allumés et de chants, jusqu'à l'église choisie par lui avant de mourir. Ces usages, dès que la fureur de la peste vint à s'accroître, cessèrent en tout ou en partie, et des usages nouveaux les remplacèrent. C'est ainsi que les gens mouraient, non seulement sans avoir autour de leur cercueil un nombreux cortège de femmes, mais il y en avait beaucoup qui s'en allaient de cette vie sans témoins ; et bien rare étaient ceux à qui les larmes pieuses ou amères de leurs parents étaient accordées. Au contraire, ces larmes étaient la plupart du temps remplacées par des rires, de joyeux propos et des fêtes, et les femmes, ayant en grande partie dépouillé la pitié qui leur est naturelle, avaient, en vue de leur propre salut, complètement adopté cet usage. Ils étaient peu nombreux, ceux dont les corps étaient accompagnés à l'église de plus de dix ou douze de leur voisins ; encore ces voisins n'étaient-ils pas des citoyens honorables et estimés, mais une manière de croquemorts, provenant du bas peuple, et qui se faisaient appeler fossoyeurs. Payés pour de pareils services, il s'emparaient du cercueil, et, à pas pressés, le portaient non pas à l'église que le défunt avait choisie avant sa mort, mais à la plus voisine, le plus souvent derrière quatre ou cinq prêtres et quelquefois sans aucun. Ceux-ci, avec l'aide des fossoyeurs, sans se fatiguer à trop long ou trop solennel office, mettaient le corps dans la première sépulture inoccupée qu'il trouvaient. La basse classe, et peut-être une grande partie de la moyenne, était beaucoup plus malheureuse encore, pour ce que les gens, retenus la plupart du temps dans leurs maisons par l'espoir ou la pauvreté, ou restant dans le voisinage, tom-
aient chaque jour malades par milliers, et, n'étant servis ni aidés en rien, mouraient presque tous sans secours. Il y en avait beaucoup qui finissaient sur la voie publique, soit de jour soit de nuit. Beaucoup d'autres, bien qu'ils fussent morts dans leurs demeures, faisaient connaître à leurs voisins qu'ils étaient morts, par la seule puanteur qui s'exhalait de leurs corps en putréfaction. Et de ceux-ci et des autres qui mouraient partout, toute la cité était pleine. Les voisins, mus non moins par la crainte de la corruption des morts que par la charité envers les défunts, avaient adopté la méthode suivante : soit eux-mêmes, soit avec l'aide de quelques porteurs quand ils pouvaient s'en procurer, ils transportaient

hors de leurs demeures les corps des trépassés et les plaçaient devant le seuil des maisons où, principalement pendant la matinée, les passants pouvaient en voir un grand nombre. Alors, on faisait venir des cercueils, et il arriva souvent que, faute de cercueils, on plaça les cadavres sur une table. Parfois une seule bière contenait deux ou trois cadavres, et il n'arriva pas seulement une fois, mais bien souvent, que la femme et le mari, les deux frères, le père et le fils, furent ainsi emportés ensemble. Il advint aussi un nombre infini de fois, que deux prêtres allant avec une croix enterrer un mort, trois ou quatre cercueils, portés par des croquemorts, se mirent derrière le cortège, et que les prêtres qui croyaient n'avoir qu'un mort à ensevelir, en avaient sept ou huit et quelquefois davantage. Les morts n'en étaient pas pour cela honorés de plus de larmes, de plus de pompe, ou d'une escorte plus nombreuse ; au contraire, les choses en étaient venues à ce point qu'on ne se souciait pas plus des hommes qu'on ne soucierait à cette heure d'humbles chèvres. Par quoi il apparut très manifestement que ce que le cours naturel des choses n'avait pu montrer aux sages à supporter avec patience, au prix de petits et rares dommages, la grandeur des maux avait appris aux gens simples à le prévoir ou à ne point s'en soucier. La terre sainte étant insuffisante pour ensevelir la multitude des corps qui étaient portés aux diverses églises chaque jour et quasi à toute heure, et comme on tenait surtout à enterrer chacun en un lieu convenable suivant l'ancien usage, on faisait dans les cimetières des églises, tant les autres endroits étaient pleins, de très larges fosses, dans lesquelles on mettait les survenants par centaines. Entassés dans ces fosses, comme les marchandises dans les navires, par couches superposées, ils étaient recouverts d'un peu de terre, jusqu'à ce qu'on fût arrivé au sommet de la fosse.

Et pour ne pas nous arrêter davantage sur chaque particularité de nos misères passées, advenues dans la cité, je dis qu'en cette époque si funeste, la campagne environnante ne fut pas plus épargnée. Sans parler des châteaux, qui dans leurs étroites limites, ressemblaient à la ville, dans les villages écartés, les misérables et pauvres cultivateurs, ainsi que leur famille, sans aucun secours de médecin, sans l'assistance d'aucun serviteur, par les chemins, sur les champs mêmes qu'ils labouraient, ou dans leurs chaumières, de jour et de nuit, mouraient non comme des hommes, mais comme des bêtes. Pour quoi, devenus aussi relâchés dans leurs mœurs que les citadins, eux aussi ne se souciaient plus de rien qui leur appartînt, ni d'aucune affaire. Tous, au contraire, comme s'ils attendaient la mort dans le jour même où ils se voyaient arrivés, appliquaient uniquement leur esprit non à cultiver, en prévision de l'avenir, les fruits de la terre, mais à consommer ceux qui s'offraient à eux. C'est pourquoi il advint que les bœufs, les ânes, les brebis, les chèvres, les porcs, les poules et les chiens mêmes, si fidèles à l'homme, chassés de leurs habitations, erraient par les champs — où les blés étaient laissés à l'abandon sans être récoltés, ni même fauchés — et s'en allaient où et comme il leur plaisait. Et beaucoup, comme des êtres raisonnables, après avoir pâturé tout le jour, la nuit venue, s'en retournaient repus à leurs étables, sans être conduits par aucun berger.

Mais laissons la campagne et revenons à la ville. Que pourrait-on dire de plus ? Si longue et si grande fut la cruauté du ciel, et peut-être en partie celle des hommes, qu'entre le mois de mars et le mois de juillet suivant, tant par la force de la peste, que par le nombre des malades mal servis ou abandonnés grâce à la peur éprouvée par les gens bien portants, plus de cent mille créatures humaines perdirent certainement la vie dans les murs de la cité de Florence. Peut-être, avant cette mortalité accidentelle, on n'aurait jamais pensé qu'il y en eût tant dans notre ville. Oh ! que de grands palais, que de belles maisons, que de nobles demeures où vivaient auparavant des familles entières, et qui étaient pleines de seigneurs et de dames demeurèrent vides jusqu'au moindre serviteur ! Que de races illustres, que d'héritages considérables, que de richesses fameuses, l'on vit rester sans héritiers naturels ! Que de vaillants hommes, que de belles dames, que de beaux jeunes gens, que Gallien, Hippocrate ou Esculape eux-mêmes auraient jugés pleins de santé, dînèrent le matin avec leurs parents, leurs compagnons, leurs amis, qui, le soir venu, soupèrent dans l'autre monde avec leurs ancêtres !

Il m'est très pénible à moi aussi, d'aller si longuement à travers tant de misères. Pour quoi, je veux désormais laisser cette partie de mon sujet, pouvant aisément le faire. Je dis donc que notre cité étant dans cette triste situation et quasi vide d'habitants, il advint — comme je l'appris depuis d'une personne digne de foi — que, dans la vénérable église de Santa-Maria-Novella, un mardi matin qu'il ne s'y trouvait presque pas d'autres personnes, sept jeunes dames, en habits de deuil, comme il convenait en un tel lieu, se rencontrèrent après les offices divins. Elles étaient toutes unies par l'amitié, le voisinage ou la parenté. Aucune n'avait dépassé la vingt-huitième année, et la plus jeune n'avait pas moins de dix-huit ans. Chacune d'elle était sage et de sang noble, belle de corps, distinguées de manières et d'une honnêteté parfaite. Je citerais en propres termes leurs noms, si une juste raison ne me défendait de les dire, à savoir que je ne veux pas, à cause des choses suivantes qui furent racontées ou écoutées par elles, qu'aucune d'elles puisse tirer vergogne, les lois du plaisir étant aujourd'hui sévères, tandis qu'alors, pour les raisons ci-dessus déduites, elles étaient des plus larges. Je ne veux pas non plus donner prétexte aux envieux, prêts à mordre toute vie louable, de diminuer en rien la réputation de ces généreuses dames, à propos des récits susdits. Pour quoi, afin de pouvoir faire connaître ce qu'elles racontèrent sans éprouver la moindre confusion, j'entends les désigner en tout ou en partie par des noms appropriés à la qualité de chacune. La première est la plus âgée, nous l'appellerons Pampinea; la seconde Fiammetta; la troisième, Philomène, et la quatrième, Emilia. Nous donnerons ensuite le nom de Lauretta à la cinquième, celui de Néiphil à la sixième, et nous nommerons la dernière Élisa, non sans motif. N'ayant été, les unes et les autres, amenées là par aucun projet, mais se trouvant par hasard réunies en un coin de l'église, elle s'assirent en cercle, et après de nombreux soupirs, laissant de côté les patenôtres, elles se mirent à causer entre elles sur la misère du temps. Au bout de quelques instants, les autres s'étant tues, Pampinea commença à parler ainsi :

« — Mes chères dames, vous pouvez, ainsi que moi, avoir souvent ouï dire que celui qui use honnêtement de son droit n'a jamais fait tort à personne. Or, c'est un droit naturel à quiconque naît ici-bas, que de conserver et défendre sa vie tant qu'il peut. Ce droit est si bien reconnu, qu'il est déjà advenu plus d'une fois que, pour le sauvegarder, des hommes ont été tués sans qu'il y eût crime aucun. Et si cela est permis par les lois à la protection desquelles tout mortel doit de vivre en sécurité, combien plus nous est-il permis, à nous et à tous autres, de prendre pour la conservation de notre vie les précautions que nous pouvons? Quand je viens à songer à ce que nous avons fait ce matin et les jours passés; quand je pense à l'entretien que nous avons en ce moment, je comprends, et vous pouvez semblablement comprendre, que chacune de nous doit être remplie de crainte pour elle-même. De cela je ne m'étonne point; mais je m'étonne de ce que, avec notre jugement de femme, nous ne prenions aucune précaution contre ce que chacune de nous craint justement. Nous restons ici, à mon avis, non autrement que si nous voulions ou devions constater combien de corps morts ont été ensevelis, ou bien écouter si les moines de là dedans, dont le nombre est réduit à presque rien, chantent leurs offices à l'heure voulue, ou bien encore montrer par nos vêtements, à tous ceux qui nous voient, la nature et l'étendue de nos misères. Si nous sortons d'ici, nous voyons les morts ou les malades transportés de toutes parts; nous voyons ceux que, pour leurs méfaits, l'autorité des lois publiques a jadis condamnés à l'exil, se rire de ces lois, pour ce qu'ils sentent que les exécuteurs sont morts ou malades, et courir par la ville où ils commettent toutes sortes de violences et de crimes ; nous voyons la lie de notre cité, engraissée de notre sang, et, sous le nom de fossoyeurs, s'en aller, à notre grand dommage, chevauchant et courant de tous côtés et nous reprochant nos malheurs dans des chants déshonnêtes. Nous n'entendons que ceci : tels sont morts et tels autres vont mourir ! Et s'il y avait encore des gens pour les pousser, nous entendrions s'élever de partout de douloureuses plaintes. Je ne sais s'il vous advient à vous comme à moi ; mais quand je rentre dans ma demeure, et que je ne retrouve, de toute ma nombreuse famille, que ma servante, j'ai peur et je sens comme si tous mes cheveux se dressaient sur ma tête. Il me semble en quelque endroit de ma maison que j'aille ou que je m'arrête, voir les ombres de ceux qui sont trépassés, non avec les visages que j'avais coutume de leur voir, mais sous un aspect horrible qui leur est venu tout nouvellement je ne sais d'où et qui m'épouvante. Toutes ces choses font qu'ici, hors d'ici et dans ma propre maison, il me semble être mal, d'autant plus que je crois que de tous ceux qui avait comme nous la possibilité d'aller quelque part, nous sommes les seules qui soyons restées. Et s'il en est resté quelques-uns, j'ai entendu dire que, sans faire aucune distinction entre les choses honnêtes et celles qui ne le sont pas, poussés seulement par l'instinct, seuls ou en compagnie, ils faisaient ce qui leur plaisait le plus. Et ce n'est pas seulement les personnes libres qui agissent ainsi ; celles qui sont enfermées dans les monastères, s'imaginant que cela leur est permis et n'est défendu qu'aux autres, rompant les lois de l'obéissance, s'adonnent aux plaisirs charnels, croyant ainsi échapper à la contagion, et sont devenues lascives et dissolues. S'il en est ainsi — ce qui se voit manifestement — que faisons-nous ici ? Qu'attendons-nous ? A quoi songeons-nous ? Pourquoi sommes-nous plus paresseuses, plus lentes pour notre salut que le reste des habitants de la cité ? Nous estimons-nous moins précieuses que les autres, ou croyons-nous que notre vie est liée à notre corps par une chaîne plus forte que chez les autres, et qu'ainsi nous ne devions rien redouter qui soit capable de la briser ? Combien nous nous trompons ! Combien nous sommes trompées ! quelle sottise est la nôtre si nous pensons ainsi ! Toutes les fois que nous voudrons nous rappeler le nombre et la qualité des jeunes hommes et des femmes vaincues par cette cruelle pestilence, nous en verrons ouvertement les raisons.

C'est pourquoi, afin que, par délicatesse ou par indolence,

nous ne tombions pas dans ce péril auquel nous pourrions échapper si nous le voulions, — je ne sais s'il vous semble comme il me semble à moi-même — je pense qu'il serait très bon, ainsi que beaucoup d'autres ont fait avant nous et font encore, que nous sortions de cette cité, et, fuyant comme la mort les exemples déshonnêtes des autres, nous allions nous revêtir honnêtement dans nos maisons de campagne, dont chacune de nous possède un grand nombre, pour nous y livrer à toute allégresse, à tout le plaisir que nous pourrons prendre, sans dépasser en rien les bornes de la raison. Là, on entend les petits oiseaux chanter ; on voit verdoyer les collines et les plaines, et ondoyer les champs de blés non autrement que la mer ; on voit plus de mille espèces d'arbres, et l'on aperçoit plus librement le ciel qui, tout courroucé qu'il soit, ne nous refuse pas ses beautés éternelles, bien plus belles à contempler que les murs vides de notre cité. Là aussi, outre l'air qui est beaucoup plus pur, nous trouverons en bien plus grand nombre les choses qui sont nécessaires à la vie en ces temps malsains, tandis que les ennuis y seront bien moindres. Bien que les laboureurs y meurent comme font ici les citadins, le fléau y est d'autant moins fort, que les maisons et les habitants sont plus rares que dans la cité. D'un autre côté, si je vois bien, nous n'abandonnons ici personne. Nous pouvons dire, au contraire, que nous sommes plutôt abandonnées, puisque les nôtres, en mourant ou en fuyant la mort, comme si nous ne leur appartenions pas, nous ont laissées au milieu d'une telle affliction. Aucun reproche ne peut donc nous atteindre, pour avoir suivi un semblable conseil ; douleur et ennui, peut-être la mort, pourraient, si nous ne le suivions pas, nous advenir. C'est pourquoi, s'il vous en semble, je crois que nous ferons bien de prendre nos servantes, et, nous faisant suivre d'elles avec tout ce qui est nécessaire, aujourd'hui dans un endroit, demain dans un autre, nous nous livrerons aux plaisirs que la saison peut donner. Nous resterons ainsi jusqu'à ce que nous voyions — si auparavant nous ne sommes pas atteints par la mort — que le ciel ait mis fin à ces tristes choses. Et souvenez-vous qu'il ne s'oppose pas plus plus à ce départ honnête de notre part, qu'il ne s'oppose à ce que la plupart des autres restent pour vivre malhonnêtement. — »

Les autres dames, ayant écouté Pampinea, non-seulement louèrent son conseil, mais, désireuses de le suivre, avaient déjà commencé à se concerter sur la façon dont elles s'y prendraient, comme si, en se levant de là, elles devaient se mettre sur-le-champ en route. Mais Philomène, qui était la plus avisée, dit : « Mesdames, bien que ce qu'a exposé Pampinea soit très bien dit, ce n'est pas une raison pour courir, comme je m'aperçois que vous voulez faire. Souvenez-vous que nous sommes toutes femmes, et il n'en est pas une de nous qui soit assez enfant pour ne pas bien savoir comment les femmes s'accommodent ensemble et savent se régler sans le secours d'un homme. Nous sommes mobiles, contredisantes, soupçonneuses, pusillanimes et peureuses. Pour quoi, je crains fort, si nous ne prenons pas d'autre guide que nous, que notre société ne se dissolve beaucoup trop tôt et avec moins d'honneur pour nous qu'il ne faudrait. Et, pour ce, il est bon de réfléchir avant que nous commencions. — » Elisa dit alors : « — De vrai, les hommes sont les chefs des femmes, et sans leur autorité, rarement il arrive qu'une œuvre de nous parvienne à une fin louable. Mais comment pourrions-nous avoir ces hommes ? Chacune de nous sait que, des siens, la majeure partie est morte. Quant à ceux qui ont survécu, les uns ici, les autres là, réunis en divers groupes, sans que nous sachions où, il s'en vont fuyant ce que nous cherchons nous-mêmes à fuir. Prier des étrangers de nous rendre ce service, ne serait pas convenable. Pour quoi, si nous voulons pourvoir à notre salut, il faut trouver à nous arranger de façon que, où que nous allions pour nous divertir ou pour nous reposer, ennui ni scandale ne s'ensuive. — »

Pendant que les dames raisonnaient ainsi, voici qu'entrèrent dans l'église trois jeunes gens dont le moins âgé n'avait cependant pas moins de vingt-cinq ans, et chez lesquels, ni la perversité du temps, ni la perte d'amis ou de parents, ni la peur pour eux-mêmes, n'avaient pu, je ne dis pas éteindre, mais refroidir l'ardeur amoureuse. Le premier s'appelait Pamphile, le second Philostrate, et le troisième Dioneo. Chacun d'eux était d'humeur plaisante et de belles manières ; et ils s'en allaient cherchant pour leur suprême consolation, dans une telle perturbation de toutes choses, à voir leurs dames, lesquelles, par aventure, étaient toutes trois parmi les sept susdites, de même que quelques-unes des autres étaient parentes ou alliées de certains d'entre eux. Elles les aperçurent les premières, avant qu'elles n'en eussent été vues ; pour quoi, Pampinea commença en souriant : « — Voici que la fortune nous est dès le début favorable ; elle met à notre disposition des jeunes gens discrets, pleins de valeur, et qui volontiers nous serviront de guides et de serviteurs, si nous ne refusons pas de les prendre pour cet office. — » Neiphile, dont le visage était devenu tout vermeil de vergogne, pour ce qu'elle était une de celles qu'aimait un des trois jeunes gens, dit : « — Par Dieu, Pampinea, prends garde à ce que tu dis. Je reconnais parfaitement qu'on ne pourrait rien dire que de très bon sur n'importe lequel d'entre eux, et je les crois très aptes à remplir une mission encore plus difficile que celle-là. Je pense également qu'ils tiendraient bonne et honnête compagnie, non pas seulement à nous, mais à de bien plus belles et de bien plus dignes que nous ne sommes. Mais, comme c'est chose très connue qu'ils sont amoureux de quelques-unes de nous, je crains qu'il ne s'ensuive infamie ou blâme, sans qu'il y eût de notre faute ou de la leur, si nous les emmenons avec nous. — » Philomène dit alors : « — Cela importe peu ; là où je vis honnêtement, et alors que je ne me sens la conscience mordue d'aucune façon, je laisse, à qui veut, dire le contraire ; Dieu et la vérité prendront les armes pour moi. Or, si ces jeunes gens sont disposés à venir avec nous, nous pouvons dire comme Pampinéa, que la fortune est favorable à notre projet. — » Les autres, l'entendant parler si résolûment, non-seulement n'objectèrent rien, mais, d'un commun accord, estimèrent qu'il fallait appeler les trois jeunes gens pour leur faire connaître leur intention, et les prier de vouloir bien leur tenir compagnie en un tel voyage. Pour quoi, sans plus de pourparlers, Pampinea, qui était parente de l'un d'eux, s'étant levée, s'avança à la rencontre des jeunes gens qui s'étaient arrêtés pour les regarder, et les saluant d'un air joyeux, leur communiqua leur projet, en les priant, de la part de toutes ses compagnes, de consentir à leur tenir compagnie, d'un pur et fraternel esprit. Les jeunes gens crurent tout d'abord qu'on voulait rire d'eux. Mais quand ils eurent vu que la dame parlait sérieusement, ils répondirent d'un air joyeux qu'ils étaient prêts. Et sans mettre de retard, avant même de quitter cet endroit, ils combinèrent ce qu'ils auraient à faire au moment du départ.

Après avoir fait préparer toute chose opportune, et être convenus de l'endroit où ils entendaient aller, le matin suivant, c'est-à-dire le mercredi, au lever du jour, les dames avec leurs servantes et les trois jeunes gens avec leurs domestiques, étant sortis de la ville, se mirent en route. Ils ne dépassèrent pas deux milles sans être parvenus à l'endroit primitivement choisi par eux. Cet endroit était situé sur une petite montagne éloignée de toutes nos routes, et couverte d'arbustes variés et de plantes au vert feuillage. Au sommet était un palais avec une belle et vaste cour au milieu, des appartements, des salles, des chambres toutes plus belles les unes que les autres, avec des prés tout autour et de merveilleux jardins. Il y avait des puits aux eaux fraîches ; des caves pleines de vins de prix, chose mieux disposée pour des buveurs intrépides que pour des dames sobres et honnêtes. Le palais était soigneusement nettoyé ; dans les chambres les lits étaient faits, et la joyeuse compagnie, à son arrivée, trouva non sans plaisir tous les appartements garnis et jonchés d'herbes odoriférantes et de toutes les fleurs que la saison pouvait produire. A peine arrivés, ils s'assirent, et Dioneo, qui entre tous, était un jeune homme plaisant et plein d'esprit dit : « — Mesdames, votre instinct, bien plus que notre sagacité, nous a conduits ici. Je ne sais ce que, dans votre pensée, vous entendez y faire ; pour moi, j'ai laissé toutes mes idées au dedans des portes de la ville, alors que j'en suis sorti il n'y a qu'un instant avec vous. C'est pourquoi, ou bien disposez-vous à vous divertir, à rire ou à chanter avec avec moi — je dis tout autant qu'il convient à votre dignité — ou bien permettez que j'aille retrouver mes idées et que je rentre dans la cité si éprouvée. — » A quoi Pampinea, comme si elle avait également chassé tous ses soucis, répondit joyeusement : « — Dioneo, tu parles très bien ; il faut vivre en une fête continuelle ; ce n'est pas un autre motif qui nous a fait fuir ces tristesses. Mais pour ce que les choses faites sans mesure ne peuvent durer longtemps, moi qui ai eu la première l'idée de former une si belle société, je songe au moyen de nous entretenir en joie. Je pense qu'il est nécessaire de choisir parmi nous un chef que nous honorerons, et auquel nous obéirons comme étant notre supérieur, et dont l'unique pensée sera de nous disposer à vivre joyeusement. Et afin que chacun éprouve le poids de cette sollicitude, ainsi que le plaisir de la souveraineté, et, étant choisi d'un côté et de l'autre, ne puisse inspirer aucune jalousie, je dis que ce fardeau et cet honneur doivent être confiés à chacun de nous pour une journée. Le premier sera nommé à l'élection par nous tous. Pour ceux qui suivront, lorsque l'heure de vesprée s'approchera, ils seront élus au bon plaisir de celui, qui, ce jour-là, aura possédé le pouvoir souverain. Et celui ou celle que nous aurons reconnu pour chef, pendant tout le temps que durera son pouvoir, ordonnera et disposera toute chose, le lieu où nous nous tiendrons, et la façon dont nous aurons à vivre. — »

Ces paroles plurent beaucoup, et d'une seule voix, ils l'élurent reine pour le premier jour. Philomène ayant aussitôt couru vers un laurier, pour ce qu'elle avait entendu dire en quelle grande estime étaient les feuilles de cet arbre, et combien elles honoraient quiconque méritait d'en être couronné, cueillit quelques uns de ses rameaux dont elle fit une belle couronne. Cette couronne, mise sur la tête du roi ou de la reine, fut, pendant tout le temps que dura la compagnie, le signe manifeste pour tous de la souveraineté royale.

Pampinea, faite reine, ordonna à tous de se taire. Puis ayant fait venir devant elle les domestiques des trois jeunes gens et les servantes qui étaient au nombre de quatre, et comme chacun se taisait, elle dit : « — Afin que, la première, je vous donne à tous l'exemple de l'ordre, grâce auquel, allant toujours de mieux en mieux, notre société, à notre grand plaisir et sans nulle honte, pourra vivre et durer tant que cela nous conviendra, j'institue Parmenon, domestique de Dioneo, mon sénéchal, et je lui commets le soin et la direction de toute notre maison, ainsi que le service qui regarde la salle à manger. J'entends que Sirisco, domestique de Pamphile, soit notre pourvoyeur et trésorier et qu'il suive les ordres de Parmenon. Pour Tindaro, il sera au service de Philostrate et des deux autres hommes ; il prendra soin de leurs chambres, lorsque ses camarades, empêchés par leur service, ne pourront le faire. Misia, ma servante, et Lisisca, servante de Philomène, se tiendront constamment à la cuisine et apprêteront avec diligence les provisions qui leur seront fournies par Parmenon. Chimera, servante de Lauretta, et Stratilia, servante de Fiammetta, auront soin des chambres des dames et entretiendront en état de propreté les endroits où nous nous tiendrons. Mandons et ordonnons en outre à chacun s'il veut avoir notre faveur pour chère, de se donner de garde, où qu'il aille, d'où qu'il revienne, quoi qu'il entende ou qu'il voie, de nous apporter aucune nouvelle du dehors autre que nouvelle joyeuse. — » Ces ordres donnés sommairement et approuvés par tous, elle se leva gaîment et dit : « — Là sont les jardins, là sont les prés ; ici nombre d'endroits charmants où chacun est libre d'aller selon son plaisir ; mais quand trois heures sonneront, que tous soient ici, pour manger à la fraîche. — »

Licence lui ayant été donnée par la nouvelle reine, la joyeuse compagnie des jeunes gens mêlés aux belles dames s'engagea à pas lents dans un jardin, s'entretenant des choses agréables, tressant des guirlandes de feuillage de toutes sortes, et chantant des refrains amoureux. Quand ils furent restés le temps que la reine leur avait accordé, ils revinrent à la maison. Là il virent que Parmenon avait soigneusement commencé son office, car, entrés dans une salle du rez-de-chaussée, ils trouvèrent les tables mises, avec des nappes éblouissantes de blancheur et des verres qui brillaient comme de l'argent, le tout couvert de fleurs de genêt. Pour quoi, après s'être lavé les mains, ils allèrent tous, avec l'assentiment de la reine, s'asseoir chacun à la place que Parmenon avait marquée. Puis vinrent les mets délicats et les vins les plus fins, et, sans plus attendre, les trois serviteurs se mirent à servir les tables. Toutes ces choses si belles et si bien ordonnées réjouirent les convives, et tous mangèrent au milieu de joyeux propos et d'un air de fête. Les tables levées, comme il se trouvait que toutes les dames, ainsi que les jeunes gens, savaient danser, et que plusieurs d'entre eux savaient sonner excellemment du luth et chanter, la reine ordonna d'apporter les instruments, et, sur son commandement, Dioneo ayant pris un luth et la Fiammetta une viole, tous deux commencèrent doucement à jouer un air de danse. Alors, la reine avec les autres dames et les deux jeunes gens, ayant envoyé les serviteurs prendre leurs repas, formèrent une ronde, et les danses commencèrent. La ronde finie, on se mit à chanter de joyeuses chansons d'amour, et il continuèrent de cette façon jusqu'à ce qu'il parût temps à la reine d'aller dormir. Sur quoi, congé ayant été donné à tous, les trois jeunes gens gagnèrent leurs chambres séparées de celles des dames, et ils les trouvèrent avec des lits bien faits et toutes garnies de fleurs comme le salon. Les dames trouvèrent également les leurs préparées et ornées de semblable façon ; pour quoi, s'étant dépouillés de leurs vêtements, ils se livrèrent tous au repos.

L'heure de none était sonnée depuis peu, lorsque la reine, s'étant levée, fit lever toutes ses autres compagnes ainsi que les jeunes gens, affirmant que trop dormir le jour était nuisible. Puis ils s'en allèrent en un pré où l'herbe était verte et haute et qui était partout abrité du soleil. Là, un doux zéphir s'étant mis à souffler, ils s'assirent tous en rond sur l'herbe, suivant l'ordre de la reine qui leur parla ainsi : « — Comme vous voyez, le soleil est haut et la chaleur est grande, et l'on n'entend d'autre bruit que le cri de la cigale, là haut, parmi les oliviers. Aller en quelque autre lieu serait, pour le moment, certainement une folie. Ici l'endroit est beau, et nous sommes au frais. Il y a, comme vous voyez échiquiers et des échecs, et chacun peut, selon qu'il lui fera plaisir, prendre son amusement. Mais si en cela mon avis est suivi, ce n'est pas en jouant — car au jeu l'esprit d'un des partenaires est mécontent, sans que l'autre partenaire ou ceux qui regardent jouer éprouvent beaucoup de plaisir — mais en racontant des nouvelles, ce qui peut donner du plaisir à tous, que nous passerons cette chaude partie de la journée. Chacun de vous n'aura pas achevé de dire sa petite nouvelle, que le soleil sera sur son déclin et, la chaleur étant tombée, nous pourrons, là où il nous sera le plus agréable, aller prendre divertissement. Pour quoi, si ce que je dis vous plaît — et je suis disposée à suivre à cet égard votre bon plaisir — faisons ainsi. Si cela ne vous plaît pas, que chacun, jusqu'à l'heure de vesprée, fasse ce qui lui conviendra le mieux. — » Les dames, ainsi que les hommes, appouvèrent la proposition de raconter des nouvelles. « - Or donc — dit la reine — si cela vous plaît, pour cette première journée, j'ordonne que chacun soit libre de parler sur le sujet qu'il voudra. — » Et, s'étant tournée vers Pamphile qui était assis à sa droite, elle lui dit, d'un air aimable, de donner l'exemple aux autres, en racontant le premier une de ses nouvelles. Pamphile, dès qu'il eût entendu cet ordre, tous l'écoutant, commença aussitôt ainsi.

NOUVELLE I

Ser Ciappelletto trompe un saint moine par une fausse confession, et meurt. Après avoir été un très méchant homme pendant sa vie, il passe pour un saint après sa mort, et est appelé San Ciappelletto.

« — Il convient, très chères dames, que l'homme donne pour principe à tout ce qu'il fait l'admirable et saint nom de Celui qui est auteur de toutes choses. Pour quoi, devant le premier entamer nos récits, j'entends commencer par une de ses plus étonnantes merveilles, afin que, celle-là entendue, notre espoir en lui soit affermi d'une façon immuable, et que son nom soit à jamais loué par nous. Il est manifeste que les choses temporelles, de même qu'elles sont transitoires et mortelles, sont également en soi et hors de soi pleines d'ennui, d'angoisse et de peine, et sujettes à des périls infinis, auxquels sans aucun doute nous ne pourrions, nous qui vivons mêlés à elles et qui faisons partie d'elles, résister ni remédier, si la grâce spéciale de Dieu ne nous prêtait force et prévoyance. Cette grâce, il ne faut pas croire qu'elle descende à nous et en nous à cause de notre mérite ; mais elle est mue par sa propre bonté et par les prières de ceux qui furent mortels comme nous le sommes actuellement, et qui, ayant suivi pendant leur vie les volontés de Dieu, jouissent maintenant avec lui de l'éternelle béatitude. C'est à eux que, comme à des représentants qui connaissent par expérience notre fragilité, et n'osant peut-être pas présenter nous-mêmes nos prières devant un tel juge, nous nous adressons pour les choses que nous estimons nous être opportunes. Mais si Dieu est plein de miséricorde pour nous, nous voyons aussi que parfois, l'œil des mortels ne pouvant pénétrer en aucune façon dans sa pensée, il arrive que, trompés par l'opinion, nous choisissons pour nous représenter auprès de la majesté divine un intermédiaire éloigné d'elle par un éternel exil. Néanmoins Dieu à qui rien n'est caché, regardant davantage à la pureté d'intention de celui qui prie qu'à son ignorance ou qu'à l'exil de celui par qui l'on prie, exauce ceux qui l'implorent, comme si leur intercesseur jouissait de sa vue bienheureuse. C'est ce qui pourra manifestement ressortir de la nouvelle que j'entends raconter ; je dis manifestement, non pas suivant le jugement de Dieu, mais suivant le jugement des hommes.

« On raconte donc que Musciatto Franzesi, étant de richissime et grand marchand devenu chevalier, dut aller en Toscane avec messire Charles-sans-terre, frère du roi de France, qui avait été mandé et sollicité par le pape Boniface. Sentant que ses affaires, comme le sont la plupart du temps celles des marchands, étaient de toute façon fort embrouillées, et qu'il ne pourrait les remettre en ordre ni facilement, ni promptement, il se décida à confier cette tâche à plusieurs personnes, ce qu'il réussit à faire pour toutes, sauf pour une, étant fort en peine de trouver un homme assez capable pour recouvrer les crédits qu'il avait faits à plusieurs Bourguignons. Le motif de son embarras provenait de ce qu'il connaissait les Bourguignons pour des gens chicaneurs, de mauvaise condition et déloyaux ; et il ne lui revenait à la mémoire personne qui fût assez retors pour qu'il pût l'opposer avec confiance à leur mauvaise foi. Après avoir longuement cherché, il se souvint d'un certain ser Ciapperello da Prato qui venait souvent en sa maison à Paris et que, à cause de sa petite stature et de la recherche de sa mise, les Français, qui ne savaient ce que voulait dire Cepparello et qui croyaient que cela était synonyme de Cappello, c'est-à-dire guirlande en leur langage familier, appelaient non Cappello, mais Ciappelletto. Il était donc connu de tous sous le nom de Ciappelletto, tandis que peu de personnes connaissaient son vrai nom de ser Ciapperello.

« Voici quel était le genre de vie de ce Ciappelletto : étant notaire, il éprouvait grande vergogne quand un de ses actes — et il faut dire qu'il en faisait peu — était tenu pour autrement que pour faux. Il en aurait fait de ce genre autant qu'il lui en eût été demandé, et plus volontiers gratis que d'autres pour un gros salaire. Il rendait un faux témoignage avec un souverain plaisir, qu'il en fût ou non requis. A cette époque, les serments avaient en France une grande autorité, et comme il ne regardait en aucune façon à en faire de faux, il gagnait toutes les affaires mauvaises dans lesquelles il était appelé à jurer sur sa foi de dire la vérité. Il éprouvait aussi du plaisir et s'appliquait beaucoup à susciter entre amis, parents ou autres personnes, des inimitiés et des scandales, et il en prenait d'autant plus de joie, qu'il en voyait résulter plus de mal. Invité à commettre un homicide ou quelque autre action coupable, loin de refuser jamais, il acceptait volontiers, et il lui arriva plus d'une fois de blesser ou de tuer des gens de ses propres mains. Il était grand blasphémateur de Dieu et des saints, et pour la moindre petite chose, il était plus colère que qui que ce soit. Il n'allait jamais à l'église ; quant aux sacrements qu'elle ordonne, il en parlait en termes abominables, comme d'une chose vile. Au contraire, il fréquentait volontiers et visitait les tavernes et autres lieux déshonnêtes. Il fuyait les femmes comme les chiens les coups de bâton, et il se complaisait dans le vice contraire, à l'instar du plus débauché des hommes. Il aurait volé et pillé avec la même conscience qu'un saint homme aurait fait l'aumône. Il était glouton et grand buveur, au point de s'en rendre parfois honteusement malade, et joueur, et pipeur de dés. Pourquoi m'étendre en tant de paroles ? Il était le plus méchant homme qui fût peut-être jamais né. Ses méfaits furent longtemps protégés par la puissance et la haute situation de messer Musciatto qui le mettait à l'abri des poursuites de ceux auxquels il faisait trop souvent du tort, et même de la cour à laquelle il s'attaquait aussi.

« Messer Musciatto s'étant donc rappelé ce ser Cepparello dont il connaissait parfaitement la vie, pensa que c'était là l'homme qu'il lui fallait pour opposer à la mauvaise foi des Bourguignons. Pour ce, il le fit appeler, et lui parla ainsi :
« — Ser Ciappelletto, comme tu sais, je suis sur le point
« de partir d'ici, et ayant entre autres clients à faire à des
« Bourguignons, hommes pleins de tromperie, je ne sais à
« qui je pourrais plus convenablement qu'à toi confier le
« soin de leur réclamer ce qu'ils me doivent. C'est pourquoi,
« comme tu ne fais rien pour le moment, si tu veux te con-
« sacrer à cela, j'entends te faire avoir les faveurs de la cour
« et te donner une large part sur ce que tu recouvreras. — »
Ser Ciappelletto qui était oisif et mal partagé quant aux biens de ce monde, et qui voyait s'éloigner celui qui avait été longtemps son soutien et son refuge, réfléchit promptement et, contraint pour ainsi dire par la nécessité, répondit qu'il le voulait volontiers. Pour quoi, ayant pris ensemble leurs arrangements, et messer Musciatto étant parti, ser Ciappelletto, muni de sa procuration et de lettres de recommandation du roi, s'en alla en Bourgogne où il ne connaissait presque personne. Là, dissimulant sa nature emportée, il commença avec des façons douces et bénignes, à faire des recouvrements et ce pour quoi il était venu, comme s'il réservait les moyens violents pour les derniers.

« Ainsi faisant, comme il s'était logé dans la maison de deux frères florentins qui prêtaient usure, et qui le tenaient en grande considération par respect pour messer Musciatto, il advint qu'il tomba malade. Sur quoi, les deux frères firent promptement venir des médecins et des domestiques pour le servir, et firent tout ce qu'il était nécessaire pour le remettre en bonne santé. Mais tout secours était inutile, et le bonhomme qui était déjà vieux et qui avait vécu dans le désordre, au dire des médecins, allait chaque jour de mal en pis, comme un homme atteint du mal de la mort ; de quoi les deux frères se lamentaient fort. Et un jour qu'ils étaient dans une chambre voisine de celle où ser Ciappelletto gisait malade, ils commencèrent à s'entretenir tous deux à son sujet.

« — Qu'en ferons-nous ? disait l'un ; nous voici fortement em-
« barrassés de lui. Chasser un homme si malade, serait une
« source de grand blâme et l'on pourrait nous accuser de peu
« de cœur si, après nous avoir vus le recevoir tout d'abord et
« puis le faire servir et soigner avec tant de sollicitude, on nous
« voyait, sans qu'il ait rien fait qui ait pu nous déplaire, le
« mettre hors de chez nous aussi subitement et alors qu'il
« est malade à mourir. D'autre part, il a été un si méchant
« homme, qu'il ne voudra point se confesser ni recevoir au-
« cun des sacrements de l'Église. Mourant sans confession,
« aucune église ne voudra recevoir son corps ; il sera bien
« plutôt jeté dans une fosse, comme un chien. Et s'il se
« confesse, ses péchés sont si nombreux et si horribles, que
« le résultat sera le même, pour ce que moine ni prêtre ne
« se trouvera qui veuille ou qui puisse l'absoudre. S'il en
« advient ainsi, le peuple de cette ville, tant à cause de no-
« tre métier qui lui paraît inique et dont on dit tout le long
« du jour du mal, que par envie de voler, voyant cela, se
« soulèvera en grande rumeur, et criera : ces chiens de
« Lombards qu'on refuse de recevoir à l'église, nous ne vou-
« lons plus les supporter ! et l'on courra sus à nos maisons
« et, d'aventure, non-seulement on nous ravira notre avoir,
« mais on s'attaquera peut-être aussi à nos personnes. De
« quoi, de toute manière, il en tournera mal pour nous si
« celui-ci meurt. — »

« Ser Ciappelletto qui, comme nous l'avons dit, gisait près de l'endroit où les deux frères parlaient de la sorte, ayant l'ouïe subtile comme nous voyons le plus souvent les malades l'avoir, entendit ce qu'ils disaient de lui. Il les fit appeler et leur dit : « — Je ne veux pas que vous puissiez craindre
« quoi que ce soit à cause de moi, ni que vous ayez peur de
« recevoir à mon sujet aucun dommage. J'ai entendu ce
« que vous avez dit de moi, et je suis certain qu'il en ad-
« viendrait comme vous dites, si les choses se passaient
« comme vous le prévoyez ; mais elles se passeront autre-
« ment. J'ai, de mon vivant, assez fait d'injures à Dieu, pour
« lui en faire encore une maintenant que je suis près de
« ma mort ; il ne m'en adviendra ni plus ni moins. Pour ce,
« occupez-vous de me faire venir un saint et bon moine, le
« plus saint et le meilleur que vous pourrez trouver, s'il en
« est un, et laissez-moi faire ; j'arrangerai certainement vos
« affaires et les miennes de façon que tout ira bien et que

« vous aurez lieu d'être satisfaits. — » Les deux frères, bien qu'ils ne fondassent pas grand espoir sur cela, allèrent néanmoins à un couvent de moines, et demandèrent un saint et digne homme pour entendre la confession d'un Lombard qui était malade chez eux. On leur donna un vieux moine de bonne et sainte vie, grand maître en Écriture, homme très vénérable et dans lequel tous les habitants de la ville avaient une grande et spéciale dévotion, et ils l'emmenèrent.

« Le moine, arrivé dans la chambre où gisait ser Ciappelletto, et s'étant assis à son côté, commença par le réconforter doucement, puis il lui demanda combien de temps il y avait qu'il s'était confessé pour la dernière fois. A quoi ser Ciappelletto, qui ne s'était jamais confessé, répondit :
« — Mon père, j'ai pour habitude de me confesser au moins
« une fois chaque semaine, sans compter qu'il y a beaucoup
« de semaines où je me confesse davantage. Il est vrai que
« depuis que je suis malade, huit jours se sont passés sans
« que je me sois confessé, tant a été grand l'abattement que
« la maladie m'a occasionné. — » Le moine lui dit alors :
« — Mon fils, tu as bien fait, et c'est ainsi qu'il faut faire tou-
« jours. Je vois que, puisque tu t'es confessé si souvent,
« j'aurai peu à te demander et peu à entendre. — » Ser
Ciappelletto dit : « — Messire moine, ne parlez point ainsi.
« Je ne me suis jamais confessé si souvent que je n'aie vou-
« lu me confesser généralement de tous les péchés dont je
« me souvenais depuis le jour où je naquis, jusqu'au jour
« de la confession. Pour quoi, je vous prie, mon bon père,
« de m'interroger aussi minutieusement sur chaque chose
« que si je ne m'étais jamais confessé. Ne vous arrêtez pas
« à mon état de maladie, car j'aime mieux déplaire à ma
« chair que, faisant ce qui lui plaît, commettre un acte qui
« puisse être une cause de perdition pour mon âme que
« mon Sauveur a rachetée de son sang précieux. — »

« Ces paroles plurent fort au saint homme et lui parurent un signe de bonne disposition d'esprit. Après avoir vivement loué ser Ciappelletto de cette pratique, il commença par lui demander s'il n'avait jamais commis le péché de luxure avec une femme. A quoi ser Ciappelletto répondit en soupirant :
« — Mon père, sur ce point je rougis de vous dire la vérité,
« craignant de pécher par sa vaine gloire. — » A quoi le
saint moine dit : « — Parle en toute sûreté, car en disant la vé-
« rité, en confession ou autrement, on ne pèche jamais. — »
Alors ser Ciappelletto dit : « — Puisque vous m'assurez de
« cela, je vous la dirai : je suis aussi vierge que lorsque je
« sortis du corps de ma mère. — » « — O béni sois-tu de
« Dieu — dit le moine — comme tu as bien fait ! et, ce fai-
« sant, tu as d'autant plus de mérite que, le voulant, tu

« avais plus le loisir de faire le contraire que nous ne l'a-
« vons, nous et tous les autres qui sont soumis à une règle
« quelconque. — » Puis il lui demanda s'il avait offensé
Dieu par le péché de la gourmandise. A quoi, soupirant fortement, ser Ciappelletto répondit que oui, et plusieurs fois ;
pour ce que, comme outre les jeûnes de carême que font
dans l'année les personnes dévotes, il avait l'habitude de
jeûner au pain et à l'eau au moins trois fois par semaine,
il lui était arrivé de boire cette eau avec le même plaisir et
la même avidité qu'éprouvent les buveurs à boire le vin, et
spécialement quand il avait supporté quelque fatigue en
priant ou en allant en pèlerinage et souvent il avait désiré
avoir certaine salade d'herbes comme celles que les femmes
cueillent quand elles vont dans la campagne. Et une fois
son manger lui avait paru meilleur qu'il n'aurait dû paraître à quelqu'un qui jeûnait par dévotion, comme il le faisait. A quoi le moine dit : « — Mon fils, ces péchés sont na-
« turels et sont fort légers ; et c'est pourquoi je désire que
« tu ne t'en charges pas plus la conscience qu'il n'est besoin.
« Il arrive à tout homme, quelque saint qu'il soit, qu'après
« un long jeûne le manger lui paraît bon, ainsi que le boire
« après la fatigue. — » « — Oh ! — dit ser Ciappelletto —
« mon père, vous me dites cela pour me réconforter. Vous
« pensez bien que je sais que les choses qui se font au ser-
« vice de Dieu se doivent toutes faire nettement et sans au-
« cune souillure d'esprit, et que quiconque agit autrement
« commet un péché. — » Le moine, très satisfait, dit :
« — Et moi, je suis content que tu penses ainsi dans ton âme,
« et ta pure et bonne conscience me plaît fort en cela. Mais
« dis-moi : as-tu péché par avarice, désirant plus qu'il n'est
« convenable, ou détenant ce que tu n'aurais pas dû gar-
« der ? — » A quoi ser Ciappelletto dit : « — Mon père, je
« ne voudrais pas que vous le croyiez parce que je suis dans
« la maison de ces usuriers. Je n'ai rien à faire avec eux ;
« au contraire, j'étais venu pour les admonester et les châ-
« tier, et les arracher à cet abominable gain ; et je crois que
« j'en serais venu à bout, si Dieu ne m'avait ainsi visité.
« Mais il faut que vous sachiez que mon père a fait de moi
« un homme riche et que j'ai donné, à sa mort, la plus
« grande partie de sa fortune à Dieu. Puis, pour soutenir
« mon existence et pouvoir aider les pauvres de Jésus-Christ,
« je me suis livré à mes modestes opérations commerciales,
« et si j'ai désiré gagner sur elles, j'ai toujours partagé par
« moitié avec les pauvres de Dieu ce que j'ai gagné, em-
« ployant une moitié pour mes besoins, leur donnant l'autre
« moitié. Et en cela mon créateur m'a si bien aidé, que j'ai
« toujours fait mes affaires de mieux en mieux. — » « — Tu
« as bien fait — dit le moine — mais combien de fois t'es-

« tu mis en colère ? — » « — Oh ! — dit ser Ciappelletto, —
« cela, je dois dire que je l'ai fait souvent. Et qui pourrait
« s'en empêcher en voyant tout le long du jour les hommes
« faire des choses viles, ne pas observer les commandements
« de Dieu, ne pas craindre ses jugements ? Ils ont été nom-
« breux les jours où j'aurais voulu être plutôt mort que vi-
« vant, en voyant les jeunes gens pleins de vanité, jurer et
« se parjurer, aller aux tavernes, ne pas visiter les églises,
« et suivre plutôt les voies du monde que celle de Dieu. — »
Le moine dit alors : « — Mon fils, c'est là une bonne colère,
« et pour moi je ne saurais t'imposer d'en faire pénitence.
« Mais peut-être parfois la colère a pu te pousser à com-
« mettre quelque homicide, ou à dire des injures à quel-
« qu'un, ou à lui faire quelque autre offense ? — » A quoi
ser Ciappelletto répondit : « — Hélas ! messire, vous qui me
« paraissez un homme de Dieu, comment me parlez-vous
« ainsi ? Si j'avais eu la moindre pensée de faire la plus pe-
« tite des choses que vous dites, croyez-vous que je me per-
« suaderais que Dieu m'ait si longtemps supporté ? Ces cho-
« ses sont bonnes pour des bandits, des méchants hommes,
« et pour mon compte je n'en ai jamais vu un sans que je
« n'aie dit : Dieu te convertisse ! — » Alors le moine dit :
« — Or, mon cher fils, sois béni de Dieu. As-tu jamais porté
« faux témoignage contre quelqu'un, ou dit du mal d'autrui,
« ou pris à un autre contre son gré ce que lui appartenait ? — »
« — Mais oui, messire — répondit ser Ciappelletto, — j'ai
« dit du mal d'autrui. J'ai eu un voisin qui, fort à tort, ne
« faisait que battre sa femme, de sorte qu'une fois je dis du
« mal de lui aux parents de celle-ci, tellement j'eus pitié de
« cette malheureuse qu'il brutalisait comme Dieu seul pour-
« rait le dire, chaque fois qu'il avait bu outre mesure. — »
Le moine dit alors : « — Très-bien. Tu me dis que tu as été
« marchand ; n'as-tu jamais trompé personne, comme font
« d'habitude tes confrères ? — » « — Par ma foi, oui, mes-
« sire — dit ser Ciappelletto — j'ai trompé quelqu'un, mais
« je ne sais pas qui il était ; je sais seulement qu'une fois un
« homme m'ayant payé de l'argent qu'il me devait pour des
« vêtements que je lui avais vendus, je mis cet argent dans
« un tiroir sans le compter. Un mois après, je trouvai qu'il
« y avait quatre deniers de plus que ce qu'il me devait ; pour
« quoi, ne l'ayant plus revu, et les ayant conservés une an-
« née pour les lui rendre, je les donnai en aumône. — » Le
moine dit : « — C'est peu de chose, et tu fis bien en agis-
« sant comme tu l'as fait. —

« Le saint moine demanda ensuite beaucoup d'autres choses, et à toutes il fut répondu de cette façon. Comme il voulait déjà donner l'absolution, ser Ciappelletto dit : « — Mes-
« sire, il y a encore un péché que je ne vous ai pas dit. — »

Le moine demanda lequel, et Ciappelletto dit : « — Je me
« souviens qu'un samedi, après none, je fis balayer ma mai-
« son par mon domestique, et que je n'eus pas pour le saint
« jour du dimanche le respect que je devais. — » « — Oh !
« mon fils — dit le moine — ceci est chose légère. — »
« — Non — dit ser Ciappelletto — ne dites pas que c'est
« chose légère, car le dimanche ne saurait être trop honoré,
« pour ce que c'est un tel jour que Notre-Seigneur ressus-
« cita de la mort à la vie. — » Le moine dit alors :
« —N'as-tu pas fait d'autres choses ? — » « —Oui, messire —
« répondit ser Ciappelletto — car sans m'en apercevoir, je
« crachai une fois dans l'église de Dieu. — » Le moine se
mit à sourire, et dit : « — Mon fils, c'est chose dont il ne
« ne faut point s'inquiéter. Nous qui sommes des religieux,
« nous y crachons tout le long du jour. — » Alors ser Ciappelletto dit : « — Et vous faites une grande vilenie, pour ce
« que nulle chose ne doit être tenue plus propre que le
« saint temple dans lequel on offre des sacrifices à Dieu. — »
Et il lui dit beaucoup de choses de ce genre ; puis il se mit
à soupirer et à pleurer fortement, ce qu'il savait trop bien
faire quand il voulait. Le saint moine dit : « — Mon fils,
« qu'as-tu ? — » Ser Ciappelletto répondit: « — Hélas ! mes-
« sire, il me reste à dire un péché dont je ne me suis jamais
« confessé, tellement j'ai honte de le dire, et chaque fois
« que je me le rappelle, je pleure comme vous voyez, et il
« me semble que jamais Dieu ne me pardonnera à cause de
« ce péché. — » Alors le saint moine dit : « — Allons, al-
« lons, mon fils, que dis-tu là ? Si tous les péchés qui ont
« été jusqu'ici commis par tous les hommes et qui se doi-
« vent commettre par eux tant que le monde durera, étaient
« réunis sur la tête d'un seul individu, et que cet individu
« s'en montrât repentant et contrit comme je te vois, la
« bonté et la miséricorde de Dieu sont si grandes, qu'en les
« lui confessant, il les pardonnerait libéralement. Pour ce,
« dis-le en toute assurance. — » Alors ser Ciappelletto dit,
pleurant toujours très fort : « — Hélas ! mon père, mon pé-
« ché est trop grand, et à peine puis-je croire, si vos priè-
« res ne me viennent en aide, qu'il me soit jamais par-
« donné par Dieu. — » A quoi le moine dit : « — Dis-le moi
« en toute sécurité, car je te promets de prier Dieu pour
« toi. — » Cependant ser Ciappelletto pleurait toujours et
ne parlait pas, et le moine l'exhortait à parler. Mais après
que ser Ciappelletto, pleurant, eût tenu longtemps le moine
en suspens, il poussa un grand soupir et dit : « — Mon
« père, puisque vous me promettez de prier Dieu pour moi,
« je vous le dirai. Sachez donc que, lorsque j'étais tout pe-
« tit, je maudis une fois ma mère. — » Et cela dit, il recommença à pleurer fortement. Le moine dit : « — O mon

« fils, est-ce là ce qui te paraît un si grand péché ! Les
« hommes blasphèment Dieu tout le jour, et il pardonne vo-
« lontiers à qui se repent de l'avoir blasphémé ; et tu ne
« crois pas qu'il puisse te pardonner cela ! Ne pleure pas ;
« console-toi, car certainement, quand même tu aurais été
« un de ceux qui le mirent en croix, il te pardonnerait en
« faveur de la contrition que je te vois. — » Ser Ciappelletto dit alors : « — Hélas ! mon père, que dites-vous ? Ma
« douce mère qui me porta dans son sein pendant neuf
« mois, le jour et la nuit, et me tint suspendu plus de cent
« fois à son cou, j'ai trop mal fait en blasphémant contre
« elle, et c'est un trop grand péché ; et si vous ne priez pas
« Dieu pour moi, il ne me sera point pardonné. — »

« Le moine voyant qu'il ne restait plus rien autre à dire
à ser Ciappelletto, lui donna l'absolution ainsi que sa bénédiction, le tenant pour un très saint homme, car il croyait
pleinement que tout ce qui lui avait été dit était vrai. Et qui
ne l'aurait cru, voyant un homme en danger de mort parler
ainsi ! Après quoi, il lui dit : « — Ser Ciappelletto, avec
« l'aide de Dieu, vous serez bientôt guéri ; mais s'il arrivait
« cependant que Dieu rappelât à lui votre âme bénie et bien
« disposée, vous plairait-il que votre corps fût enseveli dans
« notre couvent ? — » A quoi ser Ciappelletto répondit :
« — Oui, messire, et même je ne voudrais pas être enseveli
« ailleurs, puisque vous m'avez promis de prier Dieu pour
« moi, sans que j'aie jamais eu une dévotion spéciale pour
« votre ordre. C'est pourquoi je vous prie, lorsque vous serez
« rentré dans votre couvent, de faire en sorte que l'on m'ap-
« porte le corps très-véritable du Christ que vous consacrez
« le matin sur l'autel, car, bien que je n'en sois pas digne,
« je désire avec votre licence le prendre et puis recevoir la
« sainte et extrême-onction, afin que, si j'ai vécu comme un
« pécheur, je meure au moins comme un chrétien. — » Le
saint homme dit que cela lui plaisait fort et qu'il parlait
bien, et qu'il ferait en sorte que le viatique lui fût apporté
sans retard ; ce qui fut fait.

« Les deux frères qui craignaient que ser Ciappelletto ne
les trompât, s'étaient placés contre une cloison qui séparait
la chambre où gisait le malade d'une autre chambre voisine,
et là, écoutant, ils entendirent facilement ce qu'il disait au
moine. Il leur était arrivé par moment d'avoir si grande envie de rire, en entendant les choses qu'il se confessait d'a-
voir faites, qu'ils étaient sur le point d'éclater, et ils se disaient entre eux : « — Quel homme est celui-ci, que ni la
« vieillesse, ni la maladie, ni la peur de la mort dont il se
« voit si proche, ni même Dieu devant le jugement duquel
« il s'attend à comparaître d'ici à peu d'heures, n'ont pu
« l'arracher à sa scélératesse, et n'ont pu faire qu'il ne vou-

« lût pas mourir comme il a vécu? — » Mais cependant, voyant qu'on lui avait dit qu'il serait enseveli dans l'église, ils ne se préoccupèrent pas du reste.

« Peu après, ser Ciappelletto communia, et comme son état s'aggravait considérablement, il reçut l'extrême-onction ; puis, un peu après vêpres, le jour même où il avait fait une si bonne confession, il mourut. Pour quoi, les deux frères ayant tout ordonné à ses frais pour qu'il fût honorablement enseveli, et ayant envoyé dire au couvent des moines qu'ils vinssent le soir veiller, et le matin emporter le corps, préparèrent tout ce qu'il fallait pour les funérailles. Le saint moine qui l'avait confessé, apprenant qu'il était trépassé, alla trouver le prieur du couvent, et ayant fait sonner au chapitre, démontra aux moines assemblés que ser Ciappelletto avait été un saint homme, selon qu'il avait pu s'en convaincre par sa confession ; et, dans l'espoir que par lui Dieu ferait de nombreux miracles, il leur persuada de recevoir son corps avec un grand respect et une grande dévotion. A quoi, croyant que c'était la vérité, le prieur et les autres moines consentirent. Et le soir, étant tous allés là où gisait le corps de ser Ciappelletto, ils firent autour de lui une grande et solennelle veille, et, le matin, revêtus tous de chemises et de chapes, le livre à la main et la croix portée devant eux, ils allèrent chercher le corps en grande pompe et solennité et le portèrent en leur église, suivis de presque toute la population de la ville, hommes et femmes. Quand Ciappelletto fut dans l'église, le saint moine qui l'avait confessé monta en chaire et se mit à prêcher de merveilleuses choses sur lui, sur sa vie, ses jeûnes, sa virginité, sa simplicité, son innocence, sa sainteté, racontant entre autres choses ce que ser Ciappelletto lui avait confessé en pleurant comme son plus grand péché, et comment il avait pu à grand peine lui mettre dans l'idée que Dieu dût lui pardonner. Prenant occasion de cela pour réprimander le peuple qui l'écoutait, il dit : « — Et vous, maudits de Dieu, pour « le moindre fétu de paille que vous trouvez sous vos pieds, « vous blasphémez Dieu, sa mère et toute la cour du para- « dis. — » Il parla aussi beaucoup de sa loyauté et de sa pureté, et bientôt, par ses paroles auxquelles les gens de la ville ajoutaient entièrement foi, il excita tellement en faveur du défunt la dévotion de tous les assistants, que lorsque l'office fut terminé, la foule vint lui baiser les pieds et les mains, et qu'on lui arracha tous ses vêtements, chacun se tenant fort heureux s'il pouvait en avoir un morceau. Il fallut qu'on le laissât exposé là tout le jour, afin qu'il pût être vu et visité par tous. Puis, la nuit venue, il fut honorablement enseveli sous un tombeau de marbre, dans une chapelle, et sans plus tarder, le jour suivant, les gens commencèrent à la visiter, à allumer des cierges, à l'adorer, à lui adresser des vœux et à suspendre des images de cire autour de son tombeau, selon la promesse faite. Le bruit de sa renommée et de sa sainteté s'accrut tellement, ainsi que la dévotion qu'on lui rendit, à lui qui était quasi inconnu, que, en quelque adversité qu'on se trouvât, on ne s'adressait pas à d'autre saint qu'à lui, et qu'on l'appela, qu'on l'appelle encore, san Ciappelletto. On affirme que Dieu a opéré par lui de nombreux miracles et en opère chaque jour en faveur de qui se recommande dévotement de lui.

« Donc, c'est ainsi que vécut et mourut ser Ciappelletto da Prato, et qu'il passa à l'état de saint, comme vous l'avez entendu. Non que je veuille nier qu'il soit possible qu'il jouisse de la béatitude en présence de Dieu ; car bien que sa vie ait été scélérate et perverse, il put à sa dernière heure avoir une telle contrition que, par aventure, Dieu l'ait eu en miséricorde et l'ait reçu dans son royaume. Mais comme cela nous est caché, je raisonne selon ce qui peut nous paraître vraisemblable, et je dis que celui-ci doit plutôt être en perdition entre les mains du diable, qu'au paradis. Et, s'il en est ainsi, la bonté de Dieu peut se manifester grandement à nous, car elle a égard non à notre erreur, mais à la pureté de la foi ; car elle nous excuse alors que nous prenons pour intermédiaire un de ses ennemis, le croyant son ami, tout comme si nous avions eu recours pour obtenir sa faveur, à un saint véritable. Pour quoi, afin que par sa grâce, en cette présente adversité et en si joyeuse compagnie, nous soyons gardés sains et saufs, louant son nom sous la protection duquel nous nous sommes réunis, ayons-le en respect, et recommandons-lui nos besoins, sûrs d'être exaucés. — » Et ici, Pamphile se tut.

NOUVELLE II

Le juif Abraham, poussé par Jeannot de Chevigné, va à la cour de Rome, et voyant la dépravation des gens d'église, il retourna à Paris et se fait chrétien.

La nouvelle de Pamphile fit en partie rire les dames qui l'approuvèrent dans son ensemble. Elle fut attentivement écoutée, et lorsqu'elle fut finie, la reine ordonna à Néiphile, qui était assise près de Pamphile, d'en dire une afin de suivre l'ordre dans lequel on avait commencé. Celle-ci, non moins courtoise de manières qu'elle était belle, répondit joyeusement : oui, et commença de cette façon : « — Pamphile nous a montré dans sa nouvelle la bonté que Dieu avait de ne point regarder à nos erreurs, lorsque nous nous appuyons sur des choses que nous ne pouvons pas voir par nous-mêmes ; et moi, j'entends, par mon récit, démontrer combien cette même bonté, supportant patiemment les péchés de ceux qui devraient lui rendre un témoignage éclatant par leurs actes et par leurs paroles, et qui font tout le contraire, nous donne la preuve de son infaillible vérité, afin que nous poursuivions d'un esprit plus ferme ce que nous croyons être vrai.

« J'ai entendu dire, gracieuses dames, qu'il fut autrefois dans Paris un grand marchand, bon homme, lequel fut appelé Jeannot de Chevigné, très loyal et très droit, et qui faisait un grand commerce de draperie. Il était particulièrement lié d'amitié avec un juif très riche, nommé Abraham, qui était aussi marchand, et, comme lui, très droit et très loyal. Jeannot, voyant la droiture et la loyauté de son ami, se mit à regretter vivement que l'âme d'un homme si bon, si sage et d'une telle valeur, fût en voie de perdition par manque de Foi. C'est pourquoi il entreprit amicalement de lui faire abandonner les erreurs de la croyance judaïque, et le supplia de se convertir à la religion chrétienne qu'il pouvait voir, étant sainte et bonne, prospérer et augmenter sans cesse, tandis qu'au contraire la sienne diminuait et se mourait, ainsi que cela était manifeste. Le juif répondit qu'il ne voyait aucune religion sainte et bonne hors la religion juive; qu'il y était né et qu'il entendait y vivre et y mourir. Jeannot ne se tint point pour cela de lui renouveler au bout de quelque temps les mêmes exhortations, lui démontrant, aussi grossièrement que les marchands savent le faire, pour quelles raisons notre religion est meilleure que la religion juive.

« Bien que le juif fût un grand maître dans la loi juive, néanmoins, soit que la grande amitié qu'il avait pour Jeannot l'ébranlât, soit que les paroles que l'Esprit-Saint plaçait sur la langue de l'homme simple eussent produit de l'effet, il commença à se plaire beaucoup aux démonstrations de Jeannot. Cependant, obstiné dans sa croyance, il ne se laissait pas convertir. De même qu'il se montrait tenace, de même Jeannot ne se lassait pas de le solliciter, à tel point que le juif, vaincu par une telle insistance, dit : « — Voici, « Jeannot, qu'il te plaît que je devienne chrétien, et je suis « disposé à le devenir, à la condition que j'irai d'abord à « Rome, et que là je verrai celui que tu dis être le vicaire de « Dieu sur la terre, et que je serai témoin de ses mœurs et « de ses actes, ainsi que de ceux de ses moines-cardinaux, « Et s'ils me paraissent tels que je puisse, grâce à tes paro« les et à eux, comprendre que votre foi est meilleure que la « mienne, comme tu t'es efforcé de me le démontrer, je ferai

« ce que je t'ai dit. Dans le cas contraire, je resterai juif,
« comme je suis. — »

« Quand Jeannot entendit cela, il fut chagrin outre mesure, se disant tout bas : « — J'ai perdu ma peine ; je croyais
« cependant l'avoir utilement employée en m'imaginant avoir
« converti celui-ci. En effet, s'il va à la cour de Rome, et
« s'il voit la vie scélérate et mauvaise des clercs, non-seule-
« ment de juif il ne se fera pas chrétien, mais s'il était chré-
« tien, sans aucun doute il se ferait juif. — » En s'étant
retourné vers Abraham, il dit : « — Eh ! mon ami, pourquoi
« veux-tu affronter une telle fatigue et une telle dépense que
« d'aller d'ici à Rome ? sans compter que par mer ou par
« terre, pour un homme riche comme tu l'es, tout est plein
« de périls. Ne crois-tu donc pas trouver ici quelqu'un qui
« puisse te donner le baptême ? Et si par hasard tu as quel-
« ques doutes au sujet de la Foi que je t'ai expliquée, où
« trouveras-tu de meilleurs maîtres, de plus savants hommes
« que ceux qui sont ici, pour t'éclairer sur ce que tu voudras
« ou demanderas ? C'est pourquoi, à mon avis, ce voyage
« est chose superflue. Imagine-toi que là-bas les prélats sont
« comme tu a pu les voir ici, et qu'ils sont d'autant meil-
« leurs, qu'ils sont plus près du Pasteur souverain. Pour
« ce, si tu m'en crois, tu remettras cette fatigue à une autre
« fois, à l'occasion de quelque jubilé, où, par aventure, je
« t'accompagnerai. — » A quoi le juif répondit : « — Je
« crois Jeannot, que les choses sont comme tu me dis ; mais,
« me résumant en un mot, si tu veux que je fasse ce dont tu
« m'as tant prié, je suis tout à fait résolu à aller à Rome ;
« autrement, je n'en ferai jamais rien. — » Jeannot voyant
sa résolution, dit : — Va donc à la bonne aventure ! — » Et,
à part lui, il pensait qu'il ne se ferait jamais Chrétien, quand
il aurait vu la cour de Rome ; mais pourtant, n'y pouvant
plus rien, il n'insista pas.

« Le juif monta à cheval, et le plus rapidement qu'il put,
il alla à la cour de Rome, où, étant arrivé, il fut honorablement reçu par ses coreligionnaires juifs. Il y demeura sans
dire à personne pourquoi il était venu, et se mit à observer
avec soin la façon de vivre du Pape, des cardinaux, des autres prélats et de tous les courtisans. Et tant par ce dont il
s'aperçut lui-même, en homme fort avisé qu'il était, que par
ce qu'il sut d'autrui, il trouva que, du plus grand au plus
petit, tous péchaient généralement par une luxure déshonnête, non-seulement d'une manière naturelle, mais encore à
la mode de Sodome, sans aucun frein de remords ou de vergogne, tellement que, pour obtenir les plus grandes faveurs,
la protection des courtisanes ou des jeunes garçons était
toute-puissante. En outre, il reconnut qu'ils étaient univer-
sellement gloutons, buveurs, ivrognes, serviteurs de leur

ventre, à l'instar des brutes, plus que de toute autre chose. Et, regardant plus avant, il les vit tous avares, si cupides d'argent qu'ils vendaient et achetaient à beaux derniers le sang humain, même chrétien, et les choses divines quelles qu'elles fussent, appartenant aux sacrifices et aux bénéfices, les transformant en marchandises pour lesquelles il y avait plus de courtiers qu'il y en avait à Paris pour les draperies ou autres choses. À la simonie la plus évidente, ils avaient donné le nom de *procuratie*, et à la gloutonnerie celui de *sustentation*, comme si Dieu ne connaissait pas, je ne dirai point la signification des mots, mais les intentions des esprits pervers, et se laissait, à la façon des hommes, tromper par le nom des choses. Tout cela, et bien d'autres choses encore qu'il faut taire, déplut souverainement au juif, comme à un homme sobre et modeste qu'il était, et pensant en avoir assez vu, il se décida à retourner à Paris ; ce qu'il fit.

« Dès que Jeannot sut qu'il était revenu, il accourut, n'ayant pas le moindre espoir de le voir devenir chrétien, et ils se firent l'un à l'autre grande fête. Puis, lorsque le juif se fut reposé quelques jours Jeannot lui demanda ce qu'il pensait du Saint-Père, des cardinaux et des autres courtisans. A quoi le juif répondit sans hésiter : «—Je pense que
« Dieu doit les punir tous tant qu'ils sont. Et je te dis, si
« j'ai su bien regarder, que je n'y ai vu ni sainteté, ni dé-
« votion, ni bonnes œuvres, ni bon exemple. Par contre,
« l'avarice et la gloutonnerie et choses semblables ou pires,
« si toutefois il peut en être de pires, m'ont paru tellement
« dans les mœurs de tous, que j'ai pris ce lieu plutôt pour
« une officine d'œuvres diaboliques que d'œuvres divines.
« Aussi, après y avoir réfléchi avec beaucoup de sollicitude,
« en toute liberté d'esprit, et avec prudence, il me paraît
« que votre Pasteur, et par conséquent tous les autres, s'ef-
« forcent de réduire à néant et de chasser du monde la re-
« ligion chrétienne, alors qu'ils devraient en être le fonde-
« ment et le soutien. Et pour ce que je vois qu'il en résulte
« le contraire de ce qu'ils semblent chercher, c'est-à-dire
« que votre religion s'étend sans cesse et devient plus flo-
« rissante et plus éclatante, il me paraît clairement que
« l'Esprit-Saint en est le soutien et le fondement, comme
« étant plus vraie et plus sainte que les autres. Pour quoi,
« là où je restais sensible et rebelle à tes exhortations et
« refusais de me faire chrétien, je te dis maintenant très
« sincèrement que, pour rien au monde, je n'abandonnerais
« l'idée de me faire chrétien. Allons donc à l'église, et là,
« suivant le rite de votre sainte Foi, je me ferai baptiser.— »
Jeannot, qui s'attendait à une conclusion toute contraire, en l'entendant parler ainsi, fut l'homme le plus content qui fût jamais. Étant allé avec lui à Notre-Dame de Paris, il requit

les clercs de cette église de donner le baptême à Abraham. Ceux-ci, voyant que ce dernier le demandait aussi, le firent aussitôt, et Jeannot le tint sur les fonts baptismaux et le nomma Jean. Puis il le fit complètement instruire par de savants hommes dans notre Foi qu'il apprit rapidement ; et depuis il fut un bon et digne homme, et de sainte vie. — »

NOUVELLE III

Le juif Melchissedech, avec une histoire de trois anneaux, évite un piége dangereux que le Saladin lui avait tendu.

Sa nouvelle ayant été louée par tous, Néiphil se tut. Aussitôt Philomène, suivant le bon plaisir de la reine, commença à parler ainsi : « — La nouvelle dite par Néiphile me remet en mémoire le cas difficile advenu jadis à un juif. Comme il a déjà été très bien parlé sur Dieu et sur notre religion, on ne pourra désormais refuser de descendre aux événements et aux actes qui concernent les hommes. Je vais vous en parler tout à l'heure, et quand vous aurez entendu ma nouvelle, peut-être deviendrez-vous plus prudentes dans vos réponses aux questions qui vous auront été faites. Vous devez savoir, ô mes amoureuses compagnes, que de même que la bêtise fait souvent sortir les gens d'une situation heureuse pour les mener dans une grande misère, ainsi la prévoyance tire le sage des plus grands périls et le met en sûreté. Que la bêtise conduise d'un état satisfaisant à un état contraire, cela se voit par de nombreux exemples que nous n'avons pas à relater pour le moment, considérant que tout le long du jour nous en voyons manifestement plus de mille; mais que le bon sens soit une occasion de se tirer d'affaire, c'est ce que je montrerai brièvement par ma petite nouvelle, comme je l'ai promis.

« Le Saladin, dont la valeur fut telle que non-seulement elle le fit, de rien qu'il était, sultan de Babylone, mais qu'elle lui fit remporter de nombreuses victoires sur les roi sarrasins et chrétiens, avait en diverses guerres, et par ses grandissimes largesses, dépensé tout son trésor, et se trouvait, par suite de quelque accident imprévu, avoir besoin d'une bonne somme d'argent. Ne voyant pas où il pourrait se la procurer aussi rapidement que besoin était, il se souvint d'un juif d'Alexandrie, nommé Melchissedech, qui prêtait à usure, et pensa que cet homme pourrait le débarrasser s'il le voulait; mais le juif en question était si avare, qu'il n'aurait jamais consenti de lui-même à le faire, et cependant le sultan ne voulait pas employer la force pour l'y contraindre. Poussé par la nécessité, Saladin, tout occupé à trouver un moyen d'obtenir ce service du juif, résolut de lui faire une violence qui eût quelque apparence de raison. L'ayant fait appeler, et l'ayant reçu familièrement, il le fit asseoir près de lui, puis il lui dit : « — Brave homme, j'ai entendu dire par plusieurs « que tu es fort sage et fort instruit dans les choses de « Dieu. Pour ce, je voudrais volontiers savoir de toi laquelle « des trois religions tu tiens pour la vraie, la juive, la sarra- « sine ou la chrétienne. — » Le juif qui était en effet un homme très sage, s'aperçut fort bien que le Saladin cherchait à le prendre par ses propres paroles en lui adressant cette question, et pensa qu'il ne devait pas louer une des trois religions plus que les deux autres, de façon que le Saladin ne connût pas sa pensée. Pour quoi, sentant qu'il lui fallait faire une réponse par laquelle il ne pût être pris, et son esprit étant vivement aiguisé, il lui vint aussitôt la réponse qu'il devait faire, et il dit :

« — Mon seigneur, la question que vous me faites est
« belle, et pour vous dire ce que j'en pense, il me faut vous
« conter une petite nouvelle que vous comprendrez. Si je ne
« fais erreur, je me rappelle avoir entendu dire souvent qu'il
« fut autrefois un homme grand et riche, lequel, parmi les
« autres joyaux qu'il possédait dans son trésor, avait un
« anneau très beau et très précieux. Voulant à cause de sa
« valeur et de sa beauté, lui faire honneur et le transmettre
« perpétuellement à ses descendants, il ordonna que celui
« de ses fils sur qui cet anneau serait trouvé, comme le lui
« ayant remis lui-même, fût reconnu pour son héritier, et
« fût honoré et respecté par tous les autres comme le chef
« de la famille. Celui à qui l'anneau fut laissé transmit cet
« ordre à ses descendants et fit comme avait fait son prédé-
« cesseur. En peu de temps, cet anneau passa de main en
« main à de nombreux maîtres et parvint ainsi à un homme
« qui avait trois fils beaux et vertueux, et très obéissants à
« leur père ; pour quoi, il les aimait également tous les
« trois. Les jeunes gens connaissaient la tradition de l'anneau,
« et comme chacun d'eux désirait être le plus honoré parmi
« ses frères, ils priaient, chacun pour soi et du mieux qu'ils
« savaient, le père qui était déjà vieux, pour avoir l'anneau
« quand il mourrait. Le brave homme qui les aimait tous
« les trois également, ne savait lui-même choisir celui à qui
« il laisserait l'anneau. L'ayant promis à chacun d'eux en
« particulier, il songea à les satisfaire tous les trois. Il en fit
« faire secrètement par un habile ouvrier deux aux autres si
« semblables au premier, que lui-même qui les avait fait
« faire, pouvait à peine distinguer le vrai. Quand il vint à
« mourir, il en donna secrètement un à chacun de ses

« enfants qui, après la mort de leur père, voulant chacun
« occuper sa succession et sa dignité, et se les déniant l'un
« à l'autre, produisirent leur anneau aux yeux de tous, en
« témoignage de leur prétention. Les anneaux furent trouvés
« tellement pareils, que l'on ne savait reconnaître le vrai, et
« que la question de savoir quel était le véritable héritier du
« père resta pendante et l'est encore. Et j'en dis de même,
« mon seigneur, des trois religions données aux trois peuples
« par Dieu le Père, et sur lesquelles vous me questionnez.
« Chacun d'eux croit être son héritier et avoir sa vraie loi et
« ses vrais commandements; mais la question de savoir qui
« les a est encore pendante, comme celle des anneaux. — »

« Le Saladin reconnut que le juif avait su échapper très adroitement au lacet qu'il lui avait jeté dans les jambes ; c'est pourquoi il se décida à lui exposer son besoin d'argent, et à lui demander s'il voulait lui rendre service; et ainsi il fit, lui avouant ce qu'il avait eu l'intention de faire s'il ne lui avait pas répondu aussi discrètement qu'il avait fait. Le juif, de son propre chef, prêta au Saladin tout ce que ce dernier lui demanda et, par la suite, le Saladin le remboursa entièrement. Il lui fit en outre de grands dons, le tint toujours pour son ami, et le garda près de lui, dans une grande et honorable situation. — »

NOUVELLE IV

Un moine ayant commis un péché digne d'une très grave punition, échappe à la peine qu'il avait méritée en reprochant adroitement la même faute à son abbé.

Déjà Philomène, débarrassée de sa nouvelle, avait fait silence, quand Dioneo qui était assis près d'elle, sans attendre le commandement de la reine, et voyant par l'ordre adopté que c'était à lui à conter, se mit à parler de la façon suivante. « — Amoureuses dames, si j'ai bien compris l'intention de vous toutes, nous somme ici pour nous divertir nous-mêmes en contant des nouvelles. Et pour ce, afin qu'il ne soit point contrevenu à cela, j'estime qu'il doit être permis à chacun — et c'est ce que notre reine elle-même a dit il y a un moment — de conter la nouvelle qu'il croit devoir le plus amuser. Pour quoi, venant d'entendre qu'Abraham avait eu l'âme sauvée par les bons conseils de Jeannot de Chevigné, et que Melchissedec par sa présence d'esprit avait défendu ses richesses des embûches de Saladin, je veux, sans m'exposer à des reproches de votre part, conter brièvement par quelle ruse un moine échappa à une grave punition corporelle.

« Il était autrefois dans la Lunigiane, pays qui n'est pas très loin de celui-ci, un monastère plus renommé pour sa sainteté et plus fourni de moines qu'il ne l'est aujourd'hui. Parmi les religieux de ce monastère, se trouvait un jeune moine dont la vigueur et la jeunesse n'avaient pu être domptées par le jeûne et les veilles. Un jour que, par aventure, sur le coup de midi, alors que tous les autres moines dormaient, il se promenait tout seul autour du monastère; lequel était situé dans un lieu fort solitaire, il aperçut une jeune fille très belle, qui était probablement la fille de quelque laboureur de la contrée, et qui s'en allait par les champs cueillant certaines herbes. A peine l'eût-il vue, qu'il fut assailli par une ardente concupiscence charnelle. Pour quoi, s'étant approché, il entra en conversation et, d'un propos à un autre, il fit si bien qu'il s'entendit parfaitement avec elle, et qu'il l'emmena avec lui dans sa cellule, ce dont personne ne s'aperçut.

« Pendant que, emporté par un trop grand désir, il se divertissait avec elle moins prudemment qu'il n'eût fallu, il advint que l'abbé, ayant achevé sa sieste, et passant tout doucement devant sa cellule, entendit le bruit qu'ils faisaient tous les deux. Afin de mieux reconnaître les voix, il s'approcha doucement de la porte pour écouter, et il reconnut qu'il y avait une femme dans la cellule. Son premier mouvement fut de se faire ouvrir; puis il pensa qu'il valait mieux agir autrement. Il retourna dans sa chambre et attendit que le jeune moine sortît de la sienne. Ce dernier, bien qu'il fût fort occupé par l'extrême plaisir qu'il prenait avec la jeune fille, se tenait cependant sur ses gardes. Ayant cru entendre un bruit de pas dans le couloir, il mit l'œil au trou de la serrure; il vit parfaitement l'abbé en train d'écouter, et il comprit bien que ce dernier avait pu s'apercevoir qu'une femme était dans sa cellule. De quoi, sachant qu'il devait lui advenir une grande punition, il fut fort chagrin. Pourtant, sans rien montrer de son ennui à la jeune fille, il se mit à chercher en toute hâte s'il ne pourrait trouver aucun moyen de salut. C'est alors qu'il lui vint à l'esprit une nouvelle ruse qui le fit parvenir à ses fins. Feignant d'être assez demeuré avec la jeune fille, il lui dit : « — Je vais chercher un moyen « de te faire sortir d'ici sans que tu sois vue; pour cela, « attends-moi tranquillement jusqu'à ce que je revienne. — » Puis il sortit, ferma la cellule à clef et s'en alla droit à la chambre de l'abbé lui présenter la clef, ainsi que chaque moine faisait quand il sortait, et il lui dit d'un air calme :
« — Messire, je n'ai pu ce matin faire rentrer tout les bois « que j'avais fait couper ; en conséquence, avec votre per-

« mission, je vais aller à la forêt et le faire transpor-
« ter. — »

« L'abbé, afin de mieux constater la faute commise, et
voyant que le moine ne s'était point aperçu qu'il l'avait vu,
se réjouit de cet incident, prit la clef et lui donna la permission demandée. Dès qu'il l'eut vu partir, il se mit à réfléchir sur ce qu'il valait mieux faire, ou bien ouvrir la
cellule en présence de tous et leur montrer la faute, pour
qu'ensuite ils n'eussent pas occasion de murmurer contre lui
quand il punirait le moine, ou bien apprendre par la jeune
fille même comment la chose s'était passée. Et songeant à
part lui que celle-ci pouvait être la femme ou la fille d'un
homme auquel il n'aurait pas voulu faire cette honte de la
montrer à tous les moines, il résolut de voir d'abord qui
elle était, et de prendre ensuite un parti. Il s'en alla doucement à la cellule, l'ouvrit, entra et referma la porte. La
jeune fille, voyant entrer l'abbé, toute éperdue et tremblant
de honte, se mit à pleurer. Messire l'abbé ayant jeté l'œil
sur elle et la voyant belle et fraîche, sentit, quelque vieux
qu'il fût, l'aiguillon de la chair non moins vif que ne l'avait
senti son jeune moine, et il se mit à dire en lui-même :
« — Eh! pourquoi ne prendrais-je pas du plaisir quand je
« puis en avoir? Avec cela que les privations et les ennuis
« seront toujours prêts tant que je voudrai ! Voilà une belle
« jeune fille, et personne au monde ne sait qu'elle est ici.
« Si je puis la décider à satisfaire mes désirs, je ne vois pas
« pourquoi je ne le ferais pas. Qui le saura? Personne ne
« le saura jamais, et péché caché est à moitié pardonné.
« Cette occasion ne se représentera peut être jamais plus.
« J'estime qu'il est grandement sage de prendre le bien
« quand Dieu vous l'envoie. — » Ce disant, et ayant du tout
au tout changé le projet pour lequel il était venu, il s'approcha de la jeune fille, se mit à la consoler doucement et à
lui dire de ne pas pleurer, et, de parole en parole, il finit
par lui exprimer son désir. La jeune fille, qui n'était ni de
fer ni de diamant, se plia très complaisamment au désir de
l'abbé, lequel l'ayant saisie dans ses bras et embrassée à
plusieurs reprises, monta avec elle sur le lit du moine.
Mais songeant au poids considérable de sa dignité et à l'âge
tendre de la jeune fille, craignant peut-être de la blesser sous
sa corpulence, il ne se mit pas sur elle ; il la fit mettre sur
lui, et, dans cette posture, se divertit longtemps avec elle.

« Le moine qui avait fait semblant d'aller au bois, s'était
caché dans le dortoir. Dès qu'il vit l'abbé entrer dans sa
chambre, il fut tout de suite rassuré, comprenant que sa
ruse devait réussir, et quand il vit fermer la porte en
dedans, il en fut certain. Sortant de l'endroit où il était, il
s'en vint doucement regarder par une fente, et il vit et en-

tendit tout ce que l'abbé faisait et disait. Lorsqu'il parut à l'abbé être assez demeuré avec la jeune fille, il l'enferma dans la cellule et retourna à sa chambre. Peu après, entendant venir le moine, et croyant qu'il revenait du bois, il s'apprêta à le réprimander fortement et à le faire mettre au cachot, afin de posséder à lui seul la proie si bien gagnée. L'ayant fait appeler, il l'admonesta gravement et d'un ton sévère, et ordonna qu'il fût conduit au cachot. Le moine répondit prestement : « — Messire, je ne suis pas encore « assez resté dans l'ordre de Saint-Benoît, pour pouvoir en « connaître toutes les règles. Vous ne m'aviez pas encore « montré que les moines dussent s'humilier sous les femmes « comme dans les jeûnes et dans les veilles. Mais mainte- « nant que vous me l'avez montré, je vous promets, si vous « me pardonnez pour cette fois, de ne plus jamais pécher en « cela, mais de faire toujours comme je vous ai vu faire.—» L'abbé qui était un homme avisé, comprit sur-le-champ que non-seulement le moine avait plus d'esprit que lui, mais qu'il avait vu ce qu'il avait fait. Pour quoi, se reprochant sa propre faute, il eut honte d'infliger au moine une punition qu'il avait méritée aussi bien que lui. Il lui pardonna, et après lui avoir recommandé le silence sur ce qu'il avait vu, ils firent sortir sans bruit la jeune fille, et il est à croire qu'ils durent la faire rentrer plus d'une fois depuis. — »

NOUVELLE V

La marquise de Montferrat, au moyen d'un repas uniquement composé de poules, et avec quelques paroles gracieuses, reprime le fol amour du roi de France.

La nouvelle contée par Dioneo amena tout d'abord quelque vergogne au cœur des dames qui l'écoutaient, vergogne qui se manifesta par une honnête rougeur sur leur visage. Puis, se regardant les unes les autres, et pouvant à peine tenir leur sérieux, elles écoutèrent en riant sous cape. Mais quand la nouvelle fut finie, la reine, après avoir gourmandé Dioneo, et lui avoir fait comprendre que de semblables récits ne devaient pas être faits devant des dames, se retourna vers la Fiametta qui était assise sur l'herbe auprès de lui, et lui ordonna de suivre l'ordre adopté. Celle-ci commença gracieusement et d'un air joyeux : « — De même que je vois avec plaisir que nous ayons entrepris de prouver par nos récits la force des belles et promptes réponses, et combien les hommes ont raison de chercher à aimer toujours une dame de plus haut lignage qu'eux, je crois aussi que c'est chez les dames une grande prévoyance que de savoir se garder de prendre de l'amour pour un homme de plus haute condition qu'elles. Il m'est donc venu à l'esprit, mes belles dames, de vous démontrer, dans la nouvelle que j'ai à vous dire, comment, par ses actes et ses paroles, une gente dame se garda de ce péril et en écarta autrui.

« Le marquis de Montferrat, homme d'une grande vaillance et gonfalonier de l'Église, avait passé les mers pour suivre une croisade générale faite à main armée par les Chrétiens. Comme on parlait de sa valeur à la cour du roi Philippe le Borgne, lequel s'apprêtait lui aussi à partir de France pour la même croisade, un chevalier prétendit qu'il n'y avait pas sous les étoiles un couple pareil au marquis et à sa femme, attendu que, autant le marquis l'emportait en tout sur les autres chevaliers, autant la dame l'emportait sur les autres femmes du monde par sa beauté et sa vertu. Ces paroles entrèrent de telle façon dans l'esprit du roi de France, que sans avoir jamais vu cette dame, il se mit soudain à l'aimer avec passion, et résolut, pour faire le voyage qu'il projetait, de ne pas prendre la mer ailleurs qu'à Gênes, pour ce que, allant jusque-là par terre, il aurait une occasion favorable d'aller voir la marquise, songeant aussi que, si le marquis était absent, il pourrait mener son désir à bonne fin. Et, comme il l'avait résolu, il fit : c'est pourquoi, ayant envoyé en avant le gros de ses gens, il se mit lui-même en route avec peu de serviteurs et de gentilshommes. Arrivé près des terres du marquis, il envoya un jour à l'avance prévenir la dame qu'elle l'attendît pour déjeuner le matin suivant. La dame, sage et avisée, répondit gracieusement que c'était pour elle une faveur au-dessus de toute autre, et qu'il serait le bienvenu. Puis elle se mit à réfléchir sur ce que voulait dire la visite d'un pareil roi, alors que son mari était absent, et elle ne se trompa point en pensant que c'était sa réputation de beauté qui l'amenait; néanmoins, en vaillante dame, elle se disposa à lui faire honneur. Elle fit prévenir ceux de ses gentilshommes qui étaient restés auprès d'elle, et préparer, après avoir pris leurs conseils, tout ce qu'il fallait, mais elle voulut ordonner autant de poules qu'il y en avait dans le pays, elle ordonna elle seule le festin et les mets. Ayant fait rassembler sans retard à ses cuisiniers de préparer uniquement ce genre de mets pour le royal convive.

« Au jour dit, le roi arriva et fut reçu par la dame avec grande fête et grand honneur. Comme il la regardait, elle lui parut belle et avenante bien au delà de ce qu'il avait pu en juger par les paroles du chevalier; il s'en émerveilla beaucoup et lui fit force compliments, son désir s'allumant d'autant plus qu'il trouvait que la dame surpassait l'idée qu'il s'en était faite auparavant. Après qu'il eût pris quelque repos dans des appartements richement décorés de tout ce qui convenait pour recevoir un tel personnage, et l'heure du dîner étant venue, le roi et la marquise s'assirent à la même table, tandis que les autres convives, selon leur qualité, prirent place aux autres tables. On servit alors successivement au roi des plats nombreux, des vins excellents et rares, et comme en outre il ne cessait de regarder complaisamment la belle marquise, il éprouvait un grand plaisir. Pourtant les plats se succédant les uns aux autres, le roi commença à s'étonner un peu en voyant que les mets, très variés comme assaisonnement, se composaient uniquement de poules. Bien qu'il connût le pays où il était comme étant très copieux en gibier de diverses espèces, et qu'il eût annoncé son arrivée à la dame assez tôt pour qu'elle pût faire chasser, cependant, quel que fût son étonnement, il ne voulut pas en prendre occasion pour le lui témoigner, si ce n'est au sujet de ses poules : et s'étant tourné vers elle d'un air joyeux, il lui dit : « — Madame, est-ce qu'en ce « pays il ne naît que des poules, sans aucun coq ? — » La marquise comprit très bien la question, et il lui sembla que, suivant son désir, Dieu l'avait envoyée en temps opportun pour faire connaître ses dispositions. A la demande du roi, elle se tourna vers lui et lui répondit avec franchise : « — Monseigneur, non ; mais les femmes, bien qu'elles « diffèrent entre elles par les vêtements et les dignités, sont toutes faites ici comme ailleurs. — » Le roi, à ces paroles, comprit très bien la raison pour laquelle on lui avait servi un repas tout en poules, ainsi que la sagesse cachée sous cette réponse. Il s'aperçut qu'il perdrait son éloquence avec une pareille femme et que ce n'était point le lieu d'employer la force. Pourquoi, de même qu'il s'était enflammé inconsidérément pour elle, il comprit qu'il fallait sagement pour son honneur éteindre le feu si malencontreusement allumé. Sans plus dire un mot, craignant ses réponses, il renonça à tout espoir et, le dîner fini, afin de couvrir par un prompt départ le motif de sa visite déshonnête, il la remercia de l'honneur qu'il avait reçu d'elle, la recommanda à Dieu, et partit pour Gênes. — »

NOUVELLE VI

Un brave homme confond par un bon mot la méchante hypocrisie des gens de religion.

Après que toutes les dames eurent approuvé la courageuse et spirituelle leçon donnée par la marquise au roi de France, Émilia, qui était assise près de la Fiametta, commença, sur le bon plaisir de la reine, à parler ainsi : « Moi non plus je ne vous cacherai pas la leçon donnée par un courageux séculier à un religieux avare, au moyen d'un mot non moins plaisant que recommandable.

« Donc, ô chères jeunes dames, il y avait, dans notre cité, il n'y a pas encore grand temps de cela, un frère mineur, inquisiteur de l'hérésie perverse, lequel, bien qu'il s'efforçât de paraître un saint et zélé partisan de la religion chrétienne, comme il font tous, n'était pas moins bon investigateur de qui avait la bourse pleine, que de quiconque se sentait du refroidissement pour la foi. Comme il se donnait beaucoup de mal pour cela, il lui tomba par aventure entre les mains un bonhomme beaucoup plus riche d'argent que de sens, et qui, non par irréligion, mais par bêtise et peut-être échauffé par le vin ou par un excès de joie, en était venu à dire un jour, dans une réunion d'amis, qu'il avait un vin si bon que le Christ lui-même en boirait. Ce propos ayant été rapporté à l'inquisiteur, celui-ci, sachant que les richesses du bonhomme étaient grandes et sa bourse bien gonflée, courut impétueusement, *cum gladiis et fustibus*, lui intenter un bon procès, prévoyant bien qu'il en résulterait sinon une amélioration dans la croyance de l'inculpé, du moins une abondance de florins soutirés de sa poche, comme il advint, du reste. L'ayant fait appeler, il lui demanda si ce qui avait été dénoncé sur son compte était vrai. Le bonhomme répondit que oui. A quoi le très saint inquisiteur, qui était un dévot de saint Jean-Barbe-d'Or, dit : — Donc, « tu as fait du Christ un buveur, un amateur de vins exquis, « comme s'il était Cinciglione, ou quelque autre de vos « ivrognes, piliers de taverne ; et maintenant, d'un air « humble, tu veux nous faire croire que c'est là une faute « tout à fait légère ! elle n'est pas comme elle te paraît ; tu « aurais mérité le feu, si nous voulions agir envers toi « comme nous le devrions. — » C'est en ces termes, suivis de beaucoup d'autres semblables, et d'un ton menaçant, comme si le pauvre diable eût été Épicure niant l'immortalité des âmes, qu'il lui parla. Il ne tarda pas à lui faire une telle peur, que le bonhomme, au moyen de personnes intermédiaires, lui fit graisser la main avec une bonne quantité de graisse de saint Jean-Bouche-d'Or — laquelle guérit souverainement la maladie d'avarice des clercs et spécialement des frères mineurs qui n'osent toucher de l'argent — afin qu'il agît miséricordieusement à son égard. Ce baume dont — bien qu'il soit très actif — Galien ne parle dans aucune partie de son livre sur la médecine, opéra si bien, que le feu dont il avait été menacé se changea en une simple croix. Comme s'il eût dû traverser la mer pour aller en croisade, on lui mit sur le dos, afin de lui faire une plus belle bannière, une croix jaune sur un fond noir. En outre, l'argent promis ayant été payé, on le retint pendant plusieurs jours encore, lui donnant pour pénitence d'entendre chaque matin la messe à Sainte-Croix, et de se présenter devant l'inquisiteur un peu avant l'heure du repas ; pour le reste du jour, on le laissa libre de faire ce qui lui plairait.

« Le bonhomme accomplissant régulièrement sa pénitence, il advint qu'un matin, à la messe, il entendit un évangile dans lequel on chantait : *vous recevrez cent pour un, et vous posséderez la vie éternelle,* paroles qu'il retint très exactement dans sa mémoire. Suivant l'ordre qui lui avait été donné, s'étant ensuite présenté à l'heure du repas devant l'inquisiteur, il le trouva en train de dîner. L'inquisiteur lui ayant demandé s'il avait entendu la messe le matin, il lui répondit aussitôt : « — Oui messire. — » A quoi l'inquisiteur dit : « — Y as-tu entendu quelque chose dont tu
« puisses douter, ou sur laquelle tu aies à m'interro-
« ger ? — » « — Certes — répondit le bonhomme — je n'ai
« de doute sur aucune des choses que j'ai entendues ; je les
« tiens toutes au contraire pour vraies. J'en ai même en-
« tendu une qui m'a fait avoir de vous et de vos autres con-
« frères très grande compassion, pensant à la mauvaise si
« tuation que vous devez avoir dans l'autre vie ? — » L'inquisiteur dit alors : « — Et quelle est cette parole qui t'a
« ému de compassion pour nous ? — » Le bonhomme reprit :
« — Messire, c'est cette parole de l'Évangile qui dit : *vous recevrez cent pour un.* — » L'inquisiteur dit : « Cette parole
« est vraie ; mais pourquoi t'a-t-elle ému ? — » « — Mes-
« sire — répondit le bonhomme — je vais vous le dire.
« Depuis que je viens ici, j'ai vu chaque jour donner au
« dehors à une foule de pauvres gens tantôt un, tantôt deux
« grandissimes chaudrons de bouillon que l'on prend aux
« moines de ce couvent et à vous, comme superflu. Pourquoi,
« si l'on vous rend là-bas cent pour un, vous en aurez tant,
« que vous devrez tous vous y noyer. — » Tous les convives assis à la table de l'inquisiteur se mirent à rire ; mais l'inquisiteur, comprenant que ceci était une satire de leur hypo-

crisie en fait d'aumônes, se troubla tout à fait. Et n'eût été qu'il avait déjà été blâmé de ce qu'il avait fait, il aurait suscité au bonhomme un nouveau procès, pour avoir mordu par un bon mot lui et les autres moines fainéants. Dans son dépit, il lui ordonna de faire désormais ce qu'il voudrait, sans plus se présenter devant lui. — »

NOUVELLE VII

Bergamino, en contant une nouvelle concernant Primasso et l'abbé de Cluny, critique honnêtement un trait inaccoutumé d'avarice chez messer Can della Scala.

La gentillesse d'Émilia et sa plaisante nouvelle excitèrent le rire de la reine et des autres assistants, qui louèrent beaucoup la présence d'esprit de ce nouveau croisé. Mais quand les rires furent apaisés et que chacun eût fait silence, Philostrate, dont le tour était venu de conter, se mit à parler de la façon suivante : « —C'est une belle chose, valeureuses dames, que d'atteindre un but qui ne bouge pas ; mais ce qui est presque merveilleux, c'est lorsqu'un archer frappe à l'improviste un objet qui vient à se montrer tout à coup. La vie lourde et vicieuse des clercs, qui se signale par une perversité constante en tant de choses, donne sans trop de difficultés matière à parler, à mordre et à reprendre à tous ceux qui veulent le faire. C'est pourquoi, quelque bien que fît le bonhomme, en blâmant l'inquisiteur sur l'hypocrite charité des moines, qui donnent aux pauvres ce qu'ils devraient donner aux porcs ou jeter à la rue, j'estime qu'il faut encore plus louer celui dont je vais parler et dont la précédente nouvelle me fait souvenir. S'adressant à messer Can della Scala, magnifique seigneur, il le critiqua sur une subite et inusitée avarice apparut en lui, au moyen d'une ingénieuse nouvelle, où il fit figurer, sous le couvert d'autrui, ce que de lui et de Can della Scala il voulait dire. Voici cette nouvelle :

« Comme l'éclatante renommée le proclame quasi par le monde entier, messer Can della Scala, à qui la fortune fut favorable en beaucoup de choses, fut un des plus notables et des plus magnifiques seigneurs que l'on ait connus en Italie depuis l'empereur Frédéric II jusqu'alors. Ayant résolu de donner à Vérone une grande et merveilleuse fête, à laquelle devaient venir de toute part nombre de gens et principalement des artistes de toute sorte, messer Can changea subitement d'idée, qu'elle qu'en fût la raison, et après avoir richement gratifié ceux qui étaient venus, il les congédia.

Un seul, nommé Bergamino, habile et beau parleur au point que ceux-là seuls pouvaient le croire qui l'avaient entendu, ne reçut aucun cadeau, et comme il n'avait pas été congédié, il était resté, espérant qu'il finirait par obtenir satisfaction. Mais messer Can avait pensé que, quoi qu'il pût lui donner, ce serait chose plus perdue que s'il l'avait jeté au feu ; c'est pourquoi il ne lui avait rien dit ni rien fait dire. Bergamino, au bout de quelques jours, voyant qu'on ne l'appelait en aucune façon pour ce qui concernait son métier, et dépensant beaucoup à l'auberge avec ses chevaux et ses domestiques, commença à s'inquiéter. Cependant, il attendait toujours, car il ne lui paraissait pas convenable de partir ainsi. Il avait apporté avec lui trois beaux et riches vêtements qui lui avaient été donnés par d'autres seigneurs pour paraître honorablement à la fête. Comme son hôte voulait être payé, il lui en donna d'abord un ; puis, son séjour se prolongeant, il se décida, pour pouvoir rester plus longtemps à l'auberge, à lui donner le second. Enfin, il se mit à vivre sur le troisième, résolu à rester tant qu'il durerait, puis à partir.

« Or, pendant qu'il mangeait sur son troisième habit, il advint qu'un jour, messer Can étant à dîner, il se présenta devant lui avec un visage fort mélancolique. Ce que voyant, messer Can, plus pour se gausser de lui que pour jouir de sa réponse, lui dit : « — Bergamino, qu'as-tu pour être si mé-« lancolique ? Dis-nous-en la raison. — » Alors Bergamino, sans avoir l'air de réfléchir, bien qu'il y eût longtemps réfléchi, se mit à débiter sur-le-champ cette nouvelle, fort à point pour son propre cas : « Monseigneur, vous saurez que « Primasso fut un grammairien fort expert, et en outre « grand et habile versificateur parmi tous les autres. Ces « talents le rendirent si estimable et si célèbre, que, bien « qu'il ne fût pas connu de vue partout, personne, grâce à « son nom et à sa renommée, n'ignorait ce que c'était que « Primasso. Or, il advint que, se trouvant un jour à Paris, « dans un état misérable, comme cela lui arrivait la plupart « du temps, car son savoir était peu apprécié des gens « riches, il ouit parler de l'abbé de Cluny, qui passe pour « le prélat le plus riche en revenus que possède l'Église « après le Pape. Il entendit raconter de lui de merveilleuses « et magnifiques choses, entre autres qu'il tenait cour ou-« verte, et que jamais personne, se présentant là où il était, « ne s'était vu refuser le manger ni le boire, pourvu qu'il « allât le réclamer quand l'abbé était à table. Ce qu'enten-« dant Primasso, qui aimait à fréquenter les hommes géné-« reux et les grands seigneurs, il résolut d'y aller pour voir « la munificence de cet abbé, et s'informa à quelle distance « de Paris il demeurait. Il lui fut répondu que l'abbé pos-« sédait une maison à six milles environ ; sur quoi Primasso

« pensa qu'il pourrait, en partant le matin de bonne heure,
« s'y trouver à l'heure du repas. Il se fit donc enseigner le
« chemin ; mais n'ayant trouvé personne qui y allât, il crai-
« gnit par aventure de se tromper et d'aller à un endroit où
« il ne trouverait rien à manger ; pour quoi, dans cette pré-
« vision et afin de ne pas souffrir de manque de nourriture,
« il songea à emporter avec lui trois pains, se disant que,
« quant à l'eau, bien qu'elle fût peu de son goût, il en trou-
« verait partout. Après avoir serré ses pains sur sa poitrine,
« il se mit en route et marcha si bien, qu'il arriva, avant
« l'heure du repas, là où se trouvait l'abbé. Étant entré dans la
« maison, il regarda de tous côtés, et voyant le grand nom-
« bre de tables mises, les grands apprêts de la cuisine et
« tout ce qui avait été préparé pour le dîner, il se dit à lui-
« même : vraiment, c'est aussi magnifique qu'on le dit. Il
« était depuis un moment à regarder toutes ces choses, lors-
« que le sénéchal de l'abbé, l'heure de manger étant venue,
« ordonna de donner l'eau pour les mains, et cela ayant été
« fait, fit asseoir chaque convive à table. Il advint par hasard
« que Primasso fut assis juste en face de la porte de la
« chambre d'où l'abbé devait sortir pour venir dans la salle
« à manger. Il était d'usage dans cette maison, que ni vin,
« ni eau, ni rien qui se pût manger ou boire, fût posé sur
« les tables avant que l'abbé ne se fût assis. Le sénéchal
« ayant donc fait placer tout le monde, fit dire à l'abbé que,
« quand il lui plairait, le repas était prêt. L'abbé fit ouvrir
« sa chambre pour passer dans la salle du festin, et, tout en
« venant, regarda machinalement devant lui. Par aventure,
« la première personne qui frappa ses regards fut Primasso,
« dont les habits étaient fort délabrés et qu'il ne connaissait
« pas de vue. A peine l'eût-il aperçu, qu'il lui vint à l'es-
« prit une pensée mauvaise, comme il n'en avait jusque-là
« jamais eu, et il se dit : « — Voyez à qui je donne mon bien à
« manger ! — » Et, revenant sur ses pas, il ordonna de refermer
« la porte, et demanda à ceux qui étaient près de lui si quel-
« qu'un connaissait ce ribaud qui était assis à table en face
« de la porte de sa chambre. Chacun répondit que non.
« Primasso qui avait envie de manger, comme quelqu'un
« qui avait marché et qui n'avait pas déjeuné à son heure
« habituelle, après avoir attendu un peu, et voyant que
« l'abbé ne venait pas, tira de son sein un des pains qu'il
« avait apportés et se mit à manger. L'abbé, après quelques
« minutes d'attente, ordonna à un de ses valets de voir si
« Primasso était parti. Le valet répondit : « — Non, messire ;
« au contraire, il mange du pain, ce qui prouve qu'il en a
« apporté avec lui. — » L'abbé dit alors : « — Eh bien ! qu'il
« mange le sien, s'il en a, car il ne mangera pas du nôtre
« aujourd'hui. — » L'abbé aurait désiré que Primasso s'en

« allât de lui-même, car il ne lui semblait pas bien de le
« renvoyer. Primasso, ayant mangé un de ses pains, et l'abbé
« ne venant pas encore, se mit à manger le second, ce qui
« fut également rapporté à l'abbé, qui avait encore envoyé
« voir s'il était parti. Enfin, l'abbé ne venant toujours pas,
« Primasso, son second pain mangé, se mit à entamer le
« troisième, ce qui fut encore dit à l'abbé, lequel commença
« à réfléchir et à se dire : — Eh ! quelle nouvelle idée m'est
« aujourd'hui venue ! quelle avarice, quel dédain, et pour
« qui ! voilà des années que je donne mon bien à manger à
« qui en a voulu, sans regarder s'il est gentilhomme ou
« vilain, pauvre ou riche, marchand ou pirate ; je l'ai vu
« dévorer sous mes yeux par une infinité de ribauds, et ja-
« mais il ne m'est entré dans l'esprit cette pensée qui m'est
« venue pour celui-ci. Certainement l'avarice ne doit point
« m'avoir assailli pour un homme de peu ; ce doit être un
« homme de grande valeur, celui qui m'a paru être un ri-
« baud, puisque mon esprit s'est ainsi ravisé de lui faire
« honneur. — Ainsi dit, il voulut savoir qui il était, et ayant
« appris que c'était Primasso qui était venu voir par lui-
« même la munificence dont il avait entendu parler, et le
« connaissant déjà de réputation pour un homme de valeur,
« il eut honte, et, décidé à réparer sa faute, il s'empressa de
« lui faire honneur de toute façon. Après le dîner, selon
« qu'il convenait à la qualité de Primasso, il le fit vêtir no-
« blement, lui donna de l'argent et un palefroi, et lui permit
« de rester ou de s'en aller selon son plaisir. De quoi Pri-
« masso, satisfait, lui rendit les meilleures grâces qu'il put,
« et s'en retourna à cheval vers Paris, d'où il était venu à
« pied. — »

« Messer Can, qui était un seigneur intelligent, n'eut pas
besoin d'autre démonstration pour comprendre ce que voulait dire Bergamino et lui dit en souriant : « — Bergamino,
« tu m'as très adroitement montré mes torts, ton mérite et
« mon avarice, et ce que tu désires de moi. Et vraiment, je
« n'ai jamais été, comme aujourd'hui pour toi, assailli par
« l'avarice. Mais je la chasserai avec le bâton que toi-même
« m'as indiqué. — » Et ayant fait payer l'hôtelier de Bergamino, il lui donna un de ses plus beaux habits, de l'argent,
un cheval, et lui laissa la liberté de rester ou de s'en aller,
selon son plaisir. — »

NOUVELLE VIII

Guiglielmo Borsiere, avec quelques mots polis, perce jusqu'au vif messer Ermino de' Grimaldi sur son avarice.

Après Philostrate venait Lauretta. Quand elle eut entendu bien louer l'ingéniosité de Bergamino, sentant que c'était à elle à dire quelque chose, sans en attendre l'ordre, elle commença ainsi : « — Chères compagnes, la précédente nouvelle m'amène à vous dire de quelle façon également un vaillant homme de cour flagella, non sans avantage pour lui, la cupidité d'un riche marchand ; et bien que cette cupidité ressemble à celle qui a été décrite dans la dernière nouvelle, elle ne devra pas moins vous intéresser, si vous songez au bien qui en advint en définitive.

« Il fut donc à Gênes, il y a déjà bon temps, un gentilhomme nommé messire Ermino de' Grimaldi, lequel, suivant la croyance générale, était, par ses immenses domaines et par son argent comptant, de beaucoup le plus riche de tous les plus riches citoyens qu'on connût alors en Italie. Mais, de même qu'il surpassait en richesse tous ses compatriotes, il surpassait en avarice et en ladrerie tous les ladres et tous les avares du monde ; car non-seulement il tenait la bourse serrée quand il s'agissait de recevoir honorablement quelqu'un, mais il s'imposait les plus grandes privations pour ce qui concernait sa personne, dans la crainte de dépenser, à l'encontre des Génois, qui ont l'habitude de se vêtir somptueusement ; et il en agissait de même pour le boire et le manger. Pour quoi, on lui avait très justement enlevé son nom de Grimaldi, et chacun se contentait de l'appeler messer Ermino Avarizia. Or, pendant qu'à ne rien dépenser il accumulait trésors sur trésors, il arriva à Gênes un vaillant homme de cour aux belles manières et beau parleur, appelé Guiglielmo Borsiere, fort différent des courtisans d'aujourd'hui, lesquels, à leur grande vergogne, imitent les mœurs corrompues et blâmables de ceux qui veulent être appelés gentilshommes et seigneurs de renom, et ne sont que des ânes, ayant été élevés dans la grossièreté naturelle aux hommes les plus vils, plutôt que dans les cours. Oui, là où jadis les gentilshommes faisaient consister leur métier à ramener la paix parmi les princes entre lesquels étaient nées des guerres et des querelles ; à s'occuper de mariages, de parentés, d'alliances ; à récréer par de bons mots les esprits des gens fatigués ; à faire l'amusement des cours, ou bien, par de sévères et paternelles réprimandes, à flétrir les vices des méchants — et tout cela pour de très légères récompenses — on les voit aujourd'hui s'ingénier à passer leur temps à dire du mal les uns des autres; à semer la zizanie; à dire de tristes méchancetés et, ce qui est pis, à en commettre en vue de tous; à divulguer, faussement ou non, les malheurs, les hontes et les sujets de tristesse de chacun : enfin à pousser, à l'aide de fausses promesses, les gens de bien aux choses viles et scélérates. Et celui-là est estimé le plus, celui-là est le plus honoré et le plus comblé de faveurs parmi ces seigneurs misérables et déhontés, qui dit les paroles les plus abominables ou qui fait les actes les plus vils : grande honte et grand blâme pour le monde actuel, et preuve trop évidente que la vertu, dont ils se sont depuis longtemps écartés, a été délaissée par les malheureux vivants pour se vautrer dans la tourbe des vices.

« Mais, revenant à ce que j'avais commencé et dont une juste indignation m'a détourné plus que je ne croyais, je dis que le susdit Guiglielmo fut honoré par tous les gentilshommes de Gênes et fréquenté volontiers par eux. Étant demeuré quelques jours dans la ville, et ayant entendu raconter beaucoup de choses touchant la ladrerie et l'avarice de messer Ermino, il voulut le voir. Messer Ermino avait déjà entendu dire combien ce Guiglielmo Borsiere était homme de valeur, et ayant en soi, quelque avare qu'il fût, un reste de gentilhommerie, il le reçut avec des paroles très amicales et d'un visage joyeux, et se mit à causer longuement avec lui sur des sujets nombreux et variés. Tout en causant de la sorte, il le conduisit, ainsi que les autres Génois qui étaient en sa compagnie, dans une maison neuve et très belle qu'il venait de faire construire, et après la lui avoir montrée tout entière, il lui dit : « — Eh! messire Gui« glielmo, vous qui avez vu et entendu nombre de choses, « pourriez-vous m'en indiquer une qui n'ait jamais été vue « et que je pourrais faire peindre dans le salon de cette « maison? — » A quoi Guiglielmo, entendant cette demande inconvenante, répondit : « — Messire, je ne me croirais « pas capable de vous indiquer quelque chose qui n'ait jamais « été vu, si ce n'est peut-être des éternuements ou choses « semblables, mais si cela vous plaît, je vous indiquerai « bien une chose que je ne crois pas que vous ayez jamais « vue. — » Messer Ermino, ne s'attendant pas à ce qu'il devait lui répondre, dit : « — Eh! je vous prie, dites-moi quelle « est cette chose. — » Sur quoi Guiglielmo lui dit alors sans hésiter : « — Faites-y peindre la Libéralité. — » Dès que messer Ermino cût entendu ces mots, il fut pris subitement d'une vergogne telle, qu'elle eut la force de lui inspirer un esprit tout opposé à celui qu'il avait eu jusqu'alors, et il dit: « — Messire Guiglielmo, je l'y ferai peindre de façon que

« jamais ni vous, ni d'autres, ne pourrez me dire avec raison
« que je ne l'ai ni vue ni connue. — » Et telle fut la vertu de
la parole dite par Guiglielmo, qu'à partir de ce moment, il
fut le plus libéral et le plus généreux de tous les gentilshommes de son temps, celui qui honora le plus les étrangers et ses compatriotes. — »

NOUVELLE IX

Le roi de Chypre, piqué au vif par une dame de Gascogne, devient homme d'é-
nergie, de pusillanime qu'il était.

Il ne restait plus qu'Élisa à recevoir l'ordre de la reine.
Sans l'attendre, elle commença toute joyeuse : « — Jeunes
dames, il est advenu déjà souvent que ce que des réprimandes nombreuses et de fréquentes punitions n'ont pu
faire sur un homme, un mot, dit par hasard bien plus
qu'avec intention, l'a opéré. C'est ce qui est fort bien apparu dans la nouvelle contée par la Lauretta, et je prétends vous le démontrer encore par une autre nouvelle
très courte. Pour quoi, comme les bonnes choses peuvent
toujours être utiles, on doit les écouter avec attention, quel
que soit le narrateur.

« Je dis donc qu'au temps du premier roi de Chypre,
après la conquête de la Terre-Sainte par Godefroi de Bouillon, il advint qu'une gente dame de Gascogne alla en pèlerinage au Saint-Sépulcre. A son retour, elle passa à Chypre,
où elle fut cruellement outragée par quelques scélérats. De
quoi ne pouvant se consoler, elle pensa à aller se réclamer
du roi. Mais on lui dit qu'elle perdrait sa peine, pour ce que
le roi était de nature si pusillanime et tellement bon à rien,
que loin de venger les injures faites aux autres, il supportait avec une lâcheté blâmable celles qu'on lui faisait ; à tel
point, que quiconque avait quelque sujet de courroux contre
lui pouvait se soulager en l'insultant. Ce qu'entendant la
dame, et désespérant d'obtenir vengeance ni soulagement à
son chagrin, elle résolut de flétrir la lâcheté du susdit roi.
S'étant présentée tout en pleurs devant lui, elle dit : « — Mon
« Seigneur, je ne viens pas en ta présence parce que j'at-
« tends de toi vengeance de l'injure qui m'a été faite ;
« mais puisque tu ne peux me donner cette satisfaction,
« je te prie de m'enseigner comment tu fais pour souffrir
« les injures que j'entends dire que l'on te fait, afin que,
« me modelant sur toi, je puisse supporter patiemment la
« mienne que, Dieu le sait, je te donnerais volontiers si je

« le pouvais, attendu que tu les supportes si bien. — » Le roi, qui avait été jusqu'alors insouciant et nonchalant, comme s'il se réveillait d'un long sommeil, commença par venger sévèrement l'injure faite à la dame, et se montra rigide punisseur de quiconque porta depuis atteinte à l'honneur de sa couronne ou commit quelque chose contre lui. — »

NOUVELLE X

Maître Albert de Bologne fait honnêtement rougir une dame qui avait voulu lui faire honte de ce qu'il était amoureux d'elle.

Élisa s'étant tue, la reine restait la dernière à conter sa nouvelle. Elle se mit gracieusement à parler, et dit: « — Valeureuses jeunes femmes, comme dans les nuits sereines les étoiles sont l'ornement du ciel, et comme, au printemps, les fleurs sont l'ornement des prés verts, ainsi les bons mots sont l'ornement des belles manières et des entretiens agréables. Ces bons mots, pour ce qu'ils sont brefs, conviennent beaucoup mieux aux dames qu'aux hommes, quoique aujourd'hui il existe peu ou pas de femme qui comprenne un bon mot ou qui, si elle l'avait compris, sût y répondre; je le dis à la honte générale et de nous et de toutes celles qui vivent. La raison en est que la supériorité qui était dans l'esprit des femmes d'autrefois, les femmes actuelles l'ont reportée sur les ornements du corps; de sorte que celle à qui l'on voit sur le dos les vêtements les plus voyants, les plus bigarrés, les plus ornés, tout le monde croit devoir la priser et l'honorer plus que les autres, sans songer que si l'on posait toutes ces choses sur l'échine ou sur le dos d'un âne, cet âne en porterait encore plus qu'aucune d'elles, et qu'ainsi elle ne doit pas en être plus honorée qu'un âne. J'ai vergogne de l'avouer, parce que je ne puis rien dire contre les autres que je ne dise contre moi-même : ces femmes si parées, si fardées, si bigarrées, sont comme des statues de marbres muettes et insensibles, ou bien, si elles répondent quand on les interroge, feraient beaucoup mieux de se taire. Elles donnent à entendre que c'est de la pureté d'âme que provient leur impuissance à soutenir la conversation avec les hommes de valeur, et, à leur bêtise, elles donnent le nom d'honnêteté, comme s'il n'y avait de femme honnête que celle qui cause avec sa servante, sa lavandière ou sa boulangère. Mais si la nature l'avait voulu ainsi, comme elles essaient de le faire croire, elle leur aurait limité bien plus qu'elle ne l'a fait la faculté de babiller. Il est vrai que,

comme en toute autre chose, il faut en celle-ci considérer
et le temps, et le lieu et la personne avec qui l'on parle ;
car parfois il advient que celui, homme ou femme, qui
croyait avec un bon mot en faire rougir un autre, et qui
n'avait pas bien mesuré ses forces avec celles de son interlocuteur, a vu se retourner contre lui-même l'embarras où
il croyait jeter autrui. Pour quoi, afin que vous sachiez
prendre garde à vous, et pour qu'en outre vous ne donniez
pas prétexte à répéter ce proverbe qui se dit communément
partout, qu'en toutes choses les femmes vont toujours au
pire, je veux que la dernière nouvelle d'aujourd'hui, celle
qu'il m'appartient de vous dire, vous fasse bien comprendre
que, puisque vous êtes au-dessus des autres par la noblesse
de l'esprit, vous devez vous montrer également supérieures
par l'excellence des manières.

« Il n'y a pas encore beaucoup d'années, vivait à Bologne un très grand médecin, dont la réputation, répandue
dans le monde entier, survit peut-être encore, et qui s'appelait maître Albert. Il était déjà vieux et approchait de
soixante ans ; mais il avait une telle élévation d'esprit que,
bien que la chaleur naturelle eût à peu près abandonné son
corps, il ne put éviter les atteintes des amoureuses flammes,
ayant vu à une fête une très belle dame, veuve et appelée,
selon ce que disent quelques-uns, madame Malgherida de'
Ghisolieri. Elle lui plut souverainement, tout comme s'il
eût été jeune homme, et dans son cœur mûr, il ressentit
une si veuve ardeur, qu'il lui était impossible de bien reposer
la nuit, si, la veille, il n'avait pas vu le charmant visage de
la dame, objet de ses désirs. Aussi, passait-il continuellement, tantôt à pied, tantôt à cheval, selon que cela lui était
le plus commode, devant la maison de sa belle. Celle-ci, et
plusieurs autres dames, ne tardèrent pas à deviner le motif de ces allées et venues, et, à plusieurs reprises, elles
rirent fort entre elles de voir un homme si vieux d'ans et de
sens, pris d'amour, comme si elles avaient cru que cette
passion si agréable naissait uniquement dans les cervelles
vides des jeunes gens, et ne pouvait entrer ni rester dans
d'autres. Pour quoi, les promenades de maître Albert continuant, il advint qu'un jour de fête, cette dame étant avec
plusieurs de ses amies assise sur le devant de sa porte, elles
le virent de loin venir vers elles. Aussitôt, elles résolurent
de l'appeler et de le bien accueillir, puis de le railler sur son
amour ; et ainsi firent-elles. S'étant donc toutes levées, et
l'ayant invité à s'arrêter, elles le menèrent dans une cour
pleine de fraîcheur, où elles firent apporter des vins fins et
des confetti. Enfin, avec de belles et avenantes paroles, elles
lui demandèrent comment il pouvait se faire qu'il se fût
énamouré de cette belle dame qu'il savait bien être aimée

par un grand nombre de beaux et jeunes gentilshommes.

« Le maître se sentant très courtoisement attaqué, fit joyeux visage et dit : « — Madame, que j'aime, cela ne doit
« être sujet d'étonnement pour aucune personne sage et spé-
« cialement pour vous, pour ce que vous méritez d'être aimée,
« mais si les forces que réclament les amoureux exercices
« sont naturellement ravies aux hommes âgés, la bonne vo-
« lonté ne leur est point ravie pour cela, ni le discernement
« de ce qu'il faut aimer, ce qui est d'autant plus prisé par
« eux qu'ils ont là-dessus plus d'expérience que les jeunes
« gens. L'espoir qui me pousse, moi vieillard, à vous aimer,
« vous qui êtes aimée de tant de jeunes hommes, est celui-
« ci : plusieurs fois déjà j'ai vu des dames collationner avec
« des lupins et des porreaux. Et bien que dans le porreau
« rien ne soit bon, cependant la partie la moins fade et la
« moins désagréable est la tête ; pourtant, vous toutes, exci-
« tées par un appétit à rebours, vous le tenez par la tête et
« mangez les feuilles, qui non-seulement ne sont bonnes à
« rien, mais ont un mauvais goût. Que sais-je, Madame, si
« dans le choix de vos amants vous ne faites pas de même !
« Et si vous faisiez ainsi, je serais celui que vous choisiriez,
« tandis que vous repousseriez les autres. — » La gente dame
ainsi que ses compagnes rougirent quelque peu, et elle dit ;
« — Maître vous nous avez très bien et très courtoisement
« punies de notre présomption ; toutefois votre amour m'est
« cher comme celui d'un sage et vaillant homme. Pour ce,
« mon honneur sauf, disposez sûrement de moi selon votre
« plaisir, comme de votre chose. — » Le maître s'étant levé
avec ses compagnont, remercia la dame, et, riant et d'un
air de fête, prit congé d'elle et partit. Ainsi la dame, ne s'avisant pas qui elle raillait, croyant vaincre, fut vaincue. De
quoi, vous-mêmes, si vous êtes sages, vous vous garderez
expressément. — »

Déjà le soleil inclinait à l'heure de vesprée, et la chaleur
avait en grande partie diminué, quand les nouvelles des
jeunes dames et des trois jeunes gens se trouvèrent être finies. Pour quoi, leur reine dit très gracieusement : « — Désormais, chères compagnes, il ne reste plus autre chose à
faire sous mon commandement, pour la présente journée,
que de vous donner une nouvelle reine qui, suivant sa fantaisie, disposera de son temps et du nôtre dans un honnête
plaisir ; et quant à ce qu'il reste de jour d'ici à la nuit, comme
il arrive parfois que celui qui ne prend pas ses précautions à
temps peut se trouver embarrassé plus tard, et afin que ce
que la nouvelle reine décidera pour demain matin se puisse
préparer en temps opportun, je pense qu'il faut commencer
dès maintenant les journées suivantes. C'est pourquoi, en
considération de Celui par qui tout vit et qui est notre uni-

que consolation, Philomène, jeune dame très discrète, guidera notre royaume en qualité de reine pendant la journée de demain. — » Ayant ainsi parlé, elle se leva, ôta la guirlande de laurier de sa tête et la mit respectueusement sur celle de Philomène que tous, elle la première, et après elle les autres dames et les jeunes gens, saluèrent comme reine, et dont chacun s'empressa gaiement de reconnaître la souveraineté.

Philomène, après avoir un peu rougi de vergogne en se voyant couronnée du signe de la royauté, et se rappelant les paroles dites peu auparavant par Pampinea, afin de ne point paraître sotte, reprit son assurance habituelle, et tout d'abord confirma tous les offices donnés par Pampinea et disposa ce qu'il y avait à faire pour la matinée suivante et pour le futur dîner, disant qu'on demeurerait là où l'on était. Puis elle se mit à parler ainsi : « — Très chères compagnes, quoique Pampinea, par sa courtoisie bien plus que pour mon propre mérite, m'ait fait votre reine à toutes, je ne suis pas pour cela disposée, dans votre manière de vivre, à suivre seulement mon avis, mais à consulter aussi le vôtre. Et afin que vous sachiez ce qu'il me paraît bon de faire, et que vous puissiez par conséquent y ajouter ou en retrancher à votre fantaisie, j'entends vous l'expliquer en peu de mots. Si j'ai bien pris garde aujourd'hui aux façons d'agir de Pampinea, elles m'ont semblé aussi louables que pleines d'agrément, et pour ce, jusqu'à ce que, par une trop longue continuation ou par un autre motif, elles nous deviennent ennuyeuses, je ne pense pas qu'il faille les changer. Donc, après être convenus de ce que nous aurons à faire en commençant, nous nous lèverons d'ici, nous irons nous reposer un peu, et dès que le soleil sera près de se coucher, nous souperons à la fraîche. Puis, après quelques chansons et autres passe-temps, il sera bon d'aller dormir. Demain matin, levés à la fraîcheur, nous irons nous divertir quelque part, selon qu'il sera à chacun le plus agréable, et, comme aujourd'hui nous avons fait, nous reviendrons manger à l'heure voulue ; nous danserons, puis, ayant achevé notre sieste ainsi que nous l'avons fait aujourd'hui, nous reviendrons ici conter des nouvelles, ce qui, à mon avis, constitue une grande part de notre plaisir et nous est fort utile. Il est vrai que ce que Pampinea n'a pu faire à cause de l'heure tardive de son élection à la royauté, je veux commencer de le faire, c'est-à-dire, imposer à tous la limite dans laquelle se restreindront nos nouvelles, et vous le bien expliquer d'avance, afin que chacun ait le temps de songer à quelque belle nouvelle sur la donnée proposée, laquelle, si cela vous plaît sera celle-ci : attendu que, dès le commencement du monde, les hommes dans maints cas différents ont été le jouet de la fortune, et qu'ils le seront jusqu'à la fin, chacun devra parler sur ceux qui, après avoir été molestés par diverses choses, sont, au-delà de leur espérance, arrivés à joyeux résultat. — »

Les dames ainsi que les hommes approuvèrent cet ordre et dirent qu'ils le suivraient. Seul, Dioneo, tous les autres se taisant, dit : « — Madame, comme tous les autres, je déclare agréable et recommandable l'ordre donné par vous ; mais je vous requiers un don de grâce spéciale, lequel don je désire qu'on me le concède pour tout le temps que notre société durera, et c'est celui-ci, à savoir que je ne sois pas contraint à cette loi de dire ma nouvelle selon la donnée proposée, si je ne le veux pas, mais que je puisse conter celle qui me plaira. Et pour que personne ne croie que je requiers cette faveur en homme qui n'a point de nouvelles en mains, je désire être jusqu'à nouvel ordre le dernier à conter. — » La reine qui le connaissait pour un homme gai et de joyeuse humeur, comprit très bien qu'il ne demandait cela que pour reposer la société par quelque nouvelle joyeuse, quand elle serait fatiguée, et, avec le consentement des autres, elle lui accorda gracieusement cette faveur. Alors, s'étant levés, ils se dirigèrent à pas lents vers un ruisseau limpide qui descendait d'une montagne en une vallée ombragée d'arbres nombreux, à travers des rochers et de verts herbages. Là, s'étant déchaussés et les bras nus, ils entrèrent dans l'eau et se livrèrent à des ébats variés ; puis, l'heure du repas approchant, ils s'en revinrent au palais et soupèrent avec un vif plaisir. Après le souper, ayant fait apporter les instruments, la reine ordonna qu'une danse fût organisée, et la Lauretta la conduisant, elle dit à Emilia de chanter une chanson accompagnée par le luth de Dioneo. Pour obéir à cet ordre, Lauretta organisa prestement une danse et la conduisit, pendant qu'Emilia chantait amoureusement la canzone suivante :

Je suis si amoureuse de ma beauté,
    Que d'un autre amour jamais
    N'aurai, je crois, souci ni désir.

J'y vois, chaque fois que je me regarde en un miroir,
    Ce bien qui rend l'esprit content,
    Et aucun accident nouveau ou pensée ancienne
    Ne peut me priver de ce cher plaisir.
    Pourrai-je voir jamais
    Quelqu'un qui me mette au cœur un nouveau désir ?

Ce bien ne fuit pas quand je veux
  Le contempler encore pour ma satisfaction ;
  Au contraire, il accourt au-devant de mes yeux,
  Si suave à ressentir, qu'aucune parole
  Ne le pourrait dire, ni être comprise
  D'aucun mortel jamais
  Qui ne brûlerait pas d'un semblable désir.

Et moi, qui m'enflamme de plus en plus à chaque heure.
  Plus je tiens les yeux fixés sur lui,
  Plus je m'y donne, plus je m'y livre toute,
  Goûtant déjà un peu de ce qu'il m'a promis ;
  Et j'en espère encore par la suite plus grande joie,
  Ainsi faite que jamais
  On ne sente ici-bas pareil désir.

Cette petite ballade finie, et tous y ayant joyeusement répondu, bien que ses paroles eussent donné fort à penser à quelques-uns, on se livra à d'autres danses ; puis, une partie de la nuit étant déjà passée, il plut à la reine de mettre fin à la première journée. Ayant fait allumer les torches, elle ordonna que tous allassent se reposer jusqu'au lendemain matin ; ce que chacun, ayant regagné sa chambre, s'empressa de faire.

DEUXIÈME JOURNÉE

La première Journée du Decaméron finie, commence la deuxième, dans laquelle, sous le commandement de Philomène, on devise de ceux qui, après avoir été molestés par diverses choses, sont, au delà de leur espérance, arrivés à joyeux résultat.

Déjà, avec sa lumière, le soleil avait porté partout le jour nouveau, et les oiseaux, éparpillés sur les vertes branches, en rendaient par leurs chants joyeux témoignage aux oreilles, lorsque les dames et les trois jeunes gens s'étant levés, pénétrèrent dans les jardins. Là, foulant à pas lents les herbes humides de rosée, faisant de belles guirlandes, ils se promenèrent longtemps de côté et d'autre. Et comme ils avaient fait le jour précédent, ainsi ils firent en ce présent jour : après avoir mangé au frais et s'être livrés à quelques danses, ils allèrent se reposer ; puis s'étant levés après none, ainsi qu'il plut à leur reine, et s'étant réunis dans le pré rempli de fraîcheur, ils s'assirent autour de Philomène. Celle-ci, qui était belle et d'aspect fort agréable, resta un instant sans rien dire, couronnée de sa guirlande de lauriers. Quand elle eut bien inspecté de l'œil toute la compagnie, elle ordonna à Néiphile de donner le signal des nouvelles en en contant une. Néiphile, sans chercher à s'excuser, se mit d'un air joyeux à parler ainsi :

NOUVELLE I

Martellino feint d'être perclus et de recouvrer la santé sur le corps de saint Arrigo. Sa fourberie ayant été reconnue, il est battu, mis en prison, et en grand danger d'être pendu. Finalement, il en échappe.

« — Souventes fois, très chères dames, il est advenu que celui qui s'était ingénié à rire d'autrui, et notamment à propos des choses que l'on doit respecter, s'est retrouvé seul avec ses mauvaises plaisanteries et le blâme qu'elles lui ont attiré. Donc, pour obéir au commandement de la reine, et pour entrer par ma nouvelle dans le sujet proposé, j'entends vous conter ce qui, d'abord malencontreusement, puis, hors de toute prévision, arriva très heureusement à un de nos concitoyens.

« Il n'y a pas encore longtemps, il y avait à Trévise un Allemand nommé Arrigo, lequel, étant pauvre, servait pour de l'argent de portefaix à qui réclamait ses services ; toutefois, il était tenu par tous pour un homme de sainte et bonne vie. Que ce fût vrai ou faux, il arriva qu'à l'heure de sa mort, selon ce que les Trévisans affirment, toutes les cloches de la principale église de Trévise se mirent à sonner sans être tirées par personne. Cela ayant passé pour un miracle, chacun soutenait que cet Arrigo était un saint ; aussi la population de la cité accourut-elle à la maison où gisait le corps, et on le transporta comme on eût fait de celui d'un saint à l'église principale, suivi des boîteux, des paralytiques, des aveugles, et de tous les gens atteints d'une infirmité quelconque, comme si tous, en touchant le corbillard, devaient recouvrer la santé.

« Au milieu d'un tel tumulte et concours de peuple, arrivèrent à Trévise trois de nos concitoyens, dont l'un était nommé Stecchi, l'autre Martellino et le troisième Marchese, et qui, visitant les cours des princes, amusaient par leurs bouffonneries et les bons tours qu'ils jouaient. N'étant jamais venus à Trévise, et voyant courir tout le monde, ils s'étonnèrent, et ayant appris le motif de ce tumulte, il leur vint envie d'y aller et de voir. Après qu'ils eurent fait déposer leurs bagages dans une auberge, Marchese dit :
« — Nous voulons aller voir ce saint ; mais pour mon compte
« je ne vois pas comment nous pourrons y parvenir, car
« j'ai entendu dire que la place est remplie d'Allemands et
« d'autres gens d'armes que le gouverneur de cette ville y
« fait stationner afin qu'on ne commette pas de désordres.
« En outre, l'église, à ce qu'on dit, est tellement pleine de
« monde, que personne ne peut plus y entrer. — » Alors, Martellino qui désirait voir le spectacle, dit : « — Je ne m'ar-
« rête point à cela, car je trouverai bien un moyen d'arriver
« jusqu'au corps du saint. — » Marchese dit : « — Com-
« ment ? — » Martellino répondit : « — Je vais te le dire. Je
« ferai comme si j'étais paralytique ; toi, d'un côté,
« et Stecchi de l'autre, vous me soutiendrez comme si je ne
« pouvais marcher seul, et vous ferez semblant de vouloir
« me mener là, afin que le saint me guérisse ; il n'y aura
« personne qui, voyant cela, ne nous fasse place et ne nous
« laisse passer. — » Le moyen plut à Marchese et à Stecchi, et sans plus de retard ils sortirent de l'auberge.

« Arrivés en un endroit où ils étaient seuls, Martellino se tordit les mains, les doigts, les bras, les jambes, ainsi que la bouche, les yeux et tout le visage, de si merveilleuse façon, qu'aucun de ceux qui l'auraient vu, n'aurait pu dire qu'il n'était pas vraiment perclus et paralysé de toute sa personne. Ainsi contrefait et soutenu par Marchese et Stecchi, ils se dirigèrent tous trois vers l'église, d'un air plein de piété, et demandant humblement pour l'amour de Dieu, à tous ceux qui se trouvaient devant eux, de leur faire place, ce qu'ils obtenaient tout de suite. En peu de temps, tout le monde les regardant et criant : faites place, faites place ! ils parvinrent à l'endroit où était déposé le corps de saint Arrigo. Aussitôt, quelques galants hommes qui étaient autour prirent Martellino et le placèrent sur le corps, pour qu'à ce contact il revînt à la santé. Martellino, tout le monde étant attentif à ce qu'il adviendrait de lui, après être resté quelque temps dans cette position, se mit, comme quelqu'un qui savait parfaitement jouer ce rôle, à faire semblant d'étendre l'un de ses doigts, puis la main, puis le bras, et tout le reste du corps. Ce que voyant la foule, une si grande rumeur s'éleva en faveur de saint Arrigo, que le tonnerre n'aurait pu se faire entendre.

« Par aventure, se trouvait près de là un Florentin qui connaissait bien Martellino, mais qui ne l'avait pas reconnu quand on l'avait amené, à cause de son déguisement. Le voyant redressé, et l'ayant reconnu, il se mit sur-le-champ à rire et à dire : « — Dieu le punisse ! qui n'aurait cru, en
« le voyant venir, qu'il était véritablement paralysé ? — »
Ces paroles furent entendues de quelques habitants de Trévise qui demandèrent aussitôt : « — Comment, il n'était
« point paralysé ? — » A quoi le Florentin répondit :
« — Non pas, grâce à Dieu ; il a toujours été aussi droit que
« n'importe lequel de nous ; mais, comme vous avez pu le
« voir, il sait mieux que personne faire des contorsions et
« se contrefaire comme il veut. — » A peine ces gens eurent-ils entendu cela, qu'ils n'en demandèrent pas davantage ; se frayant de force un passage, ils se mirent à crier :
« — Qu'on s'empare de ce traître, ce contempteur de Dieu
« et des saints, qui n'étant nullement paralysé, pour se mo-
« quer de notre saint et de nous, est venu ici comme s'il
« l'était. — » Et ce disant, ils le saisirent, et l'ayant entraîné loin de là, ils le prirent par les cheveux, lui arrachèrent tous les vêtements qu'il avait sur le dos, et se mirent à lui donner force coups de poing et coups de pied. Il n'y avait pas un seul des assistants qui ne se ruât à cette besogne. Martellino criait : pour Dieu ! grâce ! et se défendait tant qu'il pouvait ; mais cela ne lui servait à rien, la foule qui l'entourait devenant de plus en plus épaisse.

« Ce que voyant, Stecchi et Marchese commencèrent à se dire entre eux que la chose allait mal, et craignant pour eux-mêmes, ils hésitaient à le secourir. Bien plus, ils criaient avec les autres qu'il fallait le mettre à mort, songeant néanmoins comment ils pourraient le tirer des mains du peuple qui l'aurait certainement tué, si une idée n'était venue subitement à Marchese. Tous les familiers de la Seigneurie étant dehors, Marchese, le plus vite qu'il put, s'en alla trouver celui qui remplaçait le podestat et dit : « — Justice, au nom « de Dieu ! il y a là-bas un méchant homme qui m'a volé « ma bourse avec cent florins d'or. Je vous prie de le faire « prendre, afin que je retrouve mon bien. — » Dès qu'on eût entendu sa plainte, une douzaine de sergents coururent à l'endroit où le malheureux Martellino était peigné sans peigne ; avec la plus grande peine du monde pour percer la foule, ils l'arrachèrent de ses mains, tout rompu et tout moulu, et le conduisirent au palais. Un grand nombre de gens l'y suivirent, prétendant qu'il s'était joué d'eux, et ayant appris qu'il avait été arrêté comme coupeur de bourses, il leur parut qu'il n'y avait pas de meilleure occasion pour se venger de lui, de sorte que chacun se mit à dire aussi qu'il lui avait enlevé sa bourse. Ce qu'entendant, le juge du podestat, qui était un homme brutal, le fit prestement mener en un lieu sûr et se mit à l'interroger. Mais Martellino répondit en plaisantant, tenant cette accusation pour peu sérieuse ; de quoi le juge courroucé le fit lier à l'estrapade où il le fit traiter de la bonne manière, afin de lui faire avouer ce qu'on lui reprochait et le faire ensuite pendre par la gorge. Quand on l'eût reposé par terre, le juge, lui demandant de nouveau si ce qu'on avait dit contre lui était vrai, Martellino, voyant qu'il ne lui servait à rien de dire non, dit : « — Monseigneur, je suis prêt à confesser la vérité, « mais faites dire d'abord à chacun de ceux qui m'accusent « quand et où je lui ai coupé sa bourse, et je vous dirai ce « que j'ai fait et ce que je n'ai pas fait. — » Le juge dit : « — Ceci me plaît. — » Et en ayant fait appeler quelques-uns, l'un dit que sa bourse lui avait été coupée huit jours auparavant, l'autre six, un autre quatre, et quelques-uns le jour même. Ce qu'entendant, Martellino dit : « — Monsei-« gneur, ils mentent tous par la gorge. Mais la preuve que « moi je vous ai dit la vérité, c'est que je ne suis jamais venu « en cette ville, sinon depuis peu d'heures. Et à peine y ai-je « été arrivé, que je suis allé, pour ma mésaventure, voir le « corps du saint, où j'ai été coiffé comme vous pouvez voir. « Et vous pouvez vous assurer de la vérité de ce que je dis, « par l'officier de la Seigneurie qui préside à l'arrivée des « étrangers, ainsi que par son livre, et enfin par mon hôte-« lier. Pour quoi, si vous trouvez que tout s'est passé comme

« je vous dis, vous ne voudrez pas, sur les instances de ces
« méchants hommes, me torturer et me mettre à mort. — »

« Pendant que les choses en étaient à ce point, Marchese et Stecchi, qui avaient appris que le juge du podestat procédait sérieusement contre lui et l'avait déjà mis à l'estrapade, furent pris de grande peur et se dirent : « — Nous avons « mal fait ; nous l'avons tiré de la poêle, pour le jeter dans « le feu. — » Pour quoi, ayant cherché avec sollicitude partout, et ayant réussi à retrouver leur hôtelier, ils lui contèrent l'aventure. De quoi celui-ci riant beaucoup, les mena à un certain Sandro Agolanti qui habitait Trévise et avait grand crédit auprès du gouverneur, et lui ayant dit en détail tout ce qu'il en était, il se joignit à eux pour le prier de s'occuper des intérêts de Martellino. Sandro, après avoir bien ri, s'en alla trouver le gouverneur et demanda qu'on fît venir Martellino, ce qui fut fait. Ceux qui allèrent le chercher, le trouvèrent encore en chemise devant le juge, fort ému et ayant grand peur, pour ce que le juge ne voulait entendre aucune raison. Au contraire, ayant par aventure les Florentins en haine, il était tout disposé à le faire pendre, et ne voulait pas, tout d'abord, le céder au gouverneur ; il ne le fit que contraint à et contre cœur. Lorsque Martellino fut devant le gouverneur, et après qu'il lui eût tout dit, il le pria pour grande grâce de le laisser aller, car avant qu'il ne fût de retour à Florence, il lui semblerait toujours avoir la corde au cou. Le gouverneur rit beaucoup de cette aventure, et fit donner un vêtement à chacun de trois compagnons ; après quoi ils s'en retournèrent chez eux sains et saufs, sortis, contre toute espérance, d'un si grand péril. — »

NOUVELLE II

Renauld d'Asti, ayant été dévalisé, arrive à Castel-Guiglielmo où il reçoit l'hospitalité d'une dame veuve. Après avoir été dédommagé de toutes ses pertes, il retourne chez lui sain et sauf.

Les dames rirent sans mesure des infortunes de Martellino racontées par Néiphile, et, parmi les jeunes gens, ce fut Philostrate qui rit le plus. Comme il était assis près de Néiphile, la reine lui ordonna de conter après elle. Sans aucun retard, il commença ainsi : « — Belles dames, il faut que je vous conte une nouvelle où les choses de la religion seront en partie mêlées à des mésaventures ainsi qu'à des scènes d'amour, et qui certainement ne pourra qu'être avantageuse à entendre, spécialement par ceux qui voyagent à travers les pays peu sûrs de l'amour, où quiconque n'a pas dit la patenôtre de saint Julien est bien souvent mal logé, encore qu'il ait bon lit.

« Donc, au temps du marquis Azzo de Ferrare, un marchand nommé Renauld d'Asti était venu à Bologne pour ses affaires. Après les avoir terminées, et comme il s'en revenait chez lui, il advint qu'au sortir de Ferrare, et chevauchant du côté de Vérone, il rencontra des gens qui paraissaient être des voyageurs et qui étaient en réalité des brigands et des hommes de méchante vie et condition, avec lesquels il fit route en causant imprudemment. Ces gens, voyant qu'il était marchand, et pensant qu'il devait porter de l'argent sur lui, formèrent le projet de le voler au premier moment qu'ils verraient propice. Pour ce, afin qu'il ne prît aucun soupçon, ils s'en allaient avec lui, parlant, en gens modestes et de condition paisible, de choses honnêtes et loyales, et se faisant, autant qu'ils pouvaient et savaient, humbles et doux envers lui ; pour quoi Renauld s'estimait très heureux de les avoir rencontrés, pour ce qu'il était seul avec un de ses domestiques qui l'accompagnait, à cheval. Ainsi cheminant, et passant, comme il advient dans les conversations, d'une chose à une autre, ils en vinrent à parler des prières que les hommes adressent à Dieu, et l'un des brigands — ils étaient trois — dit à Renauld : — Et vous, mon « gentilhomme, quelle oraison avez-vous l'habitude de dire « en voyageant ? — » A quoi Renauld répondit : « — De « vrai, je suis un homme matériel et grossier, et j'ai peu « d'oraisons en mains ; je vis à l'antique et je laisse courir « deux sols pour vingt-quatre derniers. Mais néanmoins, « j'ai toujours eu l'habitude en voyageant de dire, le matin « quand je quitte l'auberge, une patenôtre et un ave Maria « pour l'âme du père et de la mère de saint Julien ; après « quoi, je prie Dieu et saint Julien de me donner bon logis « pour la nuit suivante. Et très souvent déjà, pendant ma « vie, je me suis trouvé dans mes voyages en de grands pé- « rils ; non seulement j'en ai toujours échappé, mais la nuit « d'après j'ai trouvé bon gîte et bonne auberge. Pour quoi, « j'ai la ferme croyance que saint Julien, en l'honneur de qui « je dis cette oraison, m'a obtenu cette grâce de Dieu. Et il « ne me semblerait pas que la journée pût se bien passer, ni « qu'il pût m'advenir heureusement pour la nuit d'après, si « je ne l'avais pas dite le matin. — » A quoi celui qui avait fait la demande dit : « — Et ce matin, l'avez-vous dite ? —» A quoi Renauld répondit : « — Oui bien. — » Alors son interlocuteur qui savait ce qui devait s'en suivre, dit en lui-même : « — Tu en auras besoin, car si aucun empêche- « ment ne survient, à mon avis, tu seras cependant mal

« logé.—» Puis il lui dit : »— Moi aussi, j'ai déjà bien voyagé
« et je n'ai jamais dit cette oraison, quoique je l'aie entendu
« recommander par bon nombre de gens, et malgré cela, il
« ne m'est jamais arrivé d'être logé autrement que très
« bien. Il est vrai qu'à la place de cette oraison, j'ai l'habi-
« tude de réciter le *derupesti*, ou la *intemerata*, ou le *de pro-*
« *fundis*, dont la vertu est grande, comme avait coutume de
« me dire ma grand'mère. — »

« Ainsi parlant de choses et d'autres et poursuivant leur route, en attendant le lieu et le moment propices à leur mauvais dessein, il advint qu'un soir, au delà de Castel-Guiglielmo, au passage d'une rivière, les trois compagnons voyant l'heure avancée, l'endroit solitaire et sombre, se jetèrent sur Renauld, le volèrent et l'ayant laissé à pied et en chemise, s'en allèrent en lui disant : « — Va, et vois si ton « saint Julien te donnera bon logis cette nuit, car le nôtre « nous en donnera un excellent. — » Et ayant passé la rivière, ils continuèrent leur chemin. Quant au domestique de Renauld, le voyant attaqué, comme un poltron qu'il était, il n'essaya pas la moindre tentative pour le défendre, mais faisant faire volte face au cheval qu'il montait, il ne cessa de courir jusqu'à ce qu'il fût à Castel-Guiglielmo où, le soir étant déjà venu, il se logea sans prendre plus de souci.

« Renauld, resté en chemise et à pied, le froid étant très grand et la neige tombant avec force, ne savait que faire ; voyant la nuit venir, transis et claquant des dents, il se mit à regarder s'il n'apercevrait pas autour de lui quelque refuge où il pût passer la nuit, afin de ne pas mourir de froid. Mais n'en voyant aucun—la contrée avait été un peu auparavant en guerre et tout avait été brûlé—et saisi par le froid, il se dirigea en courant vers Castel-Guiglielmo, ne sachant pas si son domestique s'était réfugié là ou ailleurs, et pensant que, s'il pouvait y entrer, Dieu lui enverrait du secours. Mais la nuit obscure le surprit à plus d'un mille encore de la ville, de sorte qu'il y arriva si tard qu'il trouva les portes fermées et les ponts levés, et qu'il ne put y entrer. Désolé, inconsolable, se lamentant, il regardait autour de lui s'il ne pourrait du moins trouver un endroit où il ne recevrait pas la neige sur le dos, lorsqu'il vit par hasard une maison qui avançait un peu en dehors des remparts, et sous la saillie de laquelle il résolut de se mettre pour attendre le jour. Y étant allé, il y trouva une porte ; malheureusement, elle était fermée. Devant la porte, se trouvait amassée un peu de paille ; triste et dolent, il s'y coucha, ne cessant de se plaindre à saint Julien, et disant que ce n'était pas là ce qu'avait mérité la foi qu'il avait en lui. Mais saint Julien, ayant jeté les yeux sur le pauvre diable, lui prépara sans retard un bon gîte.

« Il y avait alors dans Castel-Guiglielmo une dame veuve

et plus belle de corps que n'importe qui ; le marquis Azzo qui l'aimait plus que sa propre vie, la tenait là à sa disposition. La susdite veuve habitait justement dans la maison sous laquelle Renauld s'était décidé à rester. Par aventure, le marquis avait fait dire la veille, à sa maîtresse, qu'il viendrait passer la nuit chez elle, où il avait ordonné de préparer en secret un bain et un excellent souper. Tout étant prêt, et la dame n'attendant plus que la venue du marquis, il advint qu'un messager se présenta aux portes de la ville, portant au marquis des nouvelles qui le firent subitement monter à cheval. Pour quoi, ayant envoyé dire à la dame qu'elle ne l'attendît pas, il se mit sur-le-champ en route. La dame, quelque peu désappointée, ne sachant que faire, se décida à entrer dans le bain préparé pour le marquis, puis à souper et à se mettre au lit.

« Étant donc entrée dans le bain qui se trouvait tout à côté de la porte où le malheureux Renauld s'était tapis hors de la ville, la dame entendit les gémissements et le claquement de dents de Renauld qui semblait changé en cigogne. Ayant appelé sa servante, elle lui dit : « — Va là-haut, et « regarde hors des remparts qui est au pied de cette porte « et ce qu'on y fait. — » La servante y alla, et la transparence de l'atmosphère aidant, elle vit Renauld en chemise et nu, assis en cet endroit comme je vous l'ai dit, et tremblant de toutes ses forces ; pour quoi elle lui demanda qui il était. Renauld, tremblant si fort qu'il pouvait à peine prononcer une parole, lui dit le plus brièvement qu'il put qui il était, comment et pourquoi il était là ; puis il se mit à la supplier, si cela se pouvait, de ne pas le laisser mourir de froid pendant la nuit. La servante, apitoyée, revint trouver la dame et lui conta tout. Celle-ci, émue aussi de pitié, se rappela qu'elle avait la clef de cette porte qui servait parfois aux entrées clandestines du marquis, et dit : « — Va « vite lui ouvrir. Le souper est prêt et personne ne le man- « gerait, et nous avons de quoi le loger. — » La servante ayant vivement approuvé la dame de son humanité, retourna vers Renauld, lui ouvrit et le fit entrer. La dame le voyant presque raide de froid, lui dit : « — Et vite, brave « homme, entrez dans ce bain qui est encore chaud. — » Et lui, sans attendre plus longue invitation, le fit volontiers, et tout réconforté par la chaleur, il lui sembla ressusciter. Pendant ce temps, la dame lui fit tenir prêts des vêtements que son mari portait peu avant sa mort. Lorsqu'il les eut revêtus, ils semblaient qu'il eussent été faits pour lui. Alors, attendant les ordres de la dame, il se mit à remercier saint Julien qui l'avait délivré de la mauvaise nuit à laquelle il s'attendait, et l'avait conduit à bonne auberge à ce qu'il lui semblait.

« La dame, après s'être reposée un peu, fit faire un grand feu dans une de ses chambres, s'y installa et demanda des nouvelles du brave homme. A quoi la servante répondit : « — Madame, il s'est habillé; c'est un bel homme, et il a « tout l'air d'être une personne de bien et de bonnes maniè-« res. — » « — Va donc — dit la dame — appelle-le et dis-« lui qu'il vienne ici près du feu où il soupera, car je sais « qu'il n'a pas soupé. — » Renaud, entré dans la chambre et voyant la dame, la salua respectueusement et lui rendit grâces de son mieux pour sa bonne action. La dame, l'ayant vu et entendu, et le trouvant tel que la servante avait dit, l'accueillit d'un air joyeux. Elle le fit asseoir familièrement devant le feu à côté d'elle et l'interrogea sur l'accident qui l'avait amené là. Sur quoi, Renauld lui conta tout par ordre. La dame avait, par suite de l'arrivée à Castel-Guiglielmo du domestique de Renauld, entendu parler de cette affaire, ce qui fit qu'elle ajouta foi à ce qu'il lui disait; elle lui apprit à son tour ce qu'elle savait au sujet de son domestique, et où il pourrait facilement le trouver le lendemain matin. Puis, la table mise, Renauld, sur les instances de la dame, et après qu'ils se furent tous deux lavé les mains, se mit à souper. Il était grand de sa personne, beau et agréable de figuré, et de manières gracieuses et avenantes; c'était un homme d'âge moyen. La veuve l'ayant regardé à plusieurs reprises, le trouva fort à son goût, et l'appétit de la concupiscence se trouvant réveillé en elle par l'idée que le marquis devait venir coucher avec elle, elle se mit en tête d'en devenir amoureuse.

« Donc, après le souper, s'étant levée de table, elle prit conseil de sa servante pour savoir s'il ne lui semblerait pas juste que, puisque le marquis s'était moqué d'elle, elle usât du bien que la fortune lui envoyait. La servante, voyant le désir de la dame, l'engagea le plus qu'elle put et qu'elle sut à contenter ce désir. Quant à la dame, retournée près du feu où elle avait laissé Renauld seul, elle se mit à le regarder amoureusement et lui dit : « — Eh! Renauld, pourquoi êtes-« vous si pensif? Ne croyez-vous pas que vous pourrez être « dédommagé d'un cheval et de quelques vêtements que « vous avez perdus? Rassurez-vous et tenez-vous en joie; « vous êtes chez vous; même, je veux vous dire davantage, « car vous voyant sur le dos ces habits qui appartiennent à « mon défunt mari, il m'a semblé que c'était lui, et il m'est « venu ce soir cent fois le désir de vous accoler et baiser; et « si je n'avais craint de vous déplaire, je l'eusse certaine-« ment fait. — » Renauld, entendant ces paroles et voyant le feu des regards de la dame, en homme qui n'est point sot, s'avança vers elle les bras ouverts et lui dit : « — Madame, « quand je songe que c'est grâce à vous que je puis dire

« désormais que je suis en vie, et d'où vous m'avez tiré, je
« crois que ce serait grande injure de ma part si je ne m'em-
« pressais de faire tout ce qui peut vous être agréable. Donc,
« contentez votre désir de m'accoler et me baiser, car moi, je
« vous accolerai et baiserai plus que volontiers. — » Après
cela, plus n'était besoin de paroles. La dame toute allumée
d'amoureux désirs, se jeta prestement dans ses bras, et après
que mille fois, la serrant étroitement, il l'eût embrassée et
eût été embrassé par elle, ils se levèrent de là, s'en allèrent
dans la chambre et sans plus de retard, s'étant déshabillés,
pleinement et à de nombreuses reprises, avant que le jour
vînt, ils satisfirent leurs désirs.

« Mais dès que l'aurore vint à paraître, selon le bon plaisir
de la dame, ils se levèrent, afin que cette aventure ne pût
être soupçonnée par personne ; elle lui donna des vêtements
en assez mauvais état et ayant rempli sa bourse d'argent, elle
le pria de tenir tout ceci caché ; enfin, après lui avoir montré
le chemin qu'il devait prendre pour retrouver son domestique, elle le fit sortir par la porte où il était entré. Le jour
étant tout à fait revenu et les portes ayant été ouvertes, il
entra dans Castel-Guiglielmo comme s'il arrivait de loin et
retrouva son domestique. Pour quoi, ayant revêtu les habits
qu'il avait dans sa valise, il se disposait à monter sur le
cheval de son domestique, lorsqu'il advint, comme par
miracle, que les trois brigands qui l'avaient volé la veille
furent pris à la suite d'un nouveau méfait et conduits en
cette ville. Sur leurs aveux, on lui restitua son cheval, ses
vêtements et son argent. Il ne perdit pas autre chose qu'une
paire de jarretières dont les brigands ne se rappelèrent pas
ce qu'ils avaient fait. Pour quoi Renauld, rendant grâce à
saint Julien, monta à cheval et retourna sain et sauf chez
lui. Quant aux trois brigands, ils allèrent, dès le lendemain,
battre l'air de leurs talons. — »

NOUVELLE III

Trois jeunes gens, ayant dissipé leur avoir, tombent dans la misère. Leur neveu, revenant désespéré chez lui, fait la rencontre d'un abbé qui se trouve être la fille du roi d'Angleterre, laquelle l'épouse, répare les pertes de ses oncles et les rétablit dans leur premier état.

Les dames écoutèrent avec admiration le récit des aventures de Renauld d'Asti, louèrent sa dévotion, et rendirent
grâce à Dieu et à saint Julien, qui, au moment où il en avait
le plus besoin, lui avaient porté secours. On n'en accusa

pas plus pour cela de sottise — bien que ceci fût dit tout bas — la dame qui avait su prendre le bien que Dieu lui avait envoyé chez elle. Pendant que l'on discourait en riant sur la bonne nuit qu'elle avait passée, Pampinea, qui était assise à côté de Philostrate, voyant que c'était à son tour de conter, se mit à songer à ce qu'elle avait à dire, puis, après avoir reçu l'ordre de la reine, non moins résolue que joyeuse, elle commença à parler ainsi : « — Valeureuses dames, plus on parle des agissements de la Fortune, et plus, à qui veut y bien regarder, il reste à dire. Et de cela personne ne doit s'étonner si l'on pense discrètement que toutes les choses que nous appelons sottement nôtres sont dans ses mains, et par conséquent sont continuellement transmises par elle des uns aux autres et réciproquement, selon son jugement secret et sans ordre connu de nous. C'est ce que l'on voit en toute circonstance et tout le long du jour, et ce qui a été démontré par quelques-unes des nouvelles précédentes. Néanmoins, puisqu'il plaît à notre reine qu'on parle encore sur ce sujet, j'ajouterai aux récits déjà faits une nouvelle de moi qui ne sera peut-être pas sans utilité pour ceux qui l'écouteront, et qui, je crois, devra plaire.

« Il fut jadis dans notre cité un chevalier qui avait nom messer Tedaldo, lequel, selon que quelques-uns le veulent, appartenait à la famille des Lamberti. D'autres affirment qu'il était de celle des Agolanti, se fondant surtout sur la profession exercée dans la suite par ses fils, profession que les Agolanti ont toujours exercée et exercent encore. Mais, laissant de côté la question de savoir à laquelle des deux maisons il appartenait, je dis qu'il fut dans son temps un richissime chevalier, et qu'il eut trois fils, dont le premier s'appela Lambert, le second Tedaldo et le troisième Agolante, tous trois beaux et aimables jeunes gens. Le plus âgé n'avait pas encore accompli ses dix-huit ans, quand le richissime messer Tedaldo vint à mourir, leur laissant, comme à ses héritiers légitimes, tout son bien, meubles et immeubles. Se voyant très riches en argent comptant et en domaines, ils se mirent à dépenser sans aucun autre mobile que leur bon plaisir, sans frein ni retenue, entretenant un nombreux domestique, force chevaux de prix, des chiens, des oiseaux ; prodiguant les largesses ; courant les joutes ; faisant non-seulement ce qui convient à des gentilshommes, mais encore ce qui prenait fantaisie à leur juvénile appétit de faire. Cette vie ne dura pas longtemps, car le trésor que leur avait laissé leur père vint à s'épuiser, et leurs revenus ne suffisant pas à leurs dépenses accoutumées, ils se mirent à vendre et à engager leurs biens. Vendant aujourd'hui l'un, le lendemain l'autre, ils s'aperçurent à peine qu'ils en étaient venus à ne posséder presque plus rien. La pauvreté ouvrit alors leurs yeux que la richesse avait tenus fermés. C'est pourqoui Lambert, ayant un jour mandé les deux autres, leur représenta quelle avait été la magnificence de leur père et la leur, quelles avaient été leurs richesses, et la pauvreté à laquelle ils en étaient arrivés par leurs dépenses désordonnées. Du mieux qu'il sut, il les engagea, avant que leur misère fût plus connue, à vendre le peu qui leur restait et à partir avec lui ; ce qu'ils firent. Sans prendre congé de personne, sans aucune cérémonie, ils sortirent de Florence, et ne s'arrêtèrent que lorsqu'ils furent arrivés en Angleterre. Là, ayant loué une petite maison, près de Londres, faisant mince dépense, ils se mirent avec âpreté à prêter à usure ; et la fortune leur fut en cela si favorable, qu'en peu d'années ils amassèrent de grandes sommes d'argent. Avec cet argent, retournant successivement tantôt l'un, tantôt l'autre, à Florence, ils rachetèrent une grande partie de leurs anciennes propriétés, en achetèrent de nouvelles et prirent femme. Continuant à faire l'usure en Angleterre, ils y firent venir un de leurs neveux, jeune homme qui avait nom Alexandre, et tous les trois revinrent à Florence, ayant oublié à quoi les avaient réduits une première fois leurs dépenses extravagantes. Bien que tous eussent de la famille, ils se remirent à dépenser plus étourdiment que jamais, jouissant d'un grand crédit auprès de tous les marchands, et empruntant de grosses sommes. Pendant quelques années, leur train fut soutenu par l'argent que leur envoyait Alexandre qui s'était mis à prêter aux barons sur le produit de leurs places fortes et de leurs autres charges, ce qui lui rapportait de gros bénéfices.

« Tandis que les trois frères dépensaient ainsi largement et empruntaient quand ils manquaient d'argent, comptant toujours fermement sur l'Angleterre, il advint que, contre toutes les prévisions, une guerre s'éleva en Angleterre entre le roi et l'un de ses fils, par laquelle toute l'île se divisa, qui tenant pour l'un, qui pour l'autre. Cela fut cause que la ressource des places fortes où commandaient les barons, fut enlevée à Alexandre qui n'avait plus rien pour garantir ses créances. Espérant que d'un jour à l'autre la paix se ferait entre le père et le fils et que, par conséquent, tout lui serait remboursé, intérêts et capital, Alexandre ne quittait pas l'île, et les trois frères qui étaient à Florence ne diminuaient en rien leurs énormes dépenses, empruntant chaque jour davantage. Mais lorsque après plusieurs années on ne vit aucun effet suivre les espérances, les trois frères non-seulement perdirent tout crédit, mais furent poursuivis, ceux à qui ils devaient voulant être payés. Leurs propriétés n'ayant pas suffi à solder toutes leurs dettes, ils furent mis en prison pour le reste, et leurs femmes ainsi que leurs enfants s'enfuirent de côté et d'autre, en assez pauvre équipage, ne sachant plus qu'attendre sinon une existence à jamais misérable. Alexandre, qui, pendant plusieurs années, avait attendu en Angleterre que la paix se fît, voyant qu'elle n'arrivait pas, et craignant non-seulement d'attendre en vain, mais que sa vie fût en danger, se décida à retourner en Italie et se mit tout seul en chemin.

« Comme il sortait de Bruges, il vit, par aventure, qu'en sortait aussi un abbé blanc, accompagné de beaucoup de moines, de nombreux domestiques et précédé d'un grand équipage. Près de lui, venaient deux vieux chevaliers, parents du roi, avec lesquels Alexandre s'aboucha comme avec des connaissances, et qui l'admirent volontiers en leur compagnie. Chemin faisant, Alexandre leur demanda discrètement qui étaient ces moines qui les précédaient avec une si grande suite, et où ils allaient. A quoi l'un des chevaliers répondit :
« — Celui qui marche à la tête, est un jeune homme, notre
« parent, récemment élu abbé d'une des plus grandes
« abbayes d'Angleterre ; et pour ce qu'il n'a pas l'âge exigé
« par les lois pour une telle dignité, nous allons avec lui à
« Rome pour prier le saint père de lui accorder une dispense
« d'âge et de le confirmer dans sa dignité. Mais il ne faut
« parler de cela à personne. — »

« En chemin, le nouvel abbé, marchant tantôt devant, tantôt derrière ses gens, ainsi que nous voyons faire chaque jour aux seigneurs qui voyagent, aperçut près de lui Alexandre lequel était fort jeune, beau de personne et de visage, d'aussi bon ton et d'aussi belles manières que quiconque. A la première vue, il plut infiniment à l'abbé qui le fit appeler près de lui, se mit à lui causer et lui demanda qui il était, d'où il venait et où il allait. A quoi Alexandre répondit en exposant franchement sa situation, et après avoir satisfait à sa demande, lui offrit ses services dans le peu qu'il pourrait. L'abbé entendant sa belle façon de parler, frappé surtout de ses belles manières, le tint — bien que la profession qu'il exerçait fût assez servile — pour un gentilhomme, et s'éprit tout à fait de lui. Plein de compassion pour ses mésaventures, il le réconforta familièrement et lui dit d'avoir bonne espérance, pour ce que, s'il était homme de bien, Dieu le replacerait dans la situation d'où la fortune l'avait fait tomber et plus haut encore. Il le pria, puisqu'il allait en Toscane, de lui faire le plaisir de rester en sa compagnie, attendu qu'il y allait aussi. Alexandre le remercia de ses bonnes paroles et ajouta qu'il était entièrement à ses ordres.

« L'abbé cheminant donc avec Alexandre, dont la vue lui avait inspiré au cœur des sentiments tout nouveaux, il advint qu'après plusieurs jours, ils arrivèrent dans une petite ville qui n'était pas trop richement pourvue en auberges.

L'abbé voulant y loger, Alexandre le fit descendre chez un hôtelier qui avait été longtemps son domestique, et lui fit préparer la moins mauvaise chambre de la maison. Comme il était déjà devenu en quelque sorte le sénéchal de l'abbé, étant homme fort pratique, il logea du mieux qu'il put toute la suite de l'abbé, qui çà, qui là. Après que l'abbé eut soupé, la nuit étant déjà fort avancée et chacun ayant été dormir, Alexandre demanda à l'hôtelier où il pourrait reposer à son tour. A quoi l'hôte répondit : « — En vérité, je ne sais pas. « Tu vois que tout est plein, et que moi et les miens « sommes forcés de dormir sur le plancher. Cependant, « dans la chambre de l'abbé, il y a un cabinet où je peux « te conduire et te dresser un petit lit où tu pourras, si cela « te va, passer la nuit de ton mieux. » — A quoi Alexandre « dit : « — Comment veux-tu que j'aille dans la chambre « de l'abbé, puisque tu sais qu'elle est si petite, que l'on n'a « pu y faire coucher aucun de ses moines ? Si je m'étais aperçu « qu'il y eût un cabinet quand on préparait son lit, j'y aurais « placé ses moines, et j'aurais pris pour moi la chambre où « ceux-ci dorment. — » A quoi l'hôtelier dit : » — La chose « est faite, et tu peux, si tu veux, reposer en cet endroit le « mieux du monde. L'abbé dort, ses courtines sont tirées ; « je te porterai, sans bruit, un petit lit de plume, et tu y « dormiras. — » Alexandre voyant que tout cela pouvait se faire sans déranger l'abbé, y consentit, et s'y arrangea le plus doucement possible.

« L'abbé qui ne dormait pas, et qui, au contraire, était tout entier à ses nouveaux désirs, avait entendu ce que l'hôtelier et Alexandre s'étaient dit, et avait vu où Alexandre s'était allé coucher. Fort content de cela, il se mit à dire en lui-même : « — Dieu a envoyé l'occasion favorable à mes dé-« sirs ; si je ne la saisis pas, il est probable qu'elle ne se « représentera plus. — » Et il résolut de la saisir. Tout faisant silence dans l'auberge, il appela à voix basse Alexandre, et lui dit de venir se coucher auprès de lui. Alexandre après beaucoup d'excuses, s'étant déshabillé, se mit à ses côtés. Alors l'abbé lui ayant mis la main sur la poitrine, se mit à le caresser de la même façon que les jeunes filles font avec leur amant. De quoi Alexandre s'étonna fort et crut que l'abbé était pris d'un amour déshonnête, pour le toucher de la sorte. Soit que l'abbé se doutât de sa crainte, soit qu'Alexandre eût fait quelque geste de dégoût, il se mit tout à coup à sourire, et ayant prestement écarté sa chemise, il prit la main d'Alexandre et la posa sur sa poitrine, disant : « — Alexandre, chasse ta mauvaise pensée, cherche, et re-« connais ce que je cache à tous. — » Alexandre ayant posé la main sur le sein de l'abbé, trouva deux petits tétons ronds, fermes et délicats, qui semblaient faits d'ivoire.

A cette découverte, voyant que c'était une femme, sans attendre une nouvelle invitation, il l'entoura lestement de ses bras, et se disposait à l'embrasser, quand elle lui dit :
« — Comme tu peux le voir, je suis femme et non homme.
« Je suis partie pucelle de chez moi, et j'allais touver le pape
« pour qu'il me marie. Par un effet de ta bonne fortune ou
« de mon malheur, dès que je t'ai vu l'autre jour, je me suis
« tellement éprise d'amour pour toi, que jamais femme n'a
« aimé un homme à ce point. Pour quoi, j'ai résolu de te
« prendre pour mari de préférence à tout autre. Aussi, si
« tu ne veux pas de moi pour femme, sors sur-le-champ
« d'ici et regagne ton lit. — » Alexandre, bien qu'il ne la connût pas, considérant quelle suite elle avait, estima qu'elle devait être noble et riche, et de plus il la voyait très belle. Pour quoi, sans réfléchir trop longtemps, il répondit que si cela lui plaisait à elle, cela lui était à lui très agréable. S'étant alors assise sur le lit, devant un tableau qui représentait l'effigie de Notre-Seigneur, elle lui mit au doigt un anneau et se fit épouser. Puis, s'étant embrassés, au grand plaisir de tous deux, ils se satisfirent tout le reste de la nuit. Ils prirent ensuite leurs mesures pour leurs plaisirs futurs et, le jour venu, Alexandre se leva, sortit de la chambre par où il y était entré, sans que personne sût où il avait couché pendant la nuit, et joyeux outre mesure. Il se remit en route avec l'abbé et son escorte, et plusieurs jours après, ils arrivèrent à Rome.

« Là, après s'être reposés quelques jours, l'abbé, les deux chevaliers et Alexandre, sans autre suite, allèrent trouver le pape et, leurs révérences faites, l'abbé se mit à parler ainsi : « —Saint-Père, vous devez mieux que personne savoir
« que tous ceux qui veulent vivre bien et honnêtement
« doivent autant que possible fuir les occasions qui pour-
« raient les entraîner à faire le contraire. C'est pour cela
« que moi, qui ai le désir de vivre honnêtement, je me suis
« enfuie secrètement sous l'habit que vous me voyez, avec
« une grande partie du trésor du roi d'Angleterre, mon
« père, lequel voulait me marier au vieux roi d'Ecosse, moi,
« jeune comme vous voyez, et que je me suis mise en route
« pour venir ici, afin que Votre Sainteté me mariât. Ce n'est
« pas tant la vieillesse du roi d'Ecosse qui m'a fait fuir, que
« la peur de faire, à cause de la fragilité de ma jeunesse,
« quelque chose contre les lois divines et contre l'honneur
« du sang royal, si j'étais mariée à lui. Ainsi résolue, je
« venais, lorsque Dieu, qui seul connaît parfaitement ce
« qui convient à chacun, a placé devant mes yeux, par sa
« miséricorde je crois, celui qu'il lui plaît que j'aie pour
« mari. C'est ce jeune homme — et elle montra Alexandre
« — que vous voyez ici près de moi, et dont les manières,

« la vaillance sont dignes des plus grandes dames du monde,
« bien que peut-être la noblesse de son sang ne soit pas aussi
« illustre que celle du sang royal. C'est donc lui que j'ai
« pris et que je veux pour époux ; et je n'en aurai jamais
« d'autre, quoi qu'en puisse penser mon père ou qui que ce
« soit. Le principal motif pour lequel je me suis mise en
« route n'existe donc plus ; mais il m'a plu d'achever mon
« voyage, autant pour visiter et adorer les lieux saints dont
« cette cité est remplie, et pour m'agenouiller aux pieds de
« Votre Sainteté, que pour déclarer ouvertement devant
« vous, et par conséquent devant tous les hommes, le ma-
« riage contracté entre Alexandre et moi en présence de
« Dieu. Pour quoi, je vous prie humblement que ce qui a
« plu à Dieu et à moi vous soit agréable, et que vous nous
« donniez votre bénédiction, afin qu'avec elle nous soyons
« plus sûrs que notre union plaira à Celui dont vous êtes le
« vicaire, et que nous puissions vivre et mourir ensemble à
« l'honneur de Dieu et de vous. — »

« Alexandre fut fort étonné en apprenant que sa femme était fille du roi d'Angleterre, et son cœur s'emplit d'une grande allégresse. Mais les deux chevaliers furent plus étonnés encore, et ils furent tellement courroucés, que s'ils avaient été ailleurs que devant le pape, ils auraient fait un mauvais parti à Alexandre et peut-être à la dame. D'un autre côté, le pape s'étonna beaucoup de l'habit porté par la dame et du choix qu'elle avait fait ; mais voyant qu'il n'y avait pas moyen de revenir sur ce qui était fait, il se rendit à sa prière. Tout d'abord il apaisa les chevaliers qu'il voyait si courroucés, et les ayant remis en paix avec la dame et avec Alexandre, il donna des ordres pour ce qui restait à faire.

« Le jour fixé par lui étant venu, en présence de tous les cardinaux et d'un grand nombre de personnages de haut rang qu'il avait invités et qui étaient venus pour assister à la magnifique fête qu'il avait fait préparer, il fit venir la dame revêtue d'habits royaux et qui était si belle et si plaisante à voir, qu'elle était justement louée par tous. Alexandre vint également revêtu d'habits splendides, ressemblant beaucoup moins, dans son maintien et dans air, à un jeune usurier qu'à un prince de sang royal, et recevant les hommages des deux chevaliers. Puis le pape fit de nouveau célébrer solennellement les épousailles, et après avoir fait de belles et somptueuses noces, il leur donna congé avec sa bénédiction.

« Il plut à la dame et à Alexandre, en quittant Rome, d'aller à Florence où la renommée avait déjà porté la nouvelle. Ils y furent reçus par les Florentins avec de grands honneurs. La dame fit mettre en liberté les trois frères, après avoir fait payer tous leurs créanciers, et les remit, eux et leurs femmes, en possession de leurs biens. Fort approuvés de tous pour cela, Alexandre et sa femme, emmenant avec eux Agolante, quittèrent Florence et vinrent à Paris, où ils furent reçus avec beaucoup d'honneurs par le roi. De là, les deux chevaliers allèrent en Angleterre, et ils firent si bien auprès du roi, que celui-ci rendit ses bonnes grâces à sa fille et l'accueillit en grande fête, ainsi que son gendre qu'il fit peu de temps après chevalier, en lui donnant la comté de Cornouailles. Alexandre déploya tant d'habileté, tant de savoir faire, qu'il raccommoda le fils avec le père, dont il s'ensuivit un grand bien pour toute l'île, et ce qui lui conquit l'affection et l'estime de tous les habitants du pays. Quant à Agolante, il recouvra en totalité ce qui lui était dû, et il s'en revint à Florence, riche outre mesure, après avoir été fait chevalier par le comte Alexandre. Le comte vécut très glorieusement avec sa femme et, suivant l'affirmation d'aucuns, grâce à sa prudence, à sa valeur, et avec l'aide de son beau-père, il conquit par la suite l'Ecosse et en fut couronné roi. — »

NOUVELLE IV

Landolfo Ruffolo ruiné se fait corsaire. Pris par des Génois, il fait naufrage et se sauve sur une caisse pleine de pierreries. Il est recueilli à Gulfe par une brave femme et retourne chez lui plus riche qu'avant.

La Lauretta était assise auprès de Pampinea ; voyant cette dernière arrivée à la fin de sa glorieuse nouvelle, sans plus attendre elle se mit à parler de la sorte: «—Très gracieuses dames, aucun acte de la fortune, à mon avis, ne se peut voir de plus grand, que lorsque quelqu'un, d'une infime misère s'élève à l'état royal, comme la nouvelle de Pampinea nous a montré qu'il était advenu à son Alexandre. Et puisque à quiconque racontera désormais sur le sujet imposé, il faudra parler dans ces limites, je ne rougirai point de dire une nouvelle qui ne présente pas un aussi splendide dénouement bien qu'elle traite d'infortunes encore plus grandes. Je sais bien que, vu la beauté de la précédente, ma nouvelle sera écoutée avec moins d'intérêt, mais comme je ne peux pas davantage, ce sera mon excuse.

« On croit généralement que le rivage qui s'étend de Reggio à Gaëte est la partie la plus agréable de l'Italie. C'est là que, tout près de Salerne, est une côte dominant la mer et que les habitants appellent la côte d'Amalfi. Elle est parsemée de petites cités, de jardins et de ruisseaux; peuplée de citoyens riches et se livrant au commerce aussi activement que qui que ce soit. Parmi les cités susdites, il en est une appelée Ravello, dans laquelle, de même qu'on y compte aujourd'hui des gens riches, il y eut autrefois un homme richissime, nommé Landolfo Ruffolo. Sa fortune ne lui suffisant pas, il voulut la doubler, et il faillit la perdre presque tout entière et se perdre lui-même avec. Cet homme donc, suivant l'habitude des marchands, après s'être tracé un plan, acheta un très grand navire, consacra toute sa fortune à le charger de marchandises variées, et partit avec lui pour l'île de Chypre. Il y trouva plusieurs autres vaisseaux chargés des mêmes marchandises que celles qu'il avait apportées ; pourquoi, non seulement il dut vendre les siennes à vil prix, mais les jeter à l'eau pour s'en débarrasser, ce qui le mena à une ruine presque complète. Fort ennuyé de ce résultat, ne sachant que faire et se voyant, d'homme très riche, devenu en si peu de temps presque pauvre, il pensa à se tuer ou à voler pour restaurer ses affaires, afin de ne pas s'en revenir pauvre dans son pays d'où il était parti riche. Ayant trouvé acheteur pour son grand navire, avec l'argent de cette vente et celui qu'il avait retiré de ses marchandises, il acheta un navire léger, propre à faire métier de corsaire, et l'arma de tout ce qu'il fallait pour un tel service ; puis il se mit à piller les autres pour se refaire, et principalement les Turcs.

« A ce métier, la fortune lui fut beaucoup plus favorable qu'elle ne lui avait été pour la vente de ses marchandises. Au bout d'un an à peine, il avait pillé et pris tant de navires turcs, qu'il se trouva avoir non-seulement rattrapé ce qu'il avait perdu en marchandises, mais l'avoir grandement doublé. Pour quoi, consolé de sa première perte, jugeant qu'il était assez riche pour ne pas en risquer une seconde, il se dit que ce qu'il avait devait lui suffire, sans en chercher davantage. En conséquence, il se disposa à retourner chez lui. Mais craignant les hasards du commerce, il ne prit pas la peine de convertir son argent en marchandises ou en valeurs il l'emporta sur le navire avec lequel il l'avait gagné, et fit force de rames pour s'en revenir. Il était déjà parvenu dans l'Archipel, lorsqu'un soir un vent de sirocco s'étant élevé — qui non-seulement contrariait sa marche, mais fit devenir la mer très grosse, à ce point que son léger navire n'aurait pu le supporter — il se réfugia dans un port formé par un petite île où, à l'abri de ce vent, il se proposa d'en attendre un meilleur. Peu d'instants après, deux grosses caraques génoises, venant de Constantinople, entrèrent à grand'peine dans le port, pour fuir la tempête devant laquelle Landolfo avait fui lui-même. Ceux qui les montaient, ayant aperçu le navire, et voyant que la voie pour partir lui était fermée ; apprenant à qui il appartenait et sachant par la renommée que c'était à un homme très riche, se disposèrent à s'en emparer, en gens naturellement très avides de rapines et de gains. Ils mirent à terre une partie des leurs armés d'arbalètes, et les firent placer de façon que personne ne pût descendre du navire sans s'exposer à être criblé de traits. Puis se faisant remorquer par des chaloupes, et aidés par le courant, ils accostèrent le petit navire de Landolfo dont ils s'emparèrent en un clin d'œil sans beaucoup de peine et sans perdre un homme. Ayant fait descendre Landolfo sur une de leurs caraques, et ayant fait transborder tout ce qui se trouvait sur le navire, ils le coulèrent bas, retenant Landolfo prisonnier et ne lui laissant sur le dos que de méchants haillons.

« Le jour suivant, le vent ayant changé, les caraques firent voile vers le levant et voguèrent heureusement tout ce jour-là. Mais, vers le soir, un vent de tempête se mit à souffler, lequel, soulevant d'immenses vagues, sépara les deux caraques. La force du vent fut telle, que la caraque sur laquelle était le pauvre Landolfo fut poussée violemment sur l'île de Céphalonie, et vint frapper contre un rocher où elle s'ouvrit et se brisa comme un morceau de verre qui rencontrerait un mur. Les malheureux qui la montaient — la mer étant déjà toute couverte de marchandises qui surnageaient, de caisses, de tables, comme d'ordinaire en ces sortes d'accidents — bien que la nuit fut très obscure, la mer grosse et houleuse, se mirent à nager, ceux du moins qui savaient, et s'accrochèrent à tous les objets que le hasard faisait passer à leur portée. Parmi eux, le malheureux Landolfo, bien qu'il eût auparavant souvent appelé la mort, préférant mourir plutôt que de retourner chez lui pauvre comme il se voyait, la voyant si près, en eut peur. Comme les autres, une table s'étant trouvée à portée de sa main, il s'y attacha, espérant que Dieu, ne voulant pas le noyer, lui enverrait quelque secours. S'étant mis à cheval sur la table, balloté d'un côté et d'autre par la mer et par le vent, il s'y soutint de son mieux jusqu'au jour. Alors, regardant autour de lui, il ne vit rien que les nuages et la mer, et une caisse qui surnageait et s'approchait parfois de lui à sa grande peur, car il craignait d'en être heurté de façon à se noyer. Chaque fois qu'elle s'approchait de lui, il l'éloignait avec la main autant qu'il pouvait, bien qu'il eût peu de forces. Sur ces entrefaites, il advint qu'un coup de vent et un coup de lame s'abattirent si fort sur cette caisse, qu'elle heurta violemment la table où était Landolfo. La table fut renversée et Landolfo précipité dans les flots. Revenu à la surface, il se mit à nager, poussé plus par la peur que par ses propres forces, et aperçut la table loin de lui ; pour quoi, craignant de ne pouvoir parvenir jusqu'à elle, il s'approcha de la caisse qui était tout près de lui, et, se plaçant à plat ventre sur le couvercle, il se mit à la diriger avec les bras.

« Dans cette situation, poussé çà et là par les vagues, n'ayant rien à manger et buvant plus qu'il n'aurait voulu, sans savoir où il était et sans avoir autre chose que la mer, il passa tout le jour et toute la nuit suivante. Le lendemain, réduit à l'état d'éponge, et s'accrochant fortement des deux mains aux rebords de la caisse, à la façon de ceux qui sont près de se noyer et qui saisissent un objet quelconque, il parvint, soit par la volonté de Dieu, soit par la force du vent, près du rivage de l'île de Gulfe, où, par aventure, une pauvre femme nettoyait avec du sable mêlé à l'eau salée les vases de sa cuisine. Dès qu'elle vit s'approcher cette masse informe, elle prit peur et se mit à fuir en criant. Landolfo ne pouvait parler et y voyait à peine ; c'est pourquoi il ne lui dit rien. Cependant, comme le flux le poussait vers la terre, la femme finit par reconnaître la forme d'une caisse, et regardant avec plus d'attention, elle vit les bras qui pendaient en dehors, puis la figure du naufragé, et comprit ce que c'était. Pour quoi, mue de compassion, elle entra dans la mer, qui s'était enfin calmée, le saisit par les cheveux, et le tira à terre avec la caisse dont elle eut beaucoup de peine à lui détacher les mains. Après avoir placé la caisse sur la tête de sa petite fille qui était avec elle, elle emporta Landolfo, comme elle eût fait d'un petit enfant, jusque dans sa cabane, où, après l'avoir mis dans un bain chaud, elle le frotta et le lava jusqu'à ce que la chaleur lui revînt avec une partie de ses forces. Quand elle crut le moment venu, elle le sortit du bain et le réconforta avec du bon vin et des confitures ; enfin, du mieux qu'elle put, elle le soigna, si bien que ses forces étant revenues, il reconnut où il était. C'est pourquoi la bonne femme crut devoir lui rendre la caisse qu'elle avait sauvée, et lui dit d'oublier désormais sa mésaventure ; ce qu'il fit.

« Landolfo, qui ne se souvenait pas de la caisse, la prit néanmoins quand la bonne femme la lui présenta, pensant qu'elle ne pouvait avoir si peu de valeur qu'il ne la vendît un jour. Comme il la trouva fort légère, son espérance fut très amoindrie ; néanmoins, la bonne femme n'étant pas à la maison, il l'ouvrit pour voir ce qu'il y avait dedans, et il y trouva un grand nombre de pierreries, les unes travaillées, les autres brutes. Ce voyant, et reconnaissant qu'elles avaient une grande valeur, car il s'y entendait un peu, il loua Dieu qui n'avait pas voulu l'abandonner encore, et il se sentit tout réconforté. Mais, en homme qui ayant été deux fois en peu de temps le jouet de la fortune devient méfiant une troisième, il pensa qu'il lui faudrait beaucoup de prudence pour emporter ces richesses jusque chez lui. Pour quoi, il les enveloppa du mieux qu'il put dans quelques chiffons, et dit à la bonne femme qu'il n'avait plus besoin de la caisse et qu'il la priait de lui donner un sac en échange. La bonne femme le fit volontiers, et après l'avoir remerciée le plus qu'il put du service qu'il en avait reçu, il partit, son sac sur l'épaule, et, étant monté sur un bateau, il passa à Brindisi ; de là, sans s'éloigner de la côte, il arriva enfin à Trani où il retrouva quelques-uns de ses compatriotes qui étaient drapiers. Il fut habillé par eux quasi pour l'amour de Dieu, après qu'il leur eût raconté tous ses malheurs, hormis l'incident de la caisse. On lui prêta en outre un cheval, et, après lui avoir fourni une escorte pour le conduire jusqu'à Ravello où il disait vouloir retourner, on le fit partir. Là, se sentant enfin en sûreté, et remerciant Dieu qui l'avait conduit, il délia son sac, examina avec plus d'attention qu'il ne l'avait fait auparavant toutes ses pierreries, et trouva qu'il en avait tant et de si belles, qu'en les vendant à un prix convenable et même à prix réduit, il serait du double plus riche que quand il était parti. Ayant trouvé à s'en défaire, il envoya une grosse somme d'argent en récompense du service reçu à la bonne femme de Gulfe qui l'avait tiré de la mer, et il fit un don pareil à ceux de Trani qui l'avaient habillé. Il garda pour lui le reste, sans plus vouloir se livrer au commerce, et en vécut honorablement jusqu'à la fin. — »

NOUVELLE V

Andreuccio de Pérouse, venu à Naples pour acheter des chevaux, éprouve dans une même nuit trois graves accidents ; il se tire de tous les trois et retourne chez lui avec un riche rubis.

« — Les pierreries trouvées par Landolfo — commença la Fiammetta, à qui c'était le tour de conter — m'ont remis en mémoire une nouvelle où il n'est guère moins question de périls que dans celle narrée par Lauretta, mais qui en diffère en ce que ces périls, au lieu de se dérouler en l'espace de plusieurs années peut-être, survinrent en une seule nuit, comme vous allez l'entendre.

« Suivant ce que j'ai appris, il y eut autrefois à Pérouse, un jeune homme nommé Andreuccio di Pietro, et qui était marchand de chevaux. Ayant appris qu'à Naples on les avait à bon marché, il mit dans sa bourse cinq cents florins en or, et comme il n'était jamais sorti de chez lui, il partit en compagnie d'autres marchands, et arriva à Naples un dimanche soir sur la fin du jour. S'étant informé auprès de son hôtelier, il s'en alla dès le lendemain matin au marché où il vit beaucoup de chevaux dont le bon nombre lui plurent. Il en marchanda plusieurs ; mais comme il ne put s'accorder sur aucun, afin de montrer qu'il était bien venu dans l'intention d'acheter, il tira à plusieurs reprises de sa bourse les florins qu'elle contenait, et les étala, comme un sot et un imprudent, aux yeux des allants et venants. Dans un de ces moments où il était en train de montrer sa bourse, il advint qu'une jeune Sicilienne très belle, mais diposée à se livrer au premier venu pour un prix modique, passa près de lui sans qu'il s'en aperçût et vit la bourse. Aussitôt elle se dit : « — Ne vaudrait-il pas mieux que cet argent fût « à moi ? — » Et elle continua son chemin. Elle avait avec elle une vieille femme, sicilienne aussi, et qui, en apercevant Andreuccio, la laissa et courut affectueusement vers lui, pour l'embrasser ; ce que voyant la jeune femme, elle se tint sans rien dire à l'écart et attendit. Andreuccio s'étant retourné et ayant reconnu la vieille, lui fit grande fête ; puis, quand elle lui eut promis d'aller le voir à son auberge, elle le quitta sans poursuivre davantage l'entretien et Andreuccio se remit à marchander ; mais il n'acheta rien de cette matinée.

« La jeune femme qui avait vu d'abord la bourse d'Andreuccio, puis sa rencontre avec la vieille, désireuse de trouver un moyen d'avoir tout ou partie de l'argent, se mit à interroger adroitement sa compagne et lui demanda qui était ce jeune homme et d'où il venait, ce qu'il faisait là et comment elle le connaissait. La vieille l'informa de tout ce qui concernait Andreuccio, et lui raconta ce qu'il lui avait dit lui-même en quelques mots ; elle lui apprit qu'elle était restée longtemps chez son père en Sicile, puis à Pérouse ; elle lui dit aussi où il logeait et pourquoi il était venu. La jeune femme pleinement renseignée sur sa famille, sur lui-même et sur le nom de ses parents, se basa là-dessus avec une perfide malice pour arriver à ses fins. De retour chez elle, elle donna de l'ouvrage à la vieille pour toute la journée, afin de l'empêcher d'aller revoir Andreuccio ; puis elle prit à part une jeune servante qu'elle avait dressée à de pareils services, et l'envoya à la tombée de la nuit, à l'auberge où Andreuccio venait de rentrer. La servante, en y arrivant, le trouva par hasard sur le seuil de la porte et s'adressa justement à lui pour le demander. Quand elle sut par sa réponse que c'était bien lui à qui elle avait affaire, elle le

tira à l'écart et lui dit : « — Messire, une gente dame de
« cette ville aurait volontiers, si cela vous plaisait, un en-
« tretien avec vous. — » En entendant cette confidence, Andreuccio regarda la jeune fille des pieds à la tête, et comme
elle lui fit l'effet d'être la servante de la dame en question,
il pensa que cette dame était devenue amoureuse de lui,
comme du plus beau garçon qui fût alors à Naples. Il se
hâta de répondre qu'il était prêt et demanda où et quand la
dame voulait le voir. A quoi la suivante répondit : « — Mes-
« sire, quand il vous plaira de venir, elle vous attend chez
« elle. — » Andreuccio, sans prévenir personne dans l'auberge, lui répondit vivement : « Eh bien ! va devant et je te
« suivrai. — » Sur quoi, la jeune suivante le conduisit chez
sa maîtresse dans une rue appelée Maupertuis, dont le nom
même indique quelle honnête rue c'était. Mais comme il
n'en savait rien et qu'il ne s'en doutait même pas, il crut
aller en un lieu fort honnête, près d'une dame estimable. La
jeune servante le précédant toujours, il entra dans la
maison sans hésiter, et pendant qu'il montait l'escalier, la
suivante ayant appelé sa dame en lui disant : « — Voici
Andreuccio — » il la vit qui l'attendait en haut de l'escalier.

« Elle était encore très jeune, grande de sa personne et
fort belle de visage, vêtue et parée très élégamment. Dès
qu'elle aperçut Andreuccio, elle descendit trois marches à
sa rencontre, les bras ouverts, et lui sautant au cou, elle
resta ainsi quelques instants sans rien dire, comme empêchée par un excès de tendresse. Enfin, tout en pleurs, elle
le baisa au front, et d'une voix émue, elle lui dit : « — O
« mon Andreuccio, sois le bienvenu. — » Étonné, stupéfait
de caresses si tendres, il répondit : « — Madame, soyez la
bien trouvée. — » Alors l'ayant pris par la main, elle le conduisit dans son salon, d'où, sans lui dire un seul mot, elle
le fit entrer dans sa chambre qui était toute parfumée de
senteurs de roses, de fleurs d'oranger et d'autres odeurs, et
où il vit un très beau lit tout encourtiné, de nombreuses
robes sur les porte-manteaux, suivant la coutume du pays,
et beaucoup d'autres vêtements très riches et très beaux.
Étant encore tout neuf, il crut fermement en voyant toutes
ces choses, qu'il était pour le moins chez une très grande
dame.

« Après qu'ils se furent assis tous deux sur un siège qui
était au pied du lit, la dame commença à parler de la sorte:
« — Andreuccio, je suis certaine que tu t'étonnes des ca-
« resses que je te fais et de mes larmes, attendu que tu ne
« me connais pas, et que certainement tu ne te rappelles pas
« m'avoir jamais vue ; mais tu vas entendre une chose qui
« t'étonnera plus encore peut-être, c'est que je suis ta sœur.

« Et je puis te dire que, puisque Dieu m'a fait une telle
« grâce qu'avant de mourir j'aie vu un de mes frères — et
« je souhaite les voir tous — je mourrai maintenant con-
« tente. Et si tu n'as jamais entendu parler de cela, je vais
« te le dire. Pietro, mon père et le tien, comme tu as pu
« le savoir, je crois, habita longtemps à Palerme où, par sa
« bonté et ses manières agréables il fut et est encore très
« aimé de ceux qui l'ont connu. Parmi les personnes qui
« eurent de l'affection pour lui, ma mère, qui était une no-
« ble dame et qui se trouvait veuve alors, l'aima plus que
« tous, à tel point que, bravant la crainte de son père, de
« ses frères, bravant l'honneur même, elle se donna à lui,
« si bien que je naquis de cette liaison, comme tu vois. Par
« la suite, Pietro ayant été obligé de quitter Palerme et de
« retourner à Pérouse, il me laissa toute petite avec ma
« mère, et jamais, à ce que j'ai appris, il ne se souvint ni
« de moi ni d'elle ; de quoi, s'il n'était mon père, je le blâ-
« merais fortement — laissant de côté l'affection qu'il aurait
« dû me porter à moi, sa fille, née non d'une servante ou
« d'une femme méprisable — à cause de l'ingratitude qu'il
« a montrée envers ma mère qui, sans savoir qui il était,
« mue par un amour fidèle, lui avait donné ses biens et sa
« personne. Mais quoi ! les mauvaises actions accomplies,
« depuis longtemps, sont plus faciles à blâmer qu'à réparer.
« La chose se passa donc ainsi ; il m'abandonna toute petite
« à Palerme où, quand je fus devenue grande, ma mère qui
« était riche, me donna pour femme à un gentilhomme de
« bien de Girgenti, lequel par amour pour ma mère et pour
« moi, revint habiter à Palerme. Là, en sa qualité de Guelfe,
« il noua des intelligences avec notre roi Charles ; intelli-
« gences qui furent connues du roi Frédéric avant qu'elles
« eussent pu produire leur effet, ce qui nous obligea à fuir
« de Sicile, alors que je m'attendais à être la plus grande
« dame qui eût jamais été en cette île. Ayant pris le peu
« que nous pûmes prendre — je dis peu, par rapport aux
« biens immenses que nous possédions — ayant abandonné
« nos terres et nos palais, nous nous réfugiâmes dans cette
« ville, où le roi Charles se montra si généreux envers nous,
« que nous fûmes dédommagées en grande partie des per-
« tes que nous avions supportées pour lui. Il nous donna
« des domaines et des châteaux, et accorda à mon mari,
« qui est ton beau-frère, une pension régulière, comme tu
« pourras encore le voir. C'est ainsi que je me trouve à Na-
« ples, où, grâce à Dieu et non à toi, mon cher frère, j'ai
« pu te voir. — » Ayant ainsi parlé, elle l'étreignit de nouveau dans ses bras, et, tout en pleurs, elle le baisa tendrement au front.

« A cette fable si bien ordonnée, débitée si naturellement

par elle qu'aucune hésitation n'était venue arrêter la parole entre ses dents, que sa langue n'avait pas un seul instant balbutié, Andreuccio, se rappelant qu'il était vrai que son père avait été à Palerme, connaissant par lui-même les mœurs des jeunes gens qui s'amourachent volontiers dans leur jeunesse, et voyant ces larmes si tendres, ces embrassements et ces baisers si honnêtes, tint pour plus que vrai ce qu'elle lui disait. Aussi, quand elle se tut, il lui répondit : « — Madame, vous ne devez pas être surprise si je
« m'étonne de ce qui m'arrive, car il est vrai que mon père
« n'a jamais parlé de votre mère ni de vous, ou s'il en a
« parlé, cela n'est point venu à ma connaissance ; de sorte
« que je ne vous connaissais pas plus que si vous n'aviez
« pas existé, et il m'est d'autant plus cher d'avoir trouvé ici
« une sœur, que je suis seul au monde et que j'étais loin
« d'espérer pareille aubaine. Et de vrai, je ne connais per-
« sonne de si haute condition que vous ne dussiez lui être
« chère ; à plus forte raison m'êtes-vous chère à moi qui ne
« suis qu'un pauvre petit marchand. Mais je vous prie de
« m'éclairer sur un point ; comment avez-vous su que j'étais
« ici ? — » A quoi elle répondit : « — Ce matin je l'ai su
« par une pauvre femme qui reste souvent avec moi, et qui,
« à ce qu'elle m'a dit, a habité longtemps avec notre père à
« Palerme et à Pérouse ; et s'il ne m'avait pas semblé plus
« honnête que tu vinsses me voir dans cette maison qui est
« comme tienne, plutôt que d'aller te voir, moi, dans la
« maison d'un autre, il y a grand temps que je serais allée
« à toi. — » Puis elle se mit à demander des nouvelles de tous ses parents, en les nommant les uns après les autres ; à quoi Andreuccio répondit, plus convaincu par cette dernière preuve qu'il n'était besoin.

« L'entretien ayant été fort long et la chaleur étant grande, elle fit venir du vin de Grèce et des confetti, et versa à boire à Andreuccio. Après quoi celui-ci voulut partir, l'heure du dîner étant venue, mais elle ne le souffrit en aucune façon, fit semblant de se fâcher très fort, et, l'embrassant, elle dit : « — Hélas ! je vois bien que je te suis peu chère ; croirait-
« on que tu es auprès d'une sœur que tu n'as jamais vue,
« dans sa maison, où, venant à Naples, tu aurais dû des-
« cendre, et que tu veux la quitter pour aller dîner à l'au-
« berge ! de vrai, tu dîneras avec moi, et bien que mon mari
« soit absent, ce qui me chagrine beaucoup, je saurai bien
« en ma qualité de dame te faire honneur. — » A quoi Andreuccio, ne sachant que répondre, dit : « — Vous m'ê-
« tes aussi chère qu'une sœur doit l'être, mais si je ne vais
« pas à mon auberge, on m'y attendra toute la soirée pour
« dîner, et je ferai une malhonnêteté. — » Elle dit alors :
« — Loué soit Dieu ! n'ai-je pas chez moi assez de gens pour

« envoyer dire qu'on ne t'attende pas ! mais tu montrerais
« encore plus de courtoisie, tu ne ferais même que ton de-
« voir, en envoyant dire à tes compagnons de venir dîner
« ici ce soir ; après quoi, si tu voulais toujours t'en aller,
« vous pourriez partir tous ensemble. — » Andreuccio répondit qu'il ne voulait pas de ses compagnons pour ce soir, mais que, puisque cela lui faisait plaisir qu'il restât, cela lui était à lui très agréable. Alors elle fit semblant d'envoyer dire à son auberge qu'on ne l'attendît pas pour dîner ; et, après bon nombre d'autres propos, ils se mirent à table où ils furent splendidement servis de mets nombreux, et où elle fit durer adroitement le repas jusqu'à la nuit obscure. Quand ils furent levés de table, et comme Andreuccio voulait partir, elle dit qu'elle ne le souffrirait point, pour ce que Naples n'était pas une ville où on pouvait aller sûrement la nuit, surtout un étranger ; qu'en envoyant dire qu'on ne l'attendît pas pour dîner, elle avait fait également prévenir qu'il ne viendrait pas coucher. Andreuccio la crut, toujours dupe de sa bonne foi, et comme il lui était agréable d'être près d'elle, il resta. Après le dîner, ils causèrent longuement, et une bonne partie de la nuit s'étant écoulée, elle laissa enfin Andreuccio reposer dans sa chambre, avec un jeune garçon pour lui indiquer ce dont il aurait besoin, et elle se retira avec ses femmes dans une autre chambre.

« La chaleur était grande ; aussi Andreuccio, se voyant seul, se mit sur-le-champ en bras de chemise, ôta ses chausses et les jeta sur le lit. Sollicité par un besoin naturel d'expulser le superflu de son ventre, il demanda au petit garçon où cela pourrait se faire, et celui-ci le conduisit dans un angle de la chambre et lui montra une porte en disant :
« — Entrez là. — » Andreuccio y entra en toute confiance, mais ayant mis le pied par aventure sur une planche dont le bout opposé était détaché de la solive, il tomba avec elle au fond de la fosse. Dieu le protégea assez pour qu'il ne se fît aucun mal dans sa chute, bien qu'il fût tombé de haut ; mais il fut tout embrenné de l'ordure dont l'endroit était rempli. Afin que vous entendiez mieux ce que je viens de dire et ce qui suit, il faut que je vous décrive cet endroit. Dans une petite rue — comme nous en voyons surtout entre deux corps de bâtiments — on avait établi, entre les deux maisons voisines, deux solives sur lesquelles on avait cloué quelques planches, en ménageant une place pour s'asseoir. C'était avec une de ces planches qu'il était tombé.

« Se trouvant donc au fond de la fosse, Andreuccio, fort marri de l'aventure, se mit à appeler le jeune garçon ; mais celui-ci, dès qu'il l'eut entendu tomber, s'était empressé d'aller le dire à la dame, qui courut promptement à sa chambre voir si ses vêtements y étaient. Les ayant trouvés, ainsi que l'argent qu'Andreuccio, peu confiant, portait toujours imprudemment sur lui et pour lequel, feignant d'être de Palerme et se faisant passer pour fille d'un Pérousin, elle avait ourdi cette ruse, sans plus se soucier de lui, elle s'empressa de fermer la porte par laquelle il était sorti. Andreuccio, voyant que le jeune garçon ne lui répondait pas, se mit à crier plus fort, mais inutilement. Déjà soupçonneux, et commençant, mais trop tard, à s'apercevoir qu'on l'avait trompé, il grimpa sur un petit mur qui séparait la fosse de la voie publique et, ayant sauté dans la rue, il s'en alla à la porte de la maison qu'il reconnut très bien, et là il appela longtemps en vain, frappa et se démena comme un diable.

« Comprenant alors clairement sa mésaventure, il se mit à se lamenter, et à dire : hélas ! comme en peu de temps j'ai perdu cinq cents florins et une sœur ! Après plusieurs plaintes de ce genre, il se mit de nouveau à frapper à la porte et à crier, tant et si bien que plusieurs voisins qu'il avait réveillés, se levèrent, ne pouvant supporter cet ennuyeux tapage. Une des servantes de la dame, d'un air à moitié endormie, s'étant mise à la fenêtre, cria de mauvaise humeur : « — Qui frappe là-bas ? — » « — Oh ! — dit Andreuccio — « ne me connais-tu pas ? je suis Andreuccio, frère de ma-« dame Fleur de Lys. — » A quoi elle répondit : « — Brave « homme, si tu as trop bu, va dormir et tu reviendras de-« main. Je ne sais ce que signifie cet Andreuccio dont tu « parles et les sornettes que tu débites ; va-t-en, et laisse-« nous dormir, s'il te plaît. — » « — Comment ! — dit An-« dreuccio — tu ne sais pas ce que je dis ? Certes, oui, tu le « sais ; mais si les parentés de Sicile sont ainsi faites « qu'elles s'oublient en si peu de temps, rends-moi aux « moins mes vêtements que j'ai laissés là-haut, et je m'en « irai volontiers à la garde de Dieu. — » A quoi elle dit en riant : « — Brave homme, je crois que tu rêves. — » A ces mots, rentrer et fermer la fenêtre fut pour elle l'affaire d'une seconde. Sur quoi Andreuccio, déjà certain de son malheur, fut près de changer en rage sa grande colère, et il résolut d'obtenir par les injures ce qu'il n'avait pu ravoir par les prières. Pour quoi, ayant pris une grosse pierre, il recommença à cogner furieusement à la porte à coups répétés et bien plus fort que la première fois.

« A ce bruit, les voisins qu'il avait déjà réveillés, croyant avoir affaire à quelque fou qui criait ainsi pour être désagréable à cette bonne dame, se mirent à la fenêtre et, de même que tous les chiens d'une rue aboyent contre un chien étranger, crièrent : « — C'est une grande infamie de venir à « cette heure débiter de pareilles injures sous les fenêtres des « dames de qualité. Pour Dieu, brave homme, va-t-en ; laisse-

« nous dormir, s'il te plaît. Si tu as affaire avec cette dame,
« tu reviendras demain ; mais ne nous ennuie pas ainsi cette
« nuit.—» Enhardi probablement par ces paroles, un ruffian
de la dame, qui était dans la maison et qu'Andreuccio n'avait
ni vu, ni entendu, se mit à la fenêtre, et d'une voix forte et
terrible, dit : «— Qui est là-bas ?—» A cette voix, Andreuccio
leva la tête et vit un individu qui lui parut devoir être un
homme d'importance, à la barbe noire et touffue et qui bâil-
lait et se frottait les yeux comme s'il sortait du lit. Non sans
trembler, il lui répondit : «— Je suis un frère de la dame qui
« habite là-dedans. — » Mais celui-ci, sans attendre qu'Andreuccio eût terminé sa réponse, et plus farouche qu'avant,
dit : « — Je ne sais qui me tient de descendre et de te donner
tant de coups de bâtons que je t'aie vu décamper, assassin,
facheux ivrogne que tu es, qui ne veux pas nous laisser dormir de cette nuit.—» A ces mots, ayant rentré la tête, il ferma
la fenêtre. Quelques-uns des voisins qui connaissaient fort
bien son honnête profession, dirent doucement à Andreuccio : « — Pour Dieu, brave homme, va-t-en, si tu ne veux pas
« te faire tuer ici cette nuit ; va-t-en, ce sera meilleur pour
« toi.—» Andreuccio, qu'avaient épouvanté l'apparition et la
grosse voix du ruffian, crut prudent de suivre les conseils
qui lui semblaient dictés par pure charité pour lui. Plus chagrin que jamais, désespéré à l'idée de son argent perdu, il
reprit, pour s'en retourner à son auberge, le chemin que lui
avait fait suivre la veille la jeune servante, sans trop savoir où
il allait. La puanteur qu'il exhalait l'incommodant fort, et
voulant se diriger vers la mer pour s'y laver, il prit à main
gauche et s'engagea dans une rue appelée rue Catalana.

« Il gagnait ainsi le haut de la ville, lorsque, par aventure,
il aperçut deux individus qui se dirigeaient vers lui, une
lanterne à la main. Craignant qu'ils ne fussent de la police,
ou des gens mal intentionnés, il se réfugia, pour les éviter,
dans une masure qu'il vit près de lui. Mais ces individus,
comme s'ils avaient projeté de se rendre au même endroit,
entrèrent aussi dans la masure, et l'un d'eux ayant déposé à
terre certains instruments en fer qu'il portait sur l'épaule,
ils se mirent à les examiner et à causer sur la façon dont ils
s'en serviraient. Pendant qu'ils parlaient, l'un d'eux dit:
«— Que veut dire ceci ? Je sens une puanteur telle que je n'en
« ai jamais senti de pareille.—» Ce disant, il leva un peu la
lanterne, et ils virent le malheureux Andreuccio. Stupéfaits,
ils demandèrent : « — Qui est là? —» Andreuccio se taisait ;
mais s'approchant tout près de lui avec leur lumière, ils lui demandèrent ce qu'il faisait là en un si malpropre état. Alors
Andreuccio leur conta tout ce qui lui était arrivé. Ceux-ci
cherchant dans leur esprit où cette aventure pouvait bien
lui être advenue, se dirent entre eux : C'est certainement

dans la maison de Scarabone Buttafuoco, que le coup a été fait. Et s'étant retourné vers lui, l'un d'eux lui dit : «—Brave « homme, bien que tu aies perdu ton argent, tu as fort à « remercier Dieu d'être tombé dans la fosse et de n'avoir « pu rentrer dans la maison, car si tu n'étais pas tombé, il « est sûr que, dans ton premier sommeil, tu aurais été as-« sassiné, et tu aurais perdu la vie en même temps que ton « argent. Mais que te sers désormais de gémir? Tu ne pour-« rais pas plus ravoir un denier de cet argent, qu'une des « étoiles du ciel ; tu pourras même fort bien être assassiné « si l'on apprend jamais que tu as dit un mot de tout « cela. — » Ceci dit, ils se consultèrent un moment, et lui dirent : « — Vois, nous avons compassion de toi ; c'est pour-« quoi si tu veux nous aider dans ce que nous allons faire, « nous pouvons te certifier que tu toucheras pour ta part « beaucoup plus que ce que tu as perdu. — »

« On avait le jour même enterré un archevêque de Naples, nommé messer Philippe Minutolo, lequel avait été enseveli avec de très riches ornements et un rubis au doigt qui valait à lui seul, disait-on, plus de cinq cents florins d'or. Les deux compères avaient projeté de dépouiller l'archevêque, et ils déclarèrent leur projet à Andreuccio. Celui-ci, plus intéressé qu'avisé, consentit à les suivre. Ils se dirigeaient vers la cathédrale lorsque Andreuccio sentant toujours très mauvais. l'un d'eux dit : « — Ne pourrions-nous trouver moyen de le « laver un peu, afin qu'il ne sente pas si fort? — » L'autre « dit : — Oui ; nous sommes près d'un puits où il y a d'habi-« tude une corde et un grand seau ; allons-y et nous l'y la-« verons promptement. — » Arrivés au puits, ils trouvèrent bien la corde, mais le seau avait été enlevé ; pour quoi ils convinrent d'attacher Andreuccio à la corde, de le descendre dans le puits où il se laverait, puis, une fois lavé, de le remonter, toujours au moyen de la corde ; ce qu'ils firent.

« A peine l'eurent-ils descendu, qu'il survint plusieurs familiers de la Seigneurie auxquels la chaleur extrême et la poursuite de quelque malfaiteur avaient donné soif, et qui venaient au puits pour y boire. Les deux compagnons les apercevant, se mirent incontinent à fuir, sans que les familiers eussent le temps de les voir. Cependant, Andreuccio qui s'était lavé au fond du puits, agita la corde pour qu'on le remontât. Les familiers, après avoir déposé leurs boucliers de bois, leurs armes et leurs casques, se mirent à tirer la corde, croyant ramener au bout le seau plein d'eau. Dès qu'Andreuccio se vit arrivé au bord du puits, il lâcha la corde et saisit la margelle à pleines mains. Ce que voyant, les familiers pris de peur soudaine, sans dire une parole, lâchèrent à leur tour la corde et se mirent à fuir le plus vite qu'ils purent. De quoi Andreuccio s'étonna fort, et s'il ne se fût pas bien tenu, il serait retombé au fond du puits, non sans grand danger de se tuer. Mais, ayant réussi à sortir, et ayant vu les armes qu'il savait que ses compagnons n'avaient pas apportées. il s'étonna encore davantage.

« Ne sachant ce que cela voulait dire, et craignant quelque méchant tour de sa mauvaise fortune, il se décida à s'en aller sans toucher à rien, et partit sans savoir où il allait. Chemin faisant, il rencontra ses deux compagnons qui revenaient pour le tirer du puits. En le voyant, ils furent très étonnés et lui demandèrent qui l'en avait retiré. Andreuccio répondit qu'il ne le savait pas, et leur raconta comment cela s'était fait et ce qu'il avait trouvé à sa sortie. Ceux-ci, comprenant tout, lui dirent en riant pourquoi ils s'étaient enfuis et quels étaient ceux qui l'avaient tiré du puits. Comme il était près de minuit, sans discourir davantage, ils se dirigèrent vers la cathédrale. Y étant entrés sans bruit, ils allèrent droit au tombeau qui était de marbre et fort grand, et, au moyen de leurs instruments de fer, ils soulevèrent le couvercle de façon qu'un homme pût s'y introduire. Ceci fait, l'un d'eux se mit à dire : "— Qui entrera là-dedans?—» A quoi l'autre répondit : «— Ce ne sera pas moi.—» «— Ni moi — dit le premier — mais qu'Andreuccio y entre. — » « — Je n'en ferai rien— dit Andreuccio. — » Alors les deux autres s'étant retournés vers lui, dirent :«—Comment, tu n'y « entreras pas! Par Dieu, si tu n'y entres pas, nous te don- « nerons tant de coups de cette barre de fer sur la tête, que « nous te laisserons pour mort. — » Andreuccio tremblant de peur, entra, disant en lui-même : « — Ceux-ci me font « entrer pour mieux me tromper. Quand je leur aurai donné « tout ce qui est là-dedans, et pendant que je sortirai à grand « peine de ce caveau, ils s'en iront et je resterai sans rien.— » Pour quoi, il résolut de se faire d'abord sa part ; se rappelant l'anneau précieux dont ils lui avaient parlé, ainsi qu'il a été dit plus haut, il le tira du doigt de l'Archevêque et le mit au sien : puis il leur passa la crosse, la mître et les gants, et, dépouillant le cadavre jusqu'à la chemise, il leur donna tout, disant qu'il n'y avait plus rien. Les autres affirmant que l'anneau devait y être, lui dirent de chercher partout ; mais lui répondant qu'il ne le trouvait pas, et faisant semblant de chercher, les amusa quelque temps. De leur côté, les deux compères qui n'étaient pas moins rusés que lui, tout en lui disant de bien chercher, retirèrent vivement la barre de fer qui soutenait le couvercle, et s'enfuirent, le laissant enfermé dans le tombeau.

« Chacun peut s'imaginer ce que devint Andreuccio en se voyant ainsi enfermé. A plusieurs reprises il essaya, de la tête et des épaules, de soulever le couvercle, mais il y perdit sa peine ; enfin, vaincu par la douleur, il s'évanouit et tomba sur le cadavre de l'archevêque. Qui eût pu alors le voir, aurait eu de la peine à dire qui, de l'archevêque ou de lui, était le plus mort. Revenu à lui, il se mit à gémir lamentablement, se voyant dans l'alternative de mourir de faim au milieu de la puanteur et de la vermine d'un corps mort, si personne ne venait ouvrir le sépulcre, ou, si quelqu'un venait l'ouvrir, et l'y trouvait, d'être pendu comme voleur.

« Au beau milieu de ses réflexions, de plus en plus chagrin, il entendit marcher dans l'église, et parler plusieurs personnes. C'était, comme il ne tarda pas à s'en apercevoir, des gens qui venaient faire précisément ce que lui et ses compagnons avaient déjà fait ; de quoi sa peur s'augmenta fort. Quand les nouveaux venus eurent soulevé le couvercle, ils en vinrent à savoir qui entrerait, ce que nul ne voulait faire. Cependant, après une longue discussion, un prêtre dit :
« — De quoi avez-vous peur? Croyez-vous qu'il va vous man-
« ger? Les morts ne mangent pas les vivants. J'y entrerai,
« moi. —» Et ayant ainsi parlé, il se mit à plat ventre sur le bord du tombeau, tournant la tête au dehors, et y introduisit ses jambes pour y entrer plus facilement. Ce que voyant, Andreuccio se leva, saisit le prêtre par une jambe et fit mine de vouloir le tirer à lui. Le prêtre se sentant saisi, poussa un cri strident et se jeta précipitamment hors du tombeau. Ses compagnons épouvantés se mirent à fuir comme s'ils étaient poursuivis par cent mille diables, et laissant le tombeau ouvert. Andreuccio, joyeux au delà de tout espoir, se précipita au dehors, et sortit en toute hâte de l'église par l'endroit où il y était entré. Après avoir marché à l'aventure, ayant au doigt le susdit anneau, il se trouva à la pointe du jour sur la plage, et de là se rabattit sur son auberge, où ses compagnons et son hôtelier avaient été toute la nuit fort en peine de lui. Quand il leur eut raconté ce qui lui était arrivé, l'hôtelier lui donna le conseil de partir sur-le-champ de Naples, ce qu'il fit aussitôt ; et il s'en revint à Pérouse, ayant échangé son argent contre une bague, alors qu'il était allé pour acheter des chevaux. —»

NOUVELLE VI

Madame Beritola, ayant perdu ses deux fils, est trouvée sur une île déserte avec deux chevreaux. Elle va en Lunigiane où l'un de ses fils, entré au service de son seigneur, est surpris avec la fille de celui-ci et mis en prison. Reconnu par sa mère, il épouse la fille du seigneur, et son frère ayant été retrouvé, ils reviennent tous en leur premier état.

Les dames, ainsi que les jeunes gens, avaient ri beaucoup

des infortunes d'Andreuccio narrées par la Fiammetta, quand Emilia, voyant que la nouvelle était terminée, et sur l'ordre de la Reine, commença ainsi : « — Ce sont choses graves et ennuyeuses que les variations de la fortune, et comme toutes les fois qu'on en parle, c'est une occasion de réveil pour notre esprit légèrement disposé à s'endormir sous ses caresses trompeuses, je pense qu'heureux et malheureux ne doivent jamais refuser de les entendre, car les premiers y puisent un avertissement et les seconds une consolation. C'est pour quoi, bien qu'on ait déjà dit beaucoup de choses là-dessus, j'entends vous conter une nouvelle non moins vraie qu'émouvante, laquelle, encore qu'elle eut fini joyeuse, parle d'une peine si grande et si longue, que je peux à peine croire qu'elle ait pu être adoucie par la joie qui la suivit.

« Très chères dames, vous devez savoir qu'après la mort de l'empereur Frédéric II, Manfred fut couronné roi de Sicile. Auprès de ce dernier, était dans une très grande situation un gentilhomme de Naples, nommé Arrighetto Capece, lequel avait pour femme une belle et gente dame également napolitaine, appelée madame Beritola Caracciola. Cet Arrighetto avait en mains le gouvernement de l'île, quand il apprit que le roi Charles Ier avait vaincu et tué Manfred à Bénévent, et que tout le royaume se soumettait à lui. Se fiant peu à la courte fidélité des Siciliens, et ne voulant pas devenir le sujet de l'ennemi de son seigneur, il s'apprêtait à fuir. Mais ce projet ayant été connu par les Siciliens, lui et plusieurs autres amis et serviteurs du roi Manfred furent aussitôt remis prisonniers au roi Charles, qui prit ensuite possession de l'île. Madame Beritola, en un tel changement de choses, ne sachant ce qu'il était advenu d'Arrighetto, et soupçonnant toutefois ce qui était arrivé, eut peur de recevoir quelque outrage et, ayant abandonné tout ce qu'elle avait, elle monta sur une barque avec son jeune fils à peine âgé de huit ans, appelé Giusfredi et s'enfuit, enceinte et pauvre, à Lipari, où elle accoucha d'un autre enfant mâle, qu'elle appela le Chassé ; elle prit ensuite une nourrice, et monta avec cette dernière et ses enfants sur un navire, pour s'en retourner chez ses parents, à Naples. Mais il arriva tout autrement que ce qu'elle avait prévu, attendu que le navire, qui devait aller à Naples, fut poussé par la force du vent vers l'île de Ponza, où, l'ayant fait entrer dans un petit bras de mer, l'équipage attendit le moment propice pour continuer le voyage.

« Madame Beritola étant, comme les autres, descendue sur l'île, et ayant trouvé un lieu solitaire et reculé, se mit à se lamenter sur son Arrighetto. Comme elle faisait ainsi chaque jour, il advint qu'une fois qu'elle était occupée à gémir, sans que personne, mariniers ou autres, s'en fût aperçu, une galère de corsaires survint, qui fit main basse sur tout l'équipage et s'enfuit avec sa prise. Madame Beritola, sa lamentation quotidienne finie, retourna au rivage pour rejoindre ses enfants, comme elle avait coutume de faire, et ne trouva personne. De quoi elle s'étonna tout d'abord, puis soudain, se doutant de ce qui était arrivé, elle jeta les yeux sur la mer et vit la galère qui n'était pas encore fort éloignée et qui emmenait le navire derrière elle. Par quoi elle comprit que, de même que son mari, elle avait perdu ses fils. Et se voyant pauvre, et seule, et abandonnée, sans savoir si elle devait jamais retrouver aucun des siens, elle tomba évanouie sur le rivage en appelant son mari et ses enfants. Il n'y avait là personne pour rappeler par de l'eau fraîche ou autrement ses forces perdues ; pour quoi, ses esprits purent aller à la débandade tant qu'il leur plut ; mais après qu'en son misérable corps ses forces furent revenues avec les larmes et les gémissements, elle appela longuement ses enfants, et s'en alla longtemps les cherchant dans toutes les cavernes environnantes. Quand elle vit que sa peine était vaine et que la nuit arrivait, espérant et ne sachant quoi, elle se préoccupa de son propre sort, et, s'éloignant du rivage, elle se réfugia dans cette même caverne où elle était accoutumé de pleurer et de se lamenter. Après une nuit passée dans une frayeur mortelle et une douleur indescriptible, le jour vint, et l'heure de tierce étant passée, comme elle n'avait pas soupé la veille, elle se mit, poussée par la faim, à manger de l'herbe comme elle put, pleurant et vivement préoccupée de la façon dont elle allait vivre. Pendant qu'elle songeait ainsi, elle vit venir une chèvre qui, après être entrée tout près de là dans une caverne, en sortit peu d'instants après et s'en alla dans la forêt. Pour quoi, s'étant levée, elle entra dans la caverne d'où la chèvre était sortie, et vit deux petits chevreaux, nés sans doute le jour même, et qui lui parurent la chose la plus douce et la plus charmante du monde. Comme depuis son nouvel accouchement son lait n'était pas encore passé, elle les prit tendrement, et les mit sur son sein. Ceux-ci ne refusant point le service offert, se mirent à la têter comme ils auraient fait avec leur mère, et depuis ce moment ne firent aucune distinction entre leur mère et elle. Pour quoi, la gente dame, estimant avoir trouvé en ce lieu désert une compagnie, et devenue l'amie de la chèvre non moins que de ses petits, résolut de vivre et de mourir là, paissant l'herbe et buvant de l'eau, et pleurant chaque fois qu'elle se rappelait son mari, ses fils et sa vie passée.

« La gente dame demeurant en cet état et devenue sauvage, il advint, après plusieurs mois, que poussé aussi par une tempête, un navire de Pisans vint à l'endroit où elle était arrivée elle-même longtemps avant, et qu'il y demeura plusieurs jours. Sur ce navire était un gentilhomme nommé Conrad, des marquis Malespini, avec une sienne dame vertueuse et sainte; ils revenaient en pèlerinage de tous les lieux saints qui sont dans le royaume de Pouille, et s'en retournaient chez eux. Un jour Conrad pour se désennuyer se mit à parcourir l'île avec sa femme, quelques-uns de ses familiers et ses chiens. Arrivés non loin de l'endroit où était madame Beritola, les chiens de Conrad commencèrent à poursuivre les deux chevreaux qui, déjà grands, s'en allaient paître. Les chevreaux, chassés par les chiens, ne cherchèrent pas d'autre refuge que la caverne où était madame Beritola. Ce que voyant, celle-ci se leva, prit un bâton et fit reculer les chiens. A ce moment, Conrad et sa femme, qui suivaient leurs chiens, étaient servenus, et voyant cette femme qui était devenue noire, maigre et poilue, ils furent très surpris, et madame Beritola s'étonna encore plus de les voir. Mais après que, sur ses instances, Conrad eût fait retirer ses chiens, ils l'amenèrent après force prières à dire qui elle était et ce qu'elle faisait là; et elle leur fit connaître entièrement sa condition, ses malheurs et sa sauvage résolution. Ce qu'entendant, Conrad, qui avait beaucoup connu Arrighetto Capece, pleura de compassion, et par de douces paroles s'efforça de la détourner de sa sauvage résolution, lui offrant de la ramener chez elle, ou de la garder auprès de lui, avec autant de respect que si elle eût été sa propre sœur, jusqu'à ce que Dieu lui envoyât fortune plus joyeuse. La dame ne se pliant pas à ses offres, Conrad la laissa avec sa femme à qui il dit de faire venir de quoi manger, de revêtir la pauvre déguenillée d'une de ses robes, et de faire tout son possible pour la ramener avec elle. La gente dame, restée avec madame Beritola pleura tout d'abord beaucoup avec elle sur ses infortunes, et ayant fait venir des vêtements et de la nourriture, l'amena avec la plus grande peine du monde à les prendre et à manger; enfin après beaucoup de prières, et madame Beritola lui affirmant qu'elle ne consentirait jamais à aller là où elle serait connue, elle lui persuada de s'en venir avec elle en Lunigiane avec les deux chevreaux et la chèvre, laquelle entre temps était rentrée, et, non sans grande surprise de la gente dame, lui avait fait une très grande fête. Sur ces entrefaites, le beau temps étant revenu, madame Beritola monta avec Conrad et sa femme sur leur navire, ainsi que la chèvre et les deux chevreaux, à cause desquels — comme la plupart ne savaient pas son nom — elle fut surnommée la Chevrière, et poussés par un bon vent jusqu'à la baie de la Magra, ils y mirent pied à terre et montèrent à leur château. Là, madame Beritola, en habit de veuve, se tint auprès de la femme de Conrad, humble et obéissante, comme si elle était sa damoiselle, et portant toujours grande tendresse à ses chevreaux qu'elle faisait amplement nourrir.

« Les Corsaires qui s'étaient emparés à Ponza du navire sur lequel madame Beritola était venue, s'en allèrent avec tous ses compagnons à Gênes après l'avoir laissée, ne l'ayant pas vue. Là, le butin ayant été partagé entre les patrons de la galère, la nourrice de madame Beritola et les deux enfants échurent entr'autres choses à un messer Guasparrino d'Oria, qui l'envoya avec les deux enfants à sa demeure pour y servir tous trois en qualité de serfs. La nourrice affligée outre mesure de la perte de sa dame et de la malheureuse fortune où elle se voyait tombée, elle et les deux enfants, pleura longtemps ; mais quand elle vit que les larmes ne servaient à rien, et qu'elle était esclave comme eux — encore qu'elle fût une pauvre femme elle était cependant sage et avisée — elle se consola d'abord du mieux qu'elle put ; puis voyant où ils étaient arrivés, elle s'avisa que si les deux enfants étaient reconnus, ils pourraient d'aventure recevoir de mauvais traitements. En outre, espérant qu'un jour ou l'autre la fortune pourrait changer, et qu'eux-mêmes, s'ils étaient encore vivants, pourraient revenir à leur situation perdue, elle pensa qu'il ne fallait découvrir à personne qui ils étaient avant qu'elle ne vît qu'il en fût temps ; de sorte que, à tous ceux qui l'interrogeaient là-dessus, elle disait qu'ils étaient ses fils. Elle n'appelait pas l'aîné Giusfredi, mais Jeannot de Procida ; quant au plus jeune, elle ne prit pas la peine de changer son nom ; et elle eut grand soin d'expliquer à Giusfredi pourquoi elle avait changé le sien, et à quel danger il pouvait être exposé s'il était reconnu. Et elle lui rappelait cela non une fois, mais très souvent ; sur quoi l'enfant, qui était fort intelligent, se conduisait avec beaucoup de prudence, suivant la recommandation de la sage nourrice.

« Les deux garçons et la nourrice, mal vêtus et plus mal chaussés, employés aux plus vils offices, vécurent donc ensemble patiemment pendant plusieurs années dans la demeure de messer Guasparrino. Mais Jeannot, âgé déjà de seize ans, ayant plus de cœur qu'il ne convenait à un serf, et dédaignant la bassesse de sa condition servile, monta un jour sur les galères qui allaient à Alexandrie, et quittant le service de messer Guasparrino, s'en alla en plusieurs endroits, mais sans pouvoir réussir en rien. A la fin, trois ou quatre ans après son départ de chez messer Guasparrino, étant devenu un beau et grand jeune homme, et ayant appris que son père qu'il croyait mort était encore vivant, mais retenu en captivité et en prison par le roi Charles, il parvint, quasi désespérant de la fortune et allant à l'aventure, en Lunigiane, où il devint par hasard un des familiers de Conrad Malespina, qu'il servit très fidèlement et qui en fut très satisfait. Et bien que quelquefois il vît sa mère qui était avec la femme de Conrad, il ne la reconnut pas, ni elle non plus, tellement l'âge les avait changés l'un et l'autre de ce qu'ils étaient quand ils s'étaient vus pour la dernière fois.

« Jeannot étant donc au service de Conrad, il advint qu'une fille de celui-ci, dont le nom était Spina, restée veuve d'un Niccolo da Grignano, revint à la maison de son père. Elle était fort belle et très agréable, et avait à peine depassé seize ans. Par aventure elle jeta les yeux sur Jeannot et Jeannot sur elle, et ils s'énamourèrent l'un de l'autre. Cet amour ne resta pas longtemps sans effet, et il se passa plusieurs mois avant que personne s'en aperçût. Pour quoi, se croyant trop assurés du secret, ils commencèrent à agir d'une manière moins discrète que n'en demandaient de pareilles relations ; et un jour qu'ils allaient le long d'un bois agréable et très touffu, la jeune fille et Jeannot ayant laissé tout le reste de la compagnie, y entrèrent ; croyant avoir beaucoup d'avance sur ceux qui les suivaient, ils s'assirent en un endroit agréable, plein d'herbe et de fleurs et entièrement entouré par les arbres, et se mirent à prendre l'un de l'autre un amoureux plaisir. Ils étaient depuis longtemps ensemble, bien que le grand plaisir qu'ils avaient éprouvé leur eût fait paraître le temps court, lorsqu'ils furent surpris en cet endroit, d'abord par la mère de la jeune fille, puis par Conrad. Celui-ci, affligé outre mesure de ce qu'il voyait, les fit saisir sans en dire le motif par trois de ses serviteurs, les fit conduire enchaînés dans un de ses châteaux, et frémissant de colère et de courroux, il se disposait à les faire honteusement mourir. La mère de la jeune fille ayant compris par quelques paroles échappées à Conrad, quelle était son intention à l'égard des coupables, et ne pouvant supporter cette idée, bien qu'elle fût très courroucée et qu'elle pensât que sa fille avait mérité les plus cruels châtiments pour la faute qu'elle avait commise, s'en vint trouver son époux irrité et se mit à le supplier de ne pas se laisser aller à devenir dans sa vieillesse le meurtrier de sa fille, ni à se souiller les mains du sang d'un de ses serviteurs, le conjurant de trouver une autre manière de satisfaire sa colère, comme par exemple de les faire emprisonner et de leur faire pleurer en prison la faute commise. La bonne dame insista tant par ces paroles et par beaucoup d'autres, qu'elle détourna Conrad de la pensée de les faire mourir ; il ordonna donc que chacun des deux amants fût emprisonné en un lieu séparé, et là, bien gardé ; qu'on ne leur donnât que peu de nourriture, et qu'on leur fît subir de durs traitements, jusqu'à ce qu'il disposât autrement d'eux ; et ainsi fut fait. Ce que fut leur vie dans la captivité et dans les larmes continuelles, au milieu de plus de privations qu'il n'aurait été besoin, chacun peut le penser.

« Jeannot et la Spina étaient depuis un an déjà dans une si poignante situation, sans que Conrad se fût souvenu d'eux, quand il advint que le roi Pierre d'Aragon, par la connivence de messire Jean de Procida, souleva l'île de Sicile et l'enleva au roi Charles ; de quoi Conrad, comme Gibelin, fit grande fête. Jeannot ayant appris cette nouvelle par un de ceux qui le gardaient, poussa un grand soupir et dit : « — Hélas ! « voilà quatorze ans passés que je vais errant misérablement « par le monde, n'attendant rien autre que cela, et mainte- « nant que la chose est arrivée, afin que jamais plus je n'aie « à espérer de bonheur, elle me trouve en prison, d'où je « n'espère jamais sortir, si ce n'est mort. — » « — Et com- « ment ! — dit le geôlier — que t'importe à toi ce que les « plus grands rois se font entre eux ? Qu'avais-tu à faire en « Sicile ? — » A quoi Jeannot dit : « — Il me semble que mon « cœur se brise lorsque je me rappelle ce que jadis eut à y « faire mon père, que je me souviens, encore que je fusse « petit enfant quand je m'enfuis, avoir vu grand seigneur « du vivant du roi Manfred. — » Le geôlier poursuivit : « — Et qui fut ton père ? — » « — Je puis désormais — dit « Jeannot — nommer mon père en toute sûreté, puisque je « me vois tombé dans le même danger où je craignais de le « trouver lui-même. Il fut appelé et s'appelle encore, s'il « vit, Arrighetto Capece, et moi je ne me nomme pas Jean- « not, mais Giusfredi ; et je ne doute point que, si j'étais « hors d'ici et que je retournasse en Sicile, je n'y eusse en- « core une grande situation. — »

« Le brave gardien, sans pousser la conversation plus avant, à la première occasion qu'il eut, raconta tout cela à Conrad. Ce que voyant Conrad, bien qu'il se montrât disposé à ne pas s'en rapporter au prisonnier, il s'en alla vers madame Beritola, et lui demanda affectueusement si elle n'avait pas eu un enfant qui avait nom Giusfredi. La dame répondit en pleurant que si l'aîné des deux enfants qu'elle avait eus était vivant, il s'appellerait ainsi et serait âgé de vingt-deux ans. En entendant cela, Conrad comprit que c'était bien lui, et il lui vint à la pensée, s'il en était ainsi, qu'il pouvait d'un même coup faire une grande miséricorde, et effacer sa honte ainsi que celle de sa fille, en la donnant pour femme à ce jeune homme ; et pour ce, ayant fait venir secrètement Jeannot, il l'interrogea minutieusement sur toute sa vie passée. Voyant par des indices manifestes qu'il était vraiment Giusfredi, fils d'Arrighetto Capece, il lui dit : « — Jeannot, tu « sais de quelle nature et combien grande est l'injure que tu « m'as faite en la personne de ma propre fille, alors que je « te traitais bien et amicalement, et que tu devais, comme « tout serviteur doit faire, toujours t'efforcer d'agir en vue « de mon honneur et de mes intérêts ; bien des gens, si tu

« leur avais fait ce que tu m'as fait, t'auraient fait honteu-
« sement mourir, ce que ma pitié n'a pas voulu. Maintenant,
« puisqu'il en est comme tu dis, et que tu es fils de
« gentilhomme et de gente dame, je veux, si tu le veux toi-
« même mettre fin à tes angoisses et te tirer de la misère et
« de la captivité où tu es, et d'un même coup remettre ton
« honneur et le mien en leur place voulue. Comme tu le sais,
« la Spina, que tu as prise par un amour indigne de toi et
« d'elle, est veuve, et sa dot est grande et bonne. Quelles
« sont ses mœurs et son père et sa mère, tu le sais. De ton
« état présent, je ne dis rien. Pour quoi, dès que tu le vou-
« dras, je consens, puisqu'elle fut ton amante d'une façon
« déshonnête, qu'elle devienne honnêtement ta femme, et
« que tu restes ici près de moi et près d'elle tant qu'il te
« plaira, comme mon fils. — »

« La prison avait abattu les forces physiques de Jeannot,
mais son âme généreuse, digne de son origine, n'avait en
aucune façon été diminuée, non plus que l'amour qu'il avait
pour sa dame. Et bien qu'il désirât ardemment ce que Conrad
lui offrait, et qu'il se vît en son pouvoir, il n'abaissa en rien
la réponse que sa grandeur d'âme lui indiquait qu'il devait
faire, et il répondit : « — Conrad, ce n'est ni la cupidité de
« devenir seigneur, ni le désir d'acquérir de l'argent, ni
« autre motif semblable qui me firent jamais attenter, comme
« un traître, à tes intérêts. J'aimais ta fille, et je l'aime et
« l'aimerai toujours, pour ce que je la tiens digne de mon
« amour. Et si j'ai agi vis-à-vis d'elle moins qu'honnêtement
« selon l'opinion des gens vulgaires, j'ai commis la faute à
« laquelle est toujours exposée la jeunesse, laquelle faute,
« si l'on voulait qu'elle ne se produisît pas, il faudrait sup-
« primer la jeunesse ; de même, si les vieux voulaient se rap-
« peler avoir été jeunes et mesurer les fautes des autres aux
« leurs, et les leurs à celles des autres, elle ne serait pas si
« grave que toi et beaucoup d'autres la font ; je l'ai commise
« comme ami, non comme ennemi. Ce que tu m'offres, je
« l'ai toujours désiré, et si j'avais cru que cette faveur eût
« dû m'être accordée, il y a longtemps que je l'aurais de-
« mandée ; et elle me sera maintenant d'autant plus chère,
« que mon espérance de l'avoir était moindre. Si tu n'as
« point véritablement l'intention que tes paroles me font
« entrevoir, ne me repais point d'une espérance vaine ; fais-
« moi ramener en prison, et là, fais-moi souffrir tout ce qu'il
« te plaira ; pour moi, tant que j'aimerai la Spina, je t'ai-
« merai toujours par amour d'elle, quoi que tu me fasses,
« et je t'aurai en respect. — »

« Conrad, voyant cela, s'étonna ; il eut Jeannot en grande
estime, et, tenant son amour pour fervent, le jeune homme ne
lui en fut que plus cher. Pour ce, s'étant levé, il l'accola et le

baisa, et sans plus de retard, ordonna que la Spina fut secrètement amenée. Celle-ci était devenue dans sa prison, maigre, pâle et débile, et presqu'une autre femme que celle qu'elle paraissait d'ordinaire, de même que Jeannot était devenu un autre homme; tous deux, en présence de Conrad, et d'un consentement mutuel, contractèrent mariage suivant nos usages. Et lorsque après quelques jours, pendant lesquels, sans rien dire à personne de ce qui s'était fait, il leur fit donner tout ce dont ils avaient besoin et ce qui leur plaisait il lui parut temps de rendre leurs mères heureuses, ayant fait appeler sa femme et la Chevrière, il leur parla ainsi :
« — Que diriez-vous, Madame, si je vous faisais retrouver
« votre fils aîné, et s'il était le mari d'une de mes filles? — »
A quoi la Chevrière répondit : « — Je ne pourrais rien vous
« dire, sinon que si je pouvais vous être plus attachée que
« je le suis, je le serais d'autant plus que vous m'auriez
« rendu une chose plus chère que je ne me suis chère à moi-
« même, et en me la rendant de la façon que vous dites,
« vous me feriez retrouver un peu de mon espérance per-
« due, — » et, pleurant, elle se tut. Alors Conrad dit à sa femme : « — Et à toi, femme, que t'en semblerait, si je te
« donnais un tel gendre? — » A quoi la dame répondit :
« — Non pas seulement l'un d'eux, qui sont gentilshommes,
« mais un ribaud, s'il vous plaisait, me plairait. — » Alors Conrad dit : « — Femmes, j'espère avant peu de jours vous
« rendre en cela joyeuses. — » Et voyant déjà les deux jeunes gens revenus en leur premier état, il les fit vêtir honorablement et demanda à Giusfredi : « — Ne goûterais-tu pas
« une allégresse encore plus grande que celle dont tu jouis,
« si tu voyais ici ta mère? — » A quoi Giusfredi répondit :
« — Je ne saurais croire que les chagrins que lui ont causé
« ses malheurs l'aient laissée vivre si longtemps; mais pour-
« tant si cela était, cela me serait souverainement cher, d'au-
« tant que, par ses avis, je croirais pouvoir recouvrer une
« grande partie de mes biens en Sicile. — » Alors Conrad fit venir l'une et l'autre dames. Elles firent toutes deux une merveilleuse fête à la nouvelle épouse, ne s'étonnant pas peu de l'inspiration qui avait pu pousser Conrad à une clémence telle qu'il l'eût unie à Jeannot. Madame Beritola, à quelques mots de Conrad, se mit à regarder Jeannot, et une vertu occulte réveillant en elle le souvenir des traits enfantins du visage de son fils, sans attendre d'autre explication, les bras ouverts, elle lui sauta au col. Son émotion surabondante et l'allégresse maternelle ne lui permirent pas de prononcer une parole; au contraire, elle sentit ses forces tellement l'abandonner, qu'elle tomba quasi morte dans les bras de son fils. Celui-ci, bien qu'il s'étonnât beaucoup, se rappelant l'avoir vue souventes fois auparavant en ce même castel sans la re-

connaître, reconnut cependant sur-le-champ la douce odeur maternelle, et se blâmant lui-même de son aveuglement passé, il la reçut en pleurant dans ses bras et la baisa tendrement. Et quand madame Beritola, grâce aux soins de la dame de Conrad et de la Spina qui lui prodiguaient l'eau fraîche et tous les autres soins, eût rappelé ses forces perdues, elle embrassa de nouveau son fils avec force larmes et douces paroles, et, pleine de tendresse maternelle, elle le baisa plus de mille fois ; et lui, de son côté, l'accueillit très respectueusement.

« Mais après que les embrassements honnêtes et joyeux eurent été renouvelés à trois ou quatre reprises, non sans grande joie des assistants, et que l'un et l'autre eurent narré leurs aventures, Conrad, ayant déjà signifié à ses amis le plaisir qu'il éprouvait dans sa nouvelle alliance, et ordonné une belle et magnifique fête, Giusfredi lui dit : « — Conrad,
« vous m'avez réjoui en bien des choses, et vous avez long-
« temps honoré ma mère ; maintenant, pour que rien de ce
« qui peut se faire par vous ne nous manque, je vous prie
« de nous donner, à ma mère et à moi, le plaisir de faire
« venir à la fête mon frère qui, à l'état de serf, habite la
« maison de messer Guasparrino d'Oria, lequel, comme je
« vous l'ai dit déjà, nous prit, lui et moi, dans une de ses
« courses ; et puis d'envoyer en Sicile quelqu'un qui s'in-
« forme exactement de l'état du pays et se mette en quête de
« savoir ce qu'il est advenu de mon père Arrighetto, s'il est
« vivant ou mort, et, s'il est vivant, en quelle situation il
« se trouve ; et qui, une fois pleinement renseigné sur toutes
« ces choses, s'en revienne vers nous. — » La demande de Giusfredi plut à Conrad, et, sans aucun retard, il envoya secrètement des émissaires à Gênes et en Sicile.

« Celui qui alla à Gênes, après avoir trouvé messer Guasparrino, le pria vivement de la part de Conrad de lui envoyer le Chassé et sa nourrice, et lui expliqua en détail ce qui avait été fait par Conrad au sujet de Giusfredi et de sa mère. Messer Guasparrino s'étonna fort en entendant cela, et dit :
« — Il est vrai que je ferais pour Conrad tout ce que je
« pourrais, pourvu que cela lui plût. J'ai bien chez moi,
« voilà quatorze ans déjà, le garçon que tu réclames et sa
« mère, et je les lui enverrai volontiers ; mais tu lui diras
« de ma part qu'il prenne garde d'avoir été trop crédule en
« ajoutant foi aux paroles de Jeannot que tu dis se faire ap-
« peler aujourd'hui Giusfredi, pour ce qu'il est plus malin
« qu'il ne croit. — » Ayant ainsi dit, et après avoir fait honneur au brave messager, il se fit amener en secret la nourrice, et l'interrogea prudemment sur ce fait. Celle-ci, ayant su la révolte de Sicile, et apprenant qu'Arrighetto était vivant, la peur qu'elle avait eue jadis fut entièrement dissipée

6

et elle lui dit de point en point tout ce qui était arrivé, ainsi que les raisons qui l'avaient fait agir comme elle avait agi. Messer Guasparrino, voyant que le récit de la nourrice était parfaitement conforme à celui de l'envoyé de Conrad, commença à y ajouter foi, et, d'une manière ou d'une autre, en homme très fin qu'il était, s'étant informé de cette aventure, et trouvant que ses recherches lui donnaient de plus en plus la certitude du fait, il eut honte du vil traitement fait au jeune garçon. Sur quoi, pour racheter sa faute, comme il avait une belle fillette âgée de onze ans, et qu'il connaissait ce qu'Arrighetto avait été et était, il la lui donna pour femme avec une grosse dot; puis, après une grande fête donnée à cette occasion, il monta sur une galère bien armée, accompagné du garçon, de sa fille, de l'ambassadeur de Conrad et de la nourrice, et s'en vint à Lerici, où il fut reçu par Conrad qui le mena, avec toute sa suite en un sien château, situé non loin de là et où était préparée la grande fête.

« Quelle fut la joie de la mère en revoyant son fils; quel fut l'accueil que se firent les deux frères; celui que tous les trois firent à la fidèle nourrice ; quelle fut la fête que tous firent à messer Guasparrino et à sa fille, et celle qu'il fit à tous ; celle enfin à laquelle se livrèrent ensemble Conrad et sa femme, ses fils et ses amis, tout cela ne pourrait se décrire par des mots, et pour ce, Mesdames, je vous laisse le soin de l'imaginer. Afin que la fête fut complète, Dieu, qui comble de ses dons quand il a une fois commencé, voulut qu'arrivât la joyeuse nouvelle qu'Arrighetto était en vie et en bonne situation. En effet, au plus fort de la fête, les convives, hommes et femmes, étant encore assis à table, revint le messager qui était allé en Sicile et qui, entre autres choses, raconta, au sujet d'Arrighetto, qu'il était gardé en captivité par le roi Charles, quand la révolte contre le roi éclata dans la ville; le peuple en fureur courut à la prison, tua les gardiens, et fit sortir le prisonnier. Puis, comme il était le principal ennemi du roi Charles, les révoltés le firent leur capitaine et se mirent, à sa suite, à chasser et à tuer les Français. Pour quoi, il s'était attiré à un haut point la faveur du roi Pierre, lequel l'avait rétabli dans tous ses biens et dans tous ses titres, ce qui faisait qu'il était en grande et bonne situation. Le messager ajouta qu'il l'avait reçu avec de grands honneurs, et qu'il avait montré une grande joie au sujet de sa femme et de son fils, dont il n'avait jamais rien su depuis ses malheurs. En outre, il leur envoyait une frégate montée par de nombreux gentilshommes que précédait le messager. Celui-ci fut accueilli et écouté avec une grande joie; et aussitôt, Conrad et quelques-uns de ses amis, allèrent à la rencontre des gentilshommes qui venaient pour madame Boritola et pour Giusfredi, et leur firent un joyeux accueil ; puis Conrad les introduisit au banquet qui n'était pas encore à moitié achevé. Là, la dame et Giusfredi, et tous les autres, leur témoignèrent une telle joie, que jamais on n'en vit de pareille. Quant à eux, avant de se mettre à manger, ils saluèrent Conrad et sa femme de la part d'Arrighetto, et les remercièrent du mieux qu'ils surent et qu'ils purent de l'honneur fait à la femme et au fils d'Arrighetto, mettant ce dernier à leur disposition pour tout ce qui dépendrait de lui. S'étant ensuite tournés vers messire Guasparrino, dont le service était inattendu, ils lui dirent qu'ils étaient certains que, lorsque Arrighetto saurait ce qu'il avait fait pour le Chassé, il lui rendrait de semblables grâces et plus grandes encore. Après quoi ils prirent part à la fête et mangèrent joyeusement en compagnie des deux nouvelles épousées et des deux nouveaux époux. Conrad fêta son gendre et ses autres parents et amis, non-seulement ce jour-là, mais pendant un bon nombre d'autres. Quand la fête fut un peu calmée, il parut temps à madame Beritola, à Giufredi et aux autres de partir, et, au milieu des pleurs de Conrad, de sa dame et de messer Guasparrino, ils montèrent sur la frégate, emmenant la Spina. Poussés par un vent prospère, ils arrivèrent promptement en Sicile, où tous, les fils et les femmes, furent reçus à Palerme par Arrighetto, avec une telle fête que jamais on ne pourrait le dire. On croit qu'ils y vécurent tous longtemps et très heureux, et, en gens reconnaissants des bienfaits reçus, très amis de messire Dieu. — »

NOUVELLE VII.

Le Soudan de Babylonie envoie sa fille en mariage au roi de Garbe. Celle-ci, par suite de nombreux accidents, tombe dans l'espace de quatre années aux mains de neuf hommes qui l'emmènent en divers pays. En dernier lieu, rendue à son père comme pucelle, elle est de nouveau envoyée au roi de Garbe.

Si la nouvelle d'Émilia avait duré quelques instants de plus, il est probable que la compassion que les jeunes dames éprouvèrent pour les malheurs de madame Beritola, leur aurait arraché des larmes. Mais quand la nouvelle fut finie, il plut à la reine que Pamphile continuât en contant la sienne; pour quoi, Pamphile qui était le plus obéissant des hommes, commença : « — Plaisantes dames, il est malaisé de connaître ce qui nous convient. C'est ainsi qu'on a pu voir bien souvent que bon nombre de gens, persuadés qu'en devenant riches ils pourraient vivre sans souci et tranquilles, non-seulement ont demandé à Dieu dans leurs prières de leur envoyer la fortune, mais n'ont reculé devant aucune fatigue, aucun péril, pour tâcher de l'acquérir ; et qu'à peine la fortune leur est venue, il s'est trouvé quelqu'un, avide de recueillir un si gros héritage, qui les a assassinés ; lesquels gens, avant d'être devenus riches, aimaient leur manière de vivre. D'autres, parvenus d'une basse extraction au rang royal, à travers mille périlleuses batailles, en répandant à flots le sang de leurs frères et de leurs amis, et croyant goûter alors le bonheur suprême, ont reconnu qu'indépendamment des soucis infinis, des terreurs dont ils virent leur nouvelle situation remplie, qu'indépendamment de la mort qui les atteignit, aux tables royales on buvait le poison dans les coupes d'or. Beaucoup, après avoir avidement souhaité la force corporelle, la beauté, ou les riches parures, ne se sont aperçu qu'ils avaient mal placé leurs désirs qu'en voyant que ces biens mêmes avaient causé leur mort, ou leur avaient attiré une existence malheureuse. Et pour ne point m'appesantir sur tous les humains désirs, j'affirme qu'il n'en est aucun qui puisse être formé par les vivants avec la pleine certitude qu'il mettra à l'abri de la fortune adverse. Pour quoi, si nous voulons agir sagement, nous devrons nous en tenir à ce que nous a donné et peut seul nous donner Celui qui, seul aussi, sait ce qu'il fait. Mais attendu que, si les hommes se trompent souvent dans la plupart de leurs désirs, vous, gracieuses dames, vous péchez surtout en un seul, à savoir en celui d'être belles, tellement que, non contentes des beautés que vous a accordées la nature, vous cherchez à les accroître par un art merveilleux, il me plaît de vous conter combien, à son grand dommage, fut belle une dame sarrazine, à laquelle il advint, en moins de quatre ans, à cause de sa beauté, de célébrer par neuf fois de nouvelles noces.

« Il y a bon temps déjà, vivait en Babylonie, un soudan nommé Beminedab, et à qui, pendant sa vie, tout réussit à souhait. Parmi ses autres nombreux enfants, mâles et femelles, il avait une fille appelée Alaciel, laquelle, au dire de quiconque l'avait vue, était la plus belle femme qui se vît au monde en ces temps-là ; et pour ce que, dans une grande défaite qu'il avait fait essuyer à une multitude d'arabes qui l'avaient attaqué, le roi de Garbe l'avait merveilleusement aidé, il lui avait, sur la demande que celui-ci lui en avait faite comme d'une grâce spéciale, donné sa fille pour épouse et après l'avoir fait monter sur un navire bien armé et bon marcheur, avec une escorte d'honneur composée d'hommes et de femmes, et lui avoir donné de nombreux et riches vêtements, il la lui envoya, en la recommandant à Dieu. Les marins, voyant le temps bien disposé, livrèrent les voiles au vent, et après être sortis du port d'Alexandrie, naviguèrent plusieurs jours très heureusement. Ils avaient déjà dépassé la Sardaigne, et le terme de leur course leur paraissait proche, quand un jour des vents divers s'élevèrent soudain, lesquels étant impétueux outre mesure, fatiguèrent tellement le navire où était la dame et les marins, qu'ils se crurent tous plus d'une fois perdus. Pourtant, agissant en vaillants hommes, de tout leur art et de toutes leurs forces, quoique battus par la mer immense, ils se maintinrent pendant deux jours. La troisième nuit survenant depuis que la tempête était commencée, et celle-ci ne cessant pas mais croissant au contraire de plus en plus, ils ne savaient où ils étaient, et ne pouvaient le savoir par calculs marins, ni le reconnaître par la vue, attendu que le ciel était entièrement obscurci par les nuages et la nuit noire ; quand soudain, se trouvant à peu près à la hauteur de Mayorque, ils sentirent le navire s'entr'ouvrir. Pour quoi, ne voyant aucun moyen de salut, et chacun ayant à l'esprit soi-même et non les autres, ils jetèrent à la mer une chaloupe, et résolus de se fier à celle-ci plûtôt qu'au navire détruit, les patrons s'y précipitèrent, suivis un à un de tous les hommes qui étaient sur le navire, bien que ceux qui étaient descendus les premiers sur la chaloupe voulussent les en empêcher le couteau à la main ; et croyant ainsi fuir la mort, ils s'éloignèrent avec la chaloupe. Mais contrariés par le temps, ils ne purent manœuvrer l'embarcation qui s'abîma, et ils périrent tous tant qu'ils étaient. Quant au navire qui était poussé par un vent impétueux, bien qu'il fût entr'ouvert et déjà presque plein d'eau — il n'y était resté personne que la dame et ses femmes, qui toutes, vaincues par la violence de la mer et par la peur, gisaient sur le pont quasi-mortes — il vint en courant très vite heurter contre une plage de l'île de Mayorque ; le choc fut si violent, qu'il s'engrava tout entier dans le sable, loin du rivage, à peu près à la distance d'une jetée de pierre. Là, combattu par la mer, il se tint toute la nuit, sans que le vent pût le faire bouger.

« Le jour venu, et la tempête étant un peu apaisée, la dame qui était à moitié morte, leva la tête, et faible comme elle était se mit à appeler tantôt l'un, tantôt l'autre de ses compagnons ; pour quoi, voyant qu'aucun d'eux ne lui répondait et n'en apercevant aucun, elle s'étonna beaucoup et commença à avoir une grandissime peur. Alors s'étant levée du mieux qu'elle put, elle vit les dames qui l'accompagnaient ainsi que les autres femmes étendues autour d'elle. Après les avoir longtemps appelées, tantôt l'une, tantôt l'autre, elle en trouva peu qui eussent conscience d'elles-mêmes, étant toutes comme mortes de peur ou en proie aux angoisses de l'estomac ; de quoi la peur de la dame devint plus grande encore. Mais néanmoins, la nécessité de prendre une décision la poussant, attendu qu'elle se voyait là toute seule, et sans savoir où elle était, elle stimula celles de ses compagnes qui étaient encore vivantes et les fit lever ; celles-ci ne sachant où les hommes s'en étaient allés et voyant le navire lutter contre le rivage et plein d'eau, se mirent à se lamenter avec elle. L'heure de none était déjà proche qu'elles n'avaient encore vu personne sur le rivage ou autre part, à qui elles pussent inspirer quelque pitié et qui les secourût. Sur l'heure de none, revenant par aventure de chez lui, passa par là un gentilhomme dont le nom était Pericon da Visalgo, suivi de plusieurs de ses familiers à cheval, lequel voyant le navire, comprit aussitôt de quoi il s'agissait, et ordonna à un des familiers de monter sans retard sur le navire et de lui dire ce qu'il y aurait trouvé. Le familier, encore qu'il éprouvât quelque difficulté à ce faire, parvint cependant à y monter, et trouva la gente jeune fille avec les quelques compagnes qui lui restaient, et qui se tenait timidement cachée sous le bec de la proue du navire. Dès qu'elles le virent, pleurant, elles implorèrent à plusieurs reprises sa miséricorde; mais voyant qu'elles n'étaient pas comprises de lui, et qu'elles ne le comprenaient pas, elles s'efforcèrent de lui expliquer par gestes leur mésaventure. Le familier ayant tout regardé de son mieux, raconta à Pericon ce qu'il y avait sur le navire ; sur quoi Pericon, ayant promptement fait descendre à terre les femmes et les choses les plus précieuses qui s'y trouvaient, s'en fut avec elles dans son château; et là les femmes s'étant reconfortées par la nourriture et le repos, il comprit à ses riches vêtements, que la dame qu'il avait trouvée devait être une grande et gente dame qu'il reconnut aussi au respect que toutes les autres avaient pour elle seule. Et bien que la dame fut toute pâle et très fatiguée, à cause de la mer, cependant ses beautés n'échappèrent point à Pericon; pour quoi il résolut soudain en lui-même, si elle n'avait point de mari, de la prendre pour femme, et s'il ne la pouvait avoir pour femme d'obtenir ses faveurs.

« Pericon était homme de fière prestance et très robuste ayant pendant quelques jours fait servir abondamment la dame, cette dernière s'était de la sorte entièrement rétablie. Pour quoi, voyant qu'elle était belle au delà de toute imagination. et fort ennuyé de ne pouvoir la comprendre et de n'être point compris d'elle, et de ne pouvoir ainsi savoir qui elle était, démesurément enflammé cependant par sa beauté, il s'efforça, par gestes plaisants et amoureux, de l'amener à satisfaire ses désirs ; mais cela ne servait à rien;

elle repoussait complètement ses offres de service, et l'ardeur de Pericon s'en allumait d'autant plus. Ce que voyant la dame, comme elle était déjà demeurée parmi ces gens pendant plusieurs jours, elle comprit à leurs façons d'agir qu'elle était chez les chrétiens, et en un lieu où, même si elle l'avait su, il lui aurait peu réussi de se faire connaître. Sentant également qu'à la longue, par force ou par amour, il lui faudrait en venir à satisfaire Pericon, elle résolut de dominer par sa force d'âme la situation malheureuse où elle se trouvait. Elle recommanda donc à ses femmes — il ne lui en était plus resté que trois — de ne révéler à personne qui elles étaient, à moins qu'elles ne se trouvassent en un endroit où elles verraient moyen d'être secourues et délivrées. En outre, elle les engagea fortement à conserver leur chasteté, affirmant que pour elle, elle était bien résolue à ce que personne, si ce n'est son mari, pût jouir d'elle. Ses femmes la louèrent beaucoup de cela, et promirent de suivre ses ordres selon leur pouvoir.

« Pericon s'enflammant chaque jour davantage — d'autant plus qu'il voyait à sa portée la chose désirée et qu'elle lui était refusée — et voyant que ses frais n'aboutissaient à rien, résolut d'agir par ruse et artifice, réservant la force pour la fin. S'étant aperçu plusieurs fois que le vin plaisait à la dame comme une personne qui n'avait pas été habituée à en boire, sa religion le lui défendant, il pensa qu'il la pourrait prendre à l'aide du vin, ministre ordinaire de Vénus. Feignant de ne plus avoir envie de ce dont elle se montrait si avare, il fit servir un soir, en manière de fête solennelle, un beau souper, auquel la dame vint assister. A ce souper égayé par toutes sortes de bonnes choses, il ordonna à celui qui la servait de lui donner à boire des vins variés mêlés ensemble, ce que le serviteur fit très bien : et elle qui ne se méfiait pas de cela, entraînée par l'agrément du breuvage, en prit plus qu'il n'aurait été honnête. De quoi, toute infortune passée étant oubliée, elle devint joyeuse, et voyant quelques femmes danser à la mode de Mayorque, elle dansa à la mode d'Alexandrie. Ce que voyant Pericon, il lui sembla qu'il était près d'obtenir ce qu'il désirait, et continuant à lui faire servir plus abondamment des mets et des vins, il prolongea le souper une grande partie de la nuit. Enfin, les convives partis, il entra dans la chambre de la dame seul avec elle. Celle-ci, plus chaude de vin que retenue par l'honnêteté, entra dans le lit, après s'être dépouillée de ses vêtements en présence de Pericon, comme s'il avait été une de ses femmes, et sans être retenue par la moindre vergogne. Pericon l'imita sans retard, et ayant éteint toute lumière, il se glissa prestement à ses côtés, la saisit dans ses bras, et sans qu'elle lui opposât la moindre résistance, il se mit à se satisfaire amoureusement avec elle. Ce qu'ayant senti la dame, elle qui n'avait jamais su auparavant avec quelle corne cossaient les hommes, quasi-repentente de n'avoir pas consenti aux avances de Pericon, et sans attendre d'être invitée par lui à de si douces noces, elle l'y invita plusieurs fois elle-même, non par des paroles, car elle ne savait pas se faire entendre, mais par gestes.

« Pendant qu'elle goûtait ce grand plaisir avec Pericon, la fortune mécontente de l'avoir, de femme de roi qu'elle était, fait devenir l'amie d'un simple châtelain, lui prépara bientôt une plus rude amitié. Pericon avait un frère âgé de vingt-cinq ans, beau et frais comme une rose, dont le nom était Marato ; ayant vu Alaciel, et celle-ci lui ayant souverainement plu, il crut s'apercevoir, selon qu'il pouvait en juger par ses gestes, qu'il en était bien accueilli ; et estimant que rien ne l'empêchait d'obtenir ce qu'il désirait d'elle, si non la garde vigilante que Pericon en faisait, il tomba dans une pensée cruelle, pensée qui fut suivie sans retard d'un criminel effet. Il y avait alors par hasard dans le port de la ville un navire chargé de marchandises pour Chiarenza en Romagne et dont deux jeunes Génois étaient les patrons ; déjà la voile était levée pour partir au premier bon vent; Morato s'étant entendu avec eux prépara tout pour qu'ils le reçussent la nuit suivante avec la dame. Cela fait, la nuit étant venue, et ayant tout disposé pour ce qu'il avait à faire, il s'en alla dans la maison de Pericon qui ne se défiait nullement de lui, accompagné de quelques fidèles compagnons, qu'il avait requis pour l'aider dans ses projets, et suivant le plan arrêté entre eux, il se cacha dans la maison. Quand une partie de la nuit fut écoulée, il ouvrit à ses compagnons, alla avec eux à l'endroit où Pericon dormait avec la dame et étant entrés, ils tuèrent Pericon endormi et s'emparèrent de la dame qui s'était réveillée et se lamentait, la menaçant de mort si elle faisait du bruit. Puis, avec la plus grande partie des choses précieuses appartenant à Pericon, sans avoir été entendus, ils s'en allèrent promptement au port où, sans plus de retard, Marato monta avec la dame sur le navire, laissant ses compagnons s'en retourner.

« Les marins ayant bonne et fraîche brise, levèrent les voiles et se mirent en voyage. La dame se lamenta amèrement sur sa première mésaventure ainsi que sur la seconde, mais Marato, ayant en main le Saint-Croissant que Dieu nous donna, se mit à la consoler de telle façon que bientôt, apprivoisée avec lui, elle eut oublié Pericon ; et déjà elle s'estimait heureuse, quand la fortune, non satisfaite des tristesses passées, lui en prépara une nouvelle. Comme elle était très belle de forme, ainsi que nous l'avons déjà dit souvent et de manières fort gracieuses, les deux jeunes patrons du navire s'énamourèrent si fort d'elle, qu'oubliant toute autre chose, ils ne s'occupaient qu'à la servir et qu'à lui être agréable, prenant bien garde que Marato ne le soupçonnât. S'étant aperçus l'un l'autre de leur amour, ils eurent à ce sujet un entretien secret où ils convinrent de faire en commun l'acquisition de la dame, comme si l'amour devait se traiter de la même façon que les marchandises ou les profits du commerce. La voyant parfaitement gardée par Marato, et pour ce étant empêchés dans leur projet, un jour que le navire marchait à pleines voiles et que Marato se tenait sur la poupe à regarder la mer sans se méfier en rien d'eux, ils s'approchèrent de lui d'un commun accord, le saisirent prestement par derrière et le jetèrent à la mer ; et le navire alla plus d'un mille avant que personne se fût aperçu que Marato était tombé à l'eau. Ce qu'apprenant la dame, et ne voyant aucune possibilité de le retrouver, elle mit à recommencer sur le navire ses premières plaintes. Sur quoi, les deux amants vinrent incontinent pour la consoler et par de douces paroles, par de grandes promesses, bien qu'elle les comprît peu ils s'efforçaient de calmer la dame qui pleurait bien moins le mari perdu que sur sa propre mésaventure. Après lui avoir tenu une ou deux fois de longs discours, il leur sembla qu'ils l'avaient quasi consolée, et ils en vinrent à discuter pour savoir celui qui le premier la mènerait coucher avec lui. Voulant chacun être le premier, et ne pouvant s'accorder entre eux à ce sujet, ils commencèrent d'abord à échanger de graves injures ; leur colère s'en augmentant, ils mirent la main aux couteaux, et s'attaquant avec fureur, ils s'en portèrent plusieurs coups avant que ceux qui étaient sur le navire pussent les séparer ; sur quoi l'un deux tomba mort, et l'autre, gravement blessé en plusieurs endroits, eut la vie sauve. Cette aventure contraria beaucoup la dame, qui se voyait seule et sans l'appui de personne et craignait fort que la colère des parents et des amis des deux patrons se tournât contre elle ; mais les prières du blessé, et une prompte arrivée à Chiarenza, la sauvèrent de ce danger de mort.

« Étant descendue à terre avec le blessé, et demeurant avec lui dans une auberge, le bruit de sa grande beauté courut soudain par la ville, et ce bruit parvint aux oreilles du prince de la Morée qui était alors à Chiarenza. Ce dernier voulut la voir, et l'ayant vue, elle lui parut plus belle que la renommée la faisait ; c'est pourquoi il s'énamoura si fortement d'elle, qu'il ne pouvait penser à autre chose ; et ayant entendu de quelle façon elle était venue là, il résolut d'essayer de l'avoir. Comme il cherchait les moyens pour y parvenir, les parents du blessé l'ayant appris, sans attendre davantage, ils la lui envoyèrent, ce qui fut très agréable au

prince et aussi à la dame, pour ce qu'il lui sembla que cela la tirait d'un grand péril. Le prince la voyant, outre sa beauté, ornée d'habits royaux, ne pouvant autrement savoir qui elle était, pensa qu'elle devait être une noble dame, et son amour en redoubla. La tenant en grand honneur, il la traitait non comme sa maîtresse, mais comme sa propre femme. Pour quoi, la dame se rappelant ses malheurs passés, et se trouvant en comparaison fort bien et surtout toute réconfortée, était redevenue joyeuse, et ses beautés fleurirent tellement, qu'il semblait que toute la Romagne n'eût point à parler d'autre chose. Cela fit que le duc d'Athènes, jeune homme beau et vaillant de sa personne, ami et parent du prince, eut le desir de la voir, et sous prétexte d'aller visiter celui-ci, comme il avait l'habitude de le faire parfois, il s'en vint avec une belle et honorable suite à Chiarenza où il fut reçu avec honneur et en grande fête. Au bout de quelques jours étant venus à causer ensemble des beautés de cette dame, le duc demanda si c'était chose aussi belle qu'on le prétendait. A quoi le prince répondit :
« — Beaucoup plus, mais de cela ce ne sont pas mes pa-
« roles, mais tes yeux que je veux prendre pour garants. — »
Alors, sur les instances du duc, ils s'en allèrent ensemble là où elle était. La dame, informée d'avance de leur visite, les reçut en riches atours et d'un air joyeux ; et l'ayant fait asseoir entre eux, ils ne purent avoir le plaisir de causer avec elle, pour ce qu'elle n'entendait rien ou que bien peu de leur langage. Pour quoi chacun la regardait comme une merveilleuse chose, et surtout le duc qui pouvait à peine croire qu'elle fût créature mortelle ; et croyant, grâce à l'amoureux venin qu'il buvait par les yeux, pouvoir satisfaire son désir en la regardant, il prépara son propre malheur, en s'énamourant ardemment d'elle. Quand il eut pris congé d'elle avec le prince, et qu'il put penser à son aise, il estima le prince heureux entre tous, pouvant disposer à son plaisir d'une si belle chose. Après y avoir longuement et diversement songé, son feu amoureux pesant plus que son honnêteté, il résolut, quoi qu'il en dût arriver, d'enlever cette félicité au prince, et de s'en rendre seul possesseur par quelque moyen que ce fût ; et dans sa hâte, laissant de côté toute raison et toute justice, il concentra sa pensée tout entière vers les embûches.

« Un jour donc, suivant l'exécrable projet arrêté par lui de concert avec un camérier secret du prince, lequel avait nom Ciuriaci, il fit préparer très secrètement tous ses chevaux et tous ses bagages afin de pouvoir partir ; et, la nuit venue, le susdit Ciuriaci l'introduisit en cachette, avec un sien compagnon armé comme lui, dans la chambre du prince, qu'il vit, à cause de la grande chaleur, la dame dormant, debout tout nu à une fenêtre donnant sur la mer, pour respirer une petite brise qui s'en élevait. Pour quoi, après avoir informé d'avance son compagnon de ce qu'il avait à faire, il alla sans bruit par la chambre jusqu'à la fenêtre, et là il frappa le prince dans les reins d'un coup de couteau qui le transperça de part en part, puis il le saisit promptement et le jeta par la fenêtre. Le palais qui donnait sur la mer était très élevé, et la fenêtre à laquelle était le prince avait vue sur quelques masures effondrées par l'impétuosité de la mer, et dans lesquelles personne n'allait sinon très rarement. Il advint donc, comme le duc l'avait prévu, que la chute du corps du prince ne fut entendue et ne put l'être de personne. Le compagnon du duc, voyant cette action accomplie et faisant semblant de vouloir embrasser Ciuraci, lui jeta prestement autour du col un lacet qu'il avait apporté tout exprès, et le tira si violemment que Ciuraci ne put pousser un seul cri. Le duc étant venu à son aide, ils l'étranglèrent et le jetèrent par la même fenêtre qu'ils avaient jeté le prince. Cela fait, voyant qu'ils n'avaient été entendus ni par la dame, ni par d'autres, le duc prit en main une lumière, la porta vers le lit, et découvrit en silence la dame qui dormait profondément. La regardant des pieds à la tête, il l'admira beaucoup, et si, vêtue, elle lui avait plu, elle lui plut au delà de toute comparaison étant nue. Pour quoi, embrasé d'un plus chaud désir, et nullement épouvanté du crime qu'il venait de commettre, les mains encore ensanglantées, il se glissa à ses côtés et se coucha près d'elle qui était tout assoupie et croyait que c'était le prince. Après qu'il fut demeuré avec elle en grandissime plaisir, il se leva et ayant fait venir quelques-uns de ses compagnons, il fit enlever la dame de façon qu'elle ne pût crier, et la fit emporter par une fausse porte par laquelle il était entré ; puis, l'ayant placée sur un cheval, il se mit en route avec tous ses gens, faisant le moins de bruit qu'il pouvait, et s'en retourna vers Athènes. Mais comme il était marié, il n'alla point jusque là, et s'arrêta en un très bel endroit à lui, qu'il avait sur le bord de la mer ; là, il la tint cachée et lui fit servir tout ce dont elle avait besoin.

« Les courtisans du prince avaient, le lendemain matin, attendu jusqu'à l'heure de none qu'il se levât ; mais n'entendant rien, et ayant poussé les portes des chambres qui n'étaient point fermées, sans voir non plus personne, ils pensèrent qu'il était allé incognito quelque part passer quelques jours en compagnie de sa belle dame, et ils n'en prirent plus de souci. Les choses étant en cet état, il advint que, le jour suivant, un fou étant entré dans les ruines où gisaient le corps du prince et celui de Ciuriaci, saisit Ciuriaci par le lacet, et s'en alla en le traînant derrière lui. Ciuriaci fut non sans grand étonnement, reconnu par un grand nombre de gens, lesquels, au moyen de promesses, s'étant fait mener par le fou à l'endroit d'où il l'avait traîné, y trouvèrent, au grand désespoir de toute la ville, le corps du prince qu'ils ensevelirent avec honneur. Et comme on cherchait les auteurs d'un si grand forfait, et qu'on vit que le duc d'Athènes n'était plus là, mais qu'il avait disparu furtivement, ils estimèrent, comme cela était vrai, que c'était lui qui avait fait le coup et emmené la dame. Pour quoi, mettant à la place du prince mort un de ses frères, ils l'élurent pour leur prince, et l'excitèrent de tout leur pouvoir à se venger. Ce dernier, ayant par la suite eu la preuve que la chose s'était passée comme on l'avait imaginé tout d'abord, rassembla de tous côtés ses amis, ses parents et ses serviteurs, en forma rapidement une belle, grande et puissante armée, et se dirigea contre le duc d'Athènes pour lui faire la guerre. Le duc, apprenant cela, apprêta également ses forces pour se défendre, et de nombreux seigneurs accoururent à son aide, parmi lesquels, envoyés par l'empereur de Constantinople, se trouvaient son fils Constantin et Manovello, son neveu, avec une belle et nombreuse suite. Ces princes furent reçus très honorablement par le duc et encore plus par la duchesse, pour ce qu'elle était leur sœur.

« Les choses tournant de jour en jour davantage à la guerre, la duchesse, le moment venu, les fit venir tous les deux en sa chambre, et là, avec force larmes et force paroles, elle leur conta toute l'histoire, les motifs de la guerre, et leur montra l'affront que lui faisait le duc avec cette femme qu'il croyait tenir si bien cachée ; et se plaignant fort de tout cela, elle les pria d'apporter de leur mieux remède, pour l'honneur du duc et pour sa consolation à elle. Les jeunes gens savaient le fait tel qu'il était, et pour ce, sans trop l'interroger, ils réconfortèrent la duchesse du mieux qu'ils surent, et la remplirent de bonne espérance. Ayant été informés par elle de l'endroit où était la dame, ils partirent ; et comme ils avaient souvent entendu vanter la merveilleuse beauté de celle-ci, ils désirèrent la voir et prièrent le duc de la leur montrer. Celui-ci, ne se souvenant plus de ce qui était advenu au prince pour la lui avoir montrée à lui-même, promit de le faire. Et ayant fait préparer un magnifique déjeuner, dans un très beau jardin où demeurait la dame, il les conduisit, le lendemain matin, avec quelques autres compagnons, manger avec elle. Constantin étant assis à côté de la dame, se mit à la regarder plein d'étonnement, affirmant en lui-même qu'il n'avait jamais vu chose si belle, et que certainement le duc devait être excusé si, pour posséder une si belle chose, il avait trahi son ami et avait commis un crime ; et comme il la regardait à plusieurs reprises, l'admirant chaque fois de plus en plus, il ne lui en advint pas autrement à lui qu'il n'en était advenu au duc. Pour quoi, il partit énamouré d'elle, et ayant abandonné toute pensée de guerre, il se mit à songer comment il pourrait l'enlever au duc, cachant soigneusement son amour à tout le monde.

« Pendant qu'il brûlait de ce feu, le moment vint de sortir pour aller contre le prince qui déjà s'approchait des domaines du duc, pour quoi, le duc et Constantin, et tous leurs autres compagnons, suivant l'ordre adopté, étant sortis d'Athènes s'en allèrent s'établir aux frontières, afin que le prince n'avançât pas davantage. Ils y étaient depuis plusieurs jours, lorsque Constantin, ayant toujours l'esprit et la pensée tournés vers la dame, et s'imaginant que, maintenant que le duc n'était plus près d'elle, il pourrait très bien en venir à satisfaire son désir, pour avoir un motif de retourner à Athènes, feignit d'être tombé gravement malade ; pour quoi, avec la permission du duc, ayant remis son commandement à Manovello, il s'en vint à Athènes vers sa sœur. Là, après un jour de repos, l'ayant amenée à causer de l'injure qu'elle avait reçue du duc à propos de la dame qu'il entretenait, il lui dit que, si elle voulait, il l'aiderait en cette circonstance, en l'enlevant de l'endroit où elle était, et l'emmènerait au loin. La duchesse, croyant que Constantin lui faisait cette proposition par affection pour elle et non par amour pour la dame, dit que cela lui plairait fort s'il s'arrangeait de façon que le duc ne pût jamais savoir qu'elle y avait prêté la main, ce que Constantin lui promit pleinement ; pour quoi, la duchesse consentit à ce qu'il fît du mieux qu'il lui semblerait.

« Constantin, ayant fait armer en secret une barque légère, la fit amener un soir tout au près du jardin où demeurait la dame, et informa ceux des siens qui la montaient de ce qu'ils auraient à faire ; puis, avec les autres, il alla au palais où était la dame. Là, par ceux qui étaient au service de cette dernière, et par la dame elle-même, il fut joyeusement reçu, et elle l'accompagna au jardin, selon qu'il lui plut, avec ses serviteurs et les compagnons de Constantin. Celui-ci, sous prétexte d'avoir à lui parler de la part du duc, alla seul avec elle vers une porte qui donnait sur la mer, et qui avait été à l'avance ouverte par un de ses compagnons ; et là, ayant par le signal convenu, appelé la barque, il fit prestement saisir la dame, et la fit porter sur la barque ; puis, étant revenu vers les serviteurs, il leur dit : « — Que personne ne bouge ou « ne dise mot, s'il ne veut mourir, pour ce que je n'entends « pas ravir la dame du duc, mais effacer la honte qu'il fait « à ma sœur. — » A cela, nul n'osa répondre ; pour quoi Constantin, monté avec les siens sur la barque, et s'étant approché de la dame qui pleurait, ordonna qu'on mît les rames à l'eau et qu'on partît. Volant plutôt que voguant, ils parvinrent à Égine un peu avant le point du jour, et étant descendus à terre pour se reposer, Constantin se satisfit avec la dame qui pleurait sur sa malheureuse beauté. De là, remontés sur la barque, ils parvinrent en peu de jours à Chios, où, par crainte de la colère de son père, et redoutant aussi de se voir enlever la dame qu'il avait ravie, il plut à Constantin de rester comme en un lieu sûr. Pendant plusieurs jours, la dame pleura sa mésaventure; mais, à la fin, consolée par Constantin, elle se mit, comme elle avait fait les autres fois, à prendre plaisir de ce que la fortune lui apportait.

« Pendant que les choses allaient ainsi, Osbech, alors roi des turcs, et qui était en guerre continuelle avec l'empereur, vint en ce temps par hasard à Smyrne ; et là, ayant entendu dire que Constantin se tenait à Chios sans prendre la moindre précaution, et y menait une existence lascive avec une dame qu'il avait volée, il s'y rendit une nuit avec quelques petits navires de guerre ; et étant entré sans bruit dans la ville avec ses gens, il en surprit beaucoup dans leur lit avant que ceux-ci s'aperçussent que les ennemis étaient survenus ; quant au petit nombre de ceux qui s'étaient réveillés à la rumeur et avaient pris les armes, ils furent occis. La ville tout entière était brûlée, et le butin et les prisonniers portés sur les navires, ils retournèrent vers Smyrne. Là, Osbech, qui était jeune, trouva, en passant son butin en revue, la belle dame qui avait été prise endormie dans son lit ; pour quoi, très content de la voir, il en fit sur-le-champ sa femme, célébra les noces et coucha joyeusement avec elle plusieurs mois. L'empereur qui, avant que ces choses arrivassent, avait fait un traité avec Basan, roi de Cappadoce, afin qu'il assaillît d'un côté Osbech avec ses forces, pendant qu'il l'attaquerait d'un autre côté avec les siennes, et qui ne l'avait pas encore pu mettre à exécution pour ce qu'il ne voulait pas faire, comme n'étant pas convenable, une des choses que lui demandait Basan, apprenant ce qui était arrivé à son fils, et dolent outre mesure de cela, fit sans plus attendre ce que lui demandait le roi de Cappadoce, et le pressa tant qu'il put de fondre sur Osbech, s'apprêtant de son côté à lui tomber sus. Osbech, apprenant cela, rassembla une armée avant d'être cerné par les deux puissants souverains, et alla à la rencontre du roi de Cappadoce, laissant à Smyrne sa belle dame sous la garde d'un de ses familiers qui était en même temps son ami ; et après qu'il eut combattu quelque temps contre le roi de Cappadoce, il fut tué dans la bataille, et son armée déconfite et dispersée ; pour quoi, Basan, victorieux, marcha librement vers Smyrne, et, sur son passage, tous lui obéissaient comme au vainqueur.

« Le familier d'Osbech, nommé Antiochus, à qui la belle dame avait été donné en garde, la voyant si belle, s'en amouracha, bien qu'il fût vieux, sans garder le moins du monde fidélité à son ami et seigneur ; et sachant sa langue — ce qui était très agréable à la dame qui, depuis plusieurs années, avait dû se résoudre à vivre comme si elle était sourde et muette, n'ayant personne qu'elle pût comprendre ou dont elle pût être comprise — poussé par l'amour, il prit en peu de jours tant de familiarité avec elle, que bientôt, sans nul égard pour leur seigneur qui était sous les armes et en guerre, ils devinrent non seulement amis, mais amants, prenant l'un avec l'autre, sous les draps, un merveilleux plaisir. Mais apprenant qu'Osbech avait été vaincu et tué, et que Basan venait, pillant tout sur son passage, ils se disposèrent à partir ensemble sans l'attendre, mais toutefois après avoir pris la plus grande partie des choses appartenant à Osbech. Ils s'en allèrent donc tous les deux secrètement à Rhodes, où, au bout de peu de temps, Antiochus tomba malade à mourir.

« Il était logé par hasard avec un marchand de Chypre qu'il aimait beaucoup, et qui était son meilleur ami ; sentant sa fin venir, il pensa à lui laisser ce qu'il possédait ainsi que sa chère dame. Près de la mort, il les appela tous les deux et leur dit : « — Je vois, sans que je puisse en douter, que
« je m'en vais, ce qui me chagrine, pour ce que je ne me suis
« jamais plus réjoui de vivre que je le faisais. Il est vrai que
« je meurs très content d'une chose, à savoir que, puisque
« je dois mourir, je me vois mourir dans les bras des deux
« personnes que j'ai plus aimées que qui que ce soit au monde,
« c'est-à-dire dans les tiens, très cher ami, et dans ceux de
« cette dame que j'ai aimée plus que moi-même du moment
« que je l'ai connue. Il est vrai qu'il m'est dur de la voir res-
« ter ici, étrangère, sans aide et sans conseil, moi mourant ;
« et cela me serait plus dur encore, si je ne te sentais pas
« ici, car j'espère que, par amitié pour moi, tu auras d'elle
« le même soin que tu aurais eu de moi. Et pour ce, je te
« prie tant que je peux, s'il arrive que je meure, que mes
« affaires et elle-même te soient confiées, et que tu fasses de
« l'une et des autres ce que tu croiras devoir faire pour la
« consolation de mon âme. Et toi, très chère dame, je te
« prie de ne pas m'oublier après ma mort, afin que là-bas
« je puisse me vanter que, sur cette terre, j'ai été aimé de
« la plus belle dame que la nature ait jamais formée. Si vous
« me donnez entière espérance sur ces deux choses, sans
« nul doute je m'en irai consolé. — » Son ami le marchand, ainsi que la dame, pleuraient en entendant ces paroles ; et quand il eut fini, ils le réconfortèrent et lui promirent sur leur foi de faire ce dont il les priait, s'il arrivait qu'il mou-

rût. Il ne tarda guère à trépasser, et il fut enseveli avec honneur par eux. Puis, quelques jours après, le marchand de Chypre, ayant terminé tout ce qu'il avait à faire à Rhodes, et voulant s'en retourner à Chypre sur un coche de catalans qui se trouvait dans le port, demanda à la belle dame ce qu'elle voulait faire, car pour lui, il lui fallait retourner à Chypre. La dame répondit que, si cela lui plaisait, elle irait volontiers avec lui, espérant que, par amitié pour Antiochus, elle serait traitée et regardée par lui comme une sœur. Le marchand répondit que son désir serait satisfait; et afin de la soustraire à toute injure qui pourrait survenir avant qu'ils fussent arrivés à Chypre, il la fit passer pour sa femme. Une fois montés sur le navire, on leur donna une chambre à la poupe, et afin que le fait ne parût pas contraire aux paroles, ils dormirent tous deux en un même petit lit. Pour quoi, il advint ce que ni l'un ni l'autre n'avait prévu en partant de Rhodes, c'est-à-dire que l'obscurité jointe à la commodité, à la chaleur du lit dont les forces ne sont pas petites, leur firent oublier l'amitié et l'amour qu'ils avaient pour Antiochus mort, et qu'attirés par un égal appétit, ils commencèrent à se caresser mutuellement, si bien qu'avant d'avoir gagné Baffa, où habitait le chyprien, ils s'étaient déjà apparentés. Arrivés à Baffa, la dame resta longtemps avec le marchand.

« Sur ces entrefaites, arriva à Baffa, pour une affaire, un gentilhomme nommé Antigone, de grand âge et de grand sens mais peu de fortune, pour ce que, s'étant entremis pour de nombreuses choses au service du roi de Chypre, le sort lui avait été contraire. Passant un jour devant la maison où la belle dame demeurait — le marchand étant allé en Arménie avec sa marchandise — Antigone la vit à une fenêtre. Comme elle était très belle, il se mit à la regarder, et il lui sembla l'avoir vue une autre fois, mais sans pouvoir dire en aucune façon où. De son côté, la belle dame, qui avait été longtemps le jouet de la fortune, mais dont les malheurs touchaient à leur fin, dès qu'elle vit Antigone, se rappela l'avoir vu à Alexandrie au service de son père. Pour quoi, prise d'une subite espérance de pouvoir encore par son aide revenir à son état royal, et voyant que son marchand était absent, elle fit rappeler Antigone, dès qu'elle put. Celui-ci étant venu, elle lui demanda en rougissant s'il était Antigone de Famagosta, ainsi qu'elle le croyait. Antigone répondit que oui, et lui dit en outre : « — Madame, il me
« semble de vous reconnaître, je ne puis en aucune façon
« me rappeler où je vous ai connue ; pour quoi je vous prie,
« si cela ne vous fâche point, de me remettre en mémoire
« qui vous êtes. — »

La dame, entendant qui il était, lui jeta le bras au col en pleurant fortement, et après quelques instants, comme

il était très étonné, elle lui demanda s'il ne l'avait jamais vue à Alexandrie. A cette question, Antigone reconnut aussitôt qu'elle était Alaciel, fille du Soudan, qu'on croyait morte en mer, et voulut s'incliner devant elle ; mais elle ne le souffrit point, et le pria de s'asseoir à ses côtés. Ce qu'ayant fait Antigone, il lui demanda respectueusement comment, quand et d'où elle était venue en ces lieux, alors que par toute l'Egypte on avait pour certain qu'elle s'était noyée en mer, et il y avait déjà plusieurs années. A quoi la dame dit : « — Je voudrais bien qu'il en eût été
« ainsi, plutôt que d'avoir mené la vie que j'ai menée, et je
« crois que mon père le voudrait aussi, si jamais il la con-
« naît. — » Et cela dit, elle se remit à pleurer abondamment. Pour quoi Antigone lui dit : « — Madame ne vous
« découragez pas avant qu'il ne soit besoin. S'il vous plaît,
« narrez-moi vos malheurs, et quelle vie a été la vôtre.
« Peut-être, avec l'aide de Dieu, pourrons-nous arranger les
« choses convenablement. — » « — Antigone — dit la belle
« dame — il m'a semblé, quand je t'ai vu, voir mon père,
« et mue par cet amour et cette tendresse que je suis tenue
« de lui porter, pouvant me cacher de toi, je me suis
« fait connaître ; et il y a peu de personnes dont la vue
« m'eût fait autant de plaisir que celui que j'ai éprouvé en
« te voyant et en te reconnaissant avant tout autre. Et pour
« ce, ce que j'ai toujours tenu caché dans ma mauvaise
« fortune, je te le dirai à toi comme à mon père. Si tu vois,
« après que tu l'auras entendu, quelque moyen de me pou-
« voir remettre en ma première condition, je te prie de le
« saisir ; si tu n'en vois pas, je te prie de ne dire jamais à
« personne que tu m'as vue, ni que tu as entendu parler
« de moi. — « Cela dit, toujours pleurant, elle lui conta ce qui lui était arrivé, du jour où elle fut jetée sur l'île de Mayorque, jusqu'au moment présent. De quoi Antigone se mit à la plaindre avec compassion ; puis, quand il eût réfléchi peu, il dit : « — Madame, puisque dans vos infortunes
« on n'a pas su qui vous étiez, sans nul doute je vous ren-
« drai à votre père plus chère que jamais, puis pour femme
« au roi de Garbe. — » Et la dame lui ayant demandé comment, il lui indiqua minutieusement ce qu'elle devait faire, et afin qu'un autre incident ne pût déranger leur projet, Antigone retourna le jour même à Famagosta et alla trouver le roi, auquel il dit : « — Mon seigneur si cela vous agrée,
« vous pouvez d'un même coup vous faire grand honneur,
« et m'être très utile à moi qui suis pauvre à cause de vous,
« sans qu'il vous en coûte grand'chose. — » Le roi demanda comment. Antigone dit alors : « — Il est arrivé à Baffa la
« belle jeune fille du Soudan qu'on a cru longtemps noyée ;
« pour sauver son honneur, elle a souffert de longues et

« cruelles épreuves ; elle se trouve à présent en un pauvre
« état, et désire retourner chez son père. S'il vous plaît de
« la lui mander sous ma garde, ce serait grand honneur
« pour vous et grand bien pour moi ; je crois que le Soudan
« n'oublierait jamais un pareil service.—» Le roi, mu par une
royale générosité d'âme, répondit aussitôt que cela lui plaisait ; et l'ayant envoyé chercher la dame, il la fit venir à Famagosta où elle fut reçue par la reine et par lui avec une fête inexprimable et de magnifiques honneurs. Interrogée par le roi et par la reine sur ses aventures, Alaciel leur fit un récit selon la leçon que lui avait faite Antigone. Peu de jours après, sur sa demande, le roi, lui ayant donné une belle et honorable suite composée d'hommes et de femmes, la renvoya, sous la conduite d'Antigone, au Soudan ; et il n'est pas besoin de demander si elle fut reçue par celui-ci avec joie, ainsi qu'Antigone et toute sa suite.

« Quand elle fut un peu reposée, le Soudan voulut savoir comment il se faisait qu'elle vivait encore, et qu'elle fût restée si longtemps sans lui avoir jamais rien fait savoir de l'état où elle se trouvait. La dame, qui avait parfaitement retenu les conseils d'Antigone, se mit à parler ainsi après son père : « — Mon père, le vingtième jour environ après
« que je vous eus quitté, notre navire, assailli par une
« cruelle tempête, alla pendant une nuit heurter contre
« certaine plage vers le ponant, voisin d'un lieu appelé
« Aigues-Mortes. Ce qu'il advint des hommes qui étaient
« sur notre navire, je ne l'ai jamais su et ne le sais pas. Je
« me souviens seulement que, le jour venu, et revenant à la
« vie de quasi-morte que j'étais, le navire naufragé ayant
« déjà été vu par les paysans qui étaient accourus de toute
« la contrée pour le piller, nous fûmes, moi et deux de mes
« femmes, portées sur le rivage, et prises aussitôt par des
« jeunes gens qui se mirent à fuir, entraînant qui l'une qui
« l'autre de nos compagnes. Qu'est-il advenu d'elles ? je ne
« le sus jamais ; mais deux jeunes gens m'ayant prise, et se
« disputant entre eux pour m'avoir, et me traînant par les
« cheveux, tandis que je pleurais abondamment, il advint que
« ceux qui m'entraînaient ainsi passant en un chemin pour
« entrer dans un grand bois, quatre hommes à cheval survinrent et aussitôt que ceux qui m'entraînaient les virent,
« il me lâchèrent soudain et ils se mirent à fuir. Les quatre
« hommes qui me parurent d'un aspect plein d'autorité,
« voyant cela, coururent à l'endroit où j'étais et m'adres-
« sèrent de nombreuses demandes auxquelles je fis de nom-
« breuses réponses, mais je ne fus pas comprise par eux et
« je ne les compris pas non plus. Après avoir tenu long-
« temps conseil, ils me mirent sur un de leurs chevaux et
« me menèrent à un monastère de femmes de leur religion ;

« là je ne sais ce qu'ils dirent, mais je fus reçue par toutes
« les femmes avec douceur, et toujours respectée par elles,
« et en grande dévotion, j'ai ensuite servi avec elles saint
« Croissant en Val-Creux, à qui les femmes de ce pays por-
« tent une grande vénération. Mais après être demeurée
« quelque temps avec elles, et avoir un peu appris leur
« langue, comme elles me demandaient qui et d'où j'étais,
« connaisant le pays où je me trouvais et craignant, si je
« disais la vérité, d'être chassée par elles comme ennemie
» de leur loi, je répondis que j'étais fille d'un grand gen-
« tilhomme de Chypre, et que mon père m'ayant envoyée à
« mon mari en Crete, nous avions par hasard fait naufrage.
« Et souvent, en bien des choses, par crainte qu'il m'arrivât
« pis, j'observai leurs usages ; enfin la principale de ces
« dames, qu'elles nomme abbesse, m'ayant demandé si je
« voulais m'en retourner en Chypre, je répondis que je ne dé-
« sirais rien de plus ; mais elle, craignant pour mon honneur,
« ne voulut jamais me confier aux gens qui allaient à Chypre.
« Cependant il y a à peu près deux mois, certains gentils-
« hommes de France étant arrivés avec leurs femmes, dont
« l'une était parente de l'abbesse, et celle-ci apprenant qu'ils
« allaient à Jérusalem visiter le tombeau où celui qu'ils
« tiennent pour Dieu fut enseveli après avoir été mis à mort
« par les Juifs, elle me recommanda à eux, et les pria de
« me rendre à mon père. Combien ces gentilshommes me
« respectèrent, et avec quelle joie ils m'admirent parmi
« leurs dames, serait une longue histoire à raconter. Etant
« donc montés sur un navire, nous parvînmes après plu-
« sieurs jours à Baffa ; me voyant arrivée là, où je ne con-
« naissais personne, et comme je ne savais ce que je devais
« dire aux gentilshommes qui voulaient me présenter à mon
« père selon ce qui leur avait été recommandé par la véné-
« rable dame, Dieu qui sans doute s'occupait de moi, amena
« sur le rivage Antigone, à l'heure même où nous descen-
« dions à Baffa. Je m'empressai de l'appeler, et je lui dis
« dans notre langue, pour ne pas être comprise des gen-
« tilshommes ni de leurs dames, qu'il m'accueillît comme
« sa fille. Il me comprit sur-le champ, et après m'avoir fait
« une grande fête, il fit honneur, selon que sa pauvreté le
» lui permettait, à ces gentilshommes et à ces dames, et me
« mena au roi de Chypre qui me reçut avec des honneurs
« que je ne pourrais jamais vous raconter, et qui m'a ren-
« voyée vers vous. S'il reste autre chose à dire, qu'Antigone,
« qui m'a plusieurs fois entendue conter mes aventures,
« vous le raconte. — »

« Antigone s'étant alors tourné vers le Soudan dit : « —Mon
« seigneur, comme elle me l'a dit à plusieurs reprises, et
« comme me l'ont dit les gentilshommes et les dames avec

« lesquelles elle vint, ainsi elle vous l'a raconté. Elle a
« oublié seulement de vous dire une chose, et je crois qu'elle
« l'a fait parce qu'il ne lui appartenait pas de vous la dire,
« c'est-à-dire combien ces gentilshommes et ces dames avec
« lesquelles elle est venue, ont parlé de l'honnêteté de la
« vie qu'elle avait tenue avec les religieuses dames, et de
« sa vertu, et de ses meurs pures, et des larmes et des gé-
« missements que firent les dames et les gentilshommes,
« quand après l'avoir remise entre mes mains, ils se sépa-
« rèrent d'elle. Pour lesquelles choses, si je voulais redire
« pleinement ce qu'ils m'ont dit, non-seulement le jour
« actuel, mais la nuit ne suffirait pas ; sachez seulement
« que, selon qu'en témoignaient leurs paroles et aussi selon
« ce que j'ai pu voir, vous pouvez vous vanter d'avoir la
« fille la plus belle, la plus honnête, la plus vaillante,
« qu'aucun autre seigneur qui porte aujourd'hui la cou-
« ronne. — »

« Le Soudan fit de tout cela une merveilleuse fête, et pria plusieurs fois Dieu de lui faire la grâce de pouvoir récompenser dignement tous ceux qui avait honoré sa fille, et principalement le roi de Chypre qui la lui avait renvoyée avec tant d'honneur. Et au bout de quelques jours, ayant fait de grandes largesses à Antigone, il lui donna licence de retourner à Chypre, rendant grâce au roi, par lettre et par ambassadeurs spéciaux, de ce qu'il avait fait pour sa fille. Après quoi, voulant achever ce qui avait été commencé, à savoir que sa fille fût la femme du roi de Garbe, il le fit savoir à celui-ci, et lui écrivit en outre que, s'il lui plaisait de la recevoir, il l'envoyât chercher. Le roi de Garbe fit de cela grande fête, et ayant envoyé une escorte d'honneur pour la chercher, il la reçut avec joie. Et elle qui avait couché avec huit hommes peut-être dix mille fois, se coucha à ses côtés comme pucelle et lui fit accroire qu'elle l'était. Elle vécut en reine auprès de lui, très heureuse, pendant longtemps. Et pour ce, on dit : bouche baisée ne perd pas sa vente ; au contraire, elle se renouvelle comme la lune. — »

NOUVELLE VIII

Le comte d'Angers, faussement accusé, s'enfuit en exil et laisse ses deux enfants en Angleterre. Revenu incognito, il les trouve en bonne situation, va comme palefrenier à l'armée du roi de France, et reconnu innocent, est rétabli dans son premier état.

Les aventures diverses de la belle Alaciel firent souvent soupirer les dames ; mais qui sait quel motif leur faisait pousser ces soupirs? Peut-être y en avait-il parmi elles qui soupiraient non moins par désir de semblables noces, que par compassion pour Alaciel. Mais laissons cela pour le moment. Les dernières paroles dites par Pamphile les ayant fait rire, et la reine voyant par elles que la nouvelle était finie, se tourna vers Elisa et lui ordonna de continuer par une des siennes. Celle-ci, le faisant d'un air joyeux, commença : « — C'est un champ très vaste que celui par lequel nous nous promenons aujourd'hui, et il n'est personne qui ne pourrait y fournir, non pas une course, mais dix assez facilement, tellement la fortune l'a rempli de ses cas étranges et pénibles ; et pour venir à conter un de ceux-ci qui sont infinis, je dis que :

«L'empire romain étant passé des Français aux Allemands, une grandissime inimitié naquit entre les deux nations, et par suite une guerre acerbe et continuelle, à l'occasion de laquelle, tant pour la défense de son pays que pour l'offense reçue, le roi de France et l'un de ses fils, avec toutes les forces de leur royaume, et suivis d'autant de parents et d'amis qu'ils purent en rassembler, levèrent une très grande armée pour marcher contre les ennemis. Avant de partir, afin de ne point laisser leur royaume sans gouvernement, et comme ils tenaient le comte Gaultier d'Angers pour un gentilhomme sage et pour leur fidèle et dévoué serviteur, et qu'il leur paraissait, bien qu'ils le sussent très versé en l'art de la guerre, plus apte aux choses délicates qu'aux fatigues ils lui laissèrent en leur lieu et place tout le gouvernement du royaume de France, avec le titre de vicaire général ; puis ils se mirent en route. Gaultier se mit donc avec soin et grand ordre à l'office qui lui était confié, conférant toujours sur toutes choses avec la reine et la belle-fille de celle-ci ; et bien que ces dernières eussent été laissées sous sa juridiction, néanmoins, il les honorait comme ses Dames et comme ses supérieures

«Ledit Gaultier, âgé d'environ quarante ans, était très beau de corps et aussi plaisant de manières qu'aucun autre gentilhomme. Il était en outre le plus charmant et le plus distingué chevalier qu'on connût à cette époque, et un de ceux qui prenaient le plus de soin de sa personne. Or, il advint que le roi de France et son fils étant à la guerre dont j'ai déjà parlé et la dame de Gaultier étant morte lui laissant un fils et une fille tout enfants, comme il fréquentait la cour des dames susdites et parlait souvent avec elles des besoins du royaume, la dame du fils du roi jeta les yeux sur lui, et voyant avec une grandissime affection sa personne et ses belles manières, s'enflamma vivement pour lui d'un amour secret. Se sentant jeune et fraîche, et le voyant, lui, sans femme, elle pensa qu'elle pourrait facilement satisfaire son

7.

désir; et, songeant que la honte seule pourrait l'en empêcher, elle résolut de chasser cette honte et de lui manifester son amour. Un jour donc qu'elle était seule et que le moment lui parut propice, elle l'envoya chercher comme si elle avait à lui parler d'autres choses. Le comte dont la pensée était très loin de celle de la dame, vint à elle, sans aucun retard, et, selon son désir, s'assit sur un siège à côté d'elle dans une chambre où ils étaient seuls. Déjà le comte lui avait deux fois demandé le motif pour lequel elle l'avait fait venir, et elle se taisait, lorsqu'enfin poussée par l'amour, devenue toute rouge de honte, quasi pleurant et toute tremblante, elle se mit à parler ainsi avec des paroles brisées :

« Très cher et doux ami, et mon seigneur, vous pou« vez, en homme sage, connaître facilement combien grande « est la fragilité des hommes et des femmes, et, pour divers « motifs, combien plus grande elle est chez les unes que « chez les autres ; pour quoi, devant un juge impartial, une « même faute ne doit pas recevoir une même peine à cause « de la qualité diverse des personnes. Et qui pourrait dire « qu'on ne devrait pas beaucoup plus blâmer un pauvre « homme ou une pauvre femme qui auraient besoin de ga« gner leur vie avec leur travail, s'ils étaient stimulés par « l'amour, et s'ils agissaient comme une dame qui serait « riche et oisive et à qui ne manquerait rien de ce qui pour« rait lui plaire? Certes, je crois qu'il n'y a personne qui « le pourrait dire. Par cette raison j'estime que lesdites « choses doivent être un grand motif d'excuse en faveur de « celle qui les possède, si d'aventure elle se laisse aller à « aimer ; pour le reste, ce qui doit lui faire pardonner, c'est « d'avoir choisi un sage et valeureux amant, si celle qui « aime a fait ainsi. Ces choses, qui sont toutes les deux en « moi selon ce qu'il me semble et plusieurs autres encore « qui me doivent induire à aimer, comme par exemple ma « jeunesse et l'éloignement de mon mari, doivent mainte« nant s'élever pour le service de ma défense, dans le brû« lant amour que j'ai conçu à votre aspect. Et si elles « peuvent sur vous ce qu'elles peuvent sur les hommes « sages, je vous prie de me donner aide et conseil dans ce « que je vous demanderai. Il est vrai que, par suite de l'é« loignement de mon mari, ne pouvant résister aux aiguil« lons de la chair, ni à la force de l'amour, qui ont tant de « puissance qu'ils ont déjà vaincu et qu'ils vainquent « chaque jour, non pas seulement les tendres femmes, mais « les hommes les plus forts ; me trouvant au milieu du bien« être et de l'oisiveté dans lesquels vous me voyez, je me « suis laissée aller à suivre les plaisirs de l'amour et à de« venir amoureuse. Et comme je reconnais qu'une pareille « chose, si elle était sue, ne serait pas honnête, néanmoins

« si elle est et si elle reste cachée, je ne la juge quasi en rien
« déshonnête. Amour m'a été si gracieux que non-seule-
« ment il ne m'a pas laissé choisir mon amant en pleine
« connaissance, mais qu'il m'a aidé en cela, en vous mon-
« trant à moi digne d'être aimé par une dame faite comme
« je suis. Car, si mon sentiment ne me trompe pas, je vous
« tiens pour le plus beau, le plus plaisant, le plus prisé
« et le plus sage chevalier qui se puisse trouver dans le
« royaume de France ; et je puis également dire que, de
« même que je me trouve sans mari, je vous vois aussi sans
« femme. Pour quoi, je vous prie, au nom d'un amour aussi
« grand que celui que je vous porte, que vous ne me refu-
« siez pas de me donner le vôtre, et que vous ayez pitié de
« ma jeunesse, laquelle vraiment, comme la glace au feu,
« se consume pour vous. — » A ces paroles, les larmes
survinrent en telle abondance que, bien qu'elle eût l'intention
de lui adresser encore ses prières, elle n'eut pas la force de
parler plus avant ; mais le visage baissé, et quasi vaincue,
elle laissa tomber en pleurant sa tête sur la poitrine du
comte.

« Le comte qui était un très loyal chevalier, se mit à la reprendre avec de très graves reproches d'un si fol amour, et à
la repousser — car déjà elle voulait se jeter à son col — et à
affirmer avec serment qu'il aimerait mieux être écartelé avant
de consentir qu'une pareille chose arrivât contre l'honneur
de son seigneur, soit par lui, soit par tout autre. Ce qu'entendant la dame, oubliant soudain son amour et allumée
d'une colère féroce, elle dit : « — Donc, vilain chevalier, je
« serai de la sorte dédaignée par vous dans mon désir ? Mais
« ne plaise à Dieu, puisque vous voulez me faire mourir,
« qu'à mon tour je ne vous fasse pas mourir ou chasser du
« monde. — » Et ayant ainsi dit, elle se porta à l'instant les
mains aux cheveux, les brouillant et se les arrachant tous,
et après avoir déchiré ses vêtements sur sa poitrine elle se
mit à crier d'une voix forte : « — A l'aide, à l'aide, voici
« que le comte d'Angers veut me faire violence. — » Le
comte voyant cela, et doutant beaucoup plus de la jalousie
des courtisans que de sa conscience ; craignant, à cause de
cela, qu'on n'ajoutât plus de foi à la malignité de la dame
qu'à son innocence, se redressa sur pied le plus tôt qu'il
put, sortit de la chambre et du palais, et s'enfuit à sa demeure, où sans prendre conseil de personne, ayant mis ses
deux enfants à cheval, il monta lui-même sur un autre et
se dirigea le plus rapidement possible vers Calais.

« A la rumeur de la dame, beaucoup de gens accoururent,
lesquels, l'ayant vue, et ayant entendu les motifs de ses cris,
non-seulement crurent à ses paroles, mais ajoutèrent que la
beauté et les manières galantes du comte avaient été longue-

ment mises en œuvre par lui pour en venir à cette fin. On courut donc en fureur à la maison du comte pour l'arrêter; mais ne le trouvant pas, on commença par voler tout ce qu'elle contenait, puis on la jeta par terre jusqu'aux fondements. La nouvelle répandue en ce sens odieux, parvint à l'armée au roi et à son fils, lesquels, très courroucés, le condamnèrent lui et ses descendants à un perpétuel exil, promettant de riches récompenses à qui le leur ramènerait vif ou mort.

« Le comte très peiné de ce que, en s'enfuyant, il était devenu coupable, d'innocent qu'il était, parvint sans se faire connaître et sans avoir été reconnu, lui ni ses fils, à Calais, d'où il passa promptement en Angleterre, et s'en alla à Londres sous de pauvres habits. Avant d'y entrer, il fit de longues recommandations à ses deux jeunes enfants, et principalement sur deux choses : d'abord, qu'ils devaient patiemment supporter l'état de pauvreté où la fortune les avait réduits ainsi que lui-même sans qu'il y eût de leur faute, puis qu'ils se gardassent avec le plus grand soin de jamais faire connaître à personne d'où ils étaient, ni de qui ils étaient fils, si la vie leur était chère. Le fils appelé Louis était âgé d'environ neuf ans, et la fille qui avait nom Violante, en avait à peu près sept. Selon que le comportait leur âge tendre, ils comprirent tous deux parfaitement la leçon de leur père, et ils le montrèrent bien dans la suite par leurs actes. Afin de mieux pouvoir les cacher, le comte crut devoir changer leurs noms, ce qu'il fit; il appela le fils Perot et la fille Jeannette; et étant arrivés tous trois à Londres, pauvrement vêtus, à la façon dont nous voyons faire ces vagabonds français, ils se mirent à demander l'aumône.

« Et étant d'aventure un matin pour cela en une église, il advint qu'une grande dame, qui était la femme d'un des maréchaux du roi d'Angleterre, vit en descendant de l'église, ce comte et ses deux petits enfants qui imploraient l'aumône, et lui demanda d'où il était et si c'était là ses enfants. A quoi il répondit qu'il était de Picardie, et que par suite des méfaits de son ribaud de fils aîné, il lui avait fallu partir avec ces deux-là qui étaient aussi ses enfants. La dame, qui était compatissante, jeta les yeux sur la petite fille, et celle-ci lui ayant plu beaucoup, pour ce qu'elle était belle et avenante, elle dit : « — Brave homme, si tu veux laisser « venir avec moi ta petite fille, je la prendrai volontiers, « pour ce qu'elle a bonne mine. Et si elle fait une brave « femme, je la marierai en temps convenable de façon « qu'elle sera bien. — » Cette demande plut fort au comte, et il répondit sur-le-champ que oui; et il la lui donna avec force larmes et en la lui recommandant beaucoup. Ayant ainsi casé la fille, et sachant bien à qui, il résolut de ne pas rester davantage en ces lieux ; mais continuant à demander l'aumône, il traversa l'île et parvint, avec Perot, au pays de Galles, non sans éprouver une grande fatigue, comme un homme qui n'avait pas l'habitude d'aller à pied.

« Là était un autre maréchal du roi qui tenait grand état et avait un nombreux domestique, et dans la cour duquel le comte et son fils se réfugiaient souvent pour avoir à manger. Dans cette cour, un fils dudit maréchal et d'autres enfants de gentilshommes se livrant parfois à des jeux enfantins, par exemple à courir et à sauter, Perot commença à se mêler à eux, et à exécuter aussi adroitement ou même mieux qu'aucun d'eux, tous les jeux auxquels ils se livraient. Ce que le maréchal ayant vu une fois, et la tournure et les manières de l'enfant lui plaisant beaucoup, il demanda qui il était. On lui dit qu'il était le fils d'un pauvre homme qui venait là quelquefois pour demander la charité. Sur quoi, le maréchal le lui fit demander, et le comte, qui ne demandait pas autre chose à Dieu, le lui donna volontiers, quelque chagrin qu'il eût à se séparer de lui. Le comte ayant donc placé son fils et sa fille, résolut de ne pas rester plus longtemps en Angleterre, mais du mieux qu'il put, il passa en Irlande, et parvenu à Stanforde, s'engagea comme serviteur à la solde d'un chevalier d'un comte du pays, faisant tout ce qui appartient au métier de serviteur ou de garçon d'écurie ; et là, sans être jamais reconnu de personne, avec beaucoup de peines et de fatigues, il séjourna longtemps.

» Violante, appelée Jeannette, et qui était restée à Londres avec la gente dame, croissait chaque année en force et en beauté, et s'était tellement acquis la faveur de la dame, du mari de celle-ci, et de tous les gens de la maison ainsi que de tous ceux qui la connaissaient, que c'était chose merveilleuse à voir ; et il n'y avait personne qui, voyant ses manières et son maintien, ne dît qu'elle était digne de grand bien et de grandissime honneur. Pour quoi, la gente dame qui l'avait reçue de son père, sans avoir pu jamais savoir qui il était autrement que ce qu'elle avait entendu de lui, s'était proposée de la marier honorablement, suivant la condition dont elle estimait qu'elle était. Mais Dieu, juste juge des mérites, la connaissait pour femme noble, et sachant qu'elle portait, sans faute de sa part, la peine de la faute d'autrui, en disposa autrement. Et afin que la gente fille ne tombât point aux mains d'un vilain, on doit croire que ce qui advint fut permis par sa bonté.

« La gente dame avec laquelle Jeannette demeurait, avait de son mari un fils unique que son père et sa mère aimaient beaucoup, tant pour ce qu'il était leur fils, que pour ce qu'il le méritait par sa valeur et ses qualités, étant plus qu'un autre bien élevé, et vaillant et beau de sa personne. Ce fils avait environ six ans de plus que la Jeannette, et la voyant très belle et gracieuse, il s'énamoura si fortement d'elle, qu'il ne voyait rien au-dessus. Et pour ce qu'il croyait qu'elle devait être de basse condition, non-seulement il n'osait pas la demander pour femme à son père et à sa mère, mais craignant qu'on ne blâmât de s'être mis à aimer si bas, il tenait son amour caché le plus qu'il pouvait; ce qui le stimulait beaucoup plus que s'il l'avait découvert. De quoi il advint que, par surcroît de chagrin, il tomba malade et d'une manière grave. Plusieurs médecins furent appelés à le soigner, et ayant examiné tous les symptômes, et ne pouvant connaître sa maladie, ils désespéraient tous communément de sa guérison. De quoi le père et la mère du jeune homme éprouvaient une si grande douleur et mélancolie, qu'une plus grande n'aurait pu se supporter; et souventes fois, avec de douces prières, ils lui demandaient la cause de son mal; à quoi il ne donnait que des soupirs pour réponse, ou bien disait qu'il se sentait consumer tout entier.

« Il advint un jour qu'un médecin très jeune, mais de science profonde, étant près de lui et le tenant par le bras à l'endroit où l'on cherche d'habitude le pouls, la Jeannette qui, par déférence pour sa mère, le servait avec sollicitude, entra pour une cause quelconque dans la chambre où gisait le jeune homme. Dès que celui-ci la vit, sans dire une parole ou sans faire un geste, il ressentit avec plus de violence en son cœur l'ardeur amoureuse; pour quoi le pouls se mit à lui battre plus fort que d'ordinaire, ce que le médecin ayant immédiatement senti il s'en étonna, et resta muet pour voir le temps que durerait le battement du pouls. Dès que la Jeannette sortit de la chambre, le battement s'arrêta, pour quoi il parut au médecin avoir deviné une partie de la cause de la maladie du jeune homme, et au bout d'un moment, comme s'il voulait demander quelque chose à la Jeannette, il la fit appeler, tenant toujours le malade par le bras. La jeune fille étant venue aussitôt, dès qu'elle entra dans la chambre, le battement du pouls reprit le jeune homme, et, elle partie, le battement cessa. Sur quoi le médecin, estimant avoir une suffisante certitude, se leva et ayant pris à part le père et la mère du jeune homme, il leur dit : « — La guérison de
« votre fils n'est pas au pouvoir des médecins, mais elle
« est entre les mains de la Jeannette, que le jeune homme,
« comme je l'ai reconnu à des signes certains, aime ardem-
« ment, bien qu'elle ne s'en aperçoive pas, à ce que j'ai cru
« voir. Vous savez désormais ce que vous avez à faire, si sa
« vie vous est chère. — »

« Le gentilhomme et sa dame, entendant cela, furent

contents, puisqu'aucun remède ne s'était trouvé pour sa guérison, bien que cela les fâchait beaucoup, s'il fallait en venir, ce qu'ils craignaient, à devoir donner la Jeannette pour épouse à leur fils. Le médecin parti, ils s'en allèrent donc vers le malade, et la dame lui dit ainsi : « — Mon
« fils, je n'aurais jamais cru que tu m'aurais caché aucun
« de tes désirs, et surtout que je te verrais mourir pour ne
« point avoir obtenu ce que tu désirais; pour ce que tu
« devais être certain et que tu dois l'être, qu'il n'y a nulle
« chose que je puisse faire pour te contenter, même quand
« elle serait moins qu'honnête, que je ne la fasse par moi-
« même. Mais puisque tu as fait ainsi, il est advenu que
« Dieu a eu plus de pitié de toi que toi-même, et afin que
« tu ne meures pas de cette maladie, il m'a montré la cause
« de ton mal, laquelle n'est autre qu'un très grand amour
« que tu portes à quelque jeune fille, quelle qu'elle soit. Et
« en vérité, tu n'aurais pas dû avoir honte de le déclarer,
« pour ce que ton âge le requiert, et si tu n'étais point
« amoureux, je t'estimerais moins. Donc, mon fils, ne te
« cache pas de moi, mais découvre-moi sans crainte tout
« ton désir, et dépouille la mélancolie et la pensée que tu
« as et dont vient cette maladie; reprends courage et sois
« bien certain qu'il n'y aura rien de ce que tu m'imposeras
« pour te satisfaire, que je ne fasse selon mon pouvoir, en
« femme qui t'aime plus que ma vie. Chasse la honte et la
« peur, et dis-moi si je puis aider ton amour en quelque
« chose, et si tu ne trouves pas que je mette tout mon
« soin à cela, et que je le mène à bonne fin, aie-moi
« pour la plus cruelle mère qui aura jamais enfanté un
« fils. — »

« En entendant les paroles de sa mère, le jeune homme rougit tout d'abord, puis pensant en lui-même que personne autre ne pourrait mieux qu'elle satisfaire son plaisir, ayant chassé toute vergogne, il lui dit ainsi : « — Madame, nulle
« autre chose ne m'a fait tenir mon amour caché, que de
« m'être aperçu, à propos d'un grand nombre de gens, que,
« devenus vieux, ils ne veulent plus se souvenir d'avoir été
« jeunes. Mais puisque je vous vois bien disposée en cela,
« non-seulement je ne nierai pas ce dont vous vous êtes
« aperçue, mais encore je vous dirai de qui je suis amou-
« reux, à la condition que l'effet suivra votre promesse selon
« ce que vous pourrez, et ainsi vous pourrez m'avoir bien
« portant. — » A quoi la dame — se fiant trop à ce qui ne devait pas arriver en la forme qu'elle arrangeait déjà en elle-même — répondit généreusement qu'il lui découvrît sans crainte tout son désir, car sans aucun retard elle ferait de façon qu'il eût ce qu'il souhaitait : « — Madame — dit
« alors le jeune homme — la haute beauté et les louables

« manières de notre Jeannette et l'impossibilité de la faire
« s'apercevoir de mon amour, bien qu'elle soit compatis-
« sante, comme aussi n'avoir pas eu le courage de mani-
« fester cet amour à personne, voilà ce qui m'a conduit où
« vous me voyez ; et si ce que vous m'avez promis ne s'en
« suit pas d'une façon ou d'une autre, soyez sûre que ma
« vie sera courte. — » La dame, à qui il paraissait plus à
propos de le réconforter que de le réprimander, dit en
souriant : « — Ah ? mon fils, c'est donc pour cela que tu
« t'es laissé tomber malade ? Rassure-toi, et laisse-moi faire
« une fois que tu seras guéri. — »

« Le jeune homme, plein de bonne espérance, donna en peu
de temps des signes d'un grand mieux ; de quoi la dame
étant très contente, elle se disposa à voir comment elle pourrait tenir ce qu'elle avait promis. Ayant un jour appelé la
Jeannette, elle lui demanda fort courtoisement en manière
de plaisanterie, si elle avait quelque amoureux. La Jeannette,
devenue toute rougissante, répondit : « — Madame, à une
« pauvre demoiselle chassée, comme je le suis, de chez elle,
« et qui demeure au service des autres comme je le fais, on
« ne lui demande pas et il n'est pas bien à elle d'espérer
« d'aimer. — » A quoi la dame dit : « — Et si vous n'en
« avez pas, nous voulons vous en donner un dont vous serez
« toute joyeuse, et pour lequel vous priserez davantage votre
« beauté ; pour ce qu'il ne convient point qu'une aussi belle
« demoiselle que vous êtes reste sans amant. — » A quoi la
Jeannette répondit : « — Madame, en m'enlevant à la
« pauvreté où j'étais avec mon père, vous m'avez élevée
« comme votre fille, et pour ce je devrais faire tout pour
« vous plaire ; mais en cela je ne vous complairai point,
« croyant faire bien. S'il vous plaît de me donner un mari,
« j'entends aimer celui-là, mais un autre, non : pour ce que
« de l'héritage de mes aïeux nulle chose ne m'est restée si
« ce n'est l'honneur, que j'entends garder et conserver tant
« que ma vie durera. — » Ces paroles parurent à la dame
fort contraires à ce qu'elle entendait obtenir pour remplir la
promesse faite à son fils, bien que, en femme sage, elle louât
beaucoup en soi-même la demoiselle ; et elle dit : « — Com-
« ment, Jeannette, si monseigneur le roi, qui est jeune
« chevalier, comme tu es très belle demoiselle, voulait avoir
« plaisir de ton amour, tu le lui refuserais ? — » A quoi
elle répondit sur-le-champ : « — Le roi pourrait peut-être
« me faire violence, mais il ne pourrait rien avoir de mon
« consentement, sinon chose honnête. — » La dame comprenant quelle était sa résolution, laissa de côté les paroles
et songea à la mettre à l'épreuve. Elle dit en conséquence à
son fils de faire en sorte, dès qu'il serait guéri, de l'emmener
avec lui dans une chambre, et là, de s'efforcer d'obtenir

d'elle à son plaisir, disant que cela lui paraissait déshonnête qu'elle prêchât pour son fils, comme une ruffianne, et priât la demoiselle. De quoi le jeune homme ne fut d'aucune façon satisfait, et retomba soudain plus malade ; ce que la dame voyant, elle découvrit pleinement son intention à la Jeannette. Mais la trouvant plus résolue que jamais, elle raconta à son mari ce qu'elle avait fait, et bien que cela leur parût pénible, ils se décidèrent d'un mutuel consentement, à la lui donner pour épouse, aimant mieux voir leur fils vivant, avec une femme non digne de lui, que mort faute d'aucune ; et ainsi ils firent après de nombreux pourparlers. De quoi la Jeannette fut très contente, et, d'un cœur reconnaissant, rendit grâces à Dieu de ce qu'il ne l'avait pas oubliée ; mais pourtant, malgré cela elle ne dit jamais qu'elle était autre chose que la fille d'un Picard. Le jeune homme étant guéri, célébra les noces, plus joyeux que tout autre homme, et se mit à se donner du bon temps avec elle.

« Perot qui était resté dans le pays de Galles avec le maréchal d'Angleterre, grandissant de son côté, gagna la faveur de son maître et devint très beau de sa personne et fort supérieur à tous les autres habitants de l'île, en cela que, ni dans les tournois, ni dans les joutes, ni en aucune autre passe d'armes, il n'y avait personne dans le pays qui valût autant que lui ; pour quoi, chacun l'appelant Perot le Picard il était connu de tous et célèbre. Et de même que Dieu n'avait point oublié sa sœur, de même il montra bien qu'il se souvenait de lui, pour ce qu'une pestilence mortelle étant venue en cette contrée, elle emporta quasi la moitié des gens sans compter que la plus grande partie du reste s'enfuit de peur en d'autres lieux ; de quoi le pays paraissait entièrement abandonné. Dans cette mortalité, le maréchal son seigneur, sa dame et un sien fils, ainsi que bon nombre d'autres frères, neveux et parents, moururent, et il ne resta de toute sa maison qu'une demoiselle déjà en âge d'être mariée, ainsi que Perot et quelques familiers. La pestilence ayant un peu cessé, la demoiselle, pour ce que Perot était prud'homme et vaillant, le prit pour mari au grand plaisir et sur le conseil des quelques vassaux qui étaient restés dans le pays, et le fit seigneur de tout ce qui lui était échu par héritage. Et il ne se passa guère de temps, sans que le roi d'Angleterre, ayant appris que le maréchal était mort, et connaissant la valeur de Perot le Picard, le mit à la place de celui qui était mort, et le fit son maréchal. Et ainsi il advint en peu de temps des deux enfants innocents du comte d'Angers, laissés par lui comme perdus.

« Il y avait déjà dix-huit ans passés que le comte d'Angers était parti en s'enfuyant de Paris, et qu'il demeurait en Irlande où il avait beaucoup souffert, menant une existence très misérable, quand, se voyant déjà vieux, il lui vint le désir de savoir s'il le pouvait, ce qu'il était advenu de ses enfants. Pour quoi, se voyant entièrement changé de ce qu'il était autrefois, et se sentant, par suite d'un long travail, plus fort de sa personnne que quand il demeurait oisif en son jeune âge, il quitta, très pauvre et fort mal vêtu, celui chez lequel il était longtemp resté, et s'en vint en Angleterre. Là étant allé à l'endroit où il avait laissé Perot, il le trouva maréchal et grand seigneur et le vit bien portant et robuste et beau de sa personne ; ce qui lui agréa fort ; mais il ne voulut point se faire connaître, jusqu'à ce qu'il eût su des nouvelles de la Jeannette. Pour quoi s'étant mis en chemin, il ne s'arrêta pas avant d'être arrivé à Londres : là, s'étant secrètement informé de la dame à laquelle il avait laissé sa fille et de l'état de celle-ci, il trouva la Jeannette femme du fils de cette dame, ce qui lui plut beaucoup, et il estima petite son adversité passée, puisqu'il avait trouvé ses enfants vivants et en bonne situation ; et désireux de voir sa fille, il se mit, comme un pauvre homme, à rôder autour de sa demeure. Sur quoi, Jaquet Lamiens — c'est ainsi que s'appelait le mari de la Jeannette — l'ayant un jour aperçu, et ayant compassion de lui pour ce qu'il le vit pauvre et vieux, ordonna à l'un de ses familiers de le mener à sa maison et de lui faire donner à manger pour l'amour de Dieu : ce que le familier fit volontiers. La Jeannette avait déjà eu de Jaquet plusieurs fils, dont l'aîné n'avait pas plus de huit ans, et qui étaient les plus beaux et les plus gracieux enfants du monde. Dès qu'ils virent le comte manger, ils se mirent à l'entourer et à lui faire fête, comme si, poussé par une force occulte, ils avaient compris que celui-ci était leur aïeul. Le comte reconnaissant ses petits-enfants, se mit à leur témoigner sa tendresse et à leur faire des caresses ; aussi, les enfants ne voulaient plus le quitter, bien que celui qui était commis à leur garde les appelât. Sur quoi, la Jeannette, apprenant cela, sortit d'une chambre et s'en vint là où était le comte, et menaça vivement les enfants de les battre, s'ils ne faisaient pas ce que leur maître voulait. Les enfants se mirent à pleurer et à dire qu'ils voulaient rester auprès de ce brave homme qui les aimait plus que leur maître, de quoi la dame et le comte rirent. Le comte s'était levé, non à la façon d'un père, mais comme un pauvre homme, pour faire honneur à sa fille, comme à une dame, et avait éprouvé en la voyant un merveilleux plaisir dans l'âme. Mais elle, ni en ce moment ni après, ne le reconnut, pour ce qu'il était outre mesure changé de ce qu'il était d'ordinaire, étant vieux, chauve et barbu, et maigre et bruni, et qu'il paraissait être un tout autre homme que le comte. La dame voyant que les enfants ne voulaient pas se séparer de lui, et pleuraient quand elle voulait les faire partir, dit au maître qu'il les laissât rester un peu.

« Les enfants étant donc avec le prud'homme, il advint que le père de Jaquet revint et apprit le fait du maître des enfants, pour quoi, comme il tenait en mépris la Jeannette, il dit : «—Laissez-les à la male aventure que Dieu leur donne ;
« car ils retournent d'eux-mêmes à ce dont ils sont sortis.
« Ils sont, par leur mère, issus de mendiant : et pour ce,
« il n'y a point à s'étonner si volontiers ils demeurent avec
« les mendiants. — » Le comte entendit ces paroles, et il en fut fort marri ; mais pourtant, courbant les épaules, il supporta cette injure comme il en avait supporté beaucoup d'autres. Jaquet avait appris la fête que les enfants avaient faite au prud'homme, et bien que cela lui déplût, néanmoins il les aimait tant, que pour ne point les voir pleurer, il ordonna que, si le prud'homme voulait entrer chez lui pour quelque service, il fût reçu. Ce dernier répondit qu'il y resterait volontiers, mais qu'il ne savait pas faire autre chose que soigner les chevaux, à quoi il avait été employé toute sa vie. On lui confia donc un cheval, et dès qu'il en avait terminé le pansement, il se mettait à jouer avec les enfants.

« Pendant que la fortune menait en cette guise le comte d'Angers et ses enfants, il advint que le roi de France, après avoir conclu plusieurs trèves avec les Allemands, mourut, et que son fils, dont la femme était celle à cause de laquelle le comte avait été chassé, fut couronné en son lieu et place. Le nouveau roi, la dernière trève avec les Tudesques étant expirée, recommença une très rude guerre, et, pour l'y aider, le roi d'Angleterre lui envoya, comme à son nouveau parent, un grand nombre de gens d'armes sous les ordres de son maréchal Perot et de Jaquet Lamiens, fils de l'autre maréchal, et avec lequel le prud'homme — c'est-à-dire le comte — alla, et, sans être reconnu de personne, resta au camp un bon temps comme garçon d'écurie ; là, se conduisant en vaillant homme, il fit par ses bons avis et par ses actes, plus qu'on ne requérait de lui. Or, il advint que, pendant la guerre, la reine de France tomba gravement malade. Reconnaissant elle-même qu'elle était proche de la mort, contrite de tous ses péchés, elle se confessa dévotement à l'archevêque de Rouen qui était tenu par tous pour un très saint et bon homme et, entre autres péchés elle lui raconta ce que, à grand tort, le comte d'Angers avait éprouvé à cause d'elle. Non-seulement elle voulut le lui dire à lui, mais elle le raconta, tout comme cela s'était passé, devant un grand nombre d'autres gentilshommes, les priant de faire de telle sorte avec le roi que le comte, s'il était vivant, ou, au cas contraire, quelqu'un de ses enfants, fussent rétablis en leur position ; et peu de temps après, étant passée de cette vie, elle fut ensevelie honorablement. Cette confession ayant été rapportée au roi, celui-ci, après avoir douloureusement gémi sur les injustices faites à tort à ce vaillant homme, fit publier un ban par toute l'armée et en bon nombre d'autres lieux, où il était dit que quiconque le renseignerait sur le comte d'Angers ou sur quelqu'un de ses enfants, serait merveilleusement récompensé par lui, pour ce qu'il le tenait innocent du crime pour lequel il avait été exilé, d'après la confession faite par la reine, et qu'il entendait le remettre en son premier état et plus haut encore.

« Le comte, sous son habit de palefrenier, ayant ouï ces choses, et voyant qu'elles étaient vraies, alla soudain trouver Jaquet et le pria de se réunir avec Perot, pour ce qu'il voulait leur montrer ce que le roi cherchait. Tous trois étant donc réunis, le comte dit à Perot qui pensait déjà à se faire reconnaître : « — Perot, Jaquet que voici a ta sœur pour
« femme, et n'en eut jamais de dot ; et pour ce, afin que ta
« sœur ne soit point sans dot, j'entends que lui et non un
« autre, en te faisant connaître comme fils du comte d'An-
« gers, ait la récompense que le roi promet pour la Vio-
« lante, ta sœur et son épouse, et pour moi, qui suis le
« comte d'Angers et votre père. — » Perot entendant cela et le regardant fixement, le reconnut aussitôt, et se jeta en pleurant à ses pieds et lui dit en l'embrassant : — Mon
« père, soyez le bienvenu. — » Jaquet, en entendant d'abord ce que le comte avait dit, puis en voyant ce que Perot faisait, fut en un même instant saisi d'un tel étonnement et d'une telle allégresse, qu'il savait à peine ce qu'il devait faire ; mais pourtant, ajoutant foi à ces paroles, et tout honteux des mots injurieux qu'il avait parfois adressés au comte qu'il croyait un palefrenier, il se laissa tomber à ses pieds en pleurant, et lui demanda humblement pardon de tous les outrages passés, ce que le comte lui accorda très bénignement après l'avoir relevé. Et après avoir tous trois longuement parlé des aventures de chacun d'eux, et beaucoup pleuré et s'être aussi bien réjoui ensemble, Perot et Jaquet voulant revêtir le comte, celui-ci ne le souffrit en aucune façon, mais il voulut qu'auparavant Jaquet fût assuré d'avoir la récompense promise et que, cela fait, il le présentât au roi sous son habit de palefrenier pour faire plus de honte à ce dernier. Jaquet donc, accompagné du comte et de Perot, vint devant le roi et offrit de lui présenter le comte et ses enfants, à condition qu'il lui donnerait, suivant le ban publié, la récompense promise. Le roi fit promptement apporter pour tous la récompense qui parut merveilleuse aux yeux de Jaquet, et ordonna qu'il pourrait l'emporter avec lui s'il présentait vraiment le comte et ses

enfants, comme il le promettait. Alors Jaquet s'étant retourné, et ayant fait mettre devant lui le comte, son palefrenier, ainsi que Perot, dit : « — Monseigneur, voici le père
« et le fils ; la fille, qui est ma femme, n'est point ici, mais
« avec l'aide de Dieu, vous la verrez bientôt. — »

Le roi, oyant cela, regarda le comte, et bien que celui-ci fût grandement changé de ce qu'il était auparavant, il le reconnut et les yeux quasi pleins de larmes il le releva comme il s'était mis à genoux devant lui, l'accola et le baisa; puis il accueillit amicalement Perot, et ordonna que le comte fût incontinent pourvu de vêtements, de domestiques, de chevaux et de harnais, selon qu'il convenait à sa noblesse ; ce qui fut fait aussitôt. En outre, le roi fit grand honneur à Jaquet et voulut connaître toutes ses aventures passées ; et quand Jaquet eut reçu les hautes récompenses qu'on lui donna pour avoir découvert le comte et ses enfants, le comte lui dit : « — Prends-les de la munificence
« de Monseigneur le roi, et souviens-toi de dire à ton père
« que tes fils, ses petits-enfants et les miens, ne sont point
« issus par leur mère d'un mendiant. — » Jaquet prit les présents, et fit venir à Paris sa femme et sa belle-mère ; la femme de Perot y vint aussi ; et là, ils firent une grandissime fête avec le comte que le roi avait rétabli dans tous ses biens, et qu'il avait fait plus puissant qu'il n'avait jamais été. Puis, avec sa permisssion chacun retourna chez soi, et le comte vécut à Paris jusqu'à sa mort plus glorieusement que jamais. — »

NOUVELLE IX

Bernabo de Gênes, induit en erreur, perd son argent et ordonne de tuer sa femme innocente. Celle-ci se sauve et entre, sous des habits d'homme, au service du Soudan. Elle retrouve celui qui a trompé son mari, le fait punir, et ayant repris ses habits de femme, elle revient avec son mari à Gênes.

Élisa ayant fourni sa tâche en contant sa touchante nouvelle, la reine Philomène qui était belle et grande de sa personne, et qui, plus que tout autre, était d'un visage riant et agréable, se recueillit un instant et dit : « — La convention faite avec Dioneo doit être observée ; pour quoi, comme il ne reste plus que lui et moi à dire des nouvelles, je dirai d'abord la mienne, et lui, qui a requis cela comme une faveur, parlera le dernier. — » Et ayant dit cela, elle commença ainsi : «— Parmi le vulgaire, on a coutume d'émettre souvent ce proverbe, à savoir que le trompeur reste au pied du trompé ; ce dont il ne semble pas qu'on pourrait démontrer la vérité, si les accidents qui arrivent ne la démontraient d'eux-mêmes. Et pour ce, poursuivant le sujet proposé, il m'est venu l'envie de vous démontrer, très chères dames, que cela est vrai comme on le dit ; et il ne devra point vous être désagréable de l'avoir entendu, afin que vous sachiez vous garder des trompeurs

« Il y avait en une auberge à Paris, plusieurs gros marchands italiens, venus là, qui pour une affaire, qui pour une autre, suivant leur coutume. Ayant un soir joyeusement soupé, ils se mirent à causer entre eux de diverses choses, et, d'un propos à un autre, ils en vinrent à parler de leurs femmes qu'ils avaient laissées chez eux, et l'un d'eux commença par dire en plaisantant : « — Je ne sais comment « fait la mienne, mais ce que je sais bien, c'est que, quand « il me tombe entre les mains une jeunesse qui me plaît, je « mets de côté l'amour que je porte à ma femme, et je « prends avec celle-ci tout le plaisir que je peux. — » Un autre répondit : « — Et moi, je fais de même, pour ce que « si je crois que ma femme pourchasse de son côté les aven-« tures, elle le fait ; et si je ne le crois pas, elle ne le fait « pas moins ; et ainsi nous nous rendons la pareille ; pour « un âne donné on en reçoit un autre. — » Le troisième, prenant la parole, en arriva à la même conclusion ; et bientôt tous semblèrent s'accorder en ceci que les femmes laissées à elles-mêmes n'entendaient point perdre leur temps. Un seul, qui avait nom Bernabo Lomellin de Gènes, dit le contraire, affirmant que, par faveur spéciale de Dieu, il avait pour femme la dame la mieux douée de toutes les vertus que doit avoir dame, chevalier ou écuyer, et qu'il n'y en avait peut-être pas une autre comme elle en Italie ou ailleurs ; pour ce qu'elle était belle de corps et encore très jeune, adroite et robuste de sa personne, et qu'il n'y avait rien de ce qui concernait les dames, comme par exemple les ouvrages de soie et semblables choses, qu'elle ne fît mieux qu'aucune autre. En outre, il disait qu'il n'y avait aucun écuyer ou serviteur, comme on voudra dire, qui servît à la table d'un seigneur mieux et d'une façon plus accorte qu'elle, attendu qu'elle était très bien élevée, sage et discrète. Il la vanta ensuite encore plus de ce qu'elle montait à cheval, portait un oiseau, lisait, écrivait et calculcait mieux que si elle eût été un marchand ; et de là, après beaucoup d'autres éloges, il en arriva au sujet sur lequel on raisonnait en ce moment, affirmant avec serment, qu'on ne pouvait en trouver une plus honnête et plus chaste qu'elle ; pour quoi, il avait la certitude que, quand bien même il resterait hors de chez lui dix ans et même toujours, elle ne prêterait jamais la moindre attention à ces sornettes avec un autre homme.

« Parmi les marchands qui devisaient ainsi, il y avait un jeune homme appelé Ambrogiuolo de Plaisance, qui se mit à faire la plus grande risée du monde du dernier éloge que Bernabo avait donné à sa femme, et qui lui demanda, en le raillant, si l'empereur lui avait concédé un tel privilège plus qu'à tous les autres hommes. Bernabo quelque peu irrité, dit que ce n'était pas l'empereur mais Dieu, lequel pouvait un peu plus que l'empereur, qui lui avait concédé cette « faveur. Alors Ambrogiuolo dit : « — Bernabo, je ne doute
« pas que tu croies dire vrai ; mais à ce qu'il me paraît, tu
« as peu regardé à la nature des choses ; pour ce que si tu
« y avais regardé, je sais que tu n'es point d'esprit assez
« grossier pour que tu n'eusses pas observé à ce sujet
« certaines choses qui te feraient parler avec plus de modé-
« ration sur cette matière. Et pour que tu ne croies pas que
« nous, qui avons parlé très librement de nos femmes, nous
« nous imaginions avoir d'autres femmes que toi ou autre-
« ment faites que la tienne, mais que nous avons parlé ainsi
« d'après une expérience naturelle, je veux un peu raisonner
« avec toi sur ce sujet. J'ai toujours entendu dire que
« l'homme est le plus noble animal que Dieu ait créé parmi
« les êtres mortels, et qu'après lui vient la femme ; mais
« l'homme, comme on le croit généralement et comme on le
« voit par ses œuvres, est plus parfait ; et ayant une perfec-
« tion plus grande, il doit sans aucun doute avoir plus de
« fermeté et de constance, pour ce que les femmes sont en
« général plus mobiles ; et la raison s'en pourrait démontrer
« par bon nombre d'arguments naturels que, pour le
« moment, j'entends laisser de côté. Donc, si l'homme qui
« est d'une plus grande fermeté, ne peut se défendre non
« pas seulement de céder aux prières d'une femme, mais
« de désirer celle qui lui plaît, et outre ce désir de faire
« tout ce qu'il peut pour se trouver avec elle, et cela non
« pas une fois par mois, mais mille fois par jour, qu'espères-
« tu qu'une femme naturellement mobile puisse faire aux
« prières, aux flatteries, aux présents, aux mille autres
« moyens dont usera un homme habile qui l'aime ? Crois-tu
« qu'elle pourra y résister ? Certes, quand bien même tu
« l'affirmerais, je ne crois pas que tu le crois ; et toi-même
« tu dis que ton épouse est femme et qu'elle est de chair et
« d'os, comme le sont les autres. Pour quoi, s'il est ainsi,
« elle doit avoir les mêmes désirs et les mêmes forces qu'ont
« les autres pour résister à ces appétits naturels ; il est donc
« possible, quoiqu'elle soit très honnête, qu'elle fasse ce que
« les autres font ; et il n'y a point de choses qu'on puisse
« ainsi nier rigoureusement ou dont on puisse affirmer le
« contraire, comme tu fais. — » A quoi Bernabo répondit et dit : « — Je suis marchand et non philosophe, et je

« répondrai comme marchand ; et je dis que je reconnais que
« ce que tu dis peut arriver aux sottes chez lesquelles il n'y
« a nulle vergogne ; mais celles qui sont sages ont un tel
« soin de leur honneur, qu'elles deviennent pour le garder
« plus fortes que les hommes qui de ce n'ont souci ; et ma
« femme est de celles qui sont ainsi faites. — » Ambrogiuolo dit : «— Vraiment, si chaque fois qu'elles se laissent
« aller à ces sortes d'aventures il leur poussait au front une
« corne qui serait une preuve de ce qu'elles auraient fait, je
« crois qu'il y en aurait peu qui s'y laisseraient aller ; mais
« loin qu'il leur pousse une corne, il n'en reste à celles qui
« sont sages ni traces, ni empreinte ; et la honte et le
« déshonneur ne consistent que dans les choses ébruitées ;
« pour quoi, quand elles peuvent le faire en secret, elles le
« font, ou bien elles perdent l'occasion par bêtise. Et crois
« ceci pour certain, que celle-là seule est chaste qui n'a
« jamais été sollicitée de personne, ou qui ayant elle-même
« sollicité, n'a point été écoutée. Et encore que je sache
« par des raisons naturelles et vraies qu'il en doive être
« ainsi, je n'en parlerais pas avec autant de certitude que je
« le fais, si je n'en avais fait souvent l'épreuve avec bon
« nombre d'entre elles. Et je te dis ceci, à savoir que si
« j'étais auprès de ta femme si sage, je me ferais fort de
« l'amener en peu de temps à faire ce que j'ai déjà obtenu
« de bien d'autres. — » Bernabo, courroucé, répondit :
« — Notre discussion pourrait s'éterniser en paroles ; tu
« dirais ceci et moi cela, et finalement il n'en résulterait
« rien. Mais puisque tu dis qu'elles sont toutes aussi faciles,
« et que ton talent de séduction est si puissant, je consens—
« afin de te rendre certain de l'honnêteté de ma femme —
« à ce qu'on me coupe la tête si tu peux jamais l'amener
« à faire en ceci selon ton plaisir ; et si tu ne le peux pas, je
« ne veux pas que tu perdes moins que mille florins d'or.—»
Ambrogiuolo déjà échauffé par la discussion, répondit :
« —Je ne sais trop ce que je ferais de ton sang si j'étais vic-
« torieux ; mais si tu as envie de voir la preuve de ce que je
« t'ai dit, mets cinq mille florins d'or, lesquels doivent t'être
« moins chers que ta tête, contre mille des miens ; et tandis
« que tu n'as fixé aucun terme, je consens à m'engager à
« aller à Gênes et, dans trois mois, à dater du jour où je
« partirai d'ici, à faire de ta femme à ma volonté, et à rap-
« porter en témoignage une de ses choses les plus précieuses,
« et à te donner de telles et de si grandes preuves, que tu
« confesseras toi-même que c'est vrai, à condition que tu
« me promettras sur ta foi de ne point aller avant le terme
« fixé à Gênes, ni d'écrire à ta femme quoi que ce soit sur
« ce sujet. — » Bernabo dit que cela lui plaisait beaucoup,
et bien que les autres marchands qui étaient là s'efforçassent

de le détourner de ce faire, prévoyant quel grand mal en pouvait naître, les esprits des deux marchands étaient si échauffés, que, passant outre aux observations de leurs autres compagnons, ils s'engagèrent vis-à-vis l'un de l'autre par un bel écrit de leur propre main.

« L'obligation signée, Bernabo resta à Paris et Ambrogiuolo, le plus tôt qu'il put, s'en vint à Gênes. Après y être demeuré quelques jours et s'être informé avec beaucoup de précautions du nom de la rue où demeurait la dame et de sa manière de vivre, il en entendit dire tout ce qu'il en avait entendu déjà de Bernabo et bien plus encore ; pour quoi il lui parut qu'il avait fait une entreprise folle. Mais cependant, s'étant abouché avec une pauvre femme, laquelle fréquentait beaucoup la maison de la dame qui lui voulait grand bien, et ne pouvant arriver à autre chose, il la corrompit à force d'argent, et se fit porter par elle dans une caisse artistement construite selon ses indications, non-seulement dans la maison, mais dans la chambre de la gente dame. Là, comme si la bonne femme s'en voulait aller quelque part, elle pria, suivant la leçon que lui avait faite Ambrogiuolo, qu'on lui gardât la caisse pendant quelques jours. La caisse étant donc restée dans la chambre, et la nuit étant venue, Ambrogiuolo, à l'heure où il pensait que la dame dormait, ouvrit la caisse au moyen de certains engins, et se trouva sans avoir fait de bruit dans la chambre où il y avait une lumière allumée. Pour quoi, il se mit à examiner l'aspect de la chambre, les peintures et toutes les autres choses remarquables qui s'y trouvaient, afin de les retenir en sa mémoire. Puis, s'étant approché du lit et voyant que la dame ainsi qu'une petite fille qui était avec elle dormaient profondément, il la découvrit tout entière et reconnut qu'elle était aussi belle nue que sous ses vêtements, mais il ne vit aucun signe qu'il pût rappeler, hors un qu'elle avait sous le sein gauche et qui consistait en une petite excroissance autour de laquelle étaient quelques poils blonds comme l'or ; cela vu, il la recouvrit doucement, bien que, la voyant si belle, il lui fût venu le désir de risquer sa vie et de se coucher près d'elle. Mais cependant, ayant ouï dire qu'elle était dure et rebelle à ces sortes de jeux, il ne s'y hasarda point ; et étant resté tout à son aise dans la chambre pendant la plus grande partie de la nuit, il s'empara d'une bourse, d'une soubreveste qu'il prit dans un coffre, d'un anneau, d'une ceinture, et mit le tout dans sa caisse qu'il ferma comme elle était auparavant, après y être rentré ; et, dans cette situation, il passa deux nuits, sans que la dame s'aperçût de rien. Le troisième jour, la bonne femme, suivant l'ordre qui lui avait été donné, revint chercher sa caisse et la reporta à l'endroit où elle l'avait prise. Ambrogiuolo en sortit, et ayant, selon la promesse faite, payé la bonne femme, il retourna le plus tôt qu'il put à Paris avec les objets en question, et avant le terme fixé.

« Là, ayant réuni en présence de Bernabo les marchands qui avaient assisté à la discussion et au pari, il dit qu'il avait gagné l'enjeu déposé entre leurs mains, pour ce qu'il avait fait ce dont il s'était vanté ; et pour montrer que c'était vrai, il décrivit d'abord la forme de la chambre et les peintures qui y étaient ; puis il montra les objets qu'il avait apportés avec lui, affirmant les avoir reçus de la dame. Bernabo avoua que la chambre était faite comme il le disait, et reconnut également que les objets avaient appartenus à sa femme, mais il dit qu'Ambrogiuolo pouvait avoir su par quelque domestique comment la chambre était faite, et avoir eu de même lesdits objets ; pour quoi, s'il n'avait pas autre chose à dire, cela ne lui semblait pas suffisant pour se déclarer vainqueur. A quoi, Ambrigiuolo dit : « — De « vrai, cela devrait suffire ; mais puisque tu veux que j'en « dise davantage, je le dirai. Je te dirai donc que madame » Ginevra, ta femme, a sous le sein gauche un petit si- « gne, autour duquel sont cinq ou six poils blonds comme « l'or. — »

Quand Bernabo entendit cela, il sentit une telle douleur, qu'il lui sembla qu'on lui avait donné d'un couteau au cœur ; et le visage tout bouleversé, bien qu'il n'eût pas encore dit une parole, il donna assez manifestement à voir que ce qu'Ambrogiuolo disait était vrai, et après un moment, il dit : « — Seigneurs, ce que dit Ambrogiuolo est vrai ; et pour « ce, puisqu'il a gagné, qu'il vienne quand il lui plaira, et » il sera payé. — » Et, comme il avait dit, le jour suivant Ambrogiuolo fut entièrement payé.

« Bernabo, ayant quitté Paris, s'en vint à Gênes, l'esprit fortement courroucé contre la dame. Comme il était déjà proche de la ville, il ne voulut point y entrer, mais il s'arrêta à une vingtaine de milles, dans un de ses domaines, d'où il envoya à Gênes un de ses familiers en qui il avait grande confiance, avec deux chevaux et des lettres où il disait à la dame qu'il était de retour, et qu'elle vînt le rejoindre. Il ordonna en outre secrètement au familier lorsqu'il serait arrivé avec la dame dans un endroit qui lui paraîtrait propice, de la tuer sans miséricorde, et de revenir vers lui. Le familier arrivé à Gênes, ayant remis les lettres et rempli son message, fut accueilli par la dame avec une grande joie, et le lendemain matin, montée à cheval avec le familier, elle s'achemina vers sa maison de campagne. Tout en cheminant ensemble, et causant de choses et d'autres, ils parvinrent en un vallon profond et solitaire, couvert d'arbres et de rochers énormes. L'endroit paraissant favorable au

familier pour accomplir sans danger pour lui l'ordre de son
maître, il tira son coutelas, et saisissant la dame par le
bras, il dit : « — Madame, recommandez votre âme à Dieu,
« car sans pousser plus avant, il vous faut mourir. — » La
dame, voyant le coutelas et entendant ces paroles, dit tout
épouvantée : « — Grâce, de par Dieu ; avant que de me
« tuer, dis-moi en quoi je t'ai offensé, que tu doives me
« tuer. — » « — Madame — dit le familier — vous ne m'avez
« offensé en rien, mais je ne sais en quoi vous avez offensé
« votre mari, si ce n'est qu'il m'a ordonné de vous tuer en
« chemin sans avoir aucune pitié de vous ; et il m'a menacé,
« si je ne le faisais pas, de me faire pendre par la gorge.
« Vous savez combien je lui suis soumis, et si je puis dire :
« non, quand il m'impose de faire quelque chose. Dieu sait
« que votre sort me fait de la peine, mais je ne puis pas
« autre chose. — » A quoi la dame dit en pleurant :
« — Ah ! Dieu merci, tu ne voudrais pas, pour un autre,
« devenir le meurtrier de qui ne t'a point offensé. Dieu qui
« connaît tout, sait que jamais je n'ai rien fait qui me doive
« faire recevoir une telle récompense de mon mari. Mais
« laissons cela ; tu peux, si tu le veux, complaire en même
« temps à Dieu, à ton maître et à moi de la façon suivante :
« prends mes vêtements, après m'avoir donné seulement ta
« veste et un capuchon, et retourne avec eux vers celui qui
« est ton maître et le mien, et dis-lui que tu m'as tuée ; et
« je te jure, par mon salut que je te devrai, que je m'éloi-
» gnerai, et que j'irai si loin que jamais ni lui, ni toi, ni
« personne en ces contrées n'aura de mes nouvelles. — »
Le familier qui se disposait à contre-cœur à la tuer, se laissa
facilement apitoyer ; pour quoi, ayant pris ses vêtements, il
lui donna sa mauvaise veste et un capuchon, lui laissa le
peu d'argent qu'elle avait, et après l'avoir priée de s'éloigner de ces contrées, il la laissa à pied dans le vallon et s'en
alla vers son maître auquel il dit que non-seulement son
ordre avait été exécuté, mais qu'il avait abandonné aux loups
le corps de sa femme après l'avoir tuée. Bernabo, quelques
temps après retourna à Gênes, où le fait ayant été su, on le
blâma fortement.

« La dame, restée seule et désolée, s'en alla, dès que la
nuit fut venue et en se contrefaisant le plus qu'elle pouvait,
vers un petit village qui était près de là, où, ayant acheté à
une vieille femme ce dont elle avait besoin, elle rajusta la veste
à son dos en la raccourcissant, fit de sa chemise une paire
de chausses, et se coupa les cheveux ; après quoi ayant tout
à fait l'allure d'un marinier, elle s'en alla vers la mer. Elle
y trouva par aventure un gentilhomme catalan, nommé se-
gnor Encararch, lequel était descendu d'un navire à lui qui
était non loin de là, à Albe, pour se rafraîchir à une fon-

taine. Étant entrée en pourparlers avec ce gentilhomme, elle s'engagea avec lui comme serviteur, et monta sur le navire, se faisant appeler Sicuran da Finale. Là, son maître lui ayant donné des vêtements moins misérables, elle se mit à le servir si bien et avec tant de dévouement, qu'elle gagna complètement sa faveur.

« Peu de temps après, il arriva que ce gentilhomme catalan navigua avec un de ses chargements jusqu'à Alexandrie où il apportait certains faucons voyageurs au soudan, auquel il alla les présenter. Le soudan l'ayant quelquefois invité à sa table, et ayant remarqué les façons de Sicuran qui le suivait partout pour le servir, et ses façons lui ayant plu, il le demanda au catalan; celui-ci, bien que cela le contrariât beaucoup, le lui donna. En peu de temps, Sicuran, par son savoir-faire, ne gagna pas moins la faveur et l'amitié du soudan, qu'il ne l'avait fait pour le catalan. Pour quoi, il advint par la suite qu'une grande réunion de marchands chrétiens et sarrazins devant se tenir à une certaine époque sous la forme d'une foire de l'année, dans la ville d'Acre soumise à l'autorité du soudan, celui-ci, qui avait coutume d'y envoyer chaque année, en outre de quelques officiers, un de ses grands dignitaires, afin de veiller à la garde et à la sûreté des marchands et de leurs marchandises, résolut, le moment venu, d'y envoyer Sicuran, lequel savait déjà très bien la langue du pays; et ainsi fut fait. Sicuran étant donc venu à Acre en qualité de seigneur et capitaine de la garde des marchands et des marchandises, il s'acquitta avec soin et promptitude de ce qui était de son office, et en allant et examinant tout autour de lui, il vit un grand nombre de marchands siciliens, pisans, génois, vénitiens et d'autres contrées d'Italie, avec lesquels il se lia volontiers en souvenir de son pays. Or, il advint, une fois entre autres, qu'étant descendu en une boutique de marchands vénitiens, il vit parmi les autres joyaux une bourse et une ceinture qu'il reconnut sur-le-champ lui avoir appartenu, ce dont il s'étonna; mais, sans témoigner autrement son étonnement, il demanda gracieusement à qui elles appartenaient et si on voulait les vendre. Ambrogiuolo de Plaisance était venu à la foire avec beaucoup de marchandises, sur un navire de vénitiens; entendant que le capitaine de la garde demandait à qui étaient ces objets, il s'avança et dit en riant: « — Messire, ces objets sont à moi « et je ne les vends point; mais s'ils vous plaisent, je vous les donnerai volontiers. — » Sicuran, en le voyant rire, soupçonna que ce marchand l'avait reconnu à quelqu'un de ses gestes; mais néanmoins, faisant bonne contenance, il dit: « — Tu ris peut-être parce que tu me vois, moi homme « d'armes, questionner sur ces objets de femme? — » Am-

brogiuolo dit : « — Messire, je ne ris point de cela, mais je
« ris de la façon dont j'ai acquis ces objets. — » A quoi
Sicuran dit : « — Eh ! que Dieu te donne bonne aventure ;
« si c'est une chose qui puisse se dire, dis-moi comment tu
« les as eus. — » « — Messire — dit Ambrogiuolo — elles
« m'ont été données avec d'autres choses par une gente dame
« de Gênes, appelée madame Ginevra, femme de Bernabo Lo-
« mellin, une nuit que je couchais avec elle, et elle m'a prié
« de les garder pour l'amour d'elle. Or, je ris, pour ce que
« je me souviens de la sottise de Bernabo qui fut assez fol
« pour parier cinq mille florins d'or contre mille, que je
« n'amènerais pas sa femme à faire à mon plaisir, ce que je
« fis cependant et gagnant ainsi le pari ; quant à lui, qui
« aurait dû plutôt se punir de sa bêtise que de s'en
« prendre à sa femme d'avoir fait ce que toutes les femmes
« font, il s'en revint de Paris à Gênes, où, à ce que j'ai ap-
« pris depuis, il la fit occire. — »

« En entendant cela, Sicuran comprit aussitôt quel avait
été le motif de la colère de Bernabo contre sa femme, et reconnaissant clairement que cet homme était la cause de tous
ses malheurs, il résolut en soi-même de ne pas le laisser impuni. Il feignit donc d'avoir eu son récit comme agréable, et
se lia adroitement avec lui d'une étroite amitié, si bien que,
sur ses encouragements, Ambrogiuolo, la foire finie, le suivit à Alexandrie avec tout ce qu'il avait ; là, Sicuran lui
fit construire une boutique et lui donna un grand nombre
de ses propres deniers ; pour quoi, voyant qu'il en résultait
grand profit pour lui, Ambrogiuolo prolongeait volontiers
son séjour. Sicuran, désireux de prouver son innocence à
Bernabo, n'eut point de repos qu'il n'eût trouvé, grâce à
l'entremise de plusieurs gros marchands génois qui étaient
à Alexandrie, l'occasion de le faire venir ; et Bernabo étant
en assez pauvre état, il le fit accueillir en secret par un sien
ami, jusqu'à ce que le moment lui parût venu d'exécuter ce
qu'il avait l'intention de faire.

« Sicuran avait déjà fait raconter à Ambrogiuolo son histoire devant le soudan dont ce dernier avait eu grand plaisir ; mais quand il vit que Bernabo était arrivé, il pensa
qu'il ne fallait point retarder davantage. Ayant choisi le moment favorable, il supplia le soudan de faire venir devant lui
Ambrogiuolo et Bernabo, et en présence de Bernabo, si cela
ne se pouvait faire de bon gré, d'exiger par la rigueur
qu'Ambrogiuolo dît la vérité au sujet de ce qu'il se vantait
d'avoir obtenu de la femme de Bernabo. C'est pourquoi,
Ambrogiuolo et Bernabo étant venus, le soudan, en présence
de nombreux assistants, ordonna d'un air sévère à Ambrogiuolo de dire la vérité, et comment il avait gagné cinq mille
florins d'or à Bernabo, là était aussi présent Sicuran, en

lequel Ambrogiuolo avait la plus grande confiance, et qui, d'un air plus courroucé encore, le menaçait des plus cruels supplices, s'il ne le disait. Pour quoi, Ambrogiuolo, doublement épouvanté, et se voyant contraint de parler, ne s'attendant du reste à d'autre châtiment que la restitution des cinq mille florins d'or et des objets volés par lui, raconta, en présence de Bernabo et de tous les autres, comment le fait s'était passé. Et quand Ambrogiuolo eût parlé, Sicuran, comme s'il eût été l'exécuteur des volontés du soudan, se tourna vers Bernabo et dit : « — Et toi, que fis-tu « à ta femme, à propos de cette tromperie ? — » A quoi Bernabo répondit : « — Moi, irrité d'avoir perdu mon ar-« gent, et de l'affront que je croyais avoir reçu de ma « femme, je la fis tuer par un de mes familiers ; et, d'après « ce que m'a raconté celui-ci, elle fut promptement dévorée « par les loups. — »

« Toutes ces choses ayant été dites en présence du soudan, entendues et comprises par lui, sans qu'il sût encore à quoi Sicuran, qui avait tout ordonné et qui avait posé lui-même les questions, voulait en venir, celui-ci lui dit : « — Mon « seigneur, vous pouvez très clairement voir combien cette « bonne dame se peut glorifier de son amant et de son « mari ; car l'amant lui ravit l'honneur en même temps qu'il « détruit sa réputation et ruine son mari, et le mari, « croyant plus facilement au mensonge d'autrui qu'à la vé-« rité dont une longue expérience lui devait avoir donné la « certitude, la fait tuer et la donne à manger aux loups ; « en outre, l'affection que lui porte l'amant et le mari est « telle, qu'étant longtemps restés près d'elle, aucun ne la « reconnaît. Mais pour ce que vous savez maintenant fort « bien ce que chacun d'eux a mérité, si vous voulez me « permettre, comme une faveur spéciale, de faire punir le « trompeur et de pardonner au trompé, je ferai venir ici « cette dame devant vous et devant eux. — » Le soudan, disposé en cette circonstance à complaire jusqu'au bout à Sicuran, dit que cela lui plaisait, et qu'il fît venir la dame. Bernabo, qui croyait fermement que sa femme était morte, s'étonna beaucoup ; quant à Ambrogiuolo, prévoyant déjà son châtiment, et tremblant d'être réduit à chose pire encore qu'à rendre l'argent, il ne savait s'il devait souhaiter ou craindre que la dame vînt, et il attendait sa venue avec une grande anxiété.

« Le soudan ayant donc accordé à Sicuran ce qu'il demandait, celui-ci, pleurant et se jetant à ses genoux, quitta la voix d'homme, n'ayant plus désir de garder son déguisement masculin, et dit : « — Mon seigneur, je suis la mal-« heureuse Ginevra, obligée d'errer six ans par le monde à « l'aventure sous un déguisement d'homme, par ce traître

« d'Ambrogiuolo qui m'a faussement et déloyalement accu-
« sée, et par cet homme inique et cruel qui m'a livrée à son
« serviteur pour me tuer et me donner à manger aux loups.—»
Et déchirant le devant de ses habits et montrant sa poitrine,
elle fit voir ouvertement au soudan et à tous les autres qu'elle
était femme ; puis se tournant vers Ambrogiuolo, elle lui demanda, en l'injuriant, s'il avait jamais couché avec elle,
comme il s'en était auparavant vanté. Celui-ci l'ayant déjà
reconnue, et devenu quasi-muet de honte, ne disait
rien.

« Le soudan qui l'avait toujours tenue pour un homme, ce
voyant et entendant, tomba en un tel étonnement que, malgré
ce qu'il avait vu et entendu, il crut que c'était plutôt un songe
qu'une réalité. Mais pourtant, quand son étonnement fut
passé, reconnaissant la vérité, il combla d'éloges la vie, la
constance, les mœurs et la vertu de la Ginevra qu'il avait
jusque-là appelée Sicuran. Et après lui avoir fait apporter
de très riches habits et lui avoir donné des dames pour lui
tenir compagnie, suivant la demande qu'elle lui adressa il
fit grâce à Bernabo de la mort qu'il avait méritée. Ce dernier, ayant reconnu sa femme, se jeta à ses pieds en pleurant et en demandant pardon ; sur quoi, bien qu'il en fût
peu digne, elle le lui accorda avec bonté, et, le faisant lever,
l'embrassa tendrement comme son mari.

« Aussitôt après, le soudan commanda qu'incontinent Ambrogiuolo fût lié à un pal en un endroit élevé de la ville, et
enduit de miel, et qu'on ne l'en détachât pas qu'il n'en tombât de lui-même ; et ainsi fut fait. Puis il ordonna que tout
ce qui avait appartenu à Ambrogiuolo fût donné à la dame,
ce qui n'était pas peu de chose et ne valait pas moins de dix
mille roubles. Et après avoir fait préparer une très belle
fête, où il traita fort honorablement Bernabo en sa qualité
de mari de madame Ginevra, et madame Ginevra comme
une très valeureuse dame, il leur donna, tant en joyaux,
qu'en vases d'or et d'argent et en espèces, pour une valeur
de plus de dix mille autres roubles. Puis, la fête terminée,
il leur fit préparer un navire et leur donna licence de retourner à Gênes quand cela leur plairait. Ils y revinrent très
riches et dans une grande allégresse, et ils y furent accueillis
avec de grands honneurs, spécialement madame Ginevra,
que tout le monde croyait morte, et qui, pendant tout le
temps qu'elle vécut, eut une grande réputation de vertu.

« Quant à Ambrogiuolo, le jour même où il fut lié au pal et
enduit de miel, il fut tué et dévoré, à son grand supplice,
par les mouches, les guêpes et les taons dont le pays est
infesté ; et ses ossements blanchis et retenus seulement par
les nerfs, restèrent pendant longtemps sans qu'on y touchât,
comme un témoignage, pour quiconque les voyait, de sa mé-

chanceté. Et ainsi le trompeur resta au pied de celui qu'il avait trompé. — »

NOUVELLE X

Paganino de Monaco enlève la femme de messer Ricciardo da Chinzica, lequel, ayant appris où elle est, va la redemander à Paganino. Mais elle ne veut pas retourner avec lui, et messer Ricciardo étant mort, elle devient la femme de Paganino.

Chacun, dans l'honnête compagnie, loua beaucoup, comme étant très belle, la nouvelle contée par la reine, et surtout Dioneo à qui seul il restait à raconter dans la présente journée. Après bon nombre d'éloges adressés au précédent récit, il dit : « — Belles dames, un endroit de la nouvelle de la reine m'a fait renoncer à vous en dire une que j'avais en l'esprit, pour vous en conter une autre, je veux dire la bêtise de Bernabo — quelque bien qui lui en advînt — et de tous les autres qui se laissent aller à croire ce qu'il paraissait croire lui-même, c'est-à-dire qui s'imaginent que pendant qu'ils vont par le monde, se satisfaisant avec celle-ci et celle-là, tantôt une fois, tantôt une autre, leurs femmes restées à la maison se tiennent les mains à la ceinture, comme si nous, qui naissons et grandissons au milieu d'elles, nous ne savions pas ce qu'elles désirent. En vous disant cette nouvelle, je vous montrerai du même coup quelle est la sottise de ceux qui pensent ainsi, et combien plus grande encore est celle de ceux qui, se croyant plus puissants que la nature, s'imaginent pouvoir par des démonstrations fabuleuses suppléer à ce qu'ils peuvent faire, et s'efforcent d'amener les autres au point où ils en sont, alors que la nature de celui qu'ils sollicitent ne le permet pas.

« Il y eut donc à Pise un juge doué de plus d'esprit que de force corporelle, et dont le nom était messer Ricciardo di Chinzica, lequel croyant peut-être pouvoir satisfaire les femmes avec les mêmes moyens qu'il satisfaisait à l'étude, mit, en homme très riche qu'il était, une extrême sollicitude à prendre pour femme une belle et jeune dame, alors qu'il aurait dû doublement repousser cette idée, s'il avait su se conseiller soi-même comme il savait conseiller les autres. La chose advint comme il voulut, pour ce que messer Lotto Gualandi lui donna pour femme une sienne fille, nommée Bartolomea, une des plus belles et des plus désirables jeunes femmes de Pise, où il y en a bien peu qui ne ressemblent à des lézards gris. Le juge l'ayant menée en grandissime fête

DEUXIÈME JOURNÉE.

à sa maison, et ayant fait des noces magnifiques, se hasarda, la première nuit, à la toucher une fois pour consommer le mariage, et encore s'en fallut-il de peu qu'il ne pût finir la partie ; pour quoi, le matin d'après, comme un homme maigre, sec et de peu de souffle qu'il était, il lui fallut se réconforter avec du bon vin, des confitures fortifiantes et autres ingrédients, afin de se remettre en vie.

« Or ce messire le juge, meilleur estimateur de ses forces qu'il n'avait été avant son mariage, commença à enseigner à sa femme un calendrier bon pour les enfants qui apprennent à lire, et peut-être fabriqué jadis à Ravenne. En effet, selon qu'il lui montrait, il n'y avait pas dans ce calendrier un jour qui ne fût la fête d'un saint, mais de plusieurs, en révérence desquels il lui démontrait que l'homme et la femme se devaient abstenir de relations conjugales, y ajoutant encore les jeûnes, les quatre temps et vigiles des apôtres et de mille autres saints, et le vendredi et le samedi, et le dimanche du Seigneur, et tout le carême, et certains moments de la lune, et nombre d'autres exceptions, pensant peut-être qu'on pouvait faire avec les femmes dans le lit comme il faisait parfois lui-même en plaidant au civil. Il employa longtemps cette méthode, non sans grave mélancolie de la dame, qui n'en tâtait à peine pas plus d'une fois par mois, prenant bien garde qu'un autre ne lui apprît les jours de travail, comme il lui avait appris les jours de fête.

« Il advint qu'un jour, la chaleur étant grande, l'envie prit messer Ricciardo d'aller se promener en un sien domaine fort beau, voisin de Monte Nero, et d'y rester quelques jours pour prendre l'air avec sa belle dame. Et là, voulant lui donner quelque distraction, il fit un jour pêcher, et étant monter, lui sur une petite barque avec les pêcheurs, et elle sur une autre avec les autres dames, ils s'en allèrent voir ; et le plaisir les entraînant, ils s'éloignèrent, quasi sans s'en apercevoir, plusieurs milles en mer. Pendant qu'ils étaient le plus occupés à regarder, survint soudain une galère de Paganino da Mare, fameux corsaire d'alors, laquelle ayant vu les barques, se dirigea vers elles. Ces dernières ne purent s'enfuir assez vite que Paganino n'atteignît celle où étaient les femmes ; et y voyant la belle dame, sans plus vouloir autre chose il la mit sur sa galère, sous les yeux de messer Ricciardo qui était déjà retourné à terre et continua sa route. Ce que voyant messire le juge, lui qui était si jaloux qu'il avait peur de l'air même, il ne faut pas demander s'il fut désolé. Ce fut en vain, qu'à Pise et ailleurs, il se plaignit de la barbarie des corsaires, sans savoir qui lui avait pris sa femme et où on l'avait emmenée. Quant à Paganino, voyant la dame si belle, l'aventure lui semblait excellente ; n'ayant pas de femme, il résolut de la garder toujours près de lui, et comme elle pleurait fort, il se mit à la consoler doucement. La nuit venue, le calendrier lui étant tombé de la ceinture et les fêtes et jours fériés lui étant sortis de la mémoire, il commença à la consoler par des actes, les paroles lui paraissant avoir fait peu d'effet dans le jour ; et il la consola si bien, qu'avant qu'ils arrivassent à Monaco, le juge et ses lois étaient loin de l'esprit de la dame qui se mit à vivre le plus joyeusement du monde avec Paganino. Celui-ci l'ayant menée à Monaco, outre les consolations qu'il lui donnait de jour et de nuit, il la traitait honorablement comme sa femme.

« Au bout d'un certain temps, messer Ricciardo ayant appris où était sa femme, fut pris d'un ardent désir de la revoir : avisant que personne ne ferait aussi bien que lui ce qu'il fallait faire, il résolut d'aller la trouver lui-même, disposé à dépenser pour sa rançon tout l'argent qu'il faudrait. S'étant mis en mer, il s'en alla à Monaco, et là il vit sa femme et fut vu par elle qui, le soir même, en parla à Paganino et l'informa de ses intentions. Le lendemain matin, Messer Ricciardo, voyant Paganino, l'accosta, et lui fit sur-le-champ de grandes démonstrations d'amitié, bien que Paganino, attendant où il voulait en venir, feignît de ne le point connaître. Pour quoi, quand le moment parut venu à messer Ricciardo, il lui découvrit, du mieux qu'il sut et le plus gracieusement possible, le motif de sa venue, le priant de lui demander ce qu'il lui plairait et de lui rendre la dame. A quoi Paganino répondit d'un air joyeux : « — Messire, « soyez le bien venu ; et pour vous répondre brièvement, je « vous dis ceci : il est vrai que j'ai chez moi une jeune « dame ; et je ne sais si elle est votre femme ou celle d'un « autre, pour ce que je ne vous connais pas ni elle non « plus, si ce n'est pour le peu de temps qu'elle a demeuré « avec moi. Si vous êtes son mari, comme vous le dites, « je vous conduirai vers elle, car vous me semblez être « un aimable gentilhomme, et je suis certain qu'elle vous « reconnaîtra bien. Si elle dit que les choses sont comme « vous le prétendez, et qu'elle veuille s'en aller avec vous, « vous me donnerez pour sa rançon ce que vous-même vou- « drez ; si les choses ne sont pas ainsi, vous feriez une « vilaine action en me la voulant ôter, pour ce que je suis « jeune, et puis tout comme un autre avoir une femme, et « surtout celle-ci qui est la plus plaisante que j'aie jamais « vue. — Messer Ricciardo dit alors : « — Certes, elle est « ma femme, et si tu me mènes où elle est, tu le verras ; « elle se jettera aussitôt à mon col ; et pour ce, je ne de- « mande pas qu'il soit fait autrement que tu l'as toi-même « proposé. — » « — Allons donc — dit Paganino. — »

« Ils se rendirent donc en la maison de Paganino, et étant

entrés dans une salle, Paganino fit appeler la dame. Celle-ci, habillée et parée, sortit de sa chambre et étant venue dans celle où était messer Ricciardo avec Paganino, elle n'adressa pas plus la parole à messer Ricciardo qu'elle n'eût fait pour un autre étranger qui serait venu avec Paganino chez lui. Ce que voyant, le juge qui s'attendait à être reçu par elle avec une grandissime fête, s'étonna fortement, et se mit à dire en lui-même : peut-être la mélancolie et le long chagrin que j'ai éprouvés après l'avoir perdue, m'ont tellement changé qu'elle ne me reconnaît pas. Pour quoi, il lui dit : « — Femme,
« il m'en coûte cher de t'avoir menée à la pêche, pour ce
« qu'on n'éprouva jamais douleur semblable à celle que j'ai
« endurée depuis que je t'ai perdue, et toi, tu ne sembles
« pas me reconnaître, tellement tu me fais un sauvage ac-
« cueil. Ne vois-tu pas que je suis ton messer Ricciardo,
« venu ici pour payer ce que voudra ce gentilhomme en la
« maison de qui nous sommes, afin de te ravoir et de t'em-
« mener ; et qu'il veut bien te rendre à moi en échange de
« ce que je voudrai lui payer ? — » La dame s'étant tournée vers lui, dit en souriant un peu : « — Messire, est-ce
« à moi que vous parlez ? prenez garde de me prendre pour
« une autre ; car, pour moi, je ne me souviens pas de vous
« avoir jamais vu. — » Messer Ricciardo dit : « — Prends
« garde à ce que tu dis, regarde-moi bien ; si tu veux bien
« te rappeler, tu verras bien que je suis ton Ricciardo di
« Chinzica. — » La dame dit : « — Messire, vous me par-
« donnerez, ce n'est peut-être pas chose honnête à moi,
« comme vous vous l'imaginez, de tant vous regarder, mais
« je vous ai néanmoins assez regardé pour bien savoir que
« je ne vous ai jamais vu. — » Messer Ricciardo pensa qu'elle agissait ainsi par peur de Paganino, et qu'elle ne voulait pas avouer devant lui qu'elle le connaissait ; pour quoi, après un moment, il pria Paganino de le laisser parler seul dans une chambre avec la dame. Paganino dit que cela lui plaisait, pourvu qu'il ne la dût point embrasser contre sa volonté ; et il ordonna à la dame d'aller avec lui dans une chambre, d'écouter ce qu'il voulait lui dire et de lui répondre comme cela lui plairait.

« La dame et messer Ricciardo étant donc allés seuls en une chambre, dès qu'ils se furent assis, messer Ricciardo se mit à dire : « — Eh ! cœur de mon corps, ma douce âme, mon
« espoir, ne reconnais-tu pas maintenant ton Ricciardo qui
« t'aime plus que lui-même ? Comment cela peut-il se faire ?
« suis-je tellement changé ? Et ! mon bel œil, regarde-moi
« un peu. — » La dame se mit à rire et sans en laisser dire plus, elle dit : « — Vous savez bien que je ne suis pas
« si oublieuse que je ne reconnaisse que vous êtes messer
« Ricciardo di Chinzica, mon mari ; mais vous, pendant que

« j'ai été avec vous, vous avez montré que vous me connais-
« siez très mal, pour ce que si vous aviez été sage, comme
« vous voulez qu'on le croie, vous deviez bien avoir assez de
« bon sens pour voir que j'étais jeune et fraîche et gaillarde,
« et pour savoir par conséquent ce qu'il faut aux jeunes
« femmes, en outre des vêtements et du manger, bien que,
« par vergogne, elles ne le disent pas ; comment le faisiez-
« vous, vous le savez ! Et si l'étude des lois vous était plus
« agréable que votre femme, vous ne deviez pas la prendre;
« pour moi, vous ne me fîtes jamais l'effet d'un juge, mais
« bien d'un crieur-juré de sacrements et de fêtes, de jeûnes et
« de vigiles, tellement vous les connaissiez bien. Et je vous
« dis que si vous aviez fait faire par les laboureurs qui tra-
« vaillaient vos domaines autant de fêtes que vous en fai-
« siez faire à celui qui avait mon petit champ à labourer,
« vous n'auriez jamais récolté un grain de blé. Dieu, qui a
« pris en pitié ma jeunesse, m'a fait rencontrer celui avec
« lequel je demeure en cette maison, où l'on ne sait pas ce que
« c'est qu'une fête — je dis ces fêtes que vous, plus dévôt à
« Dieu qu'au service des dames, vous célébriez — et dont
« jamais n'ont franchi la porte, samedi ni vendredi, ni vi-
« giles, ni quatre-temps, ni carême qui est chose si longue ;
« au contraire on y travaille de jour et de nuit, et l'on y bat
« la laine : et cette nuit même, dès que matines ont sonné,
« je sais bien comment le fait est allé, une fois en sus.
« Donc, j'entends rester avec lui et travailler pendant que
« je suis jeune ; quant aux fêtes, aux pénitences et aux
« jeûnes, je me réserve de les observer quand je serai vieille;
« et vous, allez-vous-en à la bonne aventure le plus tôt que
« vous pourrez, et faites sans moi autant de fêtes qu'il vous
« plaira. — »

« En entendant ces paroles, messer Ricciardo éprouva une
douleur insupportable ; et quand il l'eut vu se taire, il dit :
« — Oh ! ma douce âme qu'est-ce que tu dis là ? n'as-tu
« point garde à l'honneur de tes parents et à ton propre
« honneur? Veux-tu rester ici plus longtemps prostituée à
« cet homme et en péché mortel, tandis qu'à Pise tu es ma
« femme? Celui-ci, quand il sera fatigué de toi, te chassera
« à ta grande honte ; moi, je t'aurai toujours pour chère, et
« toujours, encore que je ne le voulusse pas, tu seras Dame
« en ma maison. Dois-tu pour cet appétit désordonné et
« peu honnête, abandonner en même temps et ton honneur
« et moi qui t'aime plus que ma vie? Eh ! ma chère espé-
« rance, ne parle plus ainsi ; consens à venir avec moi ; à
« partir d'aujourd'hui, puisque je connais ton désir, je
« m'efforcerai de le satisfaire ; donc, ô mon doux bien,
« change d'avis et viens-t'en avec moi, car je n'ai jamais
« éprouvé de joie depuis que tu m'as été enlevée. — » A quoi

la dame répondit : « — Quant à mon honneur, je n'entends
« que personne, maintenant qu'il n'en peut être autrement,
« se montre plus susceptible que moi ; que mes parents ne
« s'en sont-ils souciés, eux quand ils me donnèrent à vous !
« S'ils ne furent point alors soucieux de mon honneur, je
« n'entends pas me soucier présentement du leur ; et si je
« suis maintenant en péché mortier, j'y resterai quand même
« je serais en péché pilon ; n'en soyez pas plus en peine que
« moi. Et je vous dis ceci : ici, il me semble être la femme
« de Paganino, tandis qu'à Pise il me semblait être votre
« concubine, en voyant que pour les points de la lune et les
« mesures de géométrie, les planètes venaient se mettre entre
« vous et moi, tandis qu'ici Paganino me tient toute la nuit
« en ses bras, et m'étreint, et me mord ; et comme il m'ar-
« range, Dieu vous le dit pour moi. Vous dites aussi que
« vous vous efforcerez ; et de quoi ? de le faire lever à coups
« de bâtons ? Je sais que vous êtes devenu un preux cheva-
« lier depuis que je ne vous ai vu. Allez, et efforcez-vous
« de vivre ; car me semble au contraire que vous vivez en
« ce monde en simple locataire, tellement vous me paraissez
« étique et malingre. Et je vous dirai plus encore : quand
« celui-ci me laissera — et il ne me paraît pas disposé à
« cela tant que je voudrai rester avec lui — je n'entends
« point pour cela retourner jamais à vous, dont en vous
« compressant tout entier on ne ferait pas une écuelle de
« sauce, pour ce qu'à mon très grand dommage et détri-
« ment j'y ai été une fois ; je chercherai ma pitance ailleurs.
« Sur quoi, je vous le dis de nouveau : ici il n'y a fête ni
« vigiles, ce qui fait que j'entends y rester ; et pour ce, le
« plus tôt que vous pourrez, allez-vous-en à la garde de Dieu,
« sinon je croirai que vous voulez me faire violence. — »

« Messire Ricciardo se voyant en mauvais parti, et reconnaissant sa folie d'avoir pris une femme jeune alors qu'il
était épuisé, sortit de la chambre d'un air dolent et triste,
et dit à Paganino beaucoup de paroles encore qui n'aboutirent à rien. Enfin, sans avoir rien obtenu, il laissa la dame
et s'en retourna à Pise où il tomba tellement fou de douleur, qu'il s'en allait dans Pise ne répondant pas autre chose
à tous ceux qui le saluaient ou lui parlaient, sinon : le mauvais trou ne veut pas de fête ; et au bout de peu de temps il
mourut. Ce qu'ayant appris Paganino, et connaissant l'a-
mour que la dame lui portait, il la prit pour femme légitime,
et sans jamais observer fêtes ou vigiles, sans faire le carême,
ils travaillèrent tous deux tant que les jambes les purent
porter, et se donnèrent du bon temps. Pour quoi, mes chères
dames, il me paraît que Bernabo, dans sa discussion avec
Ambrogiuolo, chevauchait la chèvre à l'encontre de son penchant. — »

Cette nouvelle donna tellement à rire à toute la compagnie, qu'il n'y avait personne à qui les mâchoires ne fissent mal, et d'un consentement unanime toutes les dames avouèrent que Dioneo disait vrai et que Bernabo avait été une bête. Mais quand la nouvelle fut finie et que le rire se fut apaisé, la reine ayant observé que l'heure était déjà tardive et que tous avaient conté la leur, qu'ainsi la fin de son pouvoir était venue, ôta la couronne de dessus sa tête suivant le cérémonial adopté, et la posa sur la tête de Néiphile, en disant d'un air joyeux : « — Que désormais, chère « compagne, le gouvernement de ce petit peuple t'appar« tienne. — » Puis elle retourna s'asseoir. Néiphile rougit un peu de l'honneur reçu ; son visage devint tel que se montre la fraîche rose d'avril ou de mai aux premières lueurs du jour, et ses yeux, légèrement baissés et pleins de désir, brillèrent comme l'étoile du matin. Mais quand se fut apaisée l'honnête rumeur par laquelle les assistants faisaient un joyeux accueil à leur reine, celle-ci, ayant repris cœur et s'étant assise un peu plus haut que d'habitude : « — Puisque « je suis votre reine, et pour ne pas m'écarter de la manière « suivie par celles qui l'ont été avant moi, et dont vous avez « par votre obéissance approuvé le commandement, je « vous ferai connaître en peu de mots mon avis, et s'il est « adopté par votre conseil, nous le suivrons. Comme vous « le savez, c'est demain vendredi et après demain samedi, « jours ennuyeux à la plupart des gens à cause des aliments « qu'on a coutume d'y manger ; sans compter que le ven« dredi est digne de tout notre respect pour ce que c'est le « jour en lequel Celui qui est mort pour nous souffrit sa « passion. Pour quoi, je pense qu'il serait juste et conve« nable qu'en l'honneur de Dieu, nous nous occupions ce « jour-là plutôt de prières que de nouvelles. En outre, le « samedi, les dames ont coutume de se laver la tête et de « se débarrasser de la poussière et de la malpropreté qui « peut leur être survenue par leurs travaux de la précédente « semaine ; et elles ont semblablement coutume de jeûner « en l'honneur de la Vierge mère du fils de Dieu, et de ne « se livrer à aucun travail à cause du dimanche suivant. « Pour quoi, ne pouvant pleinement suivre en ce jour l'ordre « de vivre adopté par nous, j'estime qu'il est bienséant de « nous dispenser de conter ce jour-là des nouvelles. Après, « pour ce que nous serons restés ici pendant quatre jours, « si nous voulons éviter que de nouveaux venus nous arri« vent, je crois qu'il sera opportun de changer l'endroit et « d'aller ailleurs, et j'ai déjà pensé et prévu où nous de« vrons aller. Quand donc nous serons réunis en ce nouvel « endroit, dimanche, après la sieste — ayant eu aujourd'hui « assez de loisir pour discourir et discuter — tant parce que

« vous aurez eu plus de temps pour y penser, que parce
« qu'il sera encore plus beau de restreindre un peu la li-
« cence de nos nouvelles, j'ai pensé que l'on devra deviser
« de ceux qui par leur industrie ont acquis ce qu'ils avaient
« longtemps désiré, ou qui ont recouvré ce qu'ils avaient
« perdu. Sur ce, que chacun pense à dire quelque chose
« qui puisse être utile ou tout au moins agréable à la com-
« pagnie, le privilège de Dioneo étant toujours sauve-
« gardé. — »

Chacun loua le langage de la reine et l'ordre proposé par elle, et ils décidèrent qu'il en serait ainsi. Après quoi la reine, ayant fait appeler son sénéchal, lui indiqua avec précision où il devrait faire mettre les tables le soir, et ce qu'il devait faire ensuite pendant tout le temps de son commandement. Et cela fait, s'étant levée ainsi que toute sa compagnie, elle donna licence à chacun de faire ce qui lui plairait le plus. Les dames et les hommes se dirigèrent en conséquence vers un petit jardin, et là, après qu'ils se furent un peu promenés, l'heure du souper venue, ils soupèrent avec joie et plaisir, et s'étant levés de table dès qu'il plut à la reine, Emilia menant la danse, la canzone suivante fut chantée par Pampinea, les autres dames lui répondant :

    Quelle dame chantera, si non moi
        Qui suis satisfaite en tous mes désirs ?

    Viens donc, Amour, cause de tout mon bien,
        De tout espoir et de tout effet joyeux ;
    Chantons ensemble un peu,
    Non les soupirs et les peines amères
    Qui me font présentement tes plaisirs plus doux,
    Mais bien le feu éclatant
    Au milieu duquel je brûle et je vis en liesse et en joie,
    T'adorant comme mon Dieu.

    Tu m'as dis devant les yeux, ô Amour,
        Le premier jour que tes feux me pénétrèrent,
    Un jeune homme tel,
    Que, pour la beauté, l'ardeur, la vaillance,
    On n'en trouverait jamais un meilleur,
    Ni même un qui l'égalerait.
    Je m'enflammai tellement pour lui, qu'aujourd'hui
    J'en chante avec toi, joyeuse, ô mon seigneur.

    Et ce qui, en cela, m'est un souverain plaisir,
        C'est que je lui plais autant qu'il me plaît.
        Grâce à toi, ô Amour,

Pour quoi je possède en ce monde
Ce que je désire, et j'espère avoir la paix en l'autre,
A cause de l'entière fidélité
Que je lui porte: Dieu qui voit cela,
Dans son royaume nous le concèdera aussi.

Après celle-ci, on en chanta plusieurs autres, et l'on fit plusieurs danses, et l'on sonna de divers instruments. Mais la reine estimant qu'il était temps d'aller se reposer, chacun s'en alla à sa chambre, précédé par les torches; et ayant vaqué, les deux jours suivants, aux choses dont la reine avait tout d'abord parlé, ils attendirent le dimanche avec impatience.

TROISIÈME JOURNÉE

La seconde Journée du Décaméron finie, commence la troisième, dans laquelle, sous le commandement de Néiphile, on devise de ceux qui, par leur adresse, ont acquis ce qu'ils avaient longtemps désiré, ou qui ont recouvré ce qu'ils avaient perdu.

Déjà l'aurore, de vermeille qu'elle était, commençait à jaunir à l'approche du soleil, quand, le dimanche, la reine s'étant levée, fit lever toute sa compagnie. Le sénéchal qui, depuis un bon moment déjà, avait envoyé à l'endroit où l'on devait aller une grande partie des choses nécessaires, ainsi que les gens qui devaient les y préparer, voyant la reine en chemin, fit promptement charger tout le reste comme si on eût quasi levé le camp de là, et s'en alla avec les bagages et le reste des serviteurs derrière les seigneurs et les dames. La reine donc, accompagnée et suivie de ses dames et des trois jeunes gens, et guidée par le chant de peut-être vingt rossignols et autres oiseaux de toutes sortes, marchant à pas lents par un sentier peu fréquenté mais plein d'herbes vertes et de fleurs, lesquelles, le soleil survenant, commençaient toutes à s'ouvrir, prit son chemin vers l'occident et, tout en devisant, plaisantant et riant avec sa troupe, sans dépasser deux mille pas, les conduisit fort avant la troisième heure à un très beau et riche palais. Y étant entrés, ils le parcoururent en entier, et ayant vu les grandes salles et les belles chambres brillantes de propreté et pleines de tout ce qu'il leur fallait, ils admirèrent vivement ce palais et en tinrent le maître pour un seigneur magnifique. Etant ensuite descendus en bas, et ayant vu l'ample et joyeuse cour, les caves pleines de vins exquis et l'eau fraîche qui sourdait en abondance, ils l'admirèrent plus encore. Puis, désireux de se reposer un peu, ils allèrent s'asseoir sur une galerie qui dominait toute la cour et qui était remplie des fleurs que comportait la saison, ainsi que de verdure ; et là, le discret sénéchal les reçut avec délicieux confetti et des vins exquis dont ils se réconfortèrent. Après quoi, s'étant fait ouvrir un jardin attenant au palais et qui était tout entouré de murs, ils y entrèrent, et dès leur entrée, l'ensemble leur en paraissant d'une beauté merveilleuse, ils se mirent à en regarder plus attentivement les diverses parties. Ce jardin avait en de nombreux endroits, tout autour et au milieu, de très vastes allées droites comme des flèches et couvertes de vignes en treilles qui annonçaient devoir donner cette année force raisins ; et les fleurs répandaient par tout le jardin une si puissante odeur, mêlée qu'elle était au parfum des nombreuses autres plantes embaumant l'air, qu'il leur semblait être au milieu de toutes les épices qui naquirent jamais en Orient. Les bords de ces allées étaient quasi tout couverts de rosiers blancs et vermeils et de jasmins ; de sorte que, non-seulement pendant la matinée, mais alors même que le soleil était le plus haut, on pouvait aller partout sous une ombre odoriférante et agréable, sans être atteint par ses rayons. Combien nombreuses étaient les plantes de ce lieu, quelles elles étaient et dans quel ordre on les avait disposées, tout cela serait trop long à raconter ; mais il n'en était aucune de celles qu'on regarde comme précieuses et que notre climat peut supporter, qui ne s'y trouvât en abondance. Au milieu du jardin — ce qui n'est pas moins à louer que toutes les choses précédentes, mais bien plus encore — était un pré d'herbe menue et si verte qu'elle paraissait noire, tout émaillé de plus de dix mille espèces de fleurs, et clos tout à l'entour de cèdres et d'orangers très verts et très vigoureux, lesquels, portant en même temps des fruits mûrs, des fruits verts et des fleurs, non-seulement faisaient un plaisant ombrage pour les yeux, mais frappaient agréablement l'odorat. Au milieu de ce pré était une fontaine du marbre le plus blanc, avec de merveilleuses sculptures. Au centre, d'une figure posée sur une colonne qui était droit au milieu, jaillissait vers le ciel — je ne sais si c'était d'une veine naturelle ou artificielle — une eau si abondante et qui s'élevait si haut, pour retomber ensuite avec un doux bruit dans la claire fontaine, qu'il en aurait moins fallu pour faire tourner un moulin. Cette eau — je dis celle qui surabondait quand la fontaine était pleine — s'échappait du pré par une voie cachée et par de petits canaux très beaux et très habilement faits. Une fois hors du pré, revenue au grand jour, elle l'entourait complètement ; de là, elle parcourait tout le jardin par de semblables petits canaux, puis elle était recueillie en dernier lieu en un endroit d'où elle sortait enfin de ce beau jardin et précipitait ses eaux limpides vers la plaine, faisant, avant d'y arriver, tourner deux moulins avec beaucoup de force et au grand avantage du maître.

La vue de ce jardin, sa belle ordonnance, les plantes et la

fontaine avec les petits ruisseaux qui en dérivaient, tout cela plut tellement aux dames et aux trois jeunes gens, qu'ils se mirent tous à affirmer que, si le paradis pouvait exister sur terre, ils ne savaient quelle autre forme on aurait pu lui donner sinon celle de ce jardin, et qu'ils n'imaginaient pas quelle autre beauté on aurait pu lui ajouter. Ils allaient donc très contents tout à l'entour, se composant de très belles guirlandes de feuillages variés, ce pendant qu'ils écoutaient plus de vingt sortes d'oiseaux, lesquels chantaient à l'envi l'un de l'autre, quand ils furent frappés d'une plaisante beauté dont ils ne s'étaient pas encore aperçus, éblouis qu'ils avaient été par les autres : à savoir qu'ils virent le jardin rempli de peut-être cent variétés de beaux animaux qu'ils allaient se montrant les uns aux autres. D'un côté sortaient les lapins, de l'autre couraient les lièvres ; là reposaient les chevreaux couchés ; ailleurs les jeunes cerfs allaient paissant. Et outre ceux-là, plusieurs espèces d'animaux inoffensifs allaient et venaient comme des bêtes quasi domestiques, chacune selon sa fantaisie. Toutes ces choses, venant après les plaisirs précédemment goûtés, leur en procurèrent un bien plus grand. Mais quand, regardant tantôt une chose, tantôt une autre, ils eurent assez marché, ils firent dresser les tables autour de la belle fontaine, et après avoir chanté six petites chansons et s'être livrés à quelques danses, ils allèrent manger, selon le bon plaisir de la reine et ayant été servis dans un grand et bel ordre, et à leur loisir de bonnes et délicates victuailles, devenus plus gais, ils se levèrent et se livrèrent de nouveau à la musique, aux chants et aux danses, jusqu'à ce qu'il parût bon à la reine, la chaleur survenant, que ceux à qui cela plairait allassent dormir. Les uns y allèrent ; les autres, séduits par la beauté du lieu, n'y voulurent point aller, mais, demeurés là, se mirent qui à lire des romans, qui à jouer aux échecs, qui aux tables, pendant que leurs compagnons dormaient. L'heure de none passée, après s'être levés et s'être rafraîchi la figure avec de l'eau fraîche, ils s'en vinrent dans le pré, suivant qu'il plut à la reine, et s'étant assis près de la fontaine, en leur mode habituel, ils attendirent le moment de dire des nouvelles sur le sujet proposé par la reine. Le premier d'entre eux à qui la reine imposa cette charge fut Philostrate, lequel commença de cette façon :

NOUVELLE I

Msetto de Lamporecchio s'étant fait passer pour muet, devient jardinier d'un couvent de nonnes qui finissent toutes par coucher avec lui.

« — Très belles dames, il y en a beaucoup de ces hommes et de ces femmes assez sots pour croire que dès qu'on a posé sur la tête d'une jeune fille le bandeau blanc et sur son dos la robe noire, elle n'est plus femme et ne se sent plus d'appétits féminins, comme si, en la faisant nonne, on l'avait fait devenir de pierre ; et si par hasard ils entendent dire quelque chose contre cette croyance qu'ils ont, ils se fâchent comme si un grand crime contre nature avait été commis, sans songer qu'eux-mêmes ne se peuvent rassasier par la pleine licence qu'ils ont de faire tout ce qu'ils veulent, ni sans vouloir réfléchir à la grande force de l'oisiveté et de la solitude. Et semblablement, il y en a encore beaucoup de ceux qui croient trop que la pioche, la bêche, la mauvaise nourriture et les fatigues enlèvent entièrement aux travailleurs de la terre les appétits de la concupiscence, et les rendent très grossiers d'intelligence et de jugement. Combien se trompent tous ceux qui pensent ainsi ? Mais il me plaît, puisque la reine me l'a commandé, et que je ne m'écarte pas du sujet proposé par elle, de vous le démontrer plus clairement par une petite nouvelle.

« Dans nos contrées était autrefois et est encore un couvent de femmes très renommé pour sa sainteté, et que je ne nommerai pas, pour ne diminuer en quoi que ce soit sa réputation. Il n'y a pas longtemps que dans ce couvent, où ne se trouvaient alors que huit nonnes avec une abbesse, toutes fort jeunes, était un pauvre homme chargé de cultiver un beau jardin que les religieuses possédaient. Mécontent de son salaire, il régla un beau jour ses comptes avec l'intendant des nonnes et s'en retourna à Lamporecchio, d'où il était. Là, parmi ceux qui l'accueillirent joyeusement, était un jeune ouvrier fort, robuste et, pour un campagnard, très beau de sa personne, et qui avait nom Masetto. Ayant demandé au bonhomme où il était resté si longtemps, celui-ci, qui s'appelait Nuto, le lui ayant dit, Masetto l'interrogea sur ce qu'il faisait dans le couvent. A quoi Nuto répondit :
« — Je travaillais dans leur grand et beau jardin, et, en
« outre, j'allais quelquefois au bois pour la provision ; je
« puisais de l'eau et faisais quelques autres semblables be-
« sognes, mais les nonnes me donnaient un si mince salaire
« que je pouvais à peine payer mes chaussures. En outre,

« elles sont toutes jeunes, et il me semble qu'elles ont le
« diable au corps, car on ne peut rien faire à leur goût. Au
« contraire, souvent, quand je travaillais au jardin, l'une
« disait ; Porte ceci là, et l'autre disait: Porte-le ici ; une
« autre m'enlevait la bêche des mains et disait : Ceci n'est
« pas bien : et elles me causaient tant de tracas que je lais-
« sais là l'ouvrage et que je sortais du jardin. De sorte que,
« soit pour une chose, soit pour une autre, je n'ai plus
« voulu y rester, et je m'en suis venu. Leur intendant,
« quand je suis parti, m'a prié, si j'avais sous la main quel-
« qu'un qui pût faire ce service, de le lui envoyer, et je le
« lui ai promis ; mais Dieu le fasse solide des reins comme
« je lui en chercherai et lui en enverrai un ! — »

« Quand Masetto eut entendu ce que lui disait Nuto, il lui
vint en l'esprit un si grand désir d'être avec ces nonnes qu'il
s'en consumait tout entier, comprenant bien aux paroles de
Nuto qu'il pourrait venir à bout de ce qu'il désirait. Mais
avisant qu'il n'y arriverait pas s'il ne lui parlait point, il lui
dit : « — Et ! comme tu as bien fait de t'en revenir ! Un
« homme est-il fait pour vivre avec des femmes ? Il lui vau-
« drait mieux vivre avec des diables. Elles ne savent pas,
« six fois sur sept, ce qu'elles veulent elles-mêmes. — »
Mais dès que leur entretien eut cessé, Masetto se mit à songer à la façon dont il s'y devait prendre pour s'introduire
près d'elles ; et comme il se savait parfaitement apte aux
services dont parlait Nuto, il ne craignit pas d'être refusé
pour ce motif, mais parce qu'il était trop jeune et de bonne
mine. Pour quoi, avoir ruminé en soi-même de nombreux
projets, il se dit : « — L'endroit est très loin d'ici et per-
« sonne ne m'y connaît. Si je sais faire semblant d'être muet,
« certainement j'y serai reçu. — » Et s'arrêtant à cette ruse,
sa cognée au cou, sans dire à personne où il allait, il s'en
vint au monastère comme un pauvre homme. Y étant arrivé, il y entra et trouva par hasard l'intendant dans la
cour. Alors, par gestes, comme font les muets, il lui témoigna le désir d'avoir à manger pour l'amour de Dieu, lui donnant à entendre que, s'il en avait besoin, il irait lui fendre
du bois. L'intendant lui donna volontiers à manger, puis il
le mit devant quelques souches que Nuto n'avait pas pu fendre, et que lui, qui était très robuste, fendit toutes en peu
de temps. L'intendant, qui avait besoin d'aller au bois, l'emmena ensuite avec lui et, là, lui fit couper des fagots ; puis
ayant mis l'âne devant lui, il lui fit comprendre par signes
de le conduire au couvent. Masetto s'en acquitta fort bien ;
pour quoi l'intendant le retint plusieurs jours pour certains
travaux qu'il y avait à faire.

« Or il advint qu'un jour l'abbesse le vit et demanda à
l'intendant qui il était. Celui-ci lui dit : « — Madame, c'est

« un pauvre homme sourd et muet, qui, un de ces jours der-
« niers, est venu me demander l'aumône, de sorte que je lui
« ai fait du bien et lui ai donné à faire plusieurs choses qui
« devaient être faites. S'il savait travailler le jardin et qu'il
« voulût demeurer ici, je crois que nous aurions un bon ser-
« viteur, car il nous en faut un et il ferait ce qu'il pourrait.
« En outre, vous n'auriez point à craindre qu'il parlât à vos
« jeunes nonnes. — » A qui l'abbesse dit : « — Sur ma foi
« en Dieu, tu dis vrai ; sache s'il sait travailler, et essaie de
« le retenir ; donne-lui quelque paire de mauvais souliers,
« quelque vieux capuchon ; flatte-le ; soigne-le ; donne-lui
« bien à manger. — » L'intendant dit qu'il le ferait. Masetto
n'était guère loin, mais faisant semblant de balayer la cour, il
entendait toute cette conversation, et, joyeux, il disait en
lui-même : « — Si vous m'y introduisez, je vous travaillerai
« si bien le jardin, que jamais il n'aura été travaillé de la
« sorte. — » Bref, l'intendant ayant vu qu'il savait très bien
travailler, et lui ayant demandé par signes s'il voulait rester, et Masetto lui ayant répondu également par signes qu'il
y consentait, il l'occupa, lui enjoignit de travailler le jardin
et lui montra ce qu'il avait à faire ; puis il alla vaquer aux
autres affaires du couvent et le laissa.

« Masetto travaillant tous les jours, les nonnes commencèrent à le taquiner et à se moquer de lui, comme il arrive
souvent qu'on fait avec les muets, et lui disaient les plus
scélérates paroles du monde, croyant n'être pas entendues
de lui ; et l'abbesse, qui pensait sans doute qu'il était sans
queue comme sans parole, ne se préoccupait en aucune
façon de cela. Il advint toutefois qu'un jour Masetto ayant
beaucoup travaillé et se reposant, deux toutes jeunes nonnes, qui se promenaient par le jardin, s'approchèrent de l'endroit où il était et se mirent à le regarder pendant qu'il faisait semblant de dormir. Pour quoi, l'une d'elles, qui était
plus hardie, dit à l'autre : « Si je croyais que tu me gardas-
« ses le secret, je te dirais une pensée que j'ai eue plusieurs
« fois, et qui pourrait te faire aussi plaisir à toi. — » L'au-
« tre répondit : « — Parle en toute sûreté, car certainement
« je ne le dirai à personne. — » Alors la jeune effrontée
« commença : « — Je ne sais si tu as réfléchi à la façon
« dont nous sommes tenues enfermées, et que jamais un
« homme n'ose entrer ici, si ce n'est l'intendant qui est vieux,
« et ce muet. Pour moi, j'ai plusieurs fois entendu dire à
« des dames qui sont venues nous voir, que toutes les autres
« douceurs du monde sont une plaisanterie en comparaison
« du plaisir que la femme goûte avec l'homme. Pour quoi,
« il m'est plus d'une fois venu à l'esprit, puisque je ne puis
« le faire avec d'autres, d'éprouver avec ce muet s'il en est
ainsi. C'est l'homme le mieux du monde choisi pour cela, car,

« même quand il voudrait, il ne pourrait ni ne saurait le re-
« dire. Tu vois que c'est un jeune sot, vigoureux plutôt
« qu'intelligent. Volontiers j'écouterai ce qu'il t'en sem-
« ble. — » « — Hélas ! — dit l'autre — qu'est-ce que tu dis ?
« Ne sais-tu pas que nous avons promis notre virginité à
« Dieu ? — » « — Oh ! — dit la première — combien de
« choses on lui promet tout le long du jour, dont on ne tient
« aucune ! si nous la lui avons promise, que les autres la
« tiennent. — » A quoi sa compagne dit : « — Et si nous
« devenions grosses, comment ferions-nous ? — » L'autre
« dit alors : « — Tu commences à penser au mal avant qu'il
« arrive. Quand il sera venu, alors on y pensera. Il y aura
« mille moyens de faire que cela ne se sache jamais, pourvu
« que nous ne le disions pas nous-mêmes. — » Entendant
cela, l'autre, qui avait meilleure envie que sa compagne
d'éprouver quelle bête c'était que l'homme, dit : « — Or bien,
« comment ferons-nous ? — » A quoi la première répondit :
« — Tu vois que c'est l'heure de none ; je crois que les
« sœurs sont toutes endormies, excepté nous. Regardons
« par le jardin s'il n'y a personne, et nous n'aurons plus au-
« tre chose à faire qu'à le prendre par la main et le mener
« dans cette cabane où il se met à l'abri de la pluie ; et là
« l'une se tiendra avec lui et l'autre fera la garde. Il est si
« niais, qu'il fera comme nous voudrons. — » Masetto entendait toute cette conversation, et, disposé à obéir, n'attendait plus que d'être pris par l'une d'elles. Les jeunes nonnes
ayant bien regardé partout, et s'étant assurées que d'aucun
côté elles ne pouvaient être vues, celle qui avait pris d'abord
la parole, s'approcha de Masetto et le réveilla ; aussitôt, il
se leva tout debout. Sur quoi, lui prenant la main avec des
airs engageants, et tandis qu'il riait d'un air niais, elle le
mena dans la cabane où, sans se faire trop inviter, il fit ce
qu'elle voulut. La nonne en loyale compagne, ayant eu ce
qu'elle désirait, céda la place à l'autre, et Masetto se montrant toujours aussi simple, fit encore à leur volonté. Pour
quoi, avant qu'elles s'en allassent, elles voulurent éprouver
chacune plus d'une fois comment le muet savait chevaucher.
Et depuis, causant souvent entre elles, elles disaient que
c'était bien la plus douce chose dont elles eussent entendu
parler : et prenant le temps à heure convenable, elles s'en
allaient s'ébattre avec le muet.

« Il advint un jour qu'une de leurs compagnes, s'étant
aperçue de la chose par la fenêtre de sa cellule, le fit remarquer à deux autres. Toutes trois délibérèrent tout d'abord
d'aller le dénoncer à l'abbesse ; mais bientôt, changeant d'avis,
elles s'accordèrent avec leurs compagnes pour éprouver elles
aussi la puissance de Masetto. Au bout d'un certain temps,
par suite de divers incidents, les trois autres nonnes vinrent

se joindre aux premières. Enfin, l'abbesse, qui ne s'était pas encore aperçue de ces choses, se promenant un jour seule au jardin, par une chaleur grande, trouva Masetto—lequel, pour avoir trop chevauché la nuit, était assez peu disposé à travailler le jour—étendu tout endormi à l'ombre d'un amandier ; et comme le vent avait relevé le pan de devant de sa chemise, tout restait à découvert. Ce que regardant la dame, et se voyant seule, elle tomba dans ce même appétit où étaient tombées ses nonnains. Ayant réveillé Masetto, elle l'emmena avec elle dans sa chambre où, pendant plusieurs jours, au grand déplaisir des nonnes qui ne voyaient plus le jardinier venir travailler le jardin, elle le retint, éprouvant à diverses reprises cette douceur qu'elle avait auparavant coutume de blâmer chez autrui. Enfin, elle le renvoya de sa chambre à son logis ; mais comme elle voulait le revoir souvent, et qu'elle lui demandait plus que sa part, Masetto, ne pouvant satisfaire à telle besogne, s'avisa que son métier de muet pourrait bien, s'il durait plus longtemps, lui causer un dommage par trop grand. Et pour ce, une nuit qu'il était avec l'abbesse, rompant le silence, il se mit à dire : « — Madame, j'ai en-
« tendu dire qu'un coq suffit bien pour dix poules, mais que
« dix hommes peuvent mal satisfaire une seule femme ; d'où
« je ne puis, moi, en servir neuf ; à quoi je ne pourrais
« durer : au contraire, en suis-je venu par ce que j'ai fait
« jusqu'ici, à un tel point, que je ne puis plus faire ni
« beaucoup ni peu. Et pour ce, laissez-moi aller à la grâce
« de Dieu, ou bien trouvez un moyen d'arranger cela. — »
La dame, entendant parler celui qu'elle tenait pour muet, toute surprise, dit : — « Qu'est cela ? je croyais que tu
« étais muet. — » « Madame — dit Masetto — je l'étais
« aussi, mais non de naissance ; la parole m'avait été enlevée
« par une maladie, et seulement de cette nuit je me la sens
« rendue ; dont je loue Dieu tant que je puis. — » La dame le crut, et lui demanda ce qu'il voulait dire par ces neuf femmes qu'il avait à servir. Masetto lui dit le fait. Ce qu'entendant l'abbesse, elle s'aperçut qu'aucune de ses nonnes n'avait été plus sage qu'elle ; pour quoi, en femme discrète, sans laisser partir Masetto, elle résolut de s'entendre avec ses nonnes pour trouver un moyen d'arranger les choses de façon que le couvent ne fût pas couvert de scandale par le fait de Masetto. L'intendant étant mort un des jours précédents, les nonnes, d'un mutuel consentement, chacune sachant ce que toutes avaient fait, et avec l'assentiment de Masetto, s'arrangèrent pour faire croire que, grâce à leurs prières et au mérite du saint dont le couvent portait le nom, la parole avait été rendue à Masetto après avoir été longtemps muet ; elles le firent leur intendant, et lui répartirent la besogne de façon qu'il pût la supporter. Aussi, bien qu'il eût

engendré nombre de moinillons, les choses se passèrent cependant si discrètement, qu'on n'en sut rien, sinon après la mort de l'abbesse, Masetto étant alors bien près d'être vieux, et, devenu riche, fort désireux de s'en retourner chez lui. La découverte de son aventure lui facilita l'accomplissement de ce désir. C'est ainsi que Masetto sur ses vieux jours s'en revint, riche et père de famille sans avoir eu la peine de nourrir ses enfants et de les entretenir, et ayant su par sa prévoyance bien employer sa jeunesse, au lieu d'où il était parti une cognée sur le cou, affirmant qu'ainsi le Christ traitait quiconque lui posait des cornes au chapeau. — »

NOUVELLE II

Un palefrenier couche avec la femme du roi Agilulf. Ce dernier s'en aperçoit, retrouve le coupable et lui tond une mèche de cheveux. Le tondu tond à son tour ses camarades, et se tire ainsi de sa male aventure.

Pilostrate étant arrivé à la fin de sa nouvelle qui avait parfois fait un peu rougir les dames et parfois les avait fait rire, il plut à la reine que Pampinea contât à son tour. Celle-ci, commençant d'un air riant, dit : — « D'aucuns sont assez peu discrets pour vouloir montrer qu'ils savent et connaissent ce qu'il ne leur appartient pas de savoir, et parfois, pour cela, reprenant les défauts dont personne ne s'est aperçu chez autrui, ils croient atténuer leur propre honte, tandis qu'ils l'accroissent à l'infini ; et que cela soit vrai, j'entends, amoureuses dames, vous le prouver en vous montrant, dans l'esprit d'un vaillant roi, une astuce qui ne doit pas être moins prisée peut-être que celle de Masetto.

« Agilulf, roi des Lombards, avait, comme ses prédécesseurs, placé le siège de son royaume à Pavie, cité de Lombardie, après avoir pris pour femme Teudelinge, restée veuve d'Autari qui avait été également roi des Lombards, laquelle fut une très belle dame, sage et honnête, mais malheureuse en amour. Grâce au courage et au grand sens de ce roi Agilulf, les affaires de Lombardie ayant été pendant un certain temps prospères et tranquilles, il advint qu'un palefrenier de la susdite reine, homme de condition très basse quant à la naissance, mais d'un esprit plus élevé que ne le comportait un aussi vil métier, et de sa personne beau et grand, s'énamoura sans mesure de la reine, tout comme s'il avait été le roi. Comme sa profession infime ne lui avait pas empêché de reconnaître que son amour était hors de toute convenance, en homme sage il ne s'en ouvrait à personne, pas plus qu'il n'avait la hardiesse de le découvrir à la reine par ses regards; et quoiqu'il vécut sans aucune espérance de devoir jamais lui plaire, cependant il se glorifiait en lui-même d'avoir placé ses pensées en haut lieu. Et comme il brûlait tout entier d'une amoureuse flamme, il s'étudiait à faire, par dessus tous ses autres compagnons, tout ce qu'il croyait devoir plaire à la reine. Pour quoi il se trouvait que la reine, devant chevaucher, montait plus volontiers son palefroi que celui d'aucun autre; ce que, quand cela arrivait, il regardait comme une grandissime faveur; et jamais il ne lâchait les étriers, se tenant pour heureux quand parfois il pouvait toucher ses vêtements. Mais, de même que nous voyons souvent arriver que l'amour devient d'autant plus grand que l'espérance est moindre, ainsi il advint dans le cœur de ce pauvre palefrenier; à tel point qu'il lui était très douloureux d'être obligé de tenir son grand désir ainsi caché, comme il faisait, sans être réconforté d'aucun espoir; aussi plus d'une fois, ne pouvant se guérir de cet amour, il résolut de mourir. Songeant à quel moyen il aurait recours, il prit le parti de s'arranger de façon que l'on vît bien qu'il mourait à cause de l'amour qu'il avait porté et qu'il portait à la reine; et il décida que son entreprise serait telle, qu'il tenterait pour elle la fortune afin de satisfaire tout ou partie de son désir. Il ne se hasarda point à parler à la reine, ni à lui faire connaître son amour par lettre, car il savait qu'il parlerait et qu'il écrirait en vain; mais il voulut éprouver si, par ruse, il pourrait coucher avec elle. Il n'y avait pas d'autre ruse ni d'autre voie que de trouver le moyen de parvenir jusqu'à la reine et de pénétrer dans sa chambre en se faisant passer pour le roi, lequel, il le savait, ne couchait pas toujours avec sa femme. Pour quoi, afin de voir de quelle façon le roi s'y prenait, et quel costume il avait quand il allait la voir, il se cacha à plusieurs reprises la nuit dans une grande salle du palais qui était située entre la chambre du roi et celle de la reine. Or, une nuit entre autres, il vit le roi enveloppé dans un grand manteau et tenant d'une main une lumière et de l'autre une baguette, sortir de sa chambre et aller à la chambre de la reine, et là, sans dire mot, frapper une fois ou deux à la porte avec cette baguette; et incontinent la porte lui était ouverte et la lumière lui était enlevée des mains. Ayant donc vu cela, et ayant vu aussi le roi s'en retourner, il pensa à faire de même; et ayant réussi à se procurer un manteau semblable à celui qu'il avait vu au roi, ainsi qu'une lumière et une petite baguette, et après s'être lavé tout d'abord en un bain chaud, afin que l'odeur de l'écurie n'incommodât pas la reine ou ne la fît s'apercevoir de la ruse, il se cacha, ainsi qu'il en avait l'habitude, dans la grande salle. Quand il vit que tout le monde dormait, et quand le temps lui sembla venu de donner effet à son désir ou de trouver la mort qu'il souhaitait, il fit un peu de feu avec la pierre et l'amadou qu'il portait, alluma sa lumière, et enveloppé hermétiquement dans son manteau, il s'en alla à la porte de la chambre où il frappa deux coups avec la baguette. La chambre fut ouverte par une cameriste à moitié endormie qui lui prit la lumière des mains et l'éteignit; sur quoi, lui, sans rien dire, étant entré, et ayant déposé son manteau, il se glissa dans le lit où la reine dormait. L'ayant saisie dans ses bras, et feignant d'être de méchante humeur, pour ce qu'il savait que le roi quand il était de mauvaise humeur ne prononçait pas un mot, sans rien dire et sans qu'il lui fût rien dit, il connut plusieurs fois charnellement la reine. Et bien qu'il lui semblât dur de s'en aller, cependant, craignant qu'une trop longue séance lui fût occasion de changer en tristesse le plaisir éprouvé, il se leva, et après avoir repris son manteau et sa lumière, sans rien dire autre chose, il s'en alla, et le plus tôt qu'il put regagna son lit.

« Il pouvait à peine y être revenu, quand le roi, s'étant levé, alla à la chambre de la reine, ce dont celle-ci s'émerveilla fort; et comme il était entré dans le lit et la saluait joyeusement, elle prit hardiesse de sa bonne humeur et dit :
« — O mon seigneur, quelle nouveauté est-ce, cette nuit?
« Vous venez à peine de me quitter, et, au-delà de vos habi-
« tudes, vous avez pris de moi plaisir, et vous revenez de
« rechef si vite? Prenez garde à ce que vous faites. — » Le roi, entendant ces paroles, soupçonna soudain que la reine avait été trompée par une ressemblance de manières et de personne; mais, en homme sage, il se garda bien, voyant que la reine ni personne autre ne s'en était aperçue, de l'en faire apercevoir. C'est ce que nombre de sots n'auraient pas fait; ils auraient dit au contraire : je ne suis pas venu; quel est celui qui est venu? Comment est-il venu? Qui est-ce? De quoi seraient survenues de nombreuses choses par lesquelles il aurait inutilement contristé la reine et lui aurait donnée l'idée de désirer une seconde fois ce qu'elle avait déjà goûté : en taisant l'aventure, il ne pouvait lui en revenir aucune honte, tandis qu'en parlant, il se serait attiré du déshonneur. Le roi répondit donc, plus irrité au fond du cœur que dans son air et dans ses paroles : « — Femme, ne
« vous semblé-je pas homme capable d'avoir été ici tantôt
« et d'y revenir une autre fois? — » A quoi la reine répondit : « — Mon seigneur, si, mais cependant je vous prie de
« prendre garde à votre santé. — » Alors le roi dit : « — Il
« me plaît de suivre votre conseil; et pour cette fois, sans
« vous causer plus d'ennui, je vais m'en retourner. — »

Et le cœur plein de colère et de mécontentement à cause de l'affront qu'il voyait qu'on lui avait fait, il reprit son manteau, sortit de la chambre et songea à trouver sans bruit celui qui l'avait fait, pensant bien que c'était quelqu'un de sa maison, et que, quel qu'il fût, il n'avait pu encore en sortir.

« Ayant donc pris une petite lumière dans une petite lanterne, il s'en alla vers un vaste corps de logis qui était dans son palais au-dessus des écuries, et dans lequel dormaient en divers lits presque tous ses familiers. Et estimant que, quel que fût celui qui avait fait ce que la dame lui avait dit, son pouls et ses battements de cœur ne pouvaient être encore apaisés à cause de la rude besogne qu'il avait accomplie, il se mit à tâter sans bruit, en commençant par un des bouts de la salle, la poitrine de tous ses gens, pour savoir si le cœur battait vite à l'un d'entre eux. Tous dormaient fortement, hormis celui qui avait été avec la reine et qui ne dormait pas encore; pour quoi, voyant venir le roi, et comprenant ce qu'il cherchait, il se mit à trembler tellement, qu'au battement de cœur que la fatigue éprouvée peu avant lui avait occasionné, la peur en ajouta un plus grand; et il vit bien que si le roi s'en apercevait, il le ferait mourir sur le champ. Et bien que de nombreuses pensées lui allassent par l'esprit sur ce qu'il avait à faire, cependant voyant le roi sans arme, il résolut de faire semblant de dormir et d'attendre ce que le roi ferait. Après avoir longtemps cherché, et n'en trouvant aucun qui lui parût être celui qu'il croyait, le roi arriva à notre homme, et voyant que le cœur lui battait fort, il se dit : c'est lui! Mais, en homme qui n'entendait rien faire qui fût su, il se borna, avec une paire de ciseaux qu'il portait sur lui, à lui couper quelques mèches de cheveux qu'en ces temps on portait très longs, afin qu'à l'aide de cette marque il pût le reconnaître le lendemain matin; cela fait, il s'en alla et regagna sa chambre.

« Le palefrenier qui avait tout vu, comprit clairement, en homme avisé qu'il était, pourquoi il avait été ainsi marqué. Aussi, s'étant levé sans plus attendre, et ayant cherché des ciseaux dont, par aventure, il y avait une paire dans le salle pour le service des chevaux, il alla doucement vers tous ceux qui étaient couchés, et leur coupa à tous les cheveux sur les oreilles de la même façon; et cela fait, sans avoir été entendu, il s'en revint dormir.

« Le matin, le roi s'étant levé, ordonna qu'avant que les portes du palais s'ouvrissent, tous ses gens passassent devant lui; ce qui fut fait. Et tous, sans rien avoir sur la tête, étant rangés devant lui, il se mit à les examiner pour voir lequel avait été tondu par lui; et voyant le plus grand nombre d'entre eux avec les cheveux coupés de la même façon, il s'étonna et se dit en lui-même : « — Celui que je cherche, « bien qu'il soit de basse condition, montre bien qu'il est « d'un grand sens. — » Puis, voyant qu'il ne pouvait avoir sans faire d'esclandre celui qu'il cherchait, et peu disposé à vouloir, pour une petite vengeance, s'attirer grande vergogne, il se borna à avertir le coupable d'un mot seulement, et à lui faire voir qu'il était aperçu de la chose ; s'étant donc tourné vers tous ses gens, il dit : « — Que celui qui l'a fait « ne le fasse plus jamais, et allez avec Dieu. — » Un autre aurait voulu faire mettre à la gêne, torturer, examiner, questionner, et, ce faisant, aurait ébruité ce que chacun doit s'efforcer de cacher ; et l'ayant découvert, encore qu'il en eût pris entière vengeance, sa honte n'en aurait pas été diminuée mais fort accrue, et l'honneur de sa femme contaminé.

« Ceux qui entendirent ces paroles du roi s'étonnèrent et se demandèrent longtemps entre eux ce qu'il avait voulu dire par là ; mais nul ne les comprit, sinon celui à qui seul elles s'adressaient ; lequel en homme sage, n'en ouvrit jamais la bouche du vivant du roi, pas plus qu'il ne commit désormais sa vie au hasard en une semblable aventure. — »

NOUVELLE III

Sous prétexte de confession et de pureté de conscience, une dame énamourée d'un jouvenceau pousse un moine, sans que celui-ci s'aperçoive de la supercherie, à lui faciliter le moyen de voir son amant.

Déjà se taisait Pampinea, et l'audace et la prudence du palefrenier avaient été louées par plus d'un des assistants, ainsi que le bon sens du roi, quand la reine, s'étant tournée vers Philomène, lui ordonna de poursuivre ; pour quoi Philomène commença gracieusement à parler ainsi : « — J'entends vous raconter un bon tour qui fut justement fait par une belle dame à un grave religieux, et qui doit d'autant plus plaire à tout séculier, que les religieux, très sots le plus souvent et hommes d'habitudes et de mœurs étranges, croient valoir et en savoir plus que les autres en toute chose, alors qu'ils leur sont de beaucoup inférieurs, comme étant des gens qui, par lâcheté d'âme, n'ayant pas, comme les autres hommes, l'énergie de pourvoir à leurs besoins, se réfugient là où ils peuvent avoir à manger, comme le porc. Je raconterai cette nouvelle, ô plaisantes dames, non-seulement pour suivre l'ordre imposé, mais encore pour vous faire voir que les religieux eux-mêmes, auxquels nous autres, outre mesure crédules, nous accordons trop de confiance, peuvent être et sont parfois bafoués, non pas seulement par les hommes, mais par quelques-unes de nous.

« En notre cité, plus pleine de tromperies que d'amour et de foi, fut, il n'y a pas encore beaucoup d'années, une gente dame distinguée par sa beauté et ses belles manières, et autant que tout autre dotée par la nature d'un esprit élevé et d'un jugement subtil. Je ne veux pas dire son nom, pas plus qu'aucun de ceux qui sont cités dans la présente nouvelle, bien que je les sache, pour ce qu'il y a des gens qui vivent encore qui s'en fâcheraient, alors qu'il n'y aurait qu'à en rire et qu'à passer outre. Cette dame donc, qui était née de haut lignage et qui se voyait mariée à un artisan lainier, pour ce que son mari était artisan, ne pouvait surmonter le dédain de son âme, car elle estimait qu'aucun homme de basse condition, quelque richissime qu'il fût, n'était digne d'une femme noble. Et voyant aussi que, malgré toutes ses richesses, son mari n'était bon qu'à dévider un écheveau, faire ourdir une toile, ou discuter avec une filandière de ce qui avait été filé, elle résolut de ne plus vouloir en aucune façon de ses embrassements, si non en tant qu'elle ne pourrait les lui refuser, et de chercher, pour sa propre satisfaction, quelqu'un qui lui parût plus digne de cela que le lainier; et elle s'énamoura d'un fort brave homme d'âge moyen, tellement que si elle ne l'avait pas vu dans le jour, elle ne pouvait passer la nuit suivante sans ennui. Mais le brave homme ne s'en apercevant pas, n'en avait cure, et elle, qui était très prudente, n'osait le lui faire savoir ni par ambassade de femme, ni par lettre, craignant les dangers qui pourraient en advenir.

« Or, ayant appris qu'il avait de nombreuses relations avec un religieux, lequel, bien qu'il fût un gros homme ignorant, néanmoins, pour ce qu'il menait une très sainte vie, avait auprès de tout le monde la réputation d'un très digne moine, la dame pensa qu'il pouvait être un excellent intermédiaire entre elle et son amant. Après avoir bien pensé au moyen qu'elle devait prendre, elle s'en alla à l'heure convenable à l'église où il demeurait, et l'ayant fait appeler, elle dit que quand cela lui plairait, elle désirait se confesser à lui. Le moine, la voyant, et la tenant pour femme noble, l'écouta volontiers, et, après la confession, elle lui dit :

« — Mon père, il me faut recourir à vous pour avoir aide
« et conseil dans ce que vous allez entendre. Je sais, puis-
« que je vous l'ai dit, que vous connaissez mes parents et
« mon mari, dont je suis aimée plus que la vie, et je ne dé-
« sire rien que je ne l'aie incontinent de lui, comme d'un
« homme très riche qui peut bien le faire. Et laissant de

« côté ce que je ferais, je dis que si je pensais seulement à
« quoi que ce fût contre son honneur ou son plaisir, au-
« cune femme ne serait jamais plus digne du bûcher que
« moi. Or, il y a quelqu'un, dont à vrai dire je ne sais pas
« le nom, mais qui me paraît une personne de bien, et qui
« si l'on ne m'a pas trompée là-dessus, vous fréquente beau-
« coup. Il est beau et grand de sa personne, vêtu d'habits
« bruns très honnêtes, et ne sachant pas sans doute la ferme
« intention que j'ai, il semble avoir mis le siège autour de
« moi, de sorte que je ne puis me montrer à la porte ou à
« la fenêtre, ni sortir de la maison, sans qu'incontinent il ne
« se présente devant moi ; et je m'étonne qu'il ne soit pas
« maintenant ici ; ce dont je me plains fort, pour ce que ces
« sortes de choses, faites souvent sans la moindre faute,
« attirent le blâme aux honnêtes femmes. J'avais eu tout
« d'abord l'idée de le faire dire à mes frères, mais j'ai en-
« suite pensé que les hommes font parfois les commissions
« de façon que les réponses sont aigres, d'où naissent des
« altercations, et des altercations on en vient aux faits ;
« pour quoi, afin que mal et scandale n'en naissent, je me suis
« tue, et j'ai résolu de le dire plutôt à vous qu'à tout autre,
« tant parce que vous me semblez être son ami, que parce
« qu'il vous sied bien à vous de reprendre sur telles choses
« non pas seulement les amis, mais les étrangers. Pour quoi,
« je vous prie uniquement pour l'amour de Dieu, que vous le
« réprimandiez de cela et le priiez de ne plus tenir une pareille
« conduite. Il y a assez d'autres dames qui sont, d'aventure,
« disposées à ces choses, et à qui il conviendra d'être suivies et
« courtisées par lui, tandis qu'à moi ce m'est un très grave en-
« nui, n'ayant en aucune façon l'esprit disposé à tel sujet. — »

« Le digne moine comprit incontinent de qui elle parlait
vraiment, et ayant beaucoup loué la dame de ses bonnes dispositions, croyant fermement vrai ce qu'elle disait, il lui
promit d'opérer si bien et de telle façon qu'il ne lui serait
plus causé d'ennui par cette personne ; puis, comme il la
connaissait très riche, il vanta les œuvres de charité et d'aumône, lui racontant ses besoins. A quoi la dame dit : « — Je
« vous en prie pour Dieu, s'il niait, dites-lui sans crainte
« que c'est moi qui vous l'ai dit et que je suis venue m'en
« plaindre. — » Et sur ce, la confession étant prise et la pénitence prise, se rappelant les encouragements que lui avait
donnés le moine sur les œuvres de charité, elle lui remplit en
cachette la main de pièces de monnaie, le pria de dire des
messes pour l'âme de ses morts, et s'étant levée de ses pieds,
elle s'en retourna chez elle.

« Peu après, comme il en avait l'habitude, le brave homme
vint trouver le moine, lequel, après qu'ils eurent ensemble
parlé un certain temps d'une chose et d'une autre, le tira à

part et se mit à le reprendre très doucement sur la cour et la poursuite qu'il croyait qu'il faisait à la dame, selon ce que celle-ci lui avait donné à entendre. Le brave homme s'étonna beaucoup, ne l'ayant en effet jamais guettée, et commença à vouloir s'excuser en disant qu'il n'avait passé que très rarement devant la maison de la dame. Mais le moine ne le laissa point parler et lui dit : « — Il ne faut pas faire « semblant de t'étonner, ni perdre tes paroles à le nier, « pour ce que tu ne le peux ; je n'ai pas su cela par les « voisins ; c'est elle-même qui, se plaignant fortement de « toi, me l'a dit. Et outre que ces sottises ne te conviennent « plus bien désormais, je te dis à son sujet que si jamais « j'en trouvai une rebelle à ces folies, c'est elle ; aussi, pour « ton honneur et pour sa satisfaction, je te prie de cesser « tes poursuites et de la laisser. — » Le brave homme, plus avisé que le digne moine, comprit sans trop de peine la sagacité de la dame, et feignant quelque peu d'avoir honte, il dit qu'il ne s'en occuperait plus désormais ; et ayant quitté le moine, il s'en alla à la maison de la dame, laquelle se tenait constamment aux aguets à une petite fenêtre pour le voir, s'il venait à passer. En le voyant venir, elle se montra si joyeuse et si aimable, qu'il put fort bien comprendre qu'il avait saisi le véritable sens des paroles du moine. Et de ce jour, avec beaucoup de prudence, à son plaisir et à la très grande joie et satisfaction de la dame, faisant semblant d'en avoir l'occasion pour tout autre chose, il continua de passer par la même rue.

« Mais la dame, s'étant bien vite aperçue qu'elle lui plaisait autant qu'il lui plaisait à elle, et désireuse de l'enflammer davantage et de l'assurer de l'amour qu'elle lui portait, ayant choisi le lieu et le moment, s'en retourna vers le digne moine, et s'étant placée à ses pieds dans l'église, se mit à se plaindre. Ce voyant, le moine lui demanda avec intérêt quelle nouvelle elle avait. La dame répondit : « — Mon « père, les nouvelles que j'ai ne sont autres que de ce mau- « dit de Dieu, votre ami, dont je me suis plainte à vous « l'autre jour ; pour ce que je crois qu'il est né pour mon « plus grand tourment et pour me faire faire chose dont je « ne me consolerais jamais et pour laquelle je n'oserais ja- « mais plus après me jeter à vos pieds. — » « — Comment ! « — dit le moine — ne s'est-il pas abstenu de te causer dé- « sormais de l'ennui ? — » « — Certes, non — dit la dame — « au contraire ; après que je m'en fus plainte à vous, comme « s'il en avait eu du dépit, ayant probablement pris en mau- « vaise part que je m'en fusse plainte, pour une fois qu'il « passait avant, je crois qu'après il y est passé sept. Et « maintenant plût à Dieu qu'il se fût borné à y passer et à « me guetter ; mais il a été assez hardi et assez insolent

« pour m'envoyer, pas plus tard qu'hier, une femme m'ap-
« porter de ses nouvelles et me conter ses frasques, et comme
« si je n'avais pas de bourses et des ceintures, il m'a en-
« voyé une bourse et une ceinture ; ce que j'ai eu et j'ai si
« fort pour mauvais, que je crois, si je n'avais pas eu peur
« de pécher, et puis à cause de votre amitié pour lui, que
« j'aurais fait le diable ; mais pourtant je me suis calmée,
« et n'ai rien voulu faire avant de vous le faire savoir. En
« outre, j'avais déjà rendu la bourse et la ceinture à cette
« espèce de femme qu'il m'avait envoyée, pour qu'elle les
« lui reportât, et je lui avais donné un congé brutal, mais
« craignant qu'elle les gardât pour soi et lui dît que je les
« avais acceptées, comme j'entends dire qu'elles font quel-
« quefois, je les lui redemandai, et, pleine de dédain, je les
« lui enlevai des mains ; et je vous ai les apportées pour que
« vous les lui rendiez et lui disiez que je n'ai pas besoin de
« ses présents, pour ce que, grâce à Dieu et à mon mari,
« j'ai tant de bourses et de ceintures que je les noierais de-
« dans. Après cela, je vous en demande pardon comme à un
« père, mais s'il ne cesse pas son manège, je le dirai à mon
« mari et à mes frères, et advienne que pourra ; car j'aime
« beaucoup mieux qu'il reçoive un affront, s'il doit en rece-
« voir un, que d'être blâmée à cause de lui, n'est-ce pas,
« mon père ? — » Cela dit, et tout en pleurant beaucoup,
elle tira de dessous sa robe une très belle et riche bourse,
ainsi qu'une jolie et précieuse petite ceinture, et les jeta sur
les genoux du moine, qui les prit, croyant pleinement ce que
la dame disait, et, courroucé outre mesure, dit : « — Ma
« fille, si tu te tourmentes de ces choses, je ne m'en étonne
« point et je ne saurais t'en blâmer ; mais je loue fort qu'en
« ceci tu suives mon conseil. Je l'ai réprimandé l'autre jour
« et il a mal tenu ce qu'il m'avait promis. Pour quoi, au-
« tant pour cela que pour ce qu'il a fait de nouveau, je crois
« que je lui réchaufferai de telle façon les oreilles, qu'il ne
« te donnera plus de souci ; et toi, avec la bénédiction de
« Dieu, ne te laisse pas vaincre assez par la colère pour le
« dire à l'un des tiens, car il pourrait s'ensuivre trop de
« mal. Ne crains pas que de cela aucun blâme arrive jamais,
« car je serai toujours, et devant Dieu et devant les hommes,
« très ferme témoin de ton honnêteté. — » La dame fit semblant de se consoler un peu, et ayant laissé ce sujet, en
personne qui connaissait l'avarice du moine et celle de ses
autres confrères, elle dit : « — Messire, ces nuits dernières
« me sont apparus plusieurs de mes parents, et il me semble
« qu'ils sont en grandissime peine et ne demandent pas
« autre chose que des prières, et spécialement ma mère, qui
« me paraît si affligée et si malheureuse, que c'est une pitié
« de le voir. Je crois qu'elle souffre de très grandes peines

« de me voir en cette tribulation à cause de cet ennemi de
« Dieu, et pour ce je voudrais que vous me disiez pour
« leurs âmes les quarante messes de san Grigorio, et quel-
« ques-unes de vos propres prières, afin que Dieu les arrache
« à ce feu qui les châtie. — » Et ayant ainsi dit, elle lui mit
un florin dans la main. Le saint moine le prit joyeusement,
et par de bonnes paroles, et en lui citant de bons exemples,
il affermit sa dévotion ; puis, après lui avoir donné sa bénédiction, il la laissa aller.

« La dame partie, le moine ne s'apercevant pas qu'il était
bafoué, envoya chercher son ami, lequel étant venu, et le
voyant tout courroucé, s'avisa sur-le-champ qu'il aurait des
nouvelles de la dame, et attendit ce que le moine voulait lui
dire. Celui-ci, lui répétant les nouvelles plaintes que la
dame lui avait faites, et lui parlant de nouveau sur un ton
acerbe et irrité, le réprimanda beaucoup de ce que la dame
lui avait dit qu'il avait fait. Le brave homme, qui ne voyait
pas encore où le moine voulait en venir, niait assez faiblement avoir envoyé la bourse et la ceinture, afin de ne pas
enlever au moine cette croyance si par hasard la dame le lui
avait fait croire. Mais le moine, fortement fâché, dit :
« — Comment peux-tu le nier, méchant homme ? puisque
« c'est elle-même qui me les a rapportés en pleurant ; vois
« si tu les reconnais. — » Le brave homme, feignant d'a-
voir grande honte, dit : « — Mais oui, je les reconnais, et
« je confesse que j'ai mal fait, et je vous jure, puisque je la
« vois ainsi disposée, que vous n'entendrez plus jamais un
« mot de cela. — » Après bon nombre de paroles, l'imbécile de moine remit enfin à son ami la bourse et la ceinture,
et après l'avoir bien morigéné et l'avoir prié de ne plus se
livrer à ces choses, et en avoir obtenu la promesse, il le
renvoya.

« Le brave homme, très joyeux et de la certitude qu'il lui
semblait avoir de l'amour de la dame et du beau présent
qu'il avait reçu, dès qu'il eût quitté le moine, s'en alla avec
précaution en certain endroit où il fit voir à sa dame qu'il
avait l'un et l'autre objet, de quoi la dame fut très contente, et plus encore de ce qu'il lui paraissait que son stratagème allait de mieux en mieux. Et comme elle n'attendait
plus que son mari s'en allât quelque part, pour compléter
son œuvre, il advint que pour une raison quelconque celui-
ci dut partir quelque temps après pour Gênes. Le matin
même où après être monté à cheval il était parti, la dame
s'en alla trouver le saint moine et après beaucoup de sima-
grées, elle lui dit en pleurant : « — Mon père, maintenant
« je vous le dis bien, je ne puis en supporter davantage ;
« mais comme l'autre jour je vous ai promis de ne rien faire
« avant de vous l'avoir d'abord dit, je suis venue pour m'en

« excuser auprès de vous ; et afin que vous croyiez que j'ai
« raison et de gémir et de me plaindre, je veux vous dire
« ce que votre ami, ou plutôt ce diable d'enfer, me fit ce
« matin il y a quelques instants. Je ne sais par quelle male
« aventure il a su que mon mari était parti hier matin pour
« Gênes ; toujours est-il que ce matin, à l'heure que je vous
« ai dite, il est entré dans mon jardin et a grimpé au moyen
« d'un arbre jusqu'à la fenêtre de ma chambre qui donne
« sur le jardin, et déjà il avait ouvert la fenêtre et voulait
« entrer dans ma chambre, quand m'étant réveillée soudain,
« je me levai et me serais mise à crier, j'aurais crié, si lui,
« qui n'était pas encore entré, ne m'eût demandé merci au nom
« de Dieu et au vôtre, me disant qui il était : pour quoi, l'en-
« tendant, je me tus par déférence pour vous, et nue comme
« je vins au monde, je courus lui fermer la fenêtre au vi-
« sage. Quant à lui, je crois qu'il s'en est allé en sa male
« heure, pour ce que je ne l'ai plus entendu. Maintenant,
« si c'est une chose belle et qu'il faille endurer, voyez-le-
« vous-même. Pour moi, je n'entends pas la supporter plus
« longtemps ; je pense au contraire en avoir trop souffert de
« sa part, par égard pour vous. — » Le moine, oyant cela,
fut l'homme le plus irrité du monde et ne savait que dire,
si ce n'est de lui demander à plusieurs reprises si elle avait
bien reconnu que c'était lui et non un autre. A quoi la dame
répondit : « — Loué soit Dieu, si je ne le reconnais pas
« d'avec un autre ? je vous dis que c'était lui, et quand il le
« nierait, ne le croyez pas. — » Le moine dit alors : « — Ma
« fille, il n'y a dire cette fois, sinon que c'est là une
« hardiesse trop grande et une mauvais action ; et toi tu as
« fait ton devoir, en le renvoyant comme tu l'as fait. Mais je
« te prie, afin que Dieu te garde de la honte, de même que tu
« as suivi deux fois mon conseil, de le suivre encore cette fois,
« c'est-à-dire de me laisser faire, sans te plaindre à aucun
« de tes parents, pour voir si je peux dompter ce diable
« déchaîné que je croyais être un saint. Si je puis faire tant
« que de le tirer de cette bestialité, ce sera bien ; et si je ne
« puis, je te donne maintenant, en même temps que ma béné-
« diction, ma parole que tu pourras faire ce que tu jugeras à
« propos, et que ce sera bien fait. — » « — Or, voici — dit
« la dame — pour cette fois je ne veux pas vous irriter ni
« vous désobéir ; mais faites en sorte qu'il se donne de garde
« de m'ennuyer davantage, car je vous promets de ne plus
« revenir à vous pour ce motif. — » Et sans en dire plus,
quasi toute courroucée, elle quitta le moine.

« La dame était à peine hors de l'église, que le brave homme
survint et fut appelé par le moine, qui, l'ayant pris à part,
lui dit les plus grandes injures qui eussent jamais été dites
à un homme, le traitant de parjure et de traître. L'autre,

qui déjà par deux fois ayant reconnu ce que signifiaient les reproches de ce moine, était aux écoutes, et par des réponses embarrassées s'ingéniant à le faire parler, il lui dit tout d'abord : « — Pourquoi ce courroux, messire ! ai-je crucifié le « Christ ? — » A quoi le moine répondit : « — Voyez le débonté ! entendez ce qu'il dit ! il parle ni plus ni moins comme si un an ou deux s'étaient passés, et comme si ses méfaits et sa malhonnêteté eussent été oubliés par longueur de temps. T'est-il donc, depuis ce matin jusqu'à présent, sorti de la mémoire que tu avais outragé autrui ? Où as-tu été ce matin un peu avant le jour ? — » Le brave homme répondit : « — Je ne sais où j'ai été ; mais la nouvelle vous en « est arrivé bien vite. — « — C'est vrai — dit le moine — « que la nouvelle m'en est arrivée. Je m'avise que tu croyais « que parce que le mari n'y était pas, la gente dame dût te « recevoir incontinent dans ses bras. Hé ! messire, en voilà « un honnête homme ! il est devenu coureur de nuit, ou- « vreur de jardin et grimpeur d'arbres. Croyais-tu par ton « importunité vaincre l'honnêteté de cette dame, que tu vas « grimper jusqu'à ses fenêtres la nuit le long des arbres ? « Rien ne lui déplaît plus au monde que toi ; cependant tu « tentes de nouveau l'aventure. En vérité, laissons de côté « qu'elle te l'a montré en beaucoup de choses, mais tu t'es « bien amendé par mes admonestations ! Mais voici ce que « je veux te dire. Jusqu'ici, non par l'amour qu'elle te « porte, mais grâce à l'insistance de mes prières, elle a tû « ce que tu as fait, mais elle ne le taira plus ; je lui ai ac- « cordé la permission, si tu lui déplais encore en quoi que « ce soit, de faire à sa guise. Que feras-tu, si elle le dit à « ses frères ? — »

« Le brave homme ayant suffisamment compris ce qu'il avait besoin de savoir, apaisa le moine du mieux qu'il sut et qu'il put par d'amples promesses, et prit congé de lui. Le lendemain matin il pénétra dans le jardin, grimpa sur l'arbre, et ayant trouvé la fenêtre ouverte il entra dans la chambre où, le plus tôt qu'il put, il se mit dans les bras de sa belle dame. Celle-ci, qui l'avait attendu avec le plus grand désir, le reçut joyeusement en disant : « — Grand merci à messer « le moine, qui t'a si bien enseigné le chemin pour venir « ici. — « Puis, prenant l'un de l'autre plaisir, causant et riant beaucoup de la simplicité de l'imbécile de moine, plaisantant les étoupes, les peignes et les cardes, ils se satisfirent ensemble à leur grand contentement. Et ayant combiné leurs plans, ils firent en sorte, sans plus avoir à retourner vers messer le moine, de se retrouver ensemble un grand nombre d'autres nuits avec un égal plaisir. Et je prie Dieu que sa sainte miséricorde m'en octroie de semblables à moi et à toutes les âmes chrétiennes qui en ont désir. — »

NOUVELLE IV

Don Felice enseigne à frère Puccio comment il deviendra bienheureux en faisant une certaine pénitence. Pendant que frère Puccio fait cette pénitence, don Felice se donne du bon temps avec la femme de celui-ci.

Lorsque, sa nouvelle finie, Philomène se tut, et que Dioneo, par de douces paroles, eût vivement loué l'esprit de la dame et surtout la prière faite en dernier lieu par Philomène, la reine se tourna en riant vers Pamphile et dit : « — Et maintenant, Pamphile, continue à nous amuser par quelque agréable récit. — » « — Volontiers répondit aussitôt Pamphile — et il commença : « — Madame, il y a beaucoup de gens qui, s'efforçant d'aller en paradis, y envoient les autres sans s'en apercevoir. C'est ce qui advint, il n'y pas encore longtemps, à une de nos voisines, comme vous pourrez l'entendre.

« Suivant ce que j'ai ouï dire, vivait autrefois, près de San Brancazio, un brave homme fort riche, nommé Puccio di Rinieri ; mais comme, en prenant de l'âge, il s'était complètement adonné à la dévotion, et qu'il s'était engagé parmi les bigots de Saint-François, on l'appelait frère Puccio. Dans ce genre de vie toute spirituelle, ne possédant pour famille qu'une femme et qu'une servante, et n'ayant par conséquent besoin de se livrer à aucune profession, il fréquentait beaucoup l'église. Ignorant et d'une pâte grossière, il disait ses patenôtres, allait aux prêches, assistait à la messe, ne manquait jamais de faire sa partie dans les cantiques que chantaient les séculiers, jeûnait et se donnait la discipline, et passait pour être de la confrérie des flagellés. Sa femme, qui avait nom dame Isabetta, encore jeune, de vingt-huit à trente ans, fraîche, belle et potelée comme une pomme d'api, faisait, par suite de la sainteté de son mari et peut-être de son vieil âge, de plus nombreuses et de plus longues diètes qu'elle n'aurait voulu. Quand elle avait envie de coucher, ou plutôt de se divertir avec lui, il lui racontait la vie du Christ, les sermons de frère Nastagio, les lamentations de la Madeleine, ou autres choses semblables.

« Sur ces entrefaites, arriva de Paris un moine appelé don Felice, conventuel de San Brancazio, jeune et beau de sa personne, d'esprit fin et de science profonde, avec lequel frère Puccio se lia d'étroite amitié. Comme don Felice lui éclaircissait tous ses doutes et se montrait un fort saint homme, frère Puccio prit l'habitude de le mener chez lui et de lui donner à dîner et à souper toutes les fois qu'il en trouvait l'occasion. Quant à la dame, pour complaire à frère Puccio, elle était devenue l'amie de don Felice, et l'accueillait très volontiers. Or, le moine, continuant à fréquenter la maison de frère Puccio, et voyant sa femme si fraîche et si rondelette, comprit qu'elle était la chose dont elle devait manquer le plus, et songea, pour décharger frère Puccio de toute fatigue, à le suppléer auprès d'elle. Lui ayant à plusieurs reprises lancé d'adroites œillades, il fit tant qu'il alluma dans le cœur de la dame le même désir qu'il avait lui-même. Le moine, s'étant aperçu de cela, se hasarda à lui exprimer ses vœux. Mais quelque disposée qu'il la trouvât à mener l'affaire à bonne fin, il ne pouvait trouver un moyen d'y arriver, attendu qu'elle ne voulait lui donner rendez-vous que chez elle, ce qui ne se pouvait pas, frère Puccio ne sortant jamais de la ville ; de quoi le moine avait grand ennui.

« Après y avoir bien réfléchi, il imagina un moyen de se rencontrer avec la dame dans sa maison même, sans attirer le soupçon et malgré la présence de frère Puccio. Celui-ci étant un jour allé le voir, il lui parla ainsi : «—J'ai
« déjà plusieurs fois compris, frère Puccio, que ton désir
« est de te sanctifier, à quoi il me semble que tu t'achemines
« par une voie très longue, alors qu'il en est une beaucoup
« plus courte. Le pape et les autres hauts prélats qui la con-
« naissent et en usent, ne veulent pas qu'on la dévoilé, car
« le clergé qui vit surtout d'aumônes, serait tout de suite
« ruiné, si les séculiers ne lui venaient plus en aide par leurs
« aumônes. Mais comme tu es mon ami, et que tu m'as fort
« honorablement reçu, je te l'enseignerais si je croyais que
» tu ne dusses la révéler à qui que ce soit au monde, et que
« tu la suivisses. — » Frère Puccio, désireux de connaître la chose, se mit aussitôt à le prier avec instance de lui enseigner, et à lui jurer que jamais, à moins que cela ne lui convînt, il n'en parlerait à personne, affirmant que, si cette voie était telle qu'il pût la suivre, il le ferait. « — Puisque
« tu me le promets — dit le moine — je te la montre-
« rai. Tu sauras que les saints docteurs soutiennent que,
« pour devenir bienheureux, il faut faire la pénitence que tu
« vas entendre. Mais comprends-moi bien : je ne dis pas
« qu'après avoir accompli cette pénitence, tu ne seras pas
« moins pécheur que tu n'es ; mais il arrivera que les péchés
« que tu auras commis jusqu'au moment de la-dite pénitence
« te seront tous effacés ou pardonnés, et que ceux que tu
« commettras après, ne te seront pas comptés pour ta dam-
« nation, mais s'en iront avec l'eau bénite, comme de simples
« péchés véniels. Il faut donc commencer la pénitence par te
« confesser en grande hâte de tes péchés, puis t'astreindre à
« une grande abstinence et à un jeûne de quarante jours,

« pendant lesquels tu devras non-seulement t'abstenir d'au-
« tres femmes, mais même de toucher à la tienne. En outre,
« il faut choisir dans ta propre maison un endroit d'où tu
« puisses voir le ciel pendant la nuit, et, à l'heure de com-
« plies, te rendre en cet endroit, et là avoir une table très
« large, posée de façon que, te tenant debout, tu puisses y
« appuyer les reins et, tenant les pieds à terre, y étendre les
« bras comme si tu étais crucifié. Si tu veux soutenir tes
« bras avec une cheville, tu le peux faire. Dans cette posi-
« tion, regardant le ciel, tu te tiendras sans bouger jusqu'au
« matin. Si tu étais lettré, il te faudrait, pendant ce temps,
« dire certaines oraisons que je t'indiquerais ; mais comme
« tu ne l'es pas, il te faudra réciter trois cents *Pater noster*
« avec trois cents *Ave Maria*, en l'honneur de la Trinité.
« Pendant que tu regarderas le ciel, tu te rappelleras que
« Dieu a été le créateur du ciel et de la terre, et tu auras
« présente à la mémoire la passion du Christ, te trouvant
« dans la même position qu'il fut lui-même sur la croix.
« Puis, dès que matines sonneront, tu pourras, si tu veux,
« t'en aller et, tout habillé, te jeter sur ton lit et dormir. Dans
« la matinée, tu iras à l'église, et là, tu entendras au moins
« trois messes, et tu diras cinquante *Pater noster* et autant
« d'*Ave Maria*. Après cela, tu vaqueras naturellement à tes
« affaires si tu en as ; tu iras dîner, et, le soir, tu retourneras
« à l'église, et là tu diras certaines oraisons que je te don-
« nerai par écrit et sans lesquelles rien ne pourrait être fait.
« Enfin, à complies, tu recommenceras comme la veille. En
« faisant ainsi, comme je l'ai fait moi-même autrefois, j'espère
« qu'avant la fin de ta pénitence, tu éprouveras les meilleurs
« effets de la béatitude éternelle, si tu l'accomplis avec dévo-
« tion. — » Frère Puccio dit alors : « — Ce n'est chose ni
« trop dure, ni trop longue, et cela peut fort bien se faire.
« Pour ce, je veux en l'honneur du saint nom de Dieu,
« commencer dimanche. — » Et s'étant séparé de don Felice,
il revint chez lui, où avec sa permission toutefois, il conta
tout de point en point à sa femme.

« La dame comprit trop bien ce que le moine avait voulu
dire en recommandant à frère Puccio de ne pas bouger jusqu'au matin ; pour quoi, ce moyen lui paraissant fort bon,
elle répondit à son mari que cette pénitence, comme tout ce
qu'il pouvait faire pour le salut de son âme, la réjouissait, et
que, pour que Dieu lui rendît sa pénitence profitable, elle
voulait jeûner avec lui, mais non faire plus. Tout étant donc
convenu, et le dimanche étant arrivé, frère Puccio commença sa pénitence, et messire le moine, après s'être entendu avec la dame, s'en venait à l'heure où il ne pouvait
être vu, souper presque tous les soirs avec elle, ayant soin
toujours de bien manger et de bien boire, puis couchait avec

elle jusqu'au matin. Alors il se levait, s'en allait, et frère Puccio regagnait son lit.

« L'endroit que frère Puccio avait choisi pour faire sa pénitence se trouvait tout à côté de la chambre où couchait la dame et n'en était séparé que par une mince cloison. Une nuit que le moine et la dame se trémoussaient par trop vigoureusement, il sembla à frère Puccio que le plancher remuait. Sur quoi, comme il avait déjà dit cent *Pater noster*, il s'arrêta et, sans bouger, appela sa femme et lui demanda ce qu'elle faisait. La dame, qui était d'humeur plaisante, et qui en ce moment chevauchait probablement la bête de saint Benoît ou celle de saint Jean Gualberto, répondit : « — Ma foi, mon cher mari, je me « trémousse tant que je peux. — » Frère Puccio dit alors : « — Comment tu te trémousses ! que signifie ce trémousse-« ment ? — » La dame, riant, et d'un air joyeux, car elle était gaillarde et avait sans doute ses raisons pour rire, répondit : « — Comment, vous ne savez pas ce que cela signifie ? « Je vous l'ai entendu dire mille fois : qui n'a pas soupé le « soir se démène toute la nuit. — » Frère Puccio crut que le jeûne l'empêchait en effet de dormir et la faisait ainsi se retourner sur son lit ; pour quoi, il lui dit naïvement : « — Femme, je te l'ai bien dit de ne pas jeûner ; mais enfin « puisque tu as voulu le faire, ne pense pas à cela, et songe « à dormir. Tu donnes de telles secousses au lit, que tu fais « tout remuer dans la maison. — » La dame dit alors : « « — Ne vous en inquiétez pas ; je sais bien ce que je fais ; « faites votre affaire en conscience, moi je ferai du mieux que « je pourrai. —» Frère Puccio se tut et se remit à ses patenôtres.

« A partir de cette nuit, la dame et messer le moine, ayant fait préparer un lit dans une autre partie de la maison, s'y fêtèrent grandement pendant tout le temps que dura la pénitence de frère Puccio. A l'heure dite, le moine s'en allait, la dame retournait à son lit et, peu après, frère Puccio revenait de l'endroit où il faisait sa pénitence. Les choses continuant de cette façon, frère Puccio faisant la pénitence et la dame et le moine prenant le plaisir, elle dit plusieurs fois à son compagnon : « — Tu fais faire à frère Puccio la péni-« tence grâce à laquelle nous avons gagné le paradis ! — » Et comme cela semblait plaire beaucoup à la dame qui avait été longtemps tenue à la diète par son mari, elle s'habitua si bien à la bonne chère que lui octroyait le moine, qu'une fois la pénitence de frère Puccio finie, elle trouva moyen de se rassasier ailleurs avec lui, et d'en prendre longuement et à discrétion. Ainsi, pour que mes dernières paroles concordent avec les premières, il advint que, tandis que frère Puccio crut gagner le paradis en faisant pénitence, il y envoya et le moine qui lui avait montré le chemin pour y aller, et sa femme qui, auprès de lui, manquait par trop de ce que messer le moine, en homme charitable, lui dispensait copieusement. — »

NOUVELLE V

Le Magnifique donne son palefroi à messer Francesco Vergellesi, sous condition de parler seul à seul avec sa femme. Celle-ci ne répondant pas, il fait lui-même la réponse, dont l'effet ne tarde pas à s'ensuivre.

Pamphile avait, non sans avoir provoqué le rire des dames, fini la nouvelle de frère Puccio, quand la reine ordonna gracieusement à Elisa de poursuivre. Celle-ci, plutôt d'un air hautain qu'autrement — non par malice, mais par habitude ancienne — commença à parler ainsi : « — Bon nombre de gens s'imaginent que parce qu'ils savent beaucoup les autres ne savent rien, lesquels très souvent, tandis qu'ils croient bafouer les autres, s'aperçoivent après coup, que c'est eux qui ont été bafoués par autrui. Pour quoi, je tiens pour grande folie celle de quiconque se hasarde sans nécessité à essayer les forces de l'esprit des autres. Mais comme peut-être tout le monde n'est pas de mon opinion, il me plaît de vous raconter, tout en suivant l'ordre imposé, ce qui en advint à un chevalier de Pistoie.

« Il y avait à Pistoie, dans la famille des Vergellesi, un chevalier nommé messer Francesco, homme très riche, sage et avisé en tout, mais avare sans mesure ; lequel, devant aller à Milan comme Podestat, s'était muni de tout ce qu'il fallait pour y aller honorablement, excepté d'un palefroi qui fût assez bon pour lui, et comme il n'en trouvait aucun qui lui plût, il en était tout préoccupé. Il y avait alors à Pistoie un jeune homme, nommé Ricciardo, de petite naissance, mais fort riche, et qui était si distingué et si accompli de sa personne, qu'il était généralement appelé par tous : le Magnifique. Il avait longtemps aimé et courtisé sans succès la femme de messer Francesco, laquelle était fort belle et très honnête. Pour l'heure, il possédait un des plus beaux palefrois de Toscane et y tenait beaucoup à cause de sa beauté. Comme chacun savait dans le public qu'il courtisait la femme de messer Francesco, quelqu'un dit à ce dernier que s'il demandait au Magnifique son palefroi, il l'obtiendrait à cause de l'amour que celui-ci portait à sa femme. Messer Francesco poussé par l'avarice, ayant fait appeler le Magnifique, lui demanda de lui vendre son palefroi, afin que le Magnifique lui en fît don. Le Magnifique, oyant cela, en ressentit du

plaisir et dit au chevalier : « — Messire, quand vous me
« donneriez tout ce que vous possédez au monde, vous ne
« pourriez avoir mon palefroi par voie d'achat; mais vous
« pouvez bien l'avoir dès qu'il vous plaira, à la condition
« qu'avant de vous le livrer, je puisse, avec votre permission
« et en votre présence, adresser quelques mots à votre femme,
« mais assez loin de tout le monde pour que je ne sois en-
« tendu de personne autre qu'elle. — » Le chevalier, poussé
par l'avarice, et espérant se moquer de lui, répondit que cela
lui plaisait et que, dès qu'il le voudrait, la chose se ferait. Puis,
l'ayant laissé dans la salle de son palais, il alla dans la
chambre de sa femme, et après lui avoir dit comment il pouvait facilement gagner le palefroi, il lui ordonna de venir
écouter le Magnifique, mais il lui recommanda de se bien
garder de rien lui dire, ni de lui répondre peu ou prou. La
dame blâma beaucoup cela, mais pourtant, voulant se conformer aux désirs de son mari, elle dit qu'elle le ferait, et
suivant messer Francesco, elle alla dans la salle écouter ce
que le Magnifique voulait lui dire. Celui-ci, ayant renouvelé
ses conventions avec le chevalier, alla s'asseoir avec la dame
dans un coin de la salle, loin de tout le monde, et se mit à
dire ainsi :

« — Valeureuse dame, je suis certain que vous êtes assez
« avisée pour avoir depuis longtemps compris à quel amour
« pour vous m'a conduit votre beauté, laquelle, sans aucun
« doute, surpasse celle de toutes les autres femmes que
« j'aie jamais vues. Je passe sous silence les louables ma-
« nières et les singulières vertus qui sont en vous et qui suf-
« firaient à prendre le cœur de tout homme; et pour ce, il
« n'est pas besoin que je démontre par mes paroles que mon
« amour est le plus grand et le plus fervent que jamais
« homme ait porté à aucune dame; et j'irai ainsi, sans aucun
« doute, pendant tout le temps que ma misérable vie sou-
« tiendra mes membres et plus encore, car si l'on s'aime
« là-bas comme ici, je vous aimerai éternellement. Pour
« quoi, vous pouvez être sûr que vous n'avez nulle chose,
« qu'elle soit précieuse ou vile, que vous deviez estimer vôtre
« en toutes circonstances, autant que moi et tout ce qui
« m'appartient. Et afin que vous en ayez une preuve bien
« certaine, je dois vous dire que je considérerais comme la
« plus grande faveur que vous me commandassiez de faire
« quelque chose en mon pouvoir qui vous plût, car il
« faudrait, moi ordonnant, que tout le monde m'obéît
« promptement. Donc, si je suis ainsi à vous, comme vous
« entendez que je suis, je m'enhardirai non sans raison à
« adresser mes prières à votre beauté, de laquelle seule me
« peut venir toute ma paix, tout mon bien, tout mon salut,
« et non d'ailleurs. Et ainsi, ô mon cher bien et l'unique es-

« pérance de mon âme qui va se nourrissant de son amoureux
« feu et n'espère qu'en vous, je vous en prie comme un très
« humble serviteur, faites que votre bonté soit telle, et que la
« dureté que vous avez autrefois montrée envers moi qui suis
« vôtre, soit si adoucie, que je sois réconforté par votre pitié,
« et que je puisse dire que, de même que je suis devenu
« amoureux à cause de votre beauté, ainsi par elle j'ai reçu
« la vie qui, si votre esprit altier ne s'incline pas devant mes
« prières, sans aucun doute s'évanouira ; et alors je mourrai,
« et vous pourrez être accusée d'être mon meurtrier. Et sans
« compter que ma mort ne vous ferait point honneur, néan-
« moins je crois que votre conscience vous le reprochant
« parfois, il vous fâcherait de l'avoir fait, et que, parfois
« aussi, mieux disposée, vous vous diriez à vous-même : Hé !
« combien ai-je mal fait de ne pas avoir eu pitié de mon Ma-
« gnifique ! et ce repentir ne pouvant remédier à rien, vous
« serait une plus grande cause d'ennui. Pour quoi, afin que
« cela n'arrive pas, maintenant que vous pouvez me venir en
« aide, inquiétez-vous de cela, et loin de me laisser mourir,
« prenez-moi en miséricorde, pour ce qu'à vous seule il ap-
« partient désormais de me faire le plus heureux et le plus
« malheureux homme qui soit. J'espère que votre cour-
« toisie sera telle que vous ne souffrirez pas que, pour un si
« grand et si méritant amour, je reçoive la mort pour récom-
« pense, mais qu'avec une réponse joyeuse et pleine de
« grâce vous réconforterez mes esprits lesquels, tout épou-
» vantés, tremblent à votre aspect. — » Et là, se taisant, il
répandit quelques larmes, poussa de profonds soupirs, et
attendit ce que la gente dame lui répondrait.

« La dame que la longue cour, les joutes, les aubades, et
les autres semblables choses que le Magnifique avait faites
pour l'amour d'elle, n'avaient pu émouvoir, fut émue par les
paroles de ce très fervent amant, et commença à sentir ce que
jamais elle n'avait senti auparavant, c'est-à-dire ce que c'était
que l'amour. Et bien que, pour suivre l'ordre de son mari,
elle se tût, elle ne put pour cela, grâce à quelques soupirs
qui lui échappèrent, cacher ce qu'elle aurait volontiers avoué
au Magnifique si elle lui avait répondu. Le Magnifique ayant
attendu un moment, et voyant qu'aucune réponse ne venait,
s'étonna tout d'abord, puis se mit à soupçonner la ruse du
chevalier ; mais pourtant, regardant la dame au visage, et
voyant que parfois elle lui lançait des coups d'œil, et en
outre s'apercevant des soupirs qu'elle s'efforçait de ne pas
laisser sortir de sa poitrine dans toute leur force, il en prit
bonne espérance, et s'appuyant là-dessus, il forma un
nouveau projet, et se mit à la place de la dame, et celle-ci
l'écoutant toujours, à se répondre à lui-même en cette façon :

« — Mon Magnifique, sans doute il y a grand temps que
« je me suis aperçue que ton amour pour moi est très grand
« et parfait, et maintenant je le vois encore plus par tes pa-
« roles, et j'en suis contente comme je le dois. Toutefois, si
« je t'ai paru dure et cruelle, je ne veux pas que tu croies
« qu'au fond de l'âme j'aie été ce que je paraissais être sur
« mon visage; au contraire, je t'ai toujours aimé et je t'ai
« eu pour cher par-dessus tous les autres hommes; mais il
« m'a fallu agir comme je l'ai fait par peur d'autrui, et pour
« conserver ma réputation d'honnêteté. Mais maintenant le
« temps est venu où je pourrai clairement te montrer si je
« t'aime, et te récompenser de l'amour que tu m'as porté et
« que tu me portes; et pour ce, reprends courage et aie
« bonne espérance, car messer Francesco est sur le point
« d'aller dans peu de jours comme Podestat à Milan, comme
« tu sais, puisque pour l'amour de moi tu lui as donné le
« beau palefroi ; dès qu'il sera parti, je te promets sans faute,
« sur ma foi et pour le bon amour que je te porte, qu'au
« bout de peu de jours tu te trouveras avec moi, et que
« nous donnerons plaisir et entier achèvement à notre
« amour. Et de peur que je ne puisse pas une autre fois t'en-
« tretenir à ce sujet, je te dis dès à présent ceci : le jour où
« tu verras deux bonnets suspendus à la fenêtre de ma
« chambre qui donne sur notre jardin, le soir de la nuit
« suivante, prenant bien garde que tu sois vu, fais en sorte
« de venir me trouver par la porte du jardin ; tu me trou-
« veras t'attendant, et nous aurons toute la nuit fête et
« plaisir l'un de l'autre, comme nous le désirons. — »

« Quand le Magnifique eût ainsi parlé à la place de la dame,
il se mit à parler pour soi et répondit ainsi : « — Très chère
« dame, l'abondance de la joie que votre réponse m'a
« causée, m'a tellement ravi ma force, qu'à peine je puis
« faire une réponse pour vous en rendre de justes grâces ; et
« si je pouvais parler comme je désire, je ne trouverais pas
« de réponse assez longue pour pouvoir vous rendre pleine-
« ment grâce comme je voudrais, et comme il me faudrait le
« faire ; et pour ce, je laisse à votre considération discrète de
« connaître ce que je ne peux, malgré mon désir, vous faire
« savoir par mes paroles. Je vous dis seulement que je pen-
« serai sans faute à faire comme vous me l'avez ordonné ; et
« alors peut-être plus rassuré par le don si grand que vous
« m'avez concédé, je m'ingénierai selon mon pouvoir, à vous
« rendre les plus grandes grâces qu'il me sera possible. Or,
« il ne nous reste plus rien à nous dire ici pour le moment ;
« et pourtant, ma très chère dame, Dieu vous donne cette
« allégresse et ce bien que vous désirez le plus, et je vous
« recommande à Dieu. — »

« Pour tout cela, la dame ne dit pas une parole; sur quoi

le Magnifique se leva, et revint vers le chevalier qui, le voyant levé, vint à sa rencontre et lui dit en riant : « — Que t'en « semble? t'ai-je bien tenu ma promesse? —» « — Non, Mes- « sire — répondit le Magnifique — car vous m'aviez promis « de me faire parler avec votre femme, et vous m'avez fait « parler à une statue de marbre. — » Cette parole plut beau- coup au chevalier qui, bien qu'il eût bonne opinion de la dame, en prit encore une meilleure et dit : « — Maintenant, « il est bien à moi, le palefroi qui était à toi? — » A quoi le Magnifique répondit : « — Oui, messire, mais si j'avais cru « retirer de la faveur que vous m'avez faite le fruit que j'en « ai retiré, je vous l'aurais donné sans vous la demander; et « maintenant plût à Dieu que j'eusse fait ainsi, pour ce que « vous avez acheté le palefroi et que je ne vous l'ai pas « vendu. — » Le chevalier rit de cela, et étant désor- mais pourvu d'un palefroi, il se mit en route peu de jours après, et s'en alla vers Milan pour y exercer la charge de Podestat.

« La dame restée libre dans sa maison, repensant aux pa- roles du Magnifique et à l'amour qu'il lui portait, ainsi qu'au palefroi qu'il avait donné pour l'amour d'elle, et le voyant passer souvent de sa fenêtre, se dit en elle-même : — Que fais-je; pourquoi perdre ma jeunesse? mon mari « s'en est allé à Milan et ne reviendra pas de six mois; et « quand me compensera-t-il jamais de cette absence? sera- « ce quand je serai vieille? et en outre, quand trouverai-je « jamais un amant comme le Magnifique? Je suis seule et n'ai « à craindre personne; je ne sais pourquoi je ne prends pas de « bon temps pendant que je peux; je n'aurai pas toujours « la facilité comme je l'ai présentement; personne ne le « saura jamais; et si toutefois cela se devait savoir, il vaut « mieux faire et se repentir après, que se repentir de n'avoir « pas fait. — » Et ayant pris en elle-même cette résolution, elle suspendit un jour deux bonnets à la fenêtre du jardin, comme le Magnifique le lui avait dit. Ce que voyant le Ma- gnifique, il fut très joyeux, et dès que la nuit fut venue, il s'en alla très secrètement et seul à la porte du jardin de la dame et la trouva ouverte; de là, il gagna une autre porte qui donnait entrée dans la maison où il trouva la dame qui l'attendait. Le voyant venir, elle se leva pour aller à sa ren- contre et le reçut avec une grandissime fête; et lui, l'acco- lant et la baisant cent mille fois, il la suivit en haut par l'escalier; là, s'étant couchés sans plus de retard, ils con- nurent les suprêmes jouissances de l'amour. Et bien que cette fois fût la première, ce ne fut pas la dernière, pour ce que tout le temps que le chevalier fut à Milan, et encore après son retour, le Magnifique revint bon nombre de fois, au grandissime plaisir de chacune des parties. — »

NOUVELLE VI

Ricciardo Minutolo aime la femme de Filippello Fighiuolfo. Sachant qu'elle était jalouse de son mari, il lui dit que Filippello a un rendez-vous le jour suivant dans une maison de bains avec sa femme à lui. La dame ne manque pas d'y aller et, croyant être avec son mari, elle couche avec Ricciardo.

Il ne restait plus rien à dire à Élisa quand, après avoir loué la sagacité du Magnifique, la reine ordonna à la Fiammetta de poursuivre en en disant une. Celle-ci répondit tout en riant : « — Madame, volontiers. — » Et elle commença : « — Il faut sortir un peu de notre cité qui de même qu'elle abonde en toute autre chose, est pleine d'exemples pour tout sujet et, comme Elisa a fait, raconter un peu les choses advenues dans le reste du monde. Et pour ce, nous transportant à Naples, je dirai comment une de ces bigotes qui se montrent si dédaigneuses des choses d'amour, fut amenée par l'ingéniosité d'un sien amant à sentir le fruit de l'amour avant d'en avoir connu les fleurs ; ce qui, en même temps que cela vous donnera de la prudence pour les choses qui peuvent advenir, vous causera du plaisir par les choses advenues.

« A Naples, cité très ancienne, et peut-être aussi plaisante, ou même plus, qu'aucune autre d'Italie, fut jadis un jeune homme illustre par la noblesse du sang et signalé par ses grandes richesses, dont le nom était Ricciardo Minutolo, lequel, bien qu'il eût pour femme une très belle et très désirable jeune dame, s'amouracha d'une autre qui, suivant l'opinion de tous, surpassait de très loin en beauté toutes les autres dames napolitaines, et s'appelait Catella. C'était la femme d'un jeune homme également gentilhomme, appelé Filippello Fighiuolfo, qu'en femme très honnête elle aimait et estimait plus que toute autre chose.

« Ricciardo Minutolo aimant donc cette Catella, et faisant toutes les choses par lesquelles la faveur et l'amour d'une dame se doivent pouvoir acquérir, et, malgré cela, ne pouvant en rien parvenir à satisfaire ses désirs, était quasi désespéré ; et ne sachant ou ne pouvant se défaire de son amour, il ne savait ni mourir ni trouver du plaisir à vivre. Comme il était en cette disposition d'esprit, des dames qui étaient ses parentes l'engagèrent un jour à s'abstenir d'un tel amour, pour ce qu'il luttait en vain, Catella n'ayant d'autre bien que Filippello, dont elle était si jalouse, qu'elle croyait que le moindre oiseau qui volait par l'air le lui allait enlever. Ricciardo, apprenant la jalousie de Catella, forma soudain un projet pour arriver à ses plaisirs, et se mit à feindre de ne plus espérer l'amour de Catella, et d'avoir placé son affection sur une autre gente dame, et, pour l'amour de celle-ci, il se mit à faire ostentation de joutes et de fêtes et à faire toutes les choses qu'il avait coutume de faire pour Catella. Il ne se passa guère de temps que quasi tous les Napolitains, et entre autres Catella, fussent persuadés que ce n'était plus Catella, mais cette nouvelle dame qu'il aimait passionnément: et il persévéra si bien en cela, que non-seulement chacun le tenait pour certain, mais que Catella se départit de la sauvagerie qu'elle avait vis-à-vis de lui à cause de l'amour qu'il paraissait lui porter et que, dans ses allées et venues, elle se mit à le saluer gracieusement en voisin, comme elle faisait pour les autres.

« Or, il advint que, la saison étant chaude, et de nombreuses troupes de dames et de cavaliers étant allées s'établir sur le bord de la mer, suivant l'usage des Napolitains, Ricciardo, sachant que Catella y était allée avec sa société, y alla aussi avec la sienne et fut reçu dans la société de Catella, après s'être fait longtemps inviter comme s'il n'eût guère été désireux d'y rester. Là, les dames, et Catella avec elles, se mirent à le plaisanter sur son nouvel amour, au sujet duquel, se montrant fort épris, il leur fournissait ample matière de raisonner. A la longue, les dames étant allées, qui ici, qui là, ainsi qu'on fait en ces sortes d'endroit, et Catella étant restée avec Ricciardo en petite compagnie, Ricciardo lui lança un mot piquant sur une certaine amourette qu'avait Vilippello son mari, et pour lequel elle entra en soudaine jalousie et se mit à brûler du désir de savoir ce que Ricciardo voulait dire. Après s'être maîtrisée quelque temps, ne pouvant plus se retenir, elle pria Ricciardo, pour l'amour de la dame qu'il aimait le plus, de lui faire le plaisir de l'éclairer sur ce qu'il avait dit de Filippello. Ricciardo lui dit : « — Vous m'avez prié au nom d'une personne telle
« que je n'ose vous refuser ce que vous me demandez ; et
« pour ce, je suis prêt à vous le dire, à condition que vous
« me promettrez que vous n'en direz jamais rien ni à lui, ni
« à autrui, sinon quand vous aurez eu la preuve que ce que
« je vais vous conter est vrai ; donc, quand vous voudrez, je
« je vous apprendrai comment vous pourrez le voir. — » Ce qu'il demandait plut à la dame ; elle le crut vrai et lui jura de ne jamais le dire.

« S'étant donc retirés à part, en un endroit où ils ne pussent être entendus des autres, Ricciardo commença à parler ainsi : « — Madame, si je vous aimais comme je vous ai ai-
« mée autrefois, je n'aurais pas l'audace de vous dire quel-

« que chose que je croirais devoir vous causer de l'ennui ;
« mais comme cet amour est passé, j'aurai moins de souci
« de vous éclairer sur tout. Je ne sais pas si Filippello a ja-
« mais pris l'ombrage de l'amour que je vous ai porté, ou
« s'il a cru que j'aie jamais été aimé de vous ; mais, qu'il
« en ait été ou non ainsi, je n'en ai jamais rien montré dans
« ma personne ; or, maintenant, attendant peut-être l'occa-
« sion, et croyant que j'ai moins de soupçon, il semble vou-
« loir me faire à moi ce que je soupçonne qu'il craint que
« je lui aie fait, c'est-à-dire vouloir avoir ma femme à son
« plaisir et, suivant ce que je sais, depuis quelque temps,il
« l'a secrètement obsédée par bon nombre de messages, ce
« que j'ai entièrement su d'elle ; et même elle a fait les ré-
« ponses selon que je le lui ai ordonné. Mais pourtant ce
« matin, avant que je vinsse ici, j'ai trouvé dans la maison
« de ma femme, en conversation intime avec elle, une per-
« sonne que j'ai incontinent jugée pour ce qu'elle était ;
« pour quoi, j'ai appelé ma femme, et lui ai demandé ce que
« cette personne voulait. Elle me dit : « — C'est la poursui-
« vante de Filippello qu'en me faisant lui répondre et lui
« donner espoir tu m'as mis sur le dos ; et il dit qu'il veut
« savoir ce que j'entends faire, et que, quant à lui, dès que
« je le voudrai, il fera en sorte que je pourrai le rencontrer
« en secret dans une maison de bains de cette ville ; et pour
« ce, il me prie et m'obsède ; et n'était que tu m'as fait, je
« ne sais pourquoi, tenir tout ce trafic, je m'en serais débar-
« rassée de façon qu'il n'aurait jamais guetté là où je me
« serais trouvée. — » Alors, il m'a paru qu'il allait trop loin,
« qu'il n'en fallait pas souffrir davantage et que je devais
« vous le dire, afin que vous sachiez quelle récompense re-
« çoit votre complète fidélité pour laquelle j'ai été jadis près
« de mourir. Et pour que vous ne croyiez pas que ce sont
« là des mots et des fables, mais que vous puissiez, quand
« l'envie vous en viendra, le voir et le toucher apertement,
« j'ai fait faire par ma femme à la personne qui l'attendait,
« cette réponse qu'elle était prête à aller demain, sur l'heure
« de none, quand tout le monde dormirait, à cette maison
« de bains ; sur quoi, celle-ci, très contente, l'a quittée. Main-
« tenant, je ne crois pas que vous croyez que j'y enverrai ma
« femme ; mais, si j'étais de vous, je ferais qu'il me trouvât
« en place de celle qu'il croit y trouver ; et après que je se-
« rais restée quelque temps avec lui, je lui ferais voir avec
« qui il a été et je lui en ferais l'honneur qui lui convient ;
« et, faisant ainsi, je crois qu'il en aurait une telle vergogne
« qu'en une même heure, l'injure qu'il veut faire à vous et
« à moi serait vengée. — »

« Catella, entendant cela, sans prendre aucunement garde
à ce qu'était celui qui le disait ni à ses tromperies, ajouta

foi sur le champ, selon l'habitude des jaloux, à ces paroles, et se mettant à rattacher à ce fait certaines choses advenues auparavant, allumée d'une colère subite, répondit qu'elle le ferait certainement ; que ce n'était pas si malaisé à faire, et que s'il venait, elle lui ferait une telle honte que toutes les fois qu'il verrait une femme, cela lui reviendrait à la mémoire. Ricciardo, enchanté de cela, et son projet lui paraissant bon et marcher admirablement, la confirma dans ce dessein par beaucoup d'autres paroles, et augmenta encore sa crédulité, la priant néanmoins de se garder de dire jamais qu'elle l'avait appris de lui ; ce qu'elle lui promit sur sa foi. Le matin suivant, Richard s'en alla trouver une bonne femme qui tenait la maison de bains dont il avait parlé à Catella; il lui dit ce qu'il entendait faire et la pria de lui être en cela aussi favorable qu'elle pourrait. La bonne femme, qui lui était très obligée, dit qu'elle le ferait volontiers, et concerta avec lui ce qu'elle avait à faire ou à dire. Il y avait dans la maison de bains une chambre très obscure, pour ce qu'il n'y avait aucune fenêtre par où la lumière pût entrer ; suivant les instructions de Ricciardo, la bonne femme l'arrangea, y fit mettre du mieux qu'elle put un lit dans lequel Ricciardo, ainsi qu'il était convenu, se mit et attendit Catella.

« La dame, ayant entendu les paroles de Ricciardo, et leur ayant donné plus de créance qu'il n'était besoin, s'en retourna le soir pleine d'indignation chez elle où, d'adventure, Filippello s'en revint de son côté preoccupé d'autre pensée, et ne lui fit peut-être pas l'accueil amical qu'il avait coutume de lui faire. Ce que voyant, elle entra en un soupçon plus grand encore qu'elle n'était, se disant à soi-même : Vraiment, il a l'esprit à cette dame avec laquelle il croit avoir demain plaisir et contentement; mais certainement cela n'arrivera pas. Et elle resta toute la nuit sur cette pensée, et songeant à ce qu'elle devrait lui dire quand elle serait avec lui.

« Mais que dire de plus ? L'heure de none venue, Catella ayant pris avec elle sa suivante et sans rien changer à son projet, s'en alla à cette maison de bains que Ricciardo lui avait indiquée, et là, ayant trouvé la bonne femme, elle lui demanda si Filippello était venu ce jour-là. A quoi, la bonne femme, stylée par Ricciardo, dit : « — Êtes-vous cette dame « qui devez venir lui parler ? — » Catella repondit : « — Oui, « je le suis. — » « — Donc — dit la bonne femme — « allez le trouver. — » Catella, cherchant ce qu'elle n'aurait pas voulu trouver, se fit mener à la chambre où était Ricciardo, y entra la tête couverte, et s'y enferma. Ricciardo, la voyant venir, se leva joyeux, et l'ayant reçue en ses bras, dit doucement : « — Bien venue soit mon âme ! — » Catella, pour mieux feindre ce qu'elle n'était pas, l'accola et le baisa et lui fit grande fête, sans prononcer une seule parole, craignant, si elle parlait, d'être reconnue par lui.

« La chambre était très obscure — de quoi chacun d'eux était content — et même après qu'on y était longtemps resté, les yeux n'en reprenaient pas plus de pouvoir. Ricciardo la mena sur le lit et, là, sans parler, de peur que la voix se pût reconnaître, ils restèrent longuement, au grand contentement et au grand plaisir de l'une et de l'autre partie. Mais lorsqu'il parut temps à Catella de donner libre cours à son indignation, elle commença à parler ainsi, enflammée d'une fervente colère : « — Ah ! combien est malheureux le sort
« des femmes, et comme est mal employé l'amour que beau-
« coup d'elles portent à leur mari ! Moi, malheureuse, voilà
« déjà huit ans que je t'ai aimé plus que ma vie, et toi,
« comme je l'ai vu, tu brûles tout entier, tu te consumes
« dans l'amour d'une femme étrangère, coupable et méchant
« homme que tu es. Or, avec qui crois-tu avoir été ? Tu as
« été avec celle que, par de fausses caresses, tu as depuis
« trop longtemps trompée en lui montrant de l'amour, tan-
« dis que tu étais énamouré ailleurs. Je suis Catella ; je ne
« suis pas la femme de Ricciardo, traître déloyal que tu es !
« Ecoute si tu reconnais ma voix ; c'est bien moi ; et il me
« semble qu'il se passera plus de mille ans avant que nous
« soyons en plein jour, pour que je puisse te faire honte
« comme tu le mérites, vil chien maudit que tu es ! Hélas !
« pauvre de moi ; à qui ai-je pendant tant d'années porté
« un tel amour ? à ce chien déloyal qui, croyant avoir en ses
« bras une autre femme, m'a fait plus de caresses et donné
« plus de preuves d'amour en si peu de temps que j'ai été
« avec lui, que pendant tout le reste du temps que je lui
« ai appartenu. Tu as été bien gaillard aujourd'hui, chien
« de renégat, tandis qu'à la maison tu as coutume de te
« montrer si débile et sans puissance. Mais, loué soit Dieu,
« car c'est ton champ, non celui d'autrui, comme tu croyais,
« que tu as labouré. Je ne m'étonne point, si cette nuit, tu
« ne m'as point approchée ; tu attendais d'être ailleurs pour
« te décharger de ton fardeau, et tu voulais arriver frais ca-
« valier à la bataille ; mais, grâce à Dieu et à ma pré-
« voyance, l'eau a pris son cours par en bas, comme elle
« devait. Pourquoi ne réponds-tu pas, homme coupable ?
« Pourquoi ne dis-tu rien ? Es-tu devenu muet en m'enten-
« dant ? Sur ma foi en Dieu, je ne sais ce qui me retient de
« te planter les mains dans les yeux et de te les arracher.
« Tu as cru faire cette trahison très secrètement ; par Dieu !
« les uns en savent autant que les autres ; j'ai mis à tes
« trousses de meilleurs chiens que tu ne croyais. — »

« Ricciardo se réjouissait à part lui de ces paroles, et, sans rien répondre, l'accolait et la baisait et lui faisait de plus

grandes caresses que jamais. Pour quoi, elle, poursuivant ses invectives, disait : « — Oui, tu crois maintenant me trom-
« per avec tes caresses feintes, chien fastidieux que tu es,
« et m'apaiser et me consoler ; tu te trompes. Je ne serai
« jamais consolée de cela que je ne t'en aie vitupéré en
« présence d'autant de parents et d'amis que nous en avons.
« Or, ne suis-je pas, méchant homme, aussi belle que l'est
« la femme de Ricciardo Minutolo ? Ne suis-je pas aussi
« noble dame ? Que ne réponds-tu, maudit chien ? Qu'a-
« t-elle de plus que moi, elle ? Eloigne-toi, ne me touche pas,
« car tu as trop accompli de faits d'armes pour aujourd'hui.
« Je sais bien qu'à présent que tu connais qui je suis, tu
« ferais par force ce que tu viens de faire ; mais si Dieu
« m'accorde sa faveur, je t'en ferai encore endurer l'envie ;
« et je ne sais à quoi tient que j'envoie chercher Ricciardo
« qui m'a aimée plus que lui-même, et ne put jamais se
« vanter que je l'aie une seule fois regardé, et je ne sais
« pas quel mal il y aurait eu à le faire. Tu as cru avoir ici
« sa femme, et c'est comme si tu l'avais eue, en tant que ce
« n'est point par ta faute que cela n'est pas arrivé ; donc, si
« moi je l'avais eu, lui, tu ne pourrais avec raison m'en
« blâmer. — »

« Les paroles de la dame furent longues et longs aussi ses reproches ; à la fin pourtant, Ricciardo pensant que, s'il la laissait s'en aller sur cette croyance, il pourrait s'ensuivre beaucoup de mal, résolut de se faire connaître et de la tirer de l'erreur où elle était, et l'ayant reprise dans ses bras et si bien enlacée qu'elle ne pouvait partir, il dit : « — Ma douce âme, ne vous courroucez point ; ce que
« je n'ai pu avoir simplement en vous aimant, Amour m'a
« appris à l'obtenir en vous trompant, et je suis votre Ric-
« ciardo. — » Ce qu'entendant Catella, et reconnaissant la voix, elle voulut soudain se jeter hors du lit, mais elle ne put ; sur quoi, elle voulut crier ; mais Ricciardo lui ferma la bouche des deux mains, et dit : « — Madame, il ne peut se
« faire désormais que ce qui a été n'ait pas été, dussiez-vous
« crier tout le temps de votre vie ; et si vous criez, ou si
« vous faites d'une façon quelconque savoir jamais cela à
« quelqu'un, deux choses en adviendront. L'une sera—dont
« vous ne devez pas vous soucier peu — que votre honneur
« et votre bonne réputation seront compromis, pour ce que,
« quand vous diriez que je vous ai fait venir ici par ruse, je
« dirai que ce n'est pas vrai, et qu'au contraire je vous y ai
« fait venir en vous promettant de l'argent et des cadeaux,
« et que ne vous les ayant pas donnés aussi largement que
« vous l'espériez, vous vous êtes fâchée et que c'est pour
« cela que vous faites cette rumeur et ces reproches. Et vous
« savez que le monde est plus disposé à croire le mal que

« le bien ; pour ce, on me croira plutôt que vous. Après
« cela, il s'ensuivra entre votre mari et moi une inimitié
« mortelle, et les choses pourront aller de façon que je le
« tuerai ou qu'il me tuera, de quoi vous ne sauriez plus être
« jamais joyeuse ni contente. Et pour ce, cœur de mon
« corps, renoncez à vous déshonorer vous-même, en
« même temps qu'à mettre en danger et en lutte votre mari
« et moi. Vous n'êtes pas la première qui a été trompée et
« vous ne serez pas la dernière, et moi je ne vous ai pas
« trompée pour vous enlever ce qui est à vous, mais à cause
« de la surabondance d'amour que je vous porte et que je
« suis disposé à vous porter toujours, comme je le suis à
« rester votre très humble serviteur. Et comme il y a grand
« temps que moi et tout ce que j'ai, et ce que je puis ou je
« vaux, sommes à votre service, j'entends qu'à partir de
« ce moment tout cela vous appartienne plus que jamais.
« Maintenant, vous êtes avisée pour toutes les autres
« choses, et ainsi je suis certain que vous le serez en celle-
« ci. — »

« Catella, pendant que Ricciardo parlait ainsi, pleurait fortement, et bien qu'elle fût grandement courroucée et qu'elle se répandît en reproches, néanmoins la raison lui montrait que ce que disait Ricciardo était vrai, car elle reconnut que ce qu'il lui avait fait voir comme devant arriver était possible, et pour ce, elle dit : « — Ricciardo, je ne sais com-
« ment Dieu me donnera la force de supporter l'injure et la
« tromperie que tu m'as faites. Je ne veux pas crier ici où
« ma simplicité et ma jalousie excessive m'ont conduite ;
« mais sois certain que jamais je ne serai contente, si, d'une
« façon ou d'une autre, je ne me vois vengée de ce que tu
« m'as fait; et pour ce, laisse-moi aller, ne me retiens plus;
« tu as eu ce que tu désirais, et tu m'as jouée tant qu'il t'a
« plu ; il est temps de me laisser; laisse-moi, je t'en prie. — »
Ricciardo, qui voyait que son esprit était encore trop courroucé, avait résolu de ne pas la laisser aller à moins d'obtenir la paix d'elle ; pour quoi, se mettant à l'adoucir avec de bonnes paroles, il dit tant, il pria tant, il conjura tant, qu'il fit la paix avec elle, et, du consentement de tous les deux, ils restèrent ensemble un assez long temps, à leur grandissime satisfaction. Et la dame, reconnaissant alors combien plus savoureux étaient les baisers de l'amant que ceux du mari, ayant changé sa dureté en doux amour pour Ricciardo, l'aima à partir de ce jour très tendrement ; et agissant avec beaucoup de prudence, ils jouirent nombre de fois de leur amour. Dieu nous fasse jouir du nôtre. — »

NOUVELLE VII.

Tedaldo, irrité contre une sienne maîtresse, part de Florence. Il y revient quelque temps après sous un déguisement de pèlerin ; il parle à sa maîtresse, lui fait reconnaître son errreur, sauve la vie de son mari qui était accusé de l'avoir tué, le réconcilie avec ses frères, et jouit en paix des faveurs de la dame.

Philomène, louée de tous, venait de se taire, quand la reine pour ne point perdre de temps commit promptement le soin de raconter à Emilia, laquelle commença : « — Il me plaît de revenir à notre cité dont il a plu aux deux précédents de sortir, et de vous montrer comment un de nos citadins reconquit sa dame après l'avoir perdue.

« Il y eut donc à Florence, un noble jeune homme dont le nom fut Tedaldo degli Elisei, lequel, amoureux outre mesure d'une dame appelée Monna Ermelina et femme d'un Aldobrandino Palermini, méritait par ses mœurs louables de jouir de son désir. A ce plaisir pourtant la fortune, ennemie des gens heureux, s'opposa, pour ce que, qu'elle qu'en fût la raison, la dame, après avoir été quelque temps complaisante à Tedaldo, se mit à ne plus vouloir lui complaire du tout, et non seulement à refuser de recevoir ses messages, mais de le voir en aucune manière, de quoi il entra en une sombre et déplaisante mélancolie ; mais son amour était tellement caché, que nul ne s'imaginait que c'était là la cause de sa mélancolie. Après qu'il se fut ingénié en diverses manières à reconquérir l'amour qu'il lui semblait avoir perdu sans aucune faute de sa part, et voyant que toute sa peine était vaine, il résolut de se retirer du monde, afin de ne pas rendre joyeuse, par la vue de sa mort, celle qui était cause de son mal. Et ayant pris l'argent qu'il put réunir secrètement, sans en rien dire à aucun ami ou parent, hormis à un sien compagnon qui savait toute la chose, il partit et se rendit à Ancône, se faisant appeler Filippo di Sanlodeccio ; et là, s'étant abouché avec un riche marchand, il se mit avec lui comme serviteur, et le suivit sur son navire en Chypre. Ses manières et sa conduite plurent tellement au marchand, que non seulement il lui assigna un bon salaire, mais qu'il le fît en partie son compagnon, lui mettant en outre entre les mains une grande partie de ses affaires, lesquelles il géra si bien et avec tant de soin, qu'il devint lui aussi en peu d'années un bon et riche marchand fort renommé.

« Au milieu de ces occupations, encore qu'il se souvînt souvent de sa cruelle dame et fût grandement blessé d'amour, et

désirât beaucoup la revoir, il montra une telle persévérance que pendant sept années, il vainquit cette bataille. Mais il advint qu'entendant un jour, à Chypre, chanter une chanson faite autrefois par lui, dans laquelle était raconté l'amour qu'il portait à sa dame, celui que sa dame lui portait, et le plaisir qu'il avait d'elle, pensant qu'il ne pouvait pas se faire qu'elle l'eût oublié, il brûla d'un tel désir de la revoir, que, ne pouvant y tenir plus longtemps, il se disposa à retourner à Florence. Ayant mis toutes ses affaires en ordre, il s'en vint à Ancône, accompagné seulement d'un sien domestique, et là tout ce qu'il possédait étant arrivé, il l'envoya à Florence à un ami de son compagnon d'Ancône ; quant à lui, il s'en vint ensuite avec son serviteur, secrètement, et sous l'apparence d'un pèlerin revenant du Saint-Sépulcre. Arrivés à Florence, il descendit à une petite auberge tenue par deux frères, et qui était voisine de la maison de sa dame. Il n'alla tout d'abord nulle part ailleurs que devant la maison de celle-ci, pour la voir, s'il pouvait ; mais il vit les fenêtres, les portes et tout le reste fermés ; d'où il craignit fort qu'elle ne fût morte, ou qu'elle eût changé de demeure. Pourquoi, très soucieux, il s'en alla à la maison de ses frères devant laquelle il vit quatre d'entre eux entièrement vêtus de noir, ce dont il s'étonna beaucoup, et se voyant tellement changé et d'habits et de personne de ce qu'il était quand il partit qu'il ne pourrait être facilement reconnu, il accosta résolûment un cordonnier et lui demanda pourquoi ces gens étaient vêtus de noir. A quoi le cordonnier répondit : « — Ceux-ci
« sont vêtus de noir parce qu'il n'y a pas encore quinze jours
« qu'un de leurs frères, qui avait été pendant longtemps
« absent, et qui avait nom Tedaldo, a été tué ; et il me
« semble comprendre qu'ils ont prouvé à la cour que
« c'est un nommé Aldobrandino Palermini, lequel est
« pris, qui l'a tué parce que Tedaldo voulait du bien à sa
« femme et qu'il était revenu incognito pour la rejoin-
« dre. — »

« Tedaldo s'émerveilla fort que quelqu'un lui ressemblât tellement qu'il eût été pris pour lui, et il fut peiné de la mésaventure d'Aldobrandino. Et ayant appris que la dame était vivante et en santé, comme il était déjà nuit, il s'en retourna à l'auberge plein de pensées diverses. Puis quand il eût soupé avec son serviteur, on le mit coucher au plus haut étage de la maison, et là, autant par les nombreuses pensées qui le stimulaient, que par la dureté du lit, et peut-être aussi à cause du souper qui avait été maigre, la moitié de la nuit était déjà passée, qu'il n'avait pas encore pu s'endormir; pourquoi, étant éveillé, il lui sembla, vers minuit, entendre quelqu'un descendre du toit dans la maison, et peu après, par les fentes de la porte de sa chambre, il vit venir une lu-

mière. Alors s'étant accoté sans bruit à la fente, il se mit à regarder ce que cela voulait dire, et il vit une jeune fille très belle qui tenait cette lumière, et venir à elle trois hommes qui étaient descendus par le toit. Après que ces gens se furent fait mutuellement bon accueil, l'un d'eux dit à la jeune fille :
« — Nous pouvons désormais, grâce à Dieu, être tranquilles,
« pour ce que nous savons pertinemment que la mort de
« Tedaldo Elisei a été prouvée par ses frères comme venant
« d'Aldobrandino Palermini, que celui-ci l'a avoué, et que
« déjà la condamnation est écrite ; mais néanmoins, il faut se
« taire, pour ce que si jamais on savait que c'est nous, nous
« serions en même danger qu'Aldobrandino. — » Et cela dit, ils descendirent avec la femme qui en parut fort joyeuse, et s'en allèrent dormir.

« Tedaldo, oyant cela, se mit à réfléchir combien grandes et qu'elles étaient les erreurs qui pouvaient tomber sur l'esprit des hommes, en pensant tout d'abord à ses frères qui avaient pris et avaient enseveli un étranger pour lui, puis à l'innocent faussement accusé et que de faux témoignages avaient fait condamner à mourir, et aussi à l'aveugle sévérité des lois et des rhéteurs, lesquels trop souvent, sous prétexte de chercher le vrai, font par leur cruauté prouver le faux, et se disent ministres de la justice et de Dieu, alors qu'ils sont les exécuteurs de l'iniquité et du diable. Ensuite, il songea à sauver Aldobrandino et combina en lui-même ce qu'il avait à faire. Et dès qu'il fut levé, le matin, laissant son serviteur, il s'en alla tout seul, quand le moment lui parut venu, vers la maison de sa dame ; et ayant d'aventure trouvé la porte ouverte, il entra et vit sa dame qui était assise par terre, dans une petite salle qui se trouvait au rez-de-chaussée, toute remplie de larmes et de chagrin, dont, par compassion, il pleura ; et s'étant approché d'elle, il dit : « — Madame, ne vous tourmentez pas, votre paix est
« proche. — » La dame, entendant cet homme, releva les yeux et dit en pleurant : « — Bon homme, tu me sembles un
« pèlerin étranger, que sais-tu de ma paix ou de mon afflic-
« tion ? — » Le pèlerin répondit alors : « — Madame, je
» suis de Constantinople, et je suis arrivé ici il y a peu de
« temps envoyé par Dieu pour convertir vos larmes en rire
« et pour sauver votre mari de la mort. — » « — Comment —
« dit la dame — si tu es de Constantinople, et si tu es venu
« ici depuis peu, sais-tu qui nous sommes, mon mari et
» moi ? — Le pèlerin, commençant par le bout, raconta toute l'histoire de la mésaventure d'Aldobrandino, et lui dit qui elle était, depuis combien de temps elle était mariée, et bon nombre d'autres choses de ses affaires qu'il savait bien ; de quoi la dame s'étonna fort, et le tenant pour un prophète, s'agenouilla à ses pieds, le priant de par Dieu,

s'il était venu pour sauver Aldobrandino, qu'il fît promptement, pour ce que le temps était court.

« Le pèlerin, feignant d'être un très saint homme, dit :
« — Madame, relevez-vous et ne pleurez pas, et écoutez bien
« ce que je vous dirai, et gardez-vous de le dire jamais à per-
« sonne. Par ce que Dieu me révèle, la tribulation que vous
« avez vous est envoyée pour un péché que vous commîtes
« jadis et que Dieu a voulu en partie purger par cet ennui ; et
« il veut que vous le rachetiez tout entier, sinon vous retom-
« beriez dans un plus grand souci. — » La dame dit alors :
« — Messire, j'ai commis beaucoup de péchés et je ne sais
« celui que Dieu veut que je rachète plus qu'un autre ; et
« pour ce, si vous le savez, dites-le moi, et je ferai ce que je
« pourrai pour le racheter. — » « — Madame — dit alors le
« pèlerin — je sais bien quel est ce péché, et je ne vous in-
« terrogerai pas là-dessus pour mieux le savoir, mais pour
« que, en le disant vous-même, vous en ayiez plus de remords.
« Mais venons au fait ; dites-moi : Vous souvient-il que
« vous ayez jamais eu quelque amant ? — « La dame, oyant
cela, jeta un grand soupir et s'étonna fort, ne croyant pas
que personne l'eût jamais su, si ce n'est celui qui avait été
tué, et qui avait été enseveli comme s'il était Tedaldo, à
moins qu'on en eût entendu quelque chose par certaines
paroles imprudentes du compagnon de Tedaldo qui le savait ;
et elle répondit : « — Je vois que Dieu vous montre tous
« les secrets des hommes, et pour ce je suis disposée à ne
« pas vous céler les miens. Il est vrai que dans ma jeunesse
« j'aimai extrêmement le malheureux jeune homme dont la
« mort est attribuée à mon mari, laquelle mort j'ai pleuré
« autant qu'elle m'a causé de chagrin, pour ce que, bien
« que je me sois montrée dure et sauvage envers lui avant
« son départ, ni son départ, ni sa longue absence, ni sa
« mort malheureuse ne me l'ont pu arracher du cœur. — »
A quoi le pèlerin dit : « — Ce n'est pas le malheureux jeune
« homme qui est mort que vous avez aimé autrefois, mais
« bien Tedaldo Élisei. Mais dites-moi, qu'elle fut la raison
« pour laquelle vous vous êtes fâchée contre lui ? Vous
« offensa-t-il jamais ? — » A quoi la dame répondit :
« — Certes, il ne m'offensa jamais, mais la cause de mon
« courroux, ce fut les paroles d'un maudit moine auquel je
« me confessai une fois ; pour ce que, quand je lui dis
« l'amour que je portais à Tedaldo et les relations que
« j'avais avec lui, il me fit une telle sortie au nez que j'en
« suis encore épouvantée, me disant que, si je ne cessais,
« j'irais dans la bouche du diable au plus profond de l'enfer,
« et que je serais jetée dans le feu pour subir ma peine. De
« quoi il me vint une telle peur, que je résolus de ne plus
« vouloir de relations avec lui ; et pour n'en plus avoir

« l'occasion, je ne voulus plus recevoir ses lettres ni ses
« messages. Comme je crois, s'il avait persévéré davantage,
« — mais, à ce que je présume, il partit désespéré — en le
« voyant se consumer comme fait la neige au soleil, ma dure
« résolution se serait ployée, pour ce que je n'avais pas de
« plus grand désir au monde. »

« Le pèlerin dit alors : « — Madame, c'est ce péché-là qui
« seul vous tourmente aujourd'hui. Je sais pertinemment que
« Tedaldo ne vous contraignit aucunement ; quand vous vous
« énamourâtes de lui, vous le fîtes de votre propre volonté, car
« il vous plaisait ; et, comme vous le voulûtes vous-mêmes, il
« vint à vous, et usa de votre amitié dans laquelle, et par
« paroles et par des faits, vous montrâtes éprouver tant de
« plaisir que, s'il vous avait aimé tout d'abord, vous fîtes bien
« redoubler mille fois son amour. S'il en fut ainsi — et je
« sais que cela fut — quel motif vous pouvait pousser à vous
« montrer si sévère? Il fallait penser à cela tout d'abord, et
« si vous pensiez devoir vous en repentir, comme ayant mal
« fait, ne pas le faire. De même qu'il était devenu vôtre,
« ainsi vous étiez devenue sienne. Vous pouviez faire, selon
« votre bon plaisir, qu'il ne fût pas vôtre, comme étant à
« vous ; mais vouloir vous ôter à lui, vous qui étiez sienne,
« cela était un vol et une chose inconvenante, alors que sa
« volonté n'y était pas. Or, vous devez savoir que je suis
« moine, et pour ce que je connais toutes les habitudes des
« moines ; et si j'en parle quelque peu librement pour
« votre utilité, cela ne m'est pas défendu, comme cela le
« serait à un autre ; et il me plaît de vous en parler, afin
« que dorénavant vous les connaissiez mieux, ce que vous
« ne semblez pas jusqu'ici avoir fait. Il y eut autrefois
« de très dignes moines qui furent des hommes de valeur,
« mais ceux qui aujourd'hui s'appellent moines et veulent
« être tenus tels, n'ont pas autre chose des moines que
« la chape, laquelle n'est même pas d'un moine, pour
« ce que, tandis que les fondateurs des moines ordon-
« nèrent de les faire étroites, misérables et de grosse bure,
« afin de témoigner que leur esprit tenait les choses tempo-
« relles en un tel mépris qu'ils enveloppaient le corps d'un
« habit vil, ceux d'aujourd'hui les font larges, et doubles, et
« brillantes et de drap très fin, et en ont changé la forme sur
« un modèle gracieux et pontifical ; afin qu'en se prélassant
« avec elles dans les églises et sur les places publiques,
« ainsi que les séculiers font avec leurs habits, ils ne puis-
« sent en avoir honte ; et de même que le pécheur avec son
« filet attrape dans les rivières beaucoup de poisson d'un
« coup, ainsi ceux-ci s'entourant dans les plis très amples
« de leur chape, s'efforcent d'attraper dessous nombre de
« dévots, de veuves, et d'autres sots, hommes et femmes, et

« ils ont plus de souci de cela que de tout autre exercice.
« Et pour vous parler plus vrai, ceux-ci n'ont pas les chapes
« des moines, mais seulement les couleurs des chapes. Et
« là où les anciens désiraient le salut des hommes, ceux
« d'aujourd'hui désirent les femmes et les richesses ; et ils
« ont placé tout leur désir, et ils le placent à épouvanter par
« leurs rumeurs et leurs images les esprits des sots, et à
« leur persuader que les péchés se rachètent par les au-
« mônes et par les messes, afin qu'on leur apporte — à eux
« qui, par fainéantise, et non par dévotion, se sont faits
« moines — sans qu'ils se donnent de peine, qui le pain,
« qui le vin, qui la pitance, pour l'âme de leurs trépassés.
« Et certes, il est vrai que les aumônes et les prières ra-
« chètent les péchés; mais si ceux qui font les aumônes
« voyaient à qui ils les font, ou s'ils les connaissaient, ils
« les garderaient bien plutôt ou ils les jetteraient devant
« autant de pourceaux. Et pour ce qu'ils savent que moins
« les autres sont possesseurs de grandes richesses, plus ils
« sont, eux, à leur aise, ils s'ingénient par leurs clameurs et
« leurs épouvantails à détacher les autres de ces richesses
« auxquelles seules leurs désirs restent attachés. Ils crient
« contre la luxure des hommes, afin que ceux qui sont ainsi
« décriés renonçant aux femmes, les femmes restent à ceux
« qui décrient; ils condamnent l'usure et les mauvains gains,
« afin que, choisis pour restituteurs, ils puissent faire leurs
« chapes plus larges pour chasser les évêchés et les autres
« prélatures avec ces mêmes gains qu'ils ont déclaré mener
« à perdition ceux qui les possédaient. Et quand ils sont
« repris de ces choses et de beaucoup d'autres blâmables
« qu'ils font, ils estiment qu'avoir répondu : *faites ce que
« nous disons et non ce que nous faisons*, est une excuse
« suffisante pour les plus gros péchés, comme s'il était plus
« possible aux brebis d'être résistantes et de fer, qu'aux
« pasteurs. Et combien il y en a de ceux à qui ils font une
« telle réponse qui ne l'entendent pas de la façon qu'ils la
« disent, une grande partie d'entre eux le savent. Les moines
« d'aujourd'hui veulent que vous fassiez ce qu'ils disent,
« c'est-à-dire que vous emplissiez leurs bourses de deniers,
« que vous leurs confiiez vos secrets, que vous observiez la
« chasteté; que vous soyez patient, que vous pardonniez les
« injures, que vous vous gardiez de médire, choses toutes
« très bonnes, toutes très honnêtes, toutes très saintes ;
« mais pourquoi vous disent-ils cela ? Pour que, eux, ils puis-
« sent faire ce qu'ils ne pourraient pas faire si les séculiers
« le faisaient. Qui ne sait que sans argent leur fainéantise
« ne pourrait durer ? Si tu dépenses ton argent pour tes
« plaisirs, le moine ne pourra fainéantiser dans l'ordre. Si
« tu vas avec les femmes d'alentour, les moines n'y pour-

« ront aller; si tu n'es point patient ou si tu ne pardonnes
« pas les injures, le moine n'osera pas venir dans ta maison
« pour contaminer ta famille. Mais pourquoi vais-je m'ar-
« rêter sur chaque chose? Ils s'accusent toutes les fois qu'ils
« font cette excuse à ceux qui les entendent. Pourquoi ne
« restent-ils pas chez eux, s'ils ne croient pas pouvoir être
« saints et sobres? Ou si pourtant ils veulent pratiquer ces
« vertus, pourquoi ne suivent-ils pas cette autre sainte
« parole de l'Evangile : *Le Christ commença par faire,*
« *puis il enseigna?* Qu'ils fassent d'abord, eux aussi, puis
« qu'ils enseignent les autres. J'en ai vu des miens, des
« milliers, désireux, amateurs, visiteurs, non seulement des
« femmes séculières, mais des religieuses; et précisément
« de ceux qui jettent les plus hauts cris du haut de leurs
« chaires. Ceux donc qui sont ainsi faits, courrons-nous
« après? Qui le fait, fait ce qu'il veut, mais Dieu sait s'il
« le fait sagement. Mais étant admis qu'il faille en cela
« concéder ce que vous dit le moine qui vous blâma, à savoir
« que c'est une faute très grave que de rompre la foi matri-
« moniale, n'est-ce pas une faute plus grande que de voler
« un homme? n'est-ce pas une faute plus grande de le tuer
« ou de l'envoyer en exil traîner par le monde une vie mi-
« sérable? Cela, chacun l'accordera. Les relations d'un
» homme avec une femme sont péché naturel; le voler ou
« le tuer, ou le chasser, provient d'une méchanceté d'âme.
« Que vous ayez volé Tedaldo en vous enlevant à lui vous qui
« étiez devenue sienne de votre volonté spontanée, je vous
« l'ai démontré plus haut. Je dis aussi qu'en tant qu'il a
« été de vous, vous l'avez tué, parce que il ne tint pas, à
» cause de vous qui vous montrâtes toujours plus cruelle,
« qu'il ne se tuât de ses propres mains; et la loi veut que
« celui qui est cause du mal qui se fait, soit aussi coupable
« que celui qui fait le mal. Et que vous ne soyez
« aussi cause de son exil et de sa vie misérable par le
« monde pendant sept ans, cela ne se peut nier. De sorte
« que vous avez commis un plus grand péché par l'une des
« trois choses susdites, que vous n'en commîtes dans vos
« relations avec lui. Mais voyons : Tedaldo a-t-il peut-être
« mérité ces choses? Certes non; vous l'avez déjà vous-
« même confessé; sans compter que je sais qu'il vous aime
« plus que lui-même. Nulle chose ne fut autant honorée,
« autant exaltée, autant applaudie que vous l'étiez par lui
« au-dessus de toutes les autres femmes, s'il se trouvait
« dans un endroit où il pût honnêtement et sans exciter le
« soupçon parler de vous. Tout son bien, tout son honneur,
« toute sa liberté, tout avait été remis par lui en vos mains.
« N'était-il pas noble et jeune? N'était-il pas beau parmi
« tous ses autres concitoyens? N'était-il point vaillant en

« toutes ces choses qui regardent les jeunes gens ? N'était-il
« pas aimé, tenu pour cher, volontiers vu par tous ? A cela
« vous ne direz pas non plus que non. Donc, comment, sur
« un mot d'un moine bête et envieux, avez-vous pu prendre
« contre lui une décision cruelle quelconque ? Je ne sais
« quelle erreur est celle des femmes qui fuient les hommes
« et les prisent peu, alors que voyant ce qu'elles sont elles-
« mêmes, et combien la noblesse que Dieu a donnée à
« l'homme est au-dessus de tout autre animal, elles devraient
« être glorieuses quand elles sont aimées de l'un d'eux, et
« devraient l'avoir pour souverainement cher, et s'ingénier
« avec toute sorte de soins à lui complaire, afin qu'il ne
« cessât jamais de les aimer ! Ce que vous avez fait mue par la
« parole d'un moine, lequel pour certain devait être quelque
« goulu, mangeur de tourtes, vous le savez. Et peut-être
« désirait-il se mettre lui-même à la place d'où il s'efforçait
« de chasser un autre. C'est donc là le péché que la divine
« justice, qui conduit à effet toutes ses opérations avec une
« juste balance, n'a pas voulu laisser impuni ; et comme
« vous vous êtes efforcée sans motif de vous ravir à Tedaldo,
« ainsi votre mari, sans juste motif, a été et est encore en
« péril à cause de Tedaldo, et vous en tribulation. Si vous
« voulez en être délivrée, voici ce qu'il vous faut promettre
« et surtout ce qu'il vous faut faire. S'il advient jamais que
« Tedaldo revienne ici de son long exil, vous lui rendrez
« votre faveur, votre amour, votre bienveillante familiarité,
« et vous le remettrez dans la même situation où il était
« avant que vous ayez cru sottement au moine extrava-
« gant. — »

« Le pèlerin avait achevé de parler, quand la dame qui recueillait attentivement ses paroles, pour ce que ses raisons lui paraissaient très vraies et qui, en l'écoutant, s'estimait en effet molestée pour ce péché, dit : « — Ami de Dieu, je
« reconnais bien vraies les choses dont vous parlez, et par
« vos démonstrations je vois en grande partie ce que sont
« les moines, tenus par moi jusqu'à présent pour des
« saints ; et sans aucun doute je reconnais que ma faute a
« été grande en agissant ainsi envers Tedaldo, et si cela se
« pouvait par moi, volontiers, je le rachèterais de la façon
« que vous avez dite ; mais comment cela se pourrait-il
« faire ? Tedaldo ne pourra jamais revenir ici : il est mort ;
« donc, ce qui ne se peut faire, je ne sais pourquoi il est
« besoin que je vous le promette. — » A quoi le pèlerin
dit : « — Madame, Tedaldo n'est pas mort le moins du
« monde, à ce que Dieu me montre, mais il est vivant et
« sain, et en bon état pourvu qu'il ait votre faveur. — » La
dame dit alors : « — Prenez garde à ce que vous dites ; je
« l'ai vu mort devant ma porte, frappé de plusieurs coups

« de couteau, et je l'ai tenu dans mes bras, et j'ai arrosé son
« visage mort de mes nombreuses larmes lesquelles furent
« cause qu'on en parla autant qu'on en avait parlé malhon-
« nêtement jadis. — » Le pèlerin dit alors : « — Madame,
« quoi que vous disiez, je vous assure que Tedaldo est
« vivant, et si vous voulez promettre que vous l'accueillerez
« selon que je vous ai dit, j'espère que vous le verrez bien-
« tôt. — » La dame dit alors : « — Je le fais et je le ferai
« volontiers, et rien ne saurait advenir qui me fût joie pa-
« reille à celle que j'éprouverais à voir mon mari libre et
« hors de danger, et Tedaldo vivant. — »

« Il parut alors à Tedaldo qu'il était temps de se faire connaître et de réconforter la dame par une plus certaine espérance au sujet de son mari, et il dit : « — Madame, afin que
« je vous rassure sur votre mari, il me faut vous découvrir un
« secret que vous garderez sans que, de votre vie, vous en
« manifestiez jamais rien. — » Ils étaient seuls en un endroit
assez reculé, la dame ayant la plus grande confiance en la sainteté que le pèlerin paraissait avoir, pour quoi Tedaldo, ayant
tiré un anneau qu'il avait soigneusement conservé et que la
dame lui avait donné la dernière nuit qu'il avait passée
avec elle, le lui montra et dit : « — Madame, connaissez-vous
« ceci ? — » Comme la dame le vit, elle le reconnut, et dit :
« — Oui messire, je le donnai autrefois à Tedaldo. — »
Alors le pèlerin se levant, rejetant rapidement la robe qu'il
avait sur le dos, et le chapeau qui lui recouvrait la tête, et
parlant florentin dit : « — Et moi, me connaissez-vous ? — »

« Quand la dame le vit, reconnaissant que c'était Tedaldo,
toute abasourdie et ayant peur de lui comme on a peur des
morts qu'on voit marcher comme s'ils étaient vivants, elle
fut saisie de frayeur ; aussi ne lui fit-elle pas accueil comme
à Tedaldo qui serait revenu de Chypre, mais comme à Tedaldo revenant du sépulcre, et elle voulut le fuir toute
tremblante. Sur quoi Tedaldo dit : « — Madame, ne crai-
« gnez rien, je suis votre Tedaldo vivant et bien portant, et
« je n'ai jamais été mort, quoique vous et mes frères puis-
« siez croire. — » La dame un peu rassurée et reconnaissant sa voix, le regarda un peu plus attentivement, et s'assurant elle-même que pour sûr c'était Tedaldo, se jeta à
son cou en pleurant, le baisa et dit : « — Mon doux Te-
« daldo, sois le bien revenu. — » Tedaldo, l'ayant accolée
et baisée, dit : « — Or, madame, il n'est pas temps de
« se faire plus chaleureux accueil ; je veux aller faire en
« sorte qu'Aldobrandino vous soit rendu sain et sauf, de
« quoi j'espère qu'avant demain soir vous entendrez des
« nouvelles qui vous plairont ; si véritablement j'ai, comme
« je le crois, de bonnes nouvelles pour sa délivrance, je
« veux pouvoir cette nuit venir jusqu'à vous et vous les

« conter plus à l'aise que je le puis présentement. — » Et ayant remis sa robe et son chapeau, il embrassa une autre fois la dame, et l'ayant réconfortée d'un bon espoir, il se sépara d'elle, et s'en alla à l'endroit où Aldobrandino était prisonnier, plus préoccupé de la peur de la mort qui l'attendait, que d'une espérance quelconque de salut. Comme s'il fût venu pour le réconforter, il entra dans sa prison avec le consentement des geoliers, et s'étant assis près de lui, il lui dit : « — Adolbrandino, je suis un de tes amis
« envoyé à toi par Dieu pour te sauver, car à cause de
« ton innocence il lui est venu pitié de toi. Et pour ce, si
« par déférence pour lui, tu veux me concéder une petite
« faveur que je te demanderai, sans faute avant qu'il soit
« demain soir, au lieu de la sentence de mort que tu attends,
« tu entendras ton acquittement. — » A quoi Aldobrandino répondit : « — Brave homme, puisque tu t'es occupé de mon
« salut, bien que je ne te connaisse pas et que je ne me sou-
« vienne pas de t'avoir jamais vu, tu dois être ami, comme
« tu le dis. Et, de vrai, le crime pour lequel on dit que je
« dois être condamné à mort, je ne l'ai pas commis ; j'ai fait
« autrefois beaucoup d'autres péchés, lesquels peut-être
« m'ont amené à cette fin. Mais je te dis ceci par révérence
« pour Dieu, s'il a présentement miséricorde de moi, je
« ferai volontiers une grande chose plutôt qu'une petite,
« bien plus que de la promettre ; et pour ce, demande ce
« qu'il te plaît, car sans faute, s'il arrive que j'en réchappe,
« je l'observerai fidèlement. — »

« Le pèlerin dit alors : « — Je ne veux pas autre chose
« sinon que tu pardonnes aux quatre frères de Tedaldo de
« t'avoir conduit à ce point, te croyant coupable de la
« mort de leur frère, et que tu les aies pour frères et amis
« s'ils te demandent de cela pardon. — » A quoi Aldobrandino répondit : « — Nul ne sait combien c'est douce
« chose que la vengeance, ni avec quelle ardeur on la dé-
« sire, sinon celui qui a reçu l'offense, mais toutefois
« afin que Dieu pourvoie à mon salut, je leur pardon-
« nerai volontiers et je leur pardonne dores et déjà ; et si
« j'échappe vivant d'ici, je m'efforcerai de faire en cela
« comme il te sera agréable. — » Cela plut au pèlerin, et sans en vouloir dire plus, il le pria d'avoir bon courage, car pour sûr avant que le jour suivant s'achevât, il apprendrait des nouvelles très certaines de son salut. Et l'ayant quitté, il s'en alla à la Seigneurie et parla ainsi secrètement à un chevalier qui l'occupait : « — Mon Seigneur, chacun
« doit volontiers s'efforcer de faire que la vérité soit reconnue,
« et surtout ceux qui tiennent la place que vous occupez,
« pour que ceux-là qui n'ont point commis la faute ne por-
« tent pas les peines, et que les coupables soient punis. Afin

« qu'il en arrive ainsi, pour votre honneur et pour le châ-
« timent de qui l'a mérité, je suis venu ici vers vous. Comme
« vous savez, vous avez procédé avec rigueur contre Aldobran-
« dino Palermini, et il vous semble avoir découvert que c'est
« lui qui a tué Tedaldo Elisei, et vous êtes sur le point de
« le condamner ; ce qui est très certainement faux, si comme
« je crois, je réussis à vous le montrer avant qu'il soit mi-
« nuit, en vous mettant entre les mains les meurtriers de
« ce jeune homme. — »

« Le brave homme, que le sort d'Aldobrandino fâchait, prêta volontiers l'oreille aux paroles du pèlerin ; et après avoir causé de plusieurs autres choses avec lui, il fit, sur ses indications, prendre sur leur premier sommeil les deux frères aubergistes et leur servante, sans que ceux-ci fissent la moindre résistance ; et comme il s'apprêtait, pour savoir comment la chose s'était passée, à les faire mettre à la torture, ils ne le voulurent attendre, mais chacun de son côté d'abord, puis tous ensemble, ils avouèrent complètement que c'était par eux que Tedaldo, qu'ils ne connaissaient pas, avait été tué. Comme on leur en demanda le motif, ils dirent que c'était parce qu'il avait tourmenté la femme de l'un d'eux et voulu la forcer à satisfaire ses désirs pendant qu'ils n'étaient pas dans l'auberge. Le pèlerin, ayant su cela, prit congé du gentilhomme avec sa permission et s'en alla en cachette à la maison de madame Ermellina ; il la trouva seule qui l'attendait, également désireuse d'ouïr de bonnes nouvelles au sujet de son mari, et de se réconcilier pleinement avec son Tedaldo. Étant arrivé près d'elle, Tedaldo dit, d'un air joyeux : « — Ma très chère dame, réjouis-
« toi, car pour sûr tu auras ici demain ton Aldobrandino
« sain et sauf — » et pour lui donner de cela une plus entière croyance, il lui raconta tout ce qu'il avait fait. La dame, que ces deux événements si subit, c'est-à-dire revoir vivant Tedaldo qu'elle croyait vraiment avoir pleuré mort, et voir Aldobrandino délivré de tout péril, avaient rendue plus joyeuse qu'une autre le fut jamais, accola affectueusement et baisa son Tedaldo ; s'en étant allés ensemble au lit, ils firent d'un commun bon vouloir une gracieuse et joyeuse paix, prenant l'un de l'autre une délicieuse joie. Et comme le jour devint proche, Tedaldo se leva après avoir expliqué à la dame ce qu'il entendait faire, et l'avoir priée de nouveau de tenir cela très secret, et sortit de chez elle sous son habit de pèlerin, pour s'occuper, quand l'heure serait venue, des affaires d'Aldobrandino. Le jour venu, la Seigneurie estimant avoir pleine information de l'affaire, délivra promptement Aldobrandino, et quelques jours après, fit trancher la tête aux malfaiteurs à l'endroit même où le meurtre avait été commis.

« Aldobrandino étant donc libre, à la grande joie de lui, de sa femme et de tous ses amis et parents, et reconnaissant manifestement que cela était arrivé par l'intervention du pèlerin qui était venu le trouver, il le mena chez lui pour tout le temps qu'il lui plairait de rester en la cité ; et là, tous ne pouvaient se rassasier de lui faire honneur et fête, et en particulier la dame, qui savait bien à qui elle le faisait. Mais au bout de quelque temps, Tedaldo croyait devoir remettre Aldobrandino en paix avec ses frères qu'il savait non seulement avoir été blessés de son acquittement, mais s'être armés par crainte, réclama d'Aldobrandino l'exécution de sa promesse. Aldobrandino répondit généreusement qu'il était prêt. Sur quoi le pèlerin fit apprêter pour le jour suivant un beau festin, dans lequel il lui dit qu'il voulait qu'il reçût en même temps que ses parents et leurs femmes, les quatre frères et leurs dames, ajoutant qu'il irait lui-même incontinent les inviter de sa part au banquet donné en signe de paix. Aldobrandino ayant consenti à tout ce qui plaisait au pèlerin, celui-ci s'en alla sur-le-champ vers les quatre frères, et après avoir employé auprès d'eux les arguments requis en pareille matière, il les amena à la fin assez facilement, à force de raisons inexpugnables, à reconquérir l'amitié d'Aldobrandino en lui demandant pardon ; cela fait, il les invita eux et leurs femmes à dîner le lendemain matin avec Adolbrandino ; ceux-ci, s'étant assurés de sa bonne foi, acceptèrent franchement l'invitation. Le lendemain matin donc, à l'heure du repas, les quatre frères de Tedaldo d'abord, vêtus de noir comme ils étaient, et quelques-uns de leurs amis, vinrent à la maison d'Aldobrandino qui les attendait ; et là, devant tous ceux qui avaient été invités par Aldobrandino à leur faire compagnie, ayant jeté leurs armes à terre, ils se remirent aux mains d'Aldobrandino, demandant pardon de ce qu'ils avaient fait contre lui. Aldobrandino les reçut affectueusement et tout en larmes, et les baisant tous sur la bouche, il expédia l'affaire en peu de paroles et leur remit toute injure reçue. Après ceux-ci, vinrent leurs sœurs et leurs femmes, toutes de noir vêtues, et elles furent gracieusement accueillies par madame Ermellina et les autres dames. Puis les hommes et les dames furent magnifiquement servis au festin, où il n'y eut rien que de louable, si ce n'est une sorte de taciturnité occasionnée par les vêtements noirs que portaient les parents de Tedaldo à cause de leur récente douleur, ce qui avait fait blâmer par quelques-uns l'idée et le banquet du pèlerin, ce dont celui-ci s'était bien aperçu. Mais jugeant venu le moment qu'il avait marqué en lui-même pour chasser cette taciturnité, il se leva, les autres convives mangeant encore les fruits, et dit : « — Rien n'a manqué à ce festin

« pour le rendre joyeux, si ce n'est Tedaldo, lequel, puisque
« vous ne l'avez pas reconnu bien que vous l'ayiez eu conti-
« nuellement avec vous, je veux vous montrer. — » Et
ayant rejeté sa robe et tous ses habits de pèlerin, il resta
avec une jupe de soie verte. Chacun l'ayant regardé, non
sans grandissime étonnement, on mit longtemps à le reconnaître avant de se risquer à croire que ce fût lui. Ce que
voyant Tedaldo, il se mit à raconter beaucoup de choses
concernant leur parenté et qui étaient advenues entre eux,
ainsi que sur ses propres aventures. Pour quoi ses frères et
les autres hommes, remplis de larmes d'allégresse, coururent l'embrasser, et les dames en firent ensuite autant, de
même que les parents et les non parents, excepté madame
Ermellina. Ce que voyant Aldobrandino, il dit : « — Qu'est-ce
« que cela, Ermellina ? Pourquoi ne fais-tu pas fête à Te-
« daldo comme les autres dames ? — » A quoi, tous l'entendant, la dame répondit : « — Il n'y en a aucun ici qui
« lui aie fait et lui fasse plus volontiers fête, si je considère
« que c'est par lui que je t'ai retrouvé ; mais les paroles
« déshonnêtes qui ont été dites pendant les jours que nous
« pleurions celui que nous croyions être Tedaldo, m'en font
« abstenir. — » A quoi Aldobrandino dit : « — Va tou-
« jours, crois-tu que je croie aux mauvaises langues ? En
« poursuivant mon salut, il a trop bien montré que cela
« était faux, pour que je le croie jamais ; lève-toi vite,
« et va l'embrasser. — » La dame qui ne désirait rien
autre, ne fut pas lente à obéir en cela à son mari ; pour quoi,
s'étant levée, elle l'embrassa comme les autres avaient fait,
et lui fit fête. Cette générosité d'Aldobrandino plut beaucoup aux frères de Tedaldo, ainsi qu'à tous les hommes et à
toutes les femmes qui étaient là, et tout ressentiment, qui
aurait pu naître dans les esprits de quelques-uns par les paroles qui avaient été précédemment dites, fut effacé. Chacun
ayant donc fêté Tedaldo, il arracha lui-même les vêtements
noirs que portaient ses frères, et les habits couleur sombre
de ses sœurs et belles-sœurs, et ordonna qu'on leur apportât
sur-le-champ d'autres vêtements. Quand ils en furent revêtus, on fit force ballets, chansons et autres amusements ;
pour quoi le festin, qui avait eu un commencement silencieux, eut une fin bruyante. Et avec une très grande allégresse ils s'en allèrent tous tant qu'ils étaient à la maison
de Tedaldo, où ils soupèrent le soir ; et ils continuèrent la
fête de cette façon pendant plusieurs jours encore.

« Les Florentins regardèrent longtemps Tedaldo comme
un homme ressuscité et comme une chose merveilleuse ; et
à beaucoup de gens, même à ses frères, il était resté en l'esprit certain doute si c'était lui ou non ; ils ne le croyaient
pas encore pleinement, et ils ne l'auraient peut-être jamais

cru, si un cas ne fût advenu qui leur démontra clairement quel était celui qui avait été tué, et ce cas fut le suivant. Un jour que des fantassins de la Lunigiane passaient devant chez eux, ils aperçurent Tedaldo et se portèrent à sa rencontre en disant : « — Bonjour, Faziuolo ! — » A quoi Tedaldo, ses frères étant présents, répondit : « — Vous m'avez pris pour un autre. — » Ceux-ci, l'entendant parler, rougirent et lui demandèrent pardon en disant : « — En vérité, « vous ressemblez plus qu'homme que nous vîmes jamais à « un de nos compagnons appelé Faziuolo de Pontremoli, « qui vint ici il y a quinze jours à peine et dont nous n'a« vons jamais pu savoir ce qu'il était devenu. Il est bien « vrai que nous étions étonnés de l'habit que vous portez, « pour ce qu'il était soldat comme nous. — » L'aîné des frères de Tedaldo, entendant cela, s'approcha et demanda comment était vêtu ce Faziuolo. Ceux-ci le dirent, et il se trouva justement avoir été comme ils le disaient. D'où il fut reconnu, tant par ces preuves que par d'autres, que celui qui avait été tué était Faziuolo et non Tedaldo ; sur quoi, le doute que ses frères et les autres avaient à son sujet fut dissipé. Tedaldo donc, devenu richissime, persévéra dans son amour, et la dame agissant discrètement et sans plus se fâcher, ils jouirent longuement de leur amour. Dieu nous fasse jouir du nôtre. »

NOUVELLE VIII

Ferondo avale une certaine poudre et est enterré comme mort. Tiré du sépulcre par l'abbé qui jouit de sa femme, il est tenu par celui-ci en prison, et on lui fait croire qu'il est dans le purgatoire. Une fois ressuscité, il élève comme sien un fils que l'abbé avait eu avec sa femme.

La fin de la longue nouvelle d'Émilia étant venue, et cette nouvelle n'ayant point pour cela déplu par sa longueur, mais tous ayant reconnu qu'elle avait été rapidement contée eu égard à la quantité et à la variété des aventures qu'elle contenait, la reine, ayant d'un signe montré son désir à la Lauretta, lui donna occasion de commencer ainsi : « — Très chères dames, je crois que j'ai à vous raconter une histoire qui a beaucoup plus l'air d'un mensonge que d'une vérité, et elle m'est revenue en l'esprit quand j'ai entendu parler de celui qui avait été enseveli et pleuré pour un autre. Je dirai donc comment un vivant fut enseveli pour mort, et comment ensuite, bon nombre de gens et lui-même crurent qu'il était sorti du tombeau, non en personne vivante, mais en ressuscité, celui qui était cause de l'aventure étant adoré comme saint, alors qu'il aurait plutôt dû être condamné comme coupable.

« Il y eut donc en Toscane, et il y a encore une abbaye comme nous en voyons beaucoup, et située dans un lieu peu fréquenté. De cette abbaye, fut fait abbé un moine qui en toute chose était très saint homme, hormis en ce qui concernait le commerce des femmes ; et il savait faire si prudemment, que quasi personne ne le soupçonnait, loin de le savoir, pour ce qu'il était tenu pour très saint et juste en toutes choses. Or, il advint que l'abbé étant lié avec un fort riche paysan du nom de Ferondo, homme matériel et grossier, sans éducation, et dont la fréquentation ne plaisait à l'abbé que parce qu'il prenait parfois amusement de sa simplicité, l'abbé s'aperçut que Ferondo avait pour épouse une très belle femme dont il s'amouracha si ardemment qu'il ne pensait jour et nuit à autre chose. Mais ayant entendu dire que Ferondo, bien qu'il fût en tout le reste simple et sot, était très avisé pour aimer sa femme et la surveiller, il s'en désespérait quasi. Cependant, comme il était très adroit, il fit si bien auprès de Ferondo, qu'il l'amena à venir parfois avec sa femme se promener dans le jardin de l'abbaye ; et là ils raisonnaient ensemble modestement de la béatitude de la vie éternelle, et des saintes œuvres d'un grand nombre d'hommes et de femmes des temps passés, tellement que le désir vint à la dame de se confesser à lui, et après en avoir demandé la permission à Ferondo, elle l'obtint.

« La dame étant donc venue se confesser à l'abbé, au grandissime plaisir de celui-ci, et s'étant mise à ses pieds, elle commença ainsi, avant de dire autre chose : « — Messire, si « Dieu m'eût donné un vrai mari, ou s'il ne m'en eût pas « donné, peut-être me serais-je rendue à vos exhortations « d'entrer dans le chemin dont vous m'avez parlé et qui « mène à la vie éternelle ; mais quand je considère ce qu'est « Ferondo et sa sottise, je puis me dire veuve, et pourtant « je suis mariée en cela que, lui vivant, je ne puis avoir un « autre mari ; et lui, sot comme il est, sans que je lui en « donne aucun motif, est tellement jaloux de moi, qu'à « cause de cela je ne puis vivre avec lui, sinon dans les tri- « bulations et les chagrins. Pour quoi, avant que j'en vienne « à me confesser d'autre chose, je vous prie le plus hum- « blement que je peux, qu'il vous plaise me donner à ce « sujet quelque conseil, pour ce que, si de là ne surgit pas « l'occasion pour moi de bien faire, il me servira peu de « m'être confessée ou d'avoir accompli toute autre œuvre « louable. — » Ce raisonnement toucha d'un grand plaisir l'esprit de l'abbé, car il lui parut que la fortune avait ouvert le chemin à son plus grand désir, et il dit : « — Ma fille, je

« crois que c'est un grand ennui pour une femme belle et
« délicate comme vous êtes, d'avoir pour mari un sot; mais
« je crois que c'en est un bien plus grand encore d'en avo'r
« un jaloux ; pour quoi, comme vous avez l'un et l'autre, je
« crois aisément à votre tribulation dont vous m'entretenez.
« Mais à cela, parlant brièvement, je ne vois ni conseil, ni
« remède, hors un, lequel est que Ferondo se guérisse de
« cette jalousie. Le remède pour le guérir, je le saurais trop
« bien faire, pourvu que vous ayiez la force de tenir secret
« ce que je vous dirai. — » La dame dit : « — Mon père,
« n'en doutez point, pour ce que je me laisserais plutôt
« mourir que de redire à autrui ce que vous m'aurez dit ;
« mais comment se pourra ce faire ? — » L'abbé répondit :
« — Si nous voulons qu'il guérisse, il faut de toute néces-
« sité qu'il aille en purgatoire. — » « — Et comment — dit
« la dame — pourra-t-il y aller vivant ? — » L'abbé dit :
— « Il faut qu'il meure, et ainsi il ira ; et quand il aura
« souffert une assez grande peine pour qu'il soit guéri de
« sa jalousie, nous prierons Dieu avec certaines oraisons
« qu'il revienne en cette vie, ce qu'il fera. — » « — Donc —
« dit la dame — dois-je rester veuve ? — » « — Oui — ré-
« pondit l'abbé — pour un certain temps, pendant lequel il
« faudra bien vous garder de vous laisser remarier à un au-
« tre, pour ce que Dieu l'aurait pour mauvais, et Ferondo
« étant revenu il vous faudrait retourner avec lui, et il se-
« rait plus jaloux que jamais. — « La dame dit : » — Pourvu
« qu'il guérisse de cette maladie, comme il ne me convient
« pas de rester toujours enfermée, je serai satisfaite ; faites
« comme il vous plaira. — » L'abbé dit alors : — « Et je le
« ferai ; mais quelle récompense devrai-je avoir, moi, pour
« vous avoir rendu un tel service ? — » « — Mon père — dit
« la dame — ce qu'il vous plaira, pourvu que je le puisse ;
« mais que peut une femme comme moi pour un homme
« comme vous ? — » A quoi l'abbé dit : « — Madame, vous
« pouvez faire non moins pour moi que je pourrai faire pour
« vous ; pour ce que, de même je suis disposé à faire tout
« ce qui pourra amener votre bien et votre consolation,
« ainsi vous pouvez faire ce qui sera mon salut et le bon-
« heur de ma vie. — » La dame dit alors : « — S'il est ainsi,
« je suis prête. — » « — Donc — dit l'abbé — vous me don-
« nerez votre amour et contentement de vous pour laquelle
« je brûle et me consume tout entier. — » La dame, entendant cela, répondit tout effrayée : « — Hé ! mon père, qu'est-
« ce que vous me demandez ! Je croyais que vous étiez un
« saint ; or, convient-il aux saints de requérir pour telles
« choses les femmes qui vont leur demander conseil ? — »
A quoi l'abbé dit : « — Ma belle âme, ne vous étonnez pas,
« car pour cela la sainteté n'en diminue point, pour ce

« qu'elle réside dans l'âme, et que ce que je vous demande
« est péché du corps. Mais quoi qu'il en soit, votre beauté
« désirée a eu tant de force, que l'amour me contraint à
« faire ainsi. Et je vous dis que vous pouvez, vous, être plus
« glorieuse de votre beauté que beaucoup d'autres femmes,
« en songeant qu'elle a plu aux saints qui sont habitués à
« voir les beautés du ciel ; et puis, bien que je sois abbé, je
« je suis homme comme les autres, et, comme vous voyez,
« je ne suis pas encore vieux. Et cela ne doit pas vous être
« pénible à faire, au contraire vous devez le désirer, pour ce
« que, pendant que Ferondo sera en purgatoire, je vous don-
« nerai, vous faisant la nuit compagnie, cette consolation
« qu'il devrait, lui, vous donner ; et jamais de cela personne
« ne s'apercevra, chacun croyant, et plus peut-être, que je
« suis ce que vous croyiez vous-même que j'étais il y a un
« moment. Ne refusez pas la grâce que Dieu vous envoie,
« car elles sont nombreuses celles qui désiraient ce que vous
« pouvez avoir et ce que vous aurez, si vous croyez sagement
« mon conseil. En outre, j'ai de beaux joyaux et de belles
« pierreries, et je n'entends pas qu'ils soient à d'autres qu'à
« vous. Faites donc pour moi, ma douce espérance, ce que
« je fais pour vous volontiers. — »

« La dame tenait le visage baissé ; elle ne savait comment
le refuser, et consentir ne lui paraissait pas bien ; pour quoi,
l'abbé voyant qu'elle l'avait écouté et qu'elle retardait sa réponse, pensant l'avoir déjà à moitié convertie, ajouta beaucoup d'autres paroles semblables aux premières et ne s'arrêta pas qu'il ne lui eût mis en tête que ce serait bien agir ;
pour quoi, toute honteuse, elle dit qu'elle était à ses ordres,
mais qu'elle ne le pouvait faire avant que Ferondo fût en
purgatoire. A quoi l'abbé, très content, dit : « — Et nous
« ferons qu'il y aille promptement ; vous ferez donc demain
« ou après-demain en sorte qu'il vienne ici me trouver. — »
Et cela dit, il lui mit en cachette un bel anneau au doigt et
la congédia. La dame, joyeuse du présent, et s'attendant à
en avoir d'autres, rejoignit ses compagnes auxquelles
elle se mit à raconter de merveilleuses choses sur la sainteté de l'abbé, et s'en revint avec elles à sa maison.

« Peu de jours après, Ferondo s'en alla à l'abbaye, où,
dès que l'abbé le vit, il songea à l'envoyer en purgatoire.
Et ayant retrouvé une poudre d'une vertu merveilleuse qu'il
tenait d'un grand prince des pays du levant — lequel affirmait qu'elle était employée d'habitude par le Vieux de la
montagne quand il voulait envoyer, en l'endormant, quelqu'un dans son paradis ou l'en retirer, et que donnée à plus
forte ou plus petite dose, elle faisait, sans produire aucune
lésion, plus ou moins dormir celui qui l'avait prise, de telle
façon que pendant que son action durait, on n'aurait jamais

dit que le dormeur était vivant, — il en prit autant qu'il en fallait pour faire dormir trois jours, et l'ayant versée dans un verre de vin un peu trouble, il le donna à boire dans sa cellule à Ferondo, sans que celui-ci s'en fût aperçu ; puis il le mena dans le cloître où il se mit avec plusieurs de ses moines à se divertir de ses sottises.

« Il ne se passa guère de temps sans que, la poudre agissant, Ferondo fût pris d'un tel sommeil dans la tête qu'il dormait tout debout et qu'il tomba tout endormi. L'abbé feignant de se troubler de cet accident, le fit déshabiller, envoya chercher de l'eau froide, la lui jeta au visage, et fit faire beaucoup d'autres tentatives, comme s'il voulait lui ramener la vie et le sentiment que quelques vapeurs de l'estomac ou d'ailleurs lui avaient enlevés. L'abbé et les moines voyant qu'il ne donnait, malgré tout cela, aucun signe de vie, lui tâtant le pouls et ne lui en trouvant pas, eurent tous pour certain qu'il était mort ; pourquoi, l'ayant envoyé dire à sa femme et à ses parents, ceux-ci accoururent tous sur-le-champ, et après qu'ils l'eurent pleuré quelque peu, l'abbé le fit mettre, vêtu comme il était, dans un cercueil. La dame s'en retourna chez elle et dit qu'elle n'entendait jamais se séparer d'un petit enfant qu'elle avait eu de lui ; et pour ce, restée en la maison, elle se mit à diriger le fils et la fortune qu'avait laissés Ferondo. Pendant la nuit l'abbé, accompagné d'un moine bolonais auquel il se confiait beaucoup et qui était arrivé le jour même de Bologne, se leva en cachette, tira Ferondo de son cercueil, et ils le portèrent tous deux dans un caveau où l'on ne voyait aucune lumière et qui servait de prison pour les moines qui avaient commis quelque faute ; puis, après lui avoir ôté ses vêtements et l'avoir vêtu comme un moine, ils le mirent sur un tas de paille et l'y laissèrent jusqu'à ce qu'il fût revenu à lui. Cela fait, le moine bolonais informé par l'abbé de ce qu'il aurait à faire, et personne autre n'en sachant rien, se mit à attendre que Ferondo reprît ses sens. Le jour suivant, l'abbé, accompagné d'un de ses moines, s'en alla sous prétexte de visite à la maison de la dame, qu'il trouva vêtue de noir et plongée dans la douleur, et après l'avoir un peu réconfortée, il lui rappela sa promesse. La dame se voyant libre et n'ayant plus l'empêchement de Ferondo ni de personne, ayant en outre vu au doigt de l'abbé un autre bel anneau, dit qu'elle était prête, et s'entendit avec lui pour qu'il vînt la nuit suivante. Pourquoi, la nuit venue, l'abbé, revêtu des habits de Ferondo, et accompagné de son moine, y alla, et coucha avec elle jusqu'au matin avec grandissime plaisir et contentement ; puis il s'en retourna à l'abbaye, faisant depuis très souvent le chemin pour le même service. Ayant dans ses allées et venues été rencontré par quelques personnes, on crut que c'était Ferondo qui allait ainsi par le pays pour faire pénitence ; ce qui fut l'objet de grosses nouvelles parmi les gens du village, et on le redit plusieurs fois à sa femme, laquelle savait bien, elle, ce que c'était.

« Ferondo ayant repris ses sens et se voyant dans le caveau sans savoir où il était, le moine bolonais y entra en prenant une voix horrible, tenant des verges à la main ; et l'ayant saisi, il le battit grandement, Ferondo pleurant et criant, ne faisait que demander : « Où suis-je ? — » A quoi le moine répondit : « — Tu es en purgatoire. — » « — Com-
« ment ! — dit Ferondo — suis-je donc mort ? — » Le moine dit : « — Mais oui. — » Sur quoi Ferondo se mit à pleurer sur lui-même, sur sa femme et sur son enfant, disant les plus étranges choses du monde. Alors le moine lui porta un peu à manger et à boire ; ce que voyant Ferondo, il dit : « — Oh ! est-ce que les morts mangent ? — » Le moine dit : « — Oui, et voilà ce que je te porte ; la femme qui fut tienne,
« l'envoie chaque matin à l'église pour faire dire des messes
« pour ton âme, et Dieu veut qu'on te le donne ici. — » Ferondo dit alors : « — Seigneur, donne-lui le bon an, je lui
« voulais grand bien avant que je mourusse, tellement que
« je la tenais toute la nuit en mes bras et ne faisais que
« l'embrasser, et autre chose aussi quand l'envie m'en ve-
« nait. — » Puis, ayant grand besoin, il se mit à manger et à boire ; et le vin ne lui paraissant pas trop bon, il dit : « — Seigneur, punis-la de ce qu'elle n'a pas donné au curé
« du vin du tonneau qui est contre le mur. — » Mais quand il eut mangé, le moine le reprit de nouveau, et avec les mêmes verges lui redonna une grande batterie. Sur quoi, Ferondo ayant beaucoup crié, dit « — Eh ? pourquoi me
« fais-tu cela ? — » Le moine dit : « — Parce que Dieu
« a ordonné qu'on te le fasse deux fois par jour. — » « — Et
« pour quel motif, dit Ferondo ? » Le moine dit : « — Parce
« que tu fus jaloux, ayant pour femme la meilleure dame
« qui fût dans ta contrée. — » « — Hélas ! dit Ferondo —
« tu dis vrai, et la plus douce ; elle était plus mielleuse que
« confiture, mais je ne savais pas que Dieu eût pour mau-
« vais que l'homme fût jaloux, car je ne l'aurais point été. — » Le moine dit : « — Tu aurais dû t'apercevoir de cela pendant
« que tu étais là-haut, et t'en corriger. Et s'il arrive jamais
« que tu y retournes, fais en sorte d'avoir à l'esprit ce que
« je te fais aujourd'hui, et ne sois plus jamais jaloux. » Ferondo dit : « — Oh ! ceux qui meurent y retournent-ils ja-
« mais ? — » Le moine dit : « — Oui, ceux que Dieu veut. — »
« — Oh ! — dit Ferondo — si j'y retourne jamais, je serai
« le meilleur mari du monde ; je ne la battrai jamais, je ne
« lui dirai jamais d'injures, excepté à propos du vin qu'elle
« m'a envoyé ici ce matin, et aussi parce qu'elle ne m'a

« point envoyé de chandelle, et qu'il m'a fallu manger dans
« l'obscurité. — » Le moine dit : « — Elle en avait bien ap-
« porté, mais on les a brûlées pour les messes. — » « — Oh !
— dit Ferondo — tu dis vrai ; et pour sûr, si j'y retourne,
« je la laisserai faire ce qu'elle voudra. Mais dis-moi, qui es-
« tu, toi qui me fais cela ? — » Le moine dit : « — Je suis
« mort, moi aussi, et je fus de Sardaigne, et parce que j'ai
« jadis loué beaucoup un mien seigneur d'avoir été jaloux,
« j'ai été condamné par Dieu à cette peine de te donner à
« manger et à boire et de te battre ainsi, jusqu'à ce que
« Dieu en décidera autrement de toi et de moi. — » Ferondo
dit : « — N'y a-t-il personne autre que nous deux ? — » Le
moine dit : « — Si ; il y en a des milliers, mais tu ne peux
« ni les voir ni les entendre, de même qu'eux ne le peuvent
« pas pour toi. — » Ferondo dit alors : « — Et sommes-nous
« bien loin de notre pays ? — » « — Oh ! — dit le moine — un
« nombre infini de milliers de lieues. — » « — Diable, c'est
« beaucoup — dit Ferondo — et pour ce qu'il me semble,
« nous devrions être hors du monde, tant il y en a. — »

« Or, au milieu de semblables discours, Ferondo fut tenu
dix mois, mangeant et battu, pendant lesquels l'abbé rendit
très souvent visite à la belle dame, et se donna avec elle le
meilleur temps du monde. Mais comme arrivent les mésaventures, la dame devint grosse, et s'en étant vite aperçue
elle le dit à l'abbé ; pour quoi il leur parut à tous deux temps
de rappeler sans retard Ferondo du purgatoire à la vie, afin
qu'il revînt à sa femme et qu'elle pût se dire grosse de lui.
La nuit suivante donc, l'abbé fit avec une voix contrefaite
appeler Ferondo dans sa prison, et lui fit dire : « Ferondo
« console-toi, car il plaît à Dieu que tu retournes au monde ;
« et y étant retourné, tu auras de ta femme un fils que tu
« nommeras Benedetto, pour ce qu'il t'a fait cette grâce par
« les prières de ton saint abbé et de ta femme, et pour l'a-
« mour de saint Benoît. — » Ferondo, entendant cela, fut
« très joyeux et dit : « — Cela me plaît, Dieu lui donne le
« bon an à messire le bon Dieu, à l'abbé, à saint Benoît et
« à ma femme aimable, douce, suave. — » L'abbé lui ayant
fait donner, dans le vin qu'il lui envoyait, de la poudre en
quantité suffisante pour le faire dormir pendant quatre
heures, on lui remit ses habits, et aidé du moine, il le porta
secrètement de son caveau dans le cercueil où il avait été
enseveli. Le matin, sur le point du jour, Ferondo reprit ses
sens, et vit un peu de jour par une fente du cercueil, ce
qu'il n'avait pas vu depuis dix bons mois ; pour quoi, lui
paraissant être en vie, il commença à crier : « — Ouvrez-
« moi, ouvrez-moi ! — » Et lui-même il se mit à heurter si
fort de la tête contre le couvercle du cercueil, qu'il commençait à le briser, pour ce qu'il était mal joint, quand les

moines, qui venaient de dire matines, accoururent et reconnurent la voix de Ferondo et le virent déjà sorti du cercueil ; de quoi, épouvantés par la nouveauté du fait, ils se mirent tous à s'enfuir et s'en allèrent trouver l'abbé !

« Celui-ci feignant de se lever de prière, dit : « — Mes fils,
« n'ayez point peur ; prenez la croix et l'eau sainte, et venez
« derrière moi, et voyons ce que la puissance de Dieu veut
« nous montrer. — » Et cela fut fait. Ferondo était tout pâle, comme un homme qui était resté si longtemps sans voir le ciel, et il était sorti de son cercueil. Dès qu'il vit l'abbé, il courut se jeter à ses pieds et dit : « — Mon père,
« vos prières, selon qu'il m'a été révélé, celles de saint
« Benoît et de ma femme, m'ont tiré des peines du purga-
« toire et rappelé à la vie ; de quoi je prie Dieu qu'il vous
« donne le bon an et les bonnes calendes, aujourd'hui et
« toujours. — » L'abbé dit : « — Louée soit la puissance de
« Dieu. Va donc, mon fils, puisque Dieu t'a renvoyé ici, et
« console ta femme qui, depuis que tu avais passé de cette
« vie dans l'autre, a été en pleurs, et sois, à partir d'au-
« jourd'hui, ami et serviteur de Dieu. — » Ferondo dit :
« — Messire, il m'a bien été dit ainsi ; laissez-moi donc
« faire, car dès que je la verrai, je l'embrasserai, tant je lui
« veux du bien. — » L'abbé, resté avec ses moines, feignit d'avoir une grande admiration de cette aventure, et fit dévotement chanter le *miserere*. Ferondo retourna à son village, où tous ceux qui le voyaient s'enfuyaient, comme on a coutume de faire pour les choses effrayantes ; mais lui, les rappelant, affirmait qu'il était ressuscité. Sa femme avait également peur de lui. Mais quand les gens se furent un peu rassurés à son sujet, et virent qu'il était vivant, ils lui firent beaucoup de questions comme à un sage revenu de loin ; et il répondait à tous, et leur donnait des nouvelles des âmes de leurs parents, et faisait, de sa propre invention, les plus belles fables du monde sur ce qui se passe en purgatoire, et devant toute la population il raconta la révélation qui lui avait été faite par la bouche de Ragnolo Braghiello, avant qu'il ressuscitât. Pour quoi étant retourné chez lui avec sa femme, et rentré en possession de ses biens, il l'engrossa à son plaisir, et d'aventure il advint qu'après un temps convenable — suivant l'opinion des sots qui croient que la femme doit porter les enfants neuf mois — la dame accoucha d'un enfant mâle, qui fut appelé Benedetto Ferondi. Le retour de Ferondo et ses récits, chacun le croyant ressuscité, accrurent la renommée de sainteté de l'abbé. Quant à Ferondo, qui avait reçu de nombreux coups pour sa jalousie, comme s'il en eût été guéri, selon la promesse faite par l'abbé à la dame, il ne fut plus du tout jaloux par la suite. De quoi la dame satisfaite, vécut honnêtement avec

lui, comme d'habitude ; excepté que vraiment quand cela se pouvait facilement, elle se retrouvait volontiers avec le saint abbé qui l'avait bien et diligentement servie dans ses plus grands besoins. — »

NOUVELLE IX

Giletta de Narbonne guérit le roi de France d'une fistule. Elle demande pour mari Beltram de Roussillon, lequel l'ayant épousée contre sa volonté, s'en va de dépit à Florence. Là, il fait la cour à une jeune fille et couche avec Giletta, croyant coucher avec elle. Il en a deux fils ; pour quoi, par la suite, la tenant pour chère, il l'honore comme sa femme.

La reine ne voulant point rompre le privilège de Dioneo, il ne restait plus qu'à elle à parler, la nouvelle de Lauretta étant finie. Pour quoi, sans attendre d'être sollicitée par les siens, et toute disposée à parler, elle commença ainsi : « — Qui dira désormais une nouvelle qui puisse paraître belle après avoir entendu celle de Lauretta ? Certes, il a été heureux pour nous qu'elle n'ait pas été dite la première, car ensuite bien peu des autres auraient plu ; et je crains bien qu'il en advienne ainsi de celles qui sont à raconter dans cette journée. Mais cependant quelque belle qu'elle ait été, je vous conterai celle qui me revient sur le sujet proposé.

« Au royaume de France, fut un gentilhomme qu'on appelait comte de Roussillon, lequel, pour ce qu'il n'était pas bien sain de corps, avait toujours auprès de lui un médecin appelé maître Gérard de Narbonne. Ledit comte avait un fils unique tout jeune appelé Beltram, lequel était très beau et plaisant, et qu'on élevait avec d'autres enfants de son âge, parmi lesquels était une petite fille dudit médecin, nommé Giletta. Cette enfant éprouva pour ce Beltram un amour infini et beaucoup plus ardent qu'il n'appartenait à son âge si tendre. Le comte étant mort, Beltram fut remis entre les mains du roi, et il lui fallut aller à Paris ; de quoi la jeune fille resta cruellement inconsolable ; et son père étant également mort peu de temps après, elle serait volontiers allée à Paris pour voir Beltram, si elle avait pu en trouver favorable occasion ; mais étant sévèrement gardée, pour ce qu'elle était restée seule et riche, elle ne voyait pas un moyen honnête. Et comme elle était déjà en âge d'être mariée, n'ayant jamais pu oublier Beltram, elle avait refusé beaucoup de gens auxquels ses parents avaient voulu la marier, sans faire connaître la raison de son refus.

« Or, il advint que, comme elle brûlait plus que jamais d'amour pour Beltram, pour ce qu'elle avait entendu dire qu'il était devenu un très beau jeune homme, la nouvelle lui arriva qu'il était resté au roi de France, par suite d'une tumeur qu'il avait eue dans la poitrine et qui avait été mal soignée, une fistule dont il avait très grand ennui et très grande douleur, et pour laquelle il n'avait encore pu trouver de médecin, bien qu'un grand nombre s'y fussent essayés, qui l'en eût pu guérir ; tous, au contraire, avaient empiré le mal : pour quoi le roi désespérant d'en guérir, ne voulait plus recevoir conseil ni aide de personne. De quoi la jeune fille fut contente outre mesure et pensa que, grâce à cette circonstance, non-seulement elle aurait une occasion légitime d'aller à Paris, mais que si la maladie du roi était ce qu'elle croyait, elle pourrait facilement arriver à avoir Beltram pour mari. C'est pourquoi comme elle avait jadis appris beaucoup de choses de son père, elle fit une poudre avec certaines herbes convenables à la maladie qu'elle pensait qu'avait le roi, monta à cheval, et s'en alla à Paris.

« Elle ne s'occupa point d'abord d'autre chose que de chercher à voir Beltram ; puis, parvenue devant le roi, elle le pria de lui montrer son mal. Le roi la trouvant belle et avenante jeune fille, ne sut pas le lui refuser, et le lui montra. Dès qu'elle l'eût vu, elle fut aussitôt certaine de pouvoir le guérir et dit : « — Monseigneur, quand il vous plaira, sans
« aucun ennui ou fatigue pour vous, j'ai espérance en Dieu
« de vous avoir en huit jours guérie de cette maladie. — »
Le roi se moqua en lui-même des paroles de celle-ci, disant : « — Ce que les plus grands médecins du monde n'ont
« pu ni su faire, comment une jeune femme le pourrait-elle
« savoir ? — » L'ayant donc remerciée de sa bonne volonté, il répondit qu'il avait résolu de ne plus suivre conseil de médecin. A quoi la jeune fille dit : « — Monseigneur, vous
« dédaignez mon art parce que suis jeune et femme ; mais
« je vous rappelle que je ne médicamente pas avec ma
« science, mais avec l'aide de Dieu et avec la science de
« maître Gérard de Narbonne, lequel fut mon père et fa-
« meux médecin pendant sa vie. — » Le roi se dit alors en lui-même : « — Peut-être celle-ci m'est-elle envoyée par
« Dieu ; pourquoi ne pas mettre à l'épreuve ce qu'elle sait
« faire, puisqu'elle dit devoir me guérir en peu de temps
« sans ennui pour moi ? — » Et s'étant décidé à l'éprouver, il dit : « — Damoiselle, et si vous ne me guérissez pas,
« après m'avoir fait rompre ma résolution, que voulez-vous
« qu'il vous arrive ? — » « — Monseigneur — répondit la
« jeune fille — faites-moi garder, et si en huit jours je ne vous
« guéris pas, faites-moi brûler ; mais si je vous guéris, quelle
« récompense m'en reviendra-t-il ? — » A quoi le roi ré-

pondit : « — Vous paraissez être encore sans mari ; si vous « faites cela nous vous marierons bien et en haut lieu. — » A quoi la jeune fille dit: « — Monseigneur, il me plaît vrai- « ment que vous me mariiez, mais je veux un mari tel que je « vous le demanderai, pourvu que je ne vous demande aucun « de vos fils ou autre personne de la maison royale. — » Le roi lui promit sur le champ de le faire.

« La jeune fille commença sa cure, et avant le terme fixé elle ramena le roi à la santé. Sur quoi le roi se sentant « guéri, dit : « — Damoiselle, vous avez bien gagné le « mari. — » A quoi elle répondit : « — Donc, monseigneur, « j'ai gagné Beltram de Roussillon que je me suis mis à « aimer dès mon enfance, et que, depuis, j'ai souverainement « aimé. — » Cela parut au roi chose grave de le lui donner ; mais comme il l'avait promis, ne voulant pas manquer à sa parole, il le fit appeler et lui dit : « — Beltram, vous êtes « désormais grand et homme fait ; nous voulons que vous « retourniez gouverner votre comté, et que vous emmeniez « avez vous une damoiselle que nous vous avons donnée « pour femme. — » Beltram dit : « — Et quelle est la da- « moiselle, monseigneur ? — » A quoi le roi répondit : « — C'est celle qui nous a, avec ses remèdes, rendu la « santé. — » Beltram, qui la connaissait et l'avait vue, bien qu'elle lui parût très belle, voyant qu'elle n'était pas d'un lignage répondant à sa noblesse, dit tout dédaigneux : « — Monseigneur, vous voulez donc me donner une femme « médecin pour épouse ? A Dieu ne plaise que je prenne « jamais une femme ainsi faite. — » A quoi le roi dit : « — Donc, vous voulez que nous manquions à notre parole, « laquelle afin de ravoir la santé nous donnâmes à la damoi- « selle qui, en récompense de ce, vous a demandé pour « mari? — » « — Monseigneur — dit Beltram — vous pouvez « m'ôter tout ce que je possède et me donner moi-même, « comme étant votre homme, à qui vous plaît ; mais je vous « assure que jamais je ne serai satisfait d'un tel mariage. — »
« — Si — dit le roi — vous le serez, pour ce que la damoi- « selle est belle et sage et vous aime beaucoup ; pour quoi « nous espérons que vous aurez avec elle une existence beau- « coup plus heureuse que vous n'auriez avec une dame de « plus haute lignée. — » Beltram se tut et le roi fit faire de grands préparatifs pour la fête des noces. Et le jour fixé pour cela étant venu, bien que Beltram le fît peu volontiers, il épousa, en présence du roi, la damoiselle qui l'aimait plus que soi-même. Cela fait, comme quelqu'un qui a déjà pensé à ce qu'il devait faire, prétextant qu'il voulait retourner dans sa comté et y consommer le mariage, il demanda congé du roi ; et, monté à cheval, il s'en alla, non pas dans sa comté, mais en Toscane. Ayant su que les Florentins guerroyaient

avec les Siennois, il prit parti pour les premiers, qui le reçurent avec joie et honneur, et le firent capitaine d'un certain nombre de gens d'armes ; ayant donc reçu d'eux de bonnes provisions, il resta un bon temps à leur service.

« La nouvelle épousée, peu satisfaite d'une telle aventure, espérant, par ses bons soins, le faire revenir dans sa comté, s'en vint en Roussillon, où elle fut reçue par tous comme leur Dame. Là, trouvant par suite de la longue absence du comte, toutes les affaire gâtées et en désordre, elle remit, en femme sage, tout en ordre avec une grande diligence et un grand soin ; de quoi ses sujets furent très contents, la tinrent pour très chère et lui portèrent grand amour, blâmant fort le comte de ce qu'il n'était pas satisfait d'elle. La dame ayant remis tout le pays en ordre, elle le fit signifier au comte par deux chevaliers, le priant si c'était à cause d'elle qu'il ne venait pas dans sa comté, de le lui faire savoir, et qu'alors pour lui complaire elle partirait. Le comte leur répondit très durement : « — Qu'elle fasse en cela à son plaisir ; pour « moi, je reviendrai habiter avec elle quand elle aura cet « anneau au doigt, et au bras un fils né de moi. — » C'était un anneau auquel il tenait fort et dont il ne se séparait jamais à cause de certaine vertu qu'on lui avait donné à entendre qu'il avait. Les deux chevaliers comprirent la dureté de ces deux conditions quasi impossibles à réaliser, et voyant que leurs paroles ne pouvaient le faire changer de résolution, ils s'en retournèrent vers la dame et lui rapportèrent la réponse.

« La dame, fort affligée, après avoir longuement réfléchi, résolut de voir si ces deux choses pouvaient se faire, où et comment, afin que, par conséquent, son mari revînt. Et ayant arrêté ce qu'elle devait faire, elle réunit une partie des plus grands et des principaux vassaux de sa comté, leur raconta avec ordre et avec de douces paroles ce qu'elle avait déjà fait pour l'amour du comte, et montra ce qui s'en était suivi ; elle finit en leur disant que son intention n'était point, par son séjour en ces lieux, de forcer le comte à rester en un perpétuel exil, qu'au contraire elle entendait passer le reste de sa vie en pèlerinages et en œuvres pieuses pour le salut de son âme; puis elle les pria de prendre la garde et le gouvernement de la comté, et de faire savoir au comte qu'elle l'avait quittée et qu'après lui en avoir laissé la possession, elle s'était éloignée avec l'intention de ne plus jamais revenir en Roussillon. Pendant qu'elle parlait, les bonnes gens répandirent de nombreuses larmes, et lui adressèrent de nombreuses prières pour qu'il lui plût de changer de résolution et de rester ; mais ils n'obtinrent rien. Les ayant recommandés à Dieu, elle se mit en route avec un sien cousin et une suivante, tous trois en habits de pèlerins, bien munis d'argent et de bijoux, sans que personne sût où elle allait ; et elle ne s'arrêta point qu'elle ne fût à Florence. Y étant d'aventure arrivé, elle se retira dans une petite auberge que tenait une bonne dame veuve, tout comme si elle eût été une pauvre pèlerine, et fort désireuse d'apprendre des nouvelles de son seigneur.

« Or, il advint que le jour suivant, elle vit passer devant son auberge Beltram à cheval avec sa compagnie, et, bien qu'elle le connût beaucoup, elle demanda néanmoins à la bonne dame de l'auberge qui il était. A quoi l'hôtesse répondit : « — Celui-ci est un gentilhomme étranger qui s'appelle
« le comte Beltram, plaisant et courtois et très aimé en cette
« cité, et il est l'homme du monde le plus énamouré d'une
« de nos voisines qui est une femme noble, mais pauvre.
« Vrai est que c'est une très honnête jeune femme, et à
« cause de sa pauvreté, elle n'est pas encore mariée, mais
« elle vit avec sa mère, très sage et bonne dame ; et peut-être,
« n'était sa mère, aurait-elle fait ce qui aurait plu au
« comte. — » La comtesse entendant ces paroles, les retint bien, et venant à examiner plus minutieusement chaque particularité, ayant tout bien compris, elle arrêta son projet. S'étant fait enseigner la maison et le nom de la dame, ainsi que celui de sa fille qui était aimée du comte, elle y alla un jour secrètement en habit de pèlerine ; et ayant trouvé la dame et sa fille très pauvrement logées, elle les salua, et dit à la dame que, quand cela lui plairait, elle désirait lui parler. La gente dame s'étant levée, dit qu'elle était prête à l'entendre ; et étant entrées seules dans une chambre, et s'étant assises, la comtesse commença : « — Madame, il me semble
« que vous êtes ennemie de la fortune, comme je suis moi-
« même ; mais si vous le voulez, vous pourriez d'aventure
« nous satisfaire vous et moi. — » La dame répondit qu'elle ne demandait rien autre chose autant que de se soulager honnêtement. La comtesse poursuivit : « — Il me faut votre
« parole ; mais si je m'y confie et que vous me trompiez, vous
« gâterez vos affaires et les miennes. — » « — Dites-moi
« sans crainte tout ce qu'il vous plaira — dit la gente
« dame — car jamais vous ne vous trouverez trompée
« par moi. »

« Alors la comtesse, commençant par son premier amour, lui raconta qui elle était et ce qui lui était advenu jusqu'à ce jour, de telle sorte que la gente dame, ajoutant foi à ces dires qu'elle avait entendus en grande partie d'autrui, se mit à avoir compassion d'elle. Et la comtesse, ayant raconté ses malheurs, poursuivit : « — Vous avez donc entendu parmi
« mes autres ennuis quelles sont les deux choses qu'il me
« faut conquérir si je veux avoir mon mari ; et je ne connais
« aucune autre personne qui me les puisse faire avoir si ce

« n'est vous, si ce que j'ai entendu est vrai, à savoir que le
« comte mon mari aime passionnément votre fille. — »
A quoi la gente dame dit : « — Madame, si le comte aime
« ma fille, je ne le sais, mais il en fait grand montre ; mais
« que puis-je faire en cela que vous désiriez? — » « — Ma-
« dame — répondit la comtesse — je vous le dirai ; mais pre-
« mièrement je veux vous montrer ce que j'entends qu'il s'en-
« suive pour vous si vous me servez. Je vois votre fille belle
« et grande à marier, et par ce qu'il me semble avoir en-
« tendu et compris, c'est le manque de bien pour la marier
« qui vous la fait garder à la maison. J'entends, pour prix
« du service que vous me rendrez, lui donner sur-le-champ
« de mes deniers telle dot que vous estimerez vous-même
« convenable pour la marier honorablement. — »

« L'offre plut à la dame qui était dans le besoin, mais ce-
« pendant, ayant l'âme noble, elle dit : « — Madame, dites-
« moi ce que je puis faire pour vous, et si c'est chose hon-
« nête à moi, je le ferai volontiers, et vous ferez ensuite ce
« qu'il vous plaira. — » La comtesse dit alors : « — J'ai
« besoin que vous fassiez dire au comte, mon mari, par une
« personne en qui vous ayez confiance, que votre fille est
« prête à satisfaire tous ses désirs, pourvu qu'elle puisse
« être assurée qu'il l'aime autant qu'il en fait montre, ce
« qu'elle ne croira jamais s'il ne lui envoie l'anneau qu'il
« porte à la main, et qu'elle a entendu dire qu'il aimait tant.
« S'il le lui envoie, vous me le donnerez ; puis vous lui
« manderez dire que votre fille est prête à faire selon son
« plaisir ; vous le ferez venir secrètement ici, et vous me
« mettrez en place de votre fille à ses côtés. Peut-être Dieu
« me fera la grâce de devenir grosse ; et ainsi, ayant son
« anneau au doigt et au bras un enfant engendré de lui, je
« le reconquerrai et je demeurerai avec lui, comme une
« femme doit demeurer avec son mari, et vous en serez
« cause. — » Cette chose parut grave à la gente dame, qui
craignait que peut-être il ne s'ensuivît du blâme pour sa
fille ; mais pourtant, songeant que c'était chose honnête de
donner la main à ce que la bonne dame pût ravoir son mari
et qu'elle se prêtait à faire cela pour une bonne fin, se fiant
à sa bonne et honnête affection, non-seulement elle promit à
la comtesse de le faire, mais au bout de quelques jours,
avec beaucoup de prudence et de mystère, suivant l'ordre
qui lui avait été donné, elle eut l'anneau — bien que cela
parût dur au comte — et elle la fit habilement coucher avec
le comte à la place de sa fille.

« Dans ces premiers embrassements très affectueusement
cherchés par le comte, la dame, comme cela plut à Dieu,
devint grosse de deux enfants mâles, ainsi que ses couches
venues en temps voulu le firent voir. La gente dame ne se

contenta pas seulement une fois des embrassements de son mari, mais elle en jouit à plusieurs reprises, opérant si secrètement, qu'on n'en sut jamais rien. Quant au comte, il croyait toujours avoir été, non avec sa femme, mais avec celle qu'il aimait, et quand il était pour s'en aller le matin, il lui donnait plusieurs beaux et précieux joyaux que la comtesse gardait tous avec soin.

« La comtesse, se sentant grosse, ne voulut pas grever plus longtemps la gente dame d'un tel service, mais elle lui dit :
« — Madame, grâce à Dieu et à vous, j'ai ce que je désirais,
« et pour ce il est temps que je fasse ce qui vous agréera,
« afin qu'après je m'en aille. — » La gente dame lui dit que si elle avait ce qu'elle voulait, cela lui plaisait, qu'elle n'avait agi par l'espoir d'aucune récompense, mais parce qu'il lui paraissait qu'elle devait le faire, et que c'était bien. A quoi la comtesse dit : « — Madame, cela me plaît fort, et d'un
« autre côté je n'entends pas vous donner comme une ré-
« compense ce que vous me demanderez, mais pour faire
« bien moi aussi, car il me paraît qu'il se doive faire ainsi.—»
Alors la gente dame, contrainte par la nécessité, lui demanda avec une grande vergogne cent livres pour marier sa fille. La comtesse, voyant son embarras, et entendant sa demande discrète, lui en donna cinq cents et tant de beaux et précieux joyaux qu'ils en valaient bien autant ; de quoi la gente dame, plus que contente, rendit le plus de grâces qu'elle put à la comtesse qui, s'étant séparée d'elle, s'en retourna à son auberge. La gente dame, pour ôter à Beltram tout motif de revenir jamais chez elle, s'en alla avec sa fille dans son pays, rejoindre ses parents. Quant à Beltram, réclamé peu de temps après par ses vassaux, et apprenant que la comtesse s'était éloignée, il s'en retourna chez lui.

« La comtesse, sachant qu'il avait quitté Florence et qu'il était retourné dans sa comté, fut très satisfaite, et demeura à Florence jusqu'à ce que vînt le moment de ses couches, et elle accoucha de deux enfants mâles très ressemblants à leur père, et qu'elle fit nourrir avec soin. Puis quand le temps lui parut venu, s'étant mise en route, elle s'en vint à Montpellier sans être connue de personne, et s'y étant reposée plusieurs jours, elle s'informa du comte et de l'endroit où il était, et apprenant qu'il devait faire à Roussillon, le jour de la Toussaint, une grande fête de dames et de chevaliers, elle s'y rendit sous un habit de pèlerine, comme elle avait accoutumé. Et voyant les dames et les chevaliers réunis dans le palais du comte pour se mettre à table, elle monta, sans changer d'habits, dans la salle du festin avec ses deux fils sur les bras, et s'en alla, passant çà et là à travers les convives, jusqu'à la place où elle vit le comte ; et là, s'étant jetée à ses pieds, elle dit en pleurant : « — Monseigneur, je suis ta

« malheureuse épouse qui, pour te laisser revenir en ta de-
« meure m'en suis allée longtemps errante. Je te requiers,
« par Dieu, que tu observes les conditions que tu m'as im-
« posées par les deux chevaliers que je t'envoyai, et voici
« dans mes bras, non pas un fils de toi, mais deux, et voici
« également ton anneau. Il est donc temps que je sois re-
« çue par toi comme ta femme, selon ta promesse. — ».

« Le comte, entendant cela, s'étonna grandement et reconn-
nut l'anneau ainsi que les enfants qui étaient si ressemblants
à lui, mais cependant il dit : » — Comment tout ceci peut-il
« être arrivé ? — » La comtesse, au grand étonnement du
comte et de tous les autres assistants, lui conta avec ordre
ce qui s'était passé et comment cela s'était fait. Pour quoi,
le comte, sentant qu'elle disait la vérité, et voyant et son
grand sens et sa persévérance, et enfin deux petits enfants
si beaux, tant pour tenir ce qu'il avait promis que pour complaire à tous ses hommes et aux dames, qui tous le priaient
de la recevoir désormais et de l'honorer comme sa légitime
épouse, mit fin à son obstination cruelle, et fit lever la comtesse ; et l'ayant embrassée et baisée, il la reconnut pour sa
légitime femme et ceux-ci pour ses fils. Et l'ayant fait vêtir
de vêtements convenables à son rang, il fit, au grandissime
plaisir de tous ceux qui étaient là et de tous ses autres vassaux, une très grande fête, non seulement tout ce jour, mais
pendant plusieurs autres encore ; et à partir de ce moment,
l'honorant toujours comme son épouse légitime, il l'aima et
l'eut pour souverainement chère. — »

NOUVELLE X

Alibech s'étant faite ermite, le moine Rustico, lui apprend à remettre le diable
en enfer. Elle devient ensuite la femme de Néerbale.

Dioneo, qui avait écouté attentivement la nouvelle de la
reine, voyant qu'elle était finie et qu'à lui seul restait à raconter, se mit à dire en souriant, et sans en attendre l'ordre :
« — Gracieuses dames, vous m'avez peut-être jamais entendu
dire comment on remet le diable en enfer ; pour quoi, sans
me départir beaucoup du sujet sur lequel vous avez parlé
pendant toute cette journée, je vais vous le dire. Peut-être,
l'ayant appris, pourrez-vous en acquérir quelque esprit.
Vous pourrez aussi reconnaître que, bien qu'il habite plus
volontiers les palais joyeux et les moelleux appartements
que les pauvres cabanes, Amour n'en fait pas moins parfois sentir ses forces jusqu'au milieu des bois épais, des

montagnes sauvages et des cavernes désertes ; d'où l'on peut comprendre que tout est soumis à sa puissance.

« Donc, venant au fait, je dis que, dans la cité de Capsa, en Barbarie, fut jadis un homme très riche, lequel, parmi ses autres enfants, avait une fille belle et gracieuse, nommée Alibech. N'étant pas chrétienne, et ayant entendu vanter la religion du Christ et le service de Dieu par plusieurs chrétiens qui étaient dans la ville, Alibech demanda un jour à l'un d'entre eux de quelle façon et comment on pouvait le plus facilement servir Dieu. Il lui fut répondu que ceux qui le servaient le mieux étaient ceux qui fuyaient le plus possible les choses du monde, comme le faisaient les gens qui s'en étaient allés dans les solitudes des déserts de la Thébaïde. La jeune fille, on ne peut plus simple et qui était âgée de quatorze ans à peine, poussée moins par une volonté raisonnée que par un désir d'enfant, sans en rien dire à personne, partit le lendemain toute seule et en cachette pour le désert de la Thébaïde. Après de grandes fatigues, son désir persistant, elle atteignit au bout de quelques jours ces solitudes. Ayant vu de loin une cabane, elle y alla, et trouva sur le seuil un saint homme qui, étonné de la voir en ce lieu, lui demanda ce qu'elle cherchait. Elle répondit qu'inspirée par Dieu, elle désirait se mettre à son service, et qu'elle cherchait quelqu'un qui lui apprît comment il fallait le servir. Le brave homme, la voyant si jeune et si belle, et craignant, s'il la retenait, d'être séduit par le démon, loua ses bonnes dispositions, et après lui avoir donné à manger quelques racines, des pommes sauvages et des dattes, et à boire un peu d'eau, il lui dit : « — Ma fille, non loin d'ici est un « saint homme qui est meilleur maître que moi pour ce que « tu cherches ; va vers lui, — » et il la mit sur le chemin. La jeune fille, parvenue vers l'autre solitaire, obtint de lui la même réponse, et poursuivant sa route, elle arriva à la cellule d'un jeune ermite, très digne et très dévôt personnage, nommé Rustico, à qui elle fit la même demande qu'elle avait faite aux autres.

« Celui-ci, voulant mettre sa fermeté à une grande épreuve, ne la renvoya pas comme ses confrères, mais il la retint près de lui dans sa cellule. La nuit venue, il lui fit un lit de branches de palmier et l'engagea à s'y reposer. Ceci fait, les tentations ne tardèrent pas à lui livrer bataille. Trahi bientôt par ses propres forces, il céda sans trop faire de résistance, et se déclara vaincu. Laissant de côté les saintes pensées, les oraisons et les disciplines, il se mit à repasser en sa mémoire la jeunesse et la beauté de la jeune fille, et à réfléchir à la façon dont il devait s'y prendre avec elle, afin d'en obtenir ce qu'il désirait sans qu'elle le prît pour un homme dissolu. Ayant tout d'abord hasardé quelques questions, il s'aperçut bien vite qu'elle n'avait jamais connu d'homme, et qu'elle était aussi simple qu'elle le paraissait. Pour quoi, il imagina de la faire servir à ses plaisirs sous le prétexte de servir Dieu.

« Il commença, en de longs discours, à lui montrer combien le diable est l'ennemi de Dieu ; puis il lui donna à entendre que le service qui pouvait être le plus agréable à Dieu était de remettre le diable dans l'enfer, auquel le Tout-Puissant l'avait condamné. La jeune fille lui demanda comment cela se faisait. A quoi Rustico répondit : « — Tu le « sauras tout à l'heure ; pour cela, fais ce que tu me verras « faire. — » Et il se mit à se dépouiller du peu de vêtements qu'il avait, de sorte qu'il se trouva complètement nu. La jeune fille en ayant fait autant, il la fit placer à genoux, droit en face de lui, comme si elle voulait prier. Tous deux étant dans cette posture, et Rustico se sentant plus allumé que jamais de désir en la voyant si belle, survint la résurrection de la chair. Ce que voyant Alibech, elle dit, tout étonnée : « Rustico, quelle est cette chose que je te vois « poindre si fortement en dehors, et que moi je n'ai pas ? — » « — O ma fille — dit Rustico — c'est là le diable dont je t'ai « parlé. Et vois-tu ? il me tourmente tellement, à cette « heure, que je puis à peine le supporter. — » La jeune fille dit alors : « — Loué soit Dieu ! je vois que je suis mieux « partagée que toi, car moi je n'ai pas ce vilain diable. — » Rustico reprit : « — Tu dis vrai, mais tu as autre chose « que je n'ai pas, moi, et tu l'as en place du diable. — » « — Et quoi donc — dit Alibech ? — » A quoi Rustico répondit : « — Tu as l'enfer, et je t'assure que je crois que « Dieu t'a envoyée ici pour le salut de mon âme, afin que, « tandis que ce diable me cause tant de tourments, tu aies « pitié de moi et consentes à ce que je le remette dans l'en- « fer. Tu me donneras un grand soulagement, et tu feras « un grandissime plaisir à Dieu, tout en le servant, si tu es « venue en ce lieu pour faire ce que je te dis. — » La jeune fille, dans sa naïve bonne foi, répondit : « — O mon père, « puisque j'ai l'enfer, ce sera quand il vous plaira. — » Rustico dit alors : « — Ma fille, sois bénie. Allons donc, « et remettons-l'y de façon qu'il me laisse ensuite tran- « quille. — » Ainsi dit, il mena la jeune fille sur un des « deux lits et lui montra comment elle devait se tenir pour laisser emprisonner ce maudit de Dieu.

« La jeune fille, qui n'avait encore jamais mis aucun diable en enfer, ressentit la première fois un peu de douleur. Pour quoi elle dit à Rustico : « — Certes, mon père, ce diable « doit être bien méchant et véritablment ennemi de Dieu, « car, même dans l'enfer, il fait souffrir quand on l'y fait en- « trer. — » « — Ma fille — dit Rustico — il n'en sera pas tou-

« jours ainsi. — » Et pour faire que cela n'arrivât plus, six fois de suite, avant de descendre du lit, ils remirent le diable en enfer, tant qu'enfin ils lui eurent fait baisser la tête, et qu'il se tînt tranquille. Mais le lendemain, ils recommencèrent à plusieurs reprises, et l'obéissante jeune fille se prêtant toujours à la chose, il advint que le jeu commença à lui plaire, et elle se mit à dire à Rustico : « — Je vois bien
« qu'ils disaient vrai, ces braves gens de Capsa, en préten-
« dant que servir Dieu était si douce chose. Et certes, je ne
« me souviens pas avoir jamais rien fait qui m'ait procuré
« un plaisir si grand que celui de remettre le diable en en-
« fer. Aussi j'estime que quiconque s'occupe de toute autre
« chose que de servir Dieu, est une bête. — » C'est pourquoi elle allait souvent trouver Rustico, et elle lui disait :
« — Mon père, je suis venue ici pour servir Dieu et non
« pour rester oisive ; allons remettre le diable en enfer. — »
Ce que faisant, elle disait parfois : « — Rustico — je ne sais
« pourquoi le diable s'enfuit de l'enfer, car s'il y restait
« aussi volontiers que l'enfer le reçoit et le retient, il n'en
« sortirait jamais. — »

« En provoquant ainsi souvent Rustico, et en l'excitant au service de Dieu, la jeune fille avait fini par lui tirer tellement le coton de la chemise, qu'il se sentait froid comme glace là où tout autre aurait sué. Aussi se mit-il à dire à la jeune fille que le diable ne devait être châtié et remis en enfer que lorsqu'il levait la tête par orgueil ; « — Et nous
« l'avons — ajoutait-il — grâce à Dieu, tellement châtié, qu'il
« prie le Ciel de se tenir en paix. — » C'est ainsi qu'il imposa silence pendant quelque temps à la jeune fille. Celle-ci, voyant que Rustico ne lui demandait plus de remettre le diable en enfer, lui dit un jour : « — Rustico, si ton diable
« est châtié, et ne te cause plus d'ennui, moi, mon enfer ne
« me laisse pas de repos ; pour quoi, tu feras bien de m'ai-
« der à amortir la rage de mon enfer, de même que moi,
« avec mon enfer, je t'ai aidé à abattre l'orgueil de ton
« diable. — » Rustico, qui vivait de racines, d'herbe et d'eau, ne pouvait que répondre mal à ces sollicitations. Il lui dit qu'il faudrait trop de diables pour pouvoir apaiser « l'enfer, mais que, quant à lui, il ferait ce qu'il pourrait. Et il la satisfaisait quelquefois, mais si rarement, que cela ne produisait pas plus d'effet que s'il eût jeté une fève dans la gueule d'un lion. De quoi la jeune fille, jugeant qu'elle ne servait pas Dieu comme il voulait être servi, murmurait très fort.

« Pendant qu'entre le diable de Rustico et l'enfer d'Alibech s'agitait cette question causée d'un côté par trop d'ardeur et de l'autre par manque de forces, il advint qu'un incendie éclata dans Capsa et brûla dans sa propre maison le père d'Alibech, tous ses enfants et tous ses serviteurs ; par suite de quoi Alibech resta seule héritière de tous ses biens. Aussitôt, un jeune homme, nommé Néerbale, et qui avait dissipé toute sa fortune en prodigalités, apprenant qu'Alibech était encore en vie, se mit à sa recherche et la retrouva avant que le fisc n'eût mis la main sur les biens de son père, comme sur ceux d'un homme mort sans héritiers. Au grand plaisir de Rustico et contre la volonté de la jeune fille, il la ramena à Capsa et la prit pour femme, héritant, grâce à elle, d'un patrimoine considérable. Interrogée par les dames, avant qu'elle eût couché avec Néerbale, sur la façon dont elle servait Dieu dans le désert, Alibech répondit qu'elle le servait en remettant le diable en enfer, et que Néerbale avait commis un grand péché en la détournant d'un tel service. Les dames lui demandèrent alors : « — Comment remet-on « le diable en enfer ? — » La jeune fille, par paroles et par gestes, le leur montra. De quoi elles se prirent si fort à rire, qu'elles en rient encore ; et elles dirent : « — Ne t'afflige « pas, ma fille, car on en fait bien autant ici ; Néerbale ser- « vira très bien Dieu avec toi. — » Puis les unes et les autres, s'en allant conter l'aventure par la ville, donnèrent lieu à ce dicton que le plus agréable plaisir qu'on pût faire à Dieu, était de remettre le diable en enfer. Pour quoi, jeunes dames qui avez besoin d'être en grâce près de Dieu, apprenez à remettre le diable en enfer, pour ce que la chose est fort agréable à Dieu et à ceux qui la font, et qu'un grand bien peut en naître et en résulter. — »

Plus d'une fois, la nouvelle de Dioneo avait excité le rire des honnêtes dames. La nouvelle finie, la reine voyant que le terme de son commandement était arrivé, ôta la couronne de sa tête, la posa gracieusement sur celle de Philostrate, et dit : « — Nous allons voir si le loup conduira mieux les brebis, que les brebis n'ont conduit les loups. — » Ce qu'entendant Philostrate, il se mit à rire et dit : « — Si l'on avait voulu me croire, les loups auraient enseigné aux brebis à remettre le diable en enfer, tout aussi bien que Rustico le fit pour Alibech ; c'est pourquoi ne nous appelez pas loups, puisque vous n'avez pas été traitées en brebis. En tous cas, selon qu'il me sera donné de faire, je régirai le royaume qui m'est confié. — » A quoi Néiphile répondit : « — Ecoute, Philostrate, en voulant nous instruire, vous auriez pu vous instruire vous-mêmes, comme il arriva à Mazetto da Lamporecchio avec les nonnes, et vous auriez dû reprendre si souvent la parole, que vos os auraient appris sans maîtres à siffler. — » Philostrate, voyant que chaque trait lancé avait prompte riposte, laissa là la plaisanterie et se mit à s'occuper du gouvernement du royaume commis à sa garde. Ayant fait appeler le sénéchal, il voulut savoir à quel point en étaient toutes les affaires. Puis il donna discrètement des ordres pour que la compagnie fût bien servie et satisfaite pendant tout le temps que sa royauté devait durer. Cela fait, il se retourna vers les dames et dit : « — Amoureuses dames, puisque, grâce à ma malechance, j'ai été assez malheureux pour que la beauté de quelqu'une de vous m'ait toujours assujetti à l'amour, et puisque mon humilité, mon obéissance, mon empressement à servir tous ses caprices, aussitôt que je les ai connus, m'ont valu d'abord d'être délaissé pour un autre, puis d'être traité de mal en pis, de sorte que je vois bien que cela me mènera à la mort, il me plaît que, demain, on ne parle pas d'autre chose que ce qui est le plus en rapport avec mes propres infortunes, c'est-à-dire de ceux dont les amours eurent une fin malheureuse. Quant à moi, je m'attends à la longue, pour mes amours, à une fin très misérable causée par celle qui sait bien qu'un tel langage m'est imposé, ne fût-ce que par le nom dont on m'appelle. — » Ayant ainsi parlé, il se leva et donna liberté à chacun jusqu'à l'heure du souper.

Le jardin était si beau et si agréable, qu'il n'y eut personne qui songeât à en sortir pour aller chercher ailleurs un plaisir plus grand. Au contraire, le soleil étant déjà assez radouci pour qu'on n'éprouvât aucune fatigue à pourchasser les chevreuils, les lapins et les autres moineaux qui s'y trouvaient et qui, pendant qu'on était assis, étaient venus plus de cent fois déranger les assistants en sautant au beau milieu d'eux, plusieurs se mirent à leur poursuite. Dioneo et la Fiammetta entamèrent une chanson sur messer Guillaume et la dame Vel Vergiù; Philomène et Pamphile s'attablèrent devant des échecs, et qui faisant une chose, qui une autre, le temps s'enfuit et l'heure du souper survint sans qu'on y eût presque songé. C'est pourquoi, les tables ayant été dressées tout autour de la belle fontaine, ils soupèrent en cet endroit on ne peut plus agréablement. Philostrate, pour ne pas s'écarter du chemin tenu par les reines qui l'avaient précédé, dès que les tables furent levées, ordonna à la Lauretta d'organiser une danse et de dire une chanson. — Mon seigneur — dit-elle — je ne sais pas de chansons faites par les autres, et pour ce qui est des miennes, je n'en ai pas de présente à la mémoire qui convienne à si joyeuse compagnie. Si vous en voulez une de celles-là, je vous la dirai volontiers. — A quoi le roi dit : « — Toute chose venant de toi ne peut être que belle et plaisante; pour ce, dis-la telle que tu la sais. — » Alors, la Lauretta, d'une voix fort suave, mais sur un ton un peu plaintif, les autres dames lui répondant, commença ainsi :

Il n'est pas d'infortunée
    Qui ait à se plaindre autant que moi,
    Car, férue d'amour, je soupire, hélas! en vain.

    Celui qui meut le ciel et chaque étoile,
    Me fit, de par sa volonté,
    Amoureuse, charmante, gracieuse et belle,
    Pour donner ici-bas à toute haute intelligence
    Quelques marques de cette
    Beauté qui se tient toujours devant lui.
    Et l'imperfection humaine,
    Me méconnaissant,
    Non seulement ne m'accueille pas, mais me dédaigne.

Autrefois, il y avait quelqu'un qui m'eut pour chère, et volontiers
    Me prit toute jeune
    En ses bras, me donna toutes ses pensées
    Et s'alluma tout entier à mes yeux,
    Passant entièrement à m'adorer
    Le temps qui léger s'envole;
    Et moi, qui suis courtoise,
    Je l'élevai jusqu'à moi.
    Mais, maintenant, à mon grand regret, je l'ai perdu.

Puis vint à moi un présomptueux
    Et fier jeune homme,
    Se disant noble et valeureux.
    Il m'a prise et me garde, et mu par un faux soupçon,
    Il est devenu jaloux.
    Et j'en suis hélas! quasi désespérée,
    Voyant en vérité
    Que, venue au monde pour le bonheur d'un grand nombre,
    Je suis possédée par un seul.

Je maudis l'instant funeste
    Où, pour changer d'habits,
    Je prononçai le oui; si belle et si joyeuse
    Je me vis jadis, tandis que maintenant
    Je mène une dure existence,
    Et je suis réputée moins honnête qu'avant.
    O douloureuse fête,
    Que ne suis-je morte avant
    De t'avoir éprouvée en pareil cas!

O cher amant, dont je fus d'abord
    Plus satisfaite que toute autre,
    Et qui es maintenant au ciel devant Celui

> Qui nous créa, aies pitié
> De moi qui, pour un autre,
> Ne puis t'oublier ; fais que je sente
> Que cette flamme n'est pas éteinte
> Dont tu brûlas pour moi,
> Et obtiens que là-haut j'aille te rejoindre.

Ici Lauretta termina sa canzone qui, louée par tous, fut diversement comprise. Quelques-uns, voulant l'entendre à la milanaise, soutinrent qu'un bon porc vaut mieux qu'une belle fille. D'autres furent d'une opinion plus relevée, meilleure et plus vraie ; mais je n'ai point à en parler pour le moment. Après cette chanson, le roi, ayant fait placer de nombreux flambeaux sur l'herbe et parmi les fleurs, en fit chanter plusieurs autres, jusqu'à ce que toutes les étoiles qui étaient sur l'horizon eurent disparu. Sur quoi, estimant qu'il était l'heure de dormir, il souhaita la bonne nuit et ordonna à chacun de regagner sa chambre.

QUATRIÈME JOURNEE

La troisième Journée du Décaméron finie, commence la quatrième, dans laquelle sous le commandement de Philostrate, on devise de ceux dont les amours eurent une fin malheureuse.

Très chères dames, tant par les paroles que j'ai entendues des hommes sages, que par les choses plusieurs fois par moi vues et lues, j'estimais que le vent impétueux et ardent de l'envie ne devait frapper que les hautes tours ou les cimes les plus élevées des arbres, mais je me trouve trompé dans mon jugement ; pour quoi, fuyant, comme je me suis toujours efforcé de le faire, le souffle impétueux de ce vent plein de rage, je me suis ingénié d'aller non pas seulement par les plaines, mais aussi par les plus profondes vallées. C'est ce qui peut très manifestement apparaître à qui regarde les présentes nouvelles, lesquelles non seulement sont écrites par moi en florentin vulgaire et en prose, sans titre aucun, mais encore dans le style le plus humble et le plus sobre que je puis. Cependant, malgré tout cela, je n'ai pu éviter d'être cruellement secoué par un tel vent qui m'a quasi déraciné, ni d'être tout déchiré par les morsures de l'envie. Par quoi, je puis très manifestement comprendre combien est vrai ce qu'ont coutume de dire les sages que seule la misère est sans envie dans les choses présentes.

Il y a donc eu des gens, discrètes dames, qui lisant ces petites nouvelles, ont dit que vous me plaisiez trop, et que ce n'est pas chose honnête que je prenne tant de soin de vous plaire et de vous consoler ; et d'aucuns ont dit pis encore et m'ont reproché de vous louer, comme je fais. D'autres, semblant vouloir parler plus mûrement, ont dit qu'à mon âge il n'est pas bien séant de m'amuser désormais à ces choses, c'est-à-dire de parler des dames ou de chercher à leur complaire. Et beaucoup, se montrant fort soucieux de ma renommée, disent que je ferais plus sagement de me tenir avec les Muses sur le Parnasse, que de me mêler à vous avec ces sottises. Il y en a aussi qui, parlant avec plus de dépit que de sagesse, ont dit que je ferais plus discrètement de songer comment je pourrais avoir du pain, que de m'en aller poursuivant ces frasques et me repaissant de vent. Et certains autres, pour dénigrer mon travail, s'efforcent de démontrer que les choses sont tout autrement que je vous les raconte. Donc, valeureuses dames, pendant que je combats à votre service, c'est par de telles bourrasques, par d'aussi atroces coups de dents, par de telles blessures, que je suis battu, molesté et percé jusqu'au vif. Ces choses, Dieu le sait, je les écoute et je les prends d'un esprit impassible, et quoique en cela ma défense vous incombe tout entière, néanmoins je n'entends pas y épargner mes propres forces. Au contraire, sans répondre autant qu'il conviendrait, je veux m'en débarrasser les oreilles avec une légère réponse, et cela sans retard ; pour ce que, si déjà, bien que je ne sois pas encore arrivé au tiers de mon travail, mes contempteurs sont nombreux et affichent une grande présomption, m'est avis qu'avant que je parvienne à la fin, ils pourront se multiplier, de façon — n'ayant pas été repoussés tout d'abord — qu'ils auront peu de peine à me mettre à bas, ce que, quelque grandes qu'elles soient, vos forces ne suffiraient pas à empêcher.

Mais avant que j'en vienne à faire la réponse à d'aucuns, il me plaît de raconter, en ma faveur, non une nouvelle entière — afin qu'il ne semble pas que je veuille mêler mes propres nouvelles avec celles d'une aussi louable compagnie que le fut celle dont je vous ai parlé — mais une partie de nouvelle, dont la défectuosité même prouvera qu'elle ne vient pas de cette compagnie ; et, parlant à mes adversaires, je dis que dans notre cité, il y a déjà bon temps, fut un citadin nommé Filippo Balducci, homme de condition très humble, mais riche et bien parvenu, et expert dans les choses que sa profession comportait. Il avait une femme qu'il aimait tendrement et dont il était tendrement aimé, et tous deux menaient une vie tranquille, ne s'étudiant à autre chose davantage qu'à se plaire entièrement l'un à l'autre. Or, il advint, comme il arrive de tous, que cette bonne dame passa de cette vie, et ne laissa d'elle à Filippo qu'un seul fils, lequel était âgé d'environ deux ans. Filippo fut aussi inconsolable de la mort de sa femme que tout homme qui perdrait une chose aimée. Et se voyant resté seul, sans la compagnie qu'il aimait le plus, il résolut de ne plus vivre dans le monde, mais de se donner au service de Dieu, et de faire de même de son petit enfant. Pour quoi, ayant donné tout son bien pour Dieu, il s'en alla sans retard sur le mont Asinajo, et là, il se retira avec son fils dans une petite cabane où, vivant tous les deux d'aumônes, dans les jeûnes et les oraisons, il se gardait soigneusement de parler en présence de son fils d'aucune chose temporelle, ni de lui en laisser voir aucune, afin qu'il ne fût pas détourné par elles du service de Dieu ; mais il l'entretenait sans cesse de la gloire de la vie éternelle, et de Dieu et des saints, ne lui enseignant rien autre chose que de saintes prières. Il le tint en ce genre de vie pendant plusieurs années, ne le laissant pas sortir de la cabane et ne lui montrant pas d'autre visage que le sien.

Le brave homme avait coutume de venir de temps en temps à Florence d'où, après avoir été secouru selon ses besoins par les amis de Dieu, il retournait à sa cabane. Or, il advint que le jeune garçon ayant déjà dix-huit ans et Filippo étant vieux, son fils lui demanda un jour où il allait. Filippo le lui dit. A quoi le garçon dit : « — Mon père, vous « êtes maintenant vieux et vous pouvez mal supporter la « fatigue ; pourquoi ne me menez-vous pas une fois à « Florence, afin que me faisant connaître les amis dévoués « à Dieu et à vous, moi qui suis jeune et qui peux mieux « supporter la fatigue que vous, je puisse ensuite, pour nos « besoins, aller à Florence quand il vous plaira, tandis que « vous resterez ici ? — » Le brave homme, songeant que son fils était déjà grand et si habitué au service de Dieu que les choses du monde pourraient désormais difficilement l'en détourner, se dit en lui-même : Il dit bien. Pour quoi, ayant besoin d'aller à Florence, il l'emmena avec lui.

Là, le jeune homme voyant les palais, les maisons, les églises et toutes les autres choses dont la ville se voit toute pleine, il commença à fortement s'émerveiller comme quelqu'un qui ne se souvenait pas d'avoir jamais rien vu de pareil, et il ne cessait de demander à son père ce qu'étaient toutes ces choses et comment elles s'appelaient. Le père le lui disait, et lui, ayant ouï la réponse, demeurait satisfait, puis s'enquérait d'autre chose. Le fils questionnant ainsi et le père répondant, ils rencontrèrent par aventure une troupe de belles jeunes femmes marchant à la file et qui s'en revenaient d'une noce. Dès que le jeune homme les vit, il demanda à son père quelle chose c'était. A quoi le père dit - « — Mon fils, baisse les yeux à terre ; ne les regarde pas, « car c'est une mauvaise chose. » Le fils dit alors : « — Et « comment s'appellent-elles ? — » Le père, pour ne pas éveiller dans l'esprit du jeune garçon un désir de concupiscence, rien moins qu'utile, ne voulut pas les appeler de leur véritable nom, c'est-à-dire : femmes, mais il dit : « — Elles se nomment oies. — »

Chose merveilleuse à entendre ! celui-ci qui jamais n'avait vu de femmes, sans plus se soucier des palais, ni du bœuf, ni du cheval, ni de l'âne, ni de l'argent, ni des autres choses qu'il avait vues, dit soudain : « — Mon père, je vous prie de « faire en sorte que j'aie une de ces oies. — » « — Hé ! mon

« fils—dit le père—tais-toi ; elles sont mauvaise chose.—»
A quoi le jeune garçon, toujours questionnant, dit :
« — Oh ! sont-elles ainsi faites, les mauvaise choses ? — »
« — Oui, — » dit le père. Et lui, alors, dit : « — Je ne
« sais ce que vous dites, ni pourquoi ces choses sont mau-
« vaises ; quant à moi, il ne me semble pas encore avoir vu
« chose si belle ni si plaisante que le sont celles-ci. Elles
« sont plus belles que les anges peints que vous m'avez plu-
« sieurs fois montrés. Ah ! si vous vous souciez de moi,
« faites que nous emmenions là-haut une de ces oies, et je
« lui donnerai la becquée. — » Le père dit : « — Je ne
« veux pas ; tu ne sais pas par où elles prennent leur bec-
« quée. — » Et il comprit incontinent que la nature avait
plus de force que tout son esprit, et il se repentit d'avoir
mené son fils à Florence.

Mais il me suffit d'en avoir dit jusqu'ici de la présente
nouvelle, et je veux me retourner vers ceux à qui je l'ai racontée. Donc, aucun de mes censeurs disent que je fais mal
en m'ingéniant trop à vous plaire et que vous me plaisez
trop. Lesquelles choses je confesse très ouvertement, à savoir que vous me plaisez et que je m'efforce de vous plaire.
Et je leur demande s'ils s'étonnent de cela, considérant, non
pas même que j'ai pu connaître les amoureux baisers, les
plaisants embrassements, et les accointements délectables
que de vous, très douces dames, on prend souvent, mais
seulement que j'ai vu et que je vois continuellement vos manières élégantes, votre désirable beauté, le bon goût de vos
parures; et, par-dessus tout cela, votre honnêteté aristocra-
tique, alors que celui qui nourri, élevé, grandi sur un mont
sauvage et solitaire, entre les murs d'une étroite cabane,
sans autre compagnie que celle de son père, dès qu'il vous
voit, vous désire seules, vous demande seules, vous suive
seules de son affection ! Ceux-ci me reprendront-ils, me
mordront-ils, me déchireront-ils, si, moi, dont le ciel a
formé le corps tout exprès pour vous aimer et qui, dès mon
enfance, vous ai donné mon âme, sentant la vertu de la lumière de vos yeux, la suavité des paroles mélifiues et la
flamme allumée par vos soupirs compatissants, vous me
plaisez, ou si je m'efforce de vous plaire, considérant surtout que vous avez plu tout d'abord par-dessus toute autre
chose à un petit ermite, à un jeune garçon sans sentiment,
quasi un animal sauvage ? Certes, que celui qui ne vous
aime pas et ne désire pas être aimé de vous, ignorant des
plaisirs et de la force de l'affection naturelle, me reprenne
ainsi ; pour moi, j'en ai peu cure.

Pour ceux qui vont parlant contre mon âge, ils montrent
qu'ils connaissent mal que si le poireau a la tête blanche il
a la queue verte. A ceux-là, laissant de côté la plaisanterie,

je réponds que jusqu'à l'extrême limite de ma vie, je n'aurai vergogne de me complaire à ces choses en lesquelles Guido Cavalcanti et Dante Alighieri, déjà vieux, et messer Cino da Pistoja, plus vieux encore, tinrent à honneur et eurent pour cher de mettre leur plaisir. Et n'était que ce serait sortir du mode ordinaire de raisonner, je produirais les histoires à l'appui, et je les montrerais toutes pleines d'hommes antiques et de valeur qui, précisément dans leurs années les plus mûres, se sont étudiés à complaire aux dames ; ce que, si mes dénigreurs ne le savent pas, ils aillent l'apprendre.

Quant à devoir me tenir avec les Muses sur le Parnasse, je reconnais que le conseil est bon, mais nous ne pouvons toujours demeurer avec les Muses ni elles avec nous ; et quand il advient que l'homme se sépare d'elles et qu'il se délecte à voir chose qui leur ressemble, cela n'est pas à blâmer. Les Muses sont femmes, et bien que les femmes ne vaillent pas ce que valent les Muses, cependant au premier abord elles ont une ressemblance avec elles ; de sorte que, quand elles ne me plairaient pas pour autre chose, en cela elles devraient me plaire. Sans compter que jadis les dames m'ont été occasion de composer des milliers de vers, là où les Muses ne m'en fournirent jamais l'occasion. Il est vrai que celles-ci m'aidèrent bien et me montrèrent à composer ces milliers de vers ; peut-être même pendant que j'écrivais ces contes, bien qu'ils soient très humbles, sont-elles venues plusieurs fois s'asseoir près de moi pour me servir et en l'honneur de la ressemblance que les dames ont avec elles ; pour quoi, en les composant, je ne m'éloigne pas tant du mont Parnasse ni des Muses que, par aventure, beaucoup s'en avisent.

« Mais que dirons-nous à ceux qui ont tant souci de ma faim, qu'ils me conseillent de me procurer du pain ? Certes, je ne sais ; sinon que, pensant en moi-même quelle serait leur réponse, si, par besoin, je m'adressais à eux, je m'avise qu'ils diraient : Va, cherches-en parmi les fables. Et jadis, les poètes en ont plus trouvé avec leurs fables que bien des riches parmi leurs trésors ; beaucoup même, en inventant leurs fables, firent fleurir leur âge là où, au contraire nombre de gens, en cherchant à avoir beaucoup plus de pain qu'il ne leur était besoin, ont péri malheureux. Quoi de plus ? Qu'ils me chassent ceux-là, quand j'irai leur demander ; non, Dieu merci, que j'aie besoin, mais si par hasard le besoin survenait, je sais, suivant l'apôtre, supporter l'abondance et la nécessité ; et pour ce, que personne ne se soucie de moi plus que je ne m'en soucie moi-même.

Pour ceux qui disent que les choses n'ont pas été telles que je les raconte, j'aimerais qu'ils rapportassent les originaux, et si ceux-ci se trouvaient en désaccord avec ce que j'écris, je reconnaîtrais le reproche pour juste et je m'efforcerais de m'amender moi-même. Mais jusqu'à ce qu'on me montre autre chose que des paroles, je les laisserai avec leur opinion, suivant la mienne, disant d'eux ce qu'eux-mêmes disent de moi.

Et estimant pour cette fois avoir assez répondu, je dis qu'avec l'aide de Dieu et le vôtre, très gentes dames, dans lequel j'espère, et armé de bonne patience, je marcherai en avant, tournant les épaules à ce vent et le laisserai souffler : pour ce que je ne vois pas qu'il puisse en arriver autrement de moi que ce qu'il advient de la poussière ténue, laquelle, quand une trombe souffle, ou bien n'est pas soulevée de terre par cette trombe, ou si elle est soulevée, est portée en haut, et souvent sur la tête des hommes, sur les couronnes des rois et des empereurs, et parfois sur les hauts palais et les tours élevées, du haut desquelles, si elle tombe, elle ne peut descendre plus bas que d'où elle a été soulevée. Et si jamais je me vouai à vous complaire en toute chose de toute ma force, maintenant plus que jamais je m'y vouerai ; pour ce que je connais qu'on ne pourra avec quelque raison rien dire autre chose, sinon que les autres et moi qui vous aimons, nous faisons chose naturelle. Pour vouloir s'opposer à ces lois, c'est-à-dire aux lois de la nature, il faut disposer de trop grandes forces, et il arrive parfois que non seulement ces forces sont déployées en vain, mais tournent au très grand dommage de qui les déploie. Ces forces, je confesse que je ne les ai pas, et que je ne désire pas les avoir du moins dans ce but ; et si je les avais, je les prêterais plutôt à autrui que je ne les emploierais pour moi-même. Pour quoi, que mes contempteurs se taisent, et s'ils ne peuvent s'enflammer, tellement ils vivent engourdis et enfoncés dans leurs plaisirs grossiers ou plutôt dans leurs appétits corrompus, qu'ils me laissent dans le mien durant cette briève vie qui m'est concédée. Mais, pour ce que nous avons assez divagué, il est temps de revenir, ô belles dames, à l'endroit d'où nous sommes partis et de poursuivre l'ordre commencé.

Le soleil avait déjà chassé toutes les étoiles du ciel et l'ombre humide de la nuit de dessus la terre, quand Philostrate s'étant levé, fit lever toute sa compagnie. Et étant allés dans le beau jardin, ils commencèrent à s'y promener ; et l'heure du manger venue, ils dînèrent à l'endroit où ils avaient soupé le soir précédent. Puis, le soleil étant au sommet de sa course, ils se levèrent après avoir dormi, et allèrent s'asseoir à la manière accoutumée près de la belle fontaine. Là, Philostrate ordonna à la Fiammetta de donner commencement aux nouvelles, et celle-ci, sans plus attendre qu'on le lui dît, commença gracieusement ainsi :

NOUVELLE I

Tancrède, prince de Salerne, tue l'amant de sa fille, et envoie à celle-ci le cœur de son amant dans une coupe d'or. La jeune fille boit du poison et meurt.

« — Notre roi nous a donné aujourd'hui un sujet pénible à traiter, si nous réfléchissons qu'étant venus pour nous réjouir, il nous faut raconter les larmes d'autrui, dont on ne peut parler sans que ceux qui les disent ou ceux qui les entendent n'en aient compassion. Peut-être l'a-t-il fait pour tempérer un peu le plaisir éprouvé les jours précédents ; mais quelque motif qui l'ait poussé, puisqu'il ne m'appartient pas de changer son bon plaisir, je raconterai un accident pitoyable, ou plutôt malheureux et digne de vos larmes.

« Tancrède, prince de Salerne, qui aurait été un seigneur très humain et de nature bénigne si, dans sa vieillesse, il n'avait pas trempé ses mains dans le sang de deux amants, n'eut dans toute sa vie qu'une fille, et il aurait été plus heureux qu'il ne l'eût pas eue. Celle-ci fut aussi tendrement aimée de lui qu'aucune autre fille le fut jamais de son père, et précisément à cause de cette tendre affection, bien que depuis plusieurs années elle eût dépassé l'âge où elle aurait dû avoir un mari, il ne la mariait pas. Cependant, à la fin, il la donna à un fils du duc de Capoue, avec lequel elle demeura peu de temps, étant restée veuve ; pour quoi elle retourna près de son père. Elle était très belle de corps et de visage, autant qu'une autre femme le fut jamais, et jeune et gaillarde, et savante plus que par aventure il n'était nécessaire à une femme. Elle vivait avec son tendre père comme une grande dame, entourée de mille délicatesses ; mais voyant que son père, pour l'amour qu'il lui portait, se souciait peu de la remarier, il ne lui parut pas honnête de l'en requérir ; aussi elle songea à se procurer secrètement, si c'était possible, un amant digne d'elle. Voyant beaucoup d'hommes nobles ou autres fréquenter la cour de son père, comme cela se voit d'ordinaire dans les cours, et ayant étudié les manières et les habitudes de bon nombre d'entre eux, il advint qu'un jeune valet de son père, dont le nom était Guiscardo, homme de naissance très humble, mais de cœur et de manières plus nobles que qui que ce fût, lui plut entre tous. Comme elle le voyait souvent elle s'enflamma cruellement en secret pour lui, appréciant de jour en jour davantage ses manières d'agir. De son côté le jeune homme qui n'était pas peu avisé, l'ayant remarquée, l'avait reçue en son cœur d'une telle force qu'il en avait oublié toute chose, si ce n'est de l'aimer.

« S'aimant donc ainsi secrètement l'un l'autre, la jeune femme ne désirait rien tant de se trouver avec lui ; mais ne voulant faire à personne la confidence de cet amour, elle s'efforça de trouver un moyen nouveau et ingénieux de le lui apprendre. Elle lui écrivit une lettre, dans laquelle elle lui indiqua ce qu'il avait à faire le jour suivant, pour se trouver avec elle ; puis ayant mis cette lettre dans l'intérieur d'une canne creuse, elle donna la canne à Guiscardo, en disant : « — Tu en feras ce soir pour ta servante un soufflet avec « lequel elle rallumera le feu. — » Guiscardo prit la canne, et pensant que ce n'était pas sans motif qu'elle la lui avait donnée et qu'elle lui avait parlé de la sorte, il prit congé d'elle et retourna chez lui avec la canne ; là, l'ayant examinée et voyant qu'elle était fendue, il l'ouvrit et y trouva la lettre; l'ayant lue, et ayant bien compris ce qu'il avait à faire, il s'estima l'homme le plus heureux qui fut jamais, et s'apprêta à aller vers la jeune femme par le moyen qu'elle lui avait indiqué.

« Il y avait, attenant au palais du prince, une grotte percée dans la montagne et existant depuis de très longues années. Cette grotte recevait un peu de lumière par un soupirail creusé de force dans la montagne, lequel soupirail, pour ce que la grotte était abandonnée, était quasi tout obstrué par les buissons et les herbes qui y avaient poussé. On pouvait descendre dans la grotte par un escalier secret donnant dans une des chambres du rez-de-chaussée du palais, et occupée par la dame, bien qu'elle fût fermée par une porte très forte. Cet escalier était tellement oublié de tous, n'ayant pas servi depuis des temps très éloignés, que personne qu'elle pour ainsi dire ne se souvenait qu'il existât. Mais Amour, aux yeux duquel rien n'est si caché qu'il ne le voie, l'avait remis à la mémoire de la dame énamourée, laquelle, afin que nul ne pût s'en apercevoir, avait travaillé pendant plusieurs jours de ses propres mains avant de venir à bout d'ouvrir cette porte. L'ayant enfin ouverte, et étant descendue seule dans la grotte et ayant vu le soupirail, elle avait mandé à Guiscardo de tâcher de venir par ce soupirail dont elle lui avait indiqué la hauteur depuis son ouverture jusqu'au sol. Pour ce faire, Guiscardo ayant promptement préparé une corde avec des nœuds et des coulants pour pouvoir descendre et remonter, et s'étant revêtu d'un manteau de cuir qui le défendît des buissons, sans rien faire savoir à personne, alla la nuit suivante au soupirail, et ayant solidement attaché l'un des bouts de la corde à un fort tronc qui avait poussé dans la bouche même du soupirail, il se glissa dans la grotte et attendit la dame. Celle-ci, le jour suivant, faisant semblant de dormir, renvoya ses damoiselles, et s'étant enfermée toute seule dans sa chambre, ouvrit la porte et descendit dans la grotte, où ayant trouvé Guiscardo, ils se firent l'un à l'autre une merveilleuse fête. Puis étant venus ensemble dans la chambre, ils y demeurèrent une grande partie de la journée à leur grandissime plaisir: et ayant tout arrêté prudemment pour que leurs amours restassent secrets, Guiscardo étant retourné dans la grotte et la dame ayant fermé la porte, elle alla retrouver dehors ses damoiselles. Quant à Guiscardo, la nuit venue, remontant par sa corde, il sortit par le soupirail comme il était entré et retourna à son logis.

« Ayant donc appris ce chemin, il y retourna plusieurs fois pendant un certain espace de temps. Mais la fortune, jalouse d'un si grand et si long plaisir, avec un douloureux incident changea la joie des deux amants en tristes pleurs. Tancrède avait coutume de s'en venir parfois tout seul dans la chambre de sa fille, et là de rester quelque temps à causer avec elle, puis il s'en allait. Un jour, après dîner, y étant descendu pendant que la dame, qui avait nom Ghismonda, était dans son jardin avec toutes ses damoiselles, il y entra sans avoir été vu ni entendu de personne. Ne voulant pas la déranger de son plaisir, et trouvant les fenêtres de la chambre closes et les courtines du lit abattues, il alla s'asseoir au pied du lit dans un coin sur un carreau, et après avoir appuyé la tête sur le lit et tiré sur lui la courtine, comme s'il eût pris soin de se cacher, il s'endormit.

« Pendant qu'il dormait ainsi, Ghismonda qui, ce jour là, avait par aventure fait venir Guiscardo, ayant laissé ses damoiselles dans le jardin, entra doucement dans la chambre, et l'ayant fermée sans s'apercevoir qu'il y avait quelqu'un, elle ouvrit la porte à Guiscardo qui l'attendait. Étant allés sur le lit ainsi qu'ils en avaient l'habitude, et comme ils se satisfaisaient et folâtraient ensemble, il advint que Tancrède se réveilla et entendit et vit ce que Guiscardo et sa fille faisaient. De quoi dolent outre mesure, il voulut tout d'abord crier ; puis il prit le parti de se taire et de se tenir caché, s'il pouvait, afin de pouvoir plus secrètement exécuter avec une moindre honte pour lui ce qu'il lui était déjà venu dans l'esprit de faire. Les deux amants restèrent longtemps ensemble, suivant leur habitude, sans s'apercevoir de Tancrède, et quand il leur parut temps, ils descendirent du lit ; Guiscardo s'en retourna dans la grotte et la jeune femme sortit de la chambre. Tancrède, bien qu'il fût vieux, en sortit à son tour par une fenêtre donnant sur le jardin, et sans être vu de personne, dolent à la mort, s'en retourna dans sa chambre. Et sur son ordre, à la tombée de la nuit, comme il sortait du soupirail, Guiscardo, embarrassé qu'il était dans son manteau de cuir, fut fait prisonnier par deux de ses estafiers, et conduit secrètement à Tancrède.

« Celui-ci, dès qu'il le vit, dit, quasi tout en pleurs :
« — Guiscardo, ma bonté envers toi n'avait pas mérité l'ou-
« trage et la honte que tu m'as fait éprouver dans mes
« choses intimes, comme aujourd'hui je l'ai vu de mes pro-
« pres yeux. — » A quoi Guiscardo ne dit rien autre que
« ceci. — Amour est plus puissant que vous ni moi ne le
« sommes. — » Alors Tancrède ordonna qu'il fût gardé secrètement dans une chambre du château ; et ainsi fut fait. Le jour suivant venu, Ghismonda ne sachant rien de tout cela, Tancrède ayant médité de nombreux et variés projets, alla selon habitude après son repas dans la chambre de sa fille, où, l'ayant fait appeler, et s'étant enfermé avec elle, il se mit à dire en pleurant : « — Ghismonda, comme je
« croyais connaître ta vertu et ton honnêteté, il n'aurait ja-
« mais pu me venir à l'esprit, quelque chose qu'on m'eût dite,
« si je ne l'avais vu de mes yeux, que tu aies pu non pas te
« livrer à un homme mais même y penser, excepté à ton
« mari ; de quoi, pour ce peu de temps de vie que la vieil-
« lesse me réserve, je serai toujours dolent, me rappelant cela.
« Et maintenant, plût à Dieu, puisque tu devais descendre
« à tant de dépravation, que tu eusses pris un homme
« digne de ta noblesse ; mais entre tant qui fréquentent ma
« cour, tu as choisi Guiscardo, jeune homme de très vile con-
« dition, élevé dans notre cour, quasi pour l'amour de Dieu, de-
« puis son enfance jusqu'à présent ; par quoi, tu m'as mis en
« grandissime embarras d'esprit, ne sachant quel parti je
« dois prendre à ton sujet. Quant à Guiscardo, que j'ai fait
« prendre cette nuit quand il sortait du soupirail, et que je
« tiens en prison, j'ai déjà résolu ce que je dois faire ; mais
« de toi, Dieu le sait, je ne sais que faire. D'une part, je
« suis sollicité par l'amour que je t'ai toujours porté plus
« qu'aucun père ne porte à sa fille, et d'autre part je suis
« excité par une très juste indignation pour ta grande folie.
« L'un veut que je te pardonne, et l'autre veut que, contre
« ma nature, je sévisse envers toi ; mais avant que je prenne
« un parti, je désire entendre ce que tu as à dire sur cela.
« — » Et cela dit, il baissa le visage, pleurant aussi fortement que ferait un enfant bien battu.

« Ghismonda, entendant son père et voyant que non seulement son amour secret était découvert, mais que Guiscardo était prisonnier, éprouva une douleur inexprimable, et fut tout près de la montrer par ses cris et ses larmes, comme font la plupart des femmes ; mais pourtant son âme altière surmontant cette lâcheté, elle affermit son visage avec une force merveilleuse, et elle résolut en elle-même, avant que de faire

la moindre prière pour elle, de ne plus rester vivante, croyant déjà que son Guiscardo était mort. Pour quoi, non en femme éplorée ou contrite de sa faute, mais comme une vaillante et sans témoigner de crainte, d'un visage sec et ouvert, et nullement troublée, elle parla ainsi à son père : « — Tancrède, je
« ne suis disposée ni à nier, ni à prier, pour ce que l'un ne
« me servirait à rien, et que je ne veux pas que l'autre me
« serve. En outre, par aucun acte de soumission je n'entends
« me rendre bénévoles ta mansuétude et ton affection ; mais
« confessant la vérité, je veux d'abord, par de vraies raisons,
« défendre mon honneur, puis, par des faits, montrer la
« grandeur de mon âme. Il est vrai que j'ai aimé et que
« j'aime Guiscardo, et tant que je vivrai, ce qui sera peu, je
« l'aimerai ; et si après la mort on s'aime, je ne cesserai pas
« de l'aimer. Mais à cela ce n'est pas tant ma fragilité de
« femme qui m'a conduite, que ton peu de sollicitude à me
« remarier, et sa propre vertu. Tu aurais dû comprendre,
« Tancrède, étant toi-même de chair, que tu avais engendré
« une fille de chair et non de pierre ou de fer ; et tu devais,
« tu dois te rappeler, bien que tu sois vieux maintenant,
« quelles sont, et combien nombreuses et avec quelle force
« viennent les lois de la jeunesse ; et bien que toi, homme,
« tu te sois exercé dans les armes une partie de tes meilleures
« années, tu ne devais pas moins savoir ce que peuvent les
« oisivetés et les douceurs de la vie chez les vieux non moins
« que chez les jeunes. Je suis donc, comme étant née de toi,
« de chair, et j'ai si peu vécu que je suis encore jeune, et,
« pour l'une et l'autre cause, je suis remplie de concupiscence
« et de désir ; à quoi est venue ajouter de merveilleuses forces
« cette circonstance que déjà, pour avoir été mariée, j'ai
» connu quel plaisir c'est que de satisfaire ce désir.
« Auxquelles forces ne pouvant résister, je me suis laissée
« aller à ce vers quoi elle me tiraient comme jeune et comme
« femme, et je suis devenue amoureuse. Et certes, en cela
« j'opposai toute ma vertu, ne voulant pas, autant qu'il était
« par moi possible, que le penchant qui m'entraînait vers ce
« péché naturel, nous fît honte ni à toi, ni à moi. A cette
« fin, l'amour pitoyable et la fortune amie m'avaient montré
« une voie très cachée par laquelle, sans que personne s'en
« aperçût je parvenais à satisfaire mes désirs ; et cela, quel
« que soit celui qui te l'ait montré, ou le moyen par lequel
« tu l'as su, je ne le nie point. J'ai pris Guiscardo, non par
« hasard, comme beaucoup font, mais après mûre réflexion
« je l'ai choisi par-dessus tout autre, et je l'ai introduit près
« de moi de propos délibéré, et avec une sage persévérance
« de lui et de moi j'ai satisfait longuement mon désir. Dont
« il semble que, outre la faute d'avoir péché par amour,
« suivant plus volontiers la vulgaire opinion que la vérité, tu

« me reprennes plus amèrement en me disant — comme si
« tu n'aurais pas dû être ému si j'avais choisi un homme
« noble — que je me suis commise avec un homme de basse
« condition. En quoi tu ne vois pas que ce n'est point ma
« faute que tu reprends, mais celle de la fortune qui très
« souvent élève haut les indignes et laisse les plus dignes en
« bas. Mais laissons maintenant cela, et regarde quelque peu
« au principe des choses ; tu verras que notre chair à tous est
« faite d'une masse de chair, et que toutes les âmes ont été
« créées par un même créateur avec des forces et des puis-
« sances égales, et une égale vertu. C'est la vertu qui tout
« d'abord nous distingue, car nous naquîmes et nous naissons
« tous égaux ; et ceux qui en eurent et en acquirent la plus
« grande part furent appelés nobles, et le reste resta non
« noble. Et bien qu'un usage contraire ait par la suite
« obscurci cette loi, elle n'est pas encore abolie ni détruite
« par la nature et les bonnes coutumes ; et pour ce, celui
« qui se conduit avec vertu, se montre vraiment gentilhomme
« et si on l'appelle autrement, c'est celui qui appelle et non
« celui qui est appelé qui commet une faute. Regarde parmi
« tous tes gentilhommes et examine leur vertu, leurs mœurs
« et leurs façons de vivre, et d'autre part, regarde celle de
« Guiscardo : si tu veux juger sans animosité, tu diras qu'il
« est très noble et que tous tes nobles sont des vilains. Sur
« la vertu et la valeur de Guiscardo, je n'ai pas cru au juge-
« ment d'aucune autre personne, qu'à celui de tes paroles et
« de mes yeux. Qui le recommanda jamais autant que toi,
« alors que tu le louais dans toutes les choses où un vaillant
« homme doit être loué ? Et certes ce n'était pas à tort ;
« car si mes yeux ne m'ont point trompée, il n'est pas un éloge
« que tu lui aies donné, que je ne lui aie vu mériter et bien
« plus que tes paroles ne pouvaient l'exprimer. Et si toute-
« fois j'avais été trompée en cela, c'est par toi que j'aurais
« été trompée. Diras-tu donc que je me suis commise avec
« un homme de basse condition ? tu ne dirais pas la vérité ;
« mais si par aventure tu disais que c'est avec un homme
« pauvre, on pourrait te l'accorder à ta honte, puisque tu
« n'as pas su mettre en meilleur état un vaillant homme
« ton serviteur ; mais la pauvreté n'enlève la noblesse à per-
« sonne, ce que fait parfois la richesse. Beaucoup de rois,
« beaucoup de grands princes ont été pauvres ; et beaucoup
« de ceux qui bêchent la terre et qui gardent les troupeaux,
« furent autrefois très riches, comme il en est encore au-
« jourd'hui. Quant au dernier doute que tu agitais, à savoir
« ce que tu devais faire de moi, chasse-le tout à fait, si dans
« ton extrême vieillesse tu es disposé à faire ce que tu n'as
« pas fait étant jeune, c'est-à-dire à devenir cruel. Use sur
« moi ta cruauté que je ne suis disposée à détourner par

« aucune prière, puisque tu en trouves la première occasion
« dans cette faute, si c'est une faute, parce que je t'assure
« que ce que tu auras fait ou feras de Guiscardo, si tu n'en
« fait autant de moi, mes propres mains le feront. Or donc,
« va pleurer avec les femmes, et persistant dans ta cruauté,
« tue-nous d'un même coup, lui et moi, s'il te paraît que
« nous ayions ainsi mérité. — »

« Le prince connut la grandeur d'âme de sa fille, mais il ne crut pas pour cela qu'elle fût si fortement résolue à faire ce que ces paroles disaient. Pour quoi, sorti d'auprès d'elle, et ayant écarté la pensée de la faire en rien souffrir, il pensa à refroidir son ardent amour dans le sang d'autrui, et il ordonna aux deux gardiens de Guiscardo de l'étrangler sans bruit la nuit suivante, et, après lui avoir arraché le cœur, de le lui apporter, ce que ceux-ci firent comme il leur avait été commandé. Le jour suivant venu, le prince ayant fait venir une grande et belle coupe d'or, et y ayant mis le cœur de Guiscardo, l'envoya à sa fille par un de ses familiers secrets, auquel il donna ordre de lui dire en lui donnant : « — Ton
« père t'envoie ceci, pour te consoler de la chose que tu
« aimes le plus, de même que tu l'as consolé, lui, de ce
« qu'il aimait le plus. — »

« Ghismonda, non revenue de son cruel projet, se fit, dès que son père l'eut quittée, apporter des herbes et des racines vénéneuses, qu'elle distilla et réduisit dans l'eau, afin de l'avoir toute prête si ce qu'elle craignait arrivait. Le familier étant venu la trouver avec le présent et le message du prince, elle prit la coupe avec un visage fort et l'ayant découverte, comme elle vit le cœur et entendit les paroles, elle eut pour certain que c'était le cœur de Guiscardo. Pour quoi, ayant levé les yeux sur le familier, elle dit ceci : « — Il ne fallait
« pas une sépulture moins digne que l'or à si grand cœur, et
« en cela mon père a discrètement fait. — » Et ayant ainsi dit, elle l'approcha de sa bouche, l'embrassa, et puis dit :
« — En toutes choses, toujours et jusqu'à cette fin suprême
« de ma vie, j'ai trouvé l'amour de mon père très tendre pour
« moi, mais aujourd'hui plus que jamais, et pour ce tu lui
« rendras de ma part, pour un si grand présent, les dernières
« grâces que je doive jamais lui rendre. — » Cela dit, s'étant retournée sur la coupe qu'elle tenait serrée, et regardant le cœur elle dit : — « Ah ! doux tombeau de tous mes plaisirs,
« maudite soit la cruauté de celui qui maintenant me force à
« te voir avec les yeux du corps ! Ce m'était assez de te re-
« garder à toute heure avec ceux de la pensée. Tu as fourni
« ta course et ainsi que le sort l'avait marqué, tu t'es hâté et
« te voici à la fin à laquelle chacun court ; tu as laissé les
« misères du monde et ses fatigues, et de ton ennemi lui-
« même tu as obtenu la sépulture que ta valeur t'a méritée.

« Rien ne te manquait pour avoir des funérailles complètes
« sinon les larmes de celle que de ton vivant tu as tant ai-
« mée ; afin que tu eusses ces larmes, Dieu a mis dans la
« pensée de mon impitoyable père de t'envoyer à moi, et je te
« les donnerai, bien que j'eusse résolu de mourir les yeux
« secs et le visage dépouillé de toute peur. Et quand je te les
« aurai données, je ferai en sorte que mon âme rejoigne sans
« retard aucun celle que tu as si longtemps précieusement
« gardée. Et en quelle autre compagnie qu'avec elle pourrais-
« je partir plus contente ou plus rassurée, pour les lieux
« inconnus ? Je suis sûre qu'elle est encore en toi, et qu'elle
« regarde les lieux témoins de ses plaisirs et des miens, et
« que, comme — j'en suis persuadée — elle m'aime encore,
« elle attend la mienne dont elle est souverainement ai-
« mée. — » Ayant ainsi dit, non autrement que si elle avait
eu une fontaine dans la tête, sans faire aucune de ces clameurs habituelles aux femmes, elle s'inclina sur la coupe,
et, gémissant, elle se mit à verser tant de larmes que ce fut
chose merveilleuse à regarder, et à baiser une infinité de
fois le cœur mort.

« Ses damoiselles qui se tenaient autour d'elle, ne comprenaient pas ce que c'était que ce cœur ou ce que voulaient
dire ces paroles, mais vaincues de pitié, elles pleuraient toutes et lui demandaient en vain avec un air de compassion
la cause de ses pleurs, et, du mieux qu'elles savaient et pouvaient, s'ingéniaient à la consoler. Quand il lui parut avoir
assez pleuré, elle releva la tête, essuya ses yeux et dit :
« — Ô cœur tant aimé, j'ai rempli mon devoir tout entier
« envers toi ; il ne me reste plus autre chose à faire que d'al-
« ler avec mon âme faire compagnie à la tienne. — » Et
cela dit, elle se fit donner la fiole dans laquelle était l'eau
qu'elle avait préparée d'avance, et ayant versé cette eau
dans la coupe où le cœur avait été lavé par ses abondantes
larmes, elle la porta sans peur aucune à sa bouche, la but
toute, et l'ayant bue, elle monta sur son lit la coupe à
la main, s'enveloppant le plus honnêtement qu'elle put
dans ses vêtements ; puis après avoir placé sur son cœur
le cœur de son amant sans rien dire, elle attendit la mort.

« Ses damoiselles ayant vu et entendu ces choses, bien
qu'elles ne sussent point ce qu'était l'eau qu'elle avait bue,
avaient envoyé tout dire à Tancrède, lequel, craignant ce
qui venait de se passer, descendit sur-le-champ dans la
chambre de sa fille et y arriva au moment où elle montait
sur le lit. Alors il se mit, mais trop tard, à la réconforter
par de douces paroles, et voyant en quel état extrême elle
était, il se mit à pleurer douloureusement. A quoi la dame
dit : « — Tancrède, réserve ces larmes pour un sort moins
« désiré que celui-ci, et ne les donne pas à moi, car je ne

« les souhaite point. Qui vit jamais quelqu'un, sinon toi,
« pleurer sur ce qu'il a voulu ? Mais pourtant, si un reste
« de cet amour que tu m'as autrefois porté vit encore en
« toi, accorde-moi comme dernière faveur, puisqu'il ne t'a
« pas plu que je vécusse secrètement et en cachette avec
« Guiscardo, que mon corps soit enterré publiquement avec
« le sien, quelque part que tu l'aies fait jeter après sa
« mort. — » L'angoisse de ses pleurs ne permit pas au
prince de répondre. Alors la jeune femme sentant sa fin venue, serrant le cœur mort sur sa poitrine, dit : « — Restez
avec Dieu, car moi je m'en vais. — » Et ayant fermé ses
yeux et perdu tout sentiment, elle quitta cette vie de douleur. Ainsi eut douloureuse fin l'amour de Guiscardo et de
Ghismonda, comme vous l'avez entendu. Après avoir beaucoup pleuré sur eux, Tancrède se repentant trop tard de sa
cruauté, les fit, au milieu de la douleur générale des Salernitains, honorablement ensevelir tous deux dans un même
tombeau. — »

NOUVELLE II

Frère Alberto fait croire à une dame que l'ange Gabriel est amoureux d'elle, et se faisant passer pour l'ange Gabriel, il couche plusieurs fois avec la dame. Surpris par les parents de cette dernière, il se sauve de chez elle et se réfugie chez un pauvre homme qui, le lendemain, le conduit sur la place sous le déguisement d'un homme sauvage. Là, il est reconnu, pris et mis en prison.

La nouvelle contée par la Fiammetta avait plus d'une fois tiré les larmes des yeux de ses compagnes, mais quand elle fut finie, le roi dit d'un air sombre : « — Je croirais faire un bon marché, s'il me fallait donner ma vie pour la moitié du plaisir que Guiscardo eut avec Ghismonda, et pas une de vous ne s'en doit étonner, puisqu'à chaque heure de mon existence je ressens mille morts, sans que pour toutes ces heures douloureuses il me soit concédé la moindre parcelle de plaisir. Mais laissant pour le moment ce qui me concerne, je veux qu'avec de tristes récits, en partie semblables à mes propres malheurs, Pampinea, continue. Si elle poursuit comme la Fiammetta a commencé, je me mettrai sans aucun doute à sentir quelque rafraîchissement tomber sur le feu qui me consume. — » Pampinea voyant que l'ordre lui était venu, comprit plutôt par son affection pour elles le désir de ses compagnes, que par ses paroles celui du roi, et pour ce, plus disposée pour les récréer un peu que pour contenter le roi uniquement sur son ordre, à dire une nouvelle pour rire sans sortir du sujet proposé, elle commença :

« — Le vulgaire use d'un proverbe ainsi fait : Qui est mauvais et tenu pour bon, peut faire le mal sans qu'on y croie. Ce proverbe me fournit ample matière à parler sur le sujet qui m'a été imposé, comme aussi à montrer combien grande est l'hypocrisie des religieux. Ceux-ci avec leurs longs et larges habits, leur visage artificiellement pâli, leur voix humble et douce quand ils sollicitent, mais hautaine et forte pour blâmer chez autrui leurs propres vices et pour persuader qu'eux prenant et les autres donnant, tous arrivent à salvation, et, qui plus est, avec leur art de concéder à chaque mourant, selon la quantité d'argent que celui-ci leur donne, une place plus ou moins bonne en paradis, non comme des hommes qui ont le paradis à acquérir aussi bien que nous, mais comme s'ils en étaient possesseurs et maîtres, s'efforcent de tromper d'abord eux-mêmes s'ils croient à tout cela, puis ceux qui ajoutent foi à leurs paroles. Et à ce sujet, s'il m'était permis de le démontrer autant qu'il conviendrait, je ferais voir bientôt ce qu'ils tiennent caché sous leurs larges capes. Mais plût à Dieu, qu'à propos de leurs jongleries, il leur en advînt à tous, comme à un frère mineur, non pas jeune, mais de ceux qui à Venise étaient tenus pour les meilleurs casuistes, et duquel il me plaît souverainement de parler, pour relever un peu, en vous forçant peut-être à rire, vos âmes remplies de compassion par la mort de Ghismonda.

« Donc, valeureuses dames, il y eut dans Imola un homme de vie scélérate et corrompue, lequel s'appelait Berto della Massa, dont les œuvres blâmables très connues des habitants de la ville, le signalèrent tellement, que personne dans Imola ne croyait plus non seulement à ses mensonges, mais aux vérités qu'il disait ; pour quoi, voyant que ses tromperies ne pouvaient plus prendre en ce pays, il s'en alla en désespoir de cause à Venise, réceptacle de toute ignominie, et là il imagina de prendre un nouveau moyen pour exercer ses méfaits, ce qu'il n'avait pu faire ailleurs. Et comme s'il avait été mordu par sa conscience pour les malversations commises auparavant par lui, se montrant pris d'une extrême humilité, et devenu en outre plus dévôt que quiconque, il alla se faire frère mineur, et se fit appeler frère Alberto da Imola ; et sous cet habit, il se mit à simuler une vie de privations et à prêcher beaucoup la pénitence et l'abstinence, ne mangeant jamais de viandes, ne buvant pas de vin, quand il n'en avait pas qui lui plût. A peine l'eut-on remarqué, que de voleur, de ruffian, de faussaire, d'homicide, il devint subitement grand prédicateur, sans avoir pour cela abandonné les vices susdits, se proposant de les pratiquer en cachette quand il pourrait. En outre s'étant fait prêtre, il était toujours à l'autel, et quand il célébrait, s'il était vu de beaucoup de gens, il pleurait sur la passion du Sauveur, comme quelqu'un à qui les larmes coûtaient peu quand il le voulait. Et en peu de temps, par ses prédications et ses larmes, il sut capter tellement les Vénitiens, qu'il était nommé fidéi-commis et dépositaire de tout testament qui se faisait, gardien des deniers de beaucoup de gens, confesseur et conseiller quasi de la meilleure partie des hommes et des femmes ; et ainsi faisant, de loup il était changé en pasteur, et sa réputation de sainteté était devenue à Venise bien plus grande que ne le fut jamais celle de saint François à Assises.

« Or, il advint qu'une jeune dame, simple et sotte, qui était appelée madame Lisetta da Caquirino, femme d'un gros marchand qui etait parti avec des galères pour la Flandre, alla, avec d'autres dames, se confesser à ce saint moine. Laquelle dame étant à ses pieds, et ayant, comme une Vénitienne qu'elle était — et elles sont toutes sans cervelle, — dit une partie de ses péchés, frère Alberto l'interrogea et lui demanda si elle n'avait pas quelque amant. A quoi elle, d'un air indigné, répondit : « — Eh ! messire le moine, n'avez-
« vous pas des yeux en tête ? Mes beautés vous paraissent-
« elles faites comme celles des autres ? j'aurais trop d'amants
« si j'en voulais, mais mes beautés ne sont pas faites pour
« être aimées de celui-ci ou de celui-là. Combien en voyez-
« vous dont les beautés soient faites comme les miennes,
« moi qui serais belle dans le paradis même ? — » Et par-dessus cela, elle dit tant de choses de sa beauté, que c'etait fastidieux à entendre. Frère Alberto connut incontinent que celle-ci était atteinte de sottise, et comme elle lui parut terrain propice à ses desseins, il s'amouracha d'elle soudain et outre mesure. Mais réservant les cajoleries pour un temps plus favorable, et afin de se donner pour un saint, il se mit pour cette fois à la reprendre et à lui dire que c'était là une vaine gloire, et autres choses de ce genre. Pour quoi, la dame lui dit qu'il était une bête et qu'il ne savait pas distinguer une beauté d'une autre. Alors frère Alberto, ne voulant pas trop la courroucer, la confession étant finie, la laissa aller avec les autres pénitentes.

« Quelques jours après, ayant pris avec lui un de ses fidèles compagnons, il alla à la maison de madame Lisetta, et s'étant retiré à part avec elle dans une salle où il ne pouvait être vu de personne, il se jeta à ses genoux et dit : « — Ma-
« dame, je vous prie, de par Dieu, de me pardonner ce que
« dimanche, alors que vous parliez de votre beauté, je vous
« ai dit, pour ce que j'en ai été si cruellement châtié la nuit
« suivante, que, depuis, je n'ai pu me lever si ce n'est au-
« jourd'hui. — » La dame niaise dit alors : « — Et qui vous
« a châtié ainsi ? — » Frère Alberto dit : « — Je vous le
« dirai. Etant la nuit en prière, comme j'ai l'habitude d'être

« toujours, je vis subitement dans ma cellule une grande
« splendeur, et avant que j'eusse pu me retourner pour voir
« ce que c'était, je vis au-dessus de moi un jeune homme
« d'éclatante beauté, un gros bâton à la main, qui me prit
« par la tête, me jeta à ses pieds, et me bâtonna tellement
« qu'il me brisa tout entier. Je lui demandai après pourquoi
« il avait agi ainsi, et il répondit : « — Parce que tu as osé
« aujourd'hui reprendre les célestes beautés de madame
« Lisetta, que j'aime, fors Dieu, au-dessus de toute chose. — »
« Et moi, je lui demandai alors : « — Qui êtes-vous ? » —
« A quoi il répondit qu'il était l'ange Gabriel. « — O mon sei-
« gneur — dis-je — je vous prie de me pardonner. — » Et lui
« dit alors : « — Eh bien, je te pardonne, à cette condition
« que tu iras la trouver le plus tôt que tu pourras, et que
« tu t'en feras pardonner ; et si elle ne te pardonne pas, je
« reviendrai ici, et je te donnerai tant de coups, que je te
« rendrai impotent pour tout le temps que tu vivras ici-
« bas. — » Ce qu'il me dit ensuite, je n'ose vous le dire, si
« vous ne me pardonnez tout d'abord. — »

« La dame à la cervelle éventée, et qui était aussi un peu
douce de sel, se réjouissait tout en entendant ces paroles, et
les croyait toutes très vraies ; au bout d'un moment, elle
dit : « — Je vous disais bien, frère Alberto, que mes beautés
« étaient célestes ; mais Dieu me soit en aide, j'ai pitié de
« vous, et pour qu'il ne vous soit plus fait de mal, je vous
« pardonne présentement, si vous me dites exactement ce
« que l'ange vous a dit ensuite. — » Frère Alberto dit :
« — Madame, puisque vous m'avez pardonné, je vous le
« dirai volontiers ; mais je vous prie de vous souvenir d'une
« chose, c'est que, quoi que je vous dise, vous vous gardiez
« d'en parler à qui que ce soit au monde, si vous ne voulez
« gâter vos affaires, car vous êtes la plus heureuse femme qui
« aujourd'hui soit sur terre. L'ange Gabriel m'a dit de vous
« dire que vous lui plaisiez tant, que plusieurs fois il serait
« venu coucher la nuit avec vous, s'il n'avait craint de vous
« épouvanter. Maintenant il vous mande par ma bouche
« qu'il veut venir vous trouver une nuit et rester quelque
« temps avec vous ; et pour ce qu'il est ange, et qu'en venant
« sous la forme d'ange vous ne pourriez pas le toucher, il dit
« que, par amour pour vous, il veut venir sous une forme
« d'homme, et pour ce il dit que vous lui mandiez dire quand
« vous voulez qu'il vienne, et sous la forme de qui ; alors il
« viendra ; de quoi vous pouvez, plus que toute autre femme
« vivante, vous tenir heureuse. — » Madame la niaise dit
alors qu'il lui plaisait beaucoup que l'ange Gabriel l'aimât,
pour ce qu'elle l'aimait bien, lui aussi, et qu'elle ne manquait
jamais d'allumer, devant les endroits où elle voyait son
image, une chandelle d'au moins un matapan ; et que quelle

que fût l'heure où il voudrait venir la voir, il serait le bienvenu ; qu'il la trouverait toute seule dans sa chambre, mais à la condition toutefois qu'il ne la délaisserait pas pour la Vierge Marie, qu'on lui avait dit lui vouloir beaucoup de bien, ainsi que cela paraissait du reste, puisque chaque fois qu'elle le voyait elle se mettait à genoux devant lui. Elle ajouta qu'il pouvait venir sous la forme qu'il voudrait, car elle n'aurait pas peur.

« Frère Alberto dit alors : « — Madame, vous parlez sage-
« ment, et j'ordonnerai tout pour le mieux avec lui selon que
« vous me dîtes. Mais vous pouvez me faire une grande
« grâce qui, à vous, ne vous coûtera rien, et cette grâce, la
« voici : consentez à ce qu'il vienne avec mon corps. Et écou-
« tez en quoi vous me ferez ainsi une grâce : il me tirera
« l'âme du corps et la mettra en paradis, et il entrera en
« moi, et tout autant qu'il sera avec vous, autant mon âme
« restera en paradis. — » La dame peu fine, dit alors :
« — Cela me plaît très bien ; je veux qu'en dédommagement
« des coups qu'il vous a donnés à mon occasion, vous ayez
« cette consolation. — » Frère Alberto dit alors : « — Donc
« faites que cette nuit il trouve la porte de votre demeure
« disposée de façon qu'il puisse entrer, pour ce que, venant
« sous un corps d'homme, il ne pourra entrer autrement
« que par la porte. — » La dame répondit que ce serait fait. Frère Alberto partit, et elle resta si transportée de joie que le cul ne lui touchait pas la chemise, et qu'il lui semblait qu'il se passerait mille ans avant que l'ange Gabriel vînt la trouver.

« Frère Alberto, pensant que cette nuit il lui faudrait faire office de cavalier et non d'ange, commença par se réconforter avec des confetti et d'autres bonnes choses, afin de ne pas être trop facilement jeté bas de son cheval. Ayant donc obtenu permission, dès qu'il fut nuit, il alla avec un de ses compagnons dans la maison d'une de ses amies, d'où il avait plus d'une fois pris sa course quand il allait courir les juments, et de là, quand le moment lui parut venu, il se rendit à la demeure de la dame, où ayant pénétré, il se transforma en ange avec les habits qu'il avait apportés, puis monta en haut et entra dans la chambre de la dame. Celle-ci, dès qu'elle vit cette chose toute blanche, s'agenouilla devant elle, et l'ange l'ayant bénie, la releva et lui fit signe d'aller au lit. Elle, empressée d'obéir, le fit prestement, et l'ange se coucha auprès de sa dévote. Frère Alberto était bel homme et robuste de corps, et sa personne se tenait bien sur ses jambes ; pour quoi se trouvant avec madame Lisetta qui était fraîche et tendre, il lui fit une autre contenance que son mari et vola pendant la nuit bon nombre de fois sans ailes ; de quoi elle se tint pour fortement contente ; et de plus, il lui dit beaucoup de choses sur la gloire céleste. Puis, le jour approchant, ayant préparé son retour, il sortit sous ses habits ordinaires et rejoignit son compagnon, auquel, afin qu'il n'eut pas peur en dormant seul, la bonne femme de la maison avait fait amicale compagnie.

« La dame, dès qu'elle eût déjeuné, ayant pris sa suivante, alla trouver frère Alberto et lui dit des nouvelles de l'ange Gabriel, et ce qu'elle avait entendu de lui sur la gloire de la vie éternelle, et comme il était fait, ajoutant à cela de merveilleuses fables. A quoi frère Alberto dit : « — Je ne
« sais comment vous avez été avec lui ; je sais bien que cette
« nuit, quand il est venu à moi et que je lui ai eu fait votre
« ambassade, il transporta subitement mon âme parmi tant
« de fleurs et tant de roses, que jamais on en vit autant ici-
« bas, et je restai jusqu'à ce matin en un des plus agréables
« lieux qui fut jamais ; ce que mon corps est devenu pendant
« ce temps, je ne sais. — » « — Ne vous le dis-je pas — dit
« la dame — votre corps a été toute la nuit dans mes bras
« avec l'ange Gabriel ; et si vous ne me croyez pas, regardez-
« vous sous le sein gauche, à l'endroit où j'ai donné un
« grandissime baiser à l'ange, tellement que la trace en res-
« tera plusieurs jours. — » Frère Alberto dit alors :
« — Bien ferai-je aujourd'hui une chose que je n'ai pas
« faite depuis longtemps, je me dévêtirai pour voir si vous
« dites vrai. — » Et après bon nombre de sottises, la dame s'en retourna chez elle, où, sous forme d'ange, frère Alberto alla souvent depuis, sans trouver aucun empêchement.

« Cependant il advint qu'un jour, madame Lisetta étant avec une de ses commères, et devisant avec elle sur la beauté, elle dit, pour mettre la sienne au-dessus de toute autre, en femme qui avait peu de sel en la cervelle : « — Si
« vous saviez à qui ma beauté plaît, en vérité, vous vous tai-
« riez sur celle des autres. — » La commère, désireuse d'apprendre, et qui la connaissait bien, dit : « — Madame,
« vous pouvez dire vrai, mais cependant, ne sachant pas quel
« est celui-là, d'aucuns ne le croiraient pas aussi légère-
« ment. — » Alors la dame, qui avait peu d'esprit, dit :
« — Commère, cela ne se doit pas dire, mais mon amant
« est l'ange Gabriel qui m'aime plus que lui-même, comme
« étant la plus belle dame, à ce qu'il me dit, qui soit au
« monde ou dans la Maremme. — » La commère eut alors envie de rire, mais elle se retint pour la faire parler davantage, et dit : « — Sur ma foi en Dieu, Madame, si l'ange
« Gabriel est votre amant et vous a dit cela, il doit bien en
« être ainsi ; mais je ne croyais pas que les anges faisaient
« ces choses. — » La dame dit : « — Commère, vous êtes
« dans l'erreur ; par les plaies de Dieu, il le fait mieux que
« mon mari. Il me dit aussi que cela se fait ainsi là-haut ;

« mais pour ce que je lui parais plus belle qu'aucune autre
« qui soit au Ciel, il s'est énamouré de moi et vient coucher
« avec moi bien souvent : comprenez-vous maintenant ? — »

« La commère ayant quitté madame Lisetta, il lui sembla
vivre mille ans avant d'être en un endroit où elle pût redire
ces choses ; et s'étant trouvée à une fête en compagnie d'une
nombreuse société de dames, elle leur raconta de tous points
la nouvelle. Ces dames le dirent à leurs maris et à d'autres
dames, et celles-ci à d'autres encore, et ainsi en moins de
deux jours, Venise en fut toute remplie. Mais parmi ceux
aux oreilles de qui vint la chose, se trouvèrent les beaux-
frères de la dame, lesquels, sans rien lui dire, eurent à cœur
de connaître cet ange Gabriel et de savoir s'il savait voler, et s'embusquèrent pendant plusieurs nuits à cet effet.

« Il advint que de tout ceci rien ne parvint aux oreilles de
frère Alberto, qui s'en fut une nuit retrouver la dame. Mais
à peine se fût-il déshabillé, que les beaux-frères de celle-ci
qui l'avaient vu venir, furent à la porte de sa chambre pour
l'ouvrir. Ce que frère Alberto entendant, et s'apercevant de
ce que c'était, il se leva, et n'ayant pas d'autre moyen de se
sauver, ouvrit une fenêtre qui donnait sur le grand canal et
se jeta à l'eau. Il y avait beaucoup de fond et il savait bien
nager, de sorte qu'il ne se fit aucun mal ; et ayant nagé de
l'autre côté du canal, il entra prestement dans une maison
qui était ouverte, où il pria un bon homme qui s'y trouvait,
de lui sauver la vie pour l'amour de Dieu, lui racontant une
fable pour lui expliquer comment il se trouvait là à cette
heure et tout nu. Le bon homme, mu de pitié, et ayant à
aller à ses affaires, le mit dans son lit et lui dit d'y rester
jusqu'à son retour, puis, l'ayant enfermé, il alla à ses
affaires. Quant aux beaux-frères de la dame, étant entrés
dans la chambre, ils trouvèrent qu'après y avoir laissé ses
ailes, l'ange Gabriel s'était envolé ; de quoi tout déconfits,
ils firent de grands reproches à la dame, et la laissant désolés, s'en retournèrent chez eux, avec la défroque de l'ange
Gabriel.

« Sur ces entrefaites, le jour étant venu, le bon homme
se trouvant sur le Rialto, entendit dire comment, la nuit
précédente, l'ange Gabriel avait été coucher avec madame
Lisetta, et que, trouvé par ses beaux-frères, il s'était, de
peur, jeté dans le canal, et qu'on ne savait ce qu'il était devenu ; pour quoi il s'avisa soudain que c'était lui qu'il avait
en sa demeure. Y étant retourné et l'ayant reconnu, après
lui avoir parlé de beaucoup de choses, il lui dit que s'il ne
voulait pas qu'il le livrât aux beaux-frères, il lui fît apporter
cinquante ducats ; ce qui fut fait. Puis, frère Alberto désirant sortir de là, le bon homme lui dit : « — Il n'y a pas
« d'autre moyen que celui-ci : nous faisons aujourd'hui une

« fête dans laquelle chacun mène un homme vêtu soit en
« ours, soit en sauvage, ou en tout autre déguisement; et
« nous faisons une chasse sur la place Saint-Marc, après la-
« quelle chasse, la fête est terminée, et chacun s'en va où il
« lui plaît avec celui qu'il a mené. Si vous voulez, afin qu'on
« ne puisse deviner qui vous êtes, je vous mènerai là dans
« un de ces déguisements, et je pourrai ensuite vous con-
« duire où vous voudrez. Autrement je ne vois pas comment
« vous pourriez sortir d'ici sans être reconnu, car les beaux-
« frères de la dame, avisant que vous êtes caché en quelque
« endroit des environs, ont mis partout des sentinelles pour
« vous avoir. — »

« Bien qu'il parût dur à frère Alberto d'aller sous un tel déguisement, la peur qu'il avait des parents de la dame l'amena à accepter, et il dit à son hôte où il voulait être conduit, et qu'il serait content pourvu qu'il l'y conduisît. Celui-ci après l'avoir tout enduit de miel, le couvrit par dessus de plumes légères, puis lui ayant mis une chaîne dans la bouche, et lui ayant donné à tenir d'une main un grand bâton et de l'autre deux grands chiens qu'il avait menés de la boucherie, il envoya quelqu'un au Rialto publier à son de trompe que quiconque voudrait voir l'ange Gabriel allât sur la place de saint Marc; et voilà la loyauté vénitienne! Cela fait, il le fit sortir, le faisant marcher devant lui, et le tenant derrière par la chaîne, non sans une grande rumeur de la foule qui répétait à l'envie : Qu'est-cela, qu'est-cela? Il le conduisit sur la place, où il y avait des gens à l'infini qui tous étaient venus sur l'avis entendu au Rialto. Parvenu là, dans un endroit élevé, faisant semblant d'attendre la chasse, il lia à une colonne son homme sauvage auquel les mouches et les taons, pour ce qu'il était enduit de miel, causaient un grand ennui. Mais quand il eut vu la place bien pleine, feignant de vouloir détacher son homme sauvage, il ôta le masque à frère Alberto, disant : « — Sei-
« gneurs, puisque le sanglier ne vient pas à la chasse, et
« qu'ainsi on n'en fait pas, je veux, pour que vous ne soyez
« pas venus en vain, que vous voyiez l'ange Gabriel, lequel
« descend du ciel la nuit pour consoler mesdames les Vé-
« nitiennes. — »

« Dès que le masque fut ôté, frère Alberto fut aussitôt reconnu de tous, et chacun lui adressait les mots les plus outrageants et les plus grandes injures que l'on eût dites jamais à un fourbe. En outre, chacun lui jetait au visage, qui une ordure, qui une autre. Et on le tint ainsi un grand espace de temps, jusqu'à ce que la nouvelle fût venue par aventure à ses frères. Enfin six d'entre eux arrivèrent le chercher, et lui ayant jeté une cape sur le dos après l'avoir enchaîné, ils le menèrent non sans une grande rumeur derrière lui, à leur couvent, où il fut mis en prison, et où l'on croit qu'il mourut après avoir mené une vie misérable. C'est ainsi que tenu pour saint et faisant le mal sans qu'on le crût, il osa se faire passer pour l'ange Gabriel, et déguisé en homme sauvage, il finit par être vitupéré, comme il l'avait mérité, et pendant longtemps pleura en vain ses péchés. Plaise à Dieu qu'à tous les autres il puisse en arriver ainsi. — »

NOUVELLE III

Trois jouvenceaux aiment trois sœurs et s'enfuient avec elles en Crète. L'aînée tue son amant par jalousie ; la seconde lui sauve la vie en couchant avec le duc de Crète. Son amant l'ayant su, la tue et s'enfuit avec la sœur aînée. Le troisième amant et la troisième sœur sont accusés du meurtre ; ils sont mis en prison, corrompent le gardien et se sauvent à Rhodes, où ils meurent dans la misère.

Philostrate, ayant entendu la fin de la nouvelle de Pampinea, resta quelque temps silencieux, puis dit en se tournant vers elle : « — Il y a eu un peu de bon, et cela m'a plu, à la fin de votre nouvelle ; mais auparavant, il y a eu trop à rire, ce que j'aurais voulu n'y point voir. — » Puis s'étant tourné vers la Lauretta, il dit : « — Madame, continuez avec une meilleure, si cela se peut. — » La Lauretta dit en riant : « Vous êtes trop cruel envers les amants si vous désirez uniquement qu'ils aient une fin malheureuse. Moi, pour vous obéir, je conterai une nouvelle au sujet de trois amants qui finirent également mal après avoir peu joui de leur amour. — » Et ayant ainsi dit, elle commença : « — Jeunes dames, comme vous pouvez clairement le reconnaître, tout vice peut tourner au plus grand dommage de celui qui en use, et souvent au dommage d'autrui ; et parmi tous les autres vices, il me semble que celui qui nous jette dans les périls à rênes abandonnées, c'est la colère, laquelle n'est pas autre chose qu'un mouvement soudain et inconsidéré, mu par sentiment de tristesse qui chasse toute raison, et ayant aveuglé de ténèbres les yeux de l'esprit, allume notre âme d'une immense fureur. Et bien que cela arrive souvent chez les hommes, et plus souvent chez les uns que chez les autres, néanmoins ce vice s'est vu aussi avec de plus grands dommages chez les femmes, pour ce que les soupçons s'allument plus facilement chez elles, y brûlent d'une plus vive flamme et les émeuvent avec moins de retenue. Et il n'y a rien d'étonnant à cela, car, si nous voulons regarder, nous voyons que de sa nature le feu prend plus vite aux choses légères et faibles, qu'aux choses dures et plus résistantes. Pour nous, — et les hommes ne le prennent pas pour un mal — nous sommes plus délicates qu'eux et beaucoup plus mobiles. C'est pourquoi, considérant que nous sommes portées naturellement à cela, et que d'un autre côté notre mansuétude et notre bonté procurent grande tranquillité et grand plaisir aux hommes avec lesquels nous avons à vivre, et aussi que la colère et la fureur sont une source de grand ennui et péril, et afin que nous nous en gardions d'un cœur plus fort, j'entends par ma nouvelle vous montrer comment l'amour de trois jeunes hommes et d'autant de dames, comme j'ai dit ci-dessus, de très heureux devint très malheureux, par suite de la colère de l'une d'elles.

« Marseille, comme vous savez, est située en Provence sur le bord de la mer. C'est une antique et très noble cité, et qui fut jadis plus remplie d'hommes riches et de gros marchands qu'on n'y en voit aujourd'hui. Parmi ces derniers, il en fut un appelé Narnald Cluada, homme de naissance infime, mais de grande bonne foi et loyal marchand, riche sans mesure de domaines et de deniers, lequel avait eu de sa femme plusieurs enfants, dont trois étaient des filles et beaucoup plus âgées que les autres qui étaient des garçons. Deux d'entre elles, nées le même jours, étaient âgées de quinze ans ; la troisième en avait quatorze. Leurs parents n'attendaient pour les marier que le retour de Narnald qui était allé avec ses marchandises en Espagne. Les noms des deux premières étaient pour l'une Ninetta, et pour l'autre Maddalena ; la troisième s'appelait Bertella. De la Ninetta, un jeune homme nommé Restagnone, gentilhomme quoique pauvre, s'était amouraché autant qu'il pouvait, et la jeune fille s'était à son tour éprise de lui, et tous deux avaient su si bien s'y prendre, que, sans que personne au monde le sût, ils jouissaient de leur amour. Et ils en jouissaient déjà depuis un certain temps, quand il advint que deux jeunes compagnons, dont l'un s'appelait Folco et l'autre Ughetto, et dont les pères étaient morts en les laissant très riches, s'énamourèrent l'un de la Maddalena, l'autre de la Bertella. De quoi s'étant aperçu Restagnone — la Ninetta le lui ayant montré — il songea à avancer ses propres affaires, grâce à leur amour. S'étant lié avec eux, il les accompagnait tantôt l'un, tantôt l'autre, tantôt tous deux à la fois, pour voir leurs dames en même temps qu'il venait voir la sienne ; et quand il lui parût être assez leur ami, il les fit venir un jour dans sa demeure et leur dit : « — Très chers jeunes
« gens, notre fréquentation peut vous avoir assurés combien
« est grande l'amitié que je vous porte, et que je ferais pour
« vous ce que je ferais pour moi-même ; et comme je vous
« aime beaucoup, j'entends vous dire ce qui m'est venu en

« l'esprit; puis, vous et moi, nous prendrons ensemble là-
« dessus le parti qui vous semblera le meilleur. Si vos pa-
« roles ne mentent pas, et par ce que j'ai aussi compris de
« vos allures de jour et de nuit, vous brûlez d'un grandissime
« amour pour les deux jeunes filles que vous aimez, et dont
« moi j'aime la troisième sœur. A cette ardeur, si vous voulez
« vous y prêter, mon cœur me donne de trouver très doux
« et plaisant remède qui est celui-ci : vous êtes de richis-
« simes jeunes gens, ce que moi je ne suis pas ; si vous voulez
« réunir vos richesses en une et m'en faire avec vous troi-
« sième possesseur, puis choisir en quelle partie du monde
« vous désirez que nous allions mener joyeuse vie avec nos
« maîtresses, sans aucun doute, je ferai que les trois sœurs,
« avec une grande partie des biens de leur père, s'en vien-
« dront avec nous où nous voudrons aller. A vous mainte-
« nant de prendre un parti et de vous satisfaire par ce
« moyen ou de le laisser. — »

Les deux jeunes gens qui brûlaient outre mesure, entendant qu'ils obtiendraient leurs jeunes maîtresses, ne se fatiguèrent pas trop à délibérer, mais dirent que si ce résultat
devait s'ensuivre, ils étaient prêts à faire ainsi. Restagnone
ayant obtenu cette réponse des jeunes gens se rencontra
avec la Ninetta, auprès de laquelle il ne pouvait s'introduire
sans grandes difficultés, et après être demeuré quelque temps
avec elle, il lui exposa ce qu'il avait dit aux jeunes gens, et
s'efforça par de nombreux raisonnements de la rendre favorable à cette entreprise. Mais cela lui fut peu malaisé, pour ce
qu'elle désirait encore plus que lui de le voir sans entraves ;
pour quoi elle lui répondit sans hésiter que cela lui plaisait
et que ses sœurs, surtout en cette occasion, feraient ce qu'elle
voudrait, et elle l'engagea à préparer le plus tôt possible tout
ce qui était nécessaire à l'accomplissement de ce projet. Restagnone étant retourné vers les deux jeunes gens qui le pous-
saient vivement à faire ce dont il leur avait parlé, leur dit
que, pour ce qui concernait leurs dames, la besogne était en
bonne voie. Alors, ayant résolu entre eux d'aller en Crète, ils
vendirent quelques domaines qu'ils possédaient, sous prétexte
d'avoir des deniers comptants pour faire le commerce, et
ayant fait argent de tous les autres biens, ils achetèrent un
navire léger, l'armèrent en secret d'une façon complète et
attendirent l'heure du départ. De son côté, la Ninetta qui
connaissait très bien le désir de ses sœurs, les disposa si
bien à l'aventure par de douces paroles, qu'elles ne croyaient
jamais pouvoir vivre jusque-là. Pour quoi, la nuit étant
venue où l'on devait monter sur le navire, les trois sœurs
ayant ouvert un grand coffre appartenant à leur père, y prirent
une très grande quantité d'argent et de bijoux, et toutes trois
étant sorties sans bruit de la maison, suivant l'ordre convenu,

elles allèrent retrouver leurs trois amants qui les attendaient. Elles montèrent sans retard avec eux sur le navire, on donna des rames dans l'eau et l'on partit; sans s'arrêter nulle part, ils arrivèrent le lendemain soir à Gênes, où les nouveaux amants prirent tout d'abord joie et plaisir de leur amour. Après s'être ravitaillés de tout ce dont ils avaient besoin, ils poursuivirent leur route, et d'un port à l'autre, avant le huitième jour, ils arrivèrent sans encombre en Crète où ils achetèrent de grands et beaux domaines tout près de la ville de Candie, sur lesquels ils firent bâtir de très belles et plaisantes habitations. Là, avec un nombreux domestique, des chiens, des oiseaux et des chevaux, ils se mirent à vivre joyeusement en noces et festins, avec leurs dames, en hommes les plus heureux du monde et comme de grands seigneurs.

« Sur ces entrefaites, de même que nous voyons chaque jour arriver que les choses les plus agréables ennuient quand on les a en trop grande abondance, il advint que Restagnone, qui avait beaucoup aimé la Ninetta et qui pouvait l'avoir à son plaisir et sans aucune crainte, se mit à s'en lasser et par conséquent à manquer d'amour pour elle. S'étant trouvé à une fête, il vit une jeune fille du pays; celle-ci lui ayant souverainement plu, car elle était belle et gente dame, il la poursuivit de ses assiduités et se mit à donner pour elle de merveilleuses fêtes et galanteries; de quoi la Ninetta s'apercevant, elle conçut à son sujet une telle jalousie, qu'il ne pouvait faire un pas sans qu'elle le sût et ne le harcelât ensuite par ses reproches et ses invectives. Mais de même que l'abondance des choses devient fastidieuse, la privation de ce qu'on désire augmente l'appétit; ainsi les invectives de la Ninetta accroissaient les flammes du nouvel amour de Restagnone; et comme par la suite du temps il advint — soit que Restagnone eût obtenu ou n'eût pas obtenu les faveurs de la dame aimée — que la Ninetta, qui que ce fût qui le lui rapportât, le tint pour vrai et qu'elle tomba dans une telle tristesse et de là dans une telle colère, puis dans une telle fureur, que l'amour qu'elle portait à Restagnone s'étant changé en haine acerbe, elle résolut, consumée par sa colère, de venger par la mort de Restagnone l'injure qu'elle s'imaginait avoir reçue. Et étant allée trouver une vieille Grecque, grande maîtresse en la composition des poisons, elle l'amena par promesses et par dons à faire une eau mortifère que, sans plus hésiter, elle donna à boire un soir à Restagnone qui avait chaud et qui ne se méfiait point de cela. La puissance de cette eau fut telle qu'avant que le matin fut venu, elle l'eut tué.

« Folco et Ughetto, ainsi que leurs dames, apprenant cette mort, sans savoir que leur ami était mort par le poison, pleurèrent amèrement avec la Ninetta, et le firent honorablement ensevelir. Mais, peu de jours après, il advint que, pour un autre méfait, la vieille qui avait composé l'eau empoisonnée pour la Ninetta fut prise, et parmi ses autres crimes, ayant été mise à la question, confessa celui-là, démontrant pleinement ce qui était advenu pour Restagnone. Sur quoi, le duc de Crète, sans rien dire, s'en fut secrètement une nuit au palais de Folco et, sans causer la moindre rumeur, sans rencontrer le plus petit obstacle, emmena la Ninetta prisonnière. De celle-ci, sans avoir nullement besoin de la soumettre à la question, il sut très vite ce qu'il voulait savoir sur la mort de Restagnone. Folco et Ughetto avaient été informés en secret par le duc et avaient redit à leurs dames pourquoi la Ninetta avait été emprisonnée, ce qui leur déplut fort ; aussi ils mirent tous leurs soins à faire que la Ninetta échappât au bûcher auquel ils prévoyaient qu'elle serait condamnée, comme une malheureuse qui l'avait très bien gagné. Mais tous leurs efforts n'aboutirent à rien, pour ce que le duc persistait à vouloir faire justice.

« La Maddalena, qui était une belle jeune femme et qui avait été longuement courtisée par le duc sans avoir jamais voulu faire ce qu'il désirait, s'imaginant qu'en se montrant complaisante pour lui elle pourrait soustraire sa sœur au bûcher, lui fit dire par un messager discret qu'elle se tenait à son commandement si deux choses devaient s'ensuivre : la première que sa sœur lui serait rendue sauve et libre, l'autre que cette affaire resterait secrète. Le duc, ayant ouï l'ambassade et celle-ci lui ayant plu, réfléchit longuement sur ce qu'il devait faire ; puis à la fin il consentit et dit qu'il était prêt. Ayant donc, du consentement de la dame et comme s'il voulait s'informer auprès d'eux, fait arrêter une nuit Folco et Ughetto, il alla coucher secrètement avec la Maddalena. Et après avoir tout d'abord fait semblant de faire mettre la Ninetta dans un sac, et de la faire cette nuit-même noyer dans la mer, il la ramena avec lui à sa sœur, et, pour prix de cette nuit, la lui remit, en la priant le matin avant de la quitter, de faire en sorte que cette nuit, qui avait été la première de leur amour, ne fût pas la dernière ; en outre, il lui imposa de renvoyer la coupable, afin qu'on ne le blâmât point ou qu'il ne fût pas forcé de sévir contre elle.

« Le matin suivant, Folco et Ughetto ayant entendu dire que pendant la nuit la Ninetta avait été noyée et croyant que c'était vrai, furent mis en liberté ; sur quoi, ils retournèrent chez eux pour consoler leurs dames de la mort de leur sœur. Mais bien que la Maddalena s'efforçât de tenir celle-ci cachée, Folco s'aperçut qu'elle était dans la maison, de quoi il s'étonna beaucoup et soudain devint soupçonneux ; ayant déjà appris que le duc avait aimé la Maddalena, il lui demanda comment il pouvait se faire que la Ninetta fût là. La Maddalena ourdit une longue fable pour le lui expliquer, mais elle fut peu crue par lui, car il était rusé, et il la contraignit à dire la vérité ; enfin, après beaucoup de paroles, elle la lui dit. Folco, vaincu par la douleur et enflammé de colère, tira son épée et, pendant qu'elle lui demandait en vain pardon, il la tua ; puis, craignant la colère et la justice du duc, il alla à l'endroit où était la Ninetta, et feignant un air joyeux, lui dit : « — Vite, allons-nous en là où il a été « convenu avec ta sœur que je te mènerais, afin que tu ne « tombes plus entre les mains du duc. — » Ce que croyant, la Ninetta qui, dans sa terreur, désirait vivement partir, se mit en route avec Folco sans prendre autrement congé de sa sœur, la nuit étant déjà venue. Et avec l'argent sur lequel Folco put mettre les mains, ce qui fut peu de chose, ils coururent vers la mer, montèrent sur une barque et jamais on ne sut où ils étaient arrivés.

« Le jour suivant venu, et la Maddalena ayant été trouvée morte, d'aucuns par envie et haine pour Ughetto allèrent sur-le-champ le dire au duc ; pour quoi, le duc qui aimait beaucoup la Maddalena, accourut tout enflammé de colère, et s'emparant d'Ughetto et de sa dame qui ne savaient encore rien de toutes ces choses, c'est-à-dire du départ de Folco et de la Ninetta, il les contraignit de confesser qu'ils étaient les complices de Folco dans la mort de la Maddalena. Craignant à cause de cet aveu d'être mis à mort, Ughetto et sa dame corrompirent à grand'peine ceux qui les gardaient en leur donnant une certaine quantité d'argent qu'ils avaient caché dans leur demeure pour les cas opportuns, et en compagnie de leurs gardiens, sans avoir le temps de rien prendre de ce qui leur appartenait, étant montés sur une barque, ils s'enfuirent de nuit à Rhodes, où ils vécurent, non longtemps, dans la pauvreté et dans la misère. Ainsi donc le fol amour de Restagnone et la colère de la Ninetta les conduisirent à une telle fin, eux et leurs compagnons. — »

NOUVELLE IV

Gerbino, malgré la parole donnée par son aïeul le roi Guiglielmo, attaque un navire du roi de Tunis pour enlever la fille de ce dernier. Celle-ci est tuée par ceux qui étaient sur le navire. Gerbino les tue tous, et a, à son tour, la tête tranchée par ordre de son aïeul.

Sa nouvelle finie, la Lauretta se tut, et dans la compagnie chacun causant avec l'un ou avec l'autre, se lamentait du malheur des amants ; qui blâmait la colère de la Ninetta, et qui disait une chose, et qui une autre, quand le roi, comme s'il se fût débarrassé d'un penser profond, leva les yeux et fit signe à Élisa de continuer, laquelle commença modestement : « — Plaisantes dames, il y en a beaucoup qui croient qu'Amour ne lance ses flèches qu'après avoir été allumé par les yeux, et qu'on ne peut devenir amoureux par ouï dire. Combien ceux-là se trompent, c'est ce qui apparaîtra très manifestement dans une nouvelle que je veux dire. Vous y verrez que non seulement la renommée agit seule sans que les amants se fussent jamais vus, mais qu'elle les conduisit tous deux à une mort misérable.

« Guillaume, deuxième roi de Sicile, eut, ainsi que le veulent les Siciliens, deux enfants, l'un mâle, nommé Ruggieri, et l'autre du sexe féminin, appelé Costanza. Ce Ruggieri étant mort avant son père, laissa un fils nommé Gerbino qui, élevé avec soin par son aïeul, devint un très beau jeune homme, fameux en prouesse et en courtoisie. Non seulement sa renommée ne resta pas enfermée dans les limites de la Sicile, mais éclatant en diverses parties du monde, elle était très répandue en Barbarie, laquelle, en ces temps, était tributaire du roi de Sicile. Parmi les autres personnes aux oreilles de qui était venue la magnifique renommée de courage et de courtoisie de Gerbino, fut une fille du roi de Tunisie, laquelle, selon l'avis de quiconque l'avait vue, était une des plus belles créatures qui eût jamais été formée par la nature la plus affable et de noble et grand esprit. Comme elle écoutait volontiers parler des hommes vaillants, elle accueillit avec tant de plaisir les récits faits par l'un et par l'autre sur les exploits de Gerbino que, s'imaginant en elle-même comment il devait être fait, elle s'énamoura fortement de lui et en parlait de préférence à tout autre, de même qu'elle écoutait plus volontiers qui en parlait. D'autre part, la grande renommée de sa beauté et de sa valeur était parvenue également en Sicile et avait frappé, non sans grand plaisir et non en vain, les oreilles de Gerbino ; si bien qu'il ne s'enflamma pas moins pour elle que la jeune fille ne s'était enflammée pour lui. Pour quoi, jusqu'à ce qu'une honnête occasion se présentât de demander à son aïeul la permission d'aller à Tunis, il imposait à tous ceux de ses amis qui y allaient d'exprimer à la jeune princesse, autant qu'il serait possible, et par le moyen qui leur paraîtrait le meilleur, son secret et grand amour, et de lui rapporter de ses nouvelles. L'un d'eux le fit d'une façon très sagace ; sous prétexte de porter des joyaux pour les dames, comme les marchands font, il apprit à la jeune princesse l'amour de Gerbino et s'offrit pour exécuter ses ordres. Celle-ci reçut d'un visage joyeux l'ambassadeur et l'ambassade, et lui répondit qu'elle brûlait d'un pareil amour, lui envoyant en témoignage un de ses plus précieux joyaux. Gerbino le reçut avec autant d'allégresse que n'importe quelle chose précieuse du monde ; il lui écrivit plusieurs fois par le même messager et lui envoya des présents très riches, échangeant avec elle des promesses certaines de se voir et de s'aboucher si la fortune le lui permettait.

« Pendant que les choses allaient de cette façon, tirant un peu plus au long qu'il n'était besoin, et la jeune fille et Gerbino brûlant d'amour chacun de leur côté, il advint que le roi de Tunisie la maria au roi de Grenade ; de quoi elle fut courroucée outre mesure, pensant que non seulement une grande distance allait la séparer de son amant, mais qu'elle lui était entièrement ravie ; et si elle en avait vu le moyen, afin d'éviter que cela arrivât, elle se serait volontiers enfuie de chez son père et serait allée trouver Gerbino. Gerbino de son côté apprenant ce mariage, en fut dolent outre mesure, et songeait souvent en lui-même s'il ne trouverait pas un moyen de l'enlever de force, s'il advenait qu'on l'envoyât par mer à son mari. Le roi de Tunisie avait appris quelque chose de cet amour et du projet de Gerbino ; doutant de sa propre valeur et de sa puissance, et le temps où il devait faire partir sa fille approchant, il envoya un messager au roi Guillaume pour lui signifier ce qu'il entendait faire, et qu'il ne le ferait qu'autant qu'il serait assuré par lui de n'en être empêché ni par Gerbino, ni par un autre. Le roi Guillaume, qui était vieux et qui n'avait rien su de l'amour de Gerbino, ne soupçonnant pas que c'était pour cela qu'on lui demandait une telle sûreté, l'accorda libéralement, et en signe de consentement envoya son gant au roi de Tunis. Celui-ci, dès qu'il eut reçu le gage, fit apprêter dans les port de Carthagène un grand et beau navire, y fit mettre tout ce qui était nécessaire à celle qui devait y monter, et le fit armer et préparer pour envoyer sa fille à Grenade ; puis il n'attendit plus qu'un temps favorable. La jeune femme qui voyait et savait tout cela, envoya secrètement un de ses serviteurs à Palerme, et lui donna l'ordre d'aller saluer de sa part le beau Gerbino et de lui dire qu'avant peu de jours elle devait partir pour Grenade ; pour quoi on verrait maintenant s'il était aussi vaillant homme qu'on disait et s'il l'aimait autant qu'il l'avait déclaré plusieurs fois.

« Celui à qui avait été confié l'ambassade la fit très bien et revint à Tunis. Gerbino, apprenant cela, et sachant que le roi Guillaume son aïeul avait donné un gage de sûreté au roi de Tunis, ne savait que faire ; mais pourtant, aiguillonné par son amour, ayant entendu les paroles de la dame et craignant de paraître lâche, il s'en alla à Messine où il fit rapidement armer deux galères, y plaça de vaillants hommes d'armes et se dirigea avec elles vers la Sardaigne, pensant que le navire de la dame devait passer par là. Le fait ne tarda pas à lui donner raison ; il n'était pas là de quelques jours, que le navire, poussé par un petit vent, arriva à l'endroit même où il s'était arrêté pour l'attendre. Gerbino, le voyant, dit à ses compagnons : « — Seigneurs, « si vous êtes aussi vaillants que je vous tiens, je crois « qu'aucun de vous n'est sans avoir senti ou sans « sentir l'amour, sans lequel, comme je l'estime moi- « même, nul mortel ne peut avoir ni vertu ni bien ; et si « vous avez été ou si vous êtes amoureux, il vous sera fa- « cile de comprendre ce que je désire. J'aime, et Amour me « pousse à vous donner la présente fatigue ; l'objet que « j'aime est dans le navire que vous voyez devant vous. Ce « navire, avec ce que je désire le plus, est plein de grandis- « simes richesses, dont, si vous êtes de vaillants hommes, « avec peu de peine et en combattant virilement, nous pou- « vons nous rendre maîtres. De cette victoire, je ne cherche « qu'une part pour moi, c'est-à-dire une dame pour l'amour « de qui j'ai pris les armes ; tout le reste vous appartiendra « libéralement. Allons donc, et attaquons vaillamment le « navire. Dieu, favorable à notre entreprise, le tient arrêté « ici sans lui prêter le secours du vent. — »

« Il n'était pas besoin au beau Gerbino de tant de paro- les, pour ce que les Messiniens qui étaient avec lui, ardents de rapine, étaient déjà disposés dans leur idée à faire ce à quoi Gerbino les engageait par ses paroles. Pour quoi, à la fin de son discours, un grand cri de : Qu'il en soit ainsi ! s'éleva, et les trompettes sonnèrent. On prit les armes, et battant l'eau des rames, on parvint au navire. Ceux qui étaient sur le navire, voyant de loin venir les galères, et ne pouvant fuir, s'apprêtèrent à se défendre. Le beau Gerbino leur fit dire qu'on envoyât les patrons du navire sur les ga- lères, s'ils ne voulaient pas accepter le combat. Les Sarra- zins, ayant reconnu qui ils étaient et ce qu'ils demandaient, dirent qu'on les attaquait contre la foi donnée à leur roi, et pour le prouver, ils montrèrent le gant du roi Guillaume, et refusèrent, à moins d'y être contraints par force, de se rendre ou de donner quoi que ce soit de ce qui était sur le navire. Gerbino qui avait vu sur la poupe du navire la dame, bien plus belle encore qu'il ne pensait, et plus enflammé qu'avant, répondit quand on lui montra le gant, qu'il n'y avait point là de faucons, partant qu'il n'était pas besoin de gants, et que, puisqu'ils ne voulaient pas donner la dame, ils s'apprêtassent à recevoir la bataille, laquelle sans plus attendre ils commencèrent en se lançant mutuellement des traits et des pierres. Ils combattirent longuement de la sorte, au grand dommage des deux partis ; enfin Gerbino voyant qu'on faisait peu de besogne, prit un petit navire qu'il avait amené de Sardaigne, et ayant mis le feu, il s'approcha avec les deux galères tout contre le navire. Ce que voyant les Sarrazins, et comprenant qu'il leur fallait se rendre ou mourir, ils firent venir sur le pont la fille du roi qui pleurait dans sa cabine, et l'ayant menée à la proue du navire ils appelèrent Gerbino et la tuèrent à ses yeux pendant qu'elle criait aide et merci ; puis ils la jetèrent à la mer, disant : « — Prends-la ; nous te la donnons telle que nous « pouvons et que ta trahison l'a méritée. — » Gerbino en voyant la cruauté de ceux-ci, désireux de mourir et n'ayant souci ni des flèches ni des pierres, fit accoster le navire, et y étant monté malgré ceux qui y étaient, non autrement qu'un lion famélique, tuant tantôt celui-ci, tantôt celui-là, assouvissant sa colère des dents et des ongles, l'épée d'une main, taillant tantôt l'un tantôt l'autre des Sarrazins, en occit cruellement un grand nombre ; et le feu mis au navire augmentant, après avoir fait enlever par ses matelots tout ce qui pouvait leur servir de paiement, il en redescendit ayant obtenu une victoire, mais peu joyeuse, sur ses adversaires. Ayant fait retirer de la mer le corps de la belle dame, il la pleura avec d'abondantes larmes, et s'en retournant en Sicile, il la fit honorablement ensevelir à Ustica, petite île quasi en face de Trapani ; puis il s'en revint chez lui plus dolent que quiconque.

« Le roi de Tunis ayant su la nouvelle, envoya au roi Guillaume ses ambassadeurs vêtus de noir, qui se plaignirent de ce que la parole qu'il lui avait donnée avait été mal observée, et lui racontèrent comment cela était arrivé. De quoi le roi Guillaume fortement ému, et ne voyant pas comment il pourrait refuser la justice qui lui était demandée, fit saisir Gerbino et, sans que les prières d'aucun de ses barons pussent le fléchir, il le condamna lui-même à perdre la tête, qu'il lui fit trancher en sa présence, préférant rester sans petits-fils qu'être tenu pour un roi sans foi. Ainsi donc misérablement et en peu de jours, les deux amants, sans avoir goûté aucun fruit de leur amour, moururent de male mort, comme je vous ai dit. — »

NOUVELLE V

Les frères de Lisabetta tuent l'amant de celle-ci. Il lui apparaît en songe et lui montre l'endroit où il est enterré. Elle le retrouve, lui coupe la tête et l'enterre dans un pot de basilic sur lequel elle ne cesse de pleurer. Ses frères lui enlèvent le pot de basilic, et elle meurt peu après de chagrin.

La nouvelle d'Elisa finie, et le roi l'ayant fort louée, ordre fut donné à Philomène de conter à son tour. Celle-ci, encore toute remplie de compassions pour le malheureux Gerbino et pour sa dame, poussa un soupir d'attendrissement et commença ainsi : « — Ma nouvelle, gracieuses dames, ne parlera pas de gens d'aussi haute condition que ceux dont Élisa vous a raconté les malheurs, mais elle n'en sera pas moins touchante. C'est en entendant prononcer, il y a peu d'instants, le nom de Messine, que je me suis rappelé l'endroit où se passa le triste événement dont je vais vous entretenir.

« Il y avait donc à Messine trois jeunes frères, tous trois marchands, et restés très riches après la mort de leur père, lequel était de San Gimignano. Ils avaient une sœur appelée Lisabetta, jeune fille fort belle et de bonnes manières, qu'ils n'avaient pas encore mariée, bien qu'ils en eussent trouvé l'occasion. Les trois frères avaient aussi dans leur maison de commerce, un jeune Pisan nommé Lorenzo, qui conduisait toutes leurs affaires. Ce jeune homme était très beau et très agréable de sa personne, et Lisabetta l'ayant vu plusieurs fois, il arriva qu'il lui plut extraordinairement ; de quoi Lorenzo ayant fini par s'apercevoir, il se mit aussi, ses autres amours étant laissées de côté, à lui consacrer toutes ses pensées. Comme ils se plaisaient également l'un à l'autre, la besogne alla si vite, qu'il ne passa pas longtemps sans qu'ils se fussent assurés de leurs sentiments et sans qu'ils eussent fait ce que chacun d'eux désirait le plus. Ils continuèrent à se voir, prenant tous deux beaucoup de bon temps et de plaisir ; mais ils ne surent pas faire si secrètement, qu'une nuit que Lisabetta était allée dans la chambre où couchait Lorenzo, l'aîné de ses frères l'aperçut sans qu'elle le vît. Le frère, en homme prudent, bien que ce qu'il avait découvert lui causât grand ennui, et mu par un sentiment d'honneur, attendit jusqu'au matin sans rien témoigner ni rien dire, et roulant dans son esprit toutes sortes de pensées. Le jour venu, il raconta à ses frères ce qu'il avait vu pendant la nuit entre Lisabetta et Lorenzo. Après en avoir longuement délibéré ensemble, ils résolurent, pour qu'il n'en rejaillît aucun déshonneur sur eux et sur leur sœur, de tenir la chose secrète et de feindre jusqu'à ce que le moment propice se présentât où ils pourraient, sans dommage et sans danger pour eux, écarter de devant leurs yeux cette honte avant qu'elle allât plus loin. Dans cette disposition d'esprit, ils continuèrent à rire et à plaisanter comme d'habitude avec Lorenzo, et, un jour, ayant fait semblant d'aller tous les trois hors de la ville pour une partie de plaisir, ils l'emmenèrent avec eux. Parvenus en un lieu reculé et tout à fait désert, et voyant le moment propice, ils tuèrent Lorenzo qui ne se défiait de rien, l'enterrèrent de façon que personne ne pût s'en apercevoir, et revenus à Messine, répandirent le bruit qu'ils l'avaient envoyé quelque part pour une affaire, ce qui fut cru facilement, attendu qu'ils avaient l'habitude de l'envoyer souvent dans les environs.

« Lorenzo ne revenant pas, et Lisabetta en ayant demandé plusieurs fois et instamment des nouvelles à ses frères, comme quelqu'un à qui cette absence était fort pénible, il arriva qu'un jour où elle renouvelait sa demande, un de ses frères lui dit : « — Que veut dire ceci ? Qu'as-tu à faire de « Lorenzo, que tu nous demandes si souvent de ses nouvelles ? « Si tu nous en demandes encore, nous te ferons la réponse « qu'il convient. — » Sur quoi la jeune fille, dolente et triste, craignant et ne sachant quoi, n'osait plus interroger. Elle appelait souvent son amant pendant la nuit et le suppliait de revenir, et parfois se plaignait avec force larmes de sa longue absence, et, sans se consoler un instant, attendait toujours. Il advint qu'une nuit qu'elle avait longtemps gémi sur Lorenzo qui ne revenait pas, et qu'elle s'était endormie en pleurant, Lorenzo lui apparut en songe, pâle et tout défait, les vêtements déchirés et ensanglantés ; et il lui sembla qu'il lui disait : « — O Lisabetta, tu ne fais que m'appeler ; « tu t'attristes de ma longue absence, et tu m'accuses de « cruauté par tes larmes, sache donc que je ne peux plus « revenir ici, car le dernier jour que tu me vis, tes frères « m'ont tué. — » Et lui ayant désigné le lieu où ils l'avaient enterré, il lui dit de ne plus l'appeler et de ne plus l'attendre, et il disparut.

« La jeune fille s'étant réveillée, et ajoutant foi à sa vision, pleura amèrement. Le matin venu, ne voulant rien dire à ses frères, elle résolut d'aller à l'endroit indiqué et de voir si ce qui lui était apparu en songe était vrai. Ayant obtenu la permission d'aller se promener un peu hors de la ville en compagnie d'une servante, qui avait été autrefois au service de sa famille et qui savait tous ses secrets, elle se rendit le plus vite qu'elle put à l'endroit susdit, et là, après avoir enlevé les feuilles sèches qui y étaient, elle creusa à la place où la terre lui paraissait le moins dure. Elle ne creusa pas longtemps sans trouver le corps de son malheureux amant qui n'était encore en rien défiguré ni corrompu, par quoi elle reconnut manifestement que sa vision avait dit vrai. Bien qu'elle fût la plus désespérée des femmes, elle comprit que ce n'était pas le moment de se lamenter. Si elle avait pu, elle aurait emporté le corps tout entier pour lui donner une sépulture plus convenable ; mais voyant que cela ne se pouvait pas, elle coupa du mieux qu'elle put la tête avec un couteau, l'enveloppa dans un linge, et après avoir rejeté la terre sur le reste du corps, elle la mit dans le tablier de sa servante. Alors, sans avoir été vue par personne, elle quitta ces lieux et revint chez elle. Là, s'étant enfermée dans sa chambre avec cette tête, elle pleura si longuement et si amèrement sur elle, lui donnant partout mille baisers, qu'elle finit par la laver avec ses pleurs. Elle prit alors un grand et beau vase, de ceux dans lesquels on plante la marjolaine et le basilic, et y plaça la tête de son amant enveloppée dans un drap fin ; puis elle la recouvrit de terre dans laquelle elle planta quelques pieds d'un très beau basilic de Salerne qu'elle arrosait uniquement d'eau de rose ou de fleur d'oranger, ou bien de ses larmes.

« Elle avait pris l'habitude de se tenir constamment assise à côté du pot de fleurs et de le contempler avec tendresse, comme si son Lorenzo y eût été enfermé. Quand elle l'avait bien regardé ainsi, elle se penchait sur lui et se mettait à pleurer longuement jusqu'à ce que le basilic se trouvât baigné de pleurs. Le basilic, tant par le soin continuel qu'elle en prenait, que par la fertilité de la terre engraissée par la décomposition de la tête qu'elle recouvrait, devint très beau et très odoriférant. La jeune fille continuant d'agir de la sorte, fut aperçue plusieurs fois par ses voisins qui en prévinrent ses frères, lesquels étaient tout étonnés de voir la beauté de leur sœur se flétrir à tel point que les yeux paraissaient lui sortir de la tête. «— Nous nous sommes aperçus— « leur dirent les voisins — que chaque jour elle fait la même « chose. — » Ce qu'entendant et voyant, les trois frères, après l'avoir plusieurs fois gourmandée en vain, firent enlever en cachette le pot de fleurs. La jeune fille ne le retrouvant plus, le réclama à plusieurs reprises avec de très vives instances, et comme on ne le lui rendait pas et qu'elle ne cessait de gémir et de répandre des larmes, elle tomba malade, et dans sa maladie, elle ne demandait pas autre chose que son pot de fleurs. Les jeunes gens s'étonnaient fort de cette demande et voulurent enfin voir ce que contenait ce pot. Ayant enlevé la terre, ils virent le drap et la tête qui était dedans, non encore assez rongée pour qu'à sa chevelure bouclée ils ne pussent reconnaître que c'était celle de Lorenzo. De quoi ils s'étonnèrent beaucoup et craignirent que cette aventure ne vînt à se savoir. Ils enterrèrent la tête sans rien dire, et après avoir tout ordonné pour leur départ, ils quittèrent Messine et s'en allèrent à Naples. La jeune fille ne cessant de se plaindre et demandant toujours son pot de fleurs, mourut en se lamentant ; et ainsi se termina sa mésaventure d'amour. Au bout d'un certain temps, cette histoire ayant été connue de beaucoup de gens, quelqu'un composa cette chanson que l'on chante encore aujourd'hui, c'est-à-dire :

> Quel est le mauvais chrétien
>   Qui m'a dérobé le pot de fleurs
>   Où était mon basilic de Salerne ! etc [1].

---

1. Boccace n'a pas donné la chanson en entier parce que, de son temps, elle était sue de tout le monde. Elle était écrite en dialecte sicilien. En voici la traduction d'après le texte qui se trouve dans un manuscrit du quatorzième siècle :

Quel est le mauvais chrétien
   Qui m'a dérobé le pot de fleurs
   Où était mon basilic de Salerne !
   Il avait poussé avec vigueur.
   C'est moi qui le plantai de ma main
   Le jour même de ma fête
   Qui vole le bien d'autrui, commet une lâcheté.

Qui vole le bien d'autrui, commet une lâcheté,
   Et le péché est très grand.
   O malheureuse ! qui m'étais
   Semé un pot de fleurs ?
   Il était si beau, que je m'endormais à son ombre.
   Tout le monde me l'enviait ;
   Il m'a été volé, et devant ma porte.

  Il m'a été volé, et devant ma porte :
   Et j'en ai été très douloureusement affligée.
   Malheureuse ! que ne suis-je morte.
   Moi qui m'y étais si chèrement attachée !
   C'est seulement l'autre jour que je fis mauvaise garde,
   A cause de messire que j'aime tant.
   Je l'avais tout entouré de marjolaine.

  Je l'avais tout entouré de marjolaine
   Pendant le beau mois de mai.
   Je l'arrosais trois fois par semaine ;
   Aussi, je vis comme il prit bien.
   Maintenant, il est certain qu'on me l'a volé.

  Maintenant, il est certain qu'on me l'a volé ;
   Je ne puis plus le cacher.
   Si j'avais su d'avance
   Ce qui devait m'arriver,
   Je me serais endormie sur le seuil de ma porte,

NOUVELLE VI

L'Andreuola aime Gabriotto. Ils se racontent chacun un songe qu'ils ont eu ; après quoi Gabriotto meurt dans les bras de sa maîtresse. Pendant que celle-ci, aidée de sa servante, le porte chez lui, elles sont prises par les gens de la Seigneurie. Le podestat veut lui faire violence ; mais elle ne le souffre pas. Son père l'ayant appris, et son innocence ayant été reconnue, elle est mise en liberté. Ne voulant plus vivre dans le monde, elle se fait religieuse.

La nouvelle que Philomène avait dite fut très chère aux dames, pour ce qu'elles avaient souvent entendu chanter cette chanson et n'avaient jamais pu, même en questionnant, savoir quelle était la cause pour laquelle elle avait été faite. Mais le roi ayant entendu la fin de la nouvelle, ordonna à Pamphile de poursuivre dans l'ordre convenu. Pamphile dit alors : « — Le songe raconté dans la précédente nouvelle me fournit matière à en raconter une dans laquelle sont mentionnés deux songes qui s'appliquèrent aux choses à venir, comme celui-ci avait eu trait aux choses déjà arrivées, et à peine ces songes eurent-ils été racontés par ceux qui

>   Pour garder mon pot de fleurs.
>   Le Dieu tout-puissant pourrait bien me venir en aide.
>
> Le Dieu tout-puissant pourrait bien me venir en aide,
>   Si cela lui plaisait,
>   Contre celui qui s'est rendu si coupable envers moi.
>   Il m'a mis en peine et en tourment,
>   Celui qui m'a volé mon basilic.
>   Qui avait un si doux parfum.
>   Son parfum me ragaillardissait toute.
>
> Son parfum me ragaillardissait toute,
>   Tant il répandait de fraîches odeurs.
>   Et le matin quand je l'arrosais,
>   Au lever du soleil,
>   Tout le monde s'étonnait,
>   Disant : D'où vient une telle odeur ?
>   Et moi : par amour pour lui, je mourrai de chagrin.
>
> Et moi, par amour pour lui, je mourrai de chagrin,
>   Par amour pour mon pot de fleurs.
>   Si quelqu'un voulait me dire où il est,
>   Je le rachèterais volontiers
>   J'ai cent onces d'or dans ma bourse,
>   Volontiers je les lui donnerais,
>   Et je lui donnerais un baiser, s'il le désirait.

(Note du traducteur.)

les avaient vus, que l'effet de tous les deux se produisit. Et pourtant, amoureuses dames, vous devez savoir que c'est une tendance générale à tout ce qui vit, de voir des choses diverses dans un songe, lesquelles choses, quoiqu'elles paraissent dans le sommeil on ne peut plus vraies à celui qui dort, dès que celui-ci est réveillé, lui paraissent quelques-unes vraies, quelques autres vraisemblables, et une partie contraire à toute vérité, et néanmoins il se trouve que beaucoup sont arrivées. Pour quoi, beaucoup prêtent à tous les songes la même foi qu'ils accorderaient aux choses qu'ils verraient dans la veille ; et ils s'attristent ou se réjouissent à cause de leurs songes mêmes, selon qu'à cause d'eux ils craignent ou espèrent. Et, au contraire, il y en a qui ne croient à aucun, si ce n'est après être tombés dans le péril qui leur avait été montré en songe. De quoi je n'approuve ni les uns ni les autres, pour ce qu'il y a parfois des songes qui sont vrais et parfois d'autres qui sont faux. Qu'ils ne soient pas tous vrais, très souvent chacun de nous a pu le connaître ; et que tous ne soient pas faux, cela a été déjà démontré par la nouvelle que vient de dire Philomène, et, comme je l'ai dit, j'entends aussi le démontrer par ma nouvelle. Pour quoi, je juge qu'en vivant et en agissant vertueusement, on ne doit redouter aucun songe contraire, ni pour cela négliger les bons avertissements ; dans les choses perverses ou mauvaises, quoique les songes leur paraissent favorables, et par des démonstrations propices réconfortent ceux qui les voient, il ne faut en croire aucun ; et de même pour les choses contraires, on ne doit pas accorder pleine croyance à tous les songes. Mais venons à la nouvelle.

« Dans la cité de Brescia fut jadis un gentilhomme nommé messer Negro da Ponte Carraro, lequel, parmi ses autres enfants, avait une fille nommée Andreuola, jeune et fort belle, et sans mari, laquelle par aventure s'énamoura d'un de ses voisins qui avait nom Gabriotto, homme de basse condition mais rempli de bonnes manières, beau et plaisant de sa personne. Avec l'aide et l'appui de la servante de la maison, la jeune fille fit si bien que non seulement Gabriotto sut qu'il était aimé de l'Andreuola, mais qu'il fut introduit plusieurs fois, au grand plaisir de la jeune fille, dans un beau jardin que possédait le père de celle-ci. Et afin que rien, sinon la mort, ne pût leur empêcher de goûter les douceurs de l'amour, ils devinrent secrètement mari et femme. Leurs rendez-vous continuant ainsi furtivement, il advint qu'une nuit la jeune fille eut en dormant un songe dans lequel il lui sembla qu'elle était dans son jardin avec Gabriotto et que, au grand plaisir de tous les deux, elle le tenait dans ses bras. Et pendant qu'ils étaient ainsi, il lui semblait voir sortir du corps de son amant une chose obscure et terrible dont elle ne pouvait reconnaître la forme, et il lui paraissait que cette chose prenait Gabriotto et le lui arrachait malgré elle des bras avec une force étonnante et disparaissait sous terre avec lui, sans qu'elle pût jamais revoir ni l'un ni l'autre ; de quoi elle ressentit une très grande et inestimable douleur qui la réveilla. Étant réveillée, bien qu'elle fût joyeuse de voir qu'il n'en était pas comme elle avait rêvé, néanmoins elle eut peur du songe vu par elle. Et pour ce, Gabriotto voulant venir la trouver la nuit suivante, elle s'efforça tant qu'elle put d'empêcher qu'il vînt. Mais pourtant, voyant son désir et afin qu'il ne soupçonnât pas autre chose, elle le reçut la nuit dans son jardin, où après avoir cueilli beaucoup de roses blanches et vermeilles, car c'était la saison, elle alla s'asseoir avec lui au pied d'une très belle fontaine qui y était. Et là, après qu'ils eurent fait ensemble une grande et longue fête, Gabriotto lui demanda la raison pour laquelle elle voulait l'empêcher de venir. La jeune fille lui racontant le songe qu'elle avait eu la nuit précédente et la crainte qu'elle en avait ressentie, le lui dit.

« Ce qu'entendant Gabriotto, il en rit et dit que c'était grande sottise que d'ajouter la moindre foi aux songes, pour ce qu'ils arrivent par surabondance ou par défaut de nourriture, et qu'on voyait tous les jours qu'ils étaient tous vains. Puis il dit : « — Si j'avais écouté aussi les songes, je ne serais
« pas venu, non à cause du tien, mais à cause d'un que j'ai
« fait l'autre nuit et que voici : il me semblait être dans une
« belle et plaisante forêt où je m'en allais chassant, et avoir
« pris une chevrette si belle et si agréable qu'aucune autre
« pareille ne se vit jamais ; et il me semblait qu'elle était
« plus blanche que la neige, et qu'en peu de temps elle de-
« venait si familière avec moi qu'elle ne me quittait plus
« d'un pas. De mon côté elle m'était si chère, à ce qu'il me
« paraissait, qu'afin qu'elle ne me quittât point, je lui avais
« mis autour du col un collier d'or, et que je la tenais en
« main avec une chaîne d'or. Et puis, cette chèvre se repo-
« sant une fois sur moi et tenant sa tête sur ma poitrine, il
« me semblait voir sortir je ne sais d'où une panthère noire
« comme charbon, affamée et d'un aspect épouvantable, qui
« s'en venait vers moi. Aucune résistance ne me paraissait
« possible ; pour quoi, il me semblait qu'elle posait son mu-
« seau sur mon sein gauche, et qu'elle le rongeait tellement
« qu'elle parvenait jusqu'au cœur qu'elle cherchait à m'ar-
« racher pour l'emporter avec elle. De quoi je sentais une
« telle douleur, que mon sommeil se rompit et une fois ré-
« veillé, je m'empressai de tâter avec la main mon côté pour
« voir s'il n'y avait rien ; mais n'y voyant aucun mal, je me
« moquai de moi-même pour avoir cherché. Mais que veut
« dire cela ? Des songes pareils et de plus épouvantables,

« j'en ai déjà bien vus, et il ne m'en est pour cela advenu
« ni plus ni moins ; pour ce laissons-le aller et pensons à
« nous donner du bon temps. — »

« La jeune fille, très épouvantée déjà par son rêve, entendant cela, le fut encore plus, mais pour ne pas effrayer Gabriotto, elle cacha sa peur le plus qu'elle put. Et pendant qu'avec lui, l'embrassant et le baisant à plusieurs reprises et par lui embrassée et baisée, elle se satisfaisait, craignant et ne sachant quoi, elle tenait ses yeux fixés sur son visage plus que d'habitude, et parfois regardait par le jardin si elle ne voyait pas quelque chose de noir venir de quelque endroit. Et tandis qu'ils étaient ainsi, Gabriotto, jetant un grand soupir, l'embrassa et dit : « — Hélas ! mon âme, aide-moi, car
« je meurs ; — » et ayant ainsi dit, il retomba à terre sur l'herbe du pré. Ce que voyant la jeune fille, elle le releva, l'attira sur son sein et dit quasi tout en pleurs : « — O mon
« doux seigneur, que te sens-tu ? — » Gabriotto ne répondit pas, mais tremblant et couvert de sueur, au bout d'un court espace de temps il passa de la présente vie.

« Combien cela fut cruel et fâcheux pour la jeune femme qui l'aimait plus qu'elle-même, chacun peut le penser. Elle pleura beaucoup et l'appela en vain plusieurs fois ; mais quand elle eut reconnu qu'il était bien mort, l'ayant palpé par tout le corps et l'ayant trouvé froid, ne sachant que faire et que dire, toute en pleurs et pleine d'angoisses, elle alla appeler sa servante qui connaissait son amour, et lui expliqua sa misère et sa douleur. Et après qu'ensemble elles eurent pleuré quelque temps sur le visage de Gabriotto mort, la jeune femme dit à la servante : « — Puisque Dieu m'a
« enlevé celui-ci, j'entends ne plus rester en cette vie ; mais
« avant que j'en vienne à me tuer, je voudrais que nous
« prissions un moyen convenable pour garder mon honneur
« et conserver secret l'amour qui a existé entre nous deux,
« et que le corps dont la gracieuse âme est partie, fût enseveli. — » A quoi la servante répondit : « — Ma fille,
« ne dis pas que tu veux te tuer, pour ce que si tu l'as ici-
« bas perdu, en te tuant tu le perdrais encore dans l'autre
« monde, car tu irais en enfer, là où je suis certaine que son
« âme n'est point allée, pour ce qu'il fut un bon jeune
« homme. Mais il vaut bien mieux te réconforter et songer
« à aider son âme par des prières et d'autres offrandes, si
« par hasard il en a besoin pour quelque péché commis. Il
« y a moyen de l'ensevelir promptement dans ce jardin, ce
« que personne ne saura jamais, parce que personne ne sait
« qu'il y soit jamais venu ; et si tu ne le veux pas ainsi,
« mettons-le hors du jardin et laissons-le ; il sera trouvé
« demain matin et porté à sa demeure, et ses parents le
« feront ensevelir. — »

« La jeune femme, bien qu'elle fût pleine d'amertume et qu'elle pleurât constamment, écoutait cependant les conseils de sa servante ; n'en approuvant pas la première partie, elle répondit à la seconde en disant : « — A Dieu ne plaise « que je souffre qu'un aussi cher jeune homme tant aimé de « moi et qui fut mon mari, soit enseveli comme un chien « ou abandonné sur un chemin. Il a eu mes pleurs, et autant « que je pourrai, il aura ceux de ses parents ; et déjà j'ai « dans la pensée ce que nous devons faire en cette circon- « stance. — » Et elle l'envoya bien vite chercher une pièce de drap de soie qu'elle avait dans un coffre. La servante étant de retour, elles étendirent le drap sur la terre, et y placèrent le corps de Gabriotto après lui avoir posé la tête sur un oreiller ; puis elles lui fermèrent les yeux et la bouche avec force larmes, lui firent une couronne de roses et le couvrirent de toutes les roses qu'elles avaient pu cueillir, et la jeune fille dit à la servante : « — D'ici à la porte de sa maison « il y a peu de chemin, et pour ce, toi et moi, ainsi que « nous l'avons imaginé, nous l'y porterons et nous le pla- « cerons devant la porte. Il ne se passera guère de temps « que le jour ne vienne et il sera recueilli ; et ainsi, bien « que ce ne doive être d'aucune consolation pour les siens, « ce me sera à moi, dans les bras de qui il est mort, un « plaisir. — » Et ayant ainsi dit, elle se jeta sur son visage avec d'abondantes larmes, et pleura un long espace de temps. Enfin, pressée par sa servante pour ce que le jour venait, elle se leva, retira de son doigt le même anneau avec lequel Gabriotto l'avait épousée, et le mit au doigt de celui-ci, disant au milieu de ses pleurs : « — Mon cher seigneur, « si ton âme voit maintenant mes larmes, ou si quelque « connaissance ou quelque sentiment reste au corps après « le départ de celle-ci, reçois avec bienveillance le dernier « don de celle que, de ton vivant, tu as tant aimée. — » Et ceci dit, elle retomba évanouie sur le cadavre. Revenue à elle quelques instants après et s'étant levée, elle prit avec la servante le drap dans lequel le corps gisait, et elles sortirent du jardin avec ce fardeau et se dirigèrent vers la maison de Gabriotto.

« Comme elles allaient ainsi, il advint par hasard qu'elles furent rencontrées et prises avec le corps du mort par les familiers du Podestat, lesquels à cette heure faisaient une ronde à cause de quelque accident survenu. L'Andreuola, plus désireuse de mourir que de vivre, ayant reconnu les familiers de la Seigneurie, dit franchement : « — Je connais « qui vous êtes, et je sais qu'il ne me servirait à rien de « chercher à vous fuir ; je suis prête à aller avec vous devant « la Seigneurie et à lui raconter l'affaire ; mais que nul de « vous ne soit assez hardi pour me toucher, si je vous obéis,

« ni pour rien déranger à ce corps, s'il ne veut pas être
« accusé par moi. — » Pour quoi, sans avoir été touchée par
aucun d'eux, elle alla vers le palais avec le corps de Gabriotto.
Le Podestat, apprenant cet événement, se leva, et l'ayant
fait amener dans sa chambre, s'informa de ce qui était arrivé. Ayant fait examiner par plusieurs médecins si le brave
homme n'avait pas été tué par le poison ou autrement, tous
affirmèrent que non ; mais ils dirent qu'un abcès près du
cœur s'était crevé et que c'était ce qui l'avait tué. Le Podestat, entendant ceci, et comprenant que cette femme n'était coupable que de peu de chose, s'efforça de lui persuader
qu'il lui donnerait ce qu'il ne pouvait lui rendre, et dit que
si elle voulait consentir à ses désirs, il la mettrait en liberté ;
mais ses paroles n'ayant servi à rien, il voulut, contre toute
convenance, user de la force ; mais l'Andreuola, enflammée
d'indignation et rendue forte, se défendit virilement, le repoussant avec des paroles de mépris et de hauteur.

« Le plein jour étant venu, et ces choses ayant été contées
à messer Negro, dolent à la mort, il s'en alla au palais avec
beaucoup de ses amis, et là informé par le Podestat de tout
ce qui s'était passé, il demanda que sa fille lui fût rendue.
Le Podestat voulant tout d'abord s'excuser de la violence
qu'il avait voulu faire à la jeune femme, avant d'être accusé
par elle, commença par louer sa constance et dit que ce qu'il
avait fait était pour l'éprouver. Pour quoi, la voyant d'une
telle fermeté, il lui avait porté un grand amour et si cela
plaisait à lui qui était son père, ainsi qu'à elle, bien qu'elle
eût eu un mari de basse condition, il la prendrait volontiers
pour sa femme. Pendant que celui-ci parlait de la sorte,
l'Andreuola fut amenée devant son père et se jeta en pleurant à ses pieds, et dit : « — Mon père, je ne crois pas qu'il
« soit besoin que je vous raconte l'histoire de mon amour et
« de mon malheur, car je suis certaine que vous l'avez entendue et que vous la savez ; et pour ce, autant que je
« peux je vous demande humblement pardon de ma faute,
« c'est-à-dire d'avoir sans que vous le sachiez pris le mari
« qui me plaisait le plus. Et je ne demande pas ce don pour
« que ma vie soit pardonnée, mais pour mourir votre fille
« et non votre ennemie. — » Et ainsi pleurant, elle tomba
« à ses pieds.

« Messer Negro qui était vieux déjà et homme de nature
bénigne et aimante, entendant ces paroles se mit à pleurer
et releva tendrement sa fille en disant : « — Ma fille, il m'aurait été plus agréable que tu eusses un mari selon qu'il
« m'eût semblé t'être convenable, et si tu en avais pris un
« tel qu'il te plaisait, cela encore m'aurait plu, mais que tu
« me l'aies caché par ton peu de confiance, cela me fait peine,
« et plus encore de voir que tu l'as perdu avant que je l'aie

« su. Mais pourtant, puisqu'il en est ainsi, ce que je lui
« aurais fait volontiers, lui vivant, pour te contenter, c'est-à-
« dire honneur comme à mon gendre, que cela lui soit fait
« après sa mort. — » Et s'étant retourné vers ses enfants et
ses parents, il leur ordonna d'apprêter pour Gabriotto des
obsèques grandes et honorables. Sur ces entrefaites, les parents et les parentes du jeune homme, qui avaient su la nouvelle, et presque tous les hommes et toutes les femmes de la
ville étaient accourus. Pour quoi, le corps ayant été placé au
milieu de la cour sur le drap de l'Andreuola, avec toutes ses
roses, il fut pleuré non seulement par elle et par ses parents,
mais publiquement quasi par toutes les femmes de la ville et
par un grand nombre d'hommes ; et comme si c'eût été non
un plébéien mais un seigneur, il fut porté, de la cour publique jusqu'au lieu de sa sépulture, sur les épaules des
plus nobles citadins, avec les plus grands honneurs.

« Quelques jours après, le Podestat, persévérant dans ce
qu'il avait demandé, et messer Negro en ayant parlé à sa fille,
celle-ci ne voulut rien entendre ; mais son père voulant en
cela lui complaire, elle et sa servante se rendirent en un monastère très renommé pour sa sainteté, où elles se firent
religieuses et où elles vécurent ensuite honnêtement un long
espace de temps. — »

NOUVELLE VII

La Simone aime Pasquino ; ils se donnent rendez-vous dans un jardin. Pasquino
s'étant frotté les dents avec une feuille de sauge, meurt. La Simone est prise,
et voulant montrer au juge comment est mort Pasquino, elle se frotte les dents
avec une feuille de sauge et meurt à son tour.

Pamphile libéré de sa nouvelle, le roi, sans montrer la
moindre compassion pour l'Andreuola, regarda Émilia et lui
fit signe qu'il lui serait agréable qu'elle succédât à ceux qui
avaient déjà parlé. Celle-ci, sans mettre aucun retard, commença : « — Chères compagnes, la nouvelle de Pamphile
m'amène à en dire une tout à fait semblable à la sienne sauf
un point : de même qu'Andreuola perdit son amant dans
un jardin, ainsi arriva-t-il à celle dont je dois vous conter
l'histoire ; mais ayant été emprisonnée comme Andreuola,
elle se délivra de ses juges non par sa force et son courage,
mais par une mort soudaine. Et comme cela a été dit déjà
entre nous, bien qu'Amour habite volontiers les demeures
des nobles, il ne refuse pas de séjourner dans celles des pauvres ; au contraire, il y manifeste parfois sa force, tout comme
il se fait craindre dans les plus riches en maître souverain.

C'est ce qui se verra, sinon entièrement du moins en grande partie, dans ma nouvelle, grâce à laquelle il me plaît de revenir à notre cité dont nous nous sommes tant éloignés aujourd'hui, pour traiter des sujets variés et parcourir diverses contrées du monde.

« Il n'y a donc pas grand temps que vivait à Florence une jeune fille très belle et très gracieuse eu égard à sa condition, née d'un père pauvre, et qui avait nom Simone. Bien qu'il lui fallût gagner de ses propres mains le pain qu'elle mangeait, et vivre en filant de la laine, elle n'était cependant point d'un esprit si bas, qu'elle ne brulât de recevoir en son cœur Amour qui, sous les traits et par les paroles aimables d'un jeune garçon d'aussi petite condition qu'elle et chargé de porter de la laine à filer pour le compte de son maître, montrait depuis longtemps bonne envie d'y entrer. L'ayant donc reçu sous l'aspect charmant du jeune garçon qui l'aimait, et dont le nom était Pasquino, désirant et n'osant pas aller plus loin, elle filait, et à chaque brassée de laine filée qu'elle enroulait autour de son fuseau, elle poussait mille soupirs plus cuisants que du feu, au souvenir de celui qui la lui avait donnée à filer. Le jeune garçon, de son côté, désireux que la laine appartenant à son maître fût bien filée, surveillait plus spécialement, et même uniquement celle que filait la Simone, comme si elle devait seule servir au tissage. Pour quoi, l'un serveillant et l'autre contente d'être surveillée, il advint que, le premier prenant plus d'audace qu'il n'en avait d'habitude, la seconde chassant la crainte et la vergogne qui lui étaient naturelles, ils s'unirent en des plaisirs communs. Ces plaisirs leur furent si chers que non seulement ils n'attendaient pas que l'un y fût invité par l'autre, mais que tous deux se rencontraient dans une mutuelle provocation.

« Leur bonheur se continuant ainsi et ne faisant que s'augmenter de jour en jour, il advint que Pasquino dit à la Simone qu'il voulait absolument qu'elle trouvât moyen de venir dans un jardin où il désirait la conduire, pour qu'ils pussent s'y voir plus à l'aise et plus sûrement. La Simone dit que cela lui plaisait, et, un dimanche, après le repas, ayant donné à entendre à son père qu'elle avait l'intention d'aller au pardon de San Gallo, elle se rendit, avec une de ses compagnes nommée la Lagina, au jardin que lui avait indiqué Pasquino. Elle l'y trouva accompagné d'un de ses camarades qui avait nom Puccino, mais qu'on appelait le Stramba. Là, une nouvelle liaison amoureuse s'étant formée entre le Stramba et la Lagina, ils s'enfoncèrent dans une partie du jardin pour s'y livrer à leurs plaisirs, et laissèrent le Stramba et la Lagina dans l'autre.

« Il y avait dans la partie du jardin où Pasquino et la Simone s'étaient retirés, un grand et beau buisson de sauge, au pied duquel ils s'assirent. Après s'être longuement satisfaits tous les deux et avoir beaucoup causé d'un goûter qu'ils avaient l'intention de faire à sens reposés dans ce même jardin, Pasquino se tourna vers le buisson de sauge, y cueillit une feuille et se mit à s'en frotter les dents et les gencives, en disant que la sauge les lui nettoyait parfaitement de tout ce qui était resté après qu'il avait mangé. Quand il les eut frottées quelque temps, il revint à parler du goûter dont il avait été d'abord question. Mais à peine avait-il prononcé quelques mots, qu'il commença à changer de visage, et presque aussitôt, perdant la vue et la parole, il tomba mort. Ce que voyant la Simone, elle se mit à se lamenter et à crier, et à appeler le Stramba et la Lagina. Ceux-ci vinrent en toute hâte, et voyant Pasquino non seulement mort, mais tout enflé et la figure ainsi que le corps couvert de taches noires, le Stramba de crier aussitôt : « — Ah ! méchante femme, tu « l'as empoisonné ! — » Le bruit qu'il faisait était si grand, qu'il fut entendu d'un grand nombre de personnes qui habitaient dans le voisinage. Ces gens accoururent à la rumeur, et trouvant Pasquino mort et enflé, entendant le Stramba se lamenter et accuser la Simone de l'avoir traîtreusement empoisonné, voyant que celle-ci, quasi-folle de douleur par suite de l'accident qui lui avait enlevé son amant d'une façon si subite, ne pouvait se disculper, ils furent tous persuadés que les choses s'étaient passées comme le disait Stramba. C'est pourquoi s'étant saisis d'elle qui continuait à pleurer fortement, ils la menèrent au palais du Podestat. Là, sur l'insistance du Stramba, de l'Atticciato et du Malagevole, camarades de Pasquino, qui étaient survenus, un juge, sans porter plus de retard à l'affaire, se mit à interroger la jeune fille sur l'événement.

« Comme il ne pouvait croire qu'en cette circonstance elle eût agi méchamment et qu'elle fût coupable, il voulut voir en sa présence le cadavre du mort et le lieu où elle disait que la chose s'était passée, car il ne comprenait pas bien ce qu'elle racontait. L'ayant donc fait conduire sans bruit à l'endroit où le corps de Pasquino gisait encore gonflé comme un tonneau, il s'y rendit lui-même aussitôt, et après s'être étonné de cette mort subite, il lui demanda comment cela s'était fait. Simone s'étant approchée du buisson de sauge, et ayant raconté toute l'histoire, afin de faire comprendre plus complètement ce qui était arrivé, fit comme avait fait Pasquino, et se frotta les dents avec une feuille de sauge. Alors, tandis que le Stramba, l'Atticciato et les autres amis et compagnons de Pasquino traitaient ses explications de frivoles et de vaines, prétendaient qu'elle se moquait de la présence du juge, et ne réclamaient rien moins que le supplice du feu pour punir une telle perversité, la malheureuse, déjà toute tremblante de douleur d'avoir perdu son amant et de peur du supplice réclamé par le Stramba, tomba soudain morte de la même façon que Pasquino, non sans grand étonnement des personnes présentes.

« O âmes fortunées, à qui, dans un même jour, il fut donné de goûter l'amour le plus fervent et de quitter la vie ! Plus heureuses encore si vous êtes allées ensemble en un même lieu, et si — s'aime-t-on dans l'autre vie ? — vous vous y aimez comme vous vous aimiez ici-bas ! Mais heureuse par dessus tout — du moins à notre avis, nous qui vivons après elle — l'âme de la Simone, dont l'innocence ne succomba point sous le témoignage du Stramba, de l'Atticciato et du Malagevole, cardeurs de laine ou de plus vile profession encore. En étant frappé de la même mort que son amant et en suivant dans l'autre monde l'âme de Pasquino tant aimée par elle, Simone eut une fin plus honnête et fut délivrée de leur infâme accusation.

« Le juge, stupéfait, comme tous ceux qui étaient là, de ce nouvel incident, et ne sachant que dire, resta longtemps immobile : puis, ayant recouvré ses esprits, il dit : « — Ceci « montre que cette sauge est vénéneuse, ce qui n'arrive pas « d'habitude à la sauge. Mais pour qu'elle ne puisse plus « nuire de la même façon à personne, qu'on la coupe jus-« qu'aux racines et qu'on la jette au feu. — » Ce à quoi le gardien du jardin procédant en présence du juge, on n'eut pas plutôt abattu le buisson, que la cause de la mort des deux malheureux amants apparut à tous. Il y avait sous ce buisson de sauge un crapaud prodigieusement gros, dont on vit bien que le venin avait empoisonné la plante. Personne n'ayant envie de s'approcher du crapaud, on fit autour de lui un grand amas de bois sec et on le brûla avec le buisson de sauge ; et c'est ainsi que prit fin l'enquête de messer le juge sur la mort du malheureux Pasquino. Le corps de ce dernier, ainsi que celui de la Simone, encore tout enflés, furent ensevelis ensemble dans l'église de San Paolo par le Stramba, l'Atticciato, Guccio Imbratta et le Malagevole, qui, par aventure, en étaient paroissiens. — »

NOUVELLE VIII

Girôlamo aime la Salvestra. Cédant aux prières de sa mère, il va à Paris ; quand il revient, il trouve la Salvestra mariée. Il pénètre en cachette chez elle et meurt à ses côtés. On le porte à l'église où la Salvestra meurt à son tour à côté de lui.

La nouvelle d'Émilia avait pris fin, quand, par le commandement du roi, Néiphile commença ainsi : « — A mon avis, valeureuses dames, il y a des gens qui croient en savoir plus que les autres et qui en savent moins ; et pour ce, non seulement ils sont assez présomptueux pour opposer leur avis aux conseils des hommes, mais encore à la nature même des choses, de quelle présomption il est déjà résulté de très grands malheurs, tandis qu'on n'en a jamais vu résulter aucun bien. Et pour ce qu'entre les autres choses naturelles, celle qui reçoit le moins les conseils ou les contradictions, c'est l'amour dont la nature est telle qu'il se consume plutôt de soi-même que de s'arrêter en chemin sur un avertissement reçu, il m'est venu à l'esprit de vous raconter une nouvelle d'une dame, laquelle, en cherchant à être plus savante qu'il ne lui appartenait et qu'elle n'était, et aussi que ne le comportait la chose dans laquelle elle s'étudiait à montrer son avis, et en croyant chasser l'amour d'un cœur énamouré où il avait peut-être été mis par les étoiles, parvint à chasser en même temps et l'amour et l'âme du corps de son fils.

« Il fut donc en notre cité, selon ce que racontent les anciens, un très gros marchand fort riche, dont le nom était Leonardo Sighieri. Il eut de sa femme un fils appelé Girolamo, après la naissance duquel, ses affaires ayant été soigneusement mises en ordre, il passa de cette vie. Les tuteurs, ainsi que la mère, gérèrent bien et loyalement les affaires de l'enfant qui, grandissant avec ceux de ses voisins, se lia plus particulièrement avec une jeune enfant de son âge, fille d'un tailleur. L'âge venant, leur liaison se changea en un amour si fort et si tenace que Girolamo ne se sentait pas bien, sinon quand il voyait son amie ; et certainement elle ne l'aimait pas moins qu'elle n'en était aimée. La mère du jeune garçon s'étant aperçue de cela, à plusieurs reprises l'en réprimanda et l'en châtia. Mais, par la suite, Girolamo ne pouvant s'en empêcher, elle s'en plaignit à ses tuteurs, et comme si elle croyait, grâce à la grande richesse de son fils, tirer une orange d'un prunier, elle leur dit : « — Notre « enfant, qui a à peine quatorze ans, est si énamouré de la

« fille d'un tailleur notre voisin, nommée la Salvestra, que
« si nous ne la lui ôtons pas de devant les yeux, il la pren-
« dra d'aventure un jour pour femme sans que personne
« le sache, ce dont je ne me consolerai jamais ; ou bien il
« se consumera pour elle s'il la voit marier à un autre. Et
« pour ce, il me semble que, pour fuir ce danger, vous de-
« vez l'envoyer loin d'ici, quelque part, servir dans une bou-
« tique ; parce que, en l'éloignant de façon qu'il ne puisse
« plus la voir, elle lui sortira de l'esprit, et nous pourrons
« ensuite lui donner pour femme quelque jeune fille bien
« née. — »

« Les tuteurs dirent que la dame parlait bien et qu'ils feraient dans ce sens selon qu'ils pourraient ; et ayant fait
appeler le jeune garçon dans la boutique, l'un d'eux se mit
à lui dire très affectueusement : « Mon fils, tu es mainte-
« nant grandet ; il est bon que tu commences à voir par toi-
« même dans tes affaires ; pour quoi, nous serions fort con-
« tents que tu allasses un peu à Paris où tu verras com-
« ment se trafique une grande partie de ta richesse, sans
« compter que là-bas tu deviendras meilleur, mieux élevé
« et plus homme de bien que tu ne ferais ici, en voyant ces
« seigneurs, ces barons et ces gentilshommes qui y vivent
« en grand nombre, et en apprenant leurs belles manières ;
« puis tu pourras revenir ici. — » Le jeune garçon écouta
attentivement, et répondit d'un ton bref qu'il n'en voulait
rien faire, pour ce qu'il croyait pouvoir aussi bien qu'un
autre rester à Florence. Les braves gens, entendant cela, le
réprouvèrent encore avec plus de paroles ; mais ne pouvant
en tirer une autre réponse, ils le dirent à la mère. Celle-ci,
très irritée de cela, non de ce qu'il ne voulait pas aller à
Paris, mais de son amoureux entêtement, lui fit de grands
reproches ; puis, l'amadouant par de douces paroles, elle se
mit à le flatter et à le prier doucement qu'il consentît à
faire ce que voulaient ses tuteurs ; et elle sut tant lui dire,
qu'il consentit à s'en aller pendant un an, mais non plus ;
et ainsi fut fait.

« Girolamo étant donc allé à Paris, fièrement énamouré,
y fut retenu deux ans, toujours renvoyé d'aujourd'hui à demain. Quand il en revint, plus amoureux que jamais, il
trouva la Salvestra mariée à un bon jeune homme qui cons-
truisait des tentes, de quoi il fut dolent outre mesure. Mais
enfin, voyant qu'il ne pouvait en être autrement, il s'efforça
de s'en consoler. Ayant découvert l'endroit où était sa maison, il commença, selon l'habitude des jeunes amoureux, à
passer devant chez elle, croyant qu'elle ne l'avait pas plus
oublié qu'il ne l'avait oubliée lui-même. Mais les choses allaient de toute autre façon ; elle ne se souvenait pas plus de
lui que si elle ne l'avait jamais vu ; et si pourtant elle se le

rappelait quelque peu, elle témoignait bien du contraire, de quoi en peu de temps le jeune homme s'aperçut, et non sans grandissime douleur. Néanmoins il faisait tout ce qu'il pouvait pour cacher ce chagrin dans son âme ; mais ne pouvant y parvenir, il résolut, dût-il en mourir, de lui en parler à elle-même. S'étant informé auprès de quelque voisin comment la maison de son amie était faite, un soir qu'elle et son mari étaient allés veiller avec leurs voisins, il y entra sans être vu, se cacha dans sa chambre derrière des toiles à tentes qu'on y avait étendues, et attendit jusqu'à ce qu'ils fussent de retour et qu'ils se fussent mis au lit.

« Quand il vit le mari endormi, il s'en alla à l'endroit où il avait vu que la Salvestra s'était couchée, et lui ayant posé la main sur la poitrine, il lui dit doucement : « — O mon « âme, dors-tu déjà? — » La jeune femme, qui ne dormait pas, voulut crier ; mais le jeune homme se hâta de dire : » — Pour Dieu, ne crie pas, car je suis ton Girólamo. — » Ce qu'entendant celle-ci, elle dit, toute tremblante : « — Eh! « pour Dieu, Girolamo, va-t'en. Il est passé ce temps de no- « tre enfance où il ne nous était pas défendu de nous aimer. « Je suis, comme tu vois, mariée ; par conséquent ce n'est « plus bien à moi de penser à un autre homme qu'à mon « mari. Pour quoi, je te prie, au nom de Dieu, de t'en aller ; « car si mon mari t'entendait, encore qu'un autre mal n'en « advînt, il s'ensuivrait que je ne pourrais plus jamais vivre « en paix avec lui, alors qu'aimée de lui, je demeure avec « lui en tout bien et tranquillité. — » Le jeune homme, entendant ces paroles, ressentit une violente douleur. Il eut beau lui rappeler le temps passe et son amour nullement oublié malgré la distance, et y mêler de nombreuses prières et de grandes promesses, il n'obtint rien. Pour quoi, désireux de mourir, il la pria finalement qu'en faveur de tant d'amour, elle souffrît qu'il se couchât à côté d'elle, jusqu'à ce qu'il pût se réchauffer un peu, car il s'était tout gelé en l'attendant, lui promettant qu'il ne lui dirait rien, qu'il ne la toucherait pas, et qu'il s'en irait dès qu'il serait un peu réchauffé. La Salvestra, ayant quelque compassion de lui, le lui permit aux conditions fixées par lui-même. Le jeune homme donc se coucha à côté d'elle sans la toucher ; là, songeant au long amour qu'il lui avait porté et à sa dureté présente, à son espérance perdue, il résolut de ne plus vivre ; et retenant en lui ses esprits, sans dire mot, il ferma les poings et mourut à côté d'elle.

« Au bout de quelques instants, la jeune femme s'étonnant de sa contenance, craignant que son mari ne se réveillât, se mit à dire : « — Eh ! Girolamo, pourquoi ne t'en vas- « tu pas? — » Mais ne l'entendant pas répondre, elle pensa qu'il s'était endormi. Pour quoi, ayant étendu la main pour le réveiller, elle se mit à le tâter et, le touchant, elle le trouva froid comme glace, de quoi elle s'étonna vivement. Alors le touchant plus fortement, et sentant qu'il ne remuait pas, elle connut qu'il était mort ; de quoi dolente outre mesure, elle fut en grand embarras de savoir que faire. Enfin elle résolut de voir ce que son mari dirait de faire comme s'il s'agissait d'une autre personne ; et l'ayant réveillé, elle lui raconta, comme étant arrivé à une autre, ce qui venait de lui arriver ; puis, elle lui demanda quel conseil il lui donnerait si cela lui était arrivé à elle. Le bon homme répondit qu'il pensait que le mort devrait être porté sans bruit à sa demeure et qu'on devrait le laisser là, sans porter aucun tort à la dame qui ne lui semblait pas avoir failli. Alors la jeune femme dit : « — Eh bien ! c'est ainsi qu'il « faut que nous fassions. — » Et lui ayant pris la main, elle lui fit toucher le jeune homme mort. De quoi, tout ému, il se leva, alluma une lumière, et sans entrer dans de nouvelles explications avec sa femme, il revêtit le corps de ses habits, puis sans retard, persuadé de l'innocence de sa femme, il le mit sur ses épaules, le porta devant la porte de sa maison, où il le déposa sur le seuil et le laissa.

« Le jour venu, quand on vit cet homme mort devant sa porte, cela fit une grande rumeur et spécialement de la part de la mère ; et ayant partout cherché et regardé, et ne lui trouvant ni plaie ni coup aucun, les médecins déclarèrent unanimement qu'il était mort de douleur, comme cela était. Le corps fut donc porté dans une église, et là vint la douloureuse mère avec beaucoup d'autres dames, parents et voisins, et sur lui on commença, selon nos usages, à pleurer et à se lamenter fortement. Et pendant qu'on faisait ces grandes lamentations, le bon homme dans la maison duquel il était mort, dit à la Salvestra ; « — Mets un manteau sur « ta tête, et va dans cette église où on a transporté Giro- « lamo ; mêle-toi aux femmes et tu écouteras ce qu'on dit « de cette aventure ; moi j'en ferai autant parmi les hommes, « afin que nous voyons si l'on dit quelque chose contre « nous. — » Cela plut à la jeune femme prise d'une pitié tardive, car elle désirait voir mort celui auquel elle n'avait pas voulu de son vivant faire plaisir d'un seul baiser, et elle y alla.

« Chose merveilleuse à penser combien sont difficiles à expliquer les forces de l'amour ! Ce cœur que la fortune prospère de Girolamo n'avait pu ouvrir, sa fortune malheureuse l'ouvrit et, les anciennes flammes s'y étant toutes réveillées, changea la Salvestra en tant de pitié quand elle vit le visage du mort, que, cachée sous son manteau et mêlée aux femmes, elle ne s'arrêta pas avant d'être parvenue jusqu'auprès du corps. Et là poussant un grand cri, elle se jeta le visage sur le jeune homme mort qu'elle n'eut pas le temps de baigner de beaucoup de larme, car à peine l'eut-elle touché que, comme cela était arrivé à Girolamo, la douleur lui avait enlevé la vie. Puis — comme les femmes la réconfortaient et lui disaient de se lever, ne l'ayant pas encore reconnue — quand on voulut la relever et qu'on la trouva immobile, ce fut seulement alors qu'on reconnut la Salvestra et qu'elle était morte. De quoi toutes les femmes qui étaient là, vaincues d'une double pitié, se remirent à pleurer encore davantage. La nouvelle s'étant répandue hors de l'église parmi les hommes, elle parvint aux oreilles du mari qui était au milieu d'eux, et qui, sans vouloir écouter de consolations ou prendre aucun confort, pleura longtemps. Et ayant raconté à un grand nombre de ceux qui l'entouraient, l'histoire arrivée la nuit précédente à ce jeune homme, la cause de sa mort fut manifestement connue de tout le monde, ce dont tous furent affligés. La jeune femme morte ayant donc été prise et ayant été parée comme on a coutume de le faire pour les morts, on la plaça sur le même lit à côté du jeune homme, et là, après qu'elle eût été longuement pleurée, tous deux furent ensevelis dans un même tombeau ; et ceux que, vivants, l'amour n'avait pu unir, la mort les unit d'un inséparable lien. — »

NOUVELLE IX

Messer Guiglielmo Rossiglione donne à manger à sa femme le cœur de messer Guiglielmo Guardastagno qu'il a tué et qu'elle aime. La dame l'ayant su, se jette par la fenêtre et se tue. Elle est ensevelie avec son amant.

« La nouvelle de Néiphile étant terminée, non sans avoir grandement ému de compassion toutes ses compagnes, le roi qui ne voulait pas abolir le privilège accordé à Dionéo, voyant qu'il n'y avait plus personne à parler, commença :
« — Compatissantes dames, puisque les infortunes d'amour ont le don de vous émouvoir, j'ai toute prête une nouvelle qui ne vous touchera pas moins que la dernière ; attendu que ce que je vais vous raconter arriva à des gens de plus haute qualité que ceux dont il a été parlé déjà, et par un accident plus cruel encore.

« Vous saurez donc que, suivant ce que racontent les Provençaux, il y eut autrefois en Provence deux nobles chevaliers qui possédaient tous deux castels et vassaux. L'un avait nom messire Guiglielmo Rossiglione, et l'autre messire Guiglielmo Guardastagno ; et pour ce que l'un et l'autre étaient très habiles dans les armes, ils s'aimaient beaucoup et avaient coutume d'aller toujours ensemble à tous les tournois, joutes ou autres passes d'armes, et portant les mêmes couleurs. Comme ils habitaient chacun dans son château, et qu'ils étaient éloignés l'un de l'autre de dix bons milles, il advint que messire Guiglielmo Rossiglione ayant pour femme une très belle et très appétissante dame, messire Guiglielmo Guardastagno, nonobstant l'amitié et la camaraderie qui existaient entre eux, s'en amouracha hors de toute mesure et fit si bien par un moyen ou par un autre, que la dame s'en aperçut, et le tenant pour un très valeureux chevalier, se mit à l'aimer de telle façon qu'il était son seul désir, son seul amour, et qu'elle n'attendait que le moment d'être mise à réquisition par lui, ce qui ne tarda guère. Ils eurent plusieurs rendez-vous, où ils se donnèrent de fortes preuves d'amour. En ayant, par la suite, usé moins discrètement, il advint que le mari s'en aperçut et en fut tellement indigné, que la grande amitié qu'il portait à Guardastagno se changea en haine mortelle. Mais il sut la tenir cachée mieux que les deux amants n'avaient su tenir caché leur amour, et il résolut de le tuer.

« Rossiglione étant en cette disposition d'esprit, il advint qu'un grand tournoi fut publié en France, ce que Rossiglione fit sur-le-champ connaître à Guardastagno, en lui faisant dire que si cela lui plaisait, il vînt le voir pour délibérer s'ils iraient à ce tournoi et comment. Le Guardastagno, tout joyeux, répondit qu'il irait sans faute souper avec lui le jour suivant. Le Rossiglione, à cette nouvelle, pensa que le moment était venu de le tuer. Le lendemain, s'étant armé, il monta à cheval suivi d'un de ses familiers, et s'embusqua dans un bois situé à environ un mille de son castel et par où le Guardastagno devait passer. Après l'avoir attendu assez longtemps, il le vit qui s'avançait sans armes et accompagné de deux familiers désarmés aussi, comme quelqu'un qui ne se défiait de rien. Quand il le vit arrivé à l'endroit où il voulait, le félon, plein de rage, sortit de sa cachette et courut à lui la lance à la main, criant : « — Tu es mort ! — » Prononcer ces paroles et lui plonger la lance dans le sein, ne furent qu'un. Le Guardastagno, sans pouvoir se défendre ni dire un mot, tomba transpercé et mourut. Quant à ses familiers, ayant fait faire volte-face à leurs chevaux, ils s'enfuirent le plus vite qu'ils purent vers le castel de leur maître, sans avoir reconnu qui avait commis le meurtre. Alors le Rossiglione descendit de cheval, ouvrit avec son couteau la poitrine du Guardastagno, et, de ses propres mains, lui arracha le cœur qu'il enveloppa dans le pennon d'une lance et qu'il donna à porter à un de ses familiers, auxquels il défendit d'avoir la hardiesse de dire un seul mot de cela.

Puis il remonta à cheval et comme il était déjà nuit, il revint à son castel.

« La dame, qui avait entendu dire que le Guardastagno devait venir dîner le soir, et qui l'attendait avec une grande impatience, ne le voyant pas arriver, s'en étonna beaucoup, et dit à son mari : « — Comment se fait-il, messire, que le « Guardastagno n'est pas venu ? » — A quoi le mari dit : « — Femme, il m'a fait dire qu'il ne pourra être ici que « demain. » — De quoi la dame fut toute troublée. Le Rossiglione, descendu dans son appartement, fit appeler le cuisinier et lui dit : « — Prends ce cœur de sanglier, et fais en « sorte d'en faire un ragoût le meilleur et le plus appétis-« sant que tu sauras ; et quand je serai à table, envoie-le « moi sur un plat d'argent. — » Le cuisinier ayant pris le cœur, le hacha menu, l'assaisonna de force poivre, et y appliquant tout son art et tous ses soins, en fit un ragoût excellent.

« L'heure du souper venue, messire Guiglielmo se mit à table avec sa femme ; mais poursuivi par le souvenir du crime qu'il avait commis, il mangea peu. Le cuisinier lui ayant envoyé le ragoût, il le fit placer devant la dame, prétendant que ce soir il n'avait pas faim, et le lui recommanda vivement. La dame, qui avait bon appétit, se mit à en goûter, et comme il lui parut bon, elle le mangea tout entier. Quand le chevalier eut vu que la dame l'avait mangé tout entier il dit : « — Femme comment avez-vous trouvé ce plat ? — » La dame répondit : « — Monseigneur, il m'a plu « beaucoup, sur ma foi. — » « — Par Dieu, je vous crois, — dit le chevalier — et je ne m'étonne point si vous avez trouvé « bon mort ce qui, vivant, vous a plu par-dessus tout. — » A ces mots, la dame resta un moment immobile, puis elle dit : « — Comment ? Qu'est-ce que vous m'avez fait manger ? — Le chevalier répondit : — Ce que vous avez mangé, c'est le « cœur de messire Guiglielmo Guardastagno, que vous, « femme déloyale, avez tant aimé. Soyez assurée que c'est « bien lui, car de ces propres mains je le lui ai arraché de « la poitrine, avant de revenir ici. — »

« Si la dame, apprenant cela au sujet de celui qu'elle aimait par-dessus tout, fut saisie d'une horrible douleur, il ne faut pas le demander. Après quelques instants elle dit : « — Vous avez agi comme un déloyal et mauvais chevalier ; « c'est moi qui, sans qu'il m'y ait en rien forcée, lui avais « donné mon amour, et, de cet outrage envers vous, ce n'é-« tait pas lui, mais moi qui devais supporter le châtiment. « Mais à Dieu ne plaise que sur une aussi noble nourriture « que le cœur d'un chevalier vaillant et courtois, comme le « fut messire Guiglielmo, une autre nourriture vienne ja-« mais se poser. — » Et s'étant levée, elle se précipita par une fenêtre qui se trouvait derrière elle. La fenêtre était très élevée au-dessus du sol ; pour quoi, la dame en tombant, non seulement se tua, mais se brisa tous les membres. Ce voyant, messire Guiglielmo fut comme abasourdi et comprit qu'il avait mal fait. Craignant le courroux des voisins et surtout du comte de Provence, il fit seller des chevaux et s'enfuit. Le lendemain matin, on sut par toute la contrée ce qui était arrivé ; c'est pourquoi les gens du castel de messire Guiglielmo, et ceux du castel de la dame, recueillirent les corps des deux victimes, qui furent ensevelis, au milieu des pleurs et de la douleur générale, dans l'église du château de la dame et dans un même tombeau. On y inscrivit des vers relatant le nom de ceux qui y étaient renfermés, ainsi que la cause et la nature de leur mort. — »

NOUVELLE X

La femme d'un médecin met dans un coffre son amant endormi et qu'elle croit mort. Deux usuriers emportent le coffre chez eux. L'amant est découvert et pris pour un voleur. La servante de la dame raconte à la Seigneurie que c'est elle qui l'a mis dans le coffre volé par les usuriers, de sorte qu'il échappe à la potence ; les usuriers sont condamnés à l'amende pour avoir volé le coffre.

Le roi ayant fini son récit, il ne restait plus qu'à Dioneo à remplir sa tâche ; ce que voyant, et le roi lui ayant commandé, il commença : « — Les malheurs que l'on vient de raconter au sujet des amants infortunés, ne vous ont pas contristé le cœur et les yeux à vous seules, mesdames, mais bien à moi aussi ; pour quoi, j'ai vivement désiré qu'on en vînt au bout. Maintenant, Dieu soit loué, car ils sont finis, à moins que je ne voulusse encore ajouter à cette mauvaise marchandise, ce dont Dieu me garde. Sans insister donc sur un sujet si douloureux, je commencerai par quelque chose de plus joyeux et de meilleur, donnant l'exemple peut-être à ce qui devra être raconté dans la journée de demain.

« Vous saurez donc, très belles jeunes dames, qu'il n'y a pas encore longtemps, il y avait à Salerne un très grand médecin en chirurgie, dont le nom fut maître Mazzeo della Montagna, lequel, parvenu déjà à l'extrême vieillesse, avait pris pour épouse une belle et gente jeune femme de sa ville et la tenait fournie de riches vêtements, de joyaux et de tout ce qui peut plaire à une dame, plus que toute autre de la ville. Vrai est que, la plupart du temps, elle restait indifférente à tout cela, en femme qui dans le lit était mal couverte par le maître. Celui-ci, comme messer Ricciardo di Chinzica, dont nous avons parlé et qui enseignait à sa femme à observer les fêtes, disait à la sienne que pour avoir couché avec une femme, on mettait je ne sais combien de jours à réparer ses forces, et semblables sottises. De quoi elle vivait très mécontente ; et comme elle était avisée et de très grand esprit elle résolut, pour épargner le bien de la maison, de saisir la première occasion et de goûter d'un autre. Ayant observé plusieurs jeunes hommes, elle en trouva à la fin un en qui elle plaça toute son espérance, tout son cœur et tout son bien. De quoi le jeune homme s'étant aperçu, et cela lui plaisant fort, il mit semblablement tout son amour sur elle. On l'appelait Ruggieri da Jeroli ; il était de naissance noble, mais de mauvaise vie et de conduite blâmable, tellement qu'il n'avait parent ni ami qui lui voulût du bien, ni qui consentît à le voir ; et dans tout Salerne, il était accusé de vols et d'autres méfaits aussi vils, de quoi la dame eut peu cure, car il lui plaisait pour autre chose. Aidée de sa servante, elle fit si bien qu'ils purent se trouver ensemble. Au bout de quelque temps qu'ils eurent pris tous deux leurs ébats, la dame se mit à le blâmer de sa vie passée et à le prier, pour l'amour d'elle, de se défaire de pareilles habitudes, et pour lui faciliter à le faire, elle commença à lui subvenir, tantôt d'une somme d'argent, tantôt d'une autre.

« Pendant qu'ils continuaient ainsi tous deux fort discrètement, il advint qu'il tomba entre les mains du médecin un malade qui avait mal à une jambe. Le maître ayant vu son cas, dit à ses parents que, si on ne lui enlevait pas un os pourri qu'il avait dans la jambe, il faudrait la lui couper ou sinon qu'il mourrait, et qu'en lui extrayant l'os, il pourrait guérir, mais qu'il ne l'entreprendrait qu'en le considérant déjà comme un homme mort. A quoi ceux à qui le malade appartenait ayant consenti, ils le lui laissèrent pour être opéré dans ces conditions. Le médecin, avisant que le malade ne pourrait endurer la peine sans être endormi, ou ne se laisserait pas panser, et devant attendre après vêpres pour procéder à cette opération, fit dès le matin distiller une certaine eau de sa composition, qui, bue par le malade devait le faire dormir autant qu'il pensait mettre de temps à l'opérer. Puis ayant fait porter cette eau chez lui, il la plaça dans sa chambre, sans dire à personne ce que c'était. L'heure de vêpres venue, et le maître se disposant à aller vers son malade, il lui arriva un messager envoyé par quelques-uns de ses grands amis de Malfi, avec prière de ne pas manquer, pour quelque cause que ce fût, de s'y rendre sur le champ, parce qu'il y avait eu une grande rixe où beaucoup de gens avaient été blessés. Le médecin, renvoyant au lendemain matin le pansement de la jambe, monta sur une petite barque et alla à Malfi. Pour quoi, la dame, sachant qu'il ne devait pas revenir la nuit à la maison, y fit venir Ruggieri selon qu'elle en avait l'habitude, et le mit dans sa chambre où elle le garda jusqu'à ce que les autres personnes de la maison fussent allées se coucher.

« Ruggieri étant donc dans la chambre attendant la dame, et ayant, soit par fatigue endurée dans le jour, soit pour avoir mangé trop salé, soit peut-être simplement par habitude, ressenti une grande soif, il vit par hasard sur la fenêtre cette fiole d'eau que le médecin avait préparée pour son malade, et croyant que c'était de l'eau bonne à boire, il la porta à sa bouche et la but tout entière. Il ne tarda guère à être pris d'un grand sommeil, et à s'endormir. La dame, aussitôt qu'elle put, s'en vint dans la chambre, et trouvant Ruggieri endormi, elle se mit à le secouer et à lui dire à voix basse de se lever, mais en vain ; il ne lui répondait pas ni ne bougeait. Pour quoi la dame, quelque peu courroucée, le secoua avec plus de force, disant : « — Lève-toi, affreux dormeur ; si tu « voulais dormir, tu devais t'en retourner chez toi et non venir « ici. — » Ruggieri, ainsi secoué, tomba à terre, d'une chaise sur laquelle il était, et ne donna pas plus signe de vie que n'aurait fait un corps mort. De quoi quelque peu épouvantée, la dame essaya de le relever et se mit à le secouer plus fort, à le prendre par le nez et à le tirer par la barbe ; mais tout était vain ; il avait attaché son âne à une bonne cheville.

« Alors la dame commença à craindre qu'il fût mort ; cependant elle se remit encore à lui pincer aigrement la peau et à le brûler avec une chandelle allumée, mais toujours en vain. Pour quoi elle, qui n'était pas médecin, bien qu'elle eût un médecin pour mari, crut sans plus de doute qu'il était mort. Aussi, l'aimant par-dessus tout comme elle faisait, il ne faut pas demander si elle fut affligée ; n'osant faire de bruit, elle se mit à pleurer en silence sur lui, et à se lamenter d'une telle mésaventure. Mais après quelques instants, craignant d'ajouter la honte à son malheur, elle pensa qu'il fallait sans retard trouver un moyen de porter ce mort hors de la maison ; et ne sachant qu'imaginer pour ce faire, elle appela sans bruit sa servante, et lui faisant part de sa mésaventure, elle lui demanda conseil.

« La servante, fort étonnée, se mit elle aussi à le tirer et à le pincer, mais le voyant sans sentiment, elle dit ce qu'avait dit la dame, c'est-à-dire qu'il était vraiment mort, et lui conseilla de le faire sortir de la maison. A quoi la dame dit : « — Et où pourrons-nous le porter, pour que personne ne « soupçonne demain matin, quand on le verra, que c'est d'ici « qu'on l'a porté ? — » A quoi la servante répondit : « — Ma« dame, j'ai vu ce soir, fort tard, devant la boutique de ce » menuisier, notre voisin, un coffre qui n'est pas trop grand « et qui, si son maître ne l'a pas rentré chez lui, viendra trop

« 'à point pour notre cas, car nous pourrons y mettre le corps,
« après lui avoir donné deux ou trois coups de couteau, et
« nous l'y laisserons. Celui qui l'y trouvera, ne saura pas si
« c'est ici ou ailleurs qu'il y aura été mis; au contraire, on
« croira, pour ce qu'il fut un mauvais garnement, qu'en
« commettant quelque méfait il aura été occis par un de ses
« ennemis et mis dans le coffre. — » Le conseil de la servante plut à la dame, excepté de lui donner des coups de couteau ; elle dit que pour rien au monde elle n'aurait le courage de faire cela, et ayant envoyé la servante voir si le coffre était toujours là où elle l'avait vu, celle-ci revint et dit que oui. La servante donc qui était jeune et vigoureuse, aidée de la dame, mit Ruggieri sur ses épaules, et sa maîtresse marchant devant pour regarder si personne ne venait, elles arrivèrent au coffre, mirent le corps dedans et l'ayant refermé, elles le laissèrent.

« Le même jour, un peu auparavant, étaient rentrés chez eux deux jeunes gens qui prêtaient à usure et qui, désireux de gagner beaucoup et de dépenser peu, se trouvaient avoir besoin de meubles. Ils avaient vu la veille le coffre et avaient projeté ensemble, si on l'y laissait pendant la nuit, de l'emporter chez eux. Minuit venu, ils sortirent de leur logis et trouvant le coffre à la même place, sans l'examiner davantage, ils le portèrent promptement chez eux, encore qu'il leur parût lourd, et le placèrent à côté d'une chambre où leurs femmes dormaient, sans songer pour le moment à le ranger convenablement ; et l'ayant laissé là, ils s'en allèrent dormir.

« Le matin venu, Ruggieri, qui avait fait un grand somme et avait déjà digéré le breuvage et éprouvé jusqu'au bout sa vertu, se réveilla, et bien que le sommeil fût rompu et que ses sens eussent recouvré leur pouvoir, il lui restait cependant dans la cervelle une stupéfaction qui, non seulement cette nuit, mais pendant quelques jours, le tint tout étourdi. Ayant ouvert les yeux et ne voyant rien, il étendit les mains de çà de là, et se trouvant dans ce coffre, il se mit à rappeler ses souvenirs et à se dire : « — Qu'est cela? Où suis-je? Dors-je
« ou suis-je éveillé ? Je me souviens pourtant que ce soir je
« suis entré dans la chambre de madame, et maintenant il
« me semble que je suis dans un coffre. Que veut dire ceci?
« Le médecin serait-il revenu, ou un autre accident serait-il
« arrivé pour lequel la dame, pendant que je dormais, m'au-
« rait caché là-dedans ; je le crois, et très certainement il en
« aura été ainsi. — » Et pour ce, il se mit à rester tranquille et à écouter s'il n'entendait rien. Étant demeuré ainsi assez longtemps et se trouvant fort mal dans le coffre, qui était petit, se sentant tout meurtri du côté sur lequel il était couché, il voulut se tourner sur l'autre ; mais il le fit si adroitement

qu'il heurta des reins une des parois du coffre qui n'avait pas été posé sur un plancher bien égal, et qu'il le fit basculer et tomber. En tombant, le coffre fit grand bruit, pour quoi les femmes qui dormaient à côté se réveillèrent et eurent peur, et de peur se turent.

« Ruggieri ne savait que penser de la chute du coffre; mais le voyant ouvert par sa chute même, il pensa qu'il valait mieux, si autre chose survenait, en être hors que dedans. Et comme il ne savait où il était, imaginant tantôt une chose, tantôt une autre, il se mit à aller à tâtons par la maison, pour voir s'il trouverait une porte ou un escalier par où il pût s'en aller. Les femmes, qui étaient réveillées, entendant le bruit qu'il faisait, se mirent à dire : « — Qui est là? — » Ruggieri, ne reconnaissant pas la voix, ne répondit pas; pour quoi, les femmes se mirent à appeler les deux jeunes gens. Mais ceux-ci, pour ce qu'ils avaient trop veillé, dormaient fortement et n'entendaient rien de tout ce qui se passait. Alors les femmes, devenues plus peureuses, s'étant levées, coururent à une fenêtre et se mirent à crier : « — Au voleur! au voleur! — » Pour quoi, bon nombre de voisins accoururent de tous côtés et entrèrent dans la maison, qui par le toit, qui d'un côté, qui d'un autre, et semblablement les jeunes gens, réveillés à ce bruit, se levèrent, et voyant là Ruggieri quasi hors de lui d'étonnement, et qui ne voyait pas par où il devrait ou pourrait fuir, ils le mirent aux mains des familiers du gouverneur de la ville, qui étaient déjà accourus au bruit. Et ayant été mené devant le gouverneur, celui-ci, comme il était tenu pour un très mauvais homme, le fit mettre sur-le-champ à la torture et confesser qu'il était entré dans la maison des usuriers pour voler; pour quoi, le gouverneur pensa qu'il convenait de le faire pendre par la gorge sans le moindre retard.

« La nouvelle se répandit dans la matinée par tout Salerne que Ruggieri avait été pris à voler dans la maison des usuriers; ce que la dame et sa servante apprenant, elles furent remplies d'un tel étonnement qu'elles étaient bien près de se persuader à elles-mêmes que ce qu'elles avaient fait la nuit précédente elles ne l'avaient pas fait, mais qu'elles l'avaient rêvé; en outre, la dame éprouvait un tel chagrin du péril où se trouvait Ruggieri, qu'elle était sur le point d'en devenir folle.

« Un peu après la troisième heure, le médecin, de retour de Malfi, demanda qu'on lui apportât son eau pour ce qu'il voulait panser son malade; voyant la fiole vide, il fit un grand vacarme, disant qu'on ne pouvait rien conserver dans cette maison. La dame, qui était stimulée d'une autre douleur, lui répondit en colère : « — Que diriez-vous, maître, pour une « chose importante, puisque vous faites si grand bruit pour

QUATRIÈME JOURNÉE. 279

« une fiole d'eau renversée? — » A quoi le maître dit :
« — Femme, tu crois que cette eau était de l'eau claire;
« mais il n'en est pas ainsi; bien au contraire, c'était une
« eau travaillée pour faire dormir. — » Dès que la dame eut
entendu cela, elle s'avisa que Ruggieri l'avait bue et que
c'était pour cela qu'il lui avait paru mort, et elle dit :
« — Maître, nous ne le savions pas; pour ce faites-en
« d'autre. — » Le maître, voyant qu'il ne pouvait en être
autrement, en fit faire une nouvelle.

« Peu après la servante qui, par ordre de la dame, était
allée savoir ce que l'on disait de Ruggieri, revint et lui dit :
« — Madame, tout le monde dit du mal de Ruggieri, et
« d'après ce que j'ai pu entendre, il ne se trouve aucun pa-
« rent, aucun ami qui se soit dérangé ou qui veuille se dé-
« ranger pour lui venir en aide, et l'on croit bien que demain
« le Stadico le fera pendre. Et, en outre, je veux vous dire
« une chose, car il me semble avoir compris comment il est
« arrivé dans la maison des usuriers, et écoutez comment :
« Vous connaissez bien le menuisier devant lequel était le
« coffre où nous le mîmes; il était tout à l'heure avec un
« individu qui prétendait que le coffre lui appartenait, car
« il lui en réclamait le prix, et le menuisier disait qu'il
« n'avait pas vendu le coffre, mais qu'il lui avait été volé
« pendant la nuit. A quoi celui-ci disait : « — Il n'en est
« pas ainsi, mais tu l'as vendu aux deux jeunes usuriers,
« ainsi qu'ils me l'ont dit cette nuit, quand je l'ai vu chez
« eux au moment où Ruggieri a été pris. — » A quoi le me-
« nuisier disait : « — Ils mentent, pour ce que je ne le leur ai
« jamais vendu; mais ce sont eux qui, la nuit dernière, me
« l'ont volé. Allons les trouver. — » Et ils sont allés d'un
« commun accord à la maison des usuriers, et moi je suis ve-
« nue ici. Et, comme vous pouvez voir, je comprends
« bien de quelle façon Ruggieri a été transporté là où il a
« été trouvé; mais comment il est ressuscité, je ne puis le
« voir. — » La dame, comprenant alors parfaitement comment la chose était arrivée, dit à la servante ce qu'elle avait
appris du maître et la pria de l'aider à faire échapper Ruggieri en femme qui, si elle voulait, pouvait d'un seul coup
délivrer Ruggieri et lui conserver l'honneur à elle. La servante dit : « — Madame, enseignez-moi comment, et je fe-
« rai volontiers tout ce qu'il faudra faire. — »

« La dame, aiguillonnée par sa passion, ayant avisé
rapidement ce qu'il y avait à faire, en informa de tous points
la servante. Celle-ci s'en alla tout d'abord trouver le médecin,
et, pleurant, elle se mit à lui dire : « — Messire, je dois
« vous demander pardon d'une grande faute que j'ai com-
« mise envers vous. — » Le maître dit : « — Et qu'est-
« ce? — » Et la servante, ne s'arrêtant pas de pleurer, dit :

« — Messire, vous savez quel homme c'est que Ruggieri da
« Jeroli ; lui ayant plu, autant par peur que par amour, j'ai
« consenti il y a quelque temps à devenir sa maîtresse. Sa-
« chant qu'hier vous n'étiez pas ici, il me pressa tellement
« que, l'introduisant chez vous, je le menai coucher avec moi
« dans ma chambre ; et comme il avait soif, et que je n'avais
« pas le temps de chercher de l'eau ou du vin, ne voulant
« pas d'ailleurs que votre femme qui était au salon me vît,
« et me rappelant avoir vu dans votre chambre une fiole
« d'eau, j'allai la chercher et je la lui donnai à boire, puis je la
« remis où je l'avais prise ; et je vois que vous avez fait à ce
« sujet un grand bruit dans la maison. Et certes, je confesse
« que je fis mal ; mais quel est celui qui n'a pas mal agi
« quelquefois? Je suis très marrie d'avoir fait cela ; non pas
« tant pour la chose elle-même, que pour ce qui s'en est
« suivi, car Ruggieri est sur le point d'en perdre la vie. Pour
« quoi, autant que je peux, je vous prie de me pardonner et
« de me permettre d'aller lui venir en aide en ce que par moi
« se pourra. — » Le médecin, entendant cela, quelque colère qu'il eût, répondit en souriant : « — Tu t'en es donné
« toi-même le châtiment, puisque, là où tu croyais avoir
« cette nuit un jeune homme qui t'aurait bien secoué la pe-
« lisse, tu as eu un méchant dormeur ; et pour ce va, et vois
« à sauver ton amant, et dorénavant garde-toi de plus le
« mener dans la maison, car je te paierais de cette fois et
« de l'autre. — »

« La servante estimant que, pour la première tentative,
elle avait bien opéré, aussitôt qu'elle put, s'en alla à la prison
où était Ruggieri, séduisit tellement le geôlier, que celui-ci
la laissa parler au prisonnier. Dès qu'elle l'eût informé de ce
qu'il devait répondre au Stadico s'il voulait échapper au
péril, elle fit si bien qu'elle parvint jusqu'au juge criminel,
lequel avant de consentir à l'écouter, pour ce qu'elle était
fraîche et gaillarde, voulut attacher son croc à la pauvre fille
du bon Dieu. Elle, pour en être plus favorablement écoutée,
ne fut nullement revêche, et la besogne faite, elle dit :
« — Messire, vous avez ici Ruggieri da Jeroli, pris pour un
« voleur, et ce n'est pas vrai. — » Et commençant par le
commencement, elle lui conta l'histoire jusqu'au bout ;
comment elle, étant sa maîtresse, l'avait mené dans la maison
du médecin, et comment elle lui avait donné à boire l'eau
préparée, ne sachant ce qu'elle était, et comment le croyant
mort, elle l'avait mis dans le coffre. Puis, elle lui dit ce
qu'elle avait entendu entre le menuisier et le propriétaire du
coffre, lui montrant par cela de quelle façon Ruggieri avait
été introduit dans la maison des usuriers. Le juge voyant
qu'il était facile de vérifier si c'était la vérité, s'informa d'a-
bord près du médecin si ce qu'elle avait dit de l'eau était vrai,

et vit qu'il en était ainsi ; puis il manda le menuisier et celui à qui avait appartenu le coffre, ainsi que les usuriers, et après plusieurs investigations, il fut établi que la nuit précédente les usuriers avaient volé le coffre et l'avaient porté chez eux. Enfin, il fit venir Ruggieri, et lui ayant demandé où il avait été hébergé le soir précédent, celui-ci répondit qu'il ne savait pas où il avait été hébergé, mais qu'il se souvenait bien qu'il était allé coucher avec la servante de maître Mazzeo, dans la chambre de laquelle il avait bu de l'eau, à cause de la grande soif qu'il avait ; mais pour ce qui était advenu de lui après, sinon quand en s'éveillant chez les usuriers il s'était trouvé dans un coffre, il ne le savait pas. Le juge, entendant ces choses, en éprouva une grande satisfaction, et les fit redire plusieurs fois à la servante, à Ruggieri, au menuisier et aux usuriers. A la fin, reconnaissant que Ruggieri était innocent, il condamna à dix onces d'amende les usuriers qui avaient volé le coffre, et rendit la liberté à Ruggieri. Si cela fut agréable à ce dernier, que personne ne le demande ; mais cela fut agréable outre mesure à sa dame, laquelle par la suite avec son amant et sa chère servante qui avait d'abord voulu lui donner des coups de couteau, en rit souvent ; et ils festoyèrent joyeusement, continuant leur amour et leurs ébats de mieux en mieux ; et je voudrais qu'il m'advînt ainsi, mais non toutefois d'être mis dans le coffre. — »

Si les premières nouvelles avaient contristé le cœur des dames amoureuses, la dernière dite par Dioneo les fit tellement rire, et spécialement quand il raconta que le juge avait attaché son croc, qu'elles purent se refaire de la compassion que les autres nouvelles leur avaient inspirée. Mais le roi voyant que le soleil commençait à pâlir et que le terme de son commandement était venu, s'excusa par d'agréables paroles auprès des dames de ce qu'il avait fait, c'est-à-dire de les avoir obligées de raconter sur un sujet aussi dur que l'infortune des amants. L'excuse faite, il se leva, ôta la couronne de sa tête, et comme les dames attendaient de savoir à qui il la donnerait, il la posa délicatement sur la tête blonde de la Fiammetta en disant : « — Je te donne cette couronne, comme à celle qui, dans la journée de demain, saura le mieux consoler nos compagnes de l'âpre journée d'aujourd'hui. — »

La Fiammetta, dont les cheveux crépus, longs et dorés retombaient sur ses blanches et délicates épaules, et dont le visage rondelet était tout resplendissant d'une blancheur de lis mêlée aux roses vermeilles, avec deux yeux à fleur de tête semblables à ceux d'un faucon voyageur, et une toute petite bouche dont les lèvres semblaient être deux rubis, répondit en souriant : « — Et moi, Philostrate, je la prends volontiers, et afin que tu t'aperçoives mieux de ce que tu as fait, dès maintenant je veux et j'ordonne que chacun se prépare à parler demain de ce qui est advenu d'heureux aux amants, après quelques cruels et malencontreux accidents. — » Cette proposition plut à tous. Et après qu'elle eût fait venir le sénéchal, et disposé avec lui des choses opportunes, toute la société s'étant levée se dispersa joyeusement jusqu'à l'heure du souper.

Tous donc, partie par le jardin dont la beauté ne devait pas les fatiguer de longtemps, partie vers les moulins qui moulaient en dehors, se mirent à prendre qui de çà, qui de là, suivant leurs fantaisies, des amusements divers jusqu'à l'heure du souper, laquelle étant venue, tous se réunirent, comme d'habitude, près de la belle fontaine, où ils soupèrent et furent bien servis et à leur grandissime plaisir. Levés de là, selon leur habitude aussi, ils se mirent à danser et à chanter, et Philomène menant la danse, la reine dit : « — Philostrate, je n'entends pas dévier de ce qu'ont fait mes prédécesseurs, mais, de même qu'ils ont fait, j'entends que par mon ordre on chante une chanson ; et pour ce que je suis persuadée que tes chansons ressemblent à tes nouvelles, afin qu'il n'y ait pas d'autres jours que celui-ci troublé par le récit de tes infortunés amants, nous voulons que tu en dises une qui te plaira le plus. — » Philostrate répondit qu'il le ferait volontiers ; et sans retard il se mit à chanter en cette guise :

En pleurant, je montre
    Combien se plaint avec raison un cœur
    De ce qu'Amour soit trahi dans sa foi.

Amour, alors que premièrement
    Tu as placé en mon cœur celle pour qui je soupire,
    Sans en espérer de salut,
    Tu me l'as montrée si remplie de vertu,
    Que j'estimai léger tout martyre
    Qui, dans mon esprit resté dolent,
    Par toi me serait advenu.
    Mais mon erreur,
    Je la connais maintenant, et non sans douleur.

Ce qui m'a fait connaître mon erreur,
    C'est de me voir abandonné de celle
    En qui seule j'espérais ;
    Car alors que je pensais être le plus
    Dans sa faveur et son favori,
    Je m'aperçus que, sans se soucier de la peine
    Que me causerait ma future disgrâce,

Elle avait recueilli en son cœur
La beauté d'un autre, et qu'elle m'en avait chassé.

Comme je connus que j'en étais chassé,
Naquit en mon cœur une plainte douloureuse
Qui y reste encore;
Et je ne cesse de maudire le jour et l'heure
Où m'apparut pour la première fois son visage amoureux,
Orné d'altière beauté;
Et plus que jamais je me sens enflammé.
Ma croyance en elle, mon espoir, mon ardeur,
Mon âme qui se meurt s'en va blasphémant tout cela.

Combien ma douleur est sans confort,
Seigneur, tu peux le sentir, tant je t'appelle
Avec une douloureuse voix;
Et je dis que je me sens tellement brûler,
Que, pour diminuer ma souffrance j'appelle la mort.
Qu'elle vienne donc, et d'un seul coup,
Termine ma vie cruelle et malheureuse
Ainsi que ma fureur;
Car, où que j'aille, je souffrirai moins.

Nulle autre vie, nul autre confort
Ne me reste plus que la mort pour guérir ma douleur.
Qu'on me la donne donc désormais.
Mets fin, Amour, par elle à mes peines,
Et dépouille mon cœur d'une vie si misérable.
Ah! fais-le, puisqu'à tort
Toute joie m'est enlevée et ravie.
Fais-la heureuse, elle, en me faisant mourir, seigneur,
Comme tu l'as faite heureuse d'un nouvel amant.

O ma chanson, si personne ne t'apprend,
Je n'en ai cure, pour ce que personne
Comme moi ne peut te chanter.
Une seule peine je veux te donner :
Que tu retrouves Amour, et qu'à lui seul,
Combien m'est déplaisante
La triste vie amère
Tu montres pleinement, le priant qu'en meilleur
Port il me mette par sa valeur.

Et pleurant, je montre, etc.

Les paroles de cette canzone montrèrent très clairement l'état de l'âme de Philostrate et quelle en était la raison. Et peut-être l'aurait mieux montré encore le visage de telle dame qui était dans la danse, si les ténèbres de la nuit survenue n'avaient pas caché la rougeur qui était montée à son visage. Mais quand il eut fini sa chanson, beaucoup d'autres furent chantées, jusqu'à ce qu'enfin l'heure d'aller dormir fût venue; pour quoi, la reine l'ayant ordonné, chacun se rendit dans sa chambre.

CINQUIÈME JOURNÉE

La quatrième Journée du Décaméron finie, commence la cinquième, dans laquelle, sous le gouvernement de Fiammetta, ou devise de ce qui est arrivé d'heureux à certains amants après plusieurs aventures cruelles ou fâcheuses.

Déjà l'orient était tout blanc de lumière, et les rayons du soleil surgissant avaient fait la clarté sur notre hémisphère, quand Fiammetta, invitée par le doux chant des oiseaux qui, dès la première heure du jour, chantaient joyeusement, éparpillés sur les cimes des jeunes arbres, se leva et après avoir fait appeler les autres dames ainsi que les trois jeunes gens, descendit à pas lents dans les champs, où elle alla se promener avec ses compagnons par la vaste plaine et sur l'herbe couverte de rosée, devisant avec eux d'une chose et d'une autre, jusqu'à ce que le soleil se fût élevé quelque peu. Mais sentant que ses rayons devenaient plus chauds, elle dirigea leurs pas vers leur habitation où étant arrivés, et après s'être refaits de leur légère fatigue par des vins exquis et des confetti, ils se répandirent par l'agréable jardin jusqu'à l'heure du repas. Ce moment venu, et chaque chose ayant été préparée par le très discret sénéchal, ils se mirent joyeusement à manger, après avoir chanté une ou deux petites ballades, et suivant qu'il plut à la reine. Le repas achevé avec ordre et plaisir, et pour ne point perdre l'habitude prise de danser, ils firent quelques danses légères entremêlées de chanson, après lesquelles la reine donna congé à chacun jusqu'à ce que l'heure de dormir fût passée. Les uns s'en allèrent dormir, et les autres restèrent à se divertir dans le beau jardin. Mais tous, un peu après l'heure de none, se réunirent près de la fontaine, selon le bon plaisir de la reine et suivant leur habitude. Là, la reine s'étant assise comme si elle présidait un tribunal, regarda Pamphile et lui ordonna en souriant de commencer les nouvelles à dénouement heureux. Celui-ci se disposa volontiers à le faire et parla ainsi :

NOUVELLE I

Cimon devient sensé en devenant amoureux, et enlève en mer sa dame Éphigénie. Il est mis en prison à Rhodes. Lisimaque l'en tire, et tous les deux enlèvent Éphigénie et Cassandre au milieu de leurs noces. Ils s'enfuient avec elles en Crète où ils les épousent, et, devenus riches, ils sont rappelés chez eux.

« Au commencement, plaisantes dames, d'une journée aussi heureuse que le sera celle-ci, il se présente à moi pour que je les raconte plusieurs nouvelles parmi lesquelles une me plaît entre toutes les autres, pour ce que vous pourrez comprendre par elle non seulement le but joyeux en vue duquel nous nous mettons à deviser, mais combien sont sacrées, combien sont puissantes et pleines de bien les forces de l'Amour, bien que bon nombre de gens, sans savoir ce qu'ils disent, les condamnent et les vitupèrent à grand tort ; ce qui, si je ne me trompe, pour ce que je crois que vous êtes toutes amoureuses, devra vous être très agréable.

« Donc, comme nous l'avons lu jadis dans les anciennes histoires des Chypriens, il fut en l'île de Chypre un gentilhomme de grande noblesse, appelé de son nom Aristippe, et richissime au-dessus de tous ses compatriotes en toutes les choses de ce monde ; et il se serait tenu pour l'homme le plus satisfait qui fût, si la fortune ne l'avait affligé en un seul point. C'était que, parmi ses autres fils, il en avait un qui surpassait tous les autres jeunes gens en grandeur et en beauté corporelles, mais qui était presque idiot et sans qu'on pût espérer le guérir. Son vrai nom était Galeso ; mais comme jamais les leçons d'un maître, les caresses ou les châtiments paternels, pas plus que les efforts de toute autre personne n'avaient pu lui mettre en tête une lettre de l'alphabet, ou lui donner la moindre tenue ; qu'au contraire il avait la voix forte et rude, et que ses manières étaient plutôt d'une brute que d'un homme, tous l'appelaient par ironie Cimon, ce qui, dans leur langue, veut dire la même chose que chez nous les mots : grosse bête. Son père, qui voyait avec un très grand ennui son existence perdue, et qui n'avait plus aucun espoir à son sujet, lui ordonna, pour ne pas avoir plus longtemps sous les yeux la cause de son chagrin, de s'en aller au village, et d'y rester avec ses laboureurs ; ce qui fut très agréable à Cimon, pour ce que les manières et la fréquentation des hommes grossiers lui plaisaient plus que celles des gens de la ville.

« Cimon s'en étant donc allé au village et s'y adonnant

aux choses rustiques, il advint qu'un jour, un peu après
l'heure de midi, passant d'un champ à un autre et son bâton
sur le col, il entra dans un très beau petit bois qui était en
ce pays et qui, pour ce qu'on était au mois de mai, était entièrement feuillu. En parcourant ce bois, il arriva, comme si
sa fortune l'eût guidé, en un petit pré entouré d'arbres très
élevés, et dans un des coins duquel se trouvait une belle et
fraîche fontaine. Près de la fontaine, il vit, endormie sur le
pré vert, une très belle jeune fille, vêtue d'un tissu si transparent qu'il ne cachait presque en rien la blancheur de sa
carnation, et recouverte depuis la ceinture seulement jusqu'en bas d'une couverture blanche et légère. A ses pieds,
dormaient également deux femmes et un homme, serviteurs
de la jeune fille.

« Dès que Cimon l'aperçut, comme s'il n'eût plus jamais
vu forme de femme, il s'arrêta, appuyé sur son bâton, sans
prononcer une parole, et se mit à la regarder attentivement
avec une grandissime admiration. Et dans sa rugueuse intelligence, où plus de mille leçons n'avaient pu faire pénétrer la
moindre impression d'un plaisir délicat, il sentit s'éveiller
une pensée qui lui disait en son esprit matériel et grossier,
que cette jeune fille était la plus belle chose qui eût été jamais vue par homme vivant. Aussitôt, il se mit à examiner
en détail toutes les parties de sa personne, admirant les
cheveux qu'il croyait être d'or, le front, le nez et la bouche,
le col et les bras, et surtout le sein encore peu prononcé ; et
de paysan, devenu soudain fin juge de beauté, il désirait ardemment voir ses yeux qu'elle tenait fermés dans son profond sommeil, et, pour les voir, il eut plusieurs fois l'envie
de la réveiller. Mais comme elle lui paraissait bien autrement belle que les femmes qu'il avait vues jusque-là, il doutait si ce n'était pas quelque déesse, et il avait encore assez
de sens pour comprendre que les choses divines sont plus
dignes d'être vénérées que les choses mondaines ; pour quoi,
il se retenait, attendant que la jeune fille s'éveillât d'elle-
même, et bien que cela lui parût tarder trop longtemps, il
ne savait cependant s'arracher au plaisir inaccoutumé qu'il
prenait.

« Après un temps assez long, la jeune fille, qui avait nom
Éphigénie, se réveilla avant tous les siens, et ayant levé la tête
et ouvert les yeux, elle vit Cimon qui se tenait devant elle appuyé sur son bâton, ce dont elle s'étonna fort, et elle dit :
« — Cimon, que cherches-tu à cette heure par ce bois ? — »
Cimon, tant par ses allures et sa grossièreté que par la noblesse et la fortune de son père, était connu quasi de chacun
dans le pays. Il ne répondit rien à la question d'Éphigénie,
mais dès qu'il vit qu'elle avait les yeux ouverts, il se mit à
les regarder fixement, trouvant qu'il en sortait une suavité

qui le remplissait d'un plaisir qu'il n'avait jamais éprouvé. Ce que voyant la jeune fille, elle commença à craindre qu'à la regarder ainsi fixement, sa rusticité ne le portât à quelque action dont elle pourrait avoir vergogne ; pour quoi, ayant appelé ses femmes, elle se leva en disant : « — Adieu, Ci- « mon. — » A quoi Cimon répondit alors : « — J'irai avec « toi. — » Et bien que la jeune fille, qui avait toujours peur de lui, refusât sa compagnie, elle ne put s'en débarrasser qu'il ne l'eût accompagnée jusqu'à sa demeure. De là, Cimon revint chez son père, affirmant qu'il ne voulait plus d'aucune façon retourner au village, à quoi son père et les siens consentirent, bien que cela leur parût fâcheux, et attendirent de voir le motif qui lui avait fait changer d'avis.

« La flèche d'Amour étant donc, grâce à la beauté d'Éphigénie, entrée dans le cœur de Cimon, où n'avait encore pu entrer aucune doctrine, il émerveilla son père et tous les siens, ainsi que chacun de ceux qui le connaissaient, en s'élevant d'une idée à une autre, en un temps très court. Il réclama tout d'abord de son père qu'il lui fît donner les vêtements et les parures avec lesquels allaient ses frères, ce que son père, très content, s'empressa de faire. Alors, fréquentant les jeunes gens de mérite, observant les manières et les habitudes qui conviennent aux gentilshommes, et surtout aux amoureux, non seulement, en un très petit espace de temps et à la grandissime admiration de chacun, il apprit les premières notions des lettres, mais il devint très marquant parmi les hommes de science. En outre — l'amour qu'il portait à Ephigénie étant la cause de tout ce changement — non seulement il rendit souple et convenable sa voix qui était rude et rustique, mais il devint maître chanteur et parfait musicien, de même qu'il se montrait vaillant à chevaucher et très expert dans les choses de la guerre, tant sur mer que sur terre. Bref, pour ne pas m'appesantir sur chaque particularité de son mérite, la quatrième année depuis la naissance de son premier amour ne s'était pas accomplie, qu'il était devenu le plus gracieux, le plus policé et le plus courageux de tous les jeunes gens qui fussent en l'île de Chypre.

« Que dirons-nous donc de Cimon, ô plaisantes dames ? Certes, rien autre chose, sinon que les hautes qualités que le ciel avait déposées dans son âme vaillante, la fortune jalouse les avait cachées et enchaînées en un petit coin ignoré de son cœur par de formidables liens qu'Amour, plus puissant que la fortune, rompit et brisa. Amour, excitateur des esprits endormis, tira, par sa seule force, les vertus de Cimon des cruelles ténèbres qui les comprimaient, et les amena en pleine lumière, montrant apertement d'où il peut tirer les esprits qui lui sont soumis et où il peut les conduire avec ses rayons vainqueurs.

« Bien que Cimon, aimant Éphigénie, commît parfois des extravagances, comme font souvent les jeunes gens amoureux, Aristippe, considérant qu'Amour l'avait fait homme d'idiot qu'il était, non seulement les supportait patiemment, mais l'encourageait à suivre en cela son bon plaisir. Mais Cimon, qui refusait d'être appelé Galeso, se rappelant avoir été ainsi nommé par Éphigénie, voulait donner à ses désirs une fin honnête. Il fit donc faire plusieurs fois des démarches près de Cipseo, père d'Éphigénie, pour qu'il la lui donnât pour femme ; mais Cipseo répondait toujours qu'il l'avait promise à Pasimonde, jeune noble de Rhodes, auquel il n'entendait pas manquer de parole. Sur quoi, le temps fixé pour les noces d'Éphigénie étant venu, et son mari l'ayant envoyé chercher, Cimon se dit en lui-même : « — Il est dé-
« sormais temps de montrer, ô Éphigénie, combien tu es
« aimée de moi. Par toi je suis devenu homme, et si je puis
« te posséder, je ne doute pas que je ne devienne plus glo-
« rieux que n'importe quel dieu ; et certainement je t'aurai,
« ou je mourrai. — » Ayant ainsi dit, il requit le concours de quelques jeunes gentilshommes, ses amis, et après avoir fait armer en secret un navire de tout ce qui était nécessaire pour un combat naval, il se mit en mer, attendant au passage le navire sur lequel Éphigénie devait être conduite à Rhodes vers son mari. Éphigénie, après que son père eut fait tous les honneurs possibles aux amis de son mari, prit la mer, et l'on se mit en route, dirigeant la proue vers Rhodes. Cimon, qui ne dormait pas, survint le lendemain même avec son navire, et, debout sur la proue, il cria d'une voix forte à ceux qui étaient sur le navire d'Éphigénie : « — Arrêtez-
« vous ; baissez les voiles, ou attendez-vous à être vaincus et
« jetés à la mer. — » Les adversaires de Cimon avaient tiré leurs armes sur le pont, et s'apprêtaient à se défendre ; pour quoi Cimon, après les paroles susdites, prit un harpon de fer et le jeta sur la poupe des Rhodiens qui fuyaient vivement, et les ayant arrêtés de force, il sauta, fier comme un lion, et sans être suivi de personne, sur leur navire comme s'il les tenait tous pour rien. Là, éperonné par l'amour, il se lança avec une merveilleuse force au milieu des ennemis, un coutelas en main, et frappant tantôt celui-ci, tantôt celui-là, il les abattait comme des moutons. Ce que voyant les Rhodiens, ils jetèrent leurs armes et s'avouèrent prisonniers quasi d'une seule voix. Cimon leur dit : « — Jeunes gens,
« ce n'est ni par désir de butin, ni par haine contre vous
« que je suis parti de Chypre pour vous assaillir à main ar-
« mée en pleine mer. Ce qui m'a poussé, c'est une chose qu'il
« m'est très agréable d'avoir conquise, et que vous pouvez
« très facilement me donner sans combat ; c'est Éphigénie,
« que j'aime par-dessus tout, et que, ne pouvant avoir de

« son père en ami et paisiblement, j'ai voulu, contraint par
« l'amour, avoir de vous en ennemi par les armes. Et pour
« ce, j'entends être pour elle ce que devait lui être votre Pa-
« simonde ; donnez-la moi, et allez à la garde de Dieu. — »
Les jeunes gens, cédant plus à la force qu'à la générosité,
remirent en pleurant Éphigénie à Cimon. Celui-ci, la voyant
se lamenter, dit : « — Noble dame, ne te désole point, je
« suis ton Cimon, qui, par un long amour, ai plus mérité de
« t'avoir que Pasimonde à qui tu as été seulement pro-
« mise. — » Cimon l'ayant donc fait monter sur son navire,
sans avoir touché à rien autre chose appartenant aux Rhodiens, les laissa aller, et retourna vers ses compagnons.

« Cimon, plus content que personne de la conquête d'une
si chère proie, après avoir donné quelque temps à consoler
Éphigénie qui se lamentait, résolut avec ses compagnons de
ne point revenir présentement à Chypre ; pour quoi, d'un
avis commun, ils dirigèrent la proue de leur navire vers l'île
de Crète, où quasi chacun d'eux, et surtout Cimon, croyait
pouvoir être en sûreté avec Éphigénie, grâce aux anciennes
et nouvelles alliances et aux nombreux amis qu'ils y avaient.
Mais la fortune, qui avait très joyeusement favorisé Cimon
dans la conquête de la dame, changea soudain, en incon-
stante qu'elle est, la joie inexprimable du jeune amoureux en
tristesse et en larmes amères. Quatre heures s'étaient à peine
écoulées depuis que Cimon avait laissé partir les Rhodiens,
quand la nuit survenant — nuit que Cimon attendait comme
devant être la plus heureuse qu'il eût connue jamais — survint avec elle un temps orageux et très mauvais, qui emplit
le ciel de nuages et la mer de vents furieux, pour quoi nul
ne savait ce qu'il y avait à faire et où aller, et personne
ne pouvait se tenir sur le pont du navire pour la manœuvre.
Combien Cimon se désolait de ce contretemps, pas n'est besoin de le demander. Il lui semblait que les dieux ne lui
eussent concédé l'accomplissement de ses désirs, que pour
lui faire paraître plus pénible la mort dont, sans cela, il se
serait peu soucié. Ses compagnons se lamentaient également,
mais par-dessus tous Éphigénie, qui pleurait beaucoup et
avait peur du moindre heurt des vagues ; et au milieu de ses
larmes, elle maudissait amèrement l'amour de Cimon et lui
reprochait sa témérité, assurant que cette tempête n'avait été
soulevée que parce que les dieux, contre la volonté desquels
il voulait l'avoir pour femme, ne voulaient pas à leur tour
qu'il pût jouir de son présomptueux désir, mais l'en voulaient empêcher en la faisant mourir d'abord, elle, puis en
le faisant ensuite périr misérablement.

« Au milieu de ces lamentations, qui ne faisaient qu'aller en
augmentant, les marins, ne sachant que faire, et le vent devenant de plus en plus furieux, furent poussés, sans savoir

où ils allaient, et sans qu'ils pussent le reconnaître, tout près de l'île de Rhodes ; mais ne la reconnaissant pas, ils firent tous leurs efforts pour y prendre terre, s'il était possible, afin de sauver leur vie. La fortune en cela leur fut favorable et leur permit d'aborder en un petit golfe dans lequel, un peu avant eux, étaient arrivés avec leur navire les Rhodiens que Cimon avait quittés. Ils ne s'aperçurent qu'ils avaient abordé dans l'île de Rhodes que lorsque, l'aurore surgissant et le ciel devenu plus clair, ils se virent à peine à une portée de trait du navire laissé par eux la veille. De quoi Cimon très marri, et craignant qu'il en advînt ce qu'il en advint en effet, ordonna qu'on fît les plus grands efforts pour sortir de là et aller où il plairait à la fortune de les pousser. Les matelots firent de grands efforts pour sortir de ce golfe, mais ce fut en vain ; le vent plus puissant les poussait en sens contraire, de sorte que, loin de pouvoir sortir, ils furent, qu'ils le voulussent ou non, poussés à terre.

« Ils ne l'eurent pas plus tôt atteinte, qu'ils furent reconnus par les matelots rhodiens qui étaient descendus de leur navire. L'un de ces derniers courut en toute hâte à un village voisin où les jeunes nobles rhodiens étaient allés, et leur raconta que Cimon et Éphigénie avaient été par aventure poussés avec leur navire au même endroit qu'eux. En entendant cela, les jeunes gentilshommes, très contents, prirent un grand nombre de gens de la ville et se rendirent sur-le-champ au rivage, où Cimon qui, déjà descendu avec les siens, avait décidé de s'enfuir dans quelque forêt prochaine, fut pris avec Éphigénie et ses autres compagnons, et mené avec eux au village. Là, venant de la ville où cette année résidait le grand-maître de Rhodes, arriva bientôt Lisimaque avec une nombreuse compagnie d'hommes d'armes, lequel conduisit en prison Cimon et tous ses compagnons, ainsi qu'en avait ordonné le sénat de Rhodes auquel Pasimonde, ayant appris la nouvelle, s'était plaint. C'est ainsi que Cimon, amant malheureux, perdit son Éphigénie peu d'instants après l'avoir conquise, et sans avoir pris d'elle que quelques baisers. Quant à Éphigénie, elle fut accueillie par plusieurs nobles dames de Rhodes qui la consolèrent tant de la douleur que lui avait causé sa capture, que de la fatigue que le mauvais état de la mer lui avait fait éprouver ; et elle demeura auprès d'elles jusqu'au jour fixé pour ses noces. On fit grâce de la vie à Cimon et à ses compagnons, en raison de la liberté qu'ils avaient laissée la veille aux jeunes Rhodiens, malgré les sollicitations de Pasimonde qui voulait qu'on la leur ravît, et on les condamna à une prison perpétuelle. Ils y étaient, comme on peut croire, fort tristes et sans aucun espoir de jamais revenir à la joie.

« Mais, pendant que Pasimonde pressait le plus qu'il pouvait les apprêts de ses futures noces, la fortune, quasi repentante de la subite injure faite à Cimon, suscita pour son salut un nouvel incident. Pasimonde avait un frère plus jeune que lui, mais de non moindre mérite et qui avait nom Ormisda. Il avait été longtemps en pourparlers pour épouser une noble et belle jeune fille de la ville, nommée Cassandre, et dont Lisimaque était passionnément amoureux ; mais le mariage, par suite de divers incidents, avait été plusieurs fois entravé. Or, Pasimonde se voyant amené à célébrer ses noces avec une grandissime fête, il pensa que ce serait très bien fait si, en cette même fête, il pouvait faire qu'Ormisda épousât aussi sa femme, ce qui leur épargnerait de nouvelles fêtes dispendieuses. Pour quoi, ayant repris les pourparlers avec les parents de Cassandre, il réussit à ce qu'il voulait, et d'un commun accord avec eux et son frère, ils décidèrent que le même jour où Pasimonde épouserait Éphigénie, Ormisda épouserait Cassandre. Ce qu'apprenant Lisimaque, cela lui déplut outre mesure, pour ce qu'il se voyait déçu du ferme espoir qu'il conservait d'obtenir Cassandre pour femme, si Ormisda ne l'épousait pas. Mais en homme sage, il cacha son mécontentement, et il se mit à penser par quel moyen il pourrait empêcher que cela eût lieu. Il n'en vit aucun autre que d'enlever Cassandre, ce qui lui parut facile, grâce à la charge qu'il occupait, mais plus déshonnête aussi que s'il n'avait point occupé cette charge. Cependant, après une longue hésitation, l'honnêteté s'effaça devant l'amour, et il prit le parti, quoi qu'il en dût advenir, d'enlever Cassandre. Et songeant à l'aide qu'il devait s'adjoindre en cette affaire, et au plan qu'il devait tenir, il se souvint de Cimon et de ses compagnons qu'il gardait en prison, et il pensa qu'il ne pouvait avoir de plus fidèle et de meilleur compagnon pour cette entreprise. Pour quoi, l'ayant fait secrètement venir la nuit suivante dans sa chambre, il se mit à lui parler de la sorte :

« — Cimon, de même que les dieux se montrent très géné-
« reux dispensateurs des choses envers les hommes, de
« même ils savent très judicieusement mettre leur courage
« à l'épreuve, et ceux qu'ils trouvent fermes et constants en
« toutes circonstances, ils les rendent dignes, comme étant
« les plus vaillants, des plus hautes récompenses. Ils ont
« voulu faire de ton courage une épreuve plus certaine que
« celle que tu aurais pu montrer dans les étroites limites de
« la maison de ton père, que je sais être possesseur d'abon-
« dantes richesses ; d'abord, par les poignantes sollicitations
« de l'amour, ils t'ont fait redevenir homme d'animal in-
« sensé que tu étais, comme je l'ai appris ; puis, par une
« cruelle infortune, et présentement par une cruelle capti-
« vité, ils ont voulu voir si ton courage n'est point changé
« de ce qu'il était naguère quand, pour si peu de temps, tu

« eus conquis la proie désirée. S'il est toujours le même
« qu'auparavant, les dieux ne te donnèrent jamais une joie
« pareille à celle qu'ils s'apprêtent à te donner présente-
« ment, ce que j'entends te démontrer afin que tu retrouves
« tes forces habituelles et que tu reprennes courage. Pasi-
« monde, joyeux de ta mésaventure, et qui a demandé ta
« mort avec sollicitude, presse tant qu'il peut la célébration
« des noces de ton Éphigénie, afin d'y jouir de cette même
« proie que la fortune, d'abord favorable, t'avait concédée
« et qu'elle t'a ensuite soudain ravie. Je connais par moi-
« même ce que tout cela doit te faire souffrir, si, comme je
« crois, tu aimes véritablement ; car le même jour Ormisda,
« frère de Pasimonde, s'apprête à me faire à moi une injure,
« pareille au sujet de Cassandre que j'aime par-dessus tout.
« Pour échapper à un tel outrage, à un tel coup de la for-
« tune, je ne vois pas d'autre porte ouverte, sinon notre
« courage et la force de nos bras ; sur quoi il nous faut
« mettre l'épée en main et nous frayer un chemin pour en-
« lever nos dames, toi une seconde fois et moi une première.
« Donc, si tu as désir de reprendre, je ne dis pas ta liberté
« dont je pense que tu fais peu de cas sans ta dame, mais
« ta dame elle-même, en me secondant dans mon entreprise,
« les dieux t'en donnent l'occasion. — »

« Ces paroles rendirent à Cimon toute son énergie perdue,
et sans trop réfléchir à la réponse qu'il allait faire, il dit :
« — Lisimaque, tu ne peux avoir compagnon plus décidé ni
« plus fidèle que moi en une pareille tentative, s'il en doit
« résulter pour moi ce que tu dis ; et pour ce, apprends-moi
« ce que tu crois que j'aie à faire, et tu verras que cela sera
« exécuté avec une merveilleuse puissance. — » A quoi Lisimaque dit : « — Dans trois jours, les nouvelles épousées
« entreront pour la première fois dans la demeure de leur
« mari ; nous y entrerons nous-mêmes en armes à la tom-
« bée du jour, toi à la tête de tes compagnons et moi avec
« tous ceux des miens en qui je puis me fier, et, ayant en-
« levé nos dames au milieu des convives, nous les mènerons
« sur un navire que j'ai fait préparer secrètement, et nous
« tuerons quiconque voudrait s'y opposer. — » Ce projet
plut à Cimon, et il se tint coi dans sa prison jusqu'au moment fixé.

« Le jour des noces venu, la pompe fut grande et magnifique, et la maison des deux frères était partout remplie par
la fête joyeuse. Lisimaque ayant tout préparé, réunit Cimon
et ses compagnons à ses propres amis, et tous portant des
armes sous leurs vêtements, quand le moment lui parut
venu, après les avoir excités par ses paroles en faveur de son
entreprise, il les divisa en trois corps. L'un fut envoyé sans
bruit vers le port, pour que personne ne les empêchât de

monter sur le navire quand il en serait besoin ; avec les deux autres, il alla vers la maison de Pasimonde, où étant arrivé, il en laissa un à la porte, afin que personne ne pût l'y enfermer ou lui en interdire la sortie, et avec le troisième il monta l'escalier, suivi de Cimon. Parvenus dans la salle où les nouvelles épousées étaient déjà assises à table, avec bon nombre d'autres dames, pour manger, ils se précipitèrent en avant, renversèrent les tables, et chacun d'eux ayant pris sa dame, et l'ayant remise aux mains de ses compagnons, ils donnèrent l'ordre de les conduire sur-le-champ au navire préparé pour les recevoir. Les nouvelles épousées se mirent à pleurer et à crier, comme aussi les autres dames et les serviteurs, et soudain la maison fut remplie de tumulte et de plaintes. Mais Cimon et Lisimaque, ainsi que leurs compagnons, ayant tiré les épées hors du fourreau, et chassant de leur chemin tout le monde, se dirigèrent vers les escaliers ; ils les descendaient, quand ils rencontrèrent Pasimonde qui, un grand bâton à la main, accourait au bruit, et sur la tête duquel Cimon asséna un tel coup, qu'il la lui fendit à moitié et l'étendit mort à ses pieds. Le malheureux Ormisda courant au secours de son frère, fut également tué d'un seul coup par Cimon, et tous ceux qui voulurent ensuite s'approcher, furent blessés et rejetés en arrière par les compagnons de Cimon et de Lisimaque.

« Ces derniers, laissant la maison pleine de sang, de tumulte, de larmes et de tristesse, arrivèrent en groupe serré au navire avec leur proie et sans autre empêchement ; y étant montés eux-mêmes avec tous leurs compagnons, ils battirent l'eau de leurs rames et s'en allèrent joyeux de leurs faits d'armes, au moment même où le rivage se couvrait de gens armés accourus au secours des dames. Arrivés en Crète, ils furent reçus joyeusement par de nombreux amis et parents, et ayant épousé leurs dames et fait grande chère, ils jouirent en joie de leur rapine.

« Par suite de ces événements, il y eut pendant longtemps de grands troubles et des bruits à Chypre et à Rhodes. A la fin, cependant, les amis et les parents s'étant interposés tant d'un côté que de l'autre, ils arrangèrent les choses de façon que, après quelque temps d'exil, Cimon retourna heureux à Chypre avec Éphigénie, et que Lisimaque rentra à Rhodes avec Cassandre ; et tous deux vécurent dans leur pays avec leur dame, longtemps et en liesse. — »

NOUVELLE II

Costanza aime Martuccio Gomito. Entendant dire qu'il était mort, elle monte de désespoir dans une barque qui est poussée par le vent à Suse. De là, elle s'en va à Tunis où elle le retrouve vivant. Elle se fait connaître à lui et l'épouse. Martuccio, devenu riche, s'en revient avec elle à Lipari.

La reine, voyant la nouvelle de Pamphile terminée, après l'avoir beaucoup louée, ordonna à Émilia de poursuivre en en disant une. Celle-ci commença de la sorte : « — Chacun doit avec raison prendre plaisir aux choses où l'on voit les récompenses couronner les affections, et ce parce que l'action d'aimer mérite à la longue plutôt joie qu'affliction. En traitant une telle matière, j'obéirai donc à la reine avec plus de plaisir que je ne l'ai fait au roi pour la précédente.

« Vous devez savoir, délicates dames, que dans le voisinage de la Sicile est une île nommée Lipari, en laquelle, il n'y a pas encore grand temps, fut une très belle jeune fille appelée Costanza, et née dans l'île de très honorables gens. Un jeune homme, qui était aussi de l'île, et qu'on appelait Martuccio Gomito, très beau et très bien élevé, et fort entendu dans son état, en devint amoureux. La jeune fille de son côté s'alluma tellement pour lui, qu'elle n'éprouvait jamais de plaisir que quand elle le voyait. Martuccio désirant l'avoir pour femme, la fit demander à son père qui répondit qu'il était pauvre et que pour cette raison il ne voulait pas la lui donner. Martuccio, indigné de se voir refuser à cause de sa pauvreté, jura à ses amis et à ses parents qu'il ne reviendrait plus à Lipari, sinon riche. Et étant parti en corsaire, il se mit à suivre les côtes de la Barbarie, pillant tous ceux qui étaient moins forts que lui ; en quoi la fortune lui eût été très favorable, s'il avait su user avec modération de son bonheur. Mais non contents, lui et ses compagnons, de s'être enrichis en très peu de temps, il arriva que, tandis qu'ils cherchaient à devenir plus riches, ils furent tous pris et dépouillés, après une longue résistance, par certains navires de Sarrazins qui noyèrent la plupart d'entre eux ; bref, son navire ayant été défoncé, Martuccio fut conduit à Tunis où il fut mis en prison et tenu en longue misère.

« La nouvelle courut à Lipari, non par une ni par deux, mais par plusieurs personnes, que tous ceux qui étaient avec Martuccio sur son navire avaient été noyés. La jeune fille, qui, depuis le départ de Martuccio, était restée affligée au delà de toute mesure, entendant dire qu'il était mort avec les autres, pleura longuement, et résolut en elle-même de ne plus vivre ; mais n'ayant pas le courage de se tuer elle-même violemment, elle pensa à donner une nouvelle nécessité à sa mort. Étant sortie secrètement, une nuit, de la maison de son père, et s'étant rendue sur le port, elle trouva d'aventure une petite barque de pêcheurs quelque peu écartée des autres navires et qui, ses patrons en étant pour le moment descendus, était munie de son mat, de voiles et de rames. Y étant promptement montée, et ayant gagné le large, experte qu'elle était dans l'art de la navigation, comme le sont généralement toutes les femmes de l'île, elle hissa la voile, jeta les rames, quitta le timon, et s'abandonna au vent, pensant qu'il arriverait nécessairement ou que le vent ferait chavirer la barque qui n'avait ni lest ni pilote, ou que quelque écueil la briserait, par suite de quoi, quand bien même elle le voudrait, elle ne pourrait s'échapper et devrait se noyer infailliblement. Puis s'étant enveloppé la tête dans un manteau, elle se coucha dans le fond de la barque et se mit à pleurer.

« Mais il en arriva tout autrement qu'elle avait pensé, pour ce que le vent qui soufflait venant de tramontane et étant très léger, et la mer étant fort peu houleuse, la barque sur laquelle la jeune fille était montée fut poussée par le vent, le lendemain, à l'heure de vesprée, à cent milles au-dessus de Tunis, sur une plage voisine d'une ville appelée Suse. La jeune fille ne s'apercevait pas si elle était encore en mer ou sur terre, car elle avait résolu, quelque accident qu'il arrivât, de ne pas lever la tête, et de fait elle ne l'avait pas levée. Il y avait, d'aventure, sur le rivage, quand la barque alla y heurter, une pauvre bonne femme de marin, occupée à retirer du soleil les filets de ses pêcheurs, et qui, voyant la barque, s'étonna qu'on l'eût laissée aller heurter le rivage toute voile déployée. Pensant que les pêcheurs qui la montaient s'y étaient endormis, elle se dirigea vers elle et n'y vit que cette jeune fille qui dormait profondément, et l'ayant appelée à plusieurs reprises, elle finit par la réveiller ; l'ayant reconnue à ses vêtements pour une chrétienne, elle lui demanda en latin comment il se faisait qu'elle fût arrivée en cet endroit seule dans cette barque. La jeune fille, entendant parler latin, pensa qu'un vent nouvellement survenu l'avait peut-être ramenée à Lipari, et s'étant levée soudain, elle regarda autour d'elle ; mais ne reconnaissant pas le pays et se voyant à terre, elle demanda à la bonne femme où elle était. A quoi la bonne femme répondit : « — Ma fille, tu es près de Suse, en Barbarie. — » En entendant cela, la jeune fille désolée que Dieu n'eût pas voulu l'envoyer à la mort, craignant qu'il ne lui arrivât quelque honte, et ne sachant que faire, elle s'assit au pied de la barque et se mit à pleurer. Ce que voyant la bonne femme, elle en eut pitié et, à force de la prier, elle réussit à l'emmener dans sa cahutte, et là, elle fit si bien par ses caresses, que la jeune fille lui dit comment elle était arrivée en ce lieu. Sur quoi, la bonne femme, comprenant qu'elle était encore à jeun, lui apporta son pain dur, de l'eau et quelques poissons, et la pria tellement qu'elle en mangea un peu. Après avoir mangé, la Costanza demanda qui était la bonne femme qui parlait ainsi latin ; à quoi celle-ci dit qu'elle était de Trapani et qu'elle avait nom Carapresa, et qu'elle était la servante de quelques pêcheurs chrétiens.

« La jeune fille, en entendant parler Carapresa, bien qu'elle fût très désolée, et ne sachant ce qui la poussait en cela, augura bien en entendant ce nom et se mit à espérer sans savoir quoi, et à se relâcher un peu de son désir de mourir ; et sans faire connaître qui elle était ni d'où, elle pria la bonne femme d'avoir pitié de sa jeunesse pour l'amour de Dieu, et de lui donner quelque conseil afin d'éviter qu'on lui fît injure. Carapresa, en l'entendant, comme une bonne femme qu'elle était, la laissa dans sa cabane, et, après avoir promptement relevé ses filets, revint la prendre et, l'ayant enveloppée des pieds à la tête dans son manteau, elle la mena avec elle à Suse, et là, elle lui dit : « — Cos-
« tanza, je te mènerai chez une très bonne dame sarrazine,
« à laquelle je rends quelques services pour ses besoins ;
« c'est une dame âgée et compatissante : je te recomman-
« derai à elle du mieux que je pourrai, et je suis certaine
« qu'elle t'accueillera volontiers et te traitera comme sa
« fille ; quant à toi, tu feras tout ton possible, restant avec
« elle, pour la servir et pour gagner sa faveur, jusqu'à ce
« que Dieu t'envoie une meilleure fortune. — » Et elle fit comme elle avait dit.

« La dame, vers qui la vieille était allée, après l'avoir écoutée, regarda la jeune fille, et se mit à pleurer ; puis, l'ayant attirée à elle, elle la baisa au front et l'emmena par la main dans sa maison, où elle habitait sans homme avec quelques autres femmes, qui toutes s'occupaient à travailler de leurs mains à divers ouvrages de soie, de palmier ou de cuir. En peu de jours, la jeune fille en eut appris quelques-uns et se mit à travailler avec elles, et elle gagna tellement les bonnes grâces de la dame et des autres que ce fut chose merveilleuse ; en peu de temps aussi, grâce à leurs leçons, elle apprit leur langue.

« La jeune fille demeurant donc à Suse, et étant déjà pleurée comme perdue et comme morte chez elle, il advint que, le roi de Tunis étant un prince nommé Mariabdela, un jeune homme de haute naissance et de grand pouvoir, qui habitait Grenade et qui prétendait que le royaume de Tunis lui appartenait, rassembla une grande quantité de gens d'armes et marcha contre le roi de Tunis pour le chasser du trône. Ces choses vinrent aux oreilles de Martuccio Gomito dans sa prison ; celui-ci, qui savait très bien la langue barbaresque, apprenant que le roi de Tunis faisait de grands préparatifs pour sa défense, dit à un de ceux qui le gardaient : « — Si je pouvais parler au roi, je me ferais fort « de lui donner un conseil grâce auquel il serait vainqueur « en cette guerre. — » Le gardien répéta ces paroles à son seigneur, qui les rapporta incontinent au roi. Pour quoi, le roi ordonna que Martuccio fût amené devant lui, et lui demanda quel conseil était le sien. Martuccio lui répondit ainsi : « — Mon seigneur, si j'ai bien observé, en un autre « temps où je fréquentais vos pays, la manière dont vous « combattez, il me semble que vous le faites plutôt avec des « archers qu'avec d'autres combattants ; et pour ce si l'on « pouvait trouver un moyen pour que les archers de votre « adversaire manquassent de traits, et que les vôtres en « eussent abondamment, je pense que vous gagneriez la ba-« taille. — » A quoi le roi dit : « — Sans doute, si cela se « pouvait faire, je serais sûr d'être vainqueur. — » A quoi Martuccio dit : « — Mon seigneur, si vous le voulez, cela « peut très bien se faire, et voici comment : il faut que « vous fassiez faire pour les arcs de vos archers des cordes « beaucoup plus minces que celles dont on use communé-« ment partout ; puis, vous ferez faire des traits dont les « coches ne puissent aller qu'avec ces cordes ; et il faut que « tout cela soit fait si secrètement que votre adversaire ne « le sache pas, car autrement il trouverait moyen d'y remé-« dier. Et voici pourquoi je parle ainsi : quand les archers « de votre ennemi auront lancé leurs traits et que les vôtres « auront lancé les leurs, vous savez qu'il faudra, durant la « bataille, que vos ennemis ramassent les traits que les « vôtres auront lancés, de même qu'il faudra que vos archers « ramassent ceux de l'ennemi ; mais les adversaires ne pour-« ront se servir des traits de vos archers, pour ce que les « petites coches ne pourront s'adapter à leurs grosses cor-« des, tandis que ce sera tout le contraire pour les traits de « l'ennemi, car les cordes minces, recevront très bien les « traits qui auront une grande coche ; et ainsi les vôtres se-« ront amplement pourvus de traits, tandis que vos adver-« saires en manqueront. — »

« Le conseil de Martuccio plut au roi qui était un seigneur fort sage, et il le suivit de point en point, ce qui fit qu'il se trouva avoir gagné la bataille. De là, Martuccio pénétra fort avant dans sa faveur, et devint par la suite très puissant et très riche. Le bruit de ces événements courut dans le pays, et parvint aux oreilles de la Costanza qui apprit ainsi que

Martuccio Gomito, qu'elle avait longtemps cru mort, était vivant. Pour quoi, l'amour qu'elle avait eu pour lui, et qui déjà était fort attiédi en son cœur, se ralluma d'une flamme soudaine et revint plus grand que jadis, faisant ressusciter l'espérance morte. Alors, elle s'ouvrit entièrement sur ses aventures à la bonne dame avec laquelle elle demeurait, et elle lui dit qu'elle désirait aller à Tunis, afin de rassasier ses yeux de ce que ses oreilles les avaient rendus désireux de voir, d'après les nouvelles reçues. La dame la loua beaucoup de ce désir, et comme si elle eût été sa mère, elle monta avec elle dans une barque et la conduisit à Tunis où la Costanza fut honorablement accueillie dans la maison d'une de ses parentes. Carapresa étant allée avec elle, elle l'envoya s'enquérir de ce qu'elle pourrait apprendre au sujet de Martuccio, et celle-ci, ayant appris que Martuccio était vivant et dans une grande situation, le lui rapporta ; sur quoi il plut à la gente dame d'aller elle-même apprendre à Martuccio que sa Costanza était venue à Tunis, et étant allée un jour le trouver, elle lui dit : « — Martuccio, il est arrivé en ma « maison un tien serviteur qui vient de Lipari, et qui vou-« drait te parler en secret ; et pour ce, ne voulant pas me « fier à d'autres, je suis venue moi-même, selon qu'il m'a « priée, pour te l'apprendre. — » Martuccio la remercia et la suivit chez elle.

« Quand la jeune fille le vit, elle fut bien près de mourir de joie, et ne pouvant se contenir, elle courut soudain à lui les bras ouverts, les lui jeta autour du col et l'embrassa ; puis, soit au souvenir des infortunes passées, soit à cause de la joie présente, sans pouvoir dire une parole, elle se mit doucement à pleurer. Martuccio, en voyant la jeune fille, resta un instant étonné, puis il dit en soupirant : « — ô ma Cos-« tanza, es-tu donc vivante? Il y a bon temps que j'ai appris « que tu étais perdue, et qu'en notre pays on ne savait rien « sur toi. — » Et cela dit, il la serra tendrement dans ses bras en pleurant, et l'embrassa. Alors la Costanza lui raconta toutes ses aventures, et la façon honorable dont elle avait été reçue par la gente dame avec laquelle elle était demeurée.

« Après s'être entretenu quelque temps avec elle, Martuccio l'ayant quittée, s'en alla trouver le roi son seigneur, et lui conta tout, à savoir ses propres aventures et celles de la jeune fille, ajoutant que, avec sa permission, il entendait l'épouser suivant nos lois. Le roi fut émerveillé de ces choses ; il fit venir la jeune fille, et après avoir entendu d'elle que tout était bien comme Martuccio avait dit, il lui dit : « — Donc, tu l'as on ne peut mieux gagné pour mari. — » Et ayant fait venir de riches et nobles présents, il les donna partie à la jeune fille, partie à Martuccio, leur laissant la faculté de faire ce qui plairait le plus à chacun d'eux. Martuccio, après avoir honoré de son mieux la gente dame avec laquelle la Costanza était demeurée, l'avoir remerciée de ce qu'elle avait fait pour lui venir en aide, et lui avoir fait des présents conformes à sa qualité, la recommanda à Dieu, et prit congé d'elle, non sans que la Costanza répandît force larmes. Puis, avec la permission du roi, étant montés sur un navire, ils s'en retournèrent, emmenant Carapresa avec eux à Lipari où les poussa un vent favorable, et où ils furent accueillis avec une telle fête qu'on ne pourrait jamais le dire. Là, Martuccio épousa la Costanza, et fit de grandes et belles noces, et tous deux jouirent pendant longtemps en paix de leur amour. — »

NOUVELLE III

Pietro Boccamazza s'enfuit avec l'Agnolella. Il rencontre des voleurs ; la jeune fille fuit à travers une forêt et arrive vers un château. Pietro est pris par les voleurs et se sauve de leurs mains. Après divers accidents, il arrive au château où était l'Agnolella, et l'ayant épousée il s'en revient avec elle à Rome.

Il n'y eut personne parmi les assistants qui ne louât la nouvelle d'Emilia, et la reine, s'apercevant qu'elle était finie, se tourna vers Elisa et lui ordonna de continuer. Celle-ci, désireuse d'obéir, commença : « — Il me souvient, gracieuses dames, d'une mauvaise nuit que passèrent deux jeunes imprudents ; mais pour ce qu'elle fut suivie de nombreux jours fortunés et qu'elle est en cela conforme à notre programme, il me plaît de vous la raconter.

« A Rome, qui fut jadis la tête du monde comme elle en est aujourd'hui la queue, était, il n'y a pas encore longtemps un jeune homme nommé Pietro Boccamazza, d'une famille très honorable parmi les familles romaines, et qui s'énamoura d'une très belle et très accorte jeune fille, nommée Agnolella, fille d'un certain Giglinozzo Saullo, plébéien, mais très aimé des Romains. Étant donc devenu amoureux d'elle, il fit si bien que la jeune fille se mit à l'aimer d'une affection non moindre que celle qu'il avait pour elle. Pietro, poussé par un amour fervent et ne voulant pas souffrir plus longtemps la peine cruelle que lui causait le désir qu'il avait de la posséder, la demanda pour femme. Dès que ses parents apprirent cela, ils accoururent tous à lui et le blâmèrent fort de ce qu'il voulait faire ; d'un autre côté, ils firent dire à Giglinozzo Saullo, qu'il ne prêtât en aucune manière attention à ce que dirait Pietro, pour ce que, s'il le faisait, ils ne l'auraient jamais pour ami ni pour parent. Pietro, se voyant ainsi fermer la seule voie par laquelle il croyait pouvoir satisfaire son désir, fut sur le point de mourir de douleur, et si Giglinozzo y avait consenti, à l'encontre de tous ses parents, il aurait pris sa fille pour femme. Toutefois, il se mit en tête d'en venir à ses fins, si cela plaisait à la jeune fille ; et s'étant assuré par l'entremise d'une personne de ses amis qu'elle y consentait, il convint avec elle de s'enfuir tous les deux de Rome.

« Ayant tout préparé pour cette fuite, il se leva un matin de très bonne heure, et étant monté avec elle à cheval, ils se dirigèrent vers Alagna où Pierre avait certains amis en qui il avait grande confiance. Chevauchant de la sorte et n'ayant pas le temps de procéder à leurs noces, pour ce qu'ils craignaient d'être poursuivis, ils allaient devisant ensemble de leur amour et se baisant parfois l'un l'autre. Or, Pietro, ne connaissant pas trop le chemin, il advint qu'arrivés à environ huit milles de Rome, au lieu de prendre à droite comme ils devaient, ils prirent à gauche. A peine eurent-ils cheminé pendant deux milles qu'ils se trouvèrent près d'un petit castel duquel, dès qu'on les eut vus, sortit soudain une douzaine de gens à pied. Ces gens étaient déjà près d'eux, quand la jeune fille les vit, pour quoi elle dit en criant : « — Pietro, « décampons, car nous sommes assaillis ; — » et, comme elle sut, elle dirigea son cheval vers une très grande forêt, lui tenant les éperons serrés au flanc et cramponné à l'arçon. Le cheval, se sentant piqué, se mit à galoper et l'emporta à travers la forêt. Pietro, qui était beaucoup plus attentif à la regarder qu'à regarder le chemin, n'avait pas aperçu aussi vite qu'elle les gens armés ; pour quoi ceux-ci lui arrivèrent sus pendant qu'il regardait d'où ils pouvaient venir, le prirent et le firent descendre de sa monture. Puis ils lui demandèrent qui il était, et, quand il le leur eut dit, ils se mirent à délibérer entre eux et à dire : « — Celui-ci « est ami de nos ennemis ; qu'avons-nous à en faire, sinon « de lui enlever ses vêtements et ce cheval, et de le pendre « à un de ces chênes en dépit des Orsini ? — » Et tous étant tombés d'accord là-dessus, ils ordonnèrent à Pietro de se déshabiller. Comme il se déshabillait, prévoyant déjà son triste sort, une embuscade d'au moins vingt-cinq fantassins assaillit à son tour subitement les malandrins en criant : « A « mort ! à mort ! » Ceux-ci, surpris de cette brusque agression, lâchèrent Pietro pour se défendre ; mais voyant qu'ils étaient bien moins nombreux que les assaillants, ils commencèrent à fuir, poursuivis par ces derniers. Ce que voyant Pietro, il reprit en toute hâte ses vêtements, sauta sur son cheval et se mit à fuir tant qu'il put dans la direction qu'il avait vu prendre à la jeune fille. Mais il ne trouva par la forêt ni chemin, ni sentier ; il ne vit aucune trace de cheval ; aussi, quoiqu'il lui parût être en sûreté et hors des mains de ceux qui l'avaient pris ainsi que de ceux par qui ses agresseurs avaient été assaillis eux-mêmes, ne retrouvant pas la jeune fille, il fut le plus malheureux des hommes, et se mit à se lamenter et à courir çà et là par la forêt en l'appelant. Mais personne ne lui répondait et il n'osait point retourner sur ses pas. Quant à aller plus avant, il ne savait où cela le mènerait. D'autre part, les bêtes féroces qui habitent d'ordinaire les forêts lui causaient une grande peur, tant pour lui-même que pour sa jeune amie qu'il lui semblait voir à chaque instant étranglée par quelque ours ou par quelque loup.

« Ce malheureux Pietro s'en alla donc tout le jour par la forêt, criant et appelant, revenant parfois sur ses pas alors qu'il croyait marcher en avant ; et ses cris, ses lamentations, la peur, un long jeûne, tout cela l'avait tellement harassé, qu'il n'en pouvait plus. Voyant la nuit venir et ne sachant quel parti prendre, il descendit de cheval et après avoir avisé un très gros chêne, il y attacha son cheval et y grimpa, afin de n'être pas dévoré la nuit par les bêtes féroces. Peu après la lune se leva et le temps devint très clair ; mais quand bien même il aurait eu le loisir de dormir, le chagrin, la pensée de la jeune fille ne le lui auraient pas permis ; pour quoi, soupirant et se lamentant, et maudissant sa mésaventure, il resta éveillé.

« La jeune fille, comme nous l'avons dit plus haut, ne sachant où se diriger dans sa fuite et s'abandonnant au caprice du cheval qui l'emportait, pénétra si avant dans la forêt qu'elle ne pouvait plus voir l'endroit où elle y était entrée, pour quoi, de même qu'avait fait Pietro, elle rôda tout le jour en ce lieu sauvage, tantôt s'arrêtant, tantôt marchant, pleurant et appelant sans cesse, et se lamentant sur son triste sort. A la fin, voyant que Pietro ne venait pas, et l'heure de vesprée étant déjà arrivée, elle se rabattit sur un petit sentier où elle s'engagea et que son cheval suivit. Quand elle eut chevauché un peu plus de deux milles, elle vit de loin une cabane vers laquelle elle se dirigea le plus vite qu'elle put, et là elle trouva un bonhomme fort âgé avec sa femme qui était aussi fort vieille. Quand ces gens virent qu'elle était seule, ils lui dirent : « — Ma fille, que fais-tu ainsi toute « seule, à cette heure, par ce pays ? — » La jeune fille répondit en pleurant qu'elle avait perdu sa compagnie dans la forêt et demanda à quelle distance elle était d'Alagna. A quoi le bonhomme répondit : « — Ma fille, ce n'est pas là « le chemin pour aller à Alagna, qui est à plus de douze milles « d'ici. — » La jeune fille dit alors : « — Et y a-t-il près « d'ici quelque habitation où je puisse loger ? — » A quoi le

bonhomme répondit : « — Il n'y en a point d'assez proche
« pour que tu puisses y arriver de jour. — » Alors la jeune
fille dit : « — Vous plairait-il, puisque je ne puis aller ail-
« leurs, de me recevoir ici cette nuit pour l'amour de
« Dieu. — » Le bonhomme répondit : « — Jeune fille, il nous
« plaît que tu restes ce soir avec nous ; toutefois nous te rap-
« pellerons que par ces contrées, de nuit et de jour, de mau-
« vaises troupes d'amis et d'ennemis vont et viennent, les-
« quelles très souvent nous causent grand déplaisir et grand
« dommage ; et si, par malheur, pendant que tu y seras, il
« venait une de ces bandes et qu'elle te vît, belle et jeune
« comme tu es, elle te ferait déplaisir et vergogne, et nous
« ne pourrions te secourir. Nous avons voulu te le dire, afin
« que, si cela arrive, tu ne puisses nous le reprocher. — »
La jeune fille, voyant l'heure avancée, bien que les paroles
du vieillard l'eussent fort effrayée, dit : « — S'il plaît à Dieu,
« il nous gardera vous et moi de cet ennui ; mais s'il m'en
« arrive comme vous dites, c'est un moindre mal d'être mal-
« menée par les hommes que d'être dévorée dans les bois
« par les bêtes féroces. — » Ayant dit ainsi, elle descendit
de cheval et entra dans la cabane du pauvre homme, et là
elle soupa avec eux du peu qu'ils avaient ; puis, tout habillée, elle se jeta avec eux sur un petit lit pour dormir, mais
elle ne le put, car elle ne cessa toute la nuit de soupirer, de
se lamenter sur sa mésaventure et sur celle de Pietro, au sujet duquel elle ne savait si elle devait espérer autre chose
que mal.

» Le matin étant déjà proche, elle entendit un grand tumulte de gens qui venaient ; pour quoi, s'étant levée, elle
s'en alla dans une grande cour qui était derrière la petite
cabane, et voyant dans un des coins un gros tas de foin, elle
s'y cacha, afin que, si ces gens s'arrêtaient là, ils ne la trouvassent pas tout d'abord. A peine avait-elle achevé de se cacher que ceux-ci, qui formaient une nombreuse bande de
malandrins, arrivèrent à la porte de la petite cabane et se
la firent ouvrir. Y étant entrés et voyant le cheval de la jeune
fille qui avait encore sa selle, ils demandèrent qui était là. Le
bonhomme, n'apercevant pas la jeune fille, répondit : « — Il
« n'y a personne autre que nous ; mais ce cheval, quel que
« soit celui des mains de qui il s'est échappé, est venu ici
« hier soir et nous l'avons fait entrer pour que les loups ne
« le mangent pas. — » « — Or donc, — dit le chef de bande, —
« il sera bon pour nous, puisqu'il n'a pas d'autre maître. — »
Ayant donc envahi la cabane, une partie d'entre eux s'en
alla dans la cour, et comme ils déposaient leurs lances et
leurs écus de bois, il arriva que l'un d'eux, ne sachant que
faire, enfonça sa lance dans le foin et peu s'en fallut qu'il
ne tuât la jeune fille, qui était cachée, ou ne la forçât à se

découvrir pour ce que la lance passa si près de son sein gauche, que le fer lui déchira ses vêtements, ce qui faillit lui faire pousser un grand cri dans la crainte d'être blessée ; mais se rappelant l'endroit où elle était, elle reprit tout son sang-froid et se tint coite.

« Les gens de cette bande, qui çà qui là, ayant fait cuire leurs chevreaux et les autres viandes, et après avoir mangé et bu, s'en allèrent à leurs affaires, emmenant avec eux le cheval de la jeune fille. Dès qu'ils furent quelque peu éloignés, le bonhomme se mit à demander à sa femme :
« — Qu'est-il advenu de notre jeune fille qui est arrivée ici
« hier soir ; je ne l'ai pas vue depuis que nous nous sommes
« levés. — » La bonne femme répondit qu'elle ne le savait pas et s'en alla voir si elle la voyait. La jeune fille, comprenant que les malandrins étaient partis, sortit de dessous le tas de foin ; alors le bonhomme, fort content de voir qu'elle n'était point tombée en leurs mains et voyant qu'il faisait déjà jour, lui dit : « — Maintenant que le jour vient, nous
« t'accompagnerons, si cela te plaît, jusqu'à un château qui
« est à cinq milles d'ici et où tu seras en sûreté ; mais il faudra
« que tu y ailles à pied, pour ce que cette male engeance qui
« vient de partir d'ici a emmené ton cheval. — » La jeune fille l'ayant rassuré sur ce point, les pria pour l'amour de Dieu de la conduire à ce château, pour quoi, s'étant mis en chemin ils y arrivèrent vers la troisième heure. Le château appartenait à un membre de la famille des Orsini, qui s'appelait Liello di Campo di Fiore, et, d'aventure, il y avait en ce moment sa femme, qui était une très bonne et sainte dame, laquelle, voyant la jeune fille, la reconnut aussitôt et lui fit fête, et voulut savoir comment elle était venue là. La jeune fille lui conta tout. La dame, qui connaissait aussi Pietro, lequel était un ami de son mari, fut très chagriné de cette aventure et ayant appris en quel endroit il avait été pris, elle ne douta point qu'il eût été mis à mort. Elle dit donc à la jeune fille : — « Puisque tu ne sais pas ce qu'est de-
« venu Pietro, tu demeureras ici avec moi jusqu'à ce que je
« puisse te renvoyer sans danger à Rome. — »

« Pietro, étant sur son chêne, plus affligé que jamais, vit venir, à l'heure du premier somme, une bande d'au moins vingt loups, qui tous, dès qu'ils virent le cheval, firent cercle autour de lui. Le cheval, les sentant venir, leva la tête, rompit ses rênes et voulut se mettre à fuir ; mais entouré de toutes parts, et ne pouvant s'échapper, il se défendit à grands coups de dents et de pieds. Enfin, terrassé par ses adversaires, il fut mis en pièces, éventré par eux, et quand tous s'en furent repus et l'eurent dévoré sans laisser autre chose que les os, ils s'en allèrent. De quoi Pietro, auquel le cheval semblait être une compagnie et un soutien pour ses fatigues,

fut fort marri et pensa qu'il ne pourrait jamais sortir de cette
forêt. A l'approche du jour, comme il mourait de froid sur
le chêne et qu'il regardait tout autour de lui, il vit devant lui,
à environ un mille, un très grand feu ; pour quoi, dès qu'il
fit tout à fait jour, il descendit de dessus le chêne, non sans
avoir grand'peur, et se dirigeant vers ce feu, il marcha jusqu'à ce qu'il y fut arrivé. Il trouva, assis tout autour, des bergers qui mangeaient et se donnaient du bon temps, et qui
l'accueillirent par charité. Quand il eut mangé et qu'il se fut
réchauffé, il leur conta sa mésaventure et comment il était
venu là ; puis il leur demanda s'il y avait de ce côté un village ou un château où il pût aller. Les bergers dirent qu'à
environ trois milles était un château appartenant à Liello
di Campo di Fiore, où était présentement sa femme ; de quoi,
Pietro, très content, les pria de lui donner quelqu'un pour
l'accompagner jusqu'au château, ce que deux d'entre eux
firent volontiers.

« Pietro étant arrivé au château, et y ayant trouvé quelqu'un de sa connaissance, s'occupait d'envoyer chercher la
jeune fille dans la forêt, quand la dame le fit appeler. Il se
rendit incontinent auprès d'elle, et voyant à ses côtés l'Agnolella, jamais joie ne fut pareille à la sienne. Il mourait
d'envie d'aller l'embrasser, mais il était retenu par le respect
qu'il avait pour la dame. Et s'il fut très joyeux, la joie de la
jeune fille ne fut pas moindre. La gente dame, l'ayant bien
accueilli et lui ayant fait fête, et ayant entendu de sa bouche
ce qui lui était arrivé, le reprit vivement de ce qu'il avait
voulu faire contre la volonté de ses parents. Mais, pourtant,
voyant qu'il était toujours dans les mêmes dispositions et
qu'il plaisait à la jeune fille, elle dit : « — A quoi vais-je
« perdre ma peine ? Ils s'aiment, ils se connaissent ; chacun
« d'eux est ami de mon mari, et leur désir est honnête ; je
« crois de plus qu'il plaît à Dieu, puisque l'un a échappé
« à la potence et l'autre à la lance, et tous deux aux
« bêtes féroces de la forêt ; donc qu'il en soit ainsi. — »
Et s'étant tournée vers eux, elle dit : « — Puisque c'est
« votre volonté d'être mari et femme, cela me plaît aus-
« si, et les noces se feront ici aux frais de Liello ; je
« vous ferai bien faire ensuite la paix avec vos pa-
« rents. — »

« Pietro très joyeux et l'Agnolella encore plus, s'épou-
sèrent donc en ce lieu, et comme cela fut possible à la montagne, la gente dame leur fit de fort honorables noces, et ils
purent jouir très doucement des premiers fruits de leur
amour. Quelques jours après, étant montés à cheval avec la
dame, et étant bien accompagnés, ils s'en retournèrent à
Rome, où Pietro ayant trouvé ses parents fort courroucés de
ce qu'il avait fait, il se remit en paix avec eux, et vécut heu-

reux et fort tranquillement avec son Agnolella jusqu'en leurs vieux jours. — ».

NOUVELLE IV

Ricciardo Manardi est trouvé par messer Lizio da Valbona avec la fille de celui-ci. Il l'épouse et fait sa paix avec le père.

Lorsque Élisa se tut, écoutant les éloges données à sa nouvelle par ses compagnes, la reine ordonna à Philostrate d'en dire une, et celui-ci commença en riant : « — J'ai été tant de fois blâmé par vous pour vous avoir forcés de deviser sur un sujet pénible et de nature à vous faire pleurer, que je crois être tenu, afin de racheter l'ennui que je vous ai causé, de vous dire quelque chose qui vous fasse rire un peu ; et pour ce, j'entends vous conter, en une nouvelle fort brève, une aventure amoureuse ayant abouti à un heureux dénoûment, après avoir été seulement troublée par quelques soupirs et par une courte peur mêlée de vergogne.

« Il n'y a donc pas longtemps, valeureuses dames, que vivait en Romagne un chevalier riche et de bonnes manières, qu'on appelait messer Lizio da Valbona. Etant proche de la vieillesse, il lui naquit, par aventure, d'une sienne dame appelée madame Giacomina, une fille qui, en grandissant, devint plus belle et plus plaisante qu'aucune autre de tous les environs ; et pour ce qu'elle leur était restée seule, son père et sa mère l'aimaient et la chérissaient profondément, et la gardaient avec un soin merveilleux, attendant le moment de lui faire faire quelque grand mariage. Or, dans la maison de messer Lizio venait fréquemment un jeune homme qui ne la quittait presque jamais, beau et frais de sa personne, et appartenant aux Manardi da Brettinoro. Il s'appelait Ricciardo et messer Lizio et sa femme ne s'en méfiaient pas plus que si c'eût été leur fils. Ricciardo ayant vu plusieurs fois la jeune fille, qui était très belle, très gracieuse de manières, bien élevée et déjà en âge d'être mariée, s'énamoura désespérément d'elle ; mais il tenait son amour soigneusement caché. La jeune fille s'en étant aperçue, se mit, sans chercher à esquiver le coup, à l'aimer également ; de quoi Ricciardo fut très content. Et, bien qu'il eût eu souvent envie de lui en parler, il s'était tu cependant par crainte ; mais un jour, ayant pris son moment, il se hasarda à lui dire : « — Caterina, je te prie de ne pas « me laisser mourir d'amour pour toi. — » La jeune fille répondit aussitôt : « — Plût à Dieu que tu ne me fisses pas « mourir aussi toi-même. — » Cette réponse fit beaucoup

de plaisir à Ricciardo et augmenta sa hardiesse, et il lui dit :
« — Je ne manquerai pas de faire tout ce qui te sera agréable,
« mais c'est à toi de trouver un moyen de sauver ta vie et la
« mienne. — » La jeune fille dit alors : « — Ricciardo, tu
« vois combien je suis gardée, et pour ce je ne vois pas com-
« ment il te sera possible de me venir trouver ; mais si tu
« sais trouver un moyen qui se puisse employer sans qu'il
« m'en résulte vergogne, dis-le-moi, et je l'emploierai. — »
Ricciardo ayant longtemps réfléchi, dit soudain : « — Ma
« douce Caterina, je ne vois pas d'autre moyen, sinon que tu
« couches ou que tu puisses venir sur la galerie qui est près
« du jardin de ton père ; car si je savais que tu y fusses la
« nuit, je m'efforcerais certainement d'aller t'y trouver,
« quelque haute que soit cette galerie. — » A quoi la Caterina répondit : « — Si tu te fais fort d'y venir, je crois que
« je réussirai, moi, à y aller coucher. — » Ricciardo dit
que oui ; et cela dit, ils s'embrassèrent une fois à la déro-
bée, et se quittèrent.

« Le lendemain, comme on était déjà à la fin de mai, la
jeune fille commença à se plaindre devant sa mère que la
nuit précédente, à cause de la trop grande chaleur, elle
n'avait pas pu dormir. La mère dit : « — Eh ! ma fille,
« quelle chaleur si grande a-t-il fait ? Au contraire, il n'a
« pas fait chaud du tout. — » A quoi la Caterina dit :
« — Ma mère, vous devriez dire : à ce qu'il me semble, et
« peut-être vous diriez vrai. Mais vous devez réfléchir com-
« bien les jeunes filles ont plus chaud que les femmes
« âgées. — » La dame dit alors : « — C'est vrai, ma fille ;
« mais je ne puis pas faire chaud ou froid à ma fantai-
« sie, comme tu le voudrais peut-être ; il faut supporter
« le temps comme les saisons le donnent. Peut-être cette
« nuit fera-t-il plus frais, et tu dormiras mieux. — » « — Or
« Dieu le veuille, — dit la Caterina, — mais ce n'est pas
« l'ordinaire que les nuits aillent en se refroidissant plus on
« avance vers l'été. — » « — Que veux-tu donc que je fasse,
« dit la dame. — » La Caterina répondit : « — Si cela plaît
« — à mon père et à vous, je ferais volontiers faire un lit
« dans la galerie qui est sur le jardin, à côté de la chambre
« de mon père, et j'y coucherais ; là, écoutant chanter le
« rossignol, et étant en un endroit plus frais, je serais beau-
« coup mieux qu'en votre chambre. — » La mère dit alors :
« — Ma fille, sois tranquille ; je le dirai à ton père, et
« comme il voudra, nous ferons. — »

« Ayant appris la chose par sa femme, messer Lizio qui
était vieux et qui, pour cette raison, était peut-être un peu
revêche, dit : « — Qu'est-ce que ce rossignol dont elle a
« besoin pour s'endormir ? Je la ferai dormir au chant de
« la cigale. — » Ce qu'ayant su la Caterina, non seulement

elle ne dormit pas la nuit suivante, plus par dépit qu'à cause de la chaleur, mais elle ne laissa point dormir sa mère, se plaignant à chaque instant de la chaleur grande. Sa mère, voyant cela, alla trouver le lendemain matin messer Lizio et lui dit : « — Messire, vous ne tenez guère à cette « jeune fille ; qu'est-ce que cela vous fait qu'elle couche sur « cette galerie ? Elle n'a pas eu un moment de repos pendant « toute la nuit ; en outre, faut-il vous étonner que ce lui soit « un plaisir d'entendre chanter le rossignol, elle qui n'est « qu'une enfant ? Les jeunes gens désirent ce qui leur res- « semble. — » Messer Lizio, entendant cela, dit : « — Al- « lons, qu'on lui fasse un lit comme vous l'entendrez, qu'on « y mette tout autour des rideaux de serge, et qu'elle y « couche et entende chanter le rossignol tout son saoûl. — »

« La jeune fille, à cette nouvelle, fit promptement faire un lit dans la galerie, et comme elle devait y coucher la nuit suivante, elle guetta jusqu'à ce qu'elle eût vu Ricciardo, auquel elle fit un signe convenu entre eux, et par où il comprit ce qu'il devait faire. Quand messer Lizio eut entendu sa fille gagner son lit, il ferma une porte par laquelle on allait de sa chambre à la galerie, et alla se coucher à son tour. Ricciardo, dès qu'il vit que tout était tranquille, monta à l'aide d'une échelle sur un mur, et une fois sur le mur, s'accrochant à certaines pierres d'attente d'un autre mur, à grand'peine, et en courant risque de faire une chute dangereuse, il parvint sur la galerie où il fut reçu sans bruit avec une grandissime fête par la jeune fille. Et après de nombreux baisers, ils se couchèrent ensemble, et prirent, presque toute la nuit, joie et plaisir l'un de l'autre, faisant chanter plusieurs fois le rossignol.

« Les nuits étant courtes, et le plaisir ayant été grand, le jour vint sans qu'ils y songeassent ; et ils étaient encore si échauffés tant de la température que du long amusement, qu'ils s'endormirent sans avoir rien sur eux, la Caterina enlaçant de son bras droit le col de Ricciardo, et le tenant de sa main gauche par cette chose que vous avez la plus honte de nommer quand vous êtes avec des hommes. Ils dormaient de cette façon sans se réveiller quand, le jour venu, messer Lizio se leva ; et, se rappelant que sa fille était couchée sur la galerie, il ouvrit doucement la porte et dit : « — Voyons « un peu comment le rossignol a fait dormir la Caterina, cette nuit. — » Et ayant fait quelques pas, il leva les rideaux de serge dont le lit était entouré, et il vit Ricciardo et sa fille, tout nus et découverts, qui dormaient en se tenant embrassés comme il a été dit plus haut. Ayant parfaitement reconnu Ricciardo, il sortit de la galerie, et étant allé dans la chambre de sa femme, il l'appela en lui disant « : — Sus, « sus, femme ; lève-toi et viens voir ; ta fille avait tellement

« envie du rossignol, qu'elle l'a pris et qu'elle le tient dans
« sa main. — » La dame dit : « — Comment cela peut-il
« être ? — » Messer Lizio dit : « — Tu le verras, si tu te
dépêches de venir. — » La dame, s'étant empressée de s'habiller, suivit sans bruit messer Lizio, et tous deux étant arrivés vers le lit, et les rideaux ayant été écartés, madame Giacomina put voir manifestement comment sa fille avait pris et tenait le rossignol qu'elle désirait tant entendre chanter. De quoi la dame, se tenant pour fortement jouée par Ricciardo, voulut crier et lui dire des injures ; mais messer Lizio lui dit : « — Femme, garde-toi de dire un mot, si tu
« as mon affection pour chère, car en vérité, puisqu'elle l'a
« pris, il sera sien. Ricciardo est gentilhomme, riche et
« jeune, nous ne pouvons avoir avec lui qu'une bonne al-
« liance. S'il veut s'en aller d'ici tranquillement, il faudra
« d'abord qu'il l'épouse ; de sorte qu'il se trouvera avoir mis
« le rossignol dans sa propre cage et non dans celle d'au-
« trui. — » Sur quoi, un peu consolée, et voyant que son mari n'était point courroucé du fait, et que sa fille après avoir eu une bonne nuit s'était bien reposée et avait pris le rossignol, la dame se tut.

« Il ne se passa guère de temps sans que Ricciardo se réveillât, et voyant qu'il était grand jour, il se tint pour mort et appela la Caterina, disant : « — Hélas ! ma chère âme,
« comment ferons-nous ? Le jour est venu et m'a surpris
« ici. — » A ces mots, messer Lizio s'étant avancé et ayant levé les rideaux, répondit : « — Nous ferons bien. — » Quand Ricciardo le vit, il lui sembla que le cœur lui était arraché de la poitrine, et s'étant assis sur le lit, il dit : « — Mon
« Seigneur, je vous requiers merci, de par Dieu. Je recon-
« nais que j'ai mérité la mort, en homme déloyal et mé-
« chant, et pour ce, faites de moi ce qu'il vous plaira ; pour
« moi, je vous supplie, si cela se peut de me faire grâce de
« la vie et de ne point me faire mourir. — » A quoi messer Lizio dit : « — Ricciardo, l'amour que je te portais et la
« confiance que j'avais en toi ne meritaient point cette ré-
« compense ; mais pourtant puisqu'il en est ainsi, et que la
« jeunesse t'a poussé à une si grande faute, il faut, pour t'é-
« viter à toi la mort, et m'éviter à moi la honte, que tu
« prennes pour ta femme légitime la Caterina, afin que,
« comme elle a été tienne cette nuit, elle le soit tant qu'elle
« vivra ; et de cette façon tu peux conquérir mon pardon et
« ton salut ; mais si tu ne veux pas faire ainsi, recommande
« ton âme à Dieu. — »

« Pendant que s'échangeaient ces paroles, la Caterina avait lâché le rossignol, et s'étant renfoncée sous la couverture, s'était mis à pleurer fort et à prier son père de pardonner à Ricciardo ; d'un autre côté, elle suppliait Ricciardo de faire ce que voulait messer Lizio, afin qu'ils pussent avoir tous deux longtemps et sans crainte de pareilles nuits. Mais il ne fut pas besoin en cela de trop de prières, pour ce que d'une part la honte de la faute commise et le désir de la racheter, et d'autre part la peur de mourir et l'envie d'échapper sain et sauf, enfin l'ardent amour et le désir de posséder l'objet aimé, firent dire à Ricciardo librement et sans hésitation qu'il était prêt à faire ce qu'il plairait à messer Lizio. Pour quoi, messer Lizio s'étant fait prêter par madame Giacomina un de ses anneaux, Ricciardo épousa en leur présence la Caterina, sans bouger de l'endroit même. La chose faite, messer Lizio et la dame s'en allèrent en disant : « — Maintenant reposez-vous, car vous en avez pro« bablement plus besoin que de vous lever. — »

« Eux partis, les jeunes gens s'embrassèrent de nouveau, et n'ayant pas cheminé plus de six milles pendant la nuit, ils fournirent encore deux milles avant de se lever, et mirent ainsi fin à la première journée. Puis, s'étant levés, et Ricciardo s'étant entretenu plus longuement avec messer Lizio, quelques jours après, comme il convenait, en présence des amis et des parents, il épousa de nouveau la jeune fille et la conduisit à sa maison en grande fête. Et par la suite, il oisela longuement avec elle aux rossignols, en paix et à son grand contentement, de nuit et de jour, comme il lui plut. — »

NOUVELLE V

Guidotto da Cremona laisse à Giacomino da Pavia une petite fille et meurt. Celle-ci devenue grande et demeurant à Faenza, est aimée par Giannole di Severino et Minghino di Mingole qui se la disputent. La jeune fille est reconnue pour être la sœur de Giannole, et épouse Minghino.

Les dames, en écoutant la nouvelle du rossignol, avaient tant ri, qu'elles ne pouvaient se retenir de rire encore, bien que Philostrate se fût arrêté de conter. Mais pourtant, quand elles eurent assez ri, la reine dit : « — En vérité, si tu nous « as attristées hier, tu nous as aujourd'hui tellement fait « rire, qu'il serait injuste de te rien reprocher. — » Puis adressant la parole à Néiphile, elle lui ordonna de raconter. Celle-ci commença joyeusement ainsi : « — Puisque Philos« trate est entré en devisant dans la Romagne, il me plaît « pareillement à moi aussi de m'y promener un peu en vous « contant ma nouvelle. — »

« Je dis donc que jadis en la cité de Fano habitaient deux

lombards, dont l'un s'appelait Guidotto de Crémone et l'autre Giacomino de Pavie. Tous deux étaient hommes d'âge et avaient été, dans leur jeunesse, presque constamment soldats et sous les armes. Sur quoi, Guidotto étant près de mourir, et n'ayant ni fils, ni un autre ami ou parent à qui il se fiât plus qu'à Giacomino, il laissa à ce dernier une jeune enfant qu'il avait chez lui et à peine âgée de dix ans, ainsi que tout ce qu'il possédait au monde ; et après l'avoir longtemps entretenu de ses affaires, il mourut. Il advint en ces temps que la cité de Faenza, après avoir été longtemps en guerre et à la male aventure, revint en un meilleur état, et qu'il fut librement permis à quiconque le désirait, d'y retourner. Pour quoi, Giacomino, qui y avait autrefois habité, et auquel ce séjour plaisait, y revint avec toute sa fortune, et emmena avec lui la jeune fille que Guidotto lui avait laissée et qu'il aimait et traitait comme sa propre fille. Celle-ci, en grandissant, devint la plus belle qui fût alors dans la cité ; et elle était aussi honnête et aussi bien élevée qu'elle était belle. Pour cette raison plusieurs commencèrent à la courtiser, mais par dessus tous les autres deux jeunes gens également beaux et riches lui vouèrent un si grand amour, qu'ils se mirent à avoir l'un pour l'autre une jalousie et une haine extraordinaires ; ils s'appelaient, l'un Giannole di Severino, et l'autre Minghino di Mingole. Tous les deux auraient volontiers pris pour femme la jeune fille qui avait déjà quinze ans, si les parents de cette dernière y eussent consenti ; pour quoi, voyant qu'ils ne pouvaient l'obtenir d'une façon honnête, chacun d'eux chercha le meilleur moyen pour l'avoir.

« Giacomino avait chez lui une servante âgée et un valet nommé Crivello, personnage très complaisant et très facile, avec lequel Giannole se lia beaucoup et à qui, lorsque le moment lui sembla venu, il découvrit tout son amour, le priant de lui être favorable pour obtenir ce qu'il désirait, et lui promettant de grandes récompenses s'il le faisait. A quoi Crivello dit : « — Vois-tu, en cela je ne pourrai t'être utile
« sinon de la façon suivante : Quand Giacomino ira souper
« quelque part, je t'introduirai là où sera la jeune fille, car
« si je voulais lui dire une seule parole en ta faveur,
« elle ne m'écouterait pas une minute. Si cela te plaît, je
« te promets de le faire ; tu feras ensuite, si tu sais, ce que
« tu croiras bon. — » Giannole dit qu'il ne demandait pas davantage, et ils en restèrent sur cet accord. De son côté Minghino avait gagné l'amitié de la servante, et s'était si bien entendu avec elle, qu'elle avait plus d'une fois porté des messages à la jeune fille et l'avait presque embrasée d'amour pour Minghino. Elle avait en outre promis au jeune homme de l'aboucher avec sa belle, s'il arrivait que,

pour un motif quelconque, Giacomino sortit le soir de chez lui.

« Il advint donc, quelques jours après tous ces pourparlers, que, par suite des menées de Crivello, Giacomino s'en alla souper avec un de ses amis. Crivello en ayant averti Giannole, convint avec lui qu'à un certain signal il viendrait et trouverait la porte ouverte. D'un autre côté, la servante, ne sachant rien de cela, fit prévenir Minghino que Giacomino ne soupait pas chez lui, et lui fit dire de se tenir près de la maison, de façon à accourir et à s'y introduire à un signal qu'elle lui ferait. Le soir venu, les deux amants qui ignoraient leurs projets respectifs, mais qui se méfiaient chacun l'un de l'autre, s'en vinrent, suivis d'un certain nombre de compagnons armés, pour pouvoir entrer sans être empêchés. Minghino, en attendant le signal, se posta avec les siens chez un de ses amis, voisin de la jeune fille ; Giannole, avec ses gens, se tint à quelque distance de la maison. Crivello et la servante, Giacomino étant parti, s'ingéniaient à se renvoyer l'un l'autre. Crivello disait à la servante : « — Pourquoi ne vas-tu pas dormir maintenant ; pourquoi « rôdes-tu ainsi par la maison. — » Et la servante lui disait : « — Mais toi, pourquoi ne vas-tu pas rejoindre ton « maître, puisque tu as bien soupé ? — » C'est ainsi qu'ils ne pouvaient se renvoyer l'un l'autre ; mais Crivello, voyant que l'heure arrêtée avec Giannole était venue, se dit en lui-même : « — Pourquoi me mettre en peine de celle-ci ? Si « elle ne se tient pas tranquille, elle pourra s'en trouver mal. — » Et ayant fait le signal convenu, il alla ouvrir la porte. Sur quoi, Giannole étant entré promptement avec deux de ses compagnons, et ayant trouvé la jeune fille dans la salle, ils s'emparèrent d'elle pour l'entraîner au dehors. La jeune fille se mit à résister et à crier fortement, ainsi que la servante. Ce qu'entendant Minghino, il accourut sur-le-champ avec ses amis, et voyant la jeune fille déjà entraînée hors de la maison, ils tirèrent les épées, et se mirent tous à crier : « — Ah ! traîtres, vous êtes morts ; la chose ne se passera pas ainsi ; quelle est cette violence ? — A ces mots, ils commencèrent à frapper, tandis que tous les voisins, que le bruit avait fait sortir de chez eux avec des flambeaux et en armes, vinrent en aide à Minghino, blâmant vivement cette algarade. Pour quoi, Minghino, après une longue résistance, enleva la jeune fille à Giannole et la remit en la maison de Giacomino. Mais la bagarre n'était pas encore terminée, que survinrent les sergents du commandant de la cité, qui firent prisonniers bon nombre des combattants, parmi lesquels se trouvèrent Minghino, Giannole, et Crivello, et qui les menèrent en prison.

« L'affaire apaisée, et Giacomino étant de retour, il fut

d'abord très marri de cet incident; mais s'étant informé comment la chose s'était passée, et voyant que la jeune fille n'avait failli en aucune façon, il se consola un peu se proposant, pour que pareille aventure ne se reproduisît plus, de la marier le plus tôt qu'il pourrait. Le lendemain matin, les parents d'un côté et de l'autre ayant appris la vérité, et sachant le dommage qu'il en pourrait résulter pour les jeunes prisonniers, si Giacomino voulait faire comme en toute raison il le pouvait, allèrent le trouver, et le prièrent doucement de faire moins attention à l'injure que lui avait causée le peu de sens de ces jeunes gens, qu'à l'affection et à l'amitié qu'il leur portait, comme ils croyaient, à eux qui venaient le supplier, offrant en outre pour eux-mêmes et pour les jeunes gens de lui payer telle amende qu'il lui plairait d'exiger pour le mal qu'ils lui avaient fait. Giacomino, qui dans sa longue vie avait vu bien des choses et était de bon sentiment, répondit brièvement : « — Seigneurs, si j'é-
« tais dans mon pays, comme vous êtes dans le vôtre, je
« me tiens si fort pour votre ami qu'en cela comme en toute
« autre chose, je ferais absolument comme il vous plairait ;
« et en outre, je dois d'autant plus me rendre à vos désirs,
« que vous vous êtes fait offense à vous-mêmes, pour ce que
« cette jeune fille, comme beaucoup le pensent peut-être,
« n'est ni de Crémone ni de Pavie, mais bien de Faenza,
« bien que ni moi ni celui de qui je la tiens n'ayons jamais
« su de qui elle était fille ; pour quoi, je ferai au sujet de
« l'affaire pour laquelle vous me priez, tout ce que vous
« voudrez. — »

« Les braves gens, entendant que cette jeune fille était de Faenza, s'étonnèrent ; et ayant remercié Giacomino de sa généreuse réponse, ils le prièrent de leur dire comment elle était venue en ses mains, et comment il savait qu'elle était de Faenza. A quoi Giacomino dit : « — Guidotto de Crémone
« fut mon compagnon et mon ami, et étant près de mourir,
« il me dit que lorsque cette ville fut prise d'assaut par l'em-
« pereur Frédéric, tout ayant été mis au pillage, il entra
« avec ses compagnons en une maison, et la trouva pleine
« de richesses et abandonnée par ceux qui l'habitaient, ex-
« cepté par cette jeune fille, qui était âgée de deux ans ou
« à peu près, et qui, le voyant monter par l'escalier, l'ap-
« pela son père ; pour quoi, ayant eu compassion d'elle, il
« il la prit et l'emmena à Faenza avec tout ce qui se trou-
« vait dans la maison. C'est là, qu'en mourant, il me la
« laissa avec tout ce qu'il avait, me chargeant, quand le
« moment serait venu, de la marier et de lui donner en dot
« ce qui lui avait appartenu. Elle est en âge d'être mariée,
« mais je n'ai pas eu l'occasion de pouvoir lui donner quel-
« qu'un qui me plût ; je le ferais volontiers, de crainte

« qu'une aventure comme celle d'hier n'arrive de nou-
« veau. — »

« Il y avait là, parmi les autres, un certain Guiglielmo du Medicina, qui avait été avec Guidotto à cette prise, et qui connaissait bien la personne à qui avait appartenu la maison qui avait été pillée par Guidotto. Voyant cette personne parmi les assistants, il s'approcha d'elle et lui dit : « — Ber-
« nabuccio, entends-tu ce que dit Giacomino ? — » Bernabuccio dit : « — Oui ; et tout à l'heure j'y pensais fort, pour
« ce que je me souviens qu'en ces tumultes je perdis une
« petite fille de l'âge que vient de dire Giacomino. — » A quoi Giuglielmo dit : « — Pour sûr, c'est elle, pour ce que
« je me trouvai jadis en une réunion où j'entendis Guidotto
« raconter où il avait fait son butin, et je vis bien que c'é-
« tait en ta maison ; et pour ce, rappelle-toi si tu croirais
« pouvoir la reconnaître à quelque signe, et envoie-la cher-
« cher ; tu verras certainement qu'elle est ta fille. — » Pour quoi, Bernabuccio, en y songeant, se rappella qu'elle devait avoir une cicatrice en forme de croix au-dessus de l'oreille gauche par suite d'une tumeur naissante qu'il lui avait fait couper quelque temps avant cet événement. Aussi, sans plus attendre, il s'approcha de Giacomino qui était encore là, et le pria de le mener chez lui et de lui faire voir cette jeune fille. Giacomino l'y mena volontiers et fit venir la jeune fille devant lui.

« Dès que Bernabuccio la vit, il lui sembla voir le visage de sa mère, qui était encore belle femme ; mais pourtant ne s'en tenant point à cette ressemblance, il dit à Giacomino qu'il voulait lui demander la permission de lui lever un peu les cheveux au-dessus de l'oreille gauche, à quoi Giacomino fut consentant. Bernabuccio s'étant approché d'elle qui se tenait toute rougissante, lui souleva les cheveux avec la main droite et vit la croix ; sur quoi, reconnaissant qu'elle était bien sa fille, il se mit à pleurer de tendresse et à l'embrasser, bien qu'elle s'en défendît ; et s'étant tourné vers Giacomino, il dit : « — Mon frère, c'est ma fille ; ma maison était celle
« que Guidotto pilla, et cette enfant au milieu de la soudaine
« épouvante, y fut oubliée par ma femme qui était sa mère,
« et jusqu'à ce jour nous avons cru qu'elle avait été brûlée
« dans cette maison qui fut réduite en cendres ce jour-là. — »
La jeune fille, en entendant ces paroles, et voyant qu'il était un homme âgé, y ajouta foi ; et mue par une force occulte, mêlant ses embrassements aux siens, elle se mit à pleurer de tendresse.

« Bernabuccio envoya sur le champ chercher sa mère, ses autres parents, ses sœurs et ses frères, et la montrant à tous, il leur raconta le fait. Après mille embrassements, chacun lui fit une grande fête, et Giacomino y consentant,

Bernabuccio la mena chez lui. Le gouverneur de la cité, qui était un galant homme, ayant appris cela, et sachant que Giannole qu'il tenait prisonnier était le fils de Bernabuccio et le propre frère de la jeune fille, se détermina à passer légèrement sur le délit commis par lui, et s'étant entendu à ce sujet avec Bernabuccio et Giacomino, il fit faire la paix à Minghino et à Giannole ; puis à Minghino, au grand plaisir de tous ses parents, il donna pour femme la jeune fille dont le nom était Agnès, et il lui rendit la liberté ainsi qu'à Crivello et aux autres qui avaient été impliqués dans cette affaire. Minghino, fort joyeux, fit les noces belles et grandes, et ayant mené Agnès dans sa maison, il vécut de longues années avec elle en paix et en joie. — »

NOUVELLE VI

Gianni di Procida est trouvé avec une jeune fille qu'il aime et qui avait été donnée au roi Federigo. Tous deux sont liés à un pal pour être brûlés. Mais Gianni est reconnu par Ruggieri dell' Oria ; il échappe au supplice et épouse sa dame.

La nouvelle de Néiphile finie et ayant beaucoup plu aux dames, la reine ordonna à Pampinea de se disposer à en dire une. Celle-ci, montrant un riant visage, commença : « — Ce sont de très grandes forces, plaisantes dames, que celles de l'amour ; elles imposent aux amants de grandes peines et les jettent dans des périls démesurés et imprévus, comme on a pu fort bien le comprendre par les récits faits aujourd'hui et les jours précédents ; néanmoins, il me plaît de le démontrer encore en vous parlant d'un jeune amoureux.

« Ischia est une île très voisine de Naples. Il y avait jadis, entre autres, une toute jeune fille très belle et très gracieuse qui avait nom Restituta, et était fille d'un gentilhomme de l'île appelée Marin Bolgaro. Un jeune homme d'une île voisine d'Ischia, appelée Procida, et qui avait nom Gianni, l'aimait plus que sa propre vie, et était aimé d'elle. Il ne se contentait pas de venir de jour à Ischia pour la voir, mais il y venait plus d'une fois la nuit, et souvent, n'ayant point trouvé de barque, il était allé en nageant de Procida jusqu'à Ischia, afin de voir, s'il ne pouvait mieux faire, les murs de la maison de sa belle. Durant cet amour si fervent, il advint que la jeune fille étant, un jour d'été, allée seule sur le bord de la mer, et courant de roche en roche un couteau à la main pour détacher les coquillages des pierres, elle arriva en un endroit entouré de rochers où, soit pour chercher l'ombre, soit à cause du voisinage d'une fontaine aux eaux très fraîches qui s'y trouvait, quelques jeunes Siciliens venus de Naples s'étaient arrêtés. Ceux-ci, à la vue de cette belle jeune fille qui ne les avait pas encore aperçus, et qui s'en venait seule, résolurent de s'en emparer et de l'emmener avec eux ; et l'effet suivit de près la résolution. Bien qu'elle criât beaucoup, ils la prirent, la mirent sur leur navire et poursuivirent leur route. Arrivés en Calabre, ils délibérèrent à qui devrait appartenir la jeune fille, et chacun la voulait pour soi ; pour quoi, ne pouvant s'accorder entre eux et craignant d'en venir à de pires extrémités et de gâter pour elle leurs affaires, ils décidèrent de la donner à Federigo, roi de Sicile, qui était alors jeune, et se plaisait à de telles choses ; ce qu'ils firent, dès qu'ils furent arrivés à Palerme. Le roi, la voyant si belle, l'eut pour agréable ; mais comme il était un peu souffrant de sa personne, il ordonna, en attendant qu'il fût mieux portant, de la conduire en un très beau palais situé au milieu d'un jardin qui lui appartenait et qui s'appelait la Cuba, et de l'y bien traiter ; ce qui fut fait.

« L'enlèvement de la jeune fille fit grande rumeur à Ischia, et ce qui augmentait l'indignation générale, c'était qu'on ne pouvait savoir quels étaient ceux qui l'avaient enlevée. Mais Gianni, qui s'en affligeait plus que tout autre, n'attendant pas qu'il lui arrivât de ses nouvelles à Ischia, et ayant su de quel côté la frégate s'était dirigée, en fit armer une, y monta, et le plus rapidement qu'il put, parcourut toute la côte, depuis la Minerva jusqu'à la Scalea en Calabre, s'informant partout de la jeune fille. Ce fut seulement à la Scalea qu'on lui dit qu'elle avait été emmenée à Palerme par des mariniers siciliens. Gianni y alla le plus tôt qu'il put, et, après avoir bien cherché, il apprit que la jeune fille avait été donnée au roi, et qu'elle était gardée par lui dans la Cuba, ce dont il fut très courroucé, car il perdit quasi tout espoir, non pas seulement de la ravoir, mais même de la voir. Cependant, retenu par l'amour, il renvoya sa frégate, et voyant que personne ne l'y connaissait, il resta à Palerme.

« Comme il passait souvent devant la Cuba, il advint qu'un jour il la vit par hasard à une fenêtre et qu'elle le vit, ce dont tous deux furent très contents. Gianni voyant que le lieu était solitaire, s'approcha d'elle le plus possible, lui parla, et s'étant enquis d'elle comment il devait s'y prendre pour lui parler de nouveau, il la quitta, après avoir bien examiné la disposition des lieux. Il attendit la nuit, et quand une bonne partie en fut écoulée, il retourna à la Cuba, et s'étant accroché à des endroits où n'auraient pas grimpé des pics ? il entra dans le jardin, et y ayant trouvé une petite antenne de navire il l'appliqua contre la fenêtre que la jeune fille lui avait indiquée, et y monta fort légèrement. La jeune fille, considérant comme perdu son honneur, pour la conservation duquel elle avait autrefois résisté à son amant, et pensant que non seulement elle ne pouvait le sacrifier à un plus digne que lui, mais qu'elle pouvait l'amener à la délivrer, avait pris la résolution de satisfaire entièrement ses désirs ; et pour ce, elle avait laissé la fenêtre ouverte, afin qu'il pût s'introduire promptement. Gianni ayant donc trouvé la fenêtre ouverte, entra sans bruit, et se coucha à côté de la jeune fille qui ne dormait pas. Celle-ci, avant qu'ils en vinssent à autre chose, lui déclara ses intentions, le suppliant de l'arracher de ces lieux et de l'emmener. A quoi Gianni dit que rien ne lui plaisait davantage, et que, sans faute, dès qu'il l'aurait quittée, il s'arrangerait de façon à pouvoir l'emmener la première fois qu'il reviendrait. Cela dit, s'étant embrassés avec un grandissime plaisir, ils goûtèrent cette volupté au-dessus de laquelle Amour ne saurait plus rien offrir ; et quand ils l'eurent éprouvée à plusieurs reprises, ils s'endormirent sans s'en apercevoir dans les bras l'un de l'autre.

« Le roi, auquel au premier abord la jeune fille avait plu beaucoup, s'étant souvenu d'elle et se sentant mieux de sa personne, résolut, bien qu'il fût presque jour, d'aller passer quelques instants près d'elle, et il s'en alla secrètement à la Cuba, avec un de ses serviteurs. Étant entré dans le château, il fit ouvrir la porte de la chambre dans laquelle il savait que dormait la jeune fille, et y entra en se faisant précéder d'une grande torche allumée ; et ayant regardé sur le lit, il la vit avec Gianni, tous deux nus et endormis dans les bras l'un de l'autre. De quoi il entra soudain dans une si violente colère que, sans rien dire, peu s'en fallut qu'il ne les tuât tous les deux avec un poignard qu'il portait au côté. Mais, estimant que c'est chose très vile pour tout homme, et surtout pour un roi, de tuer des gens nus et endormis, il se contint, et résolut de les faire périr publiquement par le feu. Se retournant vers le seul compagnon qu'il avait amené, il dit : « — Que te semble de cette misérable femme en qui « j'avais mis tout mon espoir ? — » Puis, il lui demanda s'il connaissait le jeune homme qui avait eu une si grande audace que de venir, en sa propre maison, lui faire un tel outrage et un tel déplaisir. Celui qu'il interrogeait ainsi lui répondit qu'il ne se rappelait pas l'avoir jamais vu. Le roi étant donc sorti tout courroucé de la chambre, ordonna que les deux amants, nus comme ils étaient, fussent pris et enchaînés, et que, dès que le jour aurait paru, on les menât à Palerme où ils seraient liés sur la place publique à un pal, dos à dos, et qu'ils resteraient en cet état jusqu'à l'heure de tierce, afin qu'ils pussent être vus de tous, puis qu'il seraient livrés aux flammes, comme ils l'avaient mérité. Cet ordre donné, il courut s'enfermer dans sa chambre à Palerme, fort courroucé.

« Le roi parti, plusieurs sbires se jetèrent sur les deux amants qu'ils ne se contentèrent pas de réveiller, mais qu'ils saisirent promptement et qu'ils enchaînèrent sans la moindre pitié. Ce que voyant les deux jeunes gens, s'ils furent désolés, s'ils craignirent pour leur vie, s'ils pleurèrent et se plaignirent, il est aisé de se l'imaginer. Suivant l'ordre du roi, ils furent menés à Palerme et liés sur une place publique à un pal, et devant eux on prépara le bûcher et le feu qui devaient les brûler à l'heure marquée par le roi. Tous les Palermitains, hommes et femmes, accoururent en hâte pour voir les deux amants ; les hommes concentraient tous leurs regards sur la jeune fille, et de même qu'ils admiraient combien elle était belle et bien faite dans tout son corps, de même les femmes qui ne regardaient que le jeune homme, s'accordaient à reconnaître qu'il était admirablement beau et bien fait. Mais les deux malheureux amants, pleins de honte, tenaient la tête basse, et pleuraient leur infortune, attendant d'heure en heure la cruelle mort par le feu.

« Pendant qu'ils restaient ainsi jusqu'à l'heure marquée, et qu'il n'était bruit partout que de la faute qu'ils avaient commise, la nouvelle en parvint aux oreilles de Ruggieri dell'Oria, homme d'une inestimable valeur et qui était alors amiral du roi. Il s'en alla pour les voir à l'endroit où ils étaient liés ; et, y étant arrivé, il regarda tout d'abord la jeune fille dont il admira beaucoup la beauté ; puis ayant jeté les yeux sur le jeune homme, il le reconnut sans trop de peine, et s'étant approché de lui, il lui demanda s'il était Gianni de Procida. Gianni, ayant levé la tête, et reconnaissant l'amiral, répondit : « — Mon seigneur, j'ai bien été celui dont vous « parlez, mais je suis bien près de ne l'être plus. — » L'amiral lui demanda alors quelle cause l'avait conduit là. A quoi Gianni répondit : « — L'amour d'abord, et la colère du « roi. — » L'amiral lui demanda de lui conter la chose plus en détail, et ayant entendu de lui comment tout s'était passé il allait s'en aller, quand Gianni le rappela et lui dit : « — Hélas ! mon seigneur, si cela se peut, demandez « pour moi une grâce à celui qui m'a fait mettre ici de la sorte. — » Ruggieri demanda quelle était cette grâce. — A quoi Gianni dit : « — Je vois qu'il me faut bientôt mourir ; « je demande comme faveur, qu'au lieu d'être dos à dos « avec cette jeune fille que j'ai aimée plus que ma vie et qui « m'a aimé de même, on nous mette le visage tourné l'un « vers l'autre, afin qu'en mourant, je voie sa figure et puisse « m'en aller consolé. — » Ruggieri dit en riant : « — Vo-

« lontiers ; je ferai de telle sorte que tu la verras encore
« tant que tu pourras en être ennuyé. — » Et l'ayant quitté,
il ordonna à ceux qui avaient été préposés à l'exécution du
supplice, qu'à moins d'un nouvel ordre du roi, ils ne fissent
rien au delà de ce qui avait été déjà fait, et sans retard il
alla trouver le roi.

« Bien qu'il le vît fort courroucé, il ne résolut pas moins
de lui dire son avis, et il lui dit : « — Sire, en quoi t'ont
« offensé les deux jeunes gens que tu as ordonné de faire
« brûler là-bas sur la place ? — » Le roi le lui ayant dit,
Ruggieri poursuivit : « — La faute qu'ils ont commise mé-
« rite bien ce supplice, mais il ne peut venir de toi. Et comme
« les fautes méritent un châtiment, ainsi les services doivent
« être récompensés, sans parler de la grâce et de la miséri-
« corde. Connais-tu ceux que tu veux faire brûler ? — » Le
roi répondit que non. Ruggieri dit alors : « — Eh ! bien, je
« veux que tu les connaisses, afin que tu voies combien peu
« raisonnablement tu te laisses emporter par les élans de ta
« colère. Le jeune homme est fils de Landolfo de Procida,
« frère de messer Gian de Procida, auquel tu dois d'être roi
« et seigneur de cette île. La jeune fille est la fille de
« Marino Bolgaro, dont l'influence est seule cause que ta
« seigneurie n'ait pas été chassée d'Ischia. Ce sont en outre
« deux jeunes gens qui s'aiment depuis longtemps, et c'est
« poussés par l'amour, et non point pour te faire une injure,
« qu'ils ont commis cette faute, si l'on doit appeler faute ce
« que l'amour fait faire aux jeunes gens. Pourquoi donc
« les veux-tu faire mourir, alors que tu devrais les honorer
« en les comblant de plaisirs et de bienfaits ? — » Le roi
entendant cela, et persuadé que Ruggieri lui disait vrai,
non seulement ne persista point dans sa résolution première,
mais se repentit de ce qu'il avait fait. Pour quoi, il envoya
sur-le-champ l'ordre de détacher les jeunes gens du pal et
de les amener devant lui ; ce qui fut fait. Et s'étant pleinement assuré de leur condition, il pensa qu'il devait réparer
par des dons et des honneurs l'injure qu'il leur avait faite.
Les ayant donc fait richement vêtir, et voyant qu'ils y consentaient tous deux, il fit épouser la jeune fille par Gianni, et
leur ayant fait de magnifiques présents, il les renvoya
satisfaits chez eux où ils furent reçus avec une grandissime
fête, et où ils vécurent depuis tous les deux longuement,
dans les plaisirs et dans la joie. — »

NOUVELLE VII

Théodore, amoureux de Violante, fille de messer Amerigo, son seigneur, la rend grosse et est condamné à être pendu. Pendant qu'on le conduit au supplice en le fouettant de verges, il est reconnu par son père et mis en liberté; après quoi il épouse Violante.

Les dames, qui, toutes tremblantes, étaient suspendues aux lèvres de Pampinea pour savoir si les deux amants avaient été brûlés, en entendant qu'ils avaient été sauvés louèrent Dieu et se réjouissaient fort. Quant à la reine voyant que la nouvelle était finie, elle chargea la Lauretta de dire la suivante; celle-ci se mit à dire d'un air joyeux :

« — Très belles dames, au temps que le bon roi Guillaume gouvernait la Sicile, il y avait dans l'île un gentilhomme nommé messer Amerigo, abbé de Trapani, et qui, entre autres bien temporels, possédait beaucoup d'enfants. Pour quoi, ayant besoin de serviteurs, et certaines galères de corsaires génois étant venues du Levant où elles avaient pris beaucoup de jeunes esclaves en cotoyant l'Arménie, il en acheta quelques-uns, les croyant Turcs. Parmi ces esclaves dont la plupart paraissaient être des bergers, il y en avait un de meilleure mine que les autres et qui était appelé Théodore. En grandissant, bien que toujours considéré comme esclave, il avait été élevé dans la maison avec les enfants de messer Amerigo; et se conformant plus à la nature qu'à la vile condition où un accident l'avait jeté, il devint si bien élevé et de si bonnes manières, et sut si bien plaire à messer Amerigo que celui-ci l'affranchit et, croyant qu'il était musulman, le fit baptiser et nommer Pietro; puis il en fit son majordome, ayant en lui une très grande confiance.

« En même temps que ses autres enfants, avait grandi une fille de messer Amerigo, appelée Violante, belle et délicate jeune fille, laquelle, son père tardant trop à la marier, s'énamoura par aventure de Pietro. Cependant, bien qu'elle l'aimât et qu'elle le tînt en grande estime pour sa bonne mine et pour ses talents, elle n'osait lui découvrir son affection. Mais Amour lui évita cette peine, pour ce que Pietro, l'ayant plusieurs fois guettée en secret, s'était énamouré d'elle à tel point qu'il n'éprouvait de plaisir qu'en la voyant; toutefois il craignait de laisser voir à qui que ce fût ce qu'il éprouvait, cela lui paraissant moins que bien. La jeune fille qui le voyait volontiers, s'en aperçut, et pour lui donner plus de hardiesse, s'en montra fort contente, comme elle l'était en effet. Et ils en restèrent là pendant longtemps, n'osant se rien dire l'un à l'autre, bien que chacun d'eux le désirât beaucoup. Mais pendant que tous deux brûlaient également ainsi d'une même flamme, la fortune, comme si elle avait résolu d'amener ce qui arriva, leur fournit un moyen de chasser la craintive timidité qui les paralysait.

« Messer Amerigo avait, à un mille environ hors des murs de Trapani, une belle maison de campagne, où sa femme avec sa fille et d'autres dames avaient coutume de se rendre souvent en partie de plaisir. Y étant allées un jour que la chaleur était grande, et ayant emmené Pietro avec elles, il advint, comme nous le voyons parfois en été, que le ciel se couvrit soudain d'obscurs nuages ; pourquoi la dame et ses compagnes, afin de n'être pas surprises en cet endroit par le mauvais temps, se mirent en route pour revenir à Trapani, marchant le plus vite qu'elles pouvaient. Mais Pietro et la jeune fille qui étaient jeunes tous les deux, allaient beaucoup plus vite que la mère et les autres dames, non moins poussés par l'amour peut-être que par la peur du mauvais temps ; et comme ils avaient déjà pris une telle avance sur la dame et sur les autres, qu'on les voyait à peine, il arriva qu'après plusieurs coups de tonnerre, une averse de grêle grosse et serrée vint subitement à tomber, averse que la dame et sa compagnie évitèrent en se réfugiant dans la cabane d'un laboureur.

« Pietro et la jeune fille, n'ayant pas d'abri plus proche, entrèrent dans une vieille cabane quasi tout effondrée où ne demeurait plus personne, et s'y réfugièrent tous deux sous un pan de toit qui subsistait encore, et où le peu d'espace où ils pouvaient s'abriter les forçait à se serrer l'un contre l'autre. Ce rapprochement leur fut occasion d'enhardir un peu leurs cœurs à s'ouvrir leurs désirs amoureux, et Pietro se mit le premier à dire : « — Plût à Dieu que jamais, si je « devais rester comme je suis, cette pluie ne s'arrêtât. — » Et la jeune fille dit : « — Cela me serait cher. — » Et de ces paroles, ils en vinrent à se prendre la main et à se serrer mutuellement, puis à s'accoler et à se baiser, la grêle tombant toujours. Et pour ne pas m'arrêter à chaque détail, le temps ne se remit point qu'ils n'eussent connu les suprêmes joies de l'amour, et qu'ils n'eussent pris leurs mesures pour prendre secrètement plaisir l'un de l'autre. Le mauvais temps cessa, et à la porte de la cité, qui n'était pas loin de là, ils attendirent la dame et rentrèrent avec elle à la maison.

« Ils se retrouvèrent plus d'une fois au même endroit en prenant de grandes précautions, et au grand plaisir de chacun d'eux ; et la besogne alla si bien que la jeune fille devint grosse, ce qui les contraria vivement l'un et l'autre ; aussi la jeune fille usa-t-elle de tous les moyens pour se désengrosser, contre l'ordre de la nature ; mais elle ne put y réussir. Pour quoi, Pietro craignant pour sa vie, résolut de fuir et le lui dit. En apprenant cette résolution, elle dit : « — Si tu pars, je me tuerai sans la moindre hésitation. — » A quoi Pietro qui l'aimait beaucoup dit : « — Comment « veux-tu, ma chère femme, que je reste ici ? Ta grossesse « découvrira notre faute ; toi, on te pardonnera facilement ; « mais moi, misérable, je serai celui qui supportera la peine « de ma faute et de la tienne. — « A quoi la jeune fille dit : « — Pietro, ma faute se saura bien ; mais sois certain que « la tienne, à moins que tu le dises toi-même, ne se saura « jamais. — » Pietro dit alors : « — Puisque tu me promets « qu'il en sera ainsi, je resterai ; mais songe à me bien gar-« der ta promesse.

« La jeune fille qui avait caché sa grossesse le plus qu'elle avait pu, voyant que les proportions que prenait son corps ne lui permettaient pas de la cacher plus longtemps, l'avoua un jour à sa mère avec force larmes, la suppliant de la sauver. La dame affligée outre mesure, lui dit force injures, et voulut savoir d'elle comment la chose était arrivée. La jeune fille, afin qu'il ne fût fait aucun mal à Pietro, composa une fable, et conta la chose à sa guise. La dame la crut, et pour cacher la faute de sa fille, elle l'envoya à une de leurs maisons de campagne. Là, le temps des couches étant venu, la jeune fille criant comme le font les femmes en pareille circonstance, et sa mère ne prévoyant pas que messer Amerigo qui ne venait presque jamais en cet endroit, y dût justement venir, il arriva que celui-ci, revenant d'oiseler et passant le long de la chambre où criait sa fille, s'étonna, entra soudain et demanda ce qu'il y avait. La dame voyant son mari venir ainsi à l'improviste, se leva fort émue, et lui raconta ce qui était arrivé à leur fille. Mais lui, moins prompt que la dame à croire ce qu'on lui disait, dit qu'il ne devait pas être vrai qu'elle ignorât de qui elle était grosse, et déclara qu'il voulait tout savoir ; qu'en le disant sa fille pourrait recouvrer son affection ; sinon, qu'elle se préparât sans espoir de pardon à mourir. La dame s'efforça le plus qu'elle put de faire que son mari se contentât de ce que sa fille avait dit ; mais son insistance ne servit à rien. Il entra en une telle fureur, qu'il courut, l'épée nue à la main, vers sa fille qui pendant tous ces discours avait mis au monde un enfant mâle, et dit : « — Ou tu vas dire de qui tu as engendré cet « enfant, ou tu vas mourir sur le champ. — » La jeune fille, craignant la mort, trahit la promesse faite à Pietro, et avoua ce qui s'était passé entre elle et lui.

« En entendant cela, le chevalier entra dans une telle fureur, qu'à peine il put se retenir de la tuer ; mais après avoir exhalé sa colère en paroles, il remonta à cheval, s'en retourna à Trapani, et étant allé conter à un certain messire Conrad, capitaine pour le roi, l'injure qui lui avait été faite par Pietro, il le fit prendre, sans que celui-ci se méfiât de rien. Mis à la question, Pietro avoua tout; et, quelques jours après, il fut condamné par le capitaine à être fouetté par la ville puis à être pendu par la gorge. Afin qu'une même heure fît disparaître de la terre les deux amants et leur enfant, messer Amerigo, dont la colère n'était point apaisée pour avoir fait condamner Pietro à mort, versa du poison dans une coupe de vin, et la remit à un de ses familiers avec un poignard nu, et dit : « — Va trouver Violante avec ces « deux choses, et dis-lui de ma part, qu'elle choisisse promp- « tement des deux morts celle qu'elle voudra, du fer ou du « poison; sinon, je la ferai brûler vive en présence d'autant « de citoyens qu'il y en a dans la ville, comme elle l'a mé- « rité; et cela fait, tu prendras l'enfant mis par elle au « monde, et après lui avoir broyé la tête contre un mur, tu « le jetteras à manger aux chiens. — » Le familier, ayant reçu de ce père féroce un ordre si cruel contre sa fille et son petit-fils, s'en alla plus disposé à mal qu'à bien.

« Pietro, condamné, marchait à la potence, fouetté par les familiers qui le menaient, quand il vint à passer, selon le bon plaisir de ceux qui précédaient le cortège, devant une auberge où étaient trois gentilshommes d'Arménie, que le roi d'Aménie avait envoyés comme ambassadeurs à Rome pour traiter avec le pape d'importantes négociations relativement à un passage de troupes qui devait se faire, lesquels gentilshommes étaient descendus en cette auberge pour se reposer pendant quelques jours et avaient été comblés d'honneurs par les gentilshommes de Trapani, et spécialement par messer Amerigo. Entendant passer les gens qui menaient Pietro, ils vinrent à une fenêtre pour voir. Pietro était nu jusqu'à la ceinture et avait les mains liées derrière le dos. L'un des ambassadeurs, homme âgé et de grande autorité, et nommé Fineo, l'ayant par hasard regardé, vit sur sa poitrine une grande tache rougeâtre, non peinte, mais naturellement empreinte sur la peau, comme celle que les dames appellent d'habitude des roses. A cette vue, il lui revient soudain en mémoire un sien fils qui lui avait été enlevé, il y avait déjà quinze ans, sur les côtes du Lazistan, et dont il n'avait jamais pu avoir des nouvelles; considérant l'âge du malheureux que l'on fouettait, il jugea que son fils, s'il vivait encore, devait avoir le même âge que celui-ci lui paraissait avoir, et il se mit à soupçonner que ce pouvait bien être son fils. Pensant, si c'était lui, qu'il devait encore se souvenir de son nom, de son père et de la langue d'Arménie, il attendit qu'il fût arrivé tout près et appela : « — Théodore! — » Pietro entendant ce nom, releva soudain la tête. Sur quoi, Fineo, parlant en arménien, dit : « — D'où es-tu ? « De qui es-tu fils ? — » Les sergents qui le menaient, par déférence pour ce galant homme, s'arrêtèrent, de sorte que Pietro put répondre : « — Je suis d'Arménie, et fils d'un « nommé Fineo ; j'ai été transporté ici par je ne sais quels « gens. — » Ce qu'entendant Fineo, il reconnut à n'en plus douter que c'était bien le fils qu'il avait perdu ; pour quoi, il descendit tout en pleurs avec ses compagnons et courut l'embrasser au milieu des sergents ; et, lui ayant jeté sur les épaules un riche manteau qu'il portait, il pria celui qui le menait au supplice de vouloir bien attendre qu'on lui donnât l'ordre de le ramener. Ce dernier répondit qu'il attendrait volontiers.

« Fineo avait déjà appris pour quelle cause Pietro était conduit à la mort, la rumeur publique l'ayant porté partout ; pour quoi, il s'en alla promptement trouver messer Conrad, suivi de ses compagnons et de ses serviteurs, et lui parla ainsi : « — Messire, celui que vous envoyez à la mort comme « esclave est homme libre, et c'est mon fils. Il est prêt à « prendre pour femme celle à qui l'on dit qu'il a pris sa vir-« ginité ; qu'il vous plaise donc de surseoir à son exécution « jusqu'à ce qu'on puisse savoir si elle le veut pour mari, « afin que, si elle le veut, vous n'ayiez point été contre la « loi. — » Messire Conrad, entendant que c'était le fils de Fineo, s'étonna ; et un peu confus de la fatalité, ayant reconnu que ce que disait Fineo était vrai, il le fit promptement reconduire à sa demeure, et envoya chercher messer Amerigo et lui dit tout ce qui s'était passé. Messer Amerigo, qui croyait déjà sa fille et son petit-fils morts, fut l'homme le plus désolé du monde de ce qu'il avait fait, voyant bien que s'il elle n'était pas morte, il pouvait facilement tout arranger pour le mieux. Néanmoins, il envoya en toute hâte à l'endroit où était sa fille, afin que si on n'avait pas encore exécuté son ordre, on ne l'exécutât point. Celui qui y alla, trouva le familier qui avait été envoyé par messer Amerigo près de Violante, devant laquelle il avait posé le poignard et le poison, l'accablant d'injures parce qu'elle ne se pressait pas de choisir, et voulant la contraindre à prendre l'un ou l'autre. Mais ayant entendu l'ordre de son seigneur, il la laissa tranquille et s'en revint le trouver pour lui dire où en étaient les choses.

« Messer Amerigo, très content, s'en alla vers Fineo, et tout en pleurs, du mieux qu'il sut, s'excusa de ce qui était arrivé, lui en demandant pardon et affirmant que si Théodore voulait sa fille pour femme, il serait très heureux de la lui donner. Fineo accepta volontiers ses excuses et répondit : « — J'entends que mon fils prenne votre fille pour

« femme; et, s'il ne le veut pas, que la sentence prononcée
« contre lui ait son cours. — » Fineo et messer Amerigo
étant donc d'accord, allèrent à l'endroit où Théodore était
encore sous le coup de la peur de la mort et joyeux d'avoir
retrouvé son père, et lui demandèrent ce qu'il voulait faire
en cette circonstance. Théodore apprenant que, s'il voulait,
la Violante serait sa femme, éprouva une telle joie qu'il lui
sembla sauter de l'enfer au paradis, et il dit que cela lui serait une grandissime faveur, du moment que cela leur plairait à tous deux. On envoya donc savoir la volonté de la jeune
fille, qui, apprenant ce qui était arrivé à Théodore, et ce qui
lui avait été proposé, au moment même où, plus malheureuse que nulle autre femme au monde, elle attendait la
mort, n'osait pas d'abord y croire; mais enfin, y prêtant
quelque croyance, elle répondit que si elle suivait en cela
son désir, nulle chose ne lui pourrait advenir de plus heureux que d'être la femme de Théodore, mais que cependant
elle ferait ce qu'ordonnerait son père.

« Chacun étant donc d'accord, on maria la jeune fille, et
la fête fut très grande, à l'extrême satisfaction de tous les
citoyens. La jeune fille, s'étant rétablie et faisant élever son
petit enfant, redevint en peu de temps plus belle que jamais; et s'étant relevée de ses couches, elle se présenta devant Fineo, à son retour de Rome, et le salua comme son
père; quant à lui, fort satisfait d'une si belle bru, il fit célébrer les noces en grandissime fête et allégresse, et accueillit Violante comme sa fille et la tint pour telle. Quelques
jours après, étant monté avec elle, son fils et son petit-fils
sur sa galère, il les emmena avec lui à Lajazzo, où les deux
amants demeurèrent en paix et dans une profonde tranquillité tant qu'ils vécurent. — »

NOUVELLE VIII

Nastagio degli Onesti aimant une dame de la famille des Traversari, dépense toute sa fortune sans parvenir à se faire aimer. Sur les instances des siens, il s'en va à Chiassi. Là, il voit un chevalier donner la chasse à une jeune femme, la tuer et la donner à dévorer à deux chiens. Il invite à déjeuner ses parents et la dame qu'il aime, et celle-ci voit la même jeune femme subir le susdit supplice. Craignant qu'il ne lui en arrive autant, elle consent à prendre Nastagio pour mari.

Dès que Lauretta se tut, Philomène, sur l'ordre de la
reine commença : « — Aimables dames, si la compassion
est une vertu qu'on loue beaucoup en nous, la cruauté dont,

vous vous rendez coupables est également très sévèrement châtiée par la divine justice. Pour vous en donner une preuve, et pour vous engager à chasser toute cruauté de vos cœurs, il me plaît de vous dire une nouvelle non moins touchante qu'agréable.

« Il y avait autrefois à Ravenne, très antique cité de la Romagne, un grand nombre de nobles gentilshommes, parmi lesquels un jeune homme appelé Nastagio degli Onesti, que la mort de son père et d'un sien oncle avait laissé richissime au-dessus de toute estimation. Etant sans femme, il lui arriva, comme à la plupart des jeunes gens, de s'énamourer d'une fille de messer Paolo Traversaro, homme beaucoup plus noble que lui, espérant par ses efforts l'amener à l'aimer. Mais, ces efforts, quelque grands, quelque beaux, quelque louables qu'ils fussent, non-seulement ne lui servaient à rien, mais semblaient au contraire lui nuire, tellement la jeune fille qu'il aimait se montrait cruelle et dure et sauvage pour lui. Soit qu'elle fût enivrée de sa singulière beauté, soit que sa noblesse la rendît altière et dédaigneuse, elle tenait en mépris et lui et tout ce qui pouvait lui plaire. Cela causait un tel chagrin à Nastagio, que, dans son désespoir, et las de se plaindre, il lui vint la pensée de se tuer. Cependant, surmontant cette pensée, il prit à plusieurs reprises la résolution de la laisser tranquille, où, s'il pouvait, de lui porter la même haine qu'elle avait pour lui. Mais c'est en vain qu'il formait une telle résolution, pour ce qu'il semblait que son amour redoublât alors que l'espoir lui manquait le plus.

« Le jeune homme persévérant dans cet amour, et continuant à dépenser démesurément, ses amis et ses parents comprirent qu'il finirait par détruire sa fortune et sa santé, pour quoi, ils le prièrent et lui conseillèrent de quitter Ravenne, et d'aller demeurer pendant quelque temps ailleurs, afin de mettre fin d'un même coup à sa passion et à ses prodigalités. Nastagio se moqua longtemps de cet avis, mais enfin, pressé par les sollicitations, et ne pouvant plus dire non, il déclara qu'il ferait ainsi ; et ayant fait faire de grands préparatifs, comme s'il voulait aller en France, en Espagne ou en d'autres lieux éloignés, il monta à cheval et, étant sorti de Ravenne accompagné de ses nombreux amis, il s'en alla en un lieu distant d'environ trois milles de Ravenne et appelé Chiassi. Là, ayant fait dresser les tentes et les pavillons, il dit à ceux qui l'avaient accompagné qu'il voulait y rester, et qu'ils eussent à s'en retourner à Ravenne. Nastagio s'étant donc installé en cet endroit, se mit à y mener la plus somptueuse vie qu'on eût jamais faite, invitant à dîner et à souper tantôt ceux-ci, tantôt ceux-là, selon son habitude.

« Or il advint que, le mois de mai commençant à peine et le temps étant très beau, les cruautés de sa dame lui revinrent à l'esprit ; et, ordonnant à ses serviteurs de le laisser seul afin de pouvoir rêver plus à son aise, il alla, posant machinalement un pied devant l'autre et tout pensif, jusqu'à une forêt de pins. La cinquième heure du jour était déjà passée, et il était entré un bon mille dans la forêt, sans se souvenir de manger ni d'autre chose, quand soudain il lui sembla entendre une voix de femme pousser de grandes plaintes et des cris aigus, pour quoi, sa douce rêverie étant rompue, il leva la tête pour voir ce que c'était, et s'étonna de se trouver dans la forêt de pins. Puis, regardant devant lui, il vit sortir d'un fourré très épais d'arbrisseaux et de buissons, et venir en courant vers lui, une très belle jeune fille nue, échevelée et toute déchirée par les ronces et les épines, pleurant fort et criant merci. A ses côtés, courant d'un air acharné après elle, il vit deux énormes et féroces mâtins, qui, chaque fois qu'ils la pouvaient rejoindre, la mordaient cruellement ; enfin, derrière elle, il vit ven , monté sur un coursier noir, un chevalier brun, au vi a̧e fort courroucé, une épée à la main, et qui la menaçait de la tuer en l'accablant d'outrages. Ce spectacle frappa tout d'abord son esprit d'étonnement et d'épouvante, puis de compassion pour l'infortunée, d'où naquit en lui le désir de la délivrer d'une telle angoisse et de la mort, s'il le pouvait. Se trouvant sans armes, il courut prendre une branche d'arme en guise de bâton, et se mit en travers des chiens et du chevalier. Mais le chevalier, dès qu'il le vit, lui cria de loin : « — Nastagio, ne t'oppose point à cela ; laisse
« faire aux chiens et à moi ce que cette méchante femme a
« mérité. — »

« Comme il disait ainsi, les chiens ayant saisi la jeune fille aux flancs, la forcèrent à s'arrêter, et le chevalier les ayant rejoints, descendit de cheval. Nastagio s'étant approché de lui, dit : « — Je ne sais qui tu es, toi qui me con-
« nais ainsi ; mais néanmoins je te dis que c'est grande lâ-
« cheté à un chevalier armé de vouloir tuer une femme nue,
« et de lâcher les chiens contre elle, comme si c'était une
« bête sauvage. Pour moi, je la défendrai certainement au-
« tant que je pourrai. — » Le chevalier dit alors : « — Nas-
« tagio, je suis de la même cité que toi, et tu étais encore
« tout petit enfant, quand moi, qu'on appelait Messer Guido
« Degli Anastagi, je m'énamourai de cette femme que tu
« vois, bien plus encore que tu ne l'as fait de la fille des
« Traversari, et sa dureté, sa cruauté me rendirent si mal-
« heureux, qu'un jour, avec cette même épée que tu me vois
« à la main, je me tuai de désespoir ; et je suis condamné
« aux peines éternelles. Peu de temps après, celle-ci, qui

« avait été joyeuse outre mesure de ma mort, vint à mourir,
« et tant à cause de sa cruauté que de la joie qu'elle avait
« montrée de mes tourments et dont elle ne s'était point
« repentie, croyant en cela non seulement n'avoir point pé-
« ché mais avoir bien mérité, elle fut également condamnée
« aux peines de l'enfer. Dès qu'elle y eût été précipitée, il
« nous fut imposé pour peine à tous deux, à elle de fuir
« ainsi devant moi, et à moi, qui l'avait tant aimée jadis,
« de la poursuivre comme une ennemie mortelle et non
« comme une dame aimée. Et toutes les fois que je l'atteins,
« je la tue avec cette même épée dont je me tuai moi-même ;
« je lui ouvre les reins, et je lui arrache ce cœur dur et froid
« où n'entrèrent jamais ni amour ni pitié, et je le donne,
« comme tu vas le voir tout à l'heure à manger à ces chiens
« avec le reste des entrailles. Après cela, elle ne reste guère
« de temps — ainsi le veut la justice et la puissance de
« Dieu — sans ressusciter comme si elle n'avait jamais été
« morte ; et de nouveau commence la douloureuse pour-
« suite, et les chiens et moi nous nous remettons à la tra-
« quer ainsi ; et tous les vendredis, il arrive que je l'atteins
« ici à la même heure, et que j'en fais le carnage que tu vas
« voir. Et ne crois pas que les autres jours nous nous repo-
« sions ; mais je la rejoins en d'autres lieux, dans lesquels
« elle a pensé ou agi cruellement contre moi. Comme tu
« vois, d'amant je lui suis devenu ennemi, et je dois la
« poursuivre de cette façon autant d'années qu'elle a été
« cruelle de mois à mon égard. Donc, laisse la divine justice
« suivre son cours, et ne cherche pas à t'opposer à ce que
« tu ne pourrais empêcher. — »

« En entendant ces paroles, Nastagio, devenu tout tremblant, et n'ayant quasi pas un poil sur le corps qui ne fût
hérissé, se retira en arrière, et, regardant la misérable jeune
fille, il attendit en frémissant ce qu'allait faire le chevalier.
Celui-ci, son discours terminé, courut comme un chien enragé, l'épée à la main, sur la jeune fille qui, agenouillée et
fortement maintenue, par les deux mâtins, lui criait merci,
et lui porta de toutes ses forces un coup de son épée dans la
poitrine qu'il traversa de part en part. A peine la jeune
fille eût-elle reçu le coup, qu'elle tomba la face contre terre,
toujours pleurant et criant ; et le chevalier, ayant pris un
couteau, lui ouvrit les reins, et, en ayant arraché le cœur
et tout ce qui était autour, il le jeta aux deux mâtins, qui,
comme des affamés, le mangèrent incontinent. Au bout de
quelques instants la jeune femme, comme si rien ne s'était
passé, se leva soudain sur pieds, et se remit à fuir vers la
mer, les chiens toujours acharnés après elle et la déchirant
toujours de leurs crocs. Quant au chevalier, il remonta à
cheval, reprit son épée, et suivit la jeune femme ; et au

bout d'un instant, ils furent tous si loin, que Nastagio ne put plus les voir.

« Nastagio, ayant vu toutes ces choses, resta un grand moment partagé entre la pitié et la peur ; mais bientôt il lui vint à l'idée que cette aventure pourrait grandement lui servir, puisqu'elle se renouvelait chaque vendredi. Pour quoi, ayant bien remarqué l'endroit, il rejoignit ses familiers ; puis, quand le moment lui parut venu, il fit mander le plus de parents et d'amis qu'il put, et leur dit : « — Vous m'a-
« vez longtemps pressé de ne plus aimer celle qui m'est tant
« ennemie, et de cesser mes prodigalités ; et je suis prêt à
« le faire, si vous m'accordez une grâce, qui est celle-ci :
« de faire en sorte que, vendredi prochain, Messer Paolo
« Traversari, sa femme, sa fille, toutes leurs parentes, et
« toutes les autres dames qu'il vous plaira, s'en viennent
« dîner ici avec moi. Vous verrez alors pourquoi je vous de-
« mande cela. — » Ceux à qui il parlait ainsi jugèrent la chose très facile à faire, et étant revenus à Ravenne, ils invitèrent dès qu'il en fut temps tous ceux que Nastagio voulait, et bien qu'on eût de la peine à faire venir la jeune fille qu'il aimait, elle se décida à y aller avec les autres. Nastagio fit magnifiquement préparer le repas, et fit placer les tables sous les pins, tout près de l'endroit où il avait vu mettre en pièces la cruelle dame. Et ayant fait mettre à table les hommes et les dames, il arrangea tout de façon que la jeune fille qu'il aimait fût assise juste vis à vis l'endroit où le fait devait se passer.

« Les dernières victuailles avaient déjà été entamées, quand la rumeur désespérée de la jeune femme pourchassée fut entendue de tous. De quoi chacun s'étonnant fort, et demandant ce que c'était, sans que personne pût le dire, tous se levèrent regardant ce que cela pouvait être, et ils virent la dolente jeune femme, et le chevalier et les chiens qui ne tardèrent pas à arriver au milieu d'eux. Une grande rumeur accueillit les chiens et le chevalier, et un grand nombre de convives se précipitèrent au secours de la jeune femme. Mais le chevalier leur parlant comme il avait parlé à Nastagio, non seulement les fit reculer, mais les remplit tous d'épouvante et d'étonnement. Et faisant ce qu'il avait fait la première fois, toutes les dames qui étaient là — et il y en avait beaucoup qui étaient parentes de la malheureuse jeune femme et du chevalier, et qui se souvenaient et de son amour et de sa mort — se mirent à pleurer amèrement, comme si elles s'étaient vu traiter elles-mêmes.

« Le supplice terminé, et la dame et le chevalier ayant poursuivi leur route, ceux qui avaient été témoins de l'aventure, se mirent à en deviser longuement et de diverses façons, mais celle qui fut le plus épouvantée de tous, ce fut la cruelle jeune fille qu'aimait Nastagio. Elle avait tout vu et entendu distinctement, et reconnu que ces choses la regardaient plus que toute autre, car elle se rappelait la cruauté dont elle avait toujours usé envers Nastagio ; pour quoi, il lui semblait qu'elle fuyait déjà devant lui qui la poursuivait plein de colère, et avoir les chiens à ses flancs. Et la peur qui lui vint de ceci fut si grande, que, pour qu'un pareil sort ne lui arrivât point, elle n'eût pas de tranquillité avant d'avoir — et cela se fit le soir même — changé sa haine en amour. Elle envoya donc secrètement sa fidèle camériste à Nastagio, pour le prier de sa part de venir la voir, pour ce qu'elle était prête à faire tout ce qu'il lui plairait. A quoi Nastagio fit répondre que cela lui était très agréable, mais que, si elle y consentait, il ne voulait avoir plaisir d'elle qu'avec honneur, et qu'il voulait la prendre pour femme. La jeune fille qui savait qu'il ne dépendait que d'elle d'être la femme de Nastagio, lui fit dire que cela lui plaisait. Pour quoi, se faisant elle-même la messagère de tout cela, elle dit à son père et à sa mère qu'elle était contente de devenir la femme de Nastagio, de quoi son père et sa mère furent très satisfaits ; et le dimanche suivant, Nastagio l'ayant épousée, les noces furent faites, et il vécut longtemps heureux avec elle. Et cette peur ne fut pas seulement cause de cet heureux dénouement, mais toutes les ravignanaises en devinrent si craintives, que, depuis, elles ont toujours été beaucoup plus complaisantes aux désirs des hommes qu'elles ne l'avaient été auparavant. — »

NOUVELLE IX

Federigo degli Alberighi aime et n'est point aimé. Ayant dépensé tout son bien en prodigalités, il ne lui reste plus qu'un faucon qu'il donne à manger à sa dame venue chez lui pour le voir. Celle-ci apprenant cette nouvelle preuve d'amour, change de sentiment, le prend pour mari et le fait riche.

Philomène avait déjà cessé de parler, quand la reine, ayant vu qu'il ne restait plus personne à raconter, sinon Dioneo, à cause de son privilège, dit d'un air joyeux : « — C'est à moi maintenant de parler ; et je le ferai volontiers, très chères dames, en racontant une nouvelle semblable en partie à la précédente, non seulement pour que vous connaissiez combien votre beauté a de pouvoir sur les cœurs généreux, mais pour que vous appreniez à être vous-mêmes, quand il faut, dispensatrices de vos faveurs, sans laisser toujours ce soin à la fortune qui, la plupart du temps, les distribue sans discrétion, mais, comme au hasard, d'une façon tout à fait immodérée.

« Vous saurez donc que Coppo di Borghese Domenichi — qui fut et est peut-être encore de nos jours considéré dans notre cité comme un homme vénérable et de grande autorité, et qui est digne d'éternelle renommée par ses qualités et ses vertus bien plus que par la noblesse de sa race — se plaisait souvent à deviser avec ses voisins et autres des choses passées, ce qu'il faisait avec une clarté, une mémoire et une éloquence bien supérieures à celles de tous les autres hommes. Il avait coutume de dire, entre autres belles choses, qu'il y eut autrefois à Florence un jeune homme Federigo, fils de messer Filippo Alberighi, et qui, en faits d'armes et en courtoisie, était estimé au-dessus de tous les damoiseaux de Toscane. Ce jeune homme, comme il arrive à la plupart des gentilshommes, s'énamoura d'une gente dame appelée Monna Giovanna, tenue en son temps pour une des plus belles et des plus agréables qui fussent à Florence; et pour gagner son amour, il donnait des joutes, des tournois, des fêtes, prodiguait les présents, et dépensait sa fortune sans être arrêtée par rien. Mais la dame, non moins honnête que belle, ne prenait pas plus garde à ces choses faites pour elle, qu'à celui qui les faisait.

« Federigo dépensant donc fort au delà de ses moyens, et ne gagnant rien, les ressources finirent par lui manquer, comme il advient ordinairement, et il demeura pauvre, sans qu'il lui restât autre chose qu'une petite métairie du revenu de laquelle il vivait très strictement, et qu'un faucon, un des meilleurs qui fût au monde. Pour quoi, plus amoureux que jamais, et voyant qu'il ne pouvait plus mener la vie de citadin, comme il l'aurait désiré, il s'en alla demeurer à la campagne, dans sa petite métairie. Là, comme il pouvait, oiselant et sans rien demander à personne, il supportait patiemment sa pauvreté. Or, il advint qu'un jour, Federigo en étant ainsi arrivé à une extrême pauvreté, le mari de Monna Giovanna tomba malade, et se voyant près de mourir, fit son testament. Il était très riche, et institua pour héritier un sien fils déjà grandet, stipulant toutefois que, ayant beaucoup aimé Monna Giovanna, il la substituait à son fils si celui-ci venait à mourir sans héritier légitime ; puis il mourut.

« Monna Giovanna étant donc restée veuve, allait, comme c'est la coutume parmi nos dames, passer la saison d'été à la campagne avec son fils, dans une de ses propriétés, très voisine de celle de Federigo. Pour quoi, il advint que le jeune garçon fit connaissance avec Federigo, et prit plaisir à jouer avec les oiseaux et avec les chiens ; et ayant vu plusieurs fois voler le faucon de Federigo, et ce faucon lui plaisant extrêmement, il désirait vivement l'avoir, mais il n'osait pas le demander, voyant qu'il était très cher à son maître. Les choses étant ainsi, il advint que le jeune garçon tomba malade ; de quoi la mère fut fort affligée, et comme elle n'avait que lui et qu'elle l'aimait autant qu'on pouvait aimer, elle ne cessait de se tenir près de lui tout le long du jour, et de le réconforter, et de lui demander s'il y avait quelque chose qu'il désirât, le suppliant de le lui dire, car s'il était possible de l'avoir, elle la chercherait jusqu'à ce qu'il l'eût.

« Le jeune garçon, ayant entendu plusieurs fois cette demande, dit : « — Ma mère, si vous me faites avoir le faucon « de Federigo, je crois que je serai promptement guéri. — » La dame, à ces mots, resta un instant pensive, et se mit à réfléchir à ce qu'elle devait faire. Elle savait que Federigo l'avait toujours aimée, et n'avait jamais obtenu d'elle un seul regard ; pour quoi elle disait : « — Comment lui enverrai-je « demander ce faucon qui est, à ce que j'ai entendu dire, le « meilleur qui ait jamais volé, et qui en outre est son sou- « tien en ce monde ? Et comment serais-je assez égoïste « pour vouloir en priver un gentilhomme à qui nul autre « plaisir n'est resté ? — » Embarrassée par ces pensées, bien qu'elle fût certaine d'avoir le faucon si elle le demandait, elle ne savait que dire à son fils, et ne lui répondait pas. Enfin l'amour qu'elle avait pour ce fils l'emporta tellement, qu'elle résolut de le contenter, et, quoi qu'il dût en arriver, d'aller elle-même demander l'oiseau au lieu de l'envoyer demander, et elle répondit à l'enfant : « — Mon fils, « prends courage, et efforce-toi de guérir, car je te promets « que la première chose que je ferai demain matin, sera d'aller « chercher moi-même le faucon, et je te l'apporterai. — » L'enfant tout joyeux de cette promesse, montra le jour même un peu de mieux.

« Le lendemain matin, la dame, s'étant fait accompagner d'une autre dame, s'en alla, comme en se promenant, à la petite maison de Federigo et le fit demander. Le temps n'étant pas propice, il n'avait pas été oiseler ce jour-là, de sorte qu'il se trouvait dans son jardin, où il surveillait quelques travaux. Entendant que Monna Giovanna le demandait à la porte, il s'étonna vivement et accourut joyeux. La dame, le voyant venir, vint à sa rencontre d'un air plaisant, et après que Federigo l'eût respectueusement saluée, elle dit : « — Bonjour, Federigo. — » Et elle poursuivit : « — Je « suis venue te récompenser des dommages que tu as éprou- « vés autrefois pour moi, quand tu m'aimais plus qu'il « n'aurait été besoin ; et la récompense est celle-ci : j'en- « tends, avec la compagne que voici, dîner avec toi de « bonne amitié ce matin. — » A quoi Federigo répondit humblement : « — Madame, je ne me souviens pas avoir « reçu aucun dommage de vous, mais tant de bien au con-

« traire, que si jamais j'ai valu quelque chose, c'est grâce
« à votre mérite et à l'amour que je vous porte que cela est
« arrivé. Et certes, votre gracieuse venue m'est plus agréable
« que s'il m'était donné de pouvoir dépenser de nouveau tout
« ce que j'ai dépensé, bien que vous soyez venue chez un
« pauvre hôte. — » Et ayant ainsi parlé, il la reçut, tout
honteux, dans sa demeure, d'où il la conduisit dans le jardin ;
et là, n'ayant personne pour lui tenir compagnie, il dit :
« — Madame, puisqu'il n'y a personne autre, voici cette
« bonne vieille femme de ce jardinier, qui vous tiendra
« compagnie, pendant que je vais faire mettre la table. — »
Bien que sa pauvreté fut extrême, il ne s'était jamais tant
encore aperçu combien lui manquaient les richesses qu'il
avait semées à profusion. Mais ce matin là, ne trouvant rien
pour faire honneur à la dame pour l'amour de laquelle il
avait reçu avec tant d'honneurs une infinité de gens, il se
repentit amèrement. Anxieux outre mesure, maudissant sa
destinée, il courait çà et là, comme un homme hors de soi ;
et ne trouvant ni argent ni rien sur quoi il pût emprunter,
comme l'heure s'avançait et que son désir était grand de
faire honneur de quelque chose à la gente dame ; que d'un
autre côté il ne voulait recourir à personne autre qu'à son
jardinier, il vint à jeter les yeux sur son bon faucon qu'il vit
dans sa chambrettte, perché sur sa barre. Pour quoi, n'ayant
pas d'autre ressource, il le prit, et le trouvant gras, il pensa
qu'il serait un digne mets pour une telle dame. Donc, sans
plus réfléchir, lui ayant tordu le col, il le fit promptement
plumer et apprêter par sa servante, puis mettre à la broche
et rôtir. Enfin, la table ayant été mise avec des nappes fort
blanches, dont il lui restait encore quelques-unes, il retourna
dans le jardin, l'air joyeux, dire à la dame que le dîner qu'il
avait pu lui faire était prêt. La dame s'étant levée avec sa
compagne, elles allèrent à table, et sans savoir ce qu'on leur
offraient, elles mangèrent le bon faucon avec Federigo qui les
servait de grand cœur.

« Après s'être levées de table et être demeurées quelque
temps à deviser avec lui de choses plaisantes, il parut
temps à la dame de dire pourquoi elle était venue, et
elle se mit à parler ainsi doucement à Federigo : « — Fede-
« rigo, si tu te rappelles ta vie passée et mon honnêteté que,
« d'aventure, tu as prise pour de la dureté et de la cruauté,
« je ne doute point que tu ne te doives étonner de ma pré-
« somption quand tu sauras la principale raison pour
« laquelle je suis venue ici ; mais si tu avais des enfants, ou
« si tu en avais eu, par quoi tu eusses pu connaître combien
« grande est l'affection qu'on leur porte, je suis certaine que
« tu m'excuserais en partie. Mais tu n'en as pas, et moi j'en ai
« un ; je ne puis donc me soustraire aux lois communes aux

« autres mères. Pour obéir à ces lois si fortes, il faut, à
« mon grand regret et contre toute convenance, que je te de-
« mande de me donner une chose que je sais t'être souve-
« rainement chère avec juste raison, pour ce que ta mau-
« vaise fortune ne t'a pas laissé d'autre plaisir, d'autre
« ressource, d'autre consolation. Ce que je te demande,
« c'est ton faucon, dont mon enfant est si fort désireux que,
« si je ne lui apporte pas, je crains que cela n'aggrave telle-
« ment sa maladie qu'il ne m'arrive de le perdre. Et pour
« ce, je te prie, non par l'amour que tu me portes, et qui ne
« t'oblige à rien, mais par ta noblesse de cœur, par la cour-
« toisie qui s'est montrée en toi plus grande que chez tout
« autre, de consentir à me le donner, afin que je puisse dire
« que, grâce à cette libéralité, j'ai sauvé la vie de mon fils,
« et que je te suis, pour cela, éternellement obligée. — »

« Federigo, entendant ce que la dame lui demandait, et
voyant qu'il ne pouvait le lui donner, pour ce qu'il le lui
avait servi à manger, se mit, en sa présence, à gémir, ne
pouvant répondre un seul mot. La dame crut que ces gémissements provenaient de la douleur qu'il avait de se séparer
du bon faucon, plus que de toute autre chose, et elle fut sur
le point de dire qu'elle ne le voulait plus ; mais s'étant con-
tenue, elle attendit la réponse que ferait Federigo quand il
aurait cessé de gémir. Celui-ci lui dit : « — Madame, depuis
« qu'il a plu à Dieu que je misse en vous mon amour, la
« fortune m'a été contraire en bien des choses, et j'ai eu à me
« plaindre de ses rigueurs ; mais ces rigueurs ont toutes été
« légères en comparaison de celle qu'elle m'envoie présen-
« tement et pour laquelle je ne lui pardonnerai jamais,
« pensant que vous êtes venue ici, en ma pauvre maison,
« alors que vous n'avez pas daigné y venir pendant que j'é-
« tais riche, pour me demander un petit présent, et qu'elle
« ait ainsi fait que je ne puisse vous le donner. Et je vous
« dirai très brièvement pourquoi je ne peux vous faire ce
« présent. A peine ai-je entendu que vous me faisiez la
« faveur de vouloir dîner avec moi, que, considérant votre
« haut rang et votre valeur, j'ai jugé digne et convenable de
« vous faire honneur, selon mon pouvoir, d'un mets plus rare
« que ceux qu'on sert d'habitude aux autres personnes ;
« pour quoi, me rappelant le faucon que vous me demandez
« et sa bonté, j'ai pensé que ce serait un mets digne de vous,
« et vous l'avez eu ce matin tout rôti sur votre assiette. Je
« croyais l'avoir très bien employé, mais maintenant que je
« vois que vous le désirez d'une autre façon, il m'est si dou-
« loureux de ne pouvoir vous le donner, que je ne m'en
« consolerai jamais, je crois. — » Ayant ainsi parlé, il fit
jeter devant elle, en témoignage, les plumes, les pattes et le
bec du faucon.

« Ce que voyant et entendant la dame, elle le blâma tout d'abord d'avoir, pour donner à manger à une femme, tué un tel faucon ; puis elle admira profondément en elle-même sa grandeur d'âme que la pauvreté n'avait pu ni ne pouvait abattre. Enfin, tout espoir d'avoir le faucon étant perdu, et remplie de crainte pour la santé de son fils, elle s'en alla toute mélancolique et retourna vers l'enfant. Celui-ci, soit chagrin de n'avoir pas eu le faucon, soit que la maladie dût le mener là, mourut au bout de peu de jours, au grandissime chagrin de la mère. Quand elle fut restée quelque temps dans l'amertume et les larmes, comme elle était demeurée fort riche et qu'elle était encore jeune, ses frères la voulurent plus d'une fois contraindre à se remarier. Bien qu'elle n'eût pas voulu le faire, voyant cependant qu'ils insistaient, elle se rappela ce que valait Federigo et la dernière preuve qu'il lui avait donnée de sa magnificence, en tuant un si précieux faucon pour lui faire honneur, et elle dit à ses frères : « — Je « resterais volontiers comme je suis, si vous y consentiez ; « mais si pourtant il vous plaît que je prenne un mari, je « n'en prendrai certainement jamais d'autre que Federigo « Degli Alberighi. — » A quoi ses frères, se moquant d'elle, dirent : « — Sotte, qu'est-ce que tu dis ? Comment « veux-tu de lui qui n'a rien au monde ? — » Elle leur répondit : « — Mes frères, je sais bien qu'il en est comme vous « dites, mais j'aime mieux un homme qui ait besoin de ri- « chesse, que richesse qui ait besoin d'un homme. — » Ses frères, voyant sa résolution, et connaissant Federigo pour un homme de grande valeur, bien qu'il fût pauvre, lui donnèrent leur sœur, selon le désir de celle-ci, avec toutes ses richesses. Federigo, se voyant marié à une dame de ce mérite et qu'il avait tant aimée, et en outre très riche, devint plus économe et vécut en joie avec elle jusqu'à la fin de ses jours. — »

NOUVELLE X

Pietro di Vinciolo va dîner hors de chez lui. Sa femme fait venir un jeune garçon. Pietro étant revenu, elle cache le garçon sous une cage à poules. Pietro raconte qu'on vient de trouver chez Arcolano, avec lequel il soupait, un jouvenceau que sa femme y avait introduit. La dame blâme vivement la femme d'Arcolano. Par malheur, un âne pose son pied sur les doigts du garçon qui était sous la cage. Il crie, Pietro y court, le voit et reconnaît la fourberie de sa femme, avec laquelle il s'accorde pourtant afin de satisfaire sa vile passion.

Le récit de la reine était venu à sa fin, et tous louaient Dieu qui avait dignement récompensé Federigo, quand Dioneo, qui n'attendait jamais qu'on lui en donnât l'ordre, commença : « — Je ne sais si je puis dire que ce soit un vice accidentel et né chez les hommes de la perversité des mœurs, ou bien que ce soit un vice naturel que de rire plutôt des choses mauvaises que des bonnes, et spécialement quand celles-ci ne nous touchent point personnellement. Et comme la peine que j'ai déjà prise et que je vais prendre encore présentement, n'a pas d'autre but que de vous arracher à la mélancolie, de vous mettre en joie et de vous faire rire, et bien que le sujet de la nouvelle qui va suivre soit, en partie du moins, ô jeunes dames amoureuses, rien moins qu'honnête, je vous la raconterai cependant parce qu'elle pourra vous amuser. Quant à vous, en l'écoutant, vous ferez à son égard comme vous faites d'habitude quand vous entrez dans un jardin et que, étendant votre main mignonne, vous cueillez les roses et laissez les épines. Vous agirez de même en laissant le mauvais homme dont je vais vous parler à sa male aventure et à son déshonneur, et vous rirez des fourberies amoureuses de sa femme, gardant votre pitié pour les malheurs d'autrui, quand besoin sera.

« Il n'y a pas longtemps encore était à Pérouse un homme riche, nommé Pietro di Vinciolo, qui, plus pour tromper les autres et atténuer l'opinion générale que tous les Pérusiens avaient de lui, que pour l'envie qu'il en avait, prit femme ; et en cela, fortune fut conforme à son appétit, car la femme qu'il prit était une jeune fille plantureuse, au poil roux, prompte à s'enflammer, et qui aurait voulu deux maris plutôt qu'un, alors qu'il lui en échut un qui avait l'esprit disposé à toute autre chose qu'à la satisfaire. Elle s'en aperçut au bout de peu de temps, et se voyant belle et fraîche, se sentant gaillarde et vigoureuse, elle commença tout d'abord par en être fortement irritée et à s'en expliquer avec aigreur à diverses reprises avec son mari, avec lequel elle était quasi toujours en querelle. Puis, voyant que tout cela tournerait plutôt à l'épuisement de sa santé qu'à amender la bestialité de son mari, elle se dit à elle-même : « — Ce malheureux
« m'abandonne pour courir d'une manière ignoble en sabots
« par la voie sèche ; eh bien ! moi je verrai à en porter un
« autre dans ma barque par la voie pluvieuse. Je l'ai pris pour
« mari et je lui ai donné une grosse et bonne dot, sachant
« que c'était un homme, et croyant qu'il aimait ce qu'aiment
« et doivent aimer les hommes ; et si je n'avais pas cru
« qu'il fût un homme, je ne l'aurais jamais pris. Lui, qui
« savait que j'étais femme, pourquoi me prenait-il pour
« épouse, si les femmes étaient si antipathiques à ses goûts ?
« Cela ne se peut souffrir. Si je n'avais pas voulu vivre dans
« le monde, je me serais faite religieuse ; mais voulant y
« vivre comme je l'entends et comme j'y suis, si j'attendais

« plaisir ou contentement de lui, je pourrais d'aventure
« vieillir en attendant en vain ; et quand je serais vieille, je
« me raviserais en pure perte, et je me plaindrais vainement
« d'avoir perdu ma jeunesse. Il me montre lui-même en
« bon maître comment je puis me consoler en me délectant
« de ce dont il se délecte, et ce plaisir sera louable chez
« moi, tandis qu'il est fortement blâmable chez lui. J'offen-
« serai seulement les lois, alors que lui, il offense à la fois
« les lois et la nature. — »

« Ayant donc pensé de la sorte, et probablement plus
d'une fois, la dame, afin d'y donner secrètement effet, se lia
avec une vieille qui avait l'air d'une sainte Verdiane qui donne
à manger aux serpents. Son chapelet continuellement à la
main, elle allait à tous les pardons, ne parlait jamais d'autre
chose que de la vie des saints Pères ou des plaies de saint
François, et était tenue quasi par tous pour une bonne
sainte. Quand le moment lui sembla venu, la jeune femme
lui déclara ouvertement ses intentions. A quoi la vieille dit :
» — Ma fille, Dieu qui connaît toute chose sait que tu feras
« bien ; et quand tu ne le ferais pas pour un autre motif, tu
« le devrais faire, ainsi que toute jeune femme, pour ne
« point perdre le temps de la jeunesse, pour ce qu'il n'y a
« pas de douleur pareille, pour qui a quelque bon sens, à
« celle d'avoir perdu le temps. Et à quoi diable sommes-
« nous bonnes quand nous sommes vieilles, sinon à garder
« les cendres auprès du feu? S'il y en a qui le savent et
« peuvent en rendre témoignage, je suis une de celles-là ;
« car maintenant que je suis vieille, ce n'est pas sans un
« très grand et amer serrement de cœur que je me rappelle,
« mais en vain, le temps que j'ai laissé perdre ; et bien que
« je ne l'aie pas tout perdu — car je ne voudrais pas que tu
« crusses que j'ai été une sotte — je n'ai pourtant pas fait
« ce que j'aurais pu faire ; de quoi, quand je me souviens,
« et que je me vois faite, comme tu me vois, de façon que
« je ne trouverais personne qui me donnerait du feu même
« avec un chiffon, Dieu sait quelle douleur je ressens. Il
« n'en est pas ainsi des hommes ; ils naissent bons à mille
« choses, et non pas seulement à celle-là, et la plus grande
« partie d'entre eux sont meilleurs vieux que jeunes ; mais
« les femmes ne viennent au monde pour autre chose que
» pour faire l'amour et des enfants, et c'est pour cela qu'on
« les aime. Et si tu ne t'en es pas aperçue à autre chose, tu
« as dû t'en apercevoir à cela que nous sommes toujours
« prêtes à faire l'amour, ce qui n'arrive pas aux hommes.
« En outre, à ce jeu, une femme épuiserait plusieurs
« hommes, là où plusieurs hommes ne lasseraient pas une
« femme. Et comme nous sommes nées pour cela, je te dis
« de nouveau que tu feras très bien de rendre à ton mari

« un pain pour un gâteau, de façon que ton esprit n'ait pas
« à faire de reproches à ta chair, quand tu seras vieille.
« Chacun n'a de cette vie que ce qu'il en prend, et particu-
« lièrement les femmes à qui il convient bien plus qu'aux
« hommes de bien employer le temps, quand elles le peuvent,
« pour ce que tu peux voir, quand nous vieillissons, que ni
« mari ni autres ne nous veulent voir, qu'au contraire ils
« nous envoient à la cuisine dire des fables au chat, et
« compter les pots et les écuelles. Il y a pis, car ils nous
« mettent en chanson et disent : aux jeunes les bons mor-
« ceaux, et aux vieilles les rebuts ; et ils en disent encore
« bien d'autres. Mais pour que je ne te retienne pas plus
« longtemps en vaines paroles, je te dis finalement que tu
« ne pouvais découvrir ton projet à personne au monde qui
« puisse t'être plus utile que moi ; pour ce qu'il n'est homme
« si bien établi qu'il soit, auquel je n'aie la hardiesse de
« dire ce qu'il est besoin, et qu'il n'en est point de si dur et
« de si sauvage, que je ne l'apprivoise et ne l'amène à ce
« que tu voudras. Donc, montre-moi celui qui te plaît, et
« laisse-moi faire. Mais souviens-toi, ma fille, que je me re-
« commande à toi, pour ce que je suis pauvre, et que je
« veux que tu participes à toutes mes prières et à toutes
« les patenôtres que je dirai, afin que Dieu accorde lumière
« et chandelle à tous tes morts. — » Là-dessus, elle
« finit.

« La jeune femme étant donc tombée d'accord en cela avec la vieille, lui dit que si elle voyait un jeune homme qui passait souvent par ce quartier et dont elle lui donna le signalement, elle savait ce qu'elle avait à faire ; puis, après lui avoir donné un peu de chair salée, elle la renvoya à la « grâce de Dieu. Il se passa peu de jours avant que la vieille lui eût amené dans sa chambre celui qu'elle lui avait désigné, puis, au bout de peu de temps, un autre, selon que la fantaisie en prenait à la dame, qui, bien qu'elle craignît au sujet de son mari, ne laissait pas perdre une occasion de se satisfaire en cela.

« Il advint qu'un soir son mari devant aller souper chez un de ses amis qui avait nom Ercolano, la jeune femme ordonna à la vieille de lui faire venir un jeune garçon qui était un des plus beaux et des plus plaisants de tout Pérouse; ce que la vieille fit promptement. La dame étant donc à table avec le jeune homme pour souper, voici que Pietro appela soudain à la porte pour qu'on lui ouvrît. La dame, en l'entendant, se tint pour morte : mais voulant cacher le jeune homme si elle pouvait, et n'ayant pas la présence d'esprit de le renvoyer ou de le cacher autre part, elle le fit entrer dans un petit cabinet voisin de la chambre où ils soupaient, le mit sous une cage à poulets qui s'y trouvait,

et jeta par-dessus un mauvais sac qu'elle avait fait vider le jour même; et cela fait, elle alla promptement ouvrir à son mari. Quand celui-ci fut entré elle lui dit : « — Vous l'avez
« bien vite avalé ce souper! — » Pietro répondit : « — Nous
« n'y avons pas touché. — » « — Et comment cela s'est-il
« fait, dit la dame? — » Pietro répondit : « — Je vais te le
« dire. Nous étions déjà à table, Ercolano, sa femme et moi,
« quand nous avons entendu éternuer tout près de nous,
« de quoi, la première et la seconde fois, nous nous sommes
« peu inquiétés; mais celui qui avait éternué ayant encore
« éternué une troisième fois, puis une quatrième fois, une
« cinquième fois et bien d'autres, nous fûmes très étonnés.
« Sur quoi Ercolano, qui s'était un peu querellé avec sa
« femme parce que celle-ci nous avait fait attendre long-
« temps à la porte avant d'ouvrir, dit quasi furieux : « — Que
« veut dire ceci? qui est-ce qui éternue de la sorte? — »
« et s'étant levé de table, il alla vers un escalier qui était
« tout près de là, et sous lequel était un réduit fait en
« planches, tout au bas de l'escalier, et destiné à serrer une
« foule d'objets, comme nous le voyons dans les maisons de
« ceux qui tiennent leurs logis en ordre. Et comme il lui
« semblait que c'était de là qu'étaient partis les éternue-
« ments, il ouvrit une petite porte qui s'y trouvait; à peine
« il l'eut ouverte, qu'il en sortit soudain une odeur de
« soufre la plus épouvantable du monde, dont nous avions
« déjà senti quelque chose, et à propos de laquelle, ayant
« été grondée, la dame avait dit : « — Voilà ce que c'est :
» tantôt, j'ai blanchi mes voiles avec du soufre, et puis j'ai
« mis sous cet escalier la chaudière sur laquelle je les avais
« étendu, pour recevoir la fumée; de sorte qu'il en vient
« un peu jusqu'ici. — » Quand Ercolano eut ouvert la porte
« et que la fumée se fut un peu dissipée, il regarda dans le
« réduit et vit celui qui avait éternué et qui éternuait encore,
« la force du soufre le serrant à la gorge; et bien qu'il éter-
« nuât, la vapeur du soufre lui avait déjà tellement coupé la
« respiration que s'il y était resté un moment de plus, il
« n'aurait jamais plus éternué. Ercolano, en le voyant, cria :
« — Je vois maintenant, femme, pourquoi tu nous as tenus
« si longtemps à la porte tout à l'heure, avant de nous ou-
« vrir; mais que je n'aie jamais chose à mon plaisir, si je
« ne t'en paie bien. — » Ce qu'entendant la femme, et
« voyant que sa faute était découverte, sans chercher à
« s'excuser, elle se leva de table et s'enfuit je ne sais où.
« Ercolano, sans prendre garde à la fuite de sa femme, cria
« à plusieurs reprises à celui qui éternuait de sortir; mais
« celui-ci qui n'en pouvait plus, ne bougeait pas, quelque
« chose que dît Ercolano. C'est pourquoi, Ercolano l'ayant
« saisi par un pied, le tira de sa cachette, et il courait

« chercher un couteau pour le tuer ; mais moi, craignant
« pour moi-même la justice, je me levai et empêchai qu'il
« le tuât ou lui fît aucun mal, et tout en le défendant, je
« criais, de sorte que je fus cause que les voisins accouru-
« rent, prirent le jeune homme à moitié mort, et l'empor-
« tèrent je ne sais où, hors de la maison. Voilà ce qui a
« dérangé notre souper, et ce qui fait que non seulement je
« ne l'ai pas mangé, mais que je n'y ai point touché, comme
« je t'ai dit tout d'abord. — »

« En entendant cela, la dame vit qu'il y en avait d'autres
qui étaient aussi sages qu'elle, bien que parfois il en arrivât
mésaventure à d'aucunes, et elle aurait volontiers pris la défense de la femme d'Ercolano ; mais croyant, en blâmant les
fautes d'autrui, avoir plus de liberté pour les siennes, elle
se mit à dire : « — Voilà de belles choses ! voilà une bonne
« et sainte femme ! voilà la fidélité d'une honnête dame !
« moi qui me serais confessée à elle, tant elle me paraissait
« adonnée aux choses spirituelles ! Ce qu'il y a de pis, c'est
« que, vieille comme elle est déjà, elle donne un bon
« exemple aux jeunes. Que maudite soit l'heure où elle est
« venue au monde ; maudite soit-elle elle-même de se laisser
« vivre, femme perfide et coupable qu'elle doit être, honte
« universelle et blâme pour toutes les femmes qui sont sur
« terre ; ayant fait bon marché de son honneur, de l'estime
« du monde et de la foi promise à son mari, qui est un
« homme si bien fait, un citadin si honorable et qui la trai-
« tait si bien, elle n'a pas eu honte de le déshonorer avec un
« autre homme, et de se déshonorer en même temps elle-
« même. Dieu me sauve ! de femmes ainsi faites, on ne de-
« vrait avoir aucune pitié ; on devrait les tuer, on devrait
« les jeter vives au feu et les réduire en cendres. — » Puis,
se rappelant son amant qui était tout près de là sous la
cage à poulets, elle se mit à engager Pietro à aller se mettre
ou lit, pour ce qu'il en était temps. Pietro qui avait meil-
aeure envie de manger que de dormir, demandait s'il n'était
lrien resté du souper. A quoi la dame répondait : « — S'il
« est resté quelque chose du souper ? Est-ce que nous avons
« l'habitude de souper, quand tu n'y es pas ? Me prends-tu
« pour la femme d'Ercolano ? Eh ! que ne vas-tu dormir
« pour ce soir ! tu ferais bien mieux. — »

« Il advint que des laboureurs de Pietro, étant venus ce
soir-là de sa campagne avec certaines denrées, et ayant mis
leurs ânes sans leur donner à boire dans une petite étable
qui se trouvait juste à côté du cabinet, l'un des ânes qui
avait très grand soif, après s'être débarrassé de son licol,
sortit de l'étable, et s'en allait flairant de côté et d'autre
pour voir s'il ne trouverait pas de l'eau ; en allant de la
sorte, il arriva près de la cage sous laquelle était le jeune

amoureux. Celui-ci, qui était forcé de se tenir à quatre
pattes, avait une de ses mains par terre en dehors de la
cage, et sa male-chance fut telle, ou son malheur, veux-je
dire, que l'âne lui posa le pied sur les doigts ; l'extrême douleur qu'il ressentit, lui fit pousser un grand cri. Pietro, entendant ce cri, s'étonna, et il lui sembla qu'il avait dû être
poussé dans la maison. Pourquoi, étant sorti de la chambre,
et entendant qu'on se plaignait de nouveau, l'âne n'ayant pas
encore relevé son pied de dessus les doigts du pauvre diable,
mais le pressurant fort, il dit : « — Qui est là ? — » et
courut à la cage. L'ayant levée, il vit le jeune garçon qui,
outre la douleur que lui faisaient éprouver ses doigts écrasés par le pied de l'âne, tremblait dans la crainte que Pietro
ne lui fît du mal. Pietro l'ayant reconnu pour l'avoir longtemps poursuivi de ses honteuses propositions, lui demanda :
« — Que fais-tu là ? — A quoi le jeune homme, sans lui
répondre, le supplia pour l'amour de Dieu de ne pas lui faire
de mal. Alors Pietro dit : « — Lève-toi, et ne crains pas
« que je te fasse aucun mal ; mais dis-moi comment tu es
« là et pourquoi. — » Le jeune homme lui dit tout. Sur
quoi, Pietro, non moins content de l'avoir trouvé que sa
femme en était affligée, le prit par la main et le mena
avec lui dans la chambre où la dame l'attendait avec la
plus grande peur du monde. Pietro, s'étant assis en face
d'elle, lui dit :

« — Or çà, tu maudissais tout à l'heure la femme d'Er-
« colano, et tu disais qu'on devrait la brûler, et qu'elle était
« une honte pour vous toutes ; comment ne parlais-tu point
« pour toi-même ? Ou si tu ne voulais point parler de toi,
« comment avais-tu le cœur de parler d'elle, sachant que tu
« avais commis la même faute qu'elle avait commise ?
« Certes, rien ne t'y forçait, sinon que vous êtes toutes ainsi
« faites, et que vous vous efforcez de cacher vos fautes avec
« celles d'autrui. Puisse la foudre tomber du ciel pour vous
« brûler toutes, race perverse que vous êtes ! — » La dame,
voyant que de prime abord il ne lui avait fait d'autre mal qu'en
paroles, et croyant comprendre qu'il était tout content de
tenir dans sa main un si beau garçon, prit courage et dit :
« — Je sais que tu voudrais qu'il tombât du ciel un feu qui
« nous brûlât toutes, en homme qui est aussi désireux de
« nous qu'un chien est désireux de coups de bâton ; mais,
« par la croix de Dieu, ton désir ne s'accomplira point.
« Mais je discuterais volontiers un peu avec toi pour savoir
« de quoi tu te plains ; et certes, il ferait beau voir que tu
« voulusses me comparer à la femme d'Ercolano, qui est une
« vieille bigote hypocrite, qui a de lui tout ce qu'elle veut,
« et dont elle est chérie comme on doit chérir sa femme, ce
« qui ne m'arrive point à moi. Car, si je suis bien fournie

« en fait de vêtements et de chaussures, tu sais bien comme
« je le suis peu d'autre chose, et combien il y a de temps
« que tu n'as couché avec moi. J'aimerais mieux aller avec
« des haillons sur le dos et pieds nus, et être bien traitée de
« toi dans le lit, que d'avoir en abondance tout le reste, et
« d'être traitée comme tu me traites. Sache bien, Pietro,
« que je suis femme comme les autres, et que je veux ce
« qu'elles veulent ; de sorte que, ne l'ayant point de toi, tu
« n'as point à me faire de reproches si je cherche ailleurs.
« Au moins, te fais-je assez honneur, en ne me livrant pas
« à des laquais ou à des teigneux. — »

« Pietro, prévoyant qu'elle ne s'arrêterait point de parler
de toute la nuit, lui dit, en homme qui se souciait peu
d'elle : « — Et voilà assez, femme ; sur ce sujet, je te con-
« tenterai fort bien. Tu feras grande courtoisie en t'arran-
« geant de façon que nous ayions quelque chose pour sou-
« per, car il me paraît que ce garçon est comme moi et
« qu'il n'a pas encore soupé. — » « — Certes non — dit la
« dame — qu'il n'a pas encore soupé, car nous nous met-
« tions seulement à table pour souper, quand tu es venu à
« la male heure. — » « — Or bien, — dit Pietro, — va et
« fais nous souper ; ensuite j'arrangerai tout de façon que
« tu n'auras que faire de te plaindre. — » La dame, voyant
que son mari était satisfait, se leva, fit remettre prestement
la table et apporter le souper qu'elle avait fait préparer, et
elle soupa gaiement avec son indigne mari et le jeune garçon. Ce que Pietro décida, après le souper, pour les contenter tous les trois, m'est sorti de la mémoire. Je sais bien
pourtant que le lendemain le jeune garçon fut remis dans
la rue, sans qu'on ait jamais bien été certain qui, du mari
ou de la femme, lui avait le plus tenu compagnie pendant
la nuit. Pour quoi, mes chères dames, je vous dirai ceci :
« — A qui t'en fera une, fais-lui en une autre ; et si tu ne
« peux, souviens-t'en jusqu'à ce que tu puisses, afin que
« qui donne un âne, en reçoive un pareil en échange. — »

La nouvelle de Dioneo étant finie, et les dames s'étant
gardées de rire, plus par vergogne que parce qu'elles avaient
éprouvé peu de plaisir, la reine voyant qu'il avait terminé
son récit, se leva et, ôtant de dessus sa tête la couronne
de laurier, la posa gracieusement sur la tête d'Elisa, en lui
disant : « — A vous, madame, il appartient maintenant de
« commander. — » Elisa, ayant accepté cet honneur, fit
comme il avait été fait précédemment, et après avoir pourvu
tout d'abord avec le sénéchal à ce dont il serait besoin pendant tout le temps de son commandement, elle dit au grand
contentement de la compagnie : « — Nous avons déjà plusieurs fois entendu raconter qu'avec des bons mots, de
promptes ripostes, ou avec des décisions soudaines, bien

des gens ont su, par une morsure bien appliquée, éviter les coups de dents d'autrui, ou échapper aux dangers survenus, et comme cette matière est belle et peut être profitable, je veux qu'avec l'aide de Dieu, on devise dans ces limites, c'est-à-dire de ceux qui, provoqués par quelque plaisanterie, ont riposté, ou qui, avec une prompte réponse ou une sage prévoyance, ont évité perte, danger ou honte. — »

Ces paroles furent beaucoup applaudies par tous ; pourquoi, la reine s'étant levée, leur donna pleine licence jusqu'à l'heure du souper. L'honorable compagnie, voyant que la reine s'était levée, se leva aussi, et, suivant leur habitude, chacun se livra à ce qui lui plaisait le plus. Mais les cigales ayant cessé de chanter, tout le monde ayant été rappelé, ils allèrent souper ; le souper joyeusement terminé, ils se mirent tous à chanter et à sonner de divers instruments, et Emilia ayant, avec le bon plaisir de la reine, organisé une danse, ordre fut donné à Dioneo de chanter une chanson. Il commença aussitôt par : *Monna Aldruda, levez la queue, car je vous apporte bonnes nouvelles.* De quoi toutes les dames se mirent à rire, et surtout la reine, qui lui ordonna de laisser celle-là et d'en dire une autre. Dioneo dit : « — Madame, si j'avais des cymbales : *Levez les pans de votre chemise, madame Lappa* ; ou bien : *Sous l'olivier est l'herbe verte*. Aimez-vous mieux que je dise : *L'eau de mer me fait grand mal ?* Mais je n'ai pas de cymbales, et pour ce, voyez quelle chanson vous voulez, des autres que voici : vous plairait-il : *Sors dehors, qu'on te le coupe, comme une pomme dans les champs ?*— » La reine dit : « — Non, dis-en une autre.— » « — Donc, — dit Dioneo, — je dirai : *Monna Simona, entonne, entonne, nous ne sommes pas en octobre.* — » La reine dit en riant : « — Eh ! mauvais plaisant, dis-en une belle, si tu veux, car nous ne voulons pas de celle-là. — » Dioneo dit : « — Non, madame ? ne vous fâchez pas ; mais quelle est celle qui vous plaît ? J'en sais plus de mille. Voulez-vous : *Ma coquille, si je ne le pique* ; ou : *Eh ! va doucement, mon mari;* ou bien : *Je m'achèterai un coq de cent livres.* — » La reine, se mettant un peu en colère, bien que toutes les autres éclatassent de rire, dit : « — Dioneo, cesse de plaisanter et dis-nous-en une belle ; sinon ; tu pourrais éprouver comment je sais me fâcher. — » Dioneo, entendant cela, laissa les plaisanteries, et se mit aussitôt à chanter de cette façon :

Amour, la vive lumière
  Qui sort des beaux yeux de ma belle,
  M'a fait esclave d'elle et de toi.

La splendeur qui sort de ses beaux yeux,
 Avant ta flamme m'embrasa le cœur,
Passant au travers des miens.
Combien grande est ta puissance,
C'est son beau visage qui me l'a fait connaître ;
En le voyant
Je sentis que je délaissais
Toutes les vertus, et que je les mettais au dessous d'elle,
Devenue la nouvelle occasion de mes soupirs.

C'est ainsi que je suis devenu l'un des tiens,
 Cher seigneur, et que, soumis, j'attends
Merci de ta puissance.
Mais je ne sais si elle connaît entièrement
L'immense désir qu'elle m'a mis au cœur,
Ni mon entière fidélité,
Celle qui possède tellement
Mon âme, que je ne voudrais pas recevoir.
Contentement, sinon d'elle.

Pour quoi, je te prie, mon doux Seigneur,
 Que tu le lui fasses voir, et que tu lui fasses sentir
Un peu de ton feu
Pour mon service, afin qu'elle voie
Que je me consume d'amour, et que, dans mon martyre,
Je me meurs peu à peu.
Et puis, quand il sera temps,
Recommande-moi à elle, comme tu dois,
Car j'irais volontiers le faire avec toi.

Quand Dioneo, en se taisant, montra que sa chanson était finie, la reine en fit dire encore beaucoup d'autres, après avoir toutefois fort loué celle de Dioneo. Mais une bonne partie de la nuit étant déjà écoulée, et la reine sentant que la chaleur du jour était vaincue par la fraîcheur de la nuit, elle ordonna que chacun allât se reposer à sa fantaisie jusqu'au lendemain.

SIXIÈME JOURNÉE

La cinquième Journée du DÉCAMÉRON finie, commence la sixième, dans laquelle, sous le gouvernement d'Elisa, on devise de ceux qui, provoqués par quelque bon mot, ont riposté, ou qui, par une prompte réponse ou une sage prévoyance, ont évité perte, danger ou honte.

La lune, parvenue au milieu du ciel, avait perdu ses rayons, et déjà, sous la lumière naissante, toutes les parties de notre monde étaient éclairées, quand la reine s'étant levée et ayant fait appeler la compagnie, ils s'éloignèrent à pas lents du beau coteau, s'éparpillant sur l'herbe humide de rosée, discutant du plus ou moins de beauté des nouvelles racontées et recommençant à rire des aventures variées qui y étaient contenues, jusqu'à ce que, le soleil commençant à devenir plus chaud, il parut temps à tous de revenir à la maison. Pour quoi, ayant rebroussé chemin, ils y revinrent ; et là, trouvant les tables mises et couvertes d'herbes odorantes et de belles fleurs, ils se mirent, sur l'ordre de la reine, à manger avant que la chaleur devînt plus grande. Le repas terminé, avant de faire autre chose, on chanta quelques belles et plaisantes chansons, puis les uns allèrent dormir, d'autres restèrent à jouer aux échecs, d'autres au jeu des tables, tandis que Dioneo et Lauretta se mirent à chanter de Trojolo et de Criseida.

Quand l'heure où ils devaient se réunir fut venue, la reine les ayant tous fait appeler, selon l'habitude, ils s'assirent autour de la fontaine, et la reine allait ordonner de dire la première nouvelle, quand il advint une chose qui n'était pas encore arrivée, à savoir que la reine et tous ses compagnons entendirent une grande rumeur, produite par les servantes et les domestiques, dans la cuisine. On fit aussitôt venir le sénéchal, et on lui demanda qui criait ainsi et quelle était la cause de tout ce bruit ; à quoi le sénéchal répondit que c'était une dispute entre Licisca et Tindaro, mais qu'il en ignorait la cause, et qu'il se disposait à les faire taire quand on l'avait fait appeler. Sur quoi, la reine ordonna qu'on fît venir incontinent la Licisca et Tindaro. Dès qu'ils furent arrivés, la reine demanda la cause de leur querelle.

Tindaro voulant répondre, la Licisca, qui était une femme d'un certain âge, aussi altière que pas une et fort échauffée de crier, se tourna vers lui, la mine furieuse et dit : « — Voyez « cette bête d'homme qui est assez hardi de parler avant « moi, quand je suis là ! Laisse-moi parler. — » Et s'étant tournée vers la reine, elle dit : « — Madame, celui-ci veut m'apprendre ce qu'était la femme de Sycophant ; il veut « ni plus ni moins, comme si je ne l'avais pas fréquentée, « me persuader que la première nuit que Sycophant coucha « avec elle, Messer Mazza entra dans la montagne noire de « force et après grande perte de sang. Et moi je dis que ce « n'est pas vrai ; qu'au contraire il y entra tout pacifique- « ment et au grand plaisir de ceux qui y étaient. Et celui-ci « est si bête, qu'il croit les jeunes filles assez sottes pour « rester à perdre leur temps, à la merci de leur père ou de « leurs frères, qui, six fois sur sept, tardent trois ou quatre « ans de plus qu'ils ne devraient pour les marier. Elles s'en « trouveraient bien, ma foi, si elles attendaient tant ! Par la « foi du Christ — et je dois savoir ce que je me dis, quand « je jure — il n'y a pas une de mes voisines qui soit allée « pucelle à son mari ; et pour celles qui sont mariées, je « sais combien et quels bons tours elles font à leurs maris ; « et cette brute veut m'apprendre à connaître les femmes, « comme si j'étais née d'hier. — »

Pendant que la Licisca parlait, les dames faisaient de si grands éclats de rire, qu'on aurait pu leur arracher toutes les dents. La reine lui avait bien imposé silence plus de six fois, mais rien ne faisait ; elle ne s'arrêta point qu'elle n'eût dit tout ce qu'elle voulait. Mais quand elle eut fini, la reine, se tournant vers Dioneo, dit en riant : « — Dioneo, « voici qui te regarde ; et pour ce, quand nous autres nous « aurons fini nos nouvelles, tu feras en sorte de décider « finalement sur ce point. — » A quoi Dioneo répondit sur le champ : « — Madame, la sentence est prononcée, sans qu'il « soit besoin d'en entendre davantage ; et je dis que la Li- « cisca a raison, et je crois qu'il en est comme elle dit, et « que Tindaro est une bête. — » Ce qu'entendant la Licisca, elle se mit à rire, et se tournant vers Tindaro, elle dit : « — Je te disais bien, moi ! Va-t'en à la grâce de Dieu. « Crois-tu en savoir plus que moi, toi qui n'as pas encore les « yeux secs ? Grand merci, ce n'est pas en vain que j'ai « vécu, moi ! — » Et n'eût été que la reine lui imposa si- lence d'un air irrité, et lui ordonna de ne plus ajouter un mot et de cesser toute querelle, si elle ne voulait être fouet- tée et chassée ainsi que Tindaro, on n'aurait rien eu à faire de tout ce jour que de s'occuper d'elle. Quand ils furent partis, la reine ordonna à Philomène de commencer les nouvelles. Celle-ci commença joyeusement ainsi :

NOUVELLE I

Un cavalier engage madame Oretta à monter en croupe derrière lui, lui promettant de lui raconter une nouvelle. La dame trouvant qu'il raconte fort mal, le prie de la remettre à terre.

« — Jeunes dames, de même que dans les nuits sereines les étoiles sont l'ornement du ciel, et qu'au printemps les fleurs parent les prés verts et les arbustes revêtus de leurs feuilles parent les collines, de même les bons mots sont l'ornement des plaisantes coutumes et des agréables devis ; et pour ce qu'ils doivent être brefs, ils siéent mieux aux dames qu'aux hommes, d'autant plus que les longs discours sont beaucoup moins du ressort des femmes que des hommes. Vrai est que, quelle qu'en soit la raison, tant par l'infériorité de notre esprit, que par l'inimitié singulière que les cieux témoignent à notre siècle, il est aujourd'hui peu de dames, ou même pas une, qui sache dire à propos un bon mot ou qui, si on lui en dit un, sache l'entendre comme il convient, et ce à la honte générale de nous toutes. Mais comme il en a déjà été assez dit sur ce sujet par Pampinea, je ne veux pas en dire davantage ; seulement, pour vous faire voir combien les bons mots, dits en temps voulu, ont en soi de beauté, il me plaît de vous raconter la façon dont une gente dame imposa courtoisement silence à un cavalier.

« Comme beaucoup d'entre vous ont pu le voir ou l'entendre dire, il y avait, en notre cité, il n'y a pas longtemps encore, une gente dame, de manières agréables et parlant bien, et d'une valeur telle que je ne saurais vous cacher son nom. Elle s'appelait donc madame Oretta et fut la femme de messer Geri Spina. Étant, par hasard, à la campagne, comme nous le sommes présentement, elle alla par passetemps se promenant en un certain endroit, en compagnie de dames et de cavaliers qu'elle avait eus à dîner ce jour-là. Comme l'endroit où on allait était assez éloigné du point de départ, et qu'on avait résolu d'y aller à pied, un des cavaliers dit : « — Madame Oretta, si vous voulez, je vous « porterai à cheval une grande partie du chemin que nous « avons à faire, et je vous conterai une des plus belles nou- « velles du monde. — » A quoi la dame répondit : « — Mes- « sire, je vous en prie beaucoup ; cela me sera très agréa- « ble. — » Messire le cavalier qui n'était peut-être pas plus à son aise l'épée au côté qu'à jouer de la langue, ayant entendu cette réponse, commença une nouvelle qui, selon lui, était très belle ; mais comme il répétait souvent trois ou quatre fois les mêmes mots, qu'il revenait sur ce qu'il avait déjà dit, s'écriant parfois : je me trompe ! et qu'il embrouillait le plus souvent les noms de ses personnages, prenant les uns pour les autres, il gâtait complètement ladite nouvelle ; sans compter qu'il s'exprimait on ne peut plus mal eu égard à la qualité des personnes qu'il faisait parler et des actes qu'il leur attribuait. Aussi, madame Oretta qui l'écoutait éprouvait à chaque instant comme une sueur, un défaillement de cœur, comme si elle avait été malade et près de rendre l'âme. Enfin, ne pouvant en supporter davantage, et voyant que le cavalier s'était engagé dans un labyrinthe dont il ne pouvait sortir, elle dit d'un air plaisant : « — Mes-« sire, notre cheval a le trot beaucoup trop dur ; pour quoi, « je vous prie d'avoir la bonté de me mettre à terre. — » Le cavalier, qui était par aventure meilleur entendeur que conteur de nouvelles, comprit la plaisanterie, et l'ayant prise en riant, se mit à parler d'autres choses, laissant inachevée la nouvelle qu'il avait commencée et si mal poursuivie. — »

NOUVELLE II

Le boulanger Cisti fait d'un mot revenir messer Geri Spina de sa demande indiscrète.

La répartie de madame Oretta fut fort louée de chacune des dames ainsi que des hommes, et la reine ordonna à Pampinea de poursuivre ; pour quoi, celle-ci commença en ces termes : « — Belles dames, je ne saurais juger par moi-même qui pèche le plus, ou la nature en accouplant un corps vil à une âme noble, ou la fortune en imposant un vil métier à un corps doué d'une âme généreuse, comme nous avons pu le voir dans notre concitoyen Cisti et dans beaucoup d'autres, lequel Cisti, bien qu'il fût doué d'une âme très haute, la nature avait fait boulanger. Et certes, je maudirais également la nature et la fortune, si je ne savais que la nature est on ne peut plus prudente et que la fortune a mille yeux, bien que les sots la donnent comme aveugle. Je crois qu'en personnes prévoyantes, elles font comme font souvent les hommes qui, incertains des événements, enfouissent pour les mettre en sûreté leurs objets les plus précieux dans les endroits les plus abjects de leurs maisons, comme moins suceptibles d'inspirer le soupçon, et les en sortent selon leurs besoins les plus pressants, les lieux ignobles les ayant plus sûrement gardés que la plus belle chambre ne l'aurait fait. De même, les deux ministres qui gouvernent le monde, cachent souvent leurs choses les plus précieuses à l'ombre des métiers réputés les plus vils, afin que, les en retirant selon la nécessité, leur splendeur apparaisse plus éclatante. Il me plaît de vous faire voir, dans une nouvelle très courte, comment le boulanger Cisti en donna la preuve en une circonstance, en remettant les yeux de l'entendement à messer Geri Spina, que m'a remis en mémoire la nouvelle de madame Oretta qui fut sa femme.

« Je dis donc que le pape Boniface, auprès duquel messer Geri Spina fut en grande situation, ayant envoyé à Florence quelques-uns de ses gentilshommes comme ambassadeurs, pour traiter certaines affaires d'importance le concernant, ceux-ci étaient descendus dans la maison de messer Geri qui les aidait à faire les affaires du pape. Il arriva que, quelle qu'en fût la raison, messer Geri et les ambassadeurs du pape passaient tous les matins à pied devant Santa Maria Ughi, où le boulanger Cisti avait sa boutique et exerçait en personne son état. Bien que la fortune lui eût donné une profession très humble, elle lui avait été en cela si favorable, qu'il était devenu très riche, et il vivait très largement, sans jamais avoir voulu abandonner sa profession pour une autre. Il avait toujours, entre autres bonnes choses, les meilleurs vins blancs et rouges qui se trouvassent à Florence ou dans le pays. Voyant tous les matins passer devant sa porte messer Geri et les ambassadeurs du pape, et la chaleur étant extrême, il pensa que ce serait une grande courtoisie de leur donner à boire de son bon vin blanc ; mais songeant à sa condition et à celle de messer Geri, il ne lui paraissait pas convenable d'oser l'inviter ; il avisa en conséquence à trouver un moyen pour amener messer Geri à s'inviter lui-même. Ayant endossé une veste parfaitement blanche, et mis devant lui un tablier sortant de la lessive, qui lui donnaient plutôt l'air d'un meunier que d'un boulanger, il se faisait porter devant sa porte, tous les matins à l'heure où il savait que messer Geri et les ambassadeurs devaient passer, un seau tout neuf plein d'eau fraîche, et un pichet bolonais, neuf aussi, de son bon vin blanc, ainsi que deux verres qui semblaient d'argent tant ils étaient brillants. Puis il s'asseyait, et, quand ils passaient, après avoir craché une ou deux fois, il se mettait à boire et à savourer son vin de telle façon qu'il en aurait fait venir l'envie à des morts.

« Messer Geri, ayant remarqué ce manège deux matins de suite, dit le troisième : « — Eh, bien ! Cisti, est-il « bon ? — » Cisti s'étant levé aussitôt, répondit : « — Oui, « messire ; mais je ne puis vous en donner une idée exacte « que si vous l'essayez vous-même. — » Messer Geri, à qui la chaleur de la température et un travail plus grand que d'habitude, ou même l'air de contentement avec lequel il avait vu Cisti boire, avait donné soif, se tourna en souriant vers les ambassadeurs, et dit : « — Seigneurs, nous ferons « bien de goûter le vin de ce brave homme ; peut-être est-« il tel que nous ne nous en repentirons pas. — » Et il s'approcha avec eux de l'endroit où était Cisti. Celui-ci, ayant fait sur le champ apporter un beau banc hors de la boutique, les pria de s'asseoir ; puis, aux domestiques qui s'avançaient déjà pour laver les verres, il dit : « — Compa-« gnons, retirez-vous et laissez-moi faire ce service, car je « ne suis pas moins bon échanson que bon boulanger ; et « ne vous attendez pas à en goûter une gorgée. — » Cela dit, ayant lavé lui-même quatre beaux verres tout neufs, et ayant fait venir un petit pichet de son bon vin, il s'empressa de verser à boire à Messer Geri et à ses compagnons.

« Le vin parut à ceux-ci le meilleur qu'ils eussent bu depuis longtemps, et ils le louèrent beaucoup ; pour quoi, pendant tout le temps que les ambassadeurs restèrent à Florence, Messer Geri vint presque tous les matins en boire avec eux. Leurs affaires terminées, comme ils étaient sur le point de partir, messer Geri leur donna un magnifique banquet auquel il invita une grande partie des citoyens les plus honorables ; il y invita aussi Cisti, mais celui-ci n'y voulut aller sous aucun prétexte. Messer Geri ordonna alors à un de ses familiers d'aller demander à Cisti un flacon de son vin, afin qu'il pût en donner un demi-verre à chacun de ses convives comme entrée de table. Le familier, fort dédaigneux, probablement parce qu'il n'avait jamais pu goûter de ce vin, prit un grand flacon ; mais dès que Cisti vit ce flacon, il lui dit : « — Fils, messer Geri ne t'a point envoyé vers moi. — » Le familier lui affirmant plusieurs fois le contraire et ne pouvant avoir d'autre réponse, s'en revint vers messer Geri auquel il conta la chose. A quoi messer Geri dit : « — Vas-y « de nouveau et dis-lui que c'est bien moi qui t'envoie, « et s'il te répond de même, demande-lui vers qui est-ce « que je t'envoie. — » Le familier, revenu vers Cisti, dit : « — Cisti, pour sûr, messer Geri m'envoie vers toi. — » A quoi Cisti répondit : « — Pour sûr, mon fils, ce n'est pas « vrai. — » « — Donc, — dit le familier, — à qui m'envoie-« t-il ? — » Cisti répondit : « — à l'Arno. — » Le familier ayant rapporté cette réponse à messer Geri, celui-ci ouvrit soudain les yeux, et dit au familier : « — Fais-moi voir le « flacon que tu lui as porté. — Et l'ayant vu, il dit : « — Cisti a raison. — » Et ayant grondé le familier, il lui fit prendre un flacon plus convenable. Cisti, voyant le nouveau flacon dit : « — Maintenant, je vois bien que ton maître t'en-« voie vers moi. — » Et il le lui emplit d'un air joyeux. Le même jour, ayant fait remplir un tonneau de ce même vin, il le fit doucement transporter chez messer Geri, où il se rendit ensuite lui-même ; et l'ayant trouvé il lui dit : « — Messire, « je ne voudrais pas que vous crussiez que le grand flacon « de ce matin m'avait épouvanté ; mais, comme il m'avait « semblé que vous aviez oublié ce que je vous avais montré « ces jours derniers avec mes petits pichets, à savoir que ce « vin n'est pas vin de domestiques, j'ai voulu vous le « rappeler ce matin. Maintenant, pour ce que je n'entends « pas en rester plus longtemps le gardien, je vous l'ai fait « tout apporter ; faites-en dorénavant ce qu'il vous plaira. — » Messer Geri tint le présent de Cisti pour très agréable et lui rendit telles grâces qu'il crut convenables ; et depuis, il le tint en grande estime et l'eut pour ami. — »

NOUVELLE III

Monna Nonna de' Pulci, par une prompte répartie à une plaisanterie rien moins qu'honnête de l'évêque de Florence, lui impose silence.

« Quand Pampinea eut fini sa nouvelle, et que tous eurent fort approuvé la réponse et la libéralité de Cisti, il plut à la reine que Lauretta prît ensuite la parole, et celle-ci commença joyeusement à parler ainsi : « — Plaisantes dames, Pampinea d'abord, puis Philomène, ont dit très vrai touchant notre peu de présence d'esprit et le mérite des bons mots ; il n'est donc pas besoin d'y revenir, mais en sus de ce qu'il a été dit au sujet des bons mots, je veux vous rappeler que leur nature est telle qu'ils doivent mordre celui qui les entend comme la brebis, et non comme le chien ; pour ce que si le bon mot mordait comme le chien, il ne serait plus un bon mot, mais une injure. C'est ce que firent très bien et les paroles de madame Oretta et la réponse de Cisti. Il est vrai que, si le bon mot est lancé comme une riposte, et qu'il morde comme un chien celui à qui il est adressé et qui, le premier, a mordu lui-même comme un chien, il ne me semble pas devoir être blâmé, comme il devrait l'être s'il en eût été autrement ; il faut donc considérer comment, quand et à qui le bon mot est adressé, comme aussi le lieu où il est dit. C'est pour n'avoir point pris garde à toutes ces considérations, qu'un de nos prélats reçut un affront parfaitement mérité, et que je veux vous montrer en une petite nouvelle.

« Messer Antonio d'Orso, valeureux et sage prélat, étant évêque de Florence, il vint en cette ville un gentilhomme

Catalan, nommé messer Dego della Ratta, maréchal du roi Robert. Comme ce gentilhomme était très beau de sa personne et plus que grand amateur de femmes, il advint que parmi les autres dames florentines une surtout lui plut ; c'était une très belle dame, nièce d'un frère dudit évêque. Le maréchal ayant appris que son mari, bien que d'une bonne famille, était fort avare et mauvais homme, convint avec lui de lui donner cinq cents florins d'or s'il voulait le laisser coucher une nuit avec sa femme. Pour quoi, ayant fait dorer des popolins d'argent, qui avaient cours alors, et ayant couché avec la femme, bien que ce fût contre le gré de celle-ci, il les lui donna. Ce fait ayant été su de tous, le malhonnête homme en fut pour son dommage et son ridicule. Quant à l'évêque, en homme sage, il fit semblant de ne rien savoir de cette aventure.

« Sur ces entrefaites, le maréchal et l'évêque se fréquentant beaucoup, il advint que le jour de Saint-Jean, chevauchant à côté l'un de l'autre et voyant un grand nombre de dames par la rue où l'on court le palio, l'évêque aperçut une jeune dame que la présente peste vient de nous enlever, nommée Monna Nonna de' Pulci, cousine de messer Alessio Rinucci, et que vous devez toutes avoir connue. C'était alors une fraîche et belle jeune femme, bien parlant et d'un grand cœur ; elle attendait depuis un moment son mari à la porte Saint-Pierre. L'évêque la montra au maréchal, et quand il fut près d'elle, ayant mis la main sur l'épaule du maréchal, il dit : « — Nonna, que te semble de celui-ci? Croirais-tu « pouvoir en faire la conquête? — » Il sembla à la Nonna que ces paroles entamaient un peu son honneur et étaient de nature à la compromettre dans l'esprit de ceux — et ils étaient nombreux — qui les avaient entendues. Pour quoi, sans essayer de se justifier, mais pour rendre coup pour coup, elle répondit promptement : « — Messire, peut-être ferait-il « ma conquête, mais je voudrais de la bonne monnaie. — » En entendant ces mots, le maréchal et l'évêque se sentant pareillement atteints, l'un comme auteur de la tromperie faite au neveu de l'évêque, l'autre comme frappé en la personne de la nièce de son propre frère, s'en furent tout honteux, sans se regarder et sans plus rien dire de tout le jour. Ainsi donc, la jeune femme ayant été piquée, il ne lui était point défendu de piquer les autres par un bon mot. — »

NOUVELLE IV

Chichibio, cuisinier de Conrad Gianfigliazzi, par une prompte répartie, change en rire la colère de Conrad, et échappe au châtiment dont ce dernier l'avait menacé.

Déjà la Lauretta se taisait et la Nonna était souverainement approuvée par tous, quand la reine ordonna à Néiphile de poursuivre. Celle-ci dit : « — Amoureuses dames, bien que la promptitude d'esprit fournisse souvent des paroles belles et utiles à ceux qui les disent, selon les circonstances, la fortune, qui vient parfois en aide aux gens timides, en place aussi d'une façon soudaine sur la langue de ces derniers qui n'auraient, à tête reposée, jamais su les trouver. C'est ce que j'entends vous montrer par ma nouvelle.

« Conrad Gianfigliazzi, comme chacun de vous a pu l'entendre et le voir, a toujours été regardé comme un noble citadin de notre ville. Libéral et magnifique, il mène une existence chevaleresque, continuellement à se divertir avec les chiens et les oiseaux, pour ne point parler présentement de ses occupations plus sérieuses. Ayant tiré un jour, avec un de ses faucons, une grue près de Peretola, et la trouvant grasse et jeune, il la fit porter à son bon cuisinier, nommé Chichibio et qui était Vénitien, en lui faisant dire de la faire rôtir pour le souper et d'en prendre bien soin.

« Chichibio, qui était aussi sot qu'il le paraissait, apprêta la grue, la mit devant le feu et commença soigneusement à la faire cuire. Elle était presque cuite et il s'en échappait une odeur succulente, quand survint une femme du pays, appelée Brunetta, et dont Chichibio était fortement amoureux. Brunetta étant entrée dans la cuisine vit la grue, et sentant son parfum, pria instamment Chichibio de lui en donner une cuisse. Chichibio lui répondit en chantant, et dit : « — Vous ne l'aurez pas de moi, dame Brunetta, vous « ne l'aurez pas de moi. — » De quoi dame Brunetta, toute courroucée, dit : « — Sur ma foi en Dieu, si tu ne me la « donnes pas, tu n'auras jamais de moi chose qui te plaise. — » Et en peu de temps ils échangèrent force paroles. A la fin, Chichibio, pour ne point courroucer sa dame, ayant détaché une des cuisses de la grue, la lui donna. La grue ayant été servie devant Conrad et un étranger qu'il avait invité, sans cette cuisse bien entendu, Conrad s'en étonna, fit appeler Chichibio, et lui demanda ce qu'était devenue l'autre cuisse de la grue. A quoi le stupide Vénitien répondit aussitôt : « — Seigneur, les grues n'ont qu'une cuisse et une jambe. — »

Alors Conrad, courroucé, dit : « — Comment diable ! elles « n'ont qu'une cuisse et qu'une jambe ? n'ai-je pas vu d'au« tres grues que celle-ci ? — » Chichibio reprit : « — C'est « comme je vous le dis, messire ; et quand il vous plaira, « je vous le ferai voir dans celles qui sont vivantes. — » Conrad, par déférence pour les étrangers qu'il avait avec lui, ne voulut pas continuer cette altercation, mais il dit : « — Puisque tu dis que tu me le feras voir dans celles qui « sont en vie, chose que je n'ai jamais vue ni entendu dire, « je veux le voir dès demain matin, et je me tiendrai pour « content ; mais je te jure sur le corps du Christ, que s'il « en est autrement, je te ferai arranger de façon que tu te « souviendras à ton grand dommage de mon nom, tant que « tu vivras. — »

« L'entretien se termina là, pour ce soir, et le lendemain matin, dès que le jour parut, Conrad, que la colère avait empêché de dormir, se leva encore tout irrité. Et ayant fait monter Chichibio sur un roussin, il le mena à la rivière, sur le bord de laquelle on pouvait toujours voir des grues, au lever du jour, et lui dit : — Nous allons voir tout à l'heure « qui a menti hier, de toi ou de moi. — » Chichibio, voyant que la colère de Conrad durait toujours et qu'il lui fallait justifier sa fourberie, ne savait comment le faire, et chevauchait derrière Conrad avec la plus grande peur du monde, et volontiers il se serait enfui, s'il avait pu, mais ne le pouvant, il regardait tantôt devant, tantôt derrière, tantôt à côté, et tout ce qu'il voyait, il s'imaginait que c'étaient des grues se tenant sur deux pieds. Mais à peine furent-ils arrivés à la rivière, que la première chose qu'ils virent fut une douzaines de grues qui se tenaient toutes sur un pied, comme elles ont coutume de faire quand elles dorment. Pour quoi, Chichibio les montra vivement à Conrad et dit : « — Vous pouvez bien voir, messire, qu'hier je vous ai dit « vrai, et que les grues n'ont qu'une cuisse et qu'une jambe, « si vous regardez celles qui sont là. — » Conrad, les ayant vues, dit : « — Attends ; je vais te montrer qu'elles en ont « deux. — » Et, s'étant rapproché d'elles un peu plus, il cria : Hop ! hop ! A ce cri, les grues, ayant abaissé leur autre jambe, se mirent à s'enfuir toutes après avoir fait quelques pas. Sur quoi, Conrad s'étant retourné vers Chichibio, dit : « — Que t'en semble, fripon ? crois-tu qu'elles en aient « deux ? — » Chichibio, tout ébahi, et ne sachant lui-même d'où il venait, répondit : « — Oui, messire ; mais vous n'a« vez pas crié : hop ! hop ! à celle d'hier soir ; car si vous « aviez crié ainsi, elle aurait aussi fait voir l'autre cuisse et « l'autre pied, comme ont fait celles-ci. — » Cette réponse plut tellement à Conrad, que toute sa colère se changea en joie et en rire, et il dit : — Chichibio, tu as raison, j'aurais

« dû le faire. — » Ainsi, par sa prompte et plaisante réponse, Chichibio évita d'être battu, et fit sa paix avec son maître. — »

NOUVELLE V

Messer Forese da Rabatta et maître Giotto, le peintre, revenant de Mugello, se moquent mutuellement de leur laide apparence.

Dès que Néiphile se tut, les dames ayant pris beaucoup de plaisir à la réponse de Chichibio, Pamphile, sur l'ordre de la reine, dit ainsi : « — Très chères dames, il arrive souvent que, de même que la fortune cache parfois de grands trésors de vertus sous des professions viles, comme Pampinea nous l'a montré naguère, de même aussi sous les plus ignobles formes humaines on trouve de merveilleux esprits qui y ont été déposés par la nature. C'est ce qui apparut fort bien chez deux de nos concitoyens, dont j'entends vous parler brièvement. L'un d'eux, nommé messer Forese da Rabatta, pour ce qu'il était de sa personne petit et difforme, avec un visage plat et rechigné — tellement qu'en le comparant à l'un quelconque des Baronci, il eût encore été trouvé laid — fut si versé dans la science des lois, que la plupart des hommes savants le tenaient pour une vraie armoire de raison civile. L'autre, dont le nom était Giotto, fut doué d'un esprit si excellent, qu'il n'y avait rien dans la nature, mère et créatrice de toutes choses par la continuelle rotation des cieux, qu'il ne reproduisît par le stylet, la plume ou le pinceau, avec une si parfaite ressemblance, que l'on aurait dit la nature elle-même et non sa copie ; à tel point que souvent, dans les choses faites par lui, les sens des hommes furent induits en erreur, et qu'on prit pour vrai ce qu'il avait peint. Et comme il avait remis en pleine lumière cet art qui était resté enseveli pendant plusieurs siècles, grâce à l'erreur de peintres plus disposés à réjouir les yeux des ignorants qu'à satisfaire l'esprit des sages, il peut à juste titre être regardé comme un des rayons de la gloire florentine ; d'autant plus, qu'il acquit cette gloire avec une grande humilité, et qu'étant de son vivant le maître de tous, il refusa toujours d'être appelé maître. Ce titre, repoussé par lui, resplendissait d'autant plus en lui, qu'il était ardemment désiré et avidement usurpé par ceux qui en savaient moins que lui, ou par ses élèves. Mais bien que son art fût très grand, il n'en était pas pour cela, de corps et de prestance, plus beau que messer Forese. Mais venons à la nouvelle.

« Je dis donc que messer Forese et Giotto ayant leurs domaines à Mugello, et messer Forese étant allé voir les siens à ce moment de l'été où les tribunaux sont en vacances, et cheminant par aventure sur un méchant roussin, il rencontra Giotto qui s'en revenait à Florence après avoir également visité ses domaines. Tous deux n'étaient pas mieux montés l'un que l'autre en chevaux ni en bagages ; ils s'en vinrent donc, comme des vieillards, pas à pas, se tenant compagnie. Il advint, comme cela se voit parfois l'été, qu'une pluie subite les ayant surpris, ils se réfugièrent pour l'éviter, le plus tôt qu'ils purent, dans la maison d'un laboureur que chacun d'eux connaissait et qui était leur ami. Mais, au bout d'un moment, la pluie ne faisant pas mine de vouloir s'arrêter, et comme ils voulaient arriver le jour même à Florence, ils empruntèrent au laboureur deux vieux mantelets en drap de Romagne, et deux chapeaux tout roussis de vieillesse, parce qu'il n'y en avait pas de meilleurs, et ils se remirent en route. Quand ils eurent marché quelque temps, mouillés et crottés par les éclaboussures que les roussins font en quantité avec leurs pieds — ce qui ne contribue pas d'ordinaire à donner meilleure tournure au cavalier — le temps vint à s'éclaircir un peu, et nos voyageurs qui étaient restés longtemps silencieux, commencèrent à deviser. Messer Forese, tout en chevauchant et en écoutant Giotto qui était très beau parleur, se mit à le considérer de pied en cap, et le voyant de tout point si difforme et si mal accoutré, sans avoir la moindre considération pour sa propre personne, se mit à rire et dit : « — Giotto, s'il venait maintenant à notre « rencontre un étranger qui ne t'aurait jamais vu, crois-tu « qu'il croirait que tu es le plus grand peintre du monde, « comme tu l'es en effet? — » A quoi Giotto répondit aussitôt : « — Messire, je crois qu'il le croirait, si, en vous re-« gardant, il pouvait croire que vous savez l'A, B, C. — » Ce qu'entendant messer Forese, il reconnut son erreur, et se vit payé de la même monnaie qu'il avait vendu ses denrées. — »

NOUVELLE VI

Michele Scalza prouve à certains jeunes gens comme quoi les Baronci sont les plus anciens gentilshommes du monde et de la Maremme, et gagne un souper.

Les dames riaient encore de la prompte répartie de Giotto, quand la reine ordonna à la Fiammetta de poursuivre. Celle-ci se mit à parler ainsi : « — Jeunes dames, Pamphile, en rappelant les Baronci que, d'aventure, vous ne connaissez pas comme il les connaît, m'a remis en la mémoire une nouvelle dans laquelle, sans dévier de notre sujet, vous sera démontré combien grande est leur noblesse ; et pour ce, il me plaît de vous la raconter.

« Il n'y a pas grand temps encore qu'en notre cité était un jeune homme appelé Michele Scalza. C'était le plus plaisant, le plus agréable homme du monde, et qui avait les mains pleines de nouvelles neuves ; c'est pourquoi les jeunes Florentins, quand ils se trouvaient réunis, étaient très aises de l'avoir avec eux. Or, il advint qu'un jour, étant avec quelques compagnons à Mont'Ughi, il s'éleva entre eux la question de savoir quels étaient les meilleurs et les plus anciens gentilshommes de Florence. D'aucuns disaient que c'était les Uberti, d'autres les Lamberti, et qui un et qui l'autre, selon ceux qui leur venaient à l'esprit. En les entendant, le Scalza se mit à ricaner et à dire : « — Allons, al-
« lons, sots que vous êtes, vous ne savez pas ce que vous
« dites ; les meilleurs gentilshommes, et les plus anciens,
« non pas seulement de Florence, mais du monde ou de la
« Maremme, sont les Baronci, c'est ce que s'accordent à
« dire tous les philosophes et tous ceux qui les connaissent,
« comme moi. Et pour que vous ne croyiez pas que j'en-
« tends parler d'autres que d'eux, je veux dire les Baronci
« qui sont vos voisins de Santa Maggiore. — »

« Quand les jeunes gens, qui s'attendaient à ce qu'il allait dire tout autre chose, entendirent cela, ils se moquèrent tous de lui et dirent : « — Tu te gausses de nous, comme si
« nous ne connaissions pas les Baronci aussi bien que
« toi. — » Le Scalza dit : « — Sur ma foi, je ne plaisante
« point ; je dis au contraire très vrai, et s'il en est parmi
« vous qui veuille parier un souper à payer à celui qui aura
« gagné, avec les six compagnons qui lui conviendront, j'ac-
« cepterai le pari ; et je ferai plus encore : je m'en rappor-
« terai au jugement de qui vous voudrez. — » L'un des assistants qui s'appelait Neri Mannini, dit : « — Je suis tout

« disposé à parier ce souper. — » Et étant tombés ensemble d'accord de prendre pour juge Piero di Fiorentino, chez qui ils étaient, ils allèrent le trouver, suivis de tous les autres, pour voir le Scalza perdre son pari et jouir de son ennui, et ils contèrent l'affaire.

« Piero, qui était un jeune homme prudent, ayant d'abord écouté les raisons de Neri, se tourna vers le Scalza et dit :
« — Et toi, comment pourras-tu démontrer ce que tu affir-
« mes ? — » Le Scalza dit : « — Comment ? je le montrerai
« par une preuve telle, que non-seulement toi, mais celui-
« ci, qui le nie, direz que je vous dis la vérité. Vous savez
« que plus les hommes sont de race ancienne, plus ils sont
« nobles ; et c'est ce qui se disait tout-à-l'heure parmi
« ceux-ci. Les Baronci sont plus anciens que tous les autres
« citoyens, ils sont donc les plus nobles ; en vous démon-
« trant qu'ils sont les plus anciens, j'aurai sans conteste
« gagné le pari. Vous devez savoir que les Baronci ont été
« faits par Dieu dans le temps qu'il commençait à apprendre
« à peindre ; mais les autres hommes furent faits alors que
« Dieu savait peindre. Et pour voir que je dis vrai en cela,
« rappelez-vous les Baronci et les autres hommes : alors que
« vous verrez tous les autres avec des visages bien faits et
« dûment proportionnés, vous pourrez voir les Baronci, l'un
« avec le visage long et étroit, l'autre avec une figure déme-
« surément large, celui-ci avec le nez trop long, celui-là
« avec le nez trop court, un autre avec le menton hors du
« visage et recourbé sur lui-même, et des mâchoires qui
« ressemblent à celles d'un âne. Tel d'entre eux a un œil
« plus gros que l'autre, ou bien l'a placé plus bas, comme
« sont d'ordinaire les figures que font tout d'abord les enfants
« quand ils apprennent à dessiner. Pour quoi, comme je
« l'ai déjà dit, il apparaît très bien que Dieu les fit quand
« il apprenait à dessiner ; de sorte qu'ils sont plus anciens
« que les autres, et partant plus nobles. — » De quoi, Piero qui était pris pour juge, et Neri qui avait parié le souper, ainsi que tous les autres, se souvenant, et ayant entendu les plaisantes raisons du Scalza ils se mirent tous à rire et à affirmer que le Scalza avait raison et qu'il avait gagné le souper, et que pour sûr les Baronci étaient les plus anciens gentilshommes qui fussent non pas seulement de Florence, mais du monde et des Maremmes. Et c'est pourquoi Pamphile voulant dépeindre la laideur du visage de messer Forese, a dit avec raison qu'il aurait paru laid à côté d'un Baronci. — »

NOUVELLE VII

Madame Filippa, trouvée par son mari avec un sien amant, et appelée en justice, se sauve par une prompte et plaisante réponse, et fait changer la loi.

Déjà la Fiammetta se taisait, et chacun riait encore du nouveau raisonnement employé par le Scalza pour anoblir par dessus tous les autres les Baronci, quand la reine enjoignit à Philostrate de conter sa nouvelle, et celui-ci se mit à dire : « — Valeureuses dames, c'est une belle chose que de savoir bien parler à tout propos, mais j'estime qu'il est bien plus beau de savoir parler quand la nécessité l'exige. C'est ce que sut bien faire une gente dame dont j'entends vous entretenir, laquelle non seulement força ses auditeurs à rire, mais évita pour elle-même une mort honteuse, comme vous allez l'entendre.

« Dans la cité de Prato, il y avait autrefois une loi non moins blâmable que sévère et qui, sans faire aucune distinction, condamnait à être brûlée toute femme qui avait été trouvée par son mari avec un amant en flagrant délit d'adultère, aussi bien que celle qui avait été surprise se livrant pour de l'argent à un autre homme. Pendant que cette loi était en vigueur, il advint qu'une gente et belle dame, plus qu'aucune autre amoureuse, nommée madame Philippa, fut trouvée une nuit, dans sa propre chambre, par Rinaldo de' Pugliesi, son mari, dans les bras de Lazzarino de' Guazzagliotri, noble et beau jeune homme de cette ville, et qu'elle aimait plus qu'elle-même. Ce que voyant Rinaldo, il fut fort courroucé, et eut peine à se retenir de leur tomber sus et de les tuer ; et n'eût été qu'il avait peur pour lui-même, il aurait suivi l'impulsion de sa rage, et l'aurait fait. S'étant donc contenu sur ce point, il voulut essayer d'obtenir par la loi de Prato, ce qu'il ne lui était pas permis de faire lui-même, c'est-à-dire la mort de sa femme. Et pour ce, ayant rassemblé assez de témoignages pour prouver la faute de la dame, dès que le jour fut venu, sans prendre aucun conseil, il courut l'accuser et la fit requérir. La dame qui était d'un grand cœur, comme le sont généralement celles qui sont vraiment amoureuses, bien que le nombre de ses parents et de ses amis lui conseillassent le contraire, résolut de comparaître et de mourir plutôt courageusement en confessant la vérité, que de fuir lâchement, et d'aller vivre contumace en exil, en se montrant ndigne d'un amant comme celui dans les bras duquel elle vait été la nuit précédente.

« Etant donc bien accompagnée de femmes et d'hommes qui tous l'engageaient à nier, elle vint devant le Podestat, et lui demanda d'un visage ferme et d'une voix sûre ce qu'il lui voulait. Le Podestat l'ayant regardée et la voyant si belle et d'un si fier maintien, et, à en juger par ses paroles, d'une âme si grande, se prit de compassion pour elle, craignant qu'elle ne fît tel aveu qu'il fût forcé, pour sauvegarder son propre honneur, de la faire mourir. Mais cependant, comme il ne pouvait se dispenser de l'interroger sur ce qui l'avait fait appeler, il lui dit : « — Madame, comme vous « voyez, voici votre mari Rinaldo qui se plaint de vous, et « qui dit vous avoir trouvée en flagrant délit d'adultère avec « un autre homme ; et pour ce, il demande, d'après une loi « qui le veut ainsi, que je vous condamne à mort pour vous « punir. Mais je ne puis le faire si vous n'avouez pas votre « faute ; et pour ce prenez bien garde à ce que vous répon- « drez, et dites-moi si ce dont votre mari vous accuse est « vrai. — » La dame, sans se troubler un seul instant, répondit d'une voix fort plaisante : « — Messire, il est vrai « que Rinaldo est mon mari, et que la nuit dernière il m'a « trouvée dans les bras de Lazzarino avec lequel, pour le bon « et parfait amour que je lui porte, j'ai été souvent ; je ne le « nierai donc point ; mais comme je suis certaine que vous « le savez, les lois doivent être communes et faites avec le « consentement de ceux qu'elles intéressent. C'est ce qui « n'arrive pas pour celle-ci ; qui n'est rigoureuse qu'envers « les malheureuses femmes, lesquelles pourtant pourraient « beaucoup mieux que les hommes satisfaire à plusieurs. En « outre, quand elle a été faite, aucune femme non seulement « ne l'a acceptée, mais n'a été consultée pour la faire, pour « quoi elle peut donc justement être appelée mauvaise. Et « si vous voulez, au préjudice de mon corps et de votre âme « vous en faire l'exécuteur, cela vous regarde ; mais avant « que vous procédiez à prononcer aucun jugement, je vous « prie de me faire une grâce, c'est de demander à mon mari si « toutes les fois qu'il lui a plu, et sans que j'aie jamais dit « non, je ne lui ai pas fait tout entier abandon de moi- « même. — » A quoi Rinaldo, sans attendre que le Podestat le lui demandât, répondit aussitôt que, sans aucun doute, la dame, à chacune de ses requêtes lui avait pleinement concédé selon son désir. « — Donc — poursuivit vivement « la dame — je demande, moi, messire le Podestat, puisqu'il « a toujours eu de moi ce qu'il lui fallait et ce qu'il voulait, « ce que je devais ou ce que je dois faire de ce qu'il laisse. « Dois-je le jeter aux chiens ? Ne vaut-il pas mieux en gra- « tifier un gentilhomme qui m'aime plus que soi-même, « que de le laisser perdre ou gâter ? — »

« Il y avait là, attirés par une semblable affaire et par la renommée d'une telle dame, presque tous les habitants de Prato, lesquels, en entendant une si plaisante demande, se mirent soudain à rire aux éclats, et crièrent tous d'une seule voix que la dame avait raison et qu'elle disait bien. Aussi, avant qu'ils s'en allassent, et sur le conseil du Podestat, ils modifièrent la cruelle loi, décidant qu'elle s'appliquerait seulement aux femmes qui tromperaient leur maris pour de l'argent. Sur quoi Rinaldo, resté tout confus d'une si sotte entreprise, quitta l'audience. Quant à la dame, joyeuse et libre, et quasi ressuscitée du feu, elle revint triomphante chez elle. — »

NOUVELLE VIII

Fresco invite sa nièce à ne pas se regarder en un miroir, puisque, comme elle le disait, les gens laids lui déplaisaient à voir.

La nouvelle contée par Philostrate émut tout d'abord d'un peu de vergogne les cœurs des dames qui l'écoutaient, et elles le firent voir par une honnête rougeur apparue sur leur visage; puis, se regardant l'une l'autre, et pouvant à peine se retenir de rire, elles l'écoutèrent en souriant. Mais quand la nouvelle fut arrivée à sa fin, la reine, se tournant vers Emilia, lui ordonna de poursuivre. Celle-ci, soupirant comme si elle venait de dormir, commença : « — Amoureuses jouvencelles, pour ce qu'un long penser m'a tenue longtemps loin d'ici, je serai forcée, pour obéir à notre reine, de vous conter, en une nouvelle plus courte que je ne l'aurais fait peut-être si mon esprit avait été présent, la sotte erreur d'une jeune fille, erreur qui fut corrigée par un plaisant mot de son oncle, si tant est que ce mot ait été compris par elle.

« Donc, un individu qui se nommait Fresco da Celatico avait une nièce appelée plaisamment Ciesca, laquelle, bien qu'elle fût belle de corps et de figure — non point pourtant comme ces anges que nous avons déjà vus souvent — se croyait si noble, si accomplie, qu'elle avait pris l'habitude de blâmer tout le monde, hommes et dames, ainsi que tout ce qu'elle voyait, sans considérer qu'elle-même était aussi déplaisante, aussi ennuyeuse, aussi irascible qu'aucune autre. C'était au point qu'on ne pouvait rien faire à sa guise; en outre, elle était si hautaine, que si elle eût appartenu à la famille royale de France, elle ne l'aurait pas été davantage. Et quand elle allait par la rue, elle paraissait si incommodée par la mauvaise odeur, qu'elle ne faisait que s'essuyer le nez, comme si une insupportable puanteur lui fût venue de tous ceux qu'elle voyait ou qu'elle rencontrait.

« Or — pour laisser de côté ses nombreuses autres manies déplaisantes ou fâcheuses — il advint qu'un jour, étant de retour en sa maison où se trouvait Fresco, elle alla s'asseoir auprès de lui, avec un air plein d'affectation et soufflant comme si elle était en colère. Sur quoi Fresco l'interrogeant, lui dit : « — Ciesca, que veut dire ceci ? aujourd'hui, « qui est jour de fête, tu es revenue bien vite à la mai-« son ! — » A quoi, d'un ton pincé, elle répondit : « — C'est « vrai ; je m'en suis revenue vite, pour ce que je ne crois « pas qu'il y ait jamais eu sur terre autant d'hommes et de « femmes si déplaisants ni si ennuyeux qu'aujourd'hui ; il « n'en passe pas un dans la rue qui ne me déplaise comme « la male aventure ; et je ne crois pas qu'il y ait au monde « une femme plus ennuyée que moi de voir tous ces visages « déplaisants, et c'est pour ne point les voir que je suis re-« venue si vite à la maison. — » Fresco, à qui les manières fastidieuses de sa nièce déplaisaient souverainement, dit : » — Ma fille, si les visages déplaisants t'agacent autant que « tu le dis, ne te regarde jamais dans un miroir, si tu veux « vivre tranquille. — » Mais elle, plus vide qu'une canne, et qui croyait égaler Salomon en sagesse, n'entendit pas autrement le bon mot de Fresco qu'un mouton ne l'aurait entendu. Au contraire, elle dit qu'elle voulait se regarder comme les autres femmes, et resta ainsi enfoncée dans sa grossièreté d'esprit, et y est encore. — »

NOUVELLE IX

Guido Cavalcanti injurie en termes polis certains chevaliers florentins qui l'avaient surpris.

La reine voyant qu'Émilia s'était libérée de sa nouvelle, et qu'excepté celui qui avait pour privilège de parler le dernier, il ne restait plus qu'elle à conter, commença ainsi : « — Bien que, charmantes dames, vous m'ayiez aujourd'hui pris au moins deux nouvelles sur lesquelles je pensais vous en dire une, il m'en reste cependant une troisième à raconter, dont la conclusion contient un tel bon mot que peut-être il n'en a jamais été dit un de tant de sens.

« Vous saurez donc qu'autrefois existaient dans notre cité plusieurs belles et louables coutumes dont il ne reste plus aujourd'hui une seule, grâce à l'avarice qui, en même temps que les richesses, s'y est développée outre mesure et les en a toutes chassées. Parmi ces coutumes, il en était une d'après laquelle les gentilshommes de Florence se réunissaient en divers endroits et formaient des sociétés composées d'un certain nombre d'entre eux; ayant bien soin de n'y admettre que ceux qui pouvaient facilement en supporter les dépenses, ils tenaient de la sorte table ouverte, aujourd'hui chez l'un, le lendemain chez l'autre, et ainsi de suite pour tous les membres de la société dont chacun avait son jour. Ils invitaient souvent à leurs réunions les gentilshommes étrangers, quand il en arrivait, et parfois aussi des gens de la ville. Ils s'habillaient également tous, au moins une fois l'an, d'une façon uniforme, et les plus notables chevauchaient ensemble par la ville ou bien donnaient des joutes, surtout aux principales fêtes, ou bien quand la joyeuse nouvelle d'une victoire ou d'un autre événement heureux était arrivée dans la cité.

« Parmi ces sociétés, il y en avait une de messer Betto Brunelleschi, dans laquelle messer Betto et ses compagnons s'étaient efforcés d'attirer Guido, fils de messer Cavalcante de Cavalcanti et cela non sans raison; pour ce que, outre qu'il était un des meilleurs logiciens qu'il y eût au monde, et excellent philosophe touchant les choses de la nature — ce dont se souciait peu, il est vrai, la compagnie — il était fort bien, homme de belles manières et beau parleur, et qu'il savait faire mieux que tout autre tout ce qu'il lui prenait fantaisie de faire, ou qui était du ressort d'un gentilhomme. De plus, il était richissime et savait à merveille honorer ceux qu'il en jugeait dignes. Mais messer Betto n'avait jamais pu réussir à l'avoir, et il croyait, ainsi que ses compagnons, que cela provenait de ce que Guido étant lancé dans les idées spéculatives, vivait fort retiré des hommes. Et comme il partageait quelque peu l'opinion des Epicuriens, on disait dans le vulgaire que toutes ces études spéculatives n'avaient d'autre but que de chercher s'il se pourrait faire que Dieu n'existât point.

« Or, il advint un jour que Guido, parti d'Orto san Michele, s'en venait par le corso degli Adimari jusqu'à san Giovanni, ce qui était assez souvent le chemin qu'il prenait. Il y avait alors, tout autour de san Giovanni, de grandes tombes en marbre et en pierres qui sont aujourd'hui à santa Reparata. Comme Guido se trouvait arrivé entre les colonnes de porphyre qu'on y voit et ces tombes, près de la porte de san Giovanni qui était fermée, messer Betto et sa société arrivèrent à cheval par la place de santa Reparata. Ayant vu Guido au milieu de ces tombes, ils dirent : allons le taquiner. Et ayant éperonné leurs chevaux, ils coururent sur lui avant qu'il eût pu les voir, comme s'ils voulaient lui donner assaut, et se mirent à lui dire : « — Guido, tu refuses d'être

« de notre société; mais quand tu auras trouvé que Dieu
« n'existe pas, qu'auras-tu fait? — » Guido, se voyant le
chemin fermé par eux, dit soudain : « — Seigneurs, vous
« êtes chez vous, et vous me pouvez dire ce qu'il vous
« plaît. — » Et ayant posé la main sur une des tombes qui
était fort large, il sauta légèrement par-dessus et retomba
de l'autre côté; sur quoi, délivré de ces importuns, il s'en
alla.

« Ceux-ci restèrent tous à se regarder l'un l'autre, et se
mirent à dire que Guido avait perdu l'esprit et que ce qu'il
avait répondu ne voulait rien dire, attendu qu'ils n'avaient
pas plus de droits sur l'endroit où ils étaient que tous les
autres citadins, et Guido pas plus qu'aucun d'eux. Mais
messer Betto s'étant tourné vers eux, dit : « — Ceux qui ont
« perdu l'esprit, c'est vous, puisque vous n'avez pas com-
« pris. Il nous a honnêtement, et en peu de mots, dit la
« plus grande injure du monde; car, si vous y réfléchissez
« bien, ces tombes sont les demeures des morts, puisque
« c'est là qu'on dépose et que demeurent les morts. En di-
« sant que nous y sommes chez nous, il a voulu nous
« montrer que nous, ainsi que les autres hommes gros-
« siers et illettrés, sommes, en comparaison de lui et des
« hommes de science, pires que des morts; et pour ce,
« cela étant vrai, nous sommes ici chez nous. — » Alors
chacun comprit ce que Guido avait voulu dire, et en eut
vergogne. Ils ne lui cherchèrent plus jamais noise, et tinrent à partir de ce moment messer Betto pour un cavalier
subtil et avisé. — ».

NOUVELLE X

Frère Cipolla promet à des paysans de leur montrer la plume de l'ange Gabriel. Trouvant à la place de celle-ci des charbons, il leur dit que ce sont les charbons qui avaient fait griller saint Laurent.

Chacun ayant débité sa nouvelle, Dioneo comprit que c'é-
tait à lui à dire la sienne. Pour quoi, sans attendre un ordre
solennel, il imposa silence à ceux qui louaient fort le mot
piquant de Guido, et commença : « Charmantes dames,
bien que j'aie pour privilège de dire ce qui me plaît le plus,
j'entends pour aujourd'hui ne pas m'écarter du sujet sur
lequel vous avez toutes très sagement parlé. Mais, suivant
vos traces, je veux vous montrer avec quelle prudence et
par quelle répartie soudaine un moine de san Antonio sortit de l'embarras que deux jeunes gens lui avaient pré-

paré. Cela ne vous ennuiera point si, pour vous dire la nouvelle bien complète, j'étends quelque peu mon récit, car ainsi que vous pouvez le voir, le soleil est encore au beau milieu du ciel.

« Certaldo, comme vous avez peut-être pu l'entendre dire, est un bourg du val d'Elsa, situé sur notre territoire, et bien qu'il soit petit, il a été jadis habité par des hommes nobles et aisés. Comme il y trouvait bon profit, un des moines de san Antonio, nommé frate Cipolla, avait depuis longtemps l'habitude d'y aller une fois par an pour recueillir les aumônes que lui faisaient les imbéciles, et il y était bien accueilli, moins par dévotion qu'à cause de son nom, cet endroit produisant des oignons renommés dans toute la Toscane. Ce frère Cipolla était petit de sa personne, roux de poil et d'air joyeux, et le meilleur diable du monde. N'ayant pas le moindre savoir, il était si beau et si prompt parleur, que quiconque ne l'eût point connu, non seulement l'aurait tenu pour un grand rhétoricien, mais l'aurait pris pour Cicéron ou Quintilien eux-mêmes. Il était le compère, l'ami ou le familier de tous les gens du bourg. Etant, selon son habitude, venu une fois pendant le mois d'août, et les hommes et les femmes des villages voisins s'étant, le dimanche matin, rendus à la messe à l'église paroissiale, frère Cipolla s'avança vers eux, quand le moment lui sembla venu, et dit : « — Messieurs et dames,
« comme vous le savez, vous êtes dans l'usage d'envoyer
« chaque année aux pauvres du baron messer saint Antoine
« de votre grain et de votre avoine, qui peu, qui beaucoup,
« selon son pouvoir et sa dévotion, afin que le bienheureux
« saint Antoine prenne sous sa garde vos bœufs, vos ânes,
« vos porcs et vos brebis. En outre, vous avez coutume de
« payer, et cela spécialement à ceux qui sont inscrits à notre
confrérie, ce petit tribut qu'on paie une fois l'an. C'est
« pour recueillir ces dons que j'ai été envoyé par mon su-
« périeur, c'est-à-dire par messer l'abbé; et pour ce, avec la
« bénédiction de Dieu, quand vous entendrez les cloches
« après nones, vous viendrez ici, en dehors de l'église, ou,
« selon l'usage, je vous ferai le sermon, et où vous baiserez
« la croix. De plus, pour ce que je vous connais tous pour
« très dévots à messer le baron saint Antoine, je vous mon-
« trerai par grâce spéciale une très sainte et belle relique
« que j'ai moi-même rapportée de la terre sainte d'outre-
« mer; c'est une des plumes de l'ange Gabriel, laquelle est
« restée dans la chambre de la vierge Marie, quand il vint
« lui faire l'annonciation à Nazareth. — » Ayant ainsi parlé, il se tut et retourna dire sa messe.

« Pendant que frère Cipolla tenait ce discours, il y avait dans l'église, parmi les nombreux assistants, deux jeunes gens très malicieux nommés l'un Giovanni del Bragoniera, l'autre Bagio Pizzini. Après qu'ils eurent quelque peu ri entre eux de la relique de frère Cipolla, bien qu'ils fussent de ses amis et de sa compagnie, ils complotèrent de lui jouer un tour à propos de cette plume. Ayant appris que frère Cipolla déjeunait ce matin-là au château avec un de ses amis, dès qu'ils le surent à table, ils descendirent dans la rue et se rendirent à l'auberge où le moine était descendu, après être convenu que Bagio lierait conversation avec le valet de frère Cipolla, et que Giovanni chercherait la plume parmi les objets appartenant au moine, et l'enlèverait pour voir ce qu'il dirait au peuple à ce sujet. Frère Cipolla avait un valet que d'aucuns appelaient Guccio Balena, et d'autres Guccio Imbratta ; d'autres enfin Guccio Porc. Ce valet était si laid, que Lippo Topo n'en a jamais véritablement fait de semblable. Frère Cipolla en faisait souvent des gorges chaudes avec sa compagnie, et disait en parlant de lui : « — Mon « valet possède en lui neuf choses telles que si une seule « de ces choses avait existé chez Salomon, Aristote ou Sénè- « que, elle aurait suffi pour gâter toute leur vertu, tout « leur sens, toute leur sainteté. Pensez donc quel homme « il doit être, puisqu'en ayant neuf, il n'a ni vertu, ni sens « ni sainteté. — » Et comme on lui demandait parfois quels étaient ces neuf choses, il les avait mises en vers et il répondait : « — Je vais vous le dire : il est lent, souillard « et menteur ; négligent, désobéissant et médisant ; sans « soin, sans esprit, sans conduite. De plus, il a bien d'au- « tres vices qu'il vaut mieux taire. Et ce qu'il y a de plus « risible chez lui, c'est que partout il veut prendre femme « et louer une maison. Parce qu'il a la barbe forte, noire et « brillante, il se croit si beau et si plaisant, qu'il s'imagine « que toutes les femmes qui le voient s'amourachent de lui ; « et si on le laissait faire, il courrait après jusqu'à en perdre « sa ceinture. Il est vrai qu'il m'est d'un grand aide, pour « ce qu'il n'est personne qui ne me parle si secrètement « qu'il n'en veuille sa part ; et s'il arrive qu'on me demande « quelque chose, il a si grand peur que je ne sache pas ré- « pondre, qu'il répond aussitôt oui et non, comme il le « juge à propos. — »

« Frère Cipolla, l'ayant laissé à l'auberge, lui avait commandé de bien prendre garde que personne ne touchât à ses bagages, et spécialement à ses besaces, pour ce qu'en celles-ci étaient les choses sacrées. Mais Guccio Imbratta, qui était plus désireux de rester à la cuisine que le rossignol sur les vertes branches, surtout s'il y sentait quelque servante, ayant vu dans la cuisine de l'aubergiste une grasse et grosse maritorne petite et mal faite, avec une paire de tétons qui ressemblaient à deux paniers à fumier et un visage qui rappelait les Baronci, toute suante, graisseuse et enfumée,

comme un vautour qui se jette sur la charogne laissa la
chambre de frère Cipolla et tout son bagage à l'abandon et
descendit à la cuisine. Bien qu'on fût au mois d'août, il
s'assit près du feu et se mit à lier conversation avec cette
maritorne qui avait nom Nuta, et à lui dire qu'il était gentilhomme par procureur, et qu'il avait des écus par milliers,
sans compter ceux qu'il avait à payer à autrui, et de ceux-
là plus que moins, et qu'il savait faire et dire tant de choses,
que c'était merveille. Et sans prendre garde à son capuchon
sur lequel il y avait une telle couche de graisse qu'elle
aurait assaisonné le chaudron d'Altopascio, à son pourpoint
tout déchiré et rapiécé, émaillé de sueur autour du col et
sous les aisselles, et marqueté de plus de taches de couleurs
qu'aucun tapis turc ou indien le fût jamais, à ses souliers
tout éculés, à ses chausses déchirées, il dit, comme s'il
avait été le sire de Castiglione, qu'il voulait lui donner beaux
habits, la remettre en meilleur état, la délivrer de cette misérable condition de servir les autres, et, sans avoir de
grands biens, lui donner espoir d'une meilleure fortune, et
beaucoup d'autres choses ; mais tout cela, bien que dit d'un
air très affectueux, se convertissait en fumée, comme la
plupart de ses belles entreprises, et n'aboutissait à rien.

« Les deux jeunes gens trouvèrent donc Guccio Porc occupé autour de la Nuta. Enchantés de cette circonstance,
qui leur enlevait moitié de la peine, et ne rencontrant aucun
obstacle, ils entrèrent dans la chambre de frère Cipolla
qu'ils trouvèrent tout ouverte et où la première chose qui
tomba sous leurs yeux fut la besace dans laquelle était la
plume. La besace ouverte, ils trouvèrent, roulée dans une
grande enveloppe de taffetas, une petite cassette où était
une plume de la queue d'un perroquet et qu'ils pensèrent
bien être celle que le moine avait promis de montrer aux
habitants de Certaldo. Et certes, il pouvait à cette époque
leur faire prendre facilement le change, pour ce que les raffinements du luxe d'Egypte n'étaient pas encore, sinon en
petite partie, passés en Toscane, comme ils y sont venus
depuis en foule, au grand dommage de l'Italie. Et si ces
raffinements étaient déjà connus en certaines contrées, presque aucun des habitants de ce canton n'en savait rien, et
non seulement n'avait pas vu de perroquets, mais n'aurait
pu se rappeler en avoir jamais entendu parler. Les jeunes
gens donc, enchantés d'avoir trouvé la plume, la prirent et,
pour ne pas laisser la cassette vide, ayant vu des charbons
dans un coin de la chambre, ils en emplirent la cassette, la
refermèrent et remirent toutes choses en place comme ils
les avaient trouvées. Puis, sans avoir été vus, ils s'en allèrent joyeux avec la plume, et attendirent ce que frère Cipolla
dirait en trouvant des charbons à la place.

« Les hommes et les femmes simples étaient dans l'église, ayant entendu qu'on devait voir après none la plume de l'ange Gabriel, aussitôt la messe dite, s'en retournèrent chez eux, et la nouvelle s'étant répandu de voisin à voisin et de commère à commère, aussitôt que chacun eut dîné, une telle foule d'hommes et de femmes coururent au château qu'à peine pouvaient-ils y tenir, attendant tous avec grande curiosité de voir cettte plume. Frère Cipolla, ayant bien dîné, puis quelque peu dormi, se leva un moment après none, et voyant la multitude des paysans accourus pour voir la plume, il envoya dire à Guccio Imbratta de monter avec les clochettes et d'apporter ses besaces. Guccio, après s'être arraché à regret de la cuisine et des cotillons de la Nuta, monta avec les objets demandés. Quand il fut arrivé, comme la trop grande quantité d'eau qu'il avait bue lui avait fait gonfler le ventre, il s'en alla, sur l'ordre de frère Cipolla, à la porte de l'église, et se mit à sonner fortement les cloches.

« Quant tout le peuple fut réuni, frère Cipolla, sans s'être aperçu qu'on eût touché à aucune de ses affaires, commença sa prédication, et dit force paroles à l'appui de ses assertions, puis voulant en arriver à montrer la plume de l'ange Gabriel, la confession ayant été faite en grande solennité, il fit allumer deux torches, déroula avec componction l'étoffe, ôta son capuchon, et sortit la cassette, qu'il ouvrit après avoir prononcé quelques paroles à la louange et en l'honneur de l'ange Gabriel et de sa relique. En voyant la cassette pleine de charbons, il ne soupçonna point Guccio Balena de lui avoir fait ce tour, pour qu'il ne l'en connaissait pas capable ; il ne le maudit pas davantage de l'avoir si mal gardée que d'autres eussent fait le coup, mais il jura tout bas contre lui-même de lui avoir confié la garde de ses reliques, le connaissant si négligent, si désobéissant, si paresseux et si dépourvu de mémoire. Mais néanmoins, sans changer de visage, ayant levé les yeux et les mains au ciel, il dit de façon à être entendu de tous : « — Mon Dieu, que ta puissance « soit louée à jamais ! — » Puis, ayant refermé la cassette, et s'étant tourné vers le peuple, il dit :

« — Messieurs et mesdames, il faut que vous sachiez
« qu'étant encore tout jeune, je fus envoyé par mon supé-
« rieur en ces pays où le soleil se lève, et qu'il me fut or-
« donné d'une manière expresse de chercher jusqu'à ce que
« j'eusse trouvé les privilèges de Porcellana, lesquels, bien
« qu'ils ne coûtent rien à sceller, sont beaucoup plus utiles
« aux autres qu'à nous. Pourquoi, m'étant mis en chemin,
« je partis de Venise, et m'en allai par le bourg des Grecs :
« de là, chevauchant par le royaume de Garbe et par Bal-
« daca, je parvins en Parion ; puis, non sans avoir eu soif,

« j'arrivai au bout de quelque temps en Sardaigne. Mais
« pourquoi vais-je vous parler de tous les pays où j'ai cher-
« ché ? J'arrivai, après avoir traversé le bras de Saint-Geor-
« ges, en Truffle et en Buffle, pays fort habités et très po-
« puleux, et de là je parvins en terre de Mensonge où je
« trouvai beaucoup de nos frères et d'autres religieux, qui
« tous allaient par ces pays fuyant la peine, pour l'amour
« de Dieu, se souciant peu des peines des autres, pourvu
« qu'ils crussent y voir leur profit, ne dépensant rien autre
« sinon monnaie sans coin. Et de là je passai en terre des
« Abbruzzes, où les hommes et les femmes vont en sabots
« sur les montagnes, habillant les cochons de leurs propres
« boyaux. Un peu plus loin, je trouvai des gens qui por-
« taient le pain avec des bâtons et le vin dans les sacs ; de
« ces pays, je gagnai les montagnes de Bacchus, où toutes
« les eaux courent en descendant, et en peu de temps je pé-
« nétrai si avant, que je parvins jusqu'à l'Inde-Pastinaca où
« je vous jure par l'habit que je porte sur le dos, je vis
« voler les serpettes, chose incroyable à qui ne l'eût pas
« vue. Mais en cela je ne serai point démenti par Masio del
« Saggio, grand marchand que je trouvai là occupé à casser
« des noix et à vendre les coquilles en détail. Mais ne pou-
« vant trouver ce que je cherchais, pour ce que d'ici à ce
« pays on va par eau, je revins en arrière et j'arrivai dans
« ces lieux saints où l'an de l'été le pain frais vaut quatre
« deniers, et où le pain chaud se vend pour rien. Et là, je
« trouvai le vénérable père messer. Ne me blâmez pas. S'il
« vous plaît, le dignissime patriarche de Jérusalem, lequel,
« par révérence pour l'habit de messer le baron saint An-
« toine que j'ai toujours porté, voulut que je visse toutes
« les saintes reliques qu'il avait par devers lui ; elles étaient
« si nombreuses, que si je voulais vous les compter toutes,
« je n'en viendrais pas à bout avant plusieurs milles. Mais,
« pour ne pas vous laisser inconsolables, je vous parlerai
« de quelques-unes. Il me montra premièrement le doigt de
« l'Esprit Saint aussi entier, aussi sain qu'il fut jamais ; le
« museau de Séraphin qui apparut à saint François : un des
« ongles des Chérubins ; une des côtes du Verbum Caro
« mets-toi aux fenêtres ; des vêtements de la sainte foi ca-
« tholique ; quelques rayons de l'étoile qui apparut aux trois
« mages en Orient ; une fiole pleine de la sueur de saint
« Michel quand il combattit contre le diable ; la mâchoire
« de la mort de saint Lazare, et d'autres encore. Et comme,
« de mon côté, je lui fis libéralement présent des plages du
« Mont-Morello en vulgaire, et de quelques chapitres du
« Caprezio, qu'il avait longtemps cherchés, il me fit parti-
« ciper à ses saintes reliques, et me donna une des dents
« de la Sainte-Croix, une petite fiole contenant un peu du

« son des cloches du temple de Salomon, la plume de l'ange
« Gabriel dont je vous ai déjà parlé, et l'un des sabots de
« San Gherard la Villa Magna, que je donnai, il n'y a pas
« longtemps, à Florence, à Gherard di Bonsi qui a pour lui
« une grandissime dévotion. Il me donna aussi des charbons
« sur lesquels fut rôti le bienheureux martyr saint Laurent.
« Toutes ces choses, je les ai apportées ici dévotement avec
« moi, et je les ai toutes. Il est vrai que mon supérieur n'a
« jamais permis que je les montrasse jusqu'à ce qu'il ait eu
« la certitude que c'étaient bien elles et non d'autres. Mais
« aujourd'hui que par certains miracles accomplis par elles,
« et par lettres reçues du patriarche, il en est certain, il m'a
« octroyé la permission de les montrer ; mais craignant de
« les confier à d'autres, je les porte toujours avec moi. Il
« est bien vrai que je porte la plume de l'ange Gabriel dans
« une cassette, afin qu'elle ne se gâte point, et dans une autre
« cassette les charbons sur lesquels fut rôti saint Laurent ;
« ces deux cassettes se ressemblent tellement, que souvent il
« m'arrive de les prendre l'une pour l'autre, ce qui m'ar-
« rive présentement ; de sorte que, croyant avoir apporté
« ici la cassette où était la plume, j'ai apporté celle où sont
« les charbons. Je ne pense pas que ce soit là l'effet d'une
« simple erreur ; il me semble au contraire que cela se soit
« fait par la volonté de Dieu, et qu'il a lui-même mis en mes
« mains la cassette des charbons, car je viens de me rappe-
« ler que la fête de saint Laurent est dans deux jours. Et
« pour ce, Dieu voulant qu'en vous montrant des charbons
« avec lesquels il a été rôti, je rallume en vos âmes la dé-
« votion que vous devez avoir pour lui, il m'a fait prendre
« non pas la plume que je devais vous faire voir, mais les
« bienheureux charbons encore imprégnés de l'odeur du
« sanctissime corps de saint Laurent. C'est pourquoi, fils
« bénis, ôtez vos capuchons, et approchez-vous dévotement
« pour les voir. Mais auparavant, je veux que vous sachiez
« que quiconque est marqué avec ces charbons du signe de
« la croix, peut vivre toute l'année assuré que le feu ne le
« touchera point sans qu'il le sente. — »

« Ayant ainsi parlé, il chanta un hymne à la louange de saint Laurent, ouvrit la cassette et montra les charbons. Quand la sotte multitude les eut quelque temps regardés avec une révérente admiration, tous s'approchèrent en grande presse de frère Cipolla et lui donnant une plus forte offrande que de coutume, chacun le priait de vouloir bien l'en marquer. C'est pourquoi frère Cipolla tenant les charbons à la main, se mit à faire sur les chemisettes blanches, sur les habits et sur les voiles des femmes les plus grandes croix qu'il y pouvait tracer, affirmant que plus les charbons s'usaient à tracer ces croix, plus ils augmentaient dans sa cassette, ainsi qu'il l'avait déjà éprouvé maintes fois. Et de cette façon, ayant non sans grandissime profit pour lui crucifié tous les habitants de Certaldo, il se moqua par sa présence d'esprit de ceux qui, en lui enlevant la plume, avaient cru se moquer de lui. Ces derniers qui avaient assisté à la prédication, et qui avaient entendu la façon nouvelle dont il s'était tiré d'affaire, bien qu'en s'y prenant de loin et à grande longueur de paroles, avaient tellement ri, qu'ils avaient cru s'en démonter les mâchoires. Quand la foule fut partie, ils allèrent le trouver et lui racontant de la meilleure grâce du monde ce qu'ils avaient fait, ils lui rendirent sa plume qui, l'année suivante, ne lui valut pas moins de profit que les charbons ne lui avaient valu en ce jour. — »

Cette nouvelle procura également à toute la compagnie plaisir et contentement, et tous rirent beaucoup de frère Cipolla, et surtout de son pèlerinage et des reliques vues et apportées par lui. La reine voyant qu'elle était finie, et que son commandement était également expiré, se leva debout, ôta sa couronne, la mit en riant sur la tête de Dioneo et dit : « — Il est temps, Dioneo, que tu éprouves un peu quelle charge c'est que d'avoir à régir et à guider des femmes. Sois donc roi, et régis-nous de telle façon qu'une fois ta royauté finie, nous ayons à t'en louer. — » Dioneo ayant pris la couronne, répondit en riant : « — Vous pouvez en avoir déjà beaucoup vus, je dis des rois d'échecs, bien plus précieux que je ne suis ; et certainement si vous m'obéissez comme on doit obéir à un vrai roi, je vous ferai jouir d'un avantage sans lequel il n'y a certainement pas de fête complète ni joyeuse. Mais laissons là ces propos ; je gouvernerai comme je saurai. — » Et ayant fait, selon la coutume adoptée, venir le sénéchal, il lui indiqua en détail ce qu'il aurait à faire pendant tout le temps que durerait sa royauté ; puis il dit : « — Valeureuses dames, il a été dévisé en tant de formes diverses de l'industrie humaine et de ses différents cas, que si dame Licisca n'était pas venue tantôt ici me fournir par ses propos matière aux futurs entretiens de demain, je crois que j'aurais eu grand peine à trouver un sujet de nouvelles. Comme vous avez entendu, elle a dit qu'elle n'avait pas une voisine qui fût allée pucelle à son mari, et elle a ajouté qu'elle savait bien toutes les tromperies que celles qui étaient mariées faisaient à leurs maris. Mais, laissant de côté la première partie de son assertion qui est œuvre enfantine, j'estime que la seconde doit être un plaisant sujet à traiter ; et pour ce, je veux que demain on parle, puisque dame Licisca nous en a donné l'occasion, des tromperies, que, poussées par l'amour ou en vue de leur propre salut, les dames ont faites à leurs maris, que ceux-ci s'en soient aperçus ou non. — »

Parler sur une telle matière paraissait à quelques-unes des dames peu convenable pour elles, et elles le prièrent de changer le sujet proposé. A quoi le roi répondit : « — Mesdames, je connais le sujet que j'ai imposé non moins bien que vous le connaissez vous-mêmes, et ce que vous voulez me démontrer ne saurait me détourner de l'imposer, car je pense que le moment est tel, qu'alors que les hommes et les dames se donnent de garde d'agir malhonnêtement, il leur est permis de deviser de tout. Or ne savez-vous pas que, grâce à la perversité de cette époque, les juges ont délaissé les tribunaux ; que les lois, les divines comme les humaines, se taisent, et qu'une ample licence est concédée à chacun pour la conservation de la vie ? Pour quoi, si votre honnêteté s'élargit quelque peu en racontant des nouvelles, ce n'est pas pour commettre aucune action répréhensible, mais pour vous distraire vous et autrui ; je ne vois donc pas quel motif on pourrait invoquer pour vous blâmer plus tard. En outre, votre compagnie, depuis le premier jour de sa réunion jusqu'à cette heure, étant restée très honnête quelque chose qu'on y ait dite, il ne me semble pas qu'elle se soit entachée d'aucune mauvaise action, et j'espère qu'avec l'aide de Dieu, elle ne sera entachée en rien. Puis, est-il quelqu'un qui ne connaisse votre honnêteté ? Pour moi, je ne crois pas que cette honnêteté puisse être détournée non seulement par des propos plaisants, mais même par la crainte de la mort. Et à vous dire vrai, si l'on savait que vous vous êtes un instant arrêtées de deviser de ces plaisanteries, on soupçonnerait que vous êtes peut-être coupables en ceci, et que c'est pour cette raison que vous ne voulez pas qu'on en parle. Sans compter que vous me feriez un bel honneur, à moi qui ai obéi jusqu'ici à tous ; maintenant que vous m'avez fait votre roi, vous voudriez me faire la loi et ne point deviser sur le sujet que j'ai imposé ! Laissez donc cette préoccupation qui convient mieux à des esprits mauvais qu'aux vôtres, et que chacune de vous songe à dire à la bonne aventure une belle nouvelle. — » Quand les dames eurent entendu ce raisonnement, elles dirent qu'il en serait comme il lui plairait ; pour quoi le roi donna licence à chacun de faire à sa fantaisie jusqu'à l'heure du souper.

Le soleil était encore haut sur l'horizon pour ce que la discussion avait été courte ; c'est pourquoi Dioneo et les autres jeunes gens s'étant mis à jouer aux tables, Élisa après avoir appelé les dames d'un autre côté, dit : « — Puisque nous sommes ici, je désire vous mener en un endroit qui n'est pas fort éloigné, et où je crois qu'aucune de vous n'est jamais venue. Cet endroit s'appelle la Vallée des Dames, et je n'ai pas encore trouvé l'occasion de vous y mener. Aujourd'hui, le soleil est encore très haut, et pour ce, s'il vous plaît d'y venir, je ne doute point, quand vous y serez, que vous ne soyez très contentes d'y être allées. — » Les dames répondirent qu'elles étaient prêtes. Alors, ayant appelé une de leurs servantes, sans en rien dire aux jeunes gens, elles se mirent en chemin, et ne marchèrent guère plus d'un mille pour arriver à la Vallée des Dames. Elles y pénétrèrent par un sentier très étroit, sur l'un des côtés duquel courait un petit ruisseau aux eaux limpides, et elles la trouvèrent si belle et si agréable, surtout par ce temps de grande chaleur, qu'on n'aurait pu se la représenter sous un meilleur aspect. Et, selon ce qu'une d'elles m'a redit depuis, la plaine qui formait le fond de la vallée était aussi ronde que si elle eût été tracée au compas, bien qu'elle parût l'œuvre de la nature et non faite de main d'homme. Elle avait un peu plus d'un mille de circonférence et était entourée par six petites montagnes peu élevées, sur le haut de chacune desquelles on voyait un palais ayant à peu près la forme d'un beau château. Les pentes de ces petites montagnes descendaient doucement vers la plaine, comme nous voyons dans les amphithéâtres les gradins s'étager successivement et dans un ordre régulier du sommet jusqu'à la base, restreignant de plus en plus leur cercle. Ces pentes, du moins celles qui regardaient au midi, étaient couvertes de vignes, d'oliviers, d'amandiers, de cerisiers, de figuiers et d'un grand nombre d'autres arbres fruitiers, sans qu'un pouce de terre fût perdu. Celles qui étaient exposées au vent du nord, étaient toutes couvertes de bosquets de chênes, de frênes et d'autres arbres au vert feuillage et plantés avec autant d'ordre que possible. La plaine qui venait ensuite, et qui n'avait pas d'autre entrée que celle par où les dames étaient venues, était pleine de sapins, de cyprès, de lauriers et de pins arrangés et ordonnés comme si l'artiste le plus habile en cette matière les eût plantés. Même au plus haut de sa course, le soleil y pénétrait à peine et n'arrivait pas jusqu'au sol formé d'un pré d'herbe très menue et pleine de fleurs pourprées et de toutes couleurs. En outre, et ce n'était pas la chose la moins agréable, il y avait un ruisselet qui, du haut d'une des vallées séparant deux des petites montagnes susdites, tombait en bondissant sur la roche vive, et, dans sa chute, produisait un murmure fort plaisant à entendre. Il semblait de loin un filet d'argent qui aurait jailli sous une légère pression. Arrivé dans la plaine, et reçu dans un beau petit canal, il courait rapide jusqu'au milieu du vallon, et là, formait un petit lac semblable à ces étangs que les citadins font dans leurs jardins quand ils le peuvent. Le lac n'était pas plus profond que n'est haute une stature d'homme jusqu'à la poitrine. Ses eaux que ne troublaient aucun mélange, montraient son fond de sable très fin, de telle sorte que quiconque n'aurait pas eu autre chose à faire aurait pu en compter les grains s'il l'eût voulu. Et ce n'était pas seulement le fond que laissait voir l'eau limpide, mais des poissons courant çà et là en telle quantité, qu'outre le plaisir c'était une merveille. Le lac n'avait pas d'autre rive que le pré qui étalait tout autour d'autant plus de beauté qu'il recevait plus d'humidité. L'eau surabondante était reçue dans un autre petit canal par lequel, sortant du vallon, elle s'échappait en courant vers les parties plus basses.

« Arrivées en cet endroit les jeunes dames, après avoir regardé partout, admirèrent fort le site. Puis, comme la chaleur était grande, et voyant devant elle cette jolie nappe d'eau où il n'y avait pas à craindre qu'elles fussent vues, elles résolurent de se baigner. Ayant ordonné à leur servante de demeurer sur le chemin par lequel elles étaient venues, afin de guetter si personne ne venait et de les avertir au besoin, elles se déshabillèrent toutes les sept et entrèrent dans l'eau qui ne cachait pas plus la blancheur de leur corps qu'un verre transparent ne ferait d'une rose vermeille. Y étant toutes entrées, et l'eau n'en étant aucunement troublée, elles se mirent çà et là à poursuivre de leur mieux les poissons qui avaient fort à faire de se cacher, et à essayer de les prendre avec les mains. Quand, au milieu de leurs joyeux ébats, elles en eurent pris quelques-uns, et qu'elles furent restées quelque temps dans l'eau, elles en sortirent, se revêtirent, et sans pouvoir plus louer cet endroit qu'elles ne l'avaient déjà fait, le temps leur paraissant venu de regagner la maison, elles se mirent en chemin d'un pas tranquille, ne cessant de parler de la beauté de ce vallon. Arrivées de très bonne heure au palais, elles trouvèrent les jeunes gens qui jouaient encore à la place où elles les avaient laissés. Sur quoi, Pampinea leur dit en riant : « — Aujourd'hui, ma foi, nous vous avons trompés. — » « — Et comment ? — dit Dioneo — commencez-vous donc d'abord par des actes avant les paroles ? — » Pampinea dit : « — Oui, mon seigneur. — » Et elle lui raconta tout au long d'où elles venaient, comment était fait l'endroit, à quelle distance il était et ce qu'elles y avaient fait. Le roi, entendant parler de la beauté de l'endroit, et étant désireux de le voir, fit sur le champ commander le souper. Après que tous eurent soupé à leur grand plaisir, les trois jeunes gens, suivis de leurs laquais, s'en allèrent à cette vallée, et après avoir tout vu, aucun d'eux n'y étant jamais venu, ils l'admirèrent comme une des plus belles choses du monde. Puis, quand ils se furent baignés et rhabillés, comme il se faisait tard, ils retournèrent à la maison où ils trouvèrent les dames qui dansaient une danse sur un air que chantait la Fiammetta. La danse finie, ils se mirent à causer avec elle de la Vallée des

Dames dont ils dirent force bien et louanges. Pour quoi, le roi ayant fait venir le sénéchal, lui ordonna d'y apprêter le dîner pour le lendemain, et d'y faire apporter des lits dans le cas où quelqu'un voudrait y dormir ou y faire la sieste. Après quoi, ayant fait venir des lumières, du vin et des confetti avec lesquels ils se réconfortèrent légèrement, il ordonna que chacun se préparât à danser. Pamphile, ayant sur son ordre organisé une danse, le roi se tourna vers Elisa et lui dit gracieusement : « — Belle jeune dame, tu m'as fait aujourd'hui honneur de la couronne, et je veux, ce soir, te faire honneur de la chanson ; et pour ce, dis celle qui te plaira le mieux. — » A quoi Elisa répondit en souriant qu'elle le ferait volontiers ; puis elle commença d'une voix suave de la façon suivante :

> Amour, si je puis sortir de tes griffes,
>   J'ai peine à croire
>   Qu'aucun autre croc me prenne jamais.

> Je me jetai toute jeune à travers ta bataille,
>   La croyant une suprême et douce paix,
>   Et je déposai toutes mes armes
>   Comme fait celui qui a confiance,
>   Mais toi, tyran déloyal, âpre, et rapace,
>   Tu te jetas aussitôt sur moi
>   Avec tes armes et tes ongles cruels.

> Puis, une fois que je fus liée de tes chaînes,
>   A celui qui est né pour me faire mourir,
>   Moi, pleine de larmes amères et de chagrins,
>   Tu me livras prisonnière et me mis en son pouvoir.
>   Et sa tyrannie est si cruelle,
>   Que jamais ne l'ont émue
>   Soupirs, ni pleurs qui me tuent.

> Toutes mes prières, le vent les emporte ;
>   Il n'en écoute et n'en veut écouter aucune.
>   Pour quoi mon martyre croît à chaque heure,
>   La vie m'est un ennui, et je ne sais pas mourir.
>   Hélas ! Seigneur, aie pitié de ma peine
>   Et fais, toi, ce que je ne puis faire :
>   Livre-le moi lié de tes liens.

> Si tu ne veux pas faire cela, dénoue au moins
>   Les liens noués par l'espérance.
>   Hélas ! je te prie, Seigneur, de le vouloir.
>   Si tu le fais, j'emporte encore la certitude

De redevenir belle, comme j'avais coutume de l'être,
Et, le chagrin étant oublié,
De me parer encore de fleurs blanches et vermeilles.

Quand Élisa eut terminé sa canzone en poussant un pitoyable soupir, bien que tous eussent été étonnés de telles paroles, personne néanmoins ne put deviner le motif qui lui faisait chanter de pareilles plaintes. Mais le roi, qui était de bonne humeur, ayant fait appeler Tindaro, lui ordonna de tirer sa cornemuse, au son de laquelle il fit organiser force danses. Puis, une bonne partie de la nuit étant déjà écoulée, il dit à chacun d'aller dormir.

SEPTIÈME JOURNÉE

La sixième journée du Décaméron finie, commence la septième, dans laquelle, sous le gouvernement de Dioneo, on devise des tromperies que les femmes, poussées par l'amour ou en vue de leur propre salut, ont faites à leurs maris que ceux-ci s'en soient aperçus ou non.

Toutes les étoiles avaient déjà disparu du côté de l'Orient, excepté celle que nous appelons Lucifer et qui brillait encore au milieu de l'aurore blanchissante, quand le sénéchal s'étant levé, s'en alla avec un nombreux bagage à la Vallée des Dames pour y disposer tout selon l'ordre qu'il en avait reçu de son maître. Après son départ, le roi ne tarda guère à se lever, réveillé qu'il avait été par le bruit des chargeurs et des bêtes de somme, et une fois levé, il fit également lever les dames et les jeunes gens. Les rayons du soleil pointaient à peine, quand tous se mirent en chemin, et il leur semblait que jamais les rossignols et les autres oiseaux n'avaient chanté si joyeusement qu'en cette matinée. Accompagnés par ces chants ils allèrent jusqu'à la Vallée des Dames, où ils furent accueillis par une multitude encore plus grande d'oiseaux qui leur parurent se réjouir de leur arrivée. Là, ils firent le tour de la vallée, l'examinant de nouveau dans tous ses détails, et elle leur parut d'autant plus belle que la veille, que l'heure du jour était plus conforme à sa beauté. Quand ils eurent rompu le jeûne avec de bons vins et des confetti, pour ne pas être en reste avec les oiseaux, ils se mirent à chanter, éveillant les échos de la vallée qui redisaient après eux les mêmes chansons auxquelles tous les oiseaux, comme s'ils ne voulaient pas être vaincus, mêlaient de nouveaux et de doux accents. L'heure de manger venue et les tables ayant été mises sous des lauriers touffus et les autres beaux arbres voisins du lac, ils allèrent s'y asseoir, selon qu'il plut au roi, et tout en mangeant, ils voyaient les poissons nager par bandes nombreuses dans le lac, ce qui leur donnait parfois occasion de deviser tout aussi bien que de regarder. Le dîner fini, et les victuailles et les tables enlevées, ils se remirent à chanter, plus joyeux qu'auparavant. Puis, des lits ayant été disposés en plusieurs endroits de la vallée par le discret sénéchal qui les avait fait entourer de serges de France et fermer de rideaux, ceux à qui cela plut, purent aller dormir avec la permission du roi ; ceux qui ne voulurent pas dormir purent se livrer selon leur fantaisie aux autres passe-temps d'usage. Mais quand eut sonné l'heure où tous devaient être debout, et où l'on devait se réunir pour conter des nouvelles, le roi ayant fait étendre des tapis sur l'herbe, non loin de l'endroit où l'on avait mangé, ils s'assirent près du lac et le roi ordonna à Emilia de commencer. Celle-ci se mit à dire en souriant d'un air joyeux :

NOUVELLE I

Gianni Lotteringhi entend frapper la nuit à sa porte et réveille sa femme. Celle-ci lui fait croire que c'est un fantôme. Tous deux vont le conjurer avec une prière, et le bruit cesse.

« — Mon seigneur, il m'aurait été très agréable, si pourtant cela vous avait plu, qu'une autre eût entamé une aussi belle matière que celle sur laquelle nous devons parler ; mais puisqu'il vous agrée que je rassure en cela toutes nos compagnes je le ferai volontiers. Je m'ingénierai donc, très chères dames, à vous dire chose qui puisse vous être utile dans l'avenir, pour ce que si les autres sont aussi peureuses que moi, surtout quand il s'agit de fantômes que nous craignons toutes également — quoique, Dieu le sait, j'ignore ce que c'est et que je n'aie jamais trouvé personne qui le sût — vous pouvez, en retenant bien ma nouvelle, apprendre une sainte et bonne oraison très efficace pour chasser les fantômes quand ils viendront vers vous.

« Il y eut autrefois à Florence, dans la rue San Brancazio, un cardeur de laine nommé Gianni Lotteringhi, homme plus heureux en son art que sage dans les autres choses, car bien qu'il fût simple d'esprit, il avait été à plusieurs reprises fait chef des chantres de Santa Maria Novella, ce qui l'obligeait à recevoir chez lui leurs assemblées et à d'autres charges de ce genre, dont il était très fier. Et cela lui arrivait parce qu'étant à son aise, il donnait de bons repas à ses confrères. Ceux-ci qui en tiraient souvent qui des chausses, qui une cape, qui un scapulaire, lui apprenaient de bonnes oraisons, et lui donnaient le Pater-Noster en langue vulgaire, la complainte de saint Alexis, les lamentations de saint Bernard, l'hymne de madame Mathilde, et les autres balivernes qu'il tenait pour très précieuses et qu'il conservait avec grand soin pour le salut de son âme.

« Or, ce Gianni Lotteringhi avait pour femme une très belle et charmante dame, nommée Monna Tessa, fille de Mannuccio de la Cuculia, sage et fort avisée. Cette dame, connaissant la simplicité de son mari, et s'étant amourachée de Federigo di Neri Pegolotti, beau et fringant jeune homme dont elle était également aimée, s'arrangea avec sa servante pour que Federigo vînt lui parler dans une fort belle maison de plaisance que le susdit Gianni avait à Camerata, et où elle résidait pendant tout l'été, tandis que Gianni n'y venait que rarement souper et coucher, après quoi il s'en retournait le lendemain matin à sa boutique et le plus souvent à ses chantres. Federigo, qui désirait ardemment cela, ne manqua point d'y aller au jour qui lui avait été désigné, et Gianni n'y venant point ce soir-là, il soupa et coucha tout à son aise et à son grand plaisir avec la dame ; quant à celle-ci, pendant qu'il la tenait la nuit dans ses bras, elle lui apprit bien six des oraisons de son mari. Mais comme elle n'entendait pas que ce rendez-vous fût le dernier, ayant été le premier, ils convinrent ensemble du moyen suivant, afin que la servante n'eût pas besoin d'aller chaque fois le prévenir : chaque jour, en allant à une maison de campagne qu'il avait un peu plus haut, ou quand il en reviendrait il jetterait un coup d'œil dans une vigne qui se trouvait à côté de la maison de la dame et où il verrait une tête d'âne posée sur un des échalas de cette vigne ; quand il verrait la tête le museau tourné vers Florence, il pourrait en toute sécurité et sans crainte venir la trouver le soir à la nuit, et s'il ne trouvait pas la porte ouverte, il n'aurait qu'à frapper doucement trois coups et la porte s'ouvrirait ; et quand il verrait la tête le museau tourné vers Fiesole il ne devrait pas venir, pour ce que Gianni y serait.

« Procédant de cette façon, ils eurent plusieurs rendez-vous. Mais un jour que Federigo devait souper avec Monna Tessa, et que celle-ci avait fait cuire deux gros chapons, il advint que Gianni, qu'on n'attendait point, arriva et fort tard ; de quoi la dame fut très fâchée ; aussi, son mari et elle soupèrent d'un peu de viande salée qu'elle avait fait bouillir à part; quant aux deux chapons, elle les fit mettre par sa servante dans une nappe blanche, et porter, avec plusieurs œufs frais et un flacon de bon vin, dans son jardin où l'on pouvait aller sans passer par la maison et où elle avait l'habitude de souper quelquefois avec Federigo. Elle recommanda à la servante de poser toutes ces choses au pied d'un pêcher qui était au coin d'un pré. La précipitation fut si grande, qu'elle ne se souvint pas de dire à la servante d'attendre jusqu'à ce que Federigo arrivât, et de lui dire que Gianni y était, et qu'il eût à emporter ce qui était dans le jardin.

« Sur ces entrefaites, la dame et Gianni étant allés au lit, ainsi que la servante, Federigo ne tarda guère à venir; et frappa doucement un coup à la porte, laquelle était si voisine de la chambre que Gianni l'entendit aussitôt ; la dame l'entendit de son côté, mais pour que Gianni n'eût aucun soupçon sur elle, elle fit semblant de dormir. Mais après avoir attendu un instant, Federigo frappa un second coup : de quoi Gianni s'étonnant, il poussa la dame du coude et dit : « — Tessa, entends-tu comme moi ? Il semble qu'on « frappe à notre porte. — » La dame, qui l'avait mieux entendu que lui, fit semblant de s'éveiller et dit : « — Que « dis-tu ? Qu'est-ce ? — » « — Je dis — reprit Gianni — « qu'il semble qu'on frappe à notre porte. — » La dame « dit : — On frappe ? Hélas ; mon cher Gianni, ne sais-tu « donc pas ce que c'est ? c'est le fantôme, grâce auquel j'ai « eu ces nuits passées la plus grande peur qui s'est jamais « vue, de sorte que, quand je l'entendais, je mettais ma tête « sous les couvertures, et je n'osais pas la retirer avant que « le jour fût revenu. — » Gianni dit alors : « — Va, femme, « n'aie pas peur ; si c'est cela, je n'aurai qu'à dire le *Te* « *Lucis* et la *Intemerata* et d'autres bonnes oraisons de ce « genre, quand nous irons au lit, et à faire à chaque coin « du lit le signe de la croix aux nom du Père, du Fils et du « Saint-Esprit, pour que nous n'ayions rien à craindre, car « le fantôme, quelque puissance qu'il ait, ne pourra nous « nuire. — »

« La dame, craignant que Federigo ne la soupçonnât et ne se fâchât contre elle, résolut de se lever et de lui faire comprendre que Gianni y était ; c'est pourquoi elle dit à son mari : « — Bien, bien ! tu dis de belles paroles, toi ; pour « moi, je ne me croirai pas en sûreté, ni sauve, tant que « nous ne l'aurons pas conjuré pendant que tu es là. — » Gianni dit : — « Et comment le conjure-t-on ? — » « La dame dit : « — Je sais bien le conjurer, car l'autre jour, quand « j'allai au pardon, à Fiesole, une de ces recluses qui sont « bien, mon cher Gianni, la chose la plus sainte qu'au nom « de Dieu je puisse te dire, me voyant si peureuse, m'apprit « une bonne et sainte oraison et me dit qu'elle l'avait éprou- « vée plusieurs fois avant d'être recluse, et qu'elle lui avait « toujours réussi. Mais Dieu sait que je n'aurais jamais osé « aller l'essayer seule ; mais maintenant que tu es ici, je « veux que nous allions conjurer le fantôme. — » Gianni dit que cela lui plaisait fort ; sur quoi, s'étant levés, ils allèrent tous deux doucement jusqu'à la porte, au dehors de laquelle Federigo, déjà soupçonneux, attendait. Arrivés là, la dame dit à Gianni ; — « Tu cracheras, quand je te le dirai, — » Gianni dit : « — Bon ! — » et la dame, commençant l'oraison, dit : « — Fantôme, fantôme, qui vas de nuit, tu es « ici la queue levée et tu t'en retourneras la queue levée. Vas

« dans le jardin, tu trouveras, au pied du gros pêcher, deux
« chapons cuits et cent œufs de ma poule ; mets les lèvres
« au flacon et va-t-en, et ne nous fais pas de mal, à moi et
« à mon mari Gianni. — » Après quoi, elle dit à son mari :
« — Crache, Gianni. — » Et Gianni cracha.

« Federigo, qui était en dehors, et qui entendait tout cela
avait déjà chassé tout soupçon, et malgré sa mauvaise humeur, il avait si grande envie de rire, qu'il en crevait et
disait tout bas, quand Gianni crachait : « — Crache tes
« dents ! — » Quand la dame eut conjuré trois fois le fantôme de cette manière, elle retourna au lit avec son mari.
Federigo, qui s'attendait à souper avec elle, et qui par conséquent n'avait pas soupé, comprit fort bien le sens de l'oraison ; il s'en alla au jardin, et ayant trouvé, au pied du
gros pêcher, les deux chapons, le vin et les œufs, il les porta
chez lui, où il soupa tout à son aise. S'étant ensuite plusieurs
autres fois trouvé avec la dame, il rit beaucoup avec elle de
sa façon de conjurer les fantômes.

« Il est vrai que d'aucuns disent que la dame avait bien
tourné la tête d'âne du côté de Fiesole, mais qu'un laboureur,
passant par la vigne, lui avait donné un coup de bâton qui
lui avait fait faire plusieurs tours sur elle-même, et qu'elle
était restée tournée vers Florence ; pour quoi, Federigo
croyant être attendu par la dame, était venu. Quant à la
dame, elle avait fait l'oraison en cette guise : « — Fantôme,
« fantôme, va-t-en avec Dieu ; car ce n'est pas moi qui ai
« tourné la tête de l'âne ; c'est un autre qui l'a fait, et que
« Dieu l'en punisse. Moi je suis ici avec mon mari Gianni. — »
Pour quoi Federigo s'en était allé, sans souper et sans gîte.
Mais une mienne voisine, qui est une dame fort vieille, m'a
dit que l'une et l'autre version sont vraies, selon ce qu'elle
avait su, étant enfant ; mais que la dernière n'était pas arrivée à propos de Gianni Lotteringhi, mais à un certain individu nommé Gianni di Nello, qui demeurait près la porte
San Pierro, et qui était non moins sot que Gianni Lotteringhi. Et pour ce, mes chères dames, c'est à vous de choisir
celle des deux versions qui vous plaira le plus, à moins
que vous ne vouliez les adopter toutes les deux. Elles ont
une grandissime vertu en pareilles occasions, comme vous
venez de le voir. Apprenez-les ; elles pourront encore vous
servir. — »

NOUVELLE II

Peronella entendant son mari rentrer, fait cacher un sien amant dans un cuvier que le mari venait justement de vendre. Elle lui dit qu'elle l'a vendu de son côté à quelqu'un qui est entré dedans pour voir s'il est en bon état. L'amant étant sorti du cuvier, le fait nettoyer par le mari pendant qu'il caresse la femme, puis le fait porter chez lui.

La nouvelle d'Emilia fut écoutée avec de grands éclats de rire, et l'oraison tenue pour bonne et sainte. La nouvelle venue à sa fin, le roi ordonna à Philostrate de poursuivre, et celui-ci commença aussitôt : « — Mes très chères dames, les tromperies que vous font les hommes, et spécialement les maris, sont si nombreuses, que lorsqu'il arrive parfois qu'une femme trompe son mari, non seulement vous devriez être satisfaites que cela soit arrivé et vous montrer contentes de le savoir ou de l'entendre dire à d'aucuns, mais vous devriez aller vous-mêmes le dire partout, afin d'apprendre aux hommes que, s'ils savent de bons tours, les femmes, de leur côté, en savent autant qu'eux ; ce qui ne peut qu'être fort utile, pour ce que quand on sait que les autres savent aussi, on ne se hasarde pas à la légère à vouloir les tromper. Il n'est pas douteux que ce que nous dirons aujourd'hui sur ce sujet étant su par les hommes, ce ne leur soit une fort belle occasion de refréner leur envie de vous tromper, quand ils sauront que vous sauriez aussi les tromper, si vous le vouliez. J'ai donc l'intention de vous dire ce que, bien qu'elle fût de basse condition, une jeune femme fit à son mari, pour se tirer d'embarras.

« Il n'y a pas encore longtemps qu'un pauvre homme de Naples prit pour femme une belle et avenante jeune fille nommée Peronella. Tous deux travaillant, lui de son état de maçon et elle à filer, ils gagnaient assez péniblement leur vie, et se tiraient d'affaire de leur mieux. Il advint qu'un jeune galant, ayant vu un jour cette Peronella, et celle-ci lui plaisant fort, il s'amouracha d'elle ; et d'une façon ou d'une autre, il la pressa si vivement, qu'elle finit par se familiariser avec lui. Afin de pouvoir se trouver ensemble, ils convinrent de ceci : quand le mari la quitterait le matin pour aller travailler, le jeune homme devrait se tenir aposté de façon à le voir sortir, et comme la rue où il restait, et qui s'appelait Avorio, était fort solitaire, aussitôt que le mari serait sorti, l'amoureux entrerait ; et ainsi ils firent plusieurs fois. Mais il advint qu'un matin, le brave homme étant sorti et Giannello Strignario — c'est ainsi qu'avait nom le jeune homme — se trouvant avec Peronella, le mari, qui ne devait pas rentrer de tout le jour, revint au bout de peu de temps à la maison. Trouvant la porte fermée, il frappa, et après avoir frappé il se dit en lui-même : « — Mon Dieu, sois à « jamais loué ; car bien que tu m'aies fait pauvre, tu m'as « au moins récompensé en me donnant pour femme une « brave et honnête jeune fille. Voyez comme elle a tout de « suite fermé la porte, dès que j'ai été sorti, afin que per- « sonne ne pût entrer et me causer de l'ennui ! — »

« Peronella, ayant reconnu son mari à sa manière de frap- per, dit : « — Hélas ! mon Giannello, je suis morte, et je ne « sais ce que cela veut dire, car il ne revient jamais à cette « heure ; peut-être t'a-t-il vu quand tu es entré. Mais, pour « l'amour de Dieu, quoi qu'il en soit, entre dans ce cuvier « que tu vois là ; puis j'irai lui ouvrir et nous verrons ce « que cela veut dire de revenir si matin à la maison. — » Giannello entra lestement dans le cuvier, et Peronella étant allée à la porte, ouvrit au mari et lui dit d'un air de mau- vaise humeur : « — Qu'est-ce qu'il y a de nouveau, que tu « reviens de si bonne heure à la maison ce matin ? A ce qu'il « me semble tu ne veux rien faire aujourd'hui, que je te « vois revenir avec tes outils en main ; et si tu fais ainsi, de « quoi vivrons-nous ? où prendrons-nous du pain ? Crois-tu « que je souffrirai de te voir mettre en gage mes jupes et « mes autres nippes ? Moi qui ne fais, le jour et la nuit, « que filer, tellement que la chair m'en tombe des ongles, « pour pouvoir au moins avoir assez d'huile pour faire brûler « notre lampe ! Mari, mari, il n'y a pas de voisine qui ne s'é- « tonne et ne se moque de moi, à cause de la grande peine « que j'endure ; et toi, tu me reviens à la maison les mains « pendantes, quand tu devrais être à travailler ! — » Cela dit, elle se mit à pleurer et à dire de nouveau : « — Hélas ! mal- « heureuse, en quelle male heure suis-je née, à quelle extré- « mité suis-je venue ! J'aurais pu épouser un jeune homme « si bien, et je n'ai pas voulu pour prendre celui-ci qui ne « pense pas le moins du monde à la femme qu'il a chez lui ! « Les autres se donnent du bon temps avec leurs amants, et « il n'y en a pas qui n'en ait deux et même trois ; et elles « mènent joyeuse vie, et elles font prendre à leurs maris la « lune pour le soleil. Et moi, malheureuse, parce que je « suis bonne et que je ne me soucie pas de ces sortes de « choses, je souffre mal et male heure. Je ne sais pas pour- « quoi je n'en prends pas de ces amants, comme font les « autres ; j'en trouverais bien un, car il n'en manque pas de « beaux et bien faits qui m'aiment et qui me veulent du bien, « et qui m'ont envoyé offrir de grosses sommes, des robes « ou des bijoux. Mais jamais je n'ai consenti à les entendre, « pour ce que je ne suis pas fille de femme à cela. Et toi, tu

« me reviens à la maison, quand tu devrais être à tra-
« vailler ! — »

« Eh ! femme — dit le mari — ne te fais, par Dieu, pas de
« chagrin. Tu dois savoir que je connais qui tu es, et certes
« ce matin je m'en suis bien aperçu. Il est vrai que j'étais
« parti pour travailler, mais je vois que tu ne sais pas, comme
« je l'ignorais moi-même, que c'est aujourd'hui la fête de
« San Galeone, et qu'on ne travaille pas ; pour quoi, je suis
« revenu à la maison. Mais j'ai néanmoins pourvu à la chose
« et trouvé moyen d'avoir du pain pour plus d'un mois, car
« j'ai vendu à celui que tu vois avec moi le cuvier que tu
« sais, et qui embarrasse depuis si longtemps la maison ; et
« il m'en donne cinq sequins. — » Peronella dit alors :
« — Et j'en suis fâchée ; toi qui es un homme, et qui vas
« partout et qui devrais être au courant des choses, tu as
« vendu cinq sequins un cuvier que moi, femme, qui ne sors
« presque jamais, et voyant l'embarras qu'il nous causait,
« j'ai vendu sept sequins à un brave homme qui venait d'y
« entrer comme tu es revenu, pour voir s'il était en bon
« état. — » Quand le mari entendit cela, il fut plus que
content et dit à celui qui était venu avec lui : « — Mon brave
« homme, va-t-en avec Dieu ; tu entends que ma femme l'a
« vendu sept sequins, tandis que tu ne m'en donnes que
« cinq. — » Le bon homme dit : « — A la bonne heure ! — »
Et il s'en alla.

« Peronella dit alors à son mari : « — Viens, toi, puisque
« tu es ici, et règle avec lui nos affaires. — » Giannello, qui
se tenait les oreilles dressées, pour voir ce qu'il avait à
craindre ou à espérer, oyant les paroles de Peronella, sortit
précipitamment du cuvier, et, comme s'il n'avait rien entendu de l'arrivée du mari, il se mit à dire : « — Où es-tu,
« brave femme ? — » A quoi le mari, qui était entré, dit :
« — Me voici, que veux-tu ? — » Giannello dit : « — Qui
« es-tu ? Je demande la femme avec qui j'ai fait marché de
« ce cuvier. — » Le bonhomme dit : « — Fais sans crainte avec
« moi, car je suis son mari. — » Giannello dit alors :
« — Le cuvier me paraît en bon état, mais il me semble que
« vous y avez tenu des ordures, car il est tout embrenné de
« je ne sais quoi de sec que je ne peux enlever avec les on-
« gles ; et je ne le prendrais pas avant de le voir nettoyé. — »
Peronella dit alors : « — Non, le marché ne sera point
« rompu pour cela ; mon mari va tout le nettoyer. — » Et
le mari dit : « — Oui, bien. — » Et ayant déposé ses outils,
et s'étant mis en manches de chemise, il se fit donner une
lumière et un racloir ; puis il entra dans le cuvier et se mit
à racler. Et Peronella, comme si elle voulait voir ce qu'il
faisait, mit la tête à l'ouverture du cuvier qui n'était pas
grande, et passant aussi l'un de ses bras et toute l'épaule,

elle commença à dire : « — Racle ici, racle là ; racle de ce
« côté ; vois, il est resté là un peu de saleté. — » Et pendant qu'elle se tenait dans cette posture, et qu'elle donnait
ces indications à son mari, Giannello, qui ce matin-là n'avait pas entièrement fourni son office au moment où le
mari était revenu, voyant qu'il ne pouvait se contenter
comme il aurait voulu, résolut de faire comme il pourrait.
S'étant approché de la jeune femme qui fermait totalement
l'ouverture du cuvier, il satisfit son juvénile désir à la façon
dont les chevaux emportés et échauffés d'amour saillissent
les cavales dans les vastes champs de Parthe. Et quasi en
un même temps, l'affaire fut menée à bonne fin et le cuvier
raclé ; sur quoi le galant s'étant éloigné, la Peronella retira
sa tête du cuvier et le mari sortit. Alors Peronella dit à
Giannello : « — Prends cette lumière, brave homme, et vois
« s'il est nettoyé à ton idée. — » Giannello, ayant regardé
dedans, dit que cela allait bien et qu'il était satisfait ; et,
ayant donné les sept sequins, il fit porter le cuvier chez
lui. — »

NOUVELLE III

Frère Renauld couche avec sa commère. Le mari le trouve dans la chambre de celle-ci, et tous deux lui font croire qu'ils conjuraient les vers de son petit enfant.

Philostrate ne sut point parler des cavales de Parthe à
mots si couverts, que les malignes dames n'en rissent, tout
en faisant semblant de rire d'autre chose. Mais quand le roi
eut reconnu que sa nouvelle était achevée, il ordonna à
Elisa de conter à son tour. Celle-ci, toute prête à obéir,
commença : « — Plaisantes dames, la façon de conjurer
les fantômes, dont a parlé Emilia, m'a fait revenir en la mémoire une nouvelle à propos d'une autre façon de les
exorciser. Bien que cette manière ne vaille pas la précédente, je vous la raconterai cependant, pour ce que présentement il ne m'en revient point d'autre concernant notre
sujet.

« Il faut que vous sachiez qu'à Sienne fut jadis un jeune
garçon très beau et de famille honorable, nommé Renauld.
Il aimait souverainement une sienne voisine, fort belle dame
et femme d'un homme riche, et vivait dans l'espoir que,
s'il pouvait trouver un moyen de lui parler sans qu'on le
sût, il obtiendrait d'elle tout ce qu'il désirait. Mais n'en
voyant aucun, et la dame étant grosse, il songea à devenir

son compère ; sur quoi, ayant fait la connaissance du mari, il lui fit part le plus adroitement qu'il put, de son désir, et il fut fait selon qu'il le voulait ; Renauld étant donc devenu le compère de madame Agnès, et ayant par là un prétexte de pouvoir lui parler plus sûrement, lui fit connaître son intention, qu'elle avait du reste déjà devinée aux regards qu'il lui décochait. Mais cela l'avança peu, bien qu'il ne déplût point à la dame de l'avoir entendu. Il advint peu de temps après que Renauld, pour une raison ou pour une autre, se fît moine, et quelque goût qu'il trouvât à la pâture, il y persévéra. Et bien que, au moment où il se fît moine, il eût quelque peu mis de côté l'amour qu'il portait à sa commère ainsi que certains autres vains désirs, cependant, avec le temps, sans abandonner pour cela l'habit de religieux, il y revint, et recommença à prendre plaisir à se montrer, à se vêtir de beaux et bons habits, à être en toutes choses élégant et paré, à composer des canzoni, des sonnets et des ballades et à les chanter, et tout plein d'autres choses semblables.

« Mais que dis-je de notre frère Renauld, dont nous parlons ? Quels sont les moines qui n'en font pas autant ! Ah ! honte du monde mauvais ! Ils n'ont point vergogne de se montrer gros et gras, colorés de visage, efféminés dans leurs vêtements et dans tous leurs actes ; ils marchent la poitrine bombée, la crête levée, non comme des colombes, mais comme des coqs triomphants. Et, ce qui est pis — sans parler de leurs cellules, remplies de petites fioles de pommades et d'onguents, de pots de confitures variées, de flacons d'eaux de senteurs, d'huiles parfumées, de bouteilles de malvoisie et d'autres vins grecs très rares et très estimés, tellement qu'on se croirait non dans des cellules de moines, mais dans des boutiques de pharmaciens ou de parfumeurs — ce qui est pis, c'est qu'ils ne rougissent pas qu'on sache qu'ils sont goutteux ; ils s'imaginent qu'on ne sait pas que les jeûnes, une nourriture peu abondante et simple, une vie sobre font devenir les hommes maigres, dégagés et plus sains, et que si parfois cette façon de vivre les rend malades, il ne sont pas du moins malades de la goutte, à laquelle on a coutume de donner pour remède la chasteté et choses semblables qui conviennent au genre de vie d'un modeste moine. Ils s'imaginent aussi qu'on ne sait pas qu'en dehors d'une existence sobre, les longues veilles, les prières et les disciplines rendent les hommes pâles et sérieux, et que ni saint Dominique, ni saint François n'avaient quatre robes pour une, et qu'ils se vêtissaient non d'habits de draps richement teints ou d'autres vêtements somptueux, mais d'habits fait de grosse laine de couleur naturelle, pour se défendre du froid et non pour faire belle figure. A toutes ces choses, Dieu veuille pourvoir, comme aux âmes des gens simples qui nourrissent ces fainéants, car il en est bon besoin.

« Frère Renauld étant donc retourné à ses premiers appétits, recommença à faire de fréquentes visites à la commère et, son audace croissant, il se mit à la presser, avec de plus vives instances qu'auparavant, pour ce qu'il désirait d'elle. La bonne dame se voyant pressée de la sorte, et frère Renauld lui paraissant plus bel homme qu'il ne lui avait paru tout d'abord, eut recours, un jour qu'il la sollicitait vivement, au moyen qu'emploient toutes celles qui ont bonne envie d'accorder ce qu'on leur demande, et elle dit : « — Comment, frère Renauld, les moines font-ils de « pareilles choses ? — » A quoi frère Renauld répondit : « — Quand j'aurai ôté de mon dos ce capuchon — et je ne « serai pas long à l'ôter — je vous semblerai un homme fait « comme les autres, et non un moine. — » La dame fit bouche souriante, et dit : « — Hélas ! malheureuse que je « suis ; vous êtes mon compère, comment une telle chose « pourrait-elle se faire ? Ce serait un trop grand mal ; et « j'ai souvent entendu dire que c'est un très gros péché ; et « certes, s'il n'en était point ainsi, je ferais ce que vous vou- « lez. — » A quoi frère Renauld dit : « — Vous êtes une « sotte, si vous vous laissez arrêter par cela. Je ne dis pas « que ce ne soit point un péché, mais Dieu en pardonne de « plus grands à qui se repent. Mais dites-moi : qui est plus « proche parent de votre fils, ou moi qui le tins au baptême, « ou votre mari qui l'engendra ? — » La dame répondit : « — C'est mon mari qui est plus proche parent. — » « — Et « vous dites vrai — repartit le moine — et moi qui suis « moins proche parent de votre fils que ne l'est votre mari, « je dois pouvoir coucher avec vous, absolument comme le « fait votre mari. — » La dame, peu forte en logique et qui aurait eu besoin d'un peu d'esprit, crut ou fit semblant de croire que le moine disait vrai, et répondit : « — Qui sau- « rait répondre à vos sages paroles ? — » Puis, nonobstant le compérage, elle consentit à faire selon son plaisir.

« Ils ne se bornèrent pas à cette première expérience, mais, sous le couvert du compérage, ayant toutes leurs aises, ils se retrouvèrent ensemble plus d'une fois. Mais il advint un jour que frère Renauld étant venu chez la dame, et voyant qu'il n'y avait personne qu'une petite servante très belle et très appétissante, l'envoya au colombier avec un sien compagnon qu'il avait avec lui, pour lui enseigner le Pater noster ; quant à lui, il entra avec la dame qui tenait son petit enfant par la main, dans la chambre à coucher, et s'étant enfermé avec elle, ils montèrent tous deux sur le lit et se mirent à se trémousser de leur mieux. Sur ces entrefaites, le compère revint, et sans avoir été entendu de personne, arriva jusqu'à la porte de la chambre, frappa et appela la dame. Madame Agnès, l'entendant, dit : « — Je « suis morte, car voici mon mari ; il va maintenant voir « quel est le motif de notre liaison. — » Frère Renauld était déshabillé, c'est-à-dire sans capuchon et sans robe, en simple jacquette ; à ces mots de la dame il dit : « — Vous « dites vrai ; si pourtant j'étais habillé, on trouverait quel« que moyen de s'en tirer ; mais si vous lui ouvrez et qu'il « me trouve en cet état, on ne pourra inventer aucune « excuse. — » La dame, frappée d'une idée soudaine, dit : « — Habillez-vous vite, et dès que vous serez habillé, prenez « votre filleul dans vos bras, et écoutez bien ce que je dirai « à mon mari, de façon que vos paroles s'accordent ensuite « avec les miennes, et laissez-moi faire. — »

« Le bonhomme n'avait pas encore achevé de frapper, quand sa femme répondit : — « Je viens t'ouvrir. — » Et s'étant levée, elle alla d'un air souriant à la porte de la chambre qu'elle ouvrit, et dit : « — Mon mari, je te dirai « que frère Renauld, notre compère, est venu nous voir, et « que c'est Dieu qui l'a envoyé, car certainement s'il n'était « pas venu, nous aurions aujourd'hui perdu notre enfant. — » En entendant cela, notre imbécile de mari faillit s'évanouir, et il dit : « — Comment ? — » « — O mon mari, reprit la « dame — il lui est venu aujourd'hui une telle faiblesse, « que je crus qu'il était mort, et je ne savais que faire ni « que dire, quand frère Renauld est arrivé. Il a pris l'enfant « dans ses bras et a dit : « — Commère, ce sont des vers « qu'il a dans le corps et qui, lui remontant au cœur, l'au« raient bientôt tué ; mais n'ayez pas peur ; je vais les exor« ciser et je les ferai mourir tous, et avant que je m'en aille « d'ici, vous verrez votre enfant aussi sain que vous l'avez « jamais vu. — » Et comme nous avions besoin de toi pour dire « certaines prières, et que la servante n'a pas su te trouver, « Renauld a fait dire ces prières à son compagnon dans l'é« tage le plus élevé de la maison et lui et moi nous sommes « entrés ici. Et pour ce que personne autre que la mère de « l'enfant ne peut assister à pareille cérémonie, nous nous « sommes enfermés pour qu'aucun étranger ne vienne nous « déranger ; il a encore notre fils dans ses bras, et je crois « qu'il n'attend plus que son compagnon ait fini de dire ses « prières, pour que tout soit fait, car l'enfant est déjà tout « à fait revenu à lui. — »

« Le benêt, croyant tout cela, fut tellement saisi, à cause de l'affection qu'il avait pour son fils, qu'il ne lui vint pas à l'esprit que sa femme le trompait ; mais, poussant un grand soupir, il dit : « — Je veux aller le voir. — » La dame dit : « — Non, n'y va pas ; tu gâterais ce qui a été fait ; attends,

« je vais voir si tu peux y aller, et je t'appellerai. — » Frère Renauld, qui avait tout entendu et s'était habillé en toute hâte, avait pris l'enfant dans ses bras, et les choses étant disposées à son gré, il appela : « — Eh ! commère, n'en-
« tends-je pas là-bas le compère ? — » L'imbécile répondit :
« — Oui, messire. — » « — Donc — dit le moine — venez
« ici. — » Le nigaud y alla ; sur quoi, frère Renauld dit :
« — Vous voyez votre fils sain et sauf par la grâce de Dieu ;
« il y a un moment, j'ai cru que vous ne le verriez pas vi-
« vant à vêpres ; vous ferez mettre une image de cire, de sa
« grandeur, en l'honneur de Dieu, devant la statue de mes-
« ser saint Ambroise, par les mérites duquel Dieu vous a
« fait cette grâce. — » L'enfant, voyant son père, courut à lui et lui fit fête, comme font les petits enfants, et le père, l'ayant pris dans ses bras, se mit à l'embrasser en pleurant, comme s'il venait de le retirer du tombeau, et à rendre grâce à son compère qui le lui avait guéri.

« Le compagnon de frère Renauld, qui avait appris à la jeune servante non pas un, mais au moins quatre Pater noster, et lui avait donné une petite bourse de soie blanche qu'il avait reçue lui-même d'une dame veuve, l'une de ses dévotes, entendant le niais de mari frapper à la porte, était venu tout doucement jusqu'à un endroit d'où il pouvait voir et entendre ce qui se passait ; voyant que tout s'était bien terminé, il descendit, et entra dans la chambre en disant :
« — Frère Renauld, j'ai dit en entier les quatre prières que
« vous m'aviez ordonné de dire. — » A quoi frère Renauld dit :
« — Mon frère, tu as bonne haleine, et tu as bien fait. Pour
« moi, quand mon compère est arrivé, je n'en avais encore
« dit que deux ; mais Dieu, ayant en égard ta peine et la
« mienne, nous a fait la grâce de guérir l'enfant. — » Sur ce, le brave mari fit venir du bon vin et des confetti, et en fit les honneurs au compère et à son compagnon qui en avaient meilleur besoin que d'autre chose. Puis, étant sorti de la maison avec eux, il les recommanda à Dieu. Enfin, ayant fait faire sans retard l'image de cire, il la fit mettre avec les autres devant la statue de saint Ambroise, mais pas celui de Milan. — »

NOUVELLE IV

Tofano laisse une nuit sa femme à la porte de sa maison. La dame voyant que les prières sont inutiles, fait semblant de se jeter dans un puits et y jette une grosse pierre. Tofano sort de la maison et court au puits ; pendant ce temps, sa femme rentre dans la maison, le ferme dehors et lui dit des injures par la fenêtre.

Le roi, dès qu'il comprit que la nouvelle d'Elisa était finie, se tourna sans plus attendre vers la Lauretta, lui montrant par là qu'il lui plaisait qu'elle dît la sienne ; pour quoi, elle, sans hésiter, commença ainsi : « — O Amour, quelles et combien grandes sont tes forces ! combien admirables sont ton jugement et ta prévoyance ! quel philosophe, quel artiste aurait jamais pu ou pourrait montrer ces subterfuges, ces prévoyances, ces démonstrations que tu enseignes soudain à qui suit tes traces ? Certes, toute autre science est tardive auprès de la tienne, ainsi qu'on peut très bien le voir par les ruses dont on vient de parler. A ces ruses, amoureuses dames, j'en ajouterai une employée par une femme toute simple, et telle que je ne sais pas quel autre qu'Amour aurait pu la lui enseigner.

« Il y avait donc autrefois à Arezzo un homme riche qu'on nommait Tofano. Ou lui donna pour femme une très belle jeune fille nommée Monna Ghita, dont sans savoir pourquoi il devint bientôt jaloux. La dame, s'en étant aperçu, en eut du dépit, et lui ayant plusieurs fois demandé la raison de sa jalousie sans qu'il sût lui en donner une, sinon de vagues et de mauvaises, il lui vint en l'esprit de le faire mourir du mal dont il avait peur sans motif. Ayant remarqué qu'un jeune homme, fort bien à son avis, la courtisait, elle commença par s'aboucher discrètement avec lui, et les choses étant allées entre eux si loin qu'il ne leur manquait plus que d'ajouter les actes aux paroles, la dame songea à trouver également un moyen pour en venir là. Elle avait déjà remarqué qu'un des défauts de son mari était d'aimer à boire ; non seulement elle se mit à l'y encourager, mais elle l'y poussa adroitement le plus qu'elle put. Elle l'y habitua si bien que, aussi souvent qu'elle voulait, elle l'amenait à boire jusqu'à s'enivrer et quand elle le voyait tout à fait ivre, elle l'envoyait dormir ; c'est ainsi qu'elle put se rencontrer une première fois avec son amant, et qu'elle continua à le voir ensuite à diverses reprises en toute sécurité.

« Elle prit tellement confiance dans l'ivresse de son mari,

que non seulement elle s'enhardit à mener son amant chez elle, mais qu'elle s'en allait parfois passer une grande partie de la nuit dans la maison de ce dernier, laquelle maison n'était pas très loin de la sienne. L'amoureuse dame continuant ce manège, il arriva que le malheureux mari vint à s'apercevoir que chaque fois qu'elle le poussait à boire, elle ne buvait jamais elle-même ; il soupçonna alors la vérité, c'est-à-dire que sa femme l'enivrait pour pouvoir faire tout à son plaisir pendant qu'il était à dormir ; et voulant, s'il était ainsi, en avoir la preuve, il fit un soir semblant, sans avoir bu de la journée, par ses actes et par ses paroles, d'être l'homme le plus ivre qui fût jamais. La dame le crut, et ne pensant pas qu'il fût besoin de le faire boire davantage, elle le fit promptement coucher. Cela fait, selon son habitude, elle sortit et s'en alla chez son amant où elle demeura jusqu'à minuit.

« Tofano, dès qu'il n'entendit plus sa femme, se leva, alla à la porte, la ferma en dedans se mit à la fenêtre, afin de voir la dame quand elle reviendrait, et de bien lui faire comprendre qu'il s'était aperçu de sa conduite ; là, il attendit jusqu'à ce qu'elle revînt. La dame, étant revenue chez elle, et trouvant la porte fermée, fut très marrie, et essaya de l'ouvrir de force. Quand Tofano l'eut laissée faire pendant quelque temps, il dit : « — Femme, tu te fatigues en vain, pour
« ce que tu ne pourras point entrer céans. Va, retourne là
« d'où tu viens, et sois assurée que tu ne reviendras jamais
« ici, jusqu'à ce qu'en présence de tes parents et des voi-
« sins, je t'aie fait, à ce sujet, l'honneur qui te convient. — »
La dame se mit alors à le prier pour l'amour de Dieu qu'il voulût bien lui ouvrir, car elle ne venait point d'où il croyait, mais bien de veiller chez une sienne voisine, pour ce que les nuits étant longues, elle ne pouvait dormir tout le temps, ni veiller seule à la maison. Mais les prières ne servaient à rien, sa brute de mari étant résolu à faire connaître son déshonneur à tous les habitants d'Arezzo, alors que personne n'en savait rien.

« La dame, voyant qu'il était inutile de prier, eut recours aux menaces, et dit : « — Si tu ne m'ouvres pas, je te ferai l'homme le plus malheureux qui soit en vie. — » A quoi Tofano répondit : « — Et que peux-tu me faire ? — » La dame, dont Amour avait déjà aiguisé l'esprit de ses conseils, répondit : « — Plutôt que de souffrir la honte que tu veux
« me faire bien à tort, je me jetterai dans ce puits qui est
« là ; et quand ensuite on m'y trouvera morte, il n'est per-
« sonne qui ne croira que c'est toi qui m'y auras jetée, étant
« ivre ; alors il te faudra fuir, abandonner tout ce que tu as
« et t'exiler, ou bien on te coupera la tête comme à mon as-
« sassin, ce que tu auras véritablement été. — » Ces paroles

ne firent en rien démordre Tofano de sa sotte résolution ; pour quoi, la dame dit : « — Or ça, je ne puis supporter « plus longtemps ce traitement de ta part ; Dieu te par-« donne ; tu feras prendre ma quenouille que je laisse ici.—» Et cela dit, comme la nuit était tellement obscure qu'à peine on eût pu se voir dans la rue, la dame alla vers le puits, prit une grosse pierre qui était à côté, et criant : Dieu te pardonne ! elle la laissa tomber dans le puits.

« La pierre, en entrant dans l'eau, fit un grand bruit ; ce qu'entendant Tofano, il crut qu'elle s'était réellement jetée dans le puits ; pour quoi, ayant pris le seau et la corde, il sortit précipitamment de la maison pour aller à son secours, et courut au puits. La dame, qui s'était cachée tout contre la porte de la maison, dès qu'elle vit son mari courir vers le puits, rentra vivement et se fermant en dedans, elle alla à la fenêtre et se mit à dire : « — Il faut mettre de l'eau « dans son vin quand on le boit, mais non après, et surtout « la nuit. — » Tofano, l'entendant, comprit qu'il était joué, il revint vers la porte, mais ne pouvant entrer, il se mit à dire à sa femme de lui ouvrir. Mais elle, après l'avoir laissé un instant se morfondre, comme il l'avait fait pour elle, se mit à lui crier : « — A la croix de Dieu, fastidieux ivrogne, « tu n'entreras point cette nuit ; je ne puis plus supporter « ta conduite ; il faut que je montre à tous qui tu es, et à « quelle heure de la nuit tu rentres à la maison. — » De son côté, Tofano, irrité, se mit à lui dire des injures et à crier ; sur quoi, les voisins, entendant tout ce bruit, se levèrent et tous, hommes et femmes, se mirent aux fenêtres et demandèrent ce qu'il y avait. La dame se mit à dire en pleurant : « — C'est ce malheureux homme qui me revient ivre le « soir à la maison, et qui, après s'être endormi dans les ta-« vernes, rentre ensuite à une heure pareille. Je l'ai long-« temps supporté, bien que cela ne me plût pas, mais ne « pouvant plus le souffrir, j'ai voulu lui faire cette honte de « le fermer dehors pour voir s'il se corrigera. — » D'un autre côté, cette brute de Tofano disait comment la chose s'était passée et proférait de grosses menaces. La dame disait à ses voisins : « — Or, voyez quel homme c'est ! que diriez-« vous si j'étais dans la rue, comme il y est, et qu'il fût dans « la maison, comme j'y suis ? Sur ma foi en Dieu, je ne puis « croire que vous pensiez qu'il dise la vérité. A cela, vous « pouvez bien juger de son état. Il dit précisément que j'ai « fait ce que je crois qu'il a fait lui-même. Il a cru m'effrayer « en feignant de se jeter dans je ne sais plus quel puits ; « mais plût à Dieu qu'il s'y fût vraiment jeté et qu'il s'y fût « noyé ; il aurait ainsi mis un peu d'eau dans le vin qu'il a « bu en trop grande quantité. — »

« Les voisins, hommes et femmes, se mirent tous à blâmer Tofano, à lui donner tort et à l'apostropher sur ce qu'il disait contre sa femme ; enfin, de voisin en voisin, la rumeur devint si grande, qu'elle parvint jusqu'aux parents de la dame. Ceux-ci étant accourus, et ayant entendu l'histoire de la bouche d'un voisin ou d'un autre, empoignèrent Tofano, et ils lui donnèrent tant de coups, qu'ils le laissèrent tout rompu. Puis, étant entrés dans la maison, ils prirent ce qui appartenait à la dame et s'en retournèrent avec elle chez eux, menaçant Tofano d'un traitement pire. Tofano se voyant en méchante situation, et comprenant où sa jalousie l'avait conduit, pour ce qu'il voulait toute sorte de bien à sa femme, pria quelques amis de s'interposer et fît tant qu'il obtint la paix et ramena la dame chez lui, lui promettant de ne plus jamais être jaloux ; en outre, il lui donna licence de faire selon son bon plaisir, mais de façon qu'il ne s'aperçût de rien. Ainsi, comme un fou, il fît la paix après avoir reçu le dommage. Et vive Amour, et meure la guerre et toute la boutique ! — »

NOUVELLE V

Un mari jaloux se déguise en prêtre et confesse sa femme. Celle-ci lui fait croire qu'elle aime un prêtre, lequel vient la trouver toutes les nuits. Pendant que le jaloux fait le guet pour surprendre le prêtre, la dame fait venir par les toits un sien amant et se divertit avec lui.

La Lauretta avait terminé son récit, et chacun ayant fort loué la dame, disant qu'elle avait bien fait et comme le méritait son méchant mari, le roi, pour ne point perdre de temps, se tourna vers la Fiammetta et lui ordonna gracieusement de dire une nouvelle ; pour quoi celle-ci commença de la sorte : « — Très nobles dames, la précédente nouvelle m'amène à vous parler aussi d'un jaloux, car j'estime que ce que les femmes font à leurs maris, surtout quand ceux-ci sont jaloux sans motif, est bien fait. Et si les faiseurs de lois avaient bien pesé toute chose, je pense qu'en ceci ils n'auraient pas plus prononcé de peine contre les femmes, qu'ils n'en ont prononcé contre celui qui en frappe un autre pour se défendre, pour ce que les jaloux sèment de pièges la vie des jeunes femmes et poursuivent ardemment leur mort. Pour elles, renfermées toute la semaine, et livrées aux occupations de la famille et de la maison, elles désirent, comme tout le monde, avoir les jours de fête quelque soulagement et quelque repos, pouvoir prendre quelques ébats, comme en prennent les laboureurs des champs, les ouvriers de la ville et les régisseurs des cours, comme fit Dieu lui-même, qui, le septième jour, se reposa de toutes ses fatigues, et comme enfin le veulent les lois divines et humaines qui, en l'honneur de Dieu et pour le bien commun de tous, ont fait une distinction entre les jours de travail et les jours de repos. A quoi les jaloux ne veulent même pas consentir; au contraire, ces jours-là, où tout le monde est joyeux, ils tiennent leurs femmes plus serrées, plus recluses et les rendent plus misérables et plus à plaindre. Dans quel ennui se consument les malheureuses, celles-là seules le savent qui l'ont éprouvé. Pour quoi, je conclus que ce qu'une femme fait à son mari injustement jaloux, doit être non point blâmé mais approuvé.

« Donc, il y eut à Arimino un marchand, riche de domaines et d'argent comptant, qui avait pour femme une fort belle dame dont il devint jaloux outre mesure. Il n'avait pas en cela d'autre motif que celui-ci : l'aimant beaucoup et la tenant pour belle, et reconnaissant qu'elle mettait tous ses soins à lui complaire, il pensait que tous les hommes devaient l'aimer, que tous devaient la trouver belle, et qu'elle devait s'efforcer de plaire aux autres comme à lui, raisonnement d'homme mauvais et de peu de sens. Etant jaloux de la sorte, il en prenait une telle garde et la tenait si strictement, que bien des gens condamnés à la peine capitale ne sont point gardés en prison avec de telles précautions. La dame, bien loin de pouvoir aller aux noces, aux fêtes ou même à l'église, loin de pouvoir mettre un pied dehors de chez elle, n'osait point paraître à la fenêtre, ni regarder hors de la maison, pour quelque motif que ce fût ; aussi, sa vie était fort malheureuse, et elle supportait d'autant plus impatiemment cet ennui, qu'elle ne se sentait coupable en rien. Pour quoi, voyant que son mari lui faisait à tort injure, elle s'avisa, pour sa propre consolation, de chercher s'il n'y aurait pas moyen que cette injure lui fût faite à bon droit. Et comme elle ne pouvait pas se mettre à la fenêtre, et qu'ainsi elle n'avait aucun moyen de pouvoir se montrer contente de l'amour de quelqu'un qui aurait pu la remarquer en passant dans sa rue, sachant en outre que dans la maison attenante à la sienne demeurait un jeune homme beau et aimable, elle pensa que s'il existait quelque trou dans le mur qui séparait les deux maisons, elle pourrait voir ce jeune homme, de façon à lui donner son amour, s'il voulait l'accepter ; puis, s'il y avait moyen de se voir, qu'elle pourrait se rencontrer quelquefois avec lui et, de la sorte, se distraire de son ennuyeuse vie, jusqu'à ce que le diable fût sorti du ventre de son mari. En furetant tantôt dans un coin, tantôt dans un autre, quand le mari n'y était pas, elle s'aperçut, à force d'examiner le mur, que ce mur était, par hasard, dans une de ses parties les plus cachées, légèrement entr'ouvert par une fente. Pour quoi, ayant regardé par cette fente, bien qu'elle pût mal discerner ce qu'il y avait de l'autre côté, elle comprit néanmoins que c'était une chambre, et elle se dit à part soi : Si c'était la chambre de Filippo — c'est-à-dire du jeune homme son voisin — la moitié de ma besogne serait faite. En conséquence, elle fit secrètement guetter par sa servante qui s'intéressait à elle, et elle s'assura qu'en effet le jeune homme couchait seul dans sa chambre. Pour quoi elle allait souvent regarder par la fente, et quand elle savait que le jeune homme était dans sa chambre, elle faisait tomber par l'échancrure de petites pierres, et autres broutilles semblables, si bien qu'un jour le jeune homme s'étant approché pour voir ce que c'était, elle l'appela doucement. Le voisin, reconnaissant sa voix, lui répondit ; sur quoi, elle, profitant du moment, lui ouvrit en peu de mots toute son âme. Enchanté de l'aventure, le jeune homme fit de son côté si bien qu'il agrandit l'ouverture, de façon toutefois que personne ne pût s'en apercevoir. Là, ils purent à diverses reprises se parler et se toucher la main, mais il leur était impossible de pousser plus avant à cause de l'extrême vigilance du jaloux.

« Sur ces entrefaites, les fêtes de Noël approchant, la dame dit à son mari que, s'il y consentait, elle désirait aller à l'église le matin de la fête pour se confesser et communier, comme font tous les chrétiens. A quoi le jaloux dit : « — Et « quels péchés as-tu faits, que tu veux te confesser ? — » La dame dit : « — Comment ! crois-tu que je sois une sainte « parce que tu me tiens enfermée ? Tu sais bien que j'ai « commis des péchés, tout comme les autres personnes qui « vivent ici ; mais je ne veux pas te les dire, car tu n'es point « prêtre. — » Le jaloux conçut du soupçon de ces paroles, et voulant savoir quels péchés elle avait commis, il songea à trouver un moyen pour parvenir à ses fins. Il répondit à sa femme qu'il y consentait, mais qu'il ne voulait pas qu'elle allât à une autre église qu'à leur chapelle ; qu'il entendait qu'elle y allât pendant la matinée et qu'elle se confessât à leur chapelain, ou à un prêtre que le chapelain lui indiquerait et non à un autre, puis qu'elle revînt sur le champ à la maison. Il sembla à la dame qu'elle comprenait à demi ; mais sans plus rien dire, elle répondit qu'elle ferait ainsi.

« Le jour de la fête venu, la dame se leva dès l'aurore, et s'étant apprêtée, elle s'en alla à l'église qui lui avait été assignée par son mari. De son côté notre jaloux s'étant levé, s'en alla à la même église où il arriva avant elle. Comme il s'était déjà concerté avec le chapelain pour ce qu'il voulait faire, il endossa à la hâte une robe de prêtre avec un grand capuchon qui lui couvrait les oreilles, comme nous voyons les prêtres en porter, et le ramenant le plus en avant qu'il put, il alla s'asseoir dans le chœur. La dame, arrivée à l'église, fit demander le chapelain, celui-ci vint, et apprenant de la dame qu'elle voulait se confesser, il dit qu'il ne pouvait pas l'entendre, mais qu'il allait l'adresser à un de ses confrères, et s'étant retiré il alla trouver le jaloux en sa male heure. Celui-ci vint aussitôt en se dissimulant de son mieux ; mais bien qu'il ne fît pas encore grand jour et qu'il se fût mis fort avant le capuchon sur les yeux, il ne sut pas tellement se cacher, qu'il ne fût promptement reconnu par la dame, laquelle, le voyant se dit à part soi : « — loué soit Dieu ! « le voici de jaloux devenu prêtre ! mais laissons faire ; je lui « ferai trouver ce qu'il va chercher. — » Ayant donc fait semblant de ne pas le reconnaître, elle s'agenouilla à ses pieds. Messire le jaloux s'était mis de petits cailloux dans la bouche, afin de s'embarrasser la voix, de façon qu'elle ne pût pas être reconnue par sa femme, estimant qu'en tout le reste il était assez bien déguisé pour qu'elle ne devinât point que c'était lui.

« Or, ayant commencé sa confession, la dame, entre autres choses qu'elle lui dit, lui déclara qu'elle était mariée et que cependant elle était amoureuse d'un prêtre qui venait toutes les nuits coucher avec elle. Quand le jaloux entendit cela, il lui sembla qu'on lui donnait un coup de couteau dans le cœur ; et n'eût été le désir qui l'étreignait d'en savoir davantage, il aurait renoncé à continuer la confession et s'en serait allé. Faisant donc ferme contenance il demanda à la dame : « — Et comment cela se peut-il ? Votre mari ne « couche-t-il pas avec vous ? — » La dame répondit : « — Messire, oui — » « — Donc — dit le jaloux — com- « ment le prêtre peut-il y coucher aussi ? — » « Messire — « dit la dame — je ne sais comment le prêtre s'y prend, « mais il n'y a point à la maison de porte si bien fermée « qu'elle ne s'ouvre dès qu'il y touche : et il m'a dit que, « quand il est arrivé à la porte de ma chambre, avant de « l'ouvrir il prononce certaines paroles qui font qu'inconti- « nent mon mari s'endort ; alors, il ouvre la porte, entre et « se couche près de moi, et cela ne manque jamais. — » Le jaloux dit alors : « — Madame, cela est très mal, et il faut « que vous cessiez tout à fait. — » A quoi la dame dit : « — Messire, je ne crois pas pouvoir jamais faire comme « vous dites, pour ce que je l'aime trop. — » « — Alors — « dit le jaloux — je ne pourrai vous donner l'absolution. — » A quoi la dame dit : « — J'en suis fâchée ; je ne suis pas venue « ici pour vous dire des mensonges ; si je croyais pouvoir le « faire, je vous le dirais. — » Le jaloux dit alors : « — En

« vérité, madame, j'ai pitié de vous, car je vois qu'en cette
« circonstance vous perdez votre âme; mais moi, pour vous
« rendre service, je veux prendre peine à faire spécialement
« mes prières à Dieu en votre nom ; peut-être vous aideront-
« elles. Je vous enverrai aussi quelquefois un mien petit
« clerc, à qui vous direz si elles vous ont servi ou non ; et
« si elles vous ont été utiles, nous verrons à faire mieux. — »
A quoi la dame dit : « — Messire, gardez-vous de m'envoyer
« personne chez moi, car si mon mari le savait, il est si fort
« jaloux que rien au monde ne lui ôterait de la tête qu'on
« vient dans une mauvaise intention, et de toute l'année je
« n'aurais pas un moment de tranquillité avec lui. — »
A quoi le jaloux dit : « — Madame, ne vous mettez pas en
« peine de cela, car je m'arrangerai certainement de façon
« que vous n'aurez jamais de reproche de lui à ce sujet. — »
La dame dit alors : « — Si cela vous encourage à le faire,
« j'y consens. — » Et la confession finie et la pénitence
donnée, elle se leva et alla entendre la messe.

« Le jaloux soufflant de fureur en sa male aventure, alla
dépouiller ses habits de prêtre et retourna chez lui, brûlant
de surprendre ensemble le prêtre et sa femme, et disposé à
faire un mauvais parti à l'un et à l'autre. La dame revenue
de l'église, vit bien, à l'air de son mari, qu'elle lui avait
donné la male Pâques; mais lui, s'efforçait de son mieux
à cacher ce qu'il avait fait et ce qu'il croyait savoir. S'é-
tant décidé à guetter la nuit suivante derrière la porte de
la rue, et attendre pour voir si le prêtre viendrait, il dit à
la dame : « — Il faut que ce soir j'aille souper et coucher au
« dehors; pour ce, tu fermeras bien la porte de la rue, celle
« du milieu de l'escalier et celle de ta chambre, et quand
« bon te semblera, tu te mettras au lit. — » La dame repondit : « — A la bonne heure. — » Puis, aussitôt qu'elle en
eut le loisir, elle alla au trou et fit le signal accoutumé; sur
quoi, l'ayant entendu, Filippo accourut aussitôt. La dame
lui dit ce qu'elle avait fait dans la matinée et ce que son
mari lui avait dit après avoir déjeuné; puis elle ajouta :
« — Je suis certaine qu'il ne sortira point de la maison,
« mais qu'il se mettra aux aguets près de la porte; pour ce,
« trouve un moyen de venir cette nuit par le toit, de façon
« que nous puissions nous trouver ensemble. — » Le jeune
« homme, très content de cela, dit : « — Madame, laissez-
« moi faire. — »

« La nuit venue, le jaloux alla se cacher tout armé et
sans bruit dans une chambre basse. Quant à la dame, après
avoir fait fermer toutes les portes et principalement celle du
milieu de l'escalier, afin que le jaloux ne pût monter la déranger, elle fit, quand le moment lui sembla venu, entrer le
jeune homme par un chemin fort secret, et tous deux al-

lèrent au lit où ils se donnèrent l'un à l'autre plaisir et bon temps; le jour venu, le jeune homme s'en retourna chez lui. Le jaloux, de fort méchante humeur et n'ayant pas soupé, mourant de froid, se tint quasi toute la nuit en armes près de la porte, attendant que le prêtre vînt ; enfin, à l'approche du jour, ne pouvant plus veiller, il s'endormit dans la chambre basse. Vers la troisième heure il se leva, et la porte de la maison étant déjà ouverte, il fit semblant de revenir du dehors, monta dans sa chambre et déjeuna. Quelques instants après, ayant fait venir un jeune garçon, comme si c'était le petit clerc du prêtre qui avait confessé la dame, il l'envoya vers celle-ci pour lui demander si celui qu'elle savait était venu. La dame qui connaissait fort bien le messager, répondit qu'il n'était pas venu cette nuit, et que s'il continuait ainsi, elle pourrait se l'ôter de l'esprit, bien qu'elle ne le désirât point.

« Maintenant, que vous dirai-je? Le jaloux passa plusieurs nuits à guetter le prêtre à la porte, et la dame à se donner du bon temps avec son amant. A la fin, le jaloux, ne pouvant se contenir davantage, demanda d'un air courroucé à la dame ce qu'elle avait dit au prêtre le matin qu'elle s'était confessée. La dame répondit qu'elle ne voulait pas le lui dire, pour ce que ce n'était chose honnête ni convenable. A quoi le jaloux dit : « — Mauvaise femme, en dépit de toi
« je sais ce que tu lui as dit; et il faut en fin de compte
« que je sache quel est le prêtre dont tu t'es si fort amou-
« rachée et qui, grâce à ses enchantements, couche avec toi
« toutes les nuits, sinon, je te saignerai les veines. — » La dame dit qu'il n'était point vrai qu'elle fût amoureuse d'un prêtre. « — Comment! — dit le jaloux — n'as-tu pas dit
« ainsi et ainsi au prêtre qui t'a confessée? — » La dame dit :
« — Il ne te l'a point redit, mais si tu avais été présent, tu
« ne le saurais pas mieux. Eh bien! oui, je le lui ai dit. — »
« — Donc — dit le jaloux — dis-moi quel est ce prêtre et
« promptement. — » La dame se mit à sourire et dit :
« — Je me réjouis fort quand un homme sage se laisse mener
« par une femme simple comme on mène un mouton à la
« boucherie par les cornes, ce qui ne veut pas dire que tu
« sois sage, ni que tu l'aies été depuis le jour où tu as laissé
« entrer dans ton cœur le mauvais esprit de la jalousie sans
« savoir pourquoi ; aussi, plus tu es bête et sot, moins je
« dois être glorieuse de ma ruse. Crois-tu, ô mon mari, que je
« sois aveugle des yeux de la tête, comme tu l'es, toi, des yeux
« de l'esprit? Certes, non ; au premier coup d'œil, j'ai re-
« connu le prêtre qui m'a confessée, et j'ai parfaitement vu
« que c'était toi; mais je me mis en tête de te donner ce
« que tu venais chercher, et je te l'ai donné. Mais, si tu
« avais été sage comme il te semble, tu n'aurais pas essayé

« de savoir par ce moyen les secrets de ton excellente
« femme, et, sans prendre un vain soupçon, tu aurais vu
« que ce qu'elle te confessait était vrai, sans qu'elle eût
« pour cela commis la moindre faute. Je t'ai dit que j'ai-
« mais un prêtre : ne t'étais-tu pas, toi que j'ai grand tort
« d'aimer, déguisé en prêtre? je t'ai dit qu'il n'y avait pas
« de porte à la maison qu'on pût tenir fermée quand il vou-
« lait coucher avec moi : et quelle porte te fut jamais tenue
« fermée à la maison, quand tu as voulu venir me trouver
« où j'étais? Je t'ai dit que le prêtre couchait toutes les nuits
« avec moi : et quand donc n'as-tu pas couché avec moi?
« Et toutes les fois que tu m'as envoyé ton petit clerc, tu
« sais bien que tu n'avais pas couché avec moi ; aussi je le
« faisais répondre que le prêtre n'était pas venu. Quel étour-
« neau, si ce n'est toi qui t'es laissé aveugler par la jalou-
« sie, n'aurait compris ces choses? Et tu es resté à la mai-
« son, la nuit, à faire le guet à la porte, et tu as cru m'avoir
« persuadée que tu étais allé souper et coucher ailleurs !
« Ravise-toi désormais et redeviens l'homme que tu étais
« d'habitude; ne te fais pas jouer par qui connaît toutes tes
« façons d'agir, comme je les connais, et renonce à cette
« garde solennelle que tu fais, car je jure Dieu que si l'en-
« vie me venait de te faire porter les cornes, quand même
« tu aurais cent yeux au lieu des deux que tu as, je me
« ferais forte de faire à mon plaisir sans que tu t'en aper-
« çusses. — »

« Le méchant jaloux, qui s'imaginait avoir fort adroitement appris le secret de la dame, entendant ces paroles,
comprit qu'il avait été joué; sans plus rien répondre, il la
tint pour bonne et sage; et il dépouilla toute jalousie,
alors qu'elle lui aurait été le plus nécessaire, de même qu'il
s'en était affublé quand il n'en avait nul besoin. Pour quoi,
la dame avisée, ayant quasi pleine licence pour ses ébats,
sans plus faire venir son amant par-dessus le toit comme
font les chattes, le fit entrer tout simplement par la
porte, prenant ses précautions, et, menant vie joyeuse,
se donna souvent par la suite du bon temps avec
lui. — »

NOUVELLE VI

Madame Isabetta, se trouvant chez elle avec son amant Leonetto, reçoit la visite de messer Lambertuccio qui l'aime. Son mari étant survenu sur ces entrefaites, la dame fait sortir de chez elle messer Lambertuccio avec un couteau à la main, comme s'il était à la poursuite de Leonetto qu'elle fait ensuite reconduire par son mari.

La nouvelle de la Fiammetta avait merveilleusement plu à tous, chacun affirmant que la dame avait fort bien fait et comme le méritait un homme si bestial; mais quand la nouvelle fut finie, le roi ordonna à Pampinea de poursuivre. Celle-ci commença et dit : « — Ils sont nombreux, ceux qui, parlant sottement, disent qu'Amour enlève aux gens tout bon sens et fait perdre la mémoire à quiconque aime. Cela me semble une sotte opinion ; les nouvelles déjà racontées l'ont bien démontré, et j'entends le démontrer encore.

« En notre cité, où tous les biens abondent, était jadis une jeune dame noble et très belle et qui fut la femme d'un chevalier plein de valeur et de mérite. Et comme il arrive souvent qu'on ne peut se contenter de manger toujours d'un même plat, mais qu'on désire parfois en changer, cette dame, son mari ne la satisfaisant pas entièrement, s'amouracha d'un jeune homme appelé Leonetto, plaisant et de belles manières bien que n'étant pas de haute naissance, lequel, de son côté, s'énamoura de la dame. Il est rare, vous le savez, que ce que chacune des parties veut bien n'arrive pas à bon effet; aussi, il ne se passa guère de temps sans que leur amour ne reçut son dénouement ordinaire. Sur ces entrefaites, il advint, la dame étant belle et avenante, qu'un chevalier nommé messer Lambertuccio en devint fort amoureux ; mais comme il lui faisait l'effet d'un homme déplaisant et grossier, la dame ne pouvait, pour quoi que ce fût au monde, se décider à l'aimer. Le chevalier la pressant beaucoup par de nombreux messages, mais en vain, il la menaça, étant un homme puissant, de la couvrir de honte si elle ne faisait point à son plaisir. Pour quoi, la dame qui le craignait et savait de quoi il était capable, se résigna à faire selon sa volonté.

« La dame, qui avait nom madame Isabetta, étant allée, comme c'est notre habitude pendant l'été, demeurer dans une de ses belles maisons de campagne des environs, il advint qu'un matin son mari monta à cheval pour se rendre en un certain endroit où il devait passer quelques jours ; aussitôt la dame manda à Leonetto de venir la rejoindre, ce que le jeune homme, fort joyeux, fit incontinent. De son côté, messer Lambertuccio, apprenant que le mari de la dame était absent, monta à cheval et, sans être accompagné de personne, alla frapper à la porte de la belle. La servante de la dame l'ayant aperçu, alla sur le champ trouver sa maîtresse qui était dans sa chambre avec Leonetto, et l'ayant appelée elle lui dit : « — Madame, messer Lambertuccio est « en bas tout seul. — » Ce qu'entendant la dame, elle fut la plus ennuyée femme qui fût au monde ; mais comme elle le craignait beaucoup, elle pria Leonetto de consentir à se cacher un moment derrière les courtines du lit, jusqu'à ce que messer Lambertuccio s'en fût allé. Leonetto, qui n'avait pas moins peur de lui que la dame, s'y cacha, et elle ordonna à la servante d'aller ouvrir à messer Lambertuccio. Celui-ci, une fois la porte ouverte, entra dans la cour, descendit de cheval qu'il attacha à un gond, et monta vers la dame, laquelle faisant bon visage, vint au devant de lui jusque sur l'escalier, le reçut aussi joyeusement qu'elle put et lui demanda ce qu'il venait faire. Le chevalier l'ayant accolée et baisée, dit : « — Mon âme, j'ai appris que votre mari n'était « point ici et je suis venu rester quelque peu avec vous. — » Sur ces paroles, ils entrèrent dans la chambre, s'y enfermèrent, et messer Lambertuccio se mit à prendre plaisir d'elle.

« Pendant qu'il était ainsi avec la dame, il advint que le mari de celle-ci, contre toute attente, s'en revint à la maison Dès que la servante le vit, elle courut en toute hâte à la chambre de la dame et dit : « — Madame, voici messer qui re- « vient ; je crois qu'il est déjà dans la cour. — » La dame, voyant cela, se rappela qu'elle avait deux hommes chez elle et comprenant qu'elle ne pouvait pas cacher le chevalier à cause de son cheval qui était dans la cour, elle se tint pour morte. Néanmoins, sautant vivement en bas du lit, elle prit sur le champ son parti et dit à messer Lambertuccio : « — Si « vous me voulez quelque bien, et si vous voulez me sauver « la vie, vous ferez ce que je vais vous dire. Vous allez « prendre en main votre couteau tiré de sa gaîne, et l'air « furieux et courroucé vous allez descendre l'escalier, et vous « vous en irez en disant : Je jure Dieu que je le trouverai « ailleurs ! et si mon mari veut vous retenir et vous deman- « der quelque chose, vous ne répondrez rien autre que ce « que je vous ai dit, vous monterez à cheval, et ne resterez « avec lui pour aucune raison. — » Messer Lambertuccio dit : « — Volontiers. — » Et ayant tiré son couteau, le visage enflammé autant par la fatigue qu'il venait de se donner que par dépit du retour du mari, il fit comme la dame lui avait ordonné.

« Le mari de la dame était déjà descendu de cheval dans la cour, et voyant le palefroi qui y était attaché il s'en étonna, et il allait monter quand il vit descendre messer Lambertuccio. Surpris de son air et de ses paroles, il dit : « — Qu'est-ce donc, messire ? — » Messer Lambertuccio, le pied à l'étrier et déjà à cheval, ne répondit rien sinon : « — Ah! « corps de Dieu ! je le retrouverai ailleurs. — » Et il partit. Le gentilhomme, étant monté, trouva la dame au haut de l'escalier toute troublée et remplie d'épouvante, et il lui dit : « — Qu'est-ce ? qui donc messer Lambertuccio menace-t-il « ainsi d'un air si colère ? — » La dame, rentrée dans la chambre, afin que Leonetto l'entendît, répondit : « — Mes- « sire, je n'ai jamais eu peur semblable à celle-ci. Tout à « l'heure est entré ici en fuyant un jeune homme que je ne « connais pas et que messer Lambertuccio poursuivait un « couteau à la main ; trouvant par hasard cette chambre « ouverte, il me dit, tout tremblant : Madame, pour Dieu, « secourez-moi, que l'on ne me tue point dans vos bras ! « je me levai toute droite, et comme j'allais demander qui « il était et ce qu'il avait, messer Lambertuccio s'est mis à « monter à son tour en disant : — Où es-tu, traître ? — Je « m'avançai sur la porte de la chambre, et comme il voulut « entrer, je le retins ; il fut assez courtois, voyant que cela « ne me plaisait point qu'il entrât céans, pour s'arrêter, et « après beaucoup de menaces, il est descendu comme vous « l'avez vu. — »

« Le mari dit alors : « — Femme, tu as bien fait ; ç'au- « rait été un trop grand blâme pour nous, si quelqu'un « avait été tué ici, et messer Lambertuccio a commis une « grande inconvenance en poursuivant une personne qui « s'était réfugiée chez moi. — » Puis il demanda où était ce jeune homme. La dame répondit : « — Messire, je ne « sais où il s'est caché. — » Le chevalier dit alors : « — Où « es-tu ? sors sans crainte. — » Leonetto, qui avait tout entendu, et qui était tremblant comme quelqu'un qui aurait eu un juste sujet de peur, sortit de l'endroit où il était caché. Alors le chevalier dit : « — Qu'as-tu donc à faire « avec messer Lambertuccio ? — » Le jeune homme répondit : — Messire, rien au monde, et pour ce je crois fer- « mement qu'il n'est point dans son bon sens, ou qu'il m'a « pris pour un autre ; en effet, à peine m'a-t-il aperçu de « loin sur la route près de ce palais, qu'il a mis son couteau « à la main et a dit : — Traître, tu es mort ! — Je ne me « suis point amusé à lui demander pourquoi, mais je me suis « enfui le plus vite que j'ai pu et je suis venu ici, où grâce « à Dieu et à cette gente dame, j'ai été sauvé. — » Le chevalier dit alors : « — Allons, n'aie plus aucune crainte, je « te conduirai chez toi sain et sauf, et puis tu verras ce que

« tu auras à faire avec lui. — » Et quand ils eurent soupé, l'ayant fait monter à cheval, il le mena à Florence et ne le laissa que chez lui. Suivant recommandation de la dame, Leonetto parla le soir même en secret à messer Lambertuccio et s'arrangea avec lui de telle façon que, bien qu'on parlât beaucoup de cette aventure, le chevalier ne s'aperçut jamais du tour que lui avait joué sa femme. — »

NOUVELLE VII

Ludovic découvre à madame Béatrice l'amour qu'il lui porte. La dame envoie son mari Égano à sa place dans le jardin, et couche avec Ludovic, lequel s'étant ensuite levé, va dans le jardin et bâtonne Égano.

La présence d'esprit de madame Isabetta racontée par Pampinea fut tenue pour merveilleuse par toute la compagnie, Mais Philomène, à qui le roi avait ordonné de poursuivre, dit : « — Amoureuses dames, si je ne me trompe, je vais, je crois, vous en conter une non moins belle, et tout de suite.

« Il faut que vous sachiez qu'il fut autrefois à Paris un gentilhomme florentin qui, par pauvreté, s'était fait marchand, et auquel le commerce avait si bien réussi, qu'il était devenu richissime. Il avait eu de sa femme un fils unique qu'il avait nommé Ludovic ; et pour qu'il tînt de la noblesse de ses aïeux et non de la profession de marchand, le père n'avait pas voulu qu'il entrât comme apprenti dans aucune boutique, mais il l'avait mis avec les autres gentilshommes au service du roi de France, où il avait appris les belles manières et toutes sortes de bonnes choses. Le jeune homme étant à la cour, il advint que plusieurs chevaliers de retour du Saint-Sépulcre, se mêlèrent à une conversation de jeunes gens parmi lesquels se trouvait Ludovic, et que, les entendant parler entre eux des belles dames de France, d'Angleterre et des autres parties du monde, l'un d'eux se mit à dire que parmi toutes les dames qu'il avait vues en parcourant l'univers, il n'en avait pas trouvé une qui égalât en beauté la femme d'Egano de' Galluzzi de Bologne, appelée madame Béatrice ; ce que tous ses compagnons, qui avaient vu comme lui cette dame à Bologne, s'accordèrent à reconnaître. En entendant cela, Ludovic qui n'était encore amoureux d'aucune dame, s'enflamma d'un tel désir de la voir, qu'il ne pouvait penser à autre chose, et ayant résolu d'aller jusqu'à Bologne pour voir la dame et pour s'y fixer si elle lui plaisait, il donna à entendre à son père qu'il voulait aller visiter le Saint-Sépulcre, ce dont il obtint à grand'peine la permission.

« En conséquence, ayant pris le nom d'Anichino, il arriva à Bologne, et, la fortune le favorisant, dès le lendemain il vit cette dame à une fête ; elle lui parut beaucoup plus belle qu'il ne se l'était imaginé ; pour quoi, s'étant épris passionnément d'elle, il résolut de ne pas quitter Bologne avant d'avoir conquis son amour. En songeant à part soi au moyen qu'il devait employer pour y parvenir, il lui sembla, laissant de côté tous les autres, que s'il réussissait à devenir le familier du mari, lequel en avait beaucoup, il pourrait d'aventure venir à bout de ce qu'il désirait. Ayant donc vendu ses chevaux, et tout concerté avec ses gens pour le mieux, il leur recommanda de feindre de ne point le connaître ; puis il alla trouver l'hôtelier et lui dit qu'il entrerait volontiers au service de quelque gentilhomme si cela pouvait se faire. A quoi l'hôtelier dit : « — Tu es justement un « familier comme il en faudrait un à un gentilhomme de « cette ville qui a nom Egano, lequel en a déjà beaucoup « et les veut tous de bonne tournure, comme toi ; je lui « en parlerai. — » Et comme il avait dit, il fit ; de sorte qu'avant de quitter Egano, il lui fit accepter Anichino, ce qui fut on ne peut plus agréable à ce dernier.

« Demeurant chez Egano, et ayant occasion de voir souvent sa dame, Anichino se mit à servir si bien avec tant de dévouement Egano, que celui-ci conçut pour lui un vif attachement, au point qu'il ne savait rien faire sans lui, et qu'il lui donna la direction de toutes ses affaires. Il advint qu'un jour, Egano étant allé oiseler, et Anichino étant resté au logis, madame Béatrice, qui ne s'était pas encore aperçue de son amour — bien qu'ayant plusieurs fois remarqué ses belles manières, elle l'eût fort loué et qu'il lui plût beaucoup — se mit à jouer aux échecs avec lui. Anichino, désireux de lui plaire, s'arrangeait de façon à se laisser gagner, de quoi la dame était enchantée. Mais quand toutes les femmes de la dame furent parties et les eurent laissés seuls à jouer, Anichino poussa un grandissime soupir. La dame, l'ayant regardé, dit : « — Qu'as-tu Anichino ? cela te fâche-t-il donc « si fort que je te gagne ? — » « Madame — répondit Ani« chino — c'est un motif bien plus sérieux que celui-là qui « m'a fait pousser un soupir. — » La dame dit alors : — « Eh ! dis-le-moi, si tu me veux quelque bien. — »

« Quand Anichino s'entendit prier par ce : si tu me veux quelque bien, de la bouche de celle qu'il aimait par-dessus tout, il poussa un nouveau soupir plus fort que le premier ; pour quoi la dame le pria derechef qu'il voulût bien lui dire quelle était la cause de ses soupirs. A quoi Anichino dit :

« — Je crains fort que cela vous fâche, si je vous le dis ;
« puis, je crains que vous le redisiez à d'autres. — » A
quoi la dame dit : « — Pour sûr, cela ne me sera point dé-
« plaisant ; et sois certain que, quelque chose que tu me
« dises, je ne le dirai jamais à personne, à moins que cela
« ne te plaise. — » Anichino dit alors : « — Puisque vous
« me le promettez, je vous le dirai. — » Et quasi les larmes
aux yeux, il lui dit qui il était, ce qu'il avait entendu dire
d'elle, où et comment il était devenu amoureux, et pourquoi
il s'était fait le serviteur de son mari. Puis, humblement, il
la pria, si cela se pouvait, de lui faire la grâce d'avoir pitié
de lui et de le satisfaire en son secret et fervent désir ;
ajoutant que, si elle ne voulait pas, elle le laissât garder son
déguisement et consentît à ce qu'il l'aimât.

« O singulière douceur du sang bolonais, comme tu as
toujours été digne d'éloges en ces sortes de cas ! Tu n'aimas
jamais les larmes ni les soupirs, et toujours tu te rendis aux
humbles prières et aux amoureux désirs ; et si j'avais des
louanges assez dignes de toi, ma voix ne se lasserait jamais
de te louer. La gente dame, pendant qu'Anichino parlait, le
regardait, et ajoutant pleine croyance à ses paroles et à ses
prières, elle reçut son amour dans le cœur avec une telle
force, qu'elle aussi se mit à soupirer, et, après quelques
soupirs, elle dit : « — Mon doux Anichino, reprends cou-
« rage, ni dons, ni promesses, ni sollicitations de gentils-
« hommes, de seigneurs, ni d'aucun autre — car j'ai été et
« je suis encore courtisée de beaucoup de gens — n'ont pu
« émouvoir mon âme, et je n'en ai aimé aucun ; mais toi,
« dans le peu de temps que tes paroles ont duré, tu as fait
« que je t'appartiens bien plus que je ne m'appartiens à
« moi-même. J'estime que tu as parfaitement gagné mon
« amour, et pour ce je te le donne, et je te promets que je
« t'en ferai jouir avant que la nuit qui vient ne soit entière-
« ment passée. Et pour que cela arrive, tu feras en sorte de
« venir vers minuit en ma chambre ; je laisserai la porte
« ouverte ; tu sais de quel côté du lit je couche, tu y vien-
« dras, et une fois là, si je dors, tu me toucheras jusqu'à ce
« que je m'éveille, et alors je te récompenserai du long
« désir que tu as eu. Et pour que tu croies à ce que je te
« dis, je veux te donner un baiser comme arrhes. — » Et
lui ayant jeté les bras au col, elle le baisa amoureusement,
ce qu'Anichino lui rendit de bon cœur.

« Ces choses dites, Anichino quitta la dame, et alla vaquer
à quelques affaires, attendant avec la plus grande joie du
monde que la nuit vînt. Egano, de retour de la chasse, étant
fatigué, alla se coucher dès qu'il eut soupé, et sa femme le
suivit, après avoir laissé, comme elle l'avait promis, la porte
de la chambre ouverte. A l'heure dite, Anichino s'y rendit,

et après être entré doucement dans la chambre et avoir fermé la porte en dedans, il se dirigea vers l'endroit où la dame était couchée, et lui ayant mis la main sur la poitrine, il vit qu'elle ne dormait pas. Celle-ci, dès qu'elle sentit qu'Anichino était arrivé, lui prit la main dans les deux siennes, et les tenant fortement, elle se tourna dans le lit jusqu'à ce qu'elle eût éveillé Egano à qui elle dit : « — Je n'ai voulu « te rien dire hier soir, pour ce que tu me semblais fatigué; « mais dis-moi, sur ton salut en Dieu, mon cher Egano, « quel est celui que tu tiens pour le plus loyal et le meil-« leur de tes familiers, celui que tu aimes le plus de tous « ceux qui sont en ta maison ? — » Egano répondit : — « Qu'est-ce, femme, que tu me demandes ? Ne le sais-tu « pas ? je n'en ai pas, je n'en ai jamais eu auquel j'aie « accordé, j'accorde plus de confiance et que j'aime plus « qu'Anichino ; mais pourquoi me fais-tu cette deman-« de ? — »

« Anichino, voyant qu'Egano était réveillé et entendant parler de lui, avait à plusieurs reprises voulu retirer sa main pour s'en aller, craignant fort que la dame n'eût voulu se jouer de lui ; mais elle l'avait si bien tenu et elle le tenait si bien, qu'il n'avait pu se dégager ni ne le pouvait. La dame répondit à Egano et dit : « — Je te le dirai ; je croyais « qu'il en était comme tu dis, et qu'il t'était plus fidèle « qu'aucun autre ; mais il m'a détrompée, pour ce que, « hier, quand tu as été parti pour la chasse, il est resté à « la maison, et quand le moment lui a paru propice, il n'a « pas eu honte de me demander de satisfaire son désir. Moi, « pour pouvoir te dénoncer la chose sans avoir besoin « d'autres preuves, et pour te la faire toucher et voir, je lui « ai répondu que j'y consentais et que, cette nuit, après « minuit, j'irais dans notre jardin l'attendre au pied du « pin. Or, pour moi, je n'ai nulle envie d'y aller ; mais si « tu veux connaître la fidélité de ton familier, tu peux faci-« lement, en endossant une de mes robes en mettant un « voile sur ta tête, descendre et aller voir s'il viendra, ce « dont je suis sûre. — » En entendant cela, Egano dit : « — Certainement, il faut que je le vois. — » Et s'étant levé, il s'affubla du mieux qu'il sut d'une des robes de la dame, mit un voile sur sa tête, et s'en alla dans le jardin où il se mit à attendre Anichino au pied d'un pin.

« Dès que la dame l'eut vu se lever et sortir de la chambre, elle se leva à son tour et courut fermer la porte en dedans. Anichino, qui avait éprouvé la plus grande peur qu'il eût eue de sa vie, et qui avait fait tous ses efforts pour échapper des mains de la dame, la maudissant mille fois elle et son amour, voyant la fin de tout ceci, fut l'homme le plus content qui fût jamais. Sur quoi, la dame étant revenue dans le lit, il se déshabilla sur son invitation, et ils prirent ensemble plaisir et joie pendant un bon moment. Puis, la dame jugeant qu'Anichino ne devait pas rester plus longtemps, elle le fit lever, s'habiller et lui dit : « — Mon doux ami, « tu vas prendre un bon bâton et tu t'en iras au jardin ; là « feignant de m'avoir demandé ce rendez-vous pour m'éprou- « ver, tu diras toutes sortes d'injures à Egano que tu feras « semblant de prendre pour moi, et tu me le bâtonneras de « la belle façon, pour ce que de tout cela il s'en suivra pour « nous merveilleuse joie et plaisir. — »

« Anichino s'étant levé et étant allé dans le jardin, un gros bâton de saule à la main, s'approcha du pin où Egano, qui le vit venir, se leva comme pour lui faire grandissime fête, et courant à sa rencontre. Sur quoi Anichino dit : « — Ah, mauvaise femme ! tu es donc venue, et tu as cru « que je voulais faire cette honte à mon maître ? sois mille « fois la mal venue. — » Et, le bâton levé, il se mit à frapper. A ces paroles, Egano voyant le bâton se mit à fuir sans dire mot, et Anichino le poursuivit en disant : « — Va, que « Dieu te mette en mal an, femme coupable, car je le dirai « certainement à Egano demain matin. — » Egano ayant reçu plusieurs coups de bâton, et des bons, s'en revint en toute hâte à la chambre où la dame lui demanda si Anichino était venu au jardin. Egano dit : « — Plût à « Dieu qu'il n'y fût pas venu, pour ce que, croyant que « c'était toi, il m'a tout rompu de coups de bâton, et m'a « dit les plus grosses injures qu'on ait jamais dites à une « mauvaise femme ; et certainement je m'étonnais fort qu'il « t'eût fait cette proposition dans l'intention de me désho- « norer ; mais te voyant l'air enjoué et avenant, il a voulu « t'éprouver. — » Alors la dame dit : « — Loué soit Dieu, « car il m'a éprouvé en paroles seulement, tandis qu'il t'a « éprouvé, toi, par des coups ; et je crois qu'il pourra dire « que je supporte plus patiemment les paroles que tu ne « supportes les coups ; mais puisqu'il t'est si fidèle, je veux « l'avoir pour cher et lui faire honneur. — » Egano dit : « — Certes, tu dis vrai. — »

« Et depuis ce jour, se reposant là-dessus, Egano fut convaincu qu'il avait la femme la plus fidèle et le serviteur le plus loyal qu'eût jamais eus un gentilhomme. Pour quoi, Anichino et la dame rirent plus d'une fois de ce bon tour, et pendant tout le temps qu'il plut à Anichino de rester au service d'Egano à Bologne, lui et sa maîtresse eurent, pour prendre leurs ébats, toutes les aises qu'ils n'auraient probablement pas eues sans cela. — »

NOUVELLE VIII

Un mari devient jaloux de sa femme. Celle-ci s'attache la nuit une ficelle au doigt de pied pour connaître quand son amant vient la trouver. Le mari s'aperçoit du stratagème ; il poursuit l'amant, et pendant ce temps la dame fait coucher à sa place, dans son lit, une autre femme qu'à son retour le mari bat et à qui il arrache les cheveux. Il va ensuite chercher les frères de sa femme ; ceux-ci, trouvant que ce qu'il leur a dit n'est point vrai, l'accablent d'injures.

Tous jugèrent que madame Béatrice avait été extraordinairement malicieuse dans sa façon de se moquer de son mari, et chacun affirmait que la peur d'Anichino avait dû être très grande quand, retenu fortement par la dame, il l'entendit parler de l'amour dont il l'avait requise ; mais le roi voyant Philomène se taire, se tourna vers Néiphile et dit : « — C'est à vous de parler. — » Celle-ci, souriant d'abord un peu, commença : « — Belles dames, j'aurais fort à faire si je voulais vous contenter par une belle nouvelle comme celles dont vous avez été jusqu'ici si satisfaites ; mais avec l'aide de Dieu j'espère m'en tirer assez bien.

« Il faut donc que vous sachiez qu'en notre cité fut jadis un richissime marchand nommé Arriguccio Berlinghieri, lequel, comme font encore aujourd'hui tous les marchands, s'imagina sottement de s'anoblir en prenant femme, et épousa une jeune et gente dame peu en rapport avec sa condition et qui s'appelait Monna Sismonda. Celle-ci, pour ce que son mari, comme font tous les marchands, était toujours en voyage et restait peu avec elle, s'énamoura d'un jouvenceau appelé Ruberto qui l'avait longtemps courtisée. La dame ayant lié des relations intimes avec lui, et ces relations étant moins secrètes qu'il n'eût fallu, pour ce qu'elles lui plaisaient souverainement, il arriva qu'Arriguccio, soit qu'il en eût appris quelque chose, soit pour un autre motif, devint l'homme le plus jaloux du monde, et que, laissant là ses voyages et toutes ses affaires, il mit quasi toute sa sollicitude à bien garder sa femme. Il ne se serait point endormi s'il ne l'avait vue entrer la première dans le lit ; pour quoi, la dame ressentait grand chagrin, ne pouvant en aucune façon se trouver avec son Ruberto.

« Or donc, après avoir longuement songé à trouver quelque moyen de le voir, ce dont elle était aussi vivement sollicitée par lui, il lui vint en la pensée de procéder de cette façon : comme sa chambre était très loin de la rue, et qu'elle s'était aperçue qu'Arriguccio restait fort longtemps à s'endormir, mais dormait ensuite très solidement, elle résolut de faire venir Ruberto à minuit sur la porte de sa maison, d'aller lui ouvrir et de rester quelque temps avec lui pendant que le mari dormait. Et, pour qu'elle pût être avertie de son arrivée sans que personne s'en aperçut, elle imagina d'installer en dehors de la fenêtre de sa chambre une ficelle dont l'un des bouts retomberait à terre et dont l'autre, traînant sur le plancher, arriverait jusqu'à son lit et entrerait sous les couvertures, de façon à l'attacher à son gros doigt de pied quand elle serait au lit. Ces dispositions prises, elle le fit dire à Ruberto, en lui recommandant, quand il viendrait, de tirer la ficelle ; si le mari dormait, elle la laisserait aller et irait lui ouvrir ; s'il ne dormait pas, elle tiendrait ferme et tirerait la ficelle à soi, afin qu'il n'attendît point. Cela plut à Ruberto, qui étant allé au rendez-vous, put quelquefois la voir, d'autres fois non.

« Ce stratagème continuant entre eux, il advint qu'une nuit, la dame dormant, Arriguccio en étendant le pied dans le lit trouva la ficelle ; pour quoi, y portant la main et voyant qu'elle était attachée au doigt de la dame, il se dit : ceci doit être quelque ruse ; ce dont il fut certain après avoir vu que la ficelle sortait par la fenêtre ; sur quoi, l'ayant enlevée du doigt de sa femme, il l'attacha au sien, et attendit pour voir ce que cela voulait dire. Ruberto ne tarda pas à venir, et ayant tiré la ficelle, comme d'habitude, il réveilla Arriguccio ; mais comme celui-ci se l'était mal attachée et que Ruberto ayant tiré très fort, la ficelle était restée aux mains de ce dernier qui comprit qu'il devait rester et attendre — ce qu'il fit — Arriguccio, s'étant levé précipitamment et ayant saisi ses armes, courut à la porte pour voir quel était l'audacieux et pour lui faire un mauvais parti. Bien qu'il fût un marchand, Arriguccio était courageux et fort. Arrivé à la porte, comme il ne l'ouvrit pas tout doucement ainsi qu'avait coutume de le faire la dame, Ruberto qui attendait en fut surpris et soupçonna la vérité, c'est-à-dire que c'était Arriguccio qui avait ouvert la porte ; pour quoi, il se mit à fuir en toute hâte, et Arriguccio se lança à sa poursuite.

« Après avoir fui pendant un certain temps, et Arriguccio le poursuivant toujours, Ruberto, qui était également armé, tira son épée et fit volte-face ; de sorte qu'ils se mirent l'un à attaquer, l'autre à se défendre. La dame s'était réveillée quand Arriguccio avait ouvert la chambre, et s'apercevant qu'on lui avait enlevé la ficelle du doigt, elle comprit soudain que sa ruse avait été découverte ; voyant qu'Arriguccio s'était mis à courir derrière Ruberto, elle se leva promptement, réfléchissant à ce qui pouvait advenir de tout cela ; elle appela sa suivante qui connaissait tout, et elle la supplia tant, qu'elle la fit consentir à se mettre à sa place dans le lit, en lui disant de supporter patiemment et sans se faire connaître les mauvais traitements que pourrait lui faire Arriguccio, pour ce qu'elle l'en récompenserait si bien qu'elle n'aurait point occasion de s'en repentir. Puis, après avoir éteint la lumière qui brûlait dans la chambre, elle sortit, et s'étant cachée dans un coin de la maison, elle attendit ce qui allait se passer.

« Les voisins de la rue, entendant le bruit de la lutte entre Arriguccio et Ruberto, se levèrent et se mirent à leur dire des injures ; sur quoi Arriguccio craignant d'être reconnu, laissa aller le jouvenceau sans avoir pu savoir en aucune façon qui il était et sans avoir pu le blesser ; puis, en colère et de méchante humeur, il s'en revint chez lui. Rentré dans la chambre, il se mit à dire : « — Où es-tu, « femme coupable ? Tu as éteint la lumière afin que je ne « te trouve pas ; mais tu t'es trompée. — » Et étant allé droit au lit, il saisit la suivante, croyant prendre sa femme, et s'escrimant des pieds et des mains de son mieux, il lui administra tant de coups de poings et de coups de pieds, qu'il lui meurtrit toute la figure ; il finit par lui arracher les cheveux, ne cessant de lui dire les plus grandes injures qu'on ait jamais dites à une méchante femme. La servante se plaignait fort, et elle avait de quoi ; et, bien que par instants elle criât : merci, de par Dieu ! assez ! sa voix était si brisée par les plaintes, et Arriguccio était animé d'une telle fureur, qu'il n'aurait pas pu reconnaître si c'était la voix d'une autre femme que la sienne. Pendant qu'il la battait plus que de raison et lui arrachait les cheveux, comme nous venons de le dire, il lui disait : « — Méchante femme, je n'entends « pas te punir autrement ; mais j'irai trouver tes frères ; je « leur dirai tes belles actions ; ils viendront te chercher et « te feront ce qu'ils croiront que leur honneur exige ; puis « ils t'emmèneront ; car pour sûr, tu ne resteras plus désor-« mais en cette maison. — » Cela dit, il sortit de la chambre, la ferma en dehors et s'en alla.

« Dès que Monna Sismonda, qui avait tout entendu, vit que son mari était parti, elle ouvrit la chambre, ralluma la lumière et trouva sa servante toute meurtrie qui pleurait abondamment. Elle la consola du mieux qu'elle put, et la reconduisit dans sa chambre, où elle la fit soigner en cachette et où elle la paya des propres deniers d'Arriguccio, de façon à la laisser satisfaite. Et aussitôt qu'elle eut ramené la servante dans sa chambre, elle se hâta de remettre en ordre son propre lit comme si personne ne s'y fût couché ; elle ralluma la lampe, s'habilla et se rajusta comme si elle n'avait pas encore été au lit ; puis ayant allumé une lanterne et pris ses vêtements, elle alla s'asseoir à la cime de l'escalier où elle se mit à coudre et à attendre ce qui allait advenir de tout cela.

« Arriguccio, sorti de chez lui, s'en alla du plus vite qu'il put chez les frères de sa femme, et frappa à leur porte jusqu'à ce qu'on l'eût entendu et qu'on lui eût ouvert. Les frères de la dame, qui étaient au nombre de trois, ainsi que sa mère, entendant que c'était Arriguccio qui venait, se levèrent tous et, ayant fait allumer des lumières, vinrent à lui et lui demandèrent ce qu'il allait cherchant ainsi à cette heure et tout seul. Sur quoi Arriguccio, depuis l'incident de la ficelle qu'il avait trouvée attachée au doigt de pied de Monna Sismonda, jusqu'à ce qu'il avait vu et fait ensuite, leur raconta tout ; et pour leur donner une bonne preuve de ce qu'il avait fait, il mit dans leurs mains les cheveux qu'il croyait avoir arrachés à sa femme, ajoutant qu'ils pouvaient venir et qu'ils lui pourraient faire ce qu'ils croiraient que leur honneur exigeait, pour ce qu'il n'entendait pas la garder plus longtemps chez lui. Les frères de la dame, fortement courroucés de ce qu'ils avaient entendu, car ils le tenaient pour vrai, et furieux contre elle, firent allumer des torches, et s'étant mis en route avec Arriguccio, s'en allèrent chez lui avec l'intention de faire un mauvais parti à leur sœur. Ce que voyant leur mère, elle se mit à les suivre en pleurant, les suppliant tour à tour de ne point croire si vite de pareilles choses sans en avoir vu ou en avoir appris davantage, pour ce que le mari pouvait fort bien s'être mis en colère contre elle et l'avoir battue pour un tout autre motif, et donner maintenant cette raison pour excuse ; elle ajoutait aussi qu'elle s'étonnait beaucoup que cela eût pu arriver, car elle connaissait bien sa fille, l'ayant élevée dès son plus jeune âge ; et elle leur tenait bon nombre de propos semblables.

« Arrivés à la maison d'Arriguccio et y étant entrés, ils se mirent à monter l'escalier. Monna Sismonda, les entendant venir dit : « — Qui est là ? — » A quoi l'un de ses frères répondit : « — Tu le sauras bien, qui c'est, femme « coupable. — » Monna Sismonda dit alors : « — Que veut « donc dire ceci ! Seigneur, aidez-nous ! — » Et, s'étant levée tout debout, elle dit : « — Mes frères, soyez les bien « venus ; que cherchez-vous tous trois à cette heure ? — » Ceux-ci, l'ayant vue assise et en train de coudre et sans qu'aucune trace sur sa figure n'indiquât qu'elle eût été battue, alors qu'Arriguccio leur avait dit qu'il l'avait toute meurtrie, s'étonnèrent tout d'abord, et, refrénant l'impétuosité de leur colère, lui demandèrent des explications sur ce dont Arriguccio se plaignait à son sujet, la menaçant vivement si elle ne leur disait pas tout. La dame leur dit : « — Je ne sais « ce que j'ai à vous dire, ni de quoi Arriguccio a pu se

« plaindre. — » Arriguccio, en la voyant, la regardait comme un homme tout abasourdi, se rappelant lui avoir donné plus de mille coups de poing sur la figure, l'avoir égratignée, bref lui avoir fait tout le mal du monde, tandis que maintenant il la voyait comme si rien ne s'était passé. Les trois frères lui racontèrent brièvement ce qu'Arriguccio leur avait dit au sujet de la ficelle, des mauvais traitements qu'il lui avait infligés, enfin tout. La dame, se tournant vers Arriguccio, dit : « — Eh! mon mari, qu'est-ce que j'entends ? Pourquoi « me fais-tu passer, à ta grande vergogne, pour une femme « coupable, alors que je ne le suis pas, et te fais-tu passer, « toi, pour l'homme méchant et cruel que tu n'es point ? « Avec qui as-tu été céans cette nuit, si ce n'est avec moi ? « Quand m'as-tu battue ? Pour moi, je ne m'en souviens « point ? — »

« Arriguccio se mit à dire : « — Comment, méchante « femme, n'avons-nous pas été ensemble au lit ? Ne suis-je « point revenu ici, moi, après avoir poursuivi ton amant ? « Ne t'ai-je pas donné mille coups et arraché les cheveux?—» La dame répondit : « — Tu n'as point couché céans hier « soir. Mais laissons cela, car je ne puis en donner d'autres « preuves que mes paroles qui disent vrai, et venons-en à ce « que tu dis de m'avoir battue et arraché les cheveux. Tu « ne m'as jamais battue ; que tous ceux qui sont ici et toi-« même me fassiez voir si j'ai aucune trace de coups sur « toute ma personne ! Et je ne te conseillerais pas d'être « assez hardi pour porter la main sur moi, car, par la croix « de Dieu, je te dévisagerais de belle sorte. Tu ne m'as pas « davantage arraché les cheveux ; du moins je ne l'ai ni senti « ni vu ; mais peut-être me les as-tu arrachés sans que je « m'en aperçusse. Voyons voir si je les ai arrachés ou « non. — » Et, ayant ôté ses voiles de sa tête, elle montra que ses cheveux n'avaient point été arrachés, mais qu'ils étaient entiers.

« Ce que voyant et entendant les trois frères et la mère, ils se mirent à dire à Arriguccio : « — Que veux-tu dire, « Arriguccio ? Ce n'est pas là ce que tu es venu nous dire « que tu avais fait, et nous ne savons pas comment tu pour-« ras prouver le reste. — » Arriguccio était comme dans un rêve et voulait parler, mais voyant que ce qu'il croyait pouvoir facilement prouver n'existait pas, il n'osait rien dire. La dame, s'étant tournée vers ses frères, dit : « — Mes frè-« res, je vois qu'il est allé chercher ce que je ne voulais « jamais faire, à savoir que je vous raconte ses misères et « sa méchanceté ; et bien, je le ferai. Je crois fermement « que ce qu'il vous a dit lui est arrivé et qu'il l'a fait ; écou-« tez comment. Ce galant homme à qui pour male heure « vous m'avez donnée pour femme ; qui se fait appeler mar-

« chand et veut passer pour l'être ; qui devait être plus so-
« bre qu'un religieux et plus honnête qu'une demoiselle, il
« se passe peu de soirs qu'il n'aille s'enivrer par les taver-
« nes, courant les mauvaises femmes, tantôt celle-ci, tantôt
« celle-là ; pour moi, il faut que je l'attende jusqu'à
« minuit et parfois jusqu'au matin, comme vous ve-
« nez de me trouver. Je suis sûre, qu'étant complètement
« ivre, il est allé se coucher avec une de ces tristes créatu-
« res. et qu'en se réveillant il lui a trouvé une ficelle atta-
« chée au pied, et qu'alors il lui a fait toutes les belles
« prouesses qu'il dit : il est retourné près d'elle, l'a battue
« et lui a arraché les cheveux, et, comme il n'était pas en-
« core bien revenu en lui-même, il a cru, et je suis persua-
« dée qu'il croit encore, m'avoir fait tout cela à moi. Et si
« vous l'examinez bien au visage, il est encore à moitié ivre.
« Mais pourtant, quoi qu'il ait dit de moi, je veux que vous
« n'en teniez pas plus compte que de ce que dit un homme
« ivre, et puisque je lui pardonne, je veux que vous lui
« pardonniez aussi. — »

La mère de la dame, entendant cela, commença à crier
et à dire : « — Par la croix de Dieu, ma fille, cela ne de-
« vrait pas se passer ainsi ; il faudrait, au contraire, tuer
« ce chien fastidieux et ingrat, car il n'a jamais été digne
« d'avoir une jeunesse comme toi. Voyez un peu ! il n'aurait
« pas fait autrement s'il t'avait trouvée dans la fange ! Puisse-
« t-il désormais vivre à la male heure, si tu dois rester sous
« le coup des propos d'un mauvais marchand de fressure
« d'âne ! Ils viennent tous ici de leur village, sortis de la
« canaille et vêtus de gros drap de Romagne, les chausses
« tombantes et la plume au cul, et dès qu'ils ont trois sols,
« il leur faut pour femmes les filles des gentilshommes et
« des nobles dames ; ils se font faire des armoiries et ils
« disent : je suis de telle famille ; ceux de ma maison ont
« fait ceci et cela. Que je voudrais donc que mes fils n'eus-
« sent point suivi mes avis, car ils te pouvaient si honora-
« blement faire entrer dans la maison des comtes Guidi,
« avec une petite dot ! Mais ils ont voulu te donner cette
« belle joie, à savoir que, tandis que tu es la meilleure fille
« de Florence et la plus honnête, ton mari n'a pas eu honte
« de venir dire en plein minuit que tu es une putain, comme
« si nous ne te connaissions pas ! Mais par ma foi en Dieu,
« si l'on voulait m'en croire, on lui donnerait une telle cor-
« rection qu'il s'en repentirait. — » Et, s'étant tournée vers
ses fils, elle dit : « — Mes fils, je vous disais bien que cela
« ne pouvait pas être. Avez-vous entendu comment votre
« cher beau-frère traite votre sœur ? Mauvais marchand de
« quatre deniers qu'il est ! Si j'étais de vous, après ce qu'il
« a dit d'elle et ce qu'il a fait, je ne me tiendrais pas pour

« satisfaite ni vengée avant de l'avoir fait disparaître de ce
« monde ; et si j'étais un homme, comme je suis une femme,
« je ne voudrais pas qu'aucun autre que moi se chargeât de
« son affaire. Seigneur, punis-le, ce méchant ivrogne, qui
« n'a point de honte. — »

« Les jeunes gens, voyant et entendant tout cela, se tournèrent vers Arriguccio et lui adressèrent les plus grosses injures qui eussent jamais été dites à un méchant homme ; finalement ils lui dirent : « — Nous te pardonnons celle-là
« comme à un homme ivre ; mais garde-toi sur ta vie que
« nous entendions jamais plus de semblables nouvelles, car
« pour sûr, s'il nous en parvient encore aux oreilles, nous
« te paierons en même temps celle-là et les autres. — »
Ayant ainsi parlé, ils s'en allèrent.

« Arriguccio était resté tout ébahi, ne sachant en lui-même si ce qu'il avait fait était vrai ou s'il avait rêvé ; sans plus rien dire, il laissa sa femme en paix. Celle-ci, par sa sagacité, non seulement évita le péril survenu, mais trouva le moyen de faire selon son plaisir, sans avoir plus aucune peur de son mari. — »

NOUVELLE IX

Lidia, femme de Nicostrate, aime Pirrus. Celui-ci, pour croire à son amour, lui demande trois choses qu'elle fait toutes les trois ; en outre, en présence de Nicostrate, elle se satisfait avec lui et fait croire à Nicostrate que ce qu'il a vu n'est point vrai.

La nouvelle de Néiphile avait paru si plaisante, que les dames ne pouvaient se tenir d'en rire et d'en parler, bien que le roi leur eût imposé plusieurs fois silence, ayant ordonné à Pamphile de dire la sienne. Cependant, quand elles se turent, Pamphile commença ainsi : « — Je ne crois pas, révérentes dames, qu'il existe chose au monde, quelque grave et douteuse qu'elle soit, que n'ose faire quiconque aime ferventement. Bien que cela ait été démontré dans nombre de nouvelles, néanmoins je crois que je vous le démontrerai bien plus encore par une que j'entends vous dire, et où vous entendrez parler d'une dame à qui la fortune fut d'autant plus favorable qu'elle avait montré peu de prudence ; et pour ce, je ne conseillerais à aucune de vous de marcher sur les traces de la dame dont je veux parler, attendu que la fortune n'est pas toujours favorablement disposée, et que les hommes ne sont pas tous également sots en ce monde.

« Dans Argos, très ancienne cité d'Achaïe que ses anciens rois ont rendue plus fameuse que grande, fut jadis un noble homme appelé Nicostrate, et à qui, déjà voisin de la vieillesse, la fortune donna pour femme une grande dame non moins ardente que belle, dont le nom était Lidia. Notre homme, étant noble et riche, entretenait un nombreux domestique, des chiens et des oiseaux, et prenait un grandissime plaisir à chasser. Il avait, parmi ses autres familiers, un jeune homme bien fait, élégant et beau de sa personne, adroit à tout ce qu'il entreprenait, nommé Pirrus. Nicostrate l'aimait par-dessus tout, et avait en lui la plus entière confiance. Lidia s'en énamoura fortement, à tel point que, ni de jour ni de nuit, elle ne pouvait penser à autre chose. Mais de cet amour, soit qu'il ne s'en fût point aperçu ou qu'il n'en voulût pas, Pirrus ne paraissait se préoccuper, de quoi la dame portait en son cœur un intolérable ennui. Résolue à lui dévoiler toute son ardeur, elle fit venir près d'elle une sienne camériste nommée Lusca, en qui elle avait grande confiance, et elle lui parla ainsi : « — Lusca, les bienfaits
« que tu as reçus de moi doivent te rendre obéissante et
« fidèle ; pour ce, garde-toi de faire jamais connaître à per-
« sonne ce que je vais te dire présentement, sinon à celui
« à qui je t'ordonnerai de le dire. Comme tu vois, Lusca, je
« suis dame, jeune et fraîche, et abondamment pourvu de
« tout ce qu'une femme peut désirer ; bref, hors une chose,
« je ne puis me plaindre, et cette chose c'est que les années
« de mon mari sont trop nombreuses si on les mesure aux
« miennes ; pour quoi, je vis dans la privation de ce que
« les femmes ont le plus de plaisir à avoir. Cependant,
« comme je désire cette chose autant que les autres femmes,
« j'ai depuis longtemps résolu, puisque la fortune m'a été
« si peu amie de me donner un mari si vieux, de ne pas
« être assez ennemie de moi-même pour ne pas trouver un
« moyen de satisfaire mes plaisirs et de me soulager. Pour
« avoir ces plaisirs aussi complets en cela qu'en toute autre
« chose, j'ai pris un parti, à savoir que notre Pirrus, comme
« plus digne de cela que quiconque, y supplée par ses em-
« brassements, et je lui ai voué un tel amour, que je n'é-
« prouve de plaisir qu'en le voyant ou qu'en pensant à lui ;
« bref, si je n'ai pas sans retard un rendez-vous avec
« lui, pour sûr je crois que je mourrai. Pour quoi, si ma
« vie t'est chère, tu lui dévoileras mon amour de la façon
« qui te paraîtra la meilleure, et tu le prieras de ma part
« qu'il consente à venir me trouver quand tu iras le cher-
« cher. — »

« La camériste dit qu'elle le ferait volontiers ; et ayant

trouvé le moment et le lieu propices, elle prit Pirrus à part et du mieux qu'elle sut, elle s'acquitta de l'ambassade dont sa dame l'avait chargée. En entendant cela, Pirrus s'étonna fortement, en homme qui ne s'était aperçu de rien, et craignit que la dame ne lui fît tenir ce langage pour l'éprouver ; pour quoi, il répondit sur le champ d'une façon rude : « — Lusca, je ne puis croire que ces paroles viennent de « ma dame, et pour ce, prends garde à ce que tu dis ; si « elles viennent bien d'elle, je ne crois pas qu'elle te les « fasse dire de bon cœur ; et si elle te les fait dire de bon « cœur, comme mon maître me traite mieux que je ne mérite, « je ne lui ferais pas sur ma vie un pareil outrage ; donc, « garde-toi de me tenir plus longtemps de semblables pro- « pos. — » La Lusca, nullement troublée par son air rigide, lui dit : « — Pirrus, de cela et de tout ce que ma dame « voudra, je te parlerai toutes les fois qu'elle me l'ordon- « nera, que cela te doive procurer plaisir ou ennui ; mais « tu es une bête. — » Et toute courroucée par les paroles de Pirrus, elle s'en revint vers la dame qui, en l'entendant, désira mourir. Mais, au bout de quelques jours, ayant reparlé à la camériste, elle lui dit : — « Lusca, tu sais que « le chêne ne tombe pas du premier coup ; pour quoi, « je crois qu'il faut que tu retournes vers celui qui, à mon « grand dommage, veut m'être déloyal, et, choisissant le « moment convenable, que tu lui démontres bien quel est « mon amour pour lui ; qu'enfin tu t'efforces d'amener la « chose à bon résultat, pour ce que si on la laissait ainsi, « j'en mourrais, et il croirait avoir été bafoué ; de sorte « qu'au lieu de son amour que je cherche, je n'obtiendrais « que sa haine. — » La camériste réconforta la dame, et s'étant mise à la recherche de Pirrus, elle le trouva joyeux et dispos, et elle lui dit ainsi :

« — Pirrus, je t'ai montré, il y a quelques jours, de quel « feu brûle notre maîtresse à cause de l'amour qu'elle te « porte, et je t'en assure aujourd'hui de nouveau ; si tu per- « sistes dans la dureté que tu as témoignée l'autre jour, tu « peux être certain qu'elle ne vivra pas longtemps ; pour « quoi, je t'en prie, consens à satisfaire son désir ; et si tu « persistes dans ton obstination, moi qui te croyais très « sage, je te tiendrai pour un sot. Quelle plus grande gloire « peut-il t'arriver que de te voir aimer par-dessus tout par « une telle dame, si belle et si noble ? En outre, combien « n'as-tu pas à te reconnaître obligé de la fortune, en pen- « sant qu'elle a mis devant toi toute prête une chose si con- « forme aux désirs de ta jeunesse, et un tel soulagement à « tes besoins ? Quel est l'homme de ta condition que tu « pourras voir en meilleure position pour ses ébats que tu « le seras, toi, si tu es avisé ? quel autre pourras-tu voir

« mieux fourni en armes, en chevaux, en vêtements et en
« argent, que tu le seras si tu consens à donner ton amour
« à cette dame? ouvre donc ton cœur à mes paroles et re-
« tourne en toi-même; rappelle-toi qu'une fois seulement,
« et jamais plus, il arrive que la fortune vient à nous d'un air
« joyeux et les bras ouverts; celui qui ne sait alors l'accueillir
« et qui plus tard se voit pauvre et misérable, ne doit se
« plaindre que de soi-même et non d'elle. Puis, il ne doit point
« exister une même loyauté entre les serviteurs et les maî-
« tres, qu'entre les amis et les parents; au contraire, les
« serviteurs doivent, en tant qu'ils peuvent, traiter les maî-
« tres comme ils sont eux-mêmes traités par eux. Crois-tu,
« si tu avais une belle femme, une mère, une fille, ou une
« sœur qui aurait plu à Nicostrate, qu'il observerait envers
« toi la loyauté que tu veux lui garder au sujet de sa femme?
« aie pour certain que, si les promesses et les prières ne
« suffisaient pas, il emploierait la force, quoi que tu dusses
« en penser. Traitons-les donc, eux et leurs choses, comme
« ils nous traitent nous et les nôtres. Use du bénéfice de
« la fortune, ne la repousse pas; fais-lui face et reçois-la
« quand elle vient, car pour sûr, si tu ne le fais pas,
« sans compter que ta dame en mourra, tu t'en repen-
« tiras toi-même tant de fois que tu désireras mourir
« aussi. — »

« Pirrus, qui avait plusieurs fois songé à ce que lui avait
dit la Lusca, avait déjà résolu, si elle revenait le trouver, de
faire une toute autre réponse et de consentir en tout à complaire à la dame, pourvu qu'il pût être certain qu'elle ne
voulait pas l'éprouver; pour ce, il répondit : « — Vois-tu,
« Lusca, je reconnais pour vrai tout ce que tu me dis; mais
« d'autre part, je sais que mon maître est fort sage et fort
« avisé. Comme il a remis toutes ses affaires en mes mains,
« je crains bien que Lidia, sur son avis et d'après son ordre,
« ne fasse ainsi que pour m'éprouver; et pour ce, si elle veut
« faire trois choses que je demanderai pour éclaircir mes
« doutes, il n'est rien ensuite que je ne fasse promptement
« quand elle me commandera. Les trois choses que je veux
« sont celles-ci : Premièrement, qu'en présence même de
« Nicostrate, elle tue son bon épervier; puis qu'elle m'envoie
« une touffe de la barbe de Nicostrate, et enfin une dent de
« celui-ci et des meilleures. — » Ces choses parurent difficiles à la Lusca et très difficiles à la dame; cependant Amour
qui sait réconforter les cœurs, et qui est grand maître en
fait de conseils, la fit se décider à tenter l'aventure, et la
dame envoya dire à Pirrus, par sa camériste, qu'elle ferait
pleinement et vite ce qu'il avait demandé; en outre, puisqu'il tenait Nicostrate pour si avisé, elle fit dire qu'elle se
satisferait avec Pirrus en présence de Nicostrate même et

qu'elle ferait croire à Nicostrate que ce n'était pas vrai. Sur quoi Pirrus attendit ce que ferait la gente dame.

« A quelques jours de là, Nicostrate ayant donné à quelques gentilshommes un grand dîner, comme il avait coutume de le faire assez souvent, et les tables étant déjà levées, la dame, vêtue d'un voile vert et fort parée, sortit de sa chambre et s'en vint en la salle où étaient les convives. Là, voyant Pirrus et les autres, elle alla droit au perchoir sur lequel se tenait l'épervier que Nicostrate aimait tant, le délia, comme si elle voulait le prendre sur sa main, et le saisissant par ses attaches, elle le lança contre la muraille et le tua. Comme Nicostrate lui criait : « — Eh! femme, qu'as-tu fait? — » elle ne lui répondit rien, mais s'étant retournée vers les gentilshommes qui avaient dîné avec lui, elle dit : « — Seigneurs,
« j'aurais peine à me venger d'un roi qui m'aurait fait ou-
« trage si je n'osais pas me venger d'un épervier. Il faut que
« vous sachiez que cet oiseau m'a enlevé tout le temps que
« les hommes doivent consacrer longuement aux plaisirs des
« dames; pour ce que, dès qu'apparaît l'aurore, Nicostrate
« se lève, monte à cheval, et, son épervier en main, s'en va
« à travers les plaines pour le voir voler ; et moi, telle que
« vous me voyez, je reste au lit seule et mal satisfaite. Pour
« quoi, j'ai voulu faire ce que je viens de faire maintenant ;
« et aucun autre motif ne m'en a empêchée, sinon que j'at-
« tendais de le pouvoir faire en présence d'hommes qui fus-
« sent justes juges de mes griefs, comme je crois que vous
« le serez. — » Les gentilshommes qui l'écoutaient, croyant que son affection pour Nicostrate était conforme à ce que dénotaient ses paroles, se tournèrent tous en riant vers Nicostrate qui était tout courroucé, et se mirent à dire : « — Eh! comme la dame a bien fait de venger son injure
« par la mort de l'épervier ! — » Et par divers propos sur cette matière, la dame étant déjà retournée dans sa chambre, ils changèrent en rire le courroux de Nicostrate. Pirrus, ce voyant, dit en lui-même : « — La dame a donné un
« excellent commencement à mes heureuses amours; fasse
« Dieu qu'elle continue. — »

« La dame ayant donc tué l'épervier, elle se trouva peu de jours après dans sa chambre avec Nicostrate: tout en lui faisant des caresses, elle se mit à plaisanter, et comme il lui tirait les cheveux par manière d'amusement, elle saisit cette occasion de faire la deuxième des choses que lui avait demandées Pirus ; l'ayant saisi vivement par une petite touffe de la barbe et se mettant à rire, elle tira si fortement qu'elle la lui arracha toute du menton. De quoi Nicostrate se plaignant, elle dit : « — Qu'as-tu donc, que tu me fais une pareille mine?
« Est-ce parce que je t'ai arraché peut-être six poils de la
« barbe ? Tu n'as pas éprouvé ce que j'ai senti moi, quand

« tu m'as tiré tout à l'heure les cheveux. — » Et continuant d'une parole à une autre, à plaisanter sur ce ton, la dame conserva sans qu'il s'en aperçut la touffe de barbe qu'elle lui avait arrachée, et l'envoya le jour même à son cher amant.

« Pour la troisième chose, la dame fut plus perplexe ; pourtant, comme elle était fort ingénieuse et qu'Amour la rendait plus ingénieuse encore, elle imagina un moyen de faire cette troisième chose. Nicostrate avait près de lui deux jeunes enfants que leurs pères lui avaient confiés pour que dans sa maison, étant gentilshommes, ils en apprissent les manières. De ces deux garçons, quand Nicostrate mangeait, l'un lui découpait les plats devant lui, l'autre lui servait à boire. La dame les ayant fait appeler, les persuada qu'ils sentaient mauvais de la bouche, et leur conseilla, quand ils serviraient Nicostrate, de tenir le plus qu'ils pourraient la tête en arrière, et surtout de ne jamais parler de cela à personne. Les jeunes garçons, le croyant, se mirent à procéder de la façon que leur avait indiquée la dame. Pour quoi, un jour elle demanda à Nicostrate : « — T'es-tu aperçu de ce que font ces garçons « quand ils te servent? — » Nicostrate dit : « — Mais oui, « j'ai même voulu leur demander pourquoi ils faisaient « ainsi. — » A quoi la dame dit : « — Ne le fais pas; je » saurai te le dire, moi; et je te l'ai caché un bon temps, « pour ne pas te causer de l'ennui; mais aujourd'hui je vois « que d'autres que moi commencent à s'en apercevoir, et je « ne dois plus te le cacher. Cela ne t'arrive pas pour autre « motif, sinon que tu sens fièrement mauvais de la bouche, « et je ne sais quelle en est la cause, pour ce que cela n'était « point d'habitude. C'est là une chose très fâcheuse pour toi « qui as coutume de fréquenter des gentilshommes, et pour « ce, il faudrait voir à soigner cela. — » Nicostrate dit alors : « — Que pourrait ce bien être? Aurais-je dans la bouche « quelque dent gâtée? — » A quoi Lidia dit : « — Peut-« être bien. — » Et l'ayant mené vers une fenêtre, elle lui fit ouvrir la bouche, et quand elle eut regardé de tous côtés, elle dit : « — Oh! Nicostrate, comment peux-tu l'avoir sup-« portée si longtemps? Tu en as une, de ce côté, qui, à ce « qu'il me semble, est non seulement gâtée, mais qui est « toute cassée, et pour sûr, si tu la gardes plus longtemps « dans la bouche, elle te gâtera toutes celles qui sont du « même côté; pour quoi, je te conseillerais de l'arracher « avant que le mal soit plus avancé. — » Nicostrate dit alors : « — Puisqu'il te semble ainsi, cela me plaît égale-« ment; envoie sans plus de retard chercher un praticien « qui me l'arrache. — » A quoi la dame dit : « — Ne plaise « à Dieu qu'un praticien vienne ici pour cela; il me semble « que cette dent tient si peu que, sans le secours d'aucun

« praticien, je l'arracherai moi-même très bien. D'un autre
« côté ces praticiens sont si cruels dans ces sortes d'opéra-
« tions, que je ne pourrais souffrir en aucune façon de te
« voir ou de te sentir entre les mains de quelqu'un d'eux ; et
« pour ce, je veux tout faire moi-même ; car au moins, si
« cela te fait trop de mal, je te laisserai tout de suite, ce
« que ne ferait pas un praticien. — »

« S'étant en conséquence fait apporter les fers pour une semblable besogne, et ayant renvoyé tout le monde de la chambre, elle retint seulement la Lusca, et s'enferma avec elle. Puis elle fit étendre Nicostrate sur un siège, et lui ayant mis les tenailles dans la bouche et ayant saisi une de ses dents, elle la lui arracha de vive force pendant que sa camériste le tenait solidement, et bien que la douleur le fît crier beaucoup. Lidia ayant mis la dent de côté et en ayant pris une autre très gâtée qu'elle tenait dans sa main, elle la lui montra, quasi mort de douleur qu'il était, en disant : « — Vois ce que tu as gardé si longtemps dans ta bouche. — » Nicostrate, la croyant, bien qu'il eût éprouvé une vive douleur et qu'il s'en plaignît beaucoup, s'imagina pourtant être guéri dès que la dent eut été arrachée ; et réconforté par une chose et par une autre, sa douleur apaisée, il sortit de la chambre. La dame prit aussitôt la dent et l'envoya à son amant, lequel, désormais certain de son amour, se déclara prêt à faire selon son plaisir.

« Mais la dame, désireuse de le rendre encore plus certain de son amour, et s'imaginant qu'elle resterait encore mille ans avant d'être réunie à lui, voulut tenir ce qu'elle lui avait promis en plus. Ayant feint d'être malade, elle fut un jour visitée par Nicostrate après dîner, et voyant que Pirrus était seul avec lui, elle les pria de l'aider à descendre au jardin pour se désennuyer. Pour quoi, Nicostrate l'ayant prise d'un côté et Pirrus de l'autre, ils la portèrent dans le jardin et la posèrent sur un petit pré, au pied d'un beau poirier. S'y étant assise, au bout d'un moment la dame qui avait déjà fait informer Pirrus de ce qu'il avait à faire, dit : « — Pirrus,
« j'ai grand désir d'avoir de ces poires ; monte donc sous le
« poirier et jette-nous en quelques-unes. — » Pirrus, y étant monté sur le champ, se mit à jeter des poires, et pendant qu'il les jetait, il se mit à dire : « — Hé ! messire, qu'est-ce
« que vous faites? Et vous, madame, comment n'avez-vous
« pas vergogne de permettre cela en ma présence? Croyez-
« vous que je sois aveugle? Vous étiez cependant si malade
« tout à l'heure ; comment êtes-vous si vite guérie, que vous
« fassiez de telles choses? Si vous voulez les faire, vous avez
« tant de belles chambres à votre disposition ; pourquoi n'al-
« lez-vous pas en l'une d'elles ; ce sera plus honnête que de
« faire de pareilles choses en ma présence. — » La dame,

se tournant vers son mari, dit : « — Que dit Pirrus ? Est-il
« fou ? — » Pirrus dit alors : « — Non, je ne suis pas fou,
« madame ; ne croyez-vous donc pas que je vous vois ? — »
Nicostrate s'étonna fort et dit : « — Pirrus, je crois vrai-
« ment que tu rêves. — » A quoi Pirrus répondit : « — Mon
« seigneur, je ne rêve nullement, et vous non plus vous ne
« rêvez pas ; vous vous démenez si bien au contraire, que si
« ce poirier se démenait de la sorte, il n'y resterait rien
« dessus. — » La dame dit alors : « — Que peut être cela ?
« serait-il vrai qu'il lui parût comme il dit ? Par mon salut
« en Dieu, si j'étais bien portante comme je l'étais naguère,
« je monterais sur le champ sur le poirier pour voir quelles
« sont ces choses étonnantes qu'il prétend voir. — »

« Cependant Pirrus, toujours sur le poirier, continuait à
tenir les mêmes propos. Sur quoi, Nicostrate dit : « — Des-
cends. — » Et Pirrus descendit. Alors il lui dit : « — Qu'est-ce
« que tu dis que tu vois ? — » Pirrus dit : « — Je crois que
« vous m'avez pris pour un homme sans jugement ou pour un
« endormi ; je vous voyais couché sur votre femme, puis-
« qu'il faut vous le dire ; puis, pendant que je descendais,
« je vous ai vu vous lever et vous rasseoir comme vous êtes
« maintenant. — » « — Vraiment — dit Nicostrate — as-tu
« perdu l'esprit à ce point ? Quand tu as été monté sur le poi-
« rier, nous n'avons pas bougé et nous sommes restés comme
« tu nous vois. — » A quoi Pirrus dit : « — Pourquoi dis-
« cutons-nous là-dessus ? je vous ai bien vu ; et si je vous ai
« vu, vous étiez sur votre propre bien. — » Nicostrate, de
plus en plus émerveillé, finit par lui dire : « — Je vais bien
« voir si ce poirier est enchanté, et si ceux qui y montent
« voient les merveilles que tu dis. — » Et il y monta. A
peine y fut-il, que la dame et Pirrus commencèrent à se
satisfaire ensemble ; ce que voyant Nicostrate, il se mit à
crier : « — Ah ! femme criminelle, qu'est-ce que tu fais là ?
« Et toi, Pirrus, en qui j'avais le plus de confiance ! — » Et
ainsi disant, il se mit à descendre du poirier. La dame et
Pirrus disaient : « — Rasseyons-nous — » Et le voyant des-
« cendre, ils se rassirent comme ils étaient quand il les
« avait laissés.

Quand Nicostrate fut à terre et qu'il les vit comme il les
avait laissés, il se mit à leur dire des injures. A quoi Pirrus
dit : « — Nicostrate, maintenant j'avoue que, comme vous
« me le disiez auparavant, j'ai mal vu pendant que j'étais
« sur le poirier ; et je le reconnais à cela seul que je vois et
« que je sais que vous avez mal vu vous-même. Et que je
« dise vrai, rien ne vous le montre mieux que la réflexion
« que vous pouvez vous faire, à savoir que votre femme qui
« est la plus honnête et la plus sage qu'il y ait, voulant vous
« faire un tel outrage, se garderait de le faire devant vos

« yeux. De moi, je ne veux rien dire, mais je me laisserais
« écorcher avant même d'en avoir la pensée, loin par con-
« séquent de le faire en votre présence. Pour quoi, la faute
« de cette apparence doit certainement provenir du poi-
« rier; pour ce que le monde entier ne m'aurait pas dis-
« suadé que vous n'ayez été là, avec votre femme, goûtant
« tous deux le plaisir charnel, si je ne vous avais entendu
« dire à vous qu'il vous avait semblé que j'eusse fait ce à
« quoi je n'ai certes jamais songé, loin de l'avoir jamais
« fait. »

« Après qu'il eut ainsi parlé, la dame qui se montrait fort courroucée, s'étant levée, se mit à dire : « — Soit à la male
« aventure si tu m'as crue si peu avisée que, voulant me
« livrer aux tristes choses que tu dis avoir vues, je serais
« venu les faire devant tes yeux. Sois sûr que si le désir
« m'en prenait, je ne viendrais point ici; mais je saurais
« bien m'enfermer dans une de nos chambres de façon à
« m'assurer que tu ne le saurais jamais. — » Nicostrate à qui semblait vrai ce qu'un et l'autre disaient, à savoir qu'ils ne se seraient pas laissés entraîner à commettre un pareil acte devant lui, laissant de côté les reproches, se mit à parler de la nouveauté du fait et du miracle de la vue qui changeait ainsi les choses pour quiconque montait sur le poirier. Mais la dame qui se montrait encore courroucée de l'opinion que Nicostrate avait eue un instant sur elle, dit : « — Vraiment, ce poirier ne fera plus désormais de
« ces hontes ni à moi ni à aucune autre femme, si je peux;
« pour ce, Pirrus, cours et va chercher une scie, et venge-
« nous d'un seul coup toi et moi en le coupant, quoiqu'il
« vaudrait peut-être mieux d'en donner sur la tête à Ni-
« costrate qui, sans aucune considération, s'est laissé si
« promptement éblouir les yeux de l'intellect; car bien qu'à
« ceux que tu portes à la tête il parût comme tu le dis,
« pour aucune raison tu ne devais dans ta pensée consen-
« tir à croire que c'était vrai. — »

« Pirrus alla promptement chercher une scie et coupa le poirier. Dès que la dame l'eut vu par terre, elle dit à Nicostrate : « — Puisque je vois abattu l'ennemi de mon honneur,
« ma colère s'en est allée. — » Et elle pardonna généreuse-
« ment à Nicostrate qui l'en priait, lui imposant pour condition de ne plus jamais la soupçonner, elle qui l'aimait plus que soi-même, d'une pareille chose. Sur quoi, le malheureux mari bafoué s'en revint avec elle et avec son amant au palais où, depuis ce jour, Pirrus et Lidia prirent à leur aise plaisir l'un et l'autre. Dieu nous en accorde autant à nous! — »

NOUVELLE X

Deux Siennois aiment une dame commère de l'un d'eux. Le compère meurt et revient trouver son ami, selon la promesse qu'il lui avait faite, et lui raconte ce qu'il y a dans l'autre monde.

Il ne restait plus qu'au roi à dire sa nouvelle. Quand il vit que les dames, qui avaient été fort marries de la chute du poirier — lequel n'en pouvait mais — étaient un peu consolées, il commença : « — C'est chose très manifeste que tout roi juste doit être le premier serviteur des lois faites par lui ; et, s'il fait autrement, on doit le regarder comme un esclave digne de punition, et non comme un roi. C'est pourtant dans cette faute et dans cette répréhension que moi, qui suis votre roi, je me vois quasi contraint de tomber. Il est vrai qu'hier, en donnant la loi pour nos récits d'aujourd'hui, j'avais l'intention de ne pas user de mon privilège et de me conformer comme vous au sujet sur lequel vous avez tous parlé ; mais non seulement il a été parlé de ce que j'avais imaginé de dire moi-même, mais il a été dit sur ce sujet tant d'autres choses, et des plus belles, que, pour moi, quelque soigneusement que je cherche en ma mémoire, il m'est impossible de rien me rappeler qui se puisse comparer à ce qui a déjà été dit. Pour ce, forcé de contrevenir à la loi par moi faite, et meritant en cela une punition, je me déclare prêt à subir dès à présent toute amende qui me sera infligée, et je reprends mon privilège accoutumé. Je dis donc que la nouvelle dite par Élisa sur le compère et la commère, et d'autre part la sottise des Siennois, ont tant de force, très chères dames, que — laissant de côté les tromperies faites aux maris imbéciles par leurs femmes rusées — elles m'amènent à vous conter une petite nouvelle concernant aussi les Siennois, et qui, bien qu'elle contienne beaucoup de choses qu'on ne doit point croire, sera néanmoins en partie plaisante à entendre.

« Il y eut donc autrefois à Sienne deux jeunes gens du peuple, nommés l'un Tingoccio Mini, l'autre Meuccio di Tura. Ils habitaient près de la porte Salaja, étaient presque toujours ensemble et paraissaient s'aimer beaucoup. En allant, comme font les hommes, aux églises et aux sermons, ils avaient entendu à diverses reprises parler de la gloire ou de la misère qui, suivant leurs mérites, étaient concédées dans l'autre monde aux âmes des morts. Désirant être renseignés d'une manière certaine sur tout cela, et ne sachant comment, ils se promirent l'un à l'autre que celui des deux qui mourrait le premier, reviendrait, si c'était possible, trouver celui qui serait resté vivant, et lui donnerait des nouvelles de ce qu'il désirait savoir ; ils s'engagèrent par serment à faire ainsi. Cette promesse faite, et les deux amis continuant à vivre en étroites relations, comme il été dit plus haut, il advint que Tingoccio devint le compère d'un Ambruogio Anselmini, qui demeurait à Camporeggi et qui avait eu un fils de sa femme nommée Mona Mita.

« Tingoccio, visitant parfois en compagnie de Meuccio sa susdite commère qui était une très belle et très appétissante dame, s'énamoura d'elle nonobstant le compérage ; de son côté, Meuccio, soit qu'elle lui plût aussi, soit qu'il l'entendît beaucoup vanter par Tingoccio, en devint amoureux. Ils se gardaient de se découvrir l'un à l'autre cet amour, mais non pour le même motif : Tingoccio se gardait de le découvrir à Meuccio pour ce qu'il lui semblait commettre une mauvaise action en aimant sa commère, et qu'il aurait rougi que quelqu'un le sût ; Meuccio, lui, avait une tout autre raison, il cachait son amour parce qu'il s'était aperçu que la dame plaisait à Tingoccio. Il se tenait ce raisonnement : « — Si je le lui découvre, il en prendra de la jalousie « contre moi ; et comme il peut tout à son aise parler à la « dame en sa qualité de compère, il me rendra odieux le « plus qu'il pourra, et de la sorte je n'aurai jamais d'elle « chose qui me plaise. — »

« Les deux jeunes gens étant ainsi amoureux, comme je viens de le dire, il arriva que Tingoccio, auquel il était plus facile d'ouvrir son désir à la dame, sut si bien faire par ses actes et par ses paroles, qu'il obtint d'elle ce qu'il voulait ; de quoi Meuccio s'aperçut bien, et quoique cela lui déplût fort, pourtant, espérant aussi arriver un jour à ses fins, il fit semblant de ne point s'en apercevoir, afin que Tingoccio n'eût aucun prétexte de gâter ou d'entraver ses projets. Les deux compagnons aimant ainsi, l'un plus heureusement que l'autre, Tingoccio trouvant le terrain doux et propice dans les domaines de la commère, y bêcha et y laboura tellement, qu'il y prit une maladie, laquelle au bout de quelque temps devint si forte, qu'il ne put en guérir et passa de cette vie. Trois jours après son trépas — il n'avait probablement pas pu le faire plus tôt — il s'en vint la nuit, suivant la promesse faite, dans la chambre de Meuccio qui dormait profondément, et l'appela. Meuccio, s'étant réveillé, dit : « — Qui es-tu ? — » A quoi il répondit : « — Je suis Tingoccio ; suivant la pro-« messe que je t'ai faite, je suis venu te dire des nouvelles « de l'autre monde. — » Meuccio fut d'abord un peu épouvanté en le voyant, mais pourtant, s'étant rassuré, il dit : « — Sois le bien venu, mon frère. — » Puis il lui demanda

s'il était perdu. A quoi Tingoccio répondit : « — Les choses
« perdues sont celles qui ne se retrouvent point ; et com-
« ment serais-je ici, si j'étais perdu ? — » « — Eh ! — dit
« Meuccio — je ne dis pas cela, mais je te demande si tu
« es parmi les âmes damnées dans le feu vengeur de l'en-
« fer. — » A quoi Tingoccio répondit : « — Non ; mais je
« suis, pour les péchés par moi commis, en grandissime
« peine et en grave angoisse. — » Meuccio demanda alors
en détail à Tingoccio quelle peine on infligeait là-bas pour
chacun des péchés qui se commettent ici, et Tingoccio les
lui dit toutes. Puis Meuccio lui demanda s'il voulait qu'il fît
quelque chose pour lui sur la terre. A quoi Tingoccio répondit que oui, à savoir qu'il fît dire pour lui des messes et des
prières et qu'il fît faire des aumônes, pour ce que ces choses
aident fort ceux qui sont là-bas. Meuccio dit qu'il le ferait
volontiers ; et comme Tingoccio allait le quitter, Meuccio
se souvint de la commère, et ayant soulevé un peu la tête
il dit : « — A propos, Tingoccio, je me rappelle : et la
« commère avec laquelle tu as couché, quand tu étais en ce
« monde, quelle peine t'a-t-on infligée là-bas, à son su-
« jet ? — » A quoi Tingoccio répondit : « — Mon frère,
« comme j'arrivai là-bas, j'en trouvai un qui paraissait
« savoir tous mes péchés par cœur, et qui m'ordonna d'aller
« en un lieu où je devais pleurer mes fautes au milieu de
« grands tourments ; là, je trouvai de nombreux compagnons
« condamnés à la même peine que moi ; et, comme je me
« tenais parmi eux, me rappelant ce que j'avais fait avec la
« commère et attendant pour ce péché une peine plus grande
« encore que celle qui m'était imposée, bien que je fusse en
« un grand feu très ardent, je tremblais cependant de peur.
« Ce que voyant, quelqu'un qui était à côté de moi dit :
« — Qu'as-tu fait de plus que les autres qui sont ici, que
« tu trembles étant dans le feu ? — » « — Oh ! — dis-je —
« mon ami, j'ai grand'peur du jugement auquel je m'at-
« tends pour un grand péché que j'ai commis autrefois. — »
« Il me demanda alors quel péché c'était. A quoi je dis :
« — Ce péché fut celui-ci : Je couchais avec une mienne
« commère, et j'y ai tellement couché que j'y ai laissé la
« peau. — » Alors, lui, riant de cela, me dit : « — Va, sot
« que tu es, ne crains rien ; ici l'on ne tient aucun compte
« des commères. — » Ce qu'entendant je fus complètement
« rassuré. — » Cela dit, et le jour s'approchant, Tingoccio
« ajouta : « — Meuccio, adieu, car je ne puis plus longtemps
« rester avec toi. — » Et soudain il disparut.

« Meuccio, ayant appris qu'on ne tenait là-bas aucun
compte des commères, commença à se moquer de sa sottise,
pour ce que déjà il en avait épargné plusieurs. Pour quoi,
son ignorance ayant été mise de côté, il devint par la suite

fort savant sur ce point. Et si frère Renauld avait su cela, il n'aurait pas eu besoin de tant de frais d'éloquence pour amener sa bonne commère à faire selon son plaisir. — »

Zéphire était déjà levé, pour ce que le soleil s'approchait du ponant, quand le roi, sa nouvelle finie, et personne n'ayant plus à parler, ôta sa couronne et la mit sur la tête de la Lauretta en disant : « — Madame, je vous couronne de vous-même en vous faisant reine de notre compagnie ; sur quoi, c'est à vous d'ordonner désormais, comme Dame, ce que vous croirez nous être à tous plaisir et soulagement. — » Et il se rassit. La Lauretta, devenue reine, fit appeler le sénéchal à qui elle ordonna de faire dresser les tables dans la plaisante vallée, un peu avant l'heure habituelle, afin qu'ensuite on pût retourner au palais tout à son aise ; puis elle lui dit en détail ce qu'il avait à faire pendant que durerait son pouvoir. Ensuite, s'étant tournée vers la compagnie, elle dit : « — Dioneo voulut hier qu'on parlât aujourd'hui des tromperies que les femmes font aux maris ; et n'était que je veux montrer que je ne suis pas de la race des petits chiens hargneux qui se veulent sur-le-champ venger, je dirais que l'on devra parler demain des tromperies que les hommes font à leurs femmes. Mais, laissant cela de côté, je dis que chacun ait à songer à parler sur les tromperies que chaque jour les femmes font aux hommes et les hommes aux femmes, réciproquement les uns aux autres ; et je crois qu'en cela le plaisir ne sera pas moindre qu'il ne l'a été aujourd'hui. — » Cela dit, elle se leva debout, et donna congé à la compagnie jusqu'à l'heure du souper.

Sur ce, les dames se levèrent, ainsi que les hommes ; les uns, s'étant déchaussés, entrèrent dans l'eau claire ; les autres allèrent se promener parmi les beaux arbres qui se dressaient tout droits sur le pré vert. Dioneo et la Fiammetta chantèrent ensemble un grand morceau d'Arcita et Palémon ; et chacun variant ainsi ses ébats, ils passèrent en grandissime plaisir le temps jusqu'à l'heure du souper. Cette heure venue, ils se mirent à table au bord du petit lac, et là, aux chants de milliers d'oiseaux, sans cesse rafraîchis par un air suave qui venait des collines environnantes, sans être en aucune façon importunés par les mouches, ils soupèrent tranquillement et très gaîment. Les tables levées, quand ils eurent fait quelques tours dans la plaisante vallée, et comme le soleil était encore haut, ils reprirent à pas lents, sur l'heure de vesprée, suivant le désir de la reine, le chemin de leur demeure, et tout en parlant et devisant de mille choses, aussi bien de celles qui avaient été racontées ce jour-là que d'autres encore, ils arrivèrent au palais à la tombée de la nuit. Là, après s'être réconfortés, par des vins frais et des confetti, de la fatigue de leur petite promenade, ils se mirent à danser autour de la belle fontaine, tantôt aux sons de la cornemuse de Tindaro, tantôt aux sons d'autres instruments. La reine finit par ordonner à Philomène de dire une chanson, et Philomène commença ainsi :

Hélas ! que ma vie est malheureuse !
    Me sera-t-il jamais possible de revenir
    En l'état d'où m'arracha fâcheuse départie ?

Certes, je l'ignore, si grand est le désir
    Qui me brûle la poitrine
    De me retrouver en l'état où j'ai jadis été.
    O cher bien, ô ma seule paix,
    Toi qui m'étreins le cœur,
    Dis-le moi, toi ; car le demander à autrui,
    Je n'ose, et je ne sais du reste à qui.
    Hélas ! mon Seigneur, hélas ! fais-le moi espérer,
    Pour que je réconforte mon âme éperdue.

Je ne sais bien redire quel fut le plaisir
    Qui m'a si fort enflammée
    Que, ni jour ni nuit, je ne puis trouver de repos ;
    Pour ce que l'ouïr, le sentir et le voir
    M'embrasent chacun d'un nouveau feu
    Avec une force inaccoutumée,
    Et que nul autre que toi ne peut réconforter
    Ou faire revenir ma vertu effrayée.

Hélas ! dis-moi s'il doit arriver, — et quand cela sera —
    Que je retrouve jamais le plaisir que j'éprouvai
    Quand je baisai ces yeux qui m'ont fait mourir.
    Dis-moi, mon cher bien, mon âme,
    Quand tu reviendras,
    Et, en me le disant vite, réconforte-moi un peu.
    Que soit courte l'attente
    De l'heure où tu viendras, puis que ton séjour soit long,
    Pour que j'aie moins de regret qu'Amour m'ait ainsi blessée.

S'il advient jamais que je te possède encore,
    Je ne crois pas que je serai aussi sotte
    Que je fus quand je te laissai partir,
    Je te retiendrai, et il en arrivera ce que pourra.
    Et de ta douce bouche
    Il faut que je satisfasse mon désir.
    Je n'en veux pas dire davantage maintenant.
    Donc, viens vite, viens m'embrasser ;
    Rien que cette pensée à chanter m'invite.

Cette canzone fit penser à toute la compagnie qu'un nouvel et plaisant amour étreignait Philomène, et pour ce que les paroles semblaient dire qu'elle avait joui d'autre chose que de la simple vue de son amant, on la tint pour plus heureuse, et il y en eut qui lui portèrent envie. Mais quand la canzone fut finie, la reine se souvenant que le lendemain était un vendredi, dit gracieusement à tout le monde : « — Vous savez, nobles dames, et vous aussi, jeunes gens, que c'est demain le jour consacré à la passion de Notre Seigneur, et que, si je me souviens bien, nous l'avons dévotement célébrée, pendant que Neiphile était reine, en suspendant les joyeux récits, de même que pour le samedi suivant. Pourquoi, voulant suivre le bon exemple que nous a donné Néiphile, j'estime que c'est chose honnête que demain et après-demain, ainsi que nous avons fait précédemment, nous nous abstenions du plaisir de conter des nouvelles, et nous remettions en mémoire ce qui arriva autrefois en de pareils jours, pour le salut de nos âmes. — » La pieuse proposition de leur reine plut à tous, et après qu'elle leur eut donné congé, une bonne partie de la nuit étant déjà passée, ils allèrent se reposer.

HUITIÈME JOURNÉE

La septième journée du Décaméron finie, commence la huitième, dans laquelle sous le gouvernement de Lauretta, on devise des tromperies que chaque jour les femmes font aux hommes, de celles que les hommes font aux dames, ou de celles que les hommes se font entre eux.

Déjà, au sommet des plus hautes montagnes, apparaissaient, le dimanche matin, les rayons de la lumière naissante, et l'obscurité ayant complètement disparu, on discernait distinctement chaque chose, quand la reine s'étant levée ainsi que sa compagnie, ils s'en allèrent tout d'abord sur la colline, par les herbes pleines de rosée ; puis, vers la troisième heure, ils entrèrent dans une petite église voisine, où ils entendirent l'office divin. Revenus à la maison, ils mangèrent en liesse et en joie, chantèrent et dansèrent quelque peu, puis ayant eu congé de leur reine, ceux qui voulurent aller se reposer le purent. Mais quand le soleil eut passé le cercle du méridien, ils allèrent tous s'asseoir, selon qu'il plut à leur reine, auprès de la belle fontaine pour y conter des nouvelles comme d'habitude ; là sur le commandement de la reine, Néiphile commença ainsi :

NOUVELLE I

Gulfardo obtient de la femme de Guasparruolo de coucher avec elle moyennant une somme d'argent. Il emprunte la somme au mari et la donne à la dame. Puis, en présence de cette dernière, il dit à Guasparruolo qu'il a rendu l'argent prêté à sa femme et celle-ci est obligée de dire que c'est vrai.

« — Puisque Dieu a ainsi disposé que je doive commencer la présente journée par ma nouvelle, j'en suis contente. Et pour ce, amoureuses dames, comme il a été jusqu'ici beaucoup parlé des tromperies faites aux hommes par les femmes, il me plaît de vous en conter une faite à une femme par un homme ; non que j'entende blâmer dans cette nouvelle ce que fit l'homme en question, ni prétendre que cela ne fut pas bien fait pour la femme, mais pour louer au contraire l'homme et blâmer la femme, et pour montrer que les hommes, eux aussi, savent bafouer qui les croit, comme ils sont bafoués par ceux en qui ils ont confiance. Cependant, à qui voudrait plus proprement parler, ce que j'ai à vous dire ne saurait être donné comme une tromperie, mais se devrait appeler justice ; pour ce que la femme doit être très honnête, et garder sa chasteté comme sa propre vie, sans fournir le moindre prétexte à ce qu'on la dénigre. Mais comme toutefois cela ne se peut complètement à cause de notre fragilité, j'affirme qu'elle est digne du feu, celle qui se vend pour de l'argent, comme aussi celle qui cède par amour, — connaissant combien grandes sont ses forces — mérite pardon d'un juge quelque peu indulgent, ainsi que Philostrate, il y a quelques jours, nous a fait voir qu'on en avait usé envers madame Philippa à Prato.

« Il y eut donc jadis à Milan un Allemand à la solde, nommé Gulfardo, vaillant de sa personne et très loyal à ceux qu'il servait, ce qui d'ordinaire arrive rarement aux Allemands. Comme il rendait très loyalement l'argent qu'on lui prêtait, il aurait trouvé de nombreux marchands pour lui prêter à un petit intérêt tout l'argent qu'il aurait voulu. Pendant son séjour à Milan, il devint amoureux d'une très belle dame, nommée madame Ambruogia, femme d'un riche marchand qui avait pour nom Guasparruolo Cagastraccio, et avec lequel il était lié d'amitié. Il aimait la dame très discrètement, de sorte que le mari ni personne ne s'en était aperçu. Il lui fit un jour parler, la priant de vouloir bien lui accorder son amour, protestant que, de son côté, il était prêt à faire tout ce qu'elle lui commanderait. La dame, après de longs pourparlers, en vint à cette conclusion qu'elle était prête à faire ce que Gulfardo voulait, si deux choses devaient s'en suivre : à savoir l'une, que cela ne serait jamais révélé par lui à personne ; l'autre, que, en homme riche qu'il était, il lui donnerait deux cents florins d'or dont elle avait besoin pour quelque affaire ; ensuite, elle se tiendrait toujours à son service.

« Gulfardo, oyant cette avarice, et indigné de la vile proposition de celle qu'il croyait être une dame de valeur, changea quasi en haine son fervent amour pour elle, et résolut de la tromper. Il lui fit dire qu'il le ferait très volontiers, de même qu'il ferait tout ce qui lui plairait, pourvu que cela fût en son pouvoir ; qu'en conséquence elle lui fît dire quand elle voulait qu'il allât la trouver ; qu'alors il lui porterait l'argent, et que jamais personne ne le saurait, sauf un sien compagnon auquel il se fiait entièrement et qui l'accompagnait toujours dans tout ce qu'il faisait. La dame, en femme vile qu'elle était, fut satisfaite de cette réponse, et lui envoya dire que Guasparruolo son mari devait peu de jours après aller à Gênes pour ses affaires, qu'elle le lui ferait savoir, et l'enverrait chercher. Quand le moment lui sembla venu, Gulfardo s'en alla trouver Guasparruolo et lui dit : « — Je suis sur le point de traiter une affaire pour « laquelle j'ai besoin de deux cents florins d'or, que je veux « que tu me prêtes au même intérêt que tu m'en as prêté « d'autres. — » Guaspuarruolo dit : « — Volontiers, — » et il lui compta sur le champ la somme.

« Peu de jours après, Guasparruolo alla à Genève, comme l'avait dit la dame ; pour quoi, celle-ci envoya dire à Gulfardo de venir et de lui apporter les deux cents florins d'or. Gulfardo prit avec lui son compagnon, s'en alla chez la dame, et, l'ayant trouvée qui l'attendait, la première chose qu'il fit fut de lui remettre les deux cents florins d'or, en présence de son compagnon, et de lui dire : « — Madame, prenez « cet argent, et donnez-le à votre mari quand il sera de « retour. — » La dame prit les florins, sans comprendre pourquoi Gulfardo lui parlait ainsi ; elle crut qu'il le faisait pour que son compagnon ne s'aperçût pas qu'elle se donnait à lui pour de l'argent. Pour quoi, elle dit : « — Je le « ferai volontiers, mais je veux voir combien il y en a. — » Et ayant versé les florins sur une table et voyant qu'il y en avait bien deux cents, elle fut en elle-même fort contente. Elle les serra ; puis, étant revenue vers Gulfardo, elle le mena dans sa chambre où, non seulement cette nuit-là, mais plusieurs autres avant que son mari revînt de Gênes, elle le satisfit de sa personne.

« Guasparruolo étant de retour, Gulfardo saisit le moment où il était avec sa femme, alla le trouver et lui dit en présence de la dame : « — Guasparruolo, je n'ai pas eu besoin « de l'argent, c'est-à-dire des deux cents florins d'or que tu « me prêtas l'autre jour ; et pour ce, je les ai portés ici à « ta femme, et je les lui ai remis ; tu effaceras donc mon « compte. — » Guasparruolo, se tournant vers sa femme, lui demanda si en effet elle les avait reçus. La dame, qui voyait là le témoin, ne put nier, et dit « — Mais oui, je les « ai reçus ; je ne m'étais pas encore souvenue de te le « dire. — » Guasparruolo dit alors : « — Gulfardo, je suis « satisfait, allez avec Dieu ; j'effacerai, en effet, votre compte. « — » Gulfardo parti, la dame, se sentant jouée, donna à son mari le prix de son déshonneur et de sa méchanceté. Ainsi l'amant sagace, sans qu'il lui en coutât rien, jouit de son avare dame. — »

NOUVELLE II

Le curé de Varlungo couche avec Monna Belcolore. Il lui laisse en gage son manteau et lui emprunte un mortier. Quelque temps après, il lui renvoie le mortier en lui faisant redemander le manteau qu'il dit lui avoir laissé en garantie. La dame rend le manteau en exhalant sa mauvaise humeur par un proverbe de circonstance.

Les hommes et les dames approuvaient également ce que Gulfardo avait fait à l'avare Milanaise, quand la reine, s'étant tournée vers Pamphile, lui ordonna en souriant de poursuivre ; pour quoi, Pamphile commença ainsi : « — Belles dames, il faut que je vous dise une petite nouvelle contre ceux qui nous nuisent continuellement sans que nous puissions leur nuire à notre tour, c'est-à-dire contre les prêtres qui ont entrepris une véritable croisade contre nos femmes, et qui s'imaginent avoir non moins gagné le pardon de toutes leurs fautes, quand ils peuvent en mettre une sous eux, que s'ils avaient amené le soudan enchaîné d'Alexandrie à Avignon. Les malheureux séculiers ne peuvent leur en faire autant, bien qu'en livrant assaut avec une ardeur non moindre à leurs mères, leurs sœurs, leurs amies et leurs filles, ils soulagent leur colère. Pour ce, j'entends vous raconter une amourette de village dont la conclusion est plus risible qu'elle n'est longue à dire, et de laquelle vous pourrez encore cueillir ce fruit que d'un prêtre il ne faut pas toujours croire.

« Je dis donc qu'à Varlungo, village tout proche d'ici, comme chacune de vous sait ou peut avoir appris, fut un vaillant prêtre, gaillard de sa personne au service des femmes. Comme il ne savait pas trop lire, il récréait le dimanche ses paroissiens au pied d'un ormeau avec force bonnes et saintes allocutions familières. Il visitait surtout les femmes, quand leurs maris étaient absents, mieux qu'aucun de ses prédécesseurs, leur portant jusque chez elles des images, de l'eau bénite, des bouts de chandelle, et leur donnant sa bénédiction. Or, il advint que parmi ses autres paroissiennes qu'il avait remarquées, une surtout lui plut qui avait nom Monna Belcolore. C'était la femme d'un laboureur qui se faisait appeler Bentivegna del Mazzo, et elle était vraiment une plaisante et fraîche paysanne, brune et bien découplée, et propre à savoir moudre mieux que toute autre. En outre, c'était celle qui, de toutes ses voisines, savait le mieux sonner des cymbales et chanter, *L'eau court à la ravine*, et mener une ronde ou une bourrée, quand besoin était, avec un beau mouchoir à la main. Aussi messer le curé s'en amouracha si fort, qu'il en devenait fou, et qu'il rôdait tout le long du jour pour tâcher de la voir. Et quand, le dimanche matin, il la voyait dans l'église, il disait un *kyrie* et un *sanctus*, s'efforçant de paraître un maître en l'art de chanter, alors qu'on l'eût pris pour un âne qui brayait. Au contraire, quand il ne la voyait pas il passait sur les offices très légèrement. Il savait toutefois si bien faire, que Bentivegna del Mazzo ne s'en apercevait point, ni aucun de ses voisins. Pour mieux gagner l'amitié de Monna Belcolore, il lui faisait de temps à autre un petit présent, lui envoyant tantôt un bouquet d'ails frais, dont il avait les plus beaux spécimens de tout le pays dans son jardin qu'il cultivait de ses mains, tantôt un panier de petits pois, un bouquet d'oignons nouveaux ou d'échalottes ; et, quand il voyait le moment favorable, après l'avoir guettée au passage, il lui donnait une bonne bourrade d'amitié, et elle, faisant la sauvage, feignait de ne pas s'apercevoir de son jeu, et se renfermait dans une attitude sévère ; pour quoi, messer le curé ne pouvait en venir à ses fins.

« Or, il advint un jour que le curé, flânant çà et là dans la rue sur l'heure de midi, rencontra Bentivegna del Mazzo sur un âne et portant devant lui force provisions ; l'ayant abordé, il lui demanda où il allait. A quoi Bentivegna répondit : « — Ma foi, messire, en bonne vérité je vais jus- « qu'à la ville pour une affaire, et je porte tout cela à « messer Bonaccorri da Ginestreto, afin qu'il m'aide pour je « ne sais quoi dont me requiert le juge de l'édifice dans une « assignation à comparaître qu'il m'a envoyée par son pro- « cureur. — » Le curé, tout joyeux, dit : « — Tu fais bien, « mon fils ; or, va avec ma bénédiction, et reviens vite ; et « si tu vois Lapuccio ou Naldino, n'oublie pas de leur dire « qu'ils me rapportent ces attaches pour mes fléaux. — » Bentivegna dit que cela serait fait, et pendant qu'il s'en allait vers Florence, le curé pensa que c'était le moment d'aller trouver Belcolore et de tenter l'aventure. S'étant mis le chemin entre les pieds, il ne s'arrêta que lorsqu'il fut arrivé chez elle, et, entré dans la maison, il dit : « — Dieu envoie « céans le bien qui est ailleurs ! — » La Belcolore qui était montée au grenier, l'ayant entendu, dit : « — Oh ! messire, « soyez le bien venu ; qu'allez-vous faire par cette chaleur ? » Le curé répondit : « — Si Dieu me favorise, je venais passer « un moment avec toi, pour ce que j'ai trouvé ton homme « qui allait à la ville. — » La Belcolore, étant descendue du grenier, s'assit et se mit à trier des graines de choux que son mari avait battues peu auparavant. Le curé se mit à lui dire : « — Eh ! bien, Belcolore, me dois-tu toujours faire

« mourir de la sorte ? — » La Belcolore se mit à rire, et dit :
« — Oh ! que vous fais-je donc ? — » Le curé dit : « — Tu
« ne me fais rien, mais tu ne me laisses pas te faire ce que
« je voudrais et ce que Dieu ordonne. — » La Belcolore dit :
« — Allons, allons, est-ce que les prêtres font de pareilles
« choses ? — » Le curé répondit : « — Nous les faisons
« mieux que les autres hommes ; et pourquoi pas ? Je dis
« plus : nous faisons une bien meilleure besogne, et sais-tu
« pourquoi ? parce que nous savons moudre avec peu d'eau ;
« mais en vérité, il t'en résultera du bien si tu ne dis rien
« et me laisses faire. — » La Belcolore dit : « — Et quel
« bien peut-il m'en advenir ? On dit que vous êtes tous plus
« avares que le diable. — » Alors le curé dit : « — Je ne
« sais ; demande toi-même. Veux-tu une paire de souliers,
« un ruban, un beau fichu de soie ? Veux-tu autre chose ?—»
La Belcolore dit : « — Allons donc ! j'ai de tout cela ; mais
« si vous me voulez tant de bien, rendez-moi un service, et
« je ferai ensuite ce que vous voudrez. — » Le curé dit
alors : « — Dis ce que tu veux, et je le ferai volontiers. — »
Alors la Belcolore dit : « — Il faut que j'aille samedi à Flo-
« rence pour rendre la laine que j'ai filée, et pour faire
« raccommoder mon rouet ; si vous me prêtez cinq lires, —
« je sais que vous les avez, — je retirerai de chez l'usurier
« ma jupe de perse et ma ceinture des jours de fête que
« j'apportai en mariage ; car vous voyez que je ne puis aller
« à l'église ni en aucun lieu convenable, pour ce que je ne
« les ai pas. Je ferai toujours ensuite ce que vous voudrez.—»
Le curé répondit : « — Dieu me donne le bon an, je ne les
« ai pas sur moi ; mais crois-moi, avant samedi, je ferai en
« sorte que tu les auras pour sûr. — » « — Oui — dit la Bel-
« colore — vous êtes tous ainsi de grands prometteurs, et
« puis vous ne tenez rien. Croyez-vous me faire à moi comme
« vous avez fait à la Biliuza, qui s'en retourna au son de la
« musette ? Sur ma foi en Dieu, vous ne le ferez pas ; car
« elle est devenue pour cela fille publique. Si vous ne les
« avez pas, allez les chercher. — » « — Eh ! — dit le curé
— ne me fais pas aller en ce moment jusqu'à la maison ;
« tu vois que j'ai risqué l'aventure pendant qu'il n'y a per-
« sonne, et peut-être quand je reviendrais y aurait-il quel-
« qu'un qui nous gênerait ; et je ne sais pas quand je pour-
« rais trouver un moment aussi favorable que celui-ci. — »
La belle dit : « — Bon, si vous voulez y aller, allez-y ; si-
« non, passez-vous en. — »

« Le curé voyant qu'elle n'était pas le moins du monde
disposée à faire ce qu'il voulait sans un *salvum me fac*, et
désirant, lui, faire la chose *sine custodia*, dit : « — Écoute,
« tu ne crois pas que je te les donnerai ; afin que tu me
« croies, je te laisserai en gage mon manteau de drap bleu

« que voici. — » La Belcolore leva les yeux et dit : « — Ce
« manteau ! Et que vaut-il ? — » Le curé dit : « — Comment,
« que vaut-il ? Je veux que tu saches qu'il est en drap
« de Douai, deux fois, trois fois fin, et il y en a chez nous
« qui le tiennent pour quatre fois fin ; il n'y a pas encore
« quinze jours qu'il m'a coûté sept lires chez le frippier
« Lotto, et je l'ai eu à bon marché, y ayant bien gagné cinq
« sols, à ce que m'a dit Buglietto qui, tu le sais, se connaît
« fort bien en ces sortes de draps. — » « — Eh quoi ! —
« dit la Belcolore — que Dieu me soit en aide, je ne l'aurais
« jamais cru ; mais donnez-le moi d'abord. — » Messer le
curé qui avait l'arbalète tendu, ôta son manteau et le lui
donna ; et elle, après qu'elle l'eut serré, dit : « — Messire
« allons dans la grange ; car il n'y va jamais personne. — »
Et ils y allèrent. Là, le curé, lui donnant les plus doux baisers du monde, et la faisant parente de messer le bon Dieu,
se satisfit un bon temps avec elle : puis, étant parti en soutane, comme s'il revenait de faire une noce, il s'en retourna
à l'église.

« Là, réfléchissant que les bouts de chandelle qu'il retirait de l'offerte pendant toute l'année ne valaient pas la
moitié de cinq lires, il lui parut avoir fait une mauvaise
affaire, et il se repentit d'avoir laissé le manteau ; sur quoi, il
songea au moyen de le ravoir sans rien payer. Comme il
était quelque peu rusé, il eut bientôt trouvé le moyen de le
ravoir, et ne tarda pas à le mettre à exécution. Le lendemain étant jour de fête, il envoya l'enfant d'un de ses voisins chez cette Monna Belcolore, pour la prier de lui prêter
son mortier en pierre, car il avait ce matin-là à déjeuner
chez lui Binguccio dal Poggio et Nuto Buglietto, et il voulait faire de la sauce. La Belcolore le lui envoya. Quand l'heure
du déjeuner fut venu, le curé attendant que Bentivegna del
Mazzo et la Belcolore fussent à manger, appela son clerc et
lui dit : « — Prends ce mortier et rapporte-le à la Belcolore,
« et dis-lui : le curé vous fait dire grand merci, et que vous
« lui renvoyiez le manteau que l'enfant vous a laissé en
« gage. — » Le clerc alla avec le mortier chez la Belcolore et
la trouva à table, qui déjeunait avec Bentivegna. Ayant mis
le mortier par terre, il fit la commission du curé. La Belcolore, s'entendant réclamer le manteau, voulut répondre ;
mais Bentivegna, d'un air fâché, dit : « — Donc, tu demandes un gage à messer le curé ? Je fais vœu au Christ
« qu'il me vient envie de te donner un grand coup de poing.
« Allons rends-le lui vite, et que la teigne te prenne ; garde« toi, quelque chose qu'il veuille désormais, même si c'était
« notre âne, de ne lui jamais dire non. — » La Belcolore se
leva en grommelant, alla à son coffre, en tira le manteau et
le donna au clerc en disant : « — Tu diras à messer le

« curé ceci de ma part : la Belcolore a dit qu'elle fait vœu
« à Dieu que vous ne ferez jamais plus de sauce dans son
« mortier ; car vous ne lui avez pas fait si bel honneur pour
« cette fois. —» Le clerc s'en alla avec le manteau et fit la
commission au curé ; à quoi celui-ci dit en riant : « — Tu
« lui diras, quand tu la verras, que si elle ne me prête plus
« son mortier, je ne lui prêterai plus mon pilon ; l'un vaut
« l'autre. — »

« Bentivegna croyait que sa femme avait ainsi parlé parce qu'il l'avait tancée, et n'en eut cure. Mais la Belcolore fut fort irritée contre le curé et lui tint rigueur jusqu'aux vendanges. Par la suite, le curé l'ayant menacée de la faire aller dans la bouche du grand Lucifer, elle eut une belle peur, et pour du mou et des châtaignes qu'il lui donna, elle se remit d'accord avec lui ; de sorte qu'ils firent plusieurs fois ripaille ensemble. En échange des cinq lires, le curé lui fit raccommoder ses cymbales et y fit poser une petite sonnette ; ce dont elle se contenta. — »

NOUVELLE III

Calandrino, Bruno et Buffamalcco vont dans la plaine du Mugnon chercher la pierre précieuse appelée l'Elitropia. Calandrino croit l'avoir trouvée. Il revient chez lui chargé de pierres. Sa femme l'ayant querellé, il entre en colère et la bat, puis il raconte à ses compagnons ce qu'ils savent mieux que lui.

La nouvelle de Pamphile finie—les dames en avaient tant ri qu'elles en rient encore — la reine ordonna à Elisa de poursuivre. Celle-ci, riant toujours, commença : « — Je ne sais, plaisantes dames, s'il me sera donné, avec une petite nouvelle de moi, non moins vraie qu'agréable, de vous faire autant rire que Pamphile l'a fait avec la sienne ; mais je m'efforcerai de le faire.

« En notre cité, qui a toujours abondé en toutes sortes de gens, était il n'y pas grand temps encore un peintre appelé Calandrino, homme simple et neuf, lequel allait presque toujours avec deux autres peintres appelés l'un Bruno et l'autre Buffamalcco, tous les deux fort enjoués, mais prudents et avisés, et qui fréquentaient Calandrino seulement pour ce qu'ils s'égayaient souvent de ses manières et de sa simplicité. Il y avait alors aussi à Florence un jouvenceau d'une merveilleuse adresse en tout ce qu'il voulait faire, facétieux et avenant, nommé Maso del Saggio. Ayant entendu parler de la simplicité de Calandrino, il résolut de s'amuser à ses dépens en lui faisant quelque farce, ou en lui faisant accroire quelque chose d'étrange. Un jour qu'il l'avait trouvé par aventure dans l'église de Saint-Jean, occupé à regarder les peintures et les bas-reliefs du tabernacle qui est sur l'autel de la susdite église, lesquels y avaient été mis depuis peu, il pensa que le lieu et le moment étaient opportuns pour ses projets. Ayant informé un de ses compagnons de ce qu'il entendait faire, tous deux s'approchèrent de l'endroit où Calandrino était assis tout seul, et feignant de ne pas le voir, ils se mirent à parler des vertus de certaines pierres, sujet sur lequel Maso raisonnait aussi sûrement que s'il avait été un grand et profond joaillier. Calandrino prêta l'oreille à ces raisonnements, et voyant qu'il n'y avait pas d'indiscrétion, il se leva et se joignit aux deux compagnons, ce qui plut fort à Maso. Comme il poursuivait ses théories, Calandrino lui demanda où se trouvaient ces pierres si remplies de vertu. Maso répondit que la plupart se trouvaient à Berlinzone, ville des Basques, en un pays qui s'appelait Bengodi, où l'on liait les vignes avec des saucisses et où l'on avait une oie pour de l'argent et un oison par-dessus le marché; qu'il y avait une montagne toute de fromage de parmesan râpé, sur laquelle demeuraient des gens qui n'étaient pas occupés à autre chose qu'à faire des macarons et des ravioli et à les faire cuire dans du jus de chapon, puis, qu'ils les jetaient au bas de la montagne où ceux qui en prenaient le plus en avaient davantage. Tout près de là, courait un petit ruisseau de vin blanc, du meilleur qui se soit jamais bu, et où n'entrait pas une goutte d'eau. « — Oh! — dit Calandrino — c'est là un bon pays ; mais, dis-moi, « que fait-on des chapons que ces gens cuisent ? — » Maso répondit : « — les Basques les mangent tous. — » Calandrino dit alors : « — Y es-tu jamais allé ? — » A quoi Maso répondit : « — Tu demandes si j'y suis jamais allé ? J'y « suis allé aussi bien une fois que mille. — » Calandrino dit alors : « — Et combien de milles y a-t-il d'ici ? — » Maso répondit : « — Il y en a plus de millante, qui toute la nuit « chante. — » Calandrino dit : « — Ce doit donc être plus « loin que les Abbruzzes. — « — Oui bien — répondit « Maso — c'est un peu plus loin. — »

« Calandrino, toujours simple, voyant que Maso disait tout cela d'un air impassible et sans rire, le croyait comme on pourrait croire à la vérité la plus manifeste et le tenait pour vrai ; sur quoi, il dit : « — C'est trop loin pour moi ; « mais si ç'avait été plus près, je t'assure bien que j'irais « une fois avec toi, rien que pour voir dégringoler ces ma- « carons et pour m'en rassasier. Mais, dis-moi, de grâce, ne « se trouve-t-il pas en ces contrées quelqu'une de ces pier- « res qui ont tant de vertu ? — » A quoi Maso répondit :

« — Oui, on y trouve deux sortes de pierres qui ont une
« grandissime vertu : les unes sont les pierres à meule de
« Settignano et de Montisci, par la vertu desquelles, quand
« elles sont devenues meules, se fait la farine ; et pour ce,
« on dit dans ce pays-de là-bas, que de Dieu viennent les
« grâces et les meules de Montisci ; mais on extrait une si
« grande quantité de ces pierres à meules qu'elles ne sont
« pas plus estimées chez nous que chez eux les émeraudes,
« car il y en a des montagnes plus grandes que le mont
« Morello et qui reluisent en plein minuit, à Dieu va. Et sa-
« che que celui qui ferait enchâsser ces belles pierres avant
« qu'elles soient percées et les apporterait au Soudan, en
« aurait ce qu'il voudrait. Les autres sont une pierre, que
« nous, lapidaires, appelons Élitropia, pierre de très grande
« vertu, pour ce que quiconque la porte sur lui, n'est vu de
« personne là où il n'est pas — › Alors Calandrino dit : « —
« Voilà de grandes vertus ; mais où se trouve cette seconde
« espèce de pierres ? — » A quoi Maso répondit qu'on en
trouvait d'habitude dans le Mugnon. Calandrino dit : « — De
« quelle grosseur est cette pierre? quelle couleur a-t-elle?—»
Maso répondit : « — Elle est de grosseur variée, les unes sont
« plus grosses et les autres moins, mais elles sont toutes
« quasi noires. — »

« Calandrino, ayant retenu toutes ces indications, fit semblant d'avoir autre chose à faire et quitta Maso, bien décidé
à se mettre à la recherche de cette pierre. Mais il ne voulut
pas le faire sans l'avoir dit à Bruno et à Buffamalcco, qu'il
aimait tout particulièrement. Il se mit donc en quête d'eux
afin que, sans nul retard, et avant toute autre chose, ils
cherchassent avec lui, et il passa tout le reste de la matinée
à demander où ils étaient. Enfin, l'heure de none étant
déjà passée, il se souvint qu'ils travaillaient dans le couvent
des dames de Faenza, et, bien que la chaleur fût grande,
laissant là toutes ses autres affaires, il y courut et, les ayant
appelés, il leur dit ceci : « — Compagnons, si vous voulez
« m'en croire, nous pouvons devenir les plus riches de
« Florence, pour ce que j'ai appris d'un homme digne de
« foi, que dans le Mugnon se trouve une pierre au moyen
« de laquelle celui qui la porte sur lui n'est vu de personne;
« pour quoi, il me semble que nous devons aller la chercher
« sans aucun retard et avant que d'autres y aillent. Nous la
« trouverons pour sûr, car je la connais ; et dès que nous
« l'aurons trouvée, qu'aurons-nous à faire, sinon de la met-
« tre en notre escarcelle et d'aller vers les tables des chan-
« geurs, qui, vous le savez, sont toujours chargées de gros
« et de florins, et d'en prendre autant que nous voudrons ?
« Personne ne nous verra, et nous pourrons ainsi nous en-
« richir incontinent, sans avoir besoin de barbouiller tout

« le long du jour les murs comme font les limaces. — »

« Bruno et Buffamalcco, entendant cet imbécile, se mirent à rire en eux-mêmes, et se regardant l'un l'autre, firent semblant d'être fort émerveillés et approuvèrent le conseil de Calandrino. Cependant Buffamalcco demanda quel était le nom de cette pierre. Ce nom était déjà sorti de la mémoire de Calandrino qui était de grosse pâte ; pour quoi, il répondit : « — Qu'avons-nous à faire du nom, puisque « nous en connaissons la vertu ? M'est avis que nous allions « la chercher sans plus attendre. — » « Or, bien — dit Bru- « no — Comment est-elle faite ? — » Calandrino dit : — « Elles sont de différentes formes, mais toutes quasi noires; « pour quoi, il me semble que nous devions ramasser toutes « celles que nous verrons noires, jusqu'à ce que nous ayions « mis la main sur la bonne ; et pour ce, ne perdons point « de temps, allons. — » A quoi Bruno dit : « — Attends. — » Et s'étant tourné vers Buffamalcco, il dit : « — Il me paraît « que Calandrino a bien parlé ; mais je ne crois pas que ce « soit l'heure propice, pour ce que le soleil est haut et tombe « d'aplomb sur le Mugnon ; il a calciné toutes les pierres, « de sorte que maintenant toutes celles qui y sont doivent « paraître blanches, comme le matin, avant que le soleil les « ait séchées, elles paraissent toutes noires ; en outre, c'est « aujourd'hui jour de travail et il y a par le Mugnon beau- « coup de gens pour divers motifs. Ces gens, en nous « voyant, pourraient deviner ce qui nous y fait aller, faire « comme nous et peut-être trouver la pierre, et nous aurions « perdu le trot pour l'amble. Il me semble, si cela vous va « ainsi, que cette besogne doit se faire le matin, alors qu'on « peut reconnaître plus facilement les noires d'avec les blan- « ches, et un jour de fête alors qu'il n'y aura personne qui « puisse nous voir. — »

« Buffamalcco approuva l'avis de Bruno auquel se rallia Calandrino, et ils convinrent que le dimanche matin suivant, ils iraient tous trois à la recherche de cette pierre ; mais sur toute chose Calandrino les pria de ne parler de cela à personne au monde, pour ce que la chose lui avait été confiée en secret. Cette recommandation faite, il leur dit ce qu'il avait entendu dire du pays de Bengodi, affirmant par serment que la chose était vraie. Calandrino les ayant quittés, les deux compères arrêtèrent ensemble ce qu'ils devaient faire en cette circonstance.

« Calandrino attendit avec une vive impatience le dimanche matin. Ce jour étant venu, il se leva dès l'aurore, et ayant appelé ses compagnons, ils sortirent tous les trois par la porte San Gallo, descendirent dans le Mugnon, et se mirent à la recherche de la pierre. Calandrino allait en avant comme le plus ardent, sautant vivement deçà, delà ; partout

où il voyait une pierre noire, il se jetait dessus, la ramassait et se la mettait sur l'estomac. Ses compagnons marchaient derrière lui, en ramassant tantôt une tantôt une autre. Mais Calandrino ne tarda pas à en avoir plein sa poitrine ; pour quoi, relevant les coins de sa robe qui n'était pas serrée, et en faisant une ample poche en les attachant à sa ceinture, il l'emplit ; puis, en ayant fait autant avec son manteau, il le remplit également de pierres. Sur quoi, Buffamalcco et Bruno voyant que Calandrino avait sa charge et que l'heure de manger s'approchait, Bruno dit à Buffamalcco, suivant ce qui était convenue entre eux : « — Où est Calandrino ? — » Buffamalcco qui le voyait près de lui, se tourna deçà, delà, regardant, et répondit : « — Je ne sais ; mais il n'y a qu'un « moment il était devant nous. — » Bruno dit : « — Il n'y « a qu'un moment ? je crois, moi, qu'il est chez lui en train « de déjeuner, et qu'il nous a laissés ici faire cette sottise « d'aller cherchant les pierres noires par le Mugnon. — »
« — Eh ! comme il a bien fait, — dit alors Buffamalcco — « de s'être moqué de nous et de nous avoir laissés ici, « puisque nous avons été assez sots pour le croire. Vois, « quels autres que nous auraient été assez sots, pour croire « qu'une pierre d'une telle vertu se doive trouver dans le « Mugnon ? — «

« Calandrino, entendant ce dialogue, s'imagina que la fameuse pierre lui était tombée entre les mains, et que grâce à sa vertu, bien qu'il fût à côté d'eux, ses compagnons ne le voyaient pas. Joyeux outre mesure d'une si heureuse chance, il résolut de retourner chez lui sans rien leur dire, et étant revenu sur ses pas, il se mit en route. Ce voyant, Buffalmacco dit à Bruno : « — Et nous, qu'allons-nous faire ? « nous en allons-nous ? — » A quoi Bruno répondit : « — Allons-nous en ; mais je jure Dieu que Calandrino ne « nous en fera plus une seule ; et si j'étais près de lui, « comme j'ai été toute la matinée, je lui donnerais un tel « coup de pierre dans les jambes, qu'il s'en souviendrait pen- « dant un mois au moins de cette farce qu'il nous a faite. — » Dire ainsi, prendre une pierre et la jeter dans les jambes de Calandrino, fut tout un. Calandrino ayant senti le coup, leva le pied et se mit à souffler, mais il continua à se taire et poursuivit son chemin. Buffamalcco ayant pris en main un des cailloux qu'il avait ramassés, dit à Bruno : « — Tiens, « vois ce beau caillou ; que ne va-t-il donner au beau mi- « lieu des reins de Calandrino ! — » Et le lançant, il lui en donna un grand coup dans les reins. Bref, de cette façon, tantôt sous un prétexte, tantôt sous un autre, ils le poursuivirent à coups de pierres jusqu'à la porte San Gallo. Là, après avoir jeté les pierres qu'ils avaient récoltées, ils s'arrêtèrent un instant auprès des gardiens de la gabelle

Ceux-ci, qui avaient été prévenus par eux, faisant semblant de ne point voir Calandrino, le laissèrent passer en riant de leur mieux.

« Sans s'arrêter, Calandrino alla droit à sa maison qui était près du Coin des Moulins; et tout favorisa si bien l'aventure que, pendant tout le temps que Calandrino marcha le long de la rivière et qu'il traversa la ville, personne ne lui adressa la parole, bien qu'il eût rencontré quelques passants, pour ce que presque tout le monde était à déjeuner. Calandrino entra donc ainsi chargé à la maison. Sa femme, nommée Monna Tessa, belle et intelligente dame, se trouvait par hasard en haut de l'escalier. Déjà un peu irritée de sa longue absence, elle se mit en le voyant venir, à l'apostropher ainsi : « — Le diable ne te fait jamais ren-« trer; tout le monde a déjeuné, quand toi tu reviens dé-« jeuner. — » A ces mots, Calandrino, comprenant que sa femme l'avait déjà vu, se mit à dire, plein de courroux et de dépit : « — Ah! méchante femme, tu étais là? Tu m'as « ruiné; mais, sur ma foi en Dieu, je te le revaudrai. — » Et étant monté dans une petite chambre, il déchargea toutes les pierres qu'il avait ramassées; puis, tout furieux, il courut vers sa femme, et l'ayant saisie par les cheveux, il la jeta par terre et lui donna par tout le corps tant de coups de pieds et de coups de poings, qu'il ne lui laissa pas un cheveu sur la tête ou un endroit qui ne fût meurtri, la malheureuse criant en vain merci en joignant les mains.

« Buffamalcco et Bruno, après avoir ri quelque temps avec les gardiens, se mirent à suivre Calandrino de loin et à petits pas. Arrivés à la porte de chez lui, ils entendirent la râclée qu'il donnait à sa femme, et, feignant alors d'arriver, ils l'appelèrent. Calandrino, tout en sueur, rouge et enflammé de colère, vint à la fenêtre et les pria de monter. Ils montèrent, faisant semblant d'être un peu irrités, et, quand ils furent en haut, ils virent la chambre pleine de pierres, la dame échevelée, le visage meurtri, toute pâle et pleurant à chaudes larmes dans un coin, et Calandrino assis dans un autre coin, les vêtements défaits et soufflant comme un homme harassé. Quand ils eurent regardé un certain temps, ils dirent : « Qu'est-ce donc, Calandrino? Veux-tu « bâtir, que nous voyons ici tant de pierres? — » Puis ils ajoutèrent : « — Et Monna Tessa, qu'a-t-elle; il paraît que « tu l'as battue! Qu'est-ce que tout cela? — » Calandrino, fatigué d'avoir porté ses pierres et d'avoir battu sa femme avec tant de rage, tout chagrin de la bonne fortune qu'il croyait avoir perdue, ne pouvait rassembler ses esprits et répondre une seule parole. Pour quoi, comme il se taisait, Buffamalcco reprit : « — Calandrino, si tu avais un autre « sujet de colère, tu n'aurais pas dû te moquer de nous comme

« tu l'as fait, en nous laissant comme deux badauds dans le
« Mugnon où tu nous avais menés pour y chercher avec toi
« la pierre précieuse, et en t'en revenant ici sans nous dire
« ni à Dieu, ni à Diable, ce que nous avons pris fort mal ;
« mais pour sûr, ce sera la dernière farce que tu nous feras
« jamais. — »

« A ces mots, Calandrino, faisant un effort, répondit :
« — Compagnons, ne vous fâchez pas ; la chose s'est passée
« autrement que vous croyez. Moi, malheureux ! j'avais
« trouvé cette pierre ; et voulez-vous voir si je vous dis vrai ?
« Quand vous vous êtes tout d'abord demandé où j'étais, je
« n'étais pas à plus de dix pas de vous ; et voyant que vous
« vous en reveniez sans me voir, je suis passé devant vous,
« et je m'en suis venu, vous précédant de quelques pas. — »
Et commençant par l'un des bouts, il leur raconta jusqu'à la
fin ce qu'ils avaient fait et dit, il leur montra sur son dos
et sur ses jambes les coups qu'ils lui avaient donnés ; puis,
il ajouta : « — Je vous dis qu'en passant par la porte de la
« ville, ayant sur moi toutes ces pierres que vous voyez là,
« on ne m'a rien dit, et vous savez cependant si ces gardiens
« sont d'ordinaire ennuyeux et déplaisants à vouloir tout
« examiner. En outre, j'ai rencontré par la rue plusieurs de
« mes compères et amis qui ont toujours l'habitude de me
« dire bonjour et de m'inviter à boire ; pas un d'eux ne
« m'a adressé le moindre mot, absolument comme s'ils ne
« me voyaient point. Enfin, arrivé céans, cette diablesse de
« femme est venue au-devant de moi et m'a vu, pour ce
« que, comme vous le savez, les femmes ôtent toute vertu
« aux objets ; sur quoi, moi qui pouvais m'estimer le plus
« heureux de tous les citoyens de Florence, je suis resté le
« plus misérable ; c'est pourquoi je l'ai battue tant que
« j'ai pu me servir de mes mains, et je ne sais à quoi tient
« que je ne lui saigne les veines ; que maudite soit l'heure
« où je la vis pour la première fois, et où elle vint céans. — »
Et sa colère s'étant rallumée, il voulut se lever pour la battre de nouveau.

« Buffamalcco et Bruno, à ce récit, feignant de s'étonner
fort, affirmaient ce que Calandrino avait dit, et ils avaient si
grande envie de rire qu'ils en étouffaient ; mais en le voyant
se lever furieux pour battre de nouveau sa femme, ils s'y
opposèrent et le retinrent, disant qu'en tout ceci ce n'était
pas la dame qui était fautive, mais bien lui qui savait que
les femmes font perdre toute vertu aux objets et qui ne
l'avait pas prévenue de se garder de se présenter devant lui
de tout ce jour ; et que Dieu l'avait empêché de prévoir
cela, soit parce que cette bonne fortune ne devait pas lui
arriver à lui, soit parce qu'il avait voulu tromper ses compagnons auxquels il devait tout dire dès qu'il s'était aperçu

qu'il avait trouvé la pierre. Enfin, après de nombreuses paroles de ce genre, ils lui firent faire, non sans peine, la paix avec sa malheureuse femme, et le laissant tout mélancolique dans sa maison pleine de pierres, ils s'en allèrent. — »

NOUVELLE IV

Le prévôt de Fiesole aime une dame veuve dont il n'est point aimé. Il couche avec sa servante croyant coucher avec elle, et les frères de la dame, d'accord avec celle-ci, font de telle sorte que le prévôt est trouvé par son évêque couché avec la servante.

Élisa était arrivée à la fin de sa nouvelle qu'elle avait racontée au grand plaisir de toute la compagnie, quand la reine, s'étant tournée vers Emilia, lui témoigna le désir qu'elle continuât en contant la sienne ; celle-ci commença aussitôt de la sorte : « — Valeureuses dames, combien les prêtres, les moines, et en général tous les clercs se montrent obsesseurs de nos esprits, cela a été, selon ce que je me rappelle, montré dans plusieurs des nouvelles qui ont déjà été dites ; mais comme on n'en pourrait jamais raconter làdessus autant qu'il y en a, j'entends, en sus de ces nouvelles, vous en dire une sur un prévôt, qui, malgré tout le monde, voulait avoir, qu'elle y consentît ou non, les faveurs d'une gente dame, laquelle en femme fort sage, le traita comme il le méritait.

« Comme chacune de vous le sait, Fiesole, dont nous pouvons voir d'ici le coteau, fut jadis une grande cité, fort ancienne, et bien qu'elle soit aujourd'hui toute ruinée, elle n'a jamais cessé pour cela de posséder un évêque, et elle en a encore un. Près de l'église cathédrale de cette ville, une noble dame, veuve, appelée Monna Piccarda, possédait une maison qui n'était pas fort grande ; et pour ce qu'elle n'était pas la plus riche femme du monde, elle y demeurait la plus grande partie de l'année, ayant avec elle ses deux frères, jeunes gens bien élevés et courtois. Or, il advint que cette dame fréquentant l'église cathédrale, comme elle était encore très jeune, belle et plaisante, le prévôt de l'Eglise s'amouracha d'elle si fort qu'il ne pouvait plus tenir en place nulle part. Au bout de quelque temps, il fut assez audacieux pour dire lui-même à la dame quel était son désir, et pour la prier de consentir à avoir son amour pour agréable et à l'aimer comme il l'aimait.

« Ce prévôt était déjà vieux d'années, mais d'un tempérament très jeune, entreprenant et hautain et ayant de soi-même grande estime. Grâce à ses manières déplaisantes et à ses airs railleurs, il était si maussade et si importun, qu'il n'y avait personne qui lui voulût du bien ; et si quelqu'un le détestait, c'était bien la dame en question, car non seulement, elle ne pouvait pas le souffrir, mais elle l'avait plus en haine que le mal de tête. Pour quoi, en femme avisée, elle lui répondit : « — Messire, que vous m'aimiez, cela
« peut m'être fort agréable, et je dois vous aimer et vous
« aimerai volontiers ; mais entre votre amour et le mien,
« rien de déshonnête ne doit se produire. Vous êtes mon
« père spirituel, vous êtes prêtre et vous approchez déjà
« beaucoup de la vieillesse, toutes choses qui vous doivent
« rendre honnête et chaste. D'un autre côté, je ne suis point
« une enfant à qui ces sortes d'amour puissent convenir, et
« je suis veuve. Vous savez quelle honnêteté on exige des
« veuves ; pour ce, excusez-moi, car je ne vous aimerai ja-
« mais de la façon que vous me demandez, de même que
« je ne veux pas être aimée ainsi de vous. — »

« Le prévôt, ne pouvant pour cette fois en tirer autre chose, ne se tint pas pour étonné ni vaincu du premier coup, mais déployant une persévérance importune, il la sollicita à plusieurs reprises, soit par lettres et par messages, soit lui-même quand il la voyait venir à l'église. Pour quoi, ces poursuites paraissant fort pénibles et fort ennuyeuses à la dame, elle résolut de s'en débarrasser comme il le méritait, puisqu'elle ne pouvait pas faire autrement ; toutefois, elle ne voulut rien faire sans avoir d'abord causé avec ses frères. Après leur avoir dit de quelle façon le prévôt se comportait envers elle, et ce qu'elle avait l'intention de faire, et après avoir obtenu leur assentiment, elle alla quelques jours après à l'église, comme elle en avait l'habitude. Dès que le prévôt la vit, il s'en vint à elle, et, comme il faisait d'ordinaire, il se mit à lui parler sur un ton familier. La dame, le voyant venir, se tourna vers lui, lui fit bon visage, et après qu'ils se furent retirés dans un coin, et que le prévôt lui eut tenu plusieurs de ses propos habituels, elle poussa un grand soupir, et dit : « — Messire, j'ai très souvent entendu dire
« qu'il n'y a place si forte, qu'étant assiégée tous les jours,
« elle ne soit enfin prise une fois, ce que je vois bien m'être
« advenu. Vous avez tellement tourné autour de moi, tantôt
« avec de douces paroles, tantôt avec une prévenance, tantôt
« avec une autre, que vous m'avez fait renoncer à ma réso-
« lution, et que je suis disposée, puisque je vous plais si
« fort, à me donner à vous. — » Le prévôt tout joyeux dit :
« — Madame, grand merci ; à dire vrai, je me suis fort
« étonné que vous ayez résisté si longtemps, pensant que cela

« ne m'arriva jamais avec aucune autre. J'ai dit souvent, au
« contraire : si les femmes étaient d'argent, elles ne vau-
« draient pas un denier, pour ce qu'aucune ne soutiendrait
« l'épreuve. Mais pour le moment, laissons cela. Quand et
« où pourrons-nous nous trouver ensemble? — » A quoi la
« dame répondit : « — Mon doux seigneur, le moment
« pourrait bien être l'heure qu'il vous plairait le plus, car je
« n'ai pas de mari à qui je doive rendre compte de mes
« nuits; mais je ne sais en quel endroit. — » Le prévôt dit :
« — Comment! pourquoi pas dans votre maison? — » La
dame répondit : « — Messire, vous savez que j'ai deux
« jeunes frères qui, de jour et de nuit, viennent chez moi
« avec leurs compagnons, et ma maison n'est pas trop
« grande; et pour ce vous ne pourriez y venir à moins de
« consentir à vous y comporter en muet, sans dire mot ni
« faire le moindre bruit, et à vous tenir dans l'obscurité
« comme les aveugles. Si vous vouliez faire de la sorte, cela
« se pourrait, pour ce qu'ils ne pénètrent jamais dans ma
« chambre; mais leur chambre est si près de la mienne,
« qu'on ne peut y dire un mot à voix basse qu'on ne l'en-
« tende. — » Le prévôt dit alors : « — Madame, qu'à ceci
« ne tienne pour une nuit ou deux, en attendant que je
« songe à trouver un autre endroit où nous puissions être
« plus à l'aise. — » La dame dit : « — Messire, cela dé-
« pend de vous; mais je vous prie d'une chose, c'est que
« cela reste secret entre nous, et que jamais on n'en sache
« rien. — » Le prévôt dit alors : « — Madame, n'en dou-
« tez point, et s'il est possible, faites que ce soir nous
« puissions nous trouver ensemble. — » La dame dit :
« — Cela me va. — » Et lui ayant indiqué la façon dont
il devait venir et le moment, elle le quitta et revint chez
elle.

« Cette dame avait une servante qui n'était guère plus
jeune, mais qui avait le visage le plus laid et le plus dis-
gracieux qui se vît jamais, attendu qu'elle avait le nez fort
camard, la bouche torte, les lèvres grosses, les dents mal
placées et fort grandes, qu'elle avait des propensions à lou-
cher, et toujours mal aux yeux, et que son teint était si vert
et si jaune, qu'elle paraissait avoir passé l'été non à Fiesole
mais à Sinagaglia. En outre, elle était boîteuse et un peu
déhanchée du côté droit. Son nom était Ciuta, et pour ce
qu'elle avait une figure si laide, chacun l'appelait Ciutazza.
Bien qu'elle fût contrefaite de sa personne, elle était pourtant quelque peu malicieuse. La dame la fit appeler auprès
d'elle et lui dit : « — Ciutazza, si tu veux me rendre un
« service cette nuit, je te donnerai une belle chemise
« neuve. — » La Ciutazza, entendant parler de la chemise,
dit : « — Madame, si vous me donnez une chemise, je me

« jetterai dans le feu, et même plus. — » « — Or bien, —
« dit la dame — je veux que tu couches cette nuit avec un
« homme dans mon lit, et que tu lui fasses des caresses, mais
« garde-toi bien de prononcer une parole, de façon à n'être
« point entendue de mes frères qui dorment, comme tu sais,
« tout à côté ; je te donnerai ensuite la chemise. — » La
Ciutazza dit : « — Je coucherai avec six, au lieu d'un, s'il
« est besoin. — »

« Donc, le soir venu, messer le prévôt s'en vint comme
on le lui avait dit. Les deux jeunes gens, selon qu'ils en
étaient convenus avec la dame, étaient dans leur chambre et
se faisaient entendre ; pour quoi, le prévôt étant entré sans
bruit et sans lumière dans la chambre de la dame, s'en alla,
comme elle le lui avait dit, droit au lit où s'était déjà glissée
la Ciutazza, bien informée par sa maîtresse de ce qu'elle
avait à faire. Messer le prévôt, croyant avoir la dame à côté
de lui, prit la Ciutazza dans ses bras et se mit à l'embrasser
sans dire mot, et la Ciutazza de son côté lui en fit autant ;
sur quoi le prévôt commença à se satisfaire avec elle, prenant enfin possession des biens si longtemps désirés.

« Quand la dame eut fait cela, elle ordonna à ses frères
de faire le reste de ce qui était convenu, et ceux-ci, étant
sortis sans bruit de leur chambre, s'en allèrent vers la
grande place ; et la fortune leur fut plus favorable pour ce
qu'ils voulaient faire qu'ils ne l'avaient eux-mêmes souhaité, pour ce que, la chaleur étant grande, l'évêque s'était
informé d'eux, dans l'intention d'aller jusque chez eux pour
se promener et se rafraîchir. Mais comme il les vit venir, il
leur dit son intention et se mit en route avec eux. Etant
entré dans une petite cour très fraîche, où un grand nombre
de flambeaux étaient allumés, il prit grand plaisir à boire
d'un bon vin qu'ils lui offrirent. Quand il eut bu, les jeunes
gens dirent : « — Messire, puisque vous nous avez fait une
« telle grâce de daigner visiter notre pauvre petite maison,
« en laquelle nous venions vous inviter, nous vous prions de
« consentir à voir une petite chose que nous voulons vous
« montrer. — » L'évêque répondit qu'il y consentait volontiers ; pour quoi, l'un des jeunes gens prit une des torches
allumées, passa devant, et l'évêque et tous les autres le suivant, il se dirigea vers la chambre où messer le prévôt était
couché avec la Ciutazza.

« Pressé d'arriver, le prévôt s'était hâté de chevaucher,
et il avait déjà couru plus de trois milles, avant que
ceux-ci vinssent ; pour quoi, étant fatigué, il se reposait,
tenant, nonobstant la chaleur, la Ciutazza dans ses bras. Le
jeune homme étant donc entré dans la chambre, son flambeau à la main et suivi de l'évêque et de tous les autres,
leur montra le prévôt tenant entre ses bras la Ciutazza. Sur

quoi, messer le prévôt s'étant levé en sursaut, et voyant les lumières et tous ces gens autour de lui, fut pris de honte et de peur, et se cacha la tête sous les draps. L'évêque lui adressa de grands reproches, lui fit retirer la tête hors du lit et lui fit voir avec qui il était couché. Le prévôt, ayant reconnu la tromperie de la dame, devint soudain, tant par le dépit qu'il en eut, que par la honte qu'il éprouvait, l'homme le plus désespéré qui fût jamais. Sur l'ordre de l'évêque, s'étant revêtu, il fut envoyé sous bonne garde à la maison pour y faire grande pénitence du péché commis. L'évêque voulut ensuite savoir comment il se faisait qu'il fût venu coucher là avec la Ciutazza. Les jeunes gens lui dirent tout. Sur quoi l'évêque approuva fort la dame ainsi que les jeunes gens qui, ne voulant pas souiller leurs mains du sang des prêtres, avaient traité le prévôt comme il le méritait.

« L'évêque lui fit pleurer son péché pendant quarante jours, mais l'amour et le dépit le lui firent pleurer plus de quarante-neuf, sans compter que de longtemps il ne pouvait passer dans la rue sans être montré du doigt par les enfants qui disaient : « — Vois celui qui couche avec la Ciutazza. — Ce qui lui causait un si grand ennui, qu'il faillit quasi en devenir fou. Et c'est ainsi que la valeureuse dame se débarrassa de la poursuite importune du prévôt, et que la Ciutazza gagna une chemise et une bonne nuit. — »

NOUVELLE V

Trois jouvenceaux tirent les culottes à un juge marquisan venu à Florence, pendant qu'il tenait l'audience sur son siège.

Émilia avait fini son récit, et la veuve avait été approuvée par tous, quand la reine, regardant du côté de Philostrate, dit : « — C'est à toi maintenant de parler. — » Pour quoi, Philostrate répondit sur-le-champ qu'il était prêt, et commença : « — Délectables dames, le jouvenceau dont Élisa vous a parlé, il y a un moment, c'est-à-dire Maso del Saggio, me fait laisser une nouvelle que j'entendais vous dire, pour vous en conter une sur lui et sur ses compagnons, laquelle nouvelle, encore qu'elle n'ait rien de déshonnête, — quoiqu'elle contienne des expressions que vous avez vergogne d'employer d'habitude, — prête néanmoins tellement à rire, que je vous la dirai.

« Comme vous pouvez toutes l'avoir entendu dire, il vient souvent en notre cité des recteurs de la Marche, lesquels sont généralement hommes de peu de cœur et mènent une vie si serrée et si misérable, que tout ce qui est de leur fait ne semble autre chose qu'une vraie gueuserie. Par suite de leur misère et de leur avarice innée, ils mènent avec eux des juges et des notaires qui ressemblent plutôt à des hommes tirés de la charrue et de la boutique d'un savetier que des écoles où l'on apprend les lois. Or, un de ces recteurs étant venu chez nous en qualité de podestat, entre autres juges qu'il avait amenés en grand nombre avec lui, en avait amené un qui se faisait appeler messer Nicola da San Lepidio, et qui avait plutôt l'aspect d'un chaudronnier que de toute autre chose. On le choisit parmi tous les autres juges pour entendre les questions criminelles. Comme il arrive souvent que les citoyens, bien qu'ils n'aient rien à faire du tout au palais, y vont parfois, il advint qu'un matin Maso del Saggio y alla pour chercher un de ses amis. Y étant rentré, et ayant regardé l'endroit où ce messer Nicola siégeait, il lui fit l'effet d'un nouvel imbécile, et il se mit à l'examiner de la tête aux pieds. Et bien qu'il lui vît sur la tête le bonnet d'hermine tout enfumé, un porte-plumes à la ceinture, la robe plus longue que la simarre, et bien d'autres choses étranges pour un homme de bonne tenue, il en distingua surtout une qui, à son avis, lui parut plus extraordinaire que toutes les autres. C'était une paire de culottes dont le fond lui tombait jusqu'à moitié jambe, tandis que ses habits étaient si étroits qu'ils s'ouvraient par devant. Pour quoi, sans trop s'arrêter à le regarder, laissant ce qu'il était venu chercher, il se mit en quête d'une nouvelle chose, et alla trouver deux de ses compagnons, dont l'un avait nom Ribi et l'autre Matteuzzo, et qui étaient non moins farceurs que lui, et il leur dit : « — Si vous m'aimez, venez « avec moi jusqu'au palais, car je veux vous montrer le plus « grand badaud que vous ayez jamais vu. — » Et étant allé avec eux au palais, il leur montra ledit juge et ses culottes.

« Les deux compagnons se mirent à en rire du plus loin qu'ils les virent, et s'étant approchés de plus près des bancs où siégeait messer le juge, ils virent qu'on pouvait se glisser facilement sous ces bancs. Ils virent en outre que la planche sur laquelle messer le juge avait ses pieds était tellement rompue, qu'avec peu d'efforts on pouvait y passer la main et le bras. Maso dit alors à ses compagnons : « — Je veux que nous lui enlevions tout à fait ses culottes, « pour ce que cela se peut fort bien. — » Chacun de ses compagnons avait déjà vu comment il fallait s'y prendre ; pour quoi, ayant convenu entre eux de ce qu'ils devaient faire et dire, ils retournèrent au palais le matin suivant, et, la cour se trouvant pleine de gens, Matteuzzo, sans que personne s'en aperçût, se glissa sous le banc et parvint jusqu'à l'endroit où le juge tenait ses pieds. Maso, s'approchant alors du juge, le prit par un pan de sa robe, et Ribi en ayant fait autant de l'autre côté, Maso commença à dire : « — Messire, eh ! messire ; je vous prie, pour Dieu, avant « que ce méchant larron qui est à côté de vous s'en aille, « de me faire rendre une paire de souliers qu'il m'a volés. « Il dit que non, mais je l'ai vu, il n'y a pas encore un mois, « qui les faisait ressemeler. — » D'un autre côté, Ribi criait de toutes ses forces : « — Messire, ne le croyez point ; c'est « un imposteur ; parce qu'il sait que je suis venu pour lui « faire restituer une valise qu'il m'a volée, il est venu aussi- « tôt réclamer les souliers que j'ai chez moi depuis long- « temps. Et si vous ne me croyez pas, je puis appeler en « témoignage la Trecca qui est à côté de moi, et la grosse « tripière, et un autre qui va recueillant les ordures de « Santa Maria à Verzaja, qui les vit quand il revenait des « champs. — » De son côté, Maso ne laissait point parler Ribi, et criait tant qu'il pouvait, et Ribi criait encore plus fort. Et pendant que le juge se tenait debout et se rapprochait d'eux pour mieux les entendre, Matteuzzo, prenant bien son temps, passa la main par la fente de la planche, prit le fond de la culotte du juge et tira vivement.

« La culotte descendit incontinent, pour ce que le juge était maigre et sans hanches ; ce que sentant le juge, et ne sachant ce que c'était, il voulut ramener devant lui les pans de sa robe, pour s'en couvrir et se rasseoir ; mais Maso d'un côté et Ribi de l'autre le tenaient toujours en criant très fort : « — Messire, vous nous faites injure en ne voulant pas me « rendre justice ni m'écouter, et en vous disposant à vous « en aller ; pour une si petite affaire, on ne donne point « libelles en ce pays. — » Et ils le tinrent si longtemps ainsi par les pans de sa robe, tout en lui parlant de la sorte, que tous ceux qui étaient dans la salle s'aperçurent que sa culotte lui avait été enlevée. Mais Matteuzzo, après l'avoir retenue un moment, la lâcha, sortit de dessous le banc et s'en alla sans avoir été vu. Ribi, jugeant en avoir assez fait, dit : « — Je fais vœu à Dieu d'aller demander aide au syn- « dic. — » Et Maso, de son côté, ayant lâché le pan de la robe, dit : « — Non, je reviendrai ici jusqu'à ce que je « ne vous trouve plus empêché comme vous nous avez paru « ce matin. — » Et l'un d'un côté, l'autre de l'autre, ils s'en allèrent du plus vite qu'ils purent.

« Messer le juge, ayant remonté sa culotte en présence de tout le monde, comme s'il se levait du lit, s'apercevant alors du fait, demanda où étaient allés ceux qui lui avaient posé la question des souliers et de la valise ; mais comme on ne les retrouvait pas, il se mit à jurer par les tripes de Dieu qu'il voulait les connaître, et savoir si c'était l'usage à Florence de tirer les culottes des juges quand ils étaient sur leur siège. D'un autre côté, le podestat ayant appris la chose, fit un grand bruit ; mais ses amis lui ayant expliqué que cette plaisanterie ne lui avait été faite que pour lui montrer que les Florentins savaient très bien qu'au lieu des juges qu'il devait amener avec lui, il n'avait amené que des sots afin de les payer moins cher, il se tut, et pour cette fois l'affaire n'alla pas plus loin. — »

NOUVELLE VI

Bruno et Buffamalcco volent un cochon à Calandrino ; pour le retrouver, ils lui font faire une épreuve magique qui consiste à avaler des pilules de gingembre préparées pour les chiens, et dont le résultat est que c'est Calandrino qui a volé lui-même le cochon. Ils finissent par lui faire donner de l'argent pour qu'ils ne le disent pas à sa femme.

La nouvelle de Philostrate, dont on rit beaucoup, était à peine finie, que la reine ordonna à Philomène de continuer en en disant une. Celle-ci commença : « — Gracieuses dames, de même que Philostrate a été amené par le nom de Maso à vous dire la nouvelle que vous venez d'entendre, ainsi je suis moi-même amenée par le nom de Calandrino et de ses compagnons à vous en dire sur eux une autre qui, je crois, vous plaira.

« Je n'ai pas besoin de vous expliquer ce qu'étaient Calandrino, Bruno et Buffamalcco, car vous l'avez tantôt assez appris ; pour ce, passant outre, je dis que Calandrino avait non loin de Florence un petit domaine qu'il tenait en dot de sa femme. Parmi les revenus qu'il en retirait, figurait chaque année un cochon, et il avait l'habitude d'aller en décembre avec sa femme à sa campagne pour tuer le susdit cochon et le faire saler. Or, il advint une fois entre autres que sa femme n'étant pas très bien portante, Calandrino alla seul tuer le cochon. Bruno et Buffamalcco l'ayant appris, et sachant que sa femme ne devait pas y aller, s'en allèrent passer quelques jours chez un curé de leurs amis, voisin de Calandrino. Calandrino avait, le matin même du jour où ils étaient arrivés, tué le cochon, et les voyant avec le curé, les appela, et dit : « — Soyez les bien venus. Je veux vous faire voir quel « bon ménager je suis. — » Et les ayant menés chez lui, il leur montra le cochon. Ses amis jugèrent que le cochon était très beau, et ils apprirent de Calandrino qu'il voulait le saler pour son ménage. A quoi Bruno dit : « — Eh !

« comme tu es bête ! Vends-le, et réjouissons-nous avec l'ar-
« gent ; tu diras à ta femme qu'on te l'a volé. — » Calandrino dit : « — Non ; elle ne le croirait pas, et me chasse-
« rait de la maison ; soyez tranquille, je ne ferai jamais
« cela. — » Ils eurent beau insister beaucoup, ils ne purent
réussir. Calandrino les invita à souper à la bonne franquette,
mais ils ne voulurent pas accepter, et ils le quittèrent.

« Bruno dit à Buffamalcco : « — Veux-tu que nous lui volions
« son cochon cette nuit ? — » Buffamalcco dit : « — Eh ! comment
« pourrons-nous faire ? — » « — Je sais bien comment — dit Bruno
« — s'il ne le change pas de l'endroit où il est maintenant. — »
« — Donc — dit Buffamalcco — faisons-le ; pourquoi ne le
« ferions-nous pas ? Nous en ferons ensuite bombance avec
« le curé. — » Ce dernier dit que cela lui plaisait fort ; alors
Bruno dit : « — Il faut ici user d'un peu de ruse ; tu sais,
« Buffamalcco, combien Calandrino est avare et comme il
« boit volontiers quand les autres payent ; allons le trouver,
« menons-le à la taverne, et là le curé fera mine de payer
« toute la dépense pour nous faire honneur, et de ne rien
« vouloir lui laisser payer : il se grisera, et nous pourrons
« alors agir en toute commodité pour ce qu'il est seul à la
« maison. — » Ils firent comme Bruno avait dit. Calandrino
voyant que le curé ne laissait payer personne, se mit à
boire comme un trou, et bien qu'il ne lui en fallût pas beaucoup, il en prit sa bonne charge. Comme il était déjà fort
tard quand il quitta la taverne, il rentra chez lui, et, sans
avoir envie de souper, il alla se mettre au lit, laissant ouverte la porte qu'il croyait avoir fermée. Buffamalcco et
Bruno allèrent souper avec le curé et quand ils eurent soupé,
ils prirent plusieurs outils pour pénétrer chez Calandrino
et s'en allèrent sans bruit à l'endroit que Bruno leur avait
indiqué ; mais trouvant la porte ouverte, ils entrèrent, déta-
chèrent le cochon, l'emportèrent chez le curé où ils le dé-
posèrent, et allèrent se coucher.

« Le lendemain matin, le vin lui étant sorti de la tête,
Calandrino se leva. Mais à peine fut-il descendu qu'il n'a-
perçut plus son cochon, et vit la porte ouverte ; pour quoi,
ayant demandé à plusieurs personnes si elles savaient qui
avait pris le cochon, et n'en pouvant avoir des nouvelles, il
se mit à faire grande rumeur, poussant des hélas ! et se
plaignant de ce que son cochon lui avait été volé.

« Bruno et Buffamalcco s'étant levés, s'en allèrent chez
Calandrino pour voir ce qu'il dirait au sujet du cochon. Dès
qu'il les vit, il les appela, quasi tout en pleurs, et dit :
« — Hélas ! compagnons, mon cochon m'a été volé. — »
Bruno, l'ayant abordé, lui dit doucement : « C'est mer-
« veille que tu aies été sage une fois ! — » « — Hélas ! — dit
« Calandrino — je dis la verité. — » « — Bien — disait

« Bruno, — crie fort afin qu'on croie qu'il en est ainsi. — »
Alors Calandrino se mettait à crier plus fort, et disait :
« — Corps Dieu, je te dis que c'est vrai, qu'il m'a été
« volé. — » Et Bruno disait : « — Bon, bon, tu fais bien ;
« crie fort, qu'on t'entende, que cela paraisse vrai. — »
Calandrino dit : « — Tu me ferais donner au diable. Tu ne
« crois pas ce que je dis ; que je sois pendu par la gorge, s'il
« ne m'a pas été volé. — » Bruno dit alors : « — Et ! comment
« cela se peut-il ? Je l'ai vu ici hier encore penses-tu nous
« faire croire qu'il se soit envolé ! — » Calandrino dit :
« — C'est comme je te dis. — » « — Eh ! — dit Bruno —
« c'est-il possible ! — » « — Pour sûr — dit Calandrino
« — c'est ainsi ; du coup, je suis ruiné et je ne sais comment
« m'en retourner à la maison ; ma femme ne me croira point,
« et si par hasard elle me croit, je n'aurai plus un moment
« de paix avec elle. — » Bruno dit alors : « — Que Dieu
« me sauve, si c'est vrai, c'est très mal ; mais tu sais, Calan-
« drino, que je t'ai conseillé hier de dire ainsi ; je ne vou-
« drais pas que tu te moquasses à la fois de ta femme et de
« nous. — »

« Calandrino se mit à crier et à dire : « — Eh ! pourquoi
« m'exaspérer et me faire blasphémer Dieu et les saints et
« tout le reste ? Je vous dis que le cochon m'a été volé cette
« nuit. — » Buffamalco dit alors : « — S'il en est vraiment
« ainsi, cherchons-le, pour voir si nous pourrons le retrou-
« ver. — » « — Eh ! — dit Calandrino — comment pour-
« rons-nous le trouver ? — » Buffamalcco dit alors : « — Pour
« sûr, il n'est venu personne de l'Inde pour te voler ton co-
« chon ; ce doit être quelqu'un de tes voisins ; si tu pouvais
« les rassembler, je sais très bien faire l'épreuve du pain et
« du fromage, et nous verrions tout de suite quel est celui
« qui l'a volé. — » « — Oui, — dit Bruno — tu pourras bien
« faire l'épreuve du pain et du fromage à certains gentillâ-
« tres des environs, car je suis sûr que c'est quelqu'un d'eux
« qui l'a volé ; mais ils se méfieront de la chose et ne vou-
« dront pas venir. — » « — Comment donc faire, — dit
« Buffamalcco. — » Bruno répondit : « — Il faudrait avoir
« de belles pilules de gingembre, du bon vin blanc, et les
« inviter à boire. Ils ne se défieront de rien et viendront ; et
« ainsi on pourra bénir les pilules de gingembre aussi
« bien que le pain et le fromage. — » Buffamalcco dit :
« — Pour sûr, tu dis vrai ; et toi, Calandrino, qu'en dis-tu ?
« Le faisons-nous ? — « Calandrino dit : « — Je vous prie
« au contraire, pour l'amour de Dieu ; car si je pouvais sa-
« voir qui l'a volé, il me semblerait être à moitié con-
« solé. — » « — Or, allons — dit Bruno — je suis tout prêt
« à aller jusqu'à Florence pour y chercher ce dont tu as be-
« soin, pourvu que tu me donnes de l'argent. — »

Calandrino avait environ quarante sols qu'il lui donna.

« Bruno étant allé à Florence, chez un apothicaire de ses amis, acheta une livre de belles pilules de gingembre, et en fit faire séparément deux avec du gingembre amer, appelé gingembre de chien, qu'il fit rouler dans de la pâte fraîche d'aloès ; il les fit ensuite recouvrir de sucre, comme il avait fait faire pour les premières, et afin de ne pas les confondre avec les autres, il leur fit faire une petite marque au moyen de laquelle il pouvait fort bien les reconnaître ; puis, ayant acheté un flacon de bon vin blanc, il s'en revint à la campagne de Calandrino et lui dit : « — Tu inviteras demain « matin pour boire avec toi tous ceux sur qui tu as des « soupçons ; c'est jour de fête, chacun viendra volontiers, « et je ferai cette nuit avec Buffamalcco l'enchantement sur « les pilules ; je te les apporterai demain matin chez toi, je « te les donnerai à cause de l'amitié que je te porte, et je te « dirai ce qu'il te faudra dire et faire. — »

« Calandrino fit comme on lui avait dit. En conséquence, le lendemain matin, un bon nombre de jeunes gens de Florence qui se trouvaient à la campagne, ainsi que des laboureurs, étant rassemblés devant l'église, autour de l'ormeau, Bruno et Buffamalcco y vinrent avec une écuelle de pilules et un flacon de vin, et ayant fait mettre les assistants en cercle, Bruno dit : « — Seigneurs, il faut que je vous dise « le motif pour lequel vous êtes ici, afin que s'il arrive « quelque chose qui ne vous plaise point, n'ayez pas à m'en « faire de reproches. On a volé, la nuit dernière, à Calandrino « que voici un beau cochon qu'il avait, et il ne peut trouver « celui qui le lui a volé. Et pour ce que d'autres que nous « qui sommes présents ne peuvent l'avoir fait, il vous offre « de manger chacun une de ces pilules et de boire de ce « vin, afin de connaître quel est le voleur. Sachez que celui « qui a volé le cochon ne pourra avaler sa pilule, qu'elle lui « paraîtra au contraire plus amère que venin, et qu'il la « crachera. Pour ce, avant de s'exposer à une telle vergogne « en présence de tant de monde, il vaudrait peut-être mieux « que celui qui a volé le cochon le dît en confession au curé, « et alors je m'abstiendrai de tout ceci. — »

« Chacun de ceux qui étaient là dit qu'il en mangerait volontiers ; pour quoi, Bruno ayant fait placer Calandrino au milieu d'eux, et commençant par un bout, se mit à distribuer à chacun sa pilule. Arrivé à Calandrino, il prit une des pilules de chien, et la lui mit dans la main. Calandrino la jeta vivement dans sa bouche et se mit à la mâcher, mais à peine sa langue eut-elle senti l'aloès, que n'en pouvant supporter l'amertume, il la cracha. Chacun des assistants guettait le visage de son voisin, pour voir qui cracherait sa pilule, et Bruno n'ayant pas achevé de les distribuer toutes, continuait sa besogne sans faire semblant de prendre garde à ce qui se passait, quand il entendit dire derrière lui ; « — Eh ! Calandrino, que veut dire ceci ? — » Pour quoi, s'étant soudain retourné, et voyant que Calandrino avait craché sa pilule, il dit : « — Attendez ; peut-être est-ce « quelque autre motif qui la lui a fait cracher ; tiens, prends-« en une autre. — » En prenant la seconde pilule de chien, il la lui mit dans la bouche et continua à distribuer celles qu'il lui restait à donner.

« Si la première pilule avait paru amère à Calandrino, la seconde lui parut plus amère encore ; mais pourtant, ayant honte de la cracher, il la mâcha quelque temps dans sa bouche, et pendant qu'il la tenait, il versait des larmes qui semblaient le faire souffrir beaucoup, tant elles étaient grosses ; enfin n'en pouvant plus, il la rejeta hors de sa bouche, comme il avait fait de la première. Buffamalcco était en train de verser à boire à la compagnie et à Bruno. En voyant ce que venait de faire Calandrino, tous s'accordèrent à dire, que, pour sûr, c'était lui qui s'était volé son cochon, et il y en eut qui lui firent de vifs reproches. Mais quand ils furent partis et que Calandrino fut seul avec Bruno et Buffalmacco, ce dernier se mit à dire : « — J'étais bien « sûr que c'était toi qui l'avais pris, et que tu voulais nous « faire croire qu'on te l'avait volé, pour ne point nous offrir « à boire un coup avec l'argent que tu en as retiré. — » Calandrino qui n'avait pas encore pu entièrement cracher l'amertume de l'aloès, se mit à jurer qu'il ne l'avait point eu. Buffalmacco dit : — « Voyons, farceur, de bonne foi, « combien en as-tu retiré ? en as-tu eu six florins ? » Calandrino entendant cela, se mit à se désespérer. Sur quoi, Bruno dit : « — Ecoute, Calandrino, un de ceux qui vien-« nent de manger et de boire avec nous, m'a dit que tu « avais ici une jeunesse que tu tenais à ta disposition, et « que tu lui donnais tout ce que tu pouvais mettre de côté, « que pour sûr tu lui avais envoyé ce cochon. Tu as l'habi-« tude de faire des farces. Tu nous as menés une fois le « long du Mugnon ramasser des pierres noires, et quand tu « nous as eu embarqués sans biscuits, tu t'en es revenu ; « puis tu as voulu nous faire croire que tu avais trouvé la « pierre enchantée. Et aujourd'hui encore tu crois avec « les serments nous faire croire que le cochon que tu as « donné ou vendu, t'a été volé ! Nous sommes fatigués de « tes plaisanteries et nous les connaissons ; tu ne nous en « pourras plus faire d'autres, et pour ce, à te dire vrai, que « nous avons pris beaucoup de peine à faire l'enchantement, « nous entendons que tu nous donnes deux paires de cha-« pons, sinon, nous dirons tout à Monna Tessa. — » Calandrino voyant qu'il n'était point cru d'eux, et jugeant qu'il avait assez d'ennui sans vouloir encore y ajouter celui de sa femme, leur donna deux paires de chapons. Pour eux, après avoir salé le cochon, ils l'emportèrent à Florence, laissant Calandrino volé et bafoué. — »

NOUVELLE VII

Un écolier aime une dame. Celle-ci amoureuse d'un autre, le fait rester toute une nuit à l'attendre dans la neige. L'écolier, pour s'en venger, trouve à son tour le moyen de faire rester la dame toute nue, pendant une nuit et un jour, en plein mois de juillet, au sommet d'une tour exposée aux mouches, aux taons et au soleil.

Les dames avaient bien ri du malheureux Calandrino, et elles en auraient ri bien davantage, n'eût été qu'il leur déplût de lui voir encore soutirer les chapons par ceux-là mêmes qui lui avaient volé son cochon. Mais quand la nouvelle fut finie, la reine ordonna à Pampinea de dire la sienne, et celle-ci commença sur-le-champ en ces termes : « — Très chères dames, il arrive souvent que la ruse est jouée par la ruse même, et pour ce il est peu prudent de s'amuser à se moquer des autres. Nous avons, à propos de plusieurs petites nouvelles qui ont été dites, bien ri des bons tours faits à certains individus, et l'on ne nous a point dit qu'il en eût été tiré aucune vengeance. Mais moi, j'entends vous faire avoir quelque compassion d'une juste rétribution rendue à une de nos compatriotes, attendu que le méchant tour qu'elle avait joué à autrui lui retomba sur la tête et qu'elle faillit mourir, ayant été jouée à son tour.

« Il n'y a pas encore beaucoup d'années, vivait à Florence une jeune femme belle de corps et d'un esprit altier, noble de naissance, et convenablement dotée des biens de la fortune. Elle avait nom Elena et était restée veuve de son mari ; mais elle n'avait jamais voulu se remarier, s'étant amourachée d'un bel et élégant jouvenceau de son choix. Délivrée de tout autre souci, elle se donnait avec lui du bon temps, et prenait le plus souvent qu'elle pouvait de joyeux ébats, grâce à l'aide d'une sienne servante en qui elle avait une grande confiance. Il advint qu'en ces temps, un jeune homme nommé Rinieri, gentilhomme de notre cité, après avoir longuement étudié à Paris — comme le font bon nombre de gens, non pour vendre ensuite la science par le menu, mais pour savoir la raison des choses et leurs causes, ce qui sied excellemment à un gentilhomme — s'en revint de Paris à Florence où, tenu en grand honneur, tant pour sa noblesse que pour son savoir, il se mit à vivre en citadin. Mais, comme il arrive souvent que ce sont ceux dont l'expérience des choses est la plus profonde qui se laissent les premiers entortiller par l'amour, ainsi il en advint de Rinieri. Etant un jour allé par manière de passe-temps à une fête, cette Eléna s'offrit devant ses yeux, vêtue de noir, comme nos veuves ont coutume d'aller, et resplendissante, à son jugement, d'une telle beauté, d'un tel charme, qu'il ne lui semblait pas en avoir jamais vu de pareille. Il estima en lui-même que celui-là pouvait se dire heureux, auquel Dieu ferait la grâce de la pouvoir tenir nue en ses bras. L'ayant regardée une fois ou deux en silence et sachant que les choses belles et chères ne se peuvent acquérir sans peine, il résolut de consacrer toutes ses forces, toute sa sollicitude à plaire à cette dame, afin, lui plaisant, de conquérir son amour et de pouvoir jouir pleinement d'elle.

« La jeune dame, qui ne tenait point ses yeux fixés sur l'enfer, mais qui, s'estimant encore plus qu'elle ne valait, les roulait avec art, regardant autour d'elle, et remarquant bien vite ceux qui la regardaient avec plaisir, s'aperçut de l'attitude de Rinieri, et se dit en riant : « — Je ne serai pas venue « en vain aujourd'hui ; car, si je ne me trompe, j'aurai pris « un pigeon par le nez. — » Et s'étant mise à le regarder de temps en temps de la queue de l'œil, elle s'efforçait tant qu'elle pouvait de lui faire voir qu'elle s'intéressait à lui, car elle s'imaginait que plus elle en allécherait et plus elle en prendrait avec ses charmes, plus sa beauté en aurait de prix, surtout aux yeux de celui à qui elle l'avait donnée en même temps que son amour.

« Le savant écolier, laissant de côté les idées philosophiques, tourna toute sa pensée vers cette dame ; croyant pouvoir lui plaire, il se mit, une fois qu'il se fut informé de sa demeure, à passer devant sa porte, colorant ses allées et venues de divers prétextes ; de quoi la dame, pour les raisons déjà dites, se montrant très glorieuse, témoignait grand plaisir à le voir. Pour quoi, l'écolier, ayant trouvé moyen de s'accointer avec la servante de la dame, lui découvrit son amour, et la pria d'agir auprès de sa maîtresse de façon qu'il pût obtenir ses faveurs. La servante promit libéralement, et conta la chose à sa dame qui l'écouta avec la plus grande risée du monde, et dit : « — As-tu vu où celui-ci « est venu perdre le bon sens qu'il a rapporté de Paris ? Or « va, donnons-lui ce qu'il cherche. Tu lui diras, s'il te parle « encore, que je l'aime encore plus qu'il ne m'aime ; mais, « qu'il me faut sauvegarder mon honneur, pour que je « puisse aller avec les autres dames le visage découvert, en « quoi, s'il est aussi avisé qu'on le dit, il doit m'en estimer « davantage. — » Ah ! la malheureuse, la malheureuse, elle ne savait pas, mes dames, quelle chose c'est que d'avoir à faire aux écoliers.

« La servante étant allée trouver Rinieri, fit ce que sa maîtresse lui avait ordonné. L'écolier, rempli de joie, se mit à adresser de plus chaudes prières, à écrire des lettres, à envoyer des présents, et tout cela était bien reçu ; mais aucune réponse ne lui était faite, sinon des réponses vagues et générales, et on le tint en cette guise pendant assez longtemps. Enfin, ayant tout découvert à son amant et celui-ci en ayant montré du dépit et quelque jalousie, la dame, pour lui montrer que ses soupçons étaient injustes, envoya sa servante vers l'écolier qui continuait à la solliciter vivement, pour lui dire de sa part qu'elle n'avait jamais pu satisfaire son désir depuis qu'il l'avait assurée de son amour, mais que pour les fêtes de la Nativité qui s'approchaient, elle espérait pouvoir se trouver avec lui, et pour ce qu'elle le priait de venir dans sa cour pendant la nuit du lendemain de la fête, si cela lui plaisait, et qu'alors elle viendrait le rejoindre le plus tôt qu'elle pourrait.

L'écolier, plus que tout autre joyeux, se rendit au jour indiqué à la maison de la dame, et là, ayant été introduit dans la cour par la servante, il se mit à y attendre la dame. Celle-ci ayant ce soir-là fait venir son amant, et ayant soupé joyeusement avec lui, lui dit ce qu'elle avait l'intention de faire cette nuit, ajoutant : « — Et tu pourras voir quel est
« le genre d'amour que j'ai porté et que je porte à celui
« dont tu es si sottement jaloux. — » L'amant écouta cette déclaration avec un grand plaisir, désireux de voir par des faits ce que la dame lui donnait à entendre par ses paroles. Il avait par hasard fortement neigé la veille et tout était couvert de neige ; pour quoi l'écolier, après être resté quelque temps dans la cour, commença à avoir plus froid qu'il n'aurait voulu ; mais, dans l'espoir de se restaurer bientôt, il supportait patiemment son mal. Au bout de quelque temps la dame dit à son amant : « — Allons-nous en dans ma
« chambre, et regardons par une petite fenêtre ce que fait
« celui dont tu es devenu jaloux, et ce qu'il répondra à la
« servante que j'ai envoyée lui parler. — » Etant donc allés à la fenêtre, et voyant sans être vus, ils entendirent la servante parler d'une autre fenêtre à l'écolier, et lui dire :
« — Rinieri, Madame est la femme la plus contrariée qui
« fût jamais, pour ce que ce soir il lui est venu un de ses
« frères, lequel, après avoir longtemps causé avec elle, a
« voulu ensuite souper ; il n'est pas encore parti, mais je
« crois qu'il s'en ira bientôt. Voilà pourquoi elle n'a pas pu
« venir te trouver, mais elle viendra tout à l'heure, et elle
« te prie de l'attendre sans t'impatienter. — » L'écolier croyant que c'était la vérité, répondit : « — Tu diras à ma

« dame qu'elle ne s'inquiète pas de moi jusqu'à ce qu'elle
« puisse sans inconvénient me venir voir ; mais qu'elle vienne
« le plus tôt qu'elle pourra. — » La servante étant rentrée,
s'en alla dormir. La dame dit à son amant : « — Eh ! bien,
« qu'en dis-tu ? Crois-tu que si je lui voulais le bien que tu
« redoutes, je souffrirais qu'il restât ainsi là-bas à se ge-
« ler ? — » Ceci dit, elle alla se mettre au lit avec son amant
qui était déjà en partie satisfait, et tous deux se tinrent en
fête et en joie un bon temps, riant et se moquant du malheureux écolier.

« Celui-ci, allant et venant par la cour, cherchait à se réchauffer, et n'ayant rien pour s'asseoir ou pour se garantir
du serein, il maudissait la longue visite du frère de la dame.
A chaque bruit qu'il entendait, il croyait que c'était la porte
que la dame venait lui ouvrir, mais son espérance était
vaine. Vers le milieu de la nuit, la dame s'étant satisfaite
avec son amant, lui dit : « — Que te semble, ma chère
« âme, de notre écolier ? Lequel te semble plus grand, de
« son jugement ou de l'amour que je lui porte ? Le froid
« que je lui fais endurer fera-t-il sortir de ton esprit les
« soupçons qui ont fait entrer ce que je t'ai dit l'autre
« jour ? — » L'amant répondit : « — Oui, cœur de mon
« corps, je reconnais bien maintenant que tu es mon bien,
« mon repos, mon plaisir et tout mon espoir, comme je suis
« tout cela pour toi. — » « — Donc — dit la dame — baise-
« moi mille fois pour voir si tu dis vrai. — » Sur quoi l'a-
mant la tenant étroitement embrassée, lui donnait non pas
mille, mais plus de cent mille baisers. Quand ils se furent
livrés quelque temps à ces doux propos, la dame dit :
« Levons-nous un peu, et allons voir si le feu est un peu
« éteint dont mon nouvel amant me disait dans ses lettres
« qu'il brûlait tout entier. — » Et s'étant levés, ils allèrent
à la fenêtre, et regardant dans la cour, ils virent en bas
l'écolier danser sur la neige, au son d'un cliquetis de dents
que le froid lui faisait faire, une danse si continuelle et si
animée qu'ils n'en avaient jamais vu de pareille. Alors la
dame dit : « — Qu'en dis-tu ma douce espérance ? Te sem-
« ble t-il que je sache faire danser les hommes sans trompe
« ni cornemuse ? — » A quoi l'amant répondit en riant :
« — Oui, mon plaisir suprême. — » « — Je veux — dit la
« dame que nous descendions jusqu'à la porte ; tu te tien-
« dras coi, je lui parlerai et nous verrons ce qu'il dira ; nous
« n'en aurons par aventure pas moins de plaisir que nous
« n'en avons eu à le voir. — » Et ayant ouvert doucement
la chambre, ils descendirent jusqu'à la porte ; là, sans nullement l'ouvrir, la dame appela à voix basse l'écolier par
un petit trou qui s'y trouvait.

« L'écolier, s'entendant appeler, loua Dieu, croyant qu'on

allait enfin le faire entrer, et s'étant approché de la porte, il dit : « — Me voici, Madame ; ouvrez-moi pour Dieu, car je « meurs de froid. — » La dame dit : « — Oh ! oui, car je « sais que tu es un vrai frileux, et qu'il fait très froid, pour « qu'il est tombé un peu de neige ; mais je sais qu'il en « tombe bien davantage à Paris. Je ne puis pas encore « t'ouvrir, pour ce que mon maudit frère, qui est venu hier « soir souper avec moi, ne s'en va pas encore, mais il s'en « ira bientôt, et je viendrai aussitôt t'ouvrir. J'ai eu « grand'peine à le quitter un instant pour venir te réconforter « et te dire de ne pas t'impatienter d'attendre ainsi. — » L'écolier dit : « — Eh ! Madame, je vous en prie par Dieu, ouvrez- « moi, afin que je puisse me mettre à couvert, pour ce que « depuis un moment il s'est mis à tomber la neige la plus « épaisse du monde et qu'elle tombe encore ; alors je vous « attendrai tant que cela vous agréera. — » La dame dit : « — Hélas ! mon doux bien, je ne peux pas ; cette porte fait « un si grand bruit quand on l'ouvre, que je serais « facilement entendue par mon frère, si je t'ouvrais. Mais je « vais aller lui dire de s'en aller, afin de pouvoir ensuite « t'ouvrir. — » « — Or, allez vite — dit l'écolier — Et je vous « prie de faire faire un bon feu, afin qu'aussitôt que je serai « entré, je puisse me réchauffer, car je me suis tellement « refroidi, qu'à peine si je me sens. — » La dame dit : « — Cela ne doit pas être, si ce que tu m'as écrit est vrai, « à savoir que tu brûles tout entier d'amour pour moi ; mais « je suis sûre que tu te moques de moi. Mais, je m'en vais ; « attends, et aie bon courage. — »

« L'amant qui entendait tout et qui prenait un suprême plaisir, retourna au lit avec la dame, et ils dormirent peu cette nuit, car ils la passèrent quasi toute à prendre leurs ébats et à se moquer de l'écolier. Le malheureux, changé en cigogne tellement il battait des dents, s'apercevant enfin qu'il était joué, essaya à diverses reprises d'ouvrir la porte, et examina s'il ne pourrait pas sortir d'un autre côté ; mais ne voyant pas comment, il tournait dans la cour comme un lion, maudissant le mauvais temps, la cruauté de la dame, la longueur de la nuit et sa propre simplicité. Fortement indigné contre la dame, le long et fervent amour qu'il lui avait porté se changea soudain en haine acerbe et cruelle, et il se mit à rouler dans sa pensée de nombreux projets pour trouver un moyen de se venger, ce qu'il désirait maintenant beaucoup plus qu'il n'avait tout d'abord désiré se trouver avec la dame.

« La nuit, après une si longue attente, s'avançait, le jour étant proche, et l'aube commença à paraître ; pour quoi, la servante ayant sa leçon faite par la dame, descendit, ouvrit la cour, et ayant l'air d'avoir compassion du malheu-

reux, dit : « — Que male aventure lui puisse arriver d'être
« venu hier soir. Il nous a tenues toute la nuit en l'air, et
« t'a fait geler de froid. Mais tu sais qui c'était. Prends-en
« ton parti, car ce qui n'a pas pu se faire cette nuit, se fera
« une autre fois ; je sais très bien que rien ne pouvait
« arriver de plus déplaisant à Madame. — » L'écolier, plein
de dépit, mais sachant en homme sage que les menaces
sont des armes pour ceux qui sont menacés, refoula au fond
de son cœur ce qu'il aurait voulu pouvoir en exhaler, et
d'une voix soumise, sans se montrer aucunement courroucé,
il dit : « — De vrai, j'ai passé la plus mauvaise nuit que
« j'aie jamais eue, mais j'ai bien vu que ce n'était aucune-
« nement la faute de la dame, pour ce qu'elle est venue
« elle-même, par pitié pour moi, s'excuser et me réconfor-
« ter ; et, comme tu dis, ce qui n'a pu se faire cette nuit, se
« fera une autre fois. Recommande-moi à elle, et va avec
« Dieu. — » Et quasi tout raidi de froid, il s'en retourna
chez lui comme il put. Là, brisé de fatigue et tombant de
sommeil, il se jeta sur son lit pour dormir, et se réveilla
quasi tout perclus des bras et des jambes. Pour quoi, ayant
fait appeler un médecin et lui ayant exposé le froid qu'il
avait éprouvé, il se fit soigner. Les médecins employant des
remèdes énergiques et prompts, eurent grand'peine à guérir
ses nerfs et à obtenir qu'ils pussent se détendre ; et s'il n'a-
vait pas été jeune, et si la saison chaude n'était pas survenue, il aurait eu par trop à souffrir. Mais redevenu sain et
bien portant, cachant soigneusement sa haine, il se montrait plus que jamais amoureux de sa veuve.

« Or, il advint qu'après un certain laps de temps, la fortune fournit à l'écolier l'occasion de satisfaire son désir,
pour ce que le jouvenceau qui était aimé par la dame, sans
aucun égard pour l'amour que celle-ci lui portait, s'amouracha d'une autre femme ; et comme il ne voulait peu ou
prou dire ni faire chose qui lui fît plaisir, elle se consumait
dans les larmes et dans l'amertume. Mais sa servante qui
en avait grand'pitié, ne trouvant pas le moyen de distraire
sa maîtresse du chagrin d'avoir perdu son amant, et voyant
passer l'écolier dans la rue comme d'habitude, eut une
folle pensée, à savoir qu'on devait pouvoir contraindre par
quelque opération de nécromancie l'amant de sa dame à
l'aimer comme il avait auparavant coutume de le faire, et
que l'écolier devait être grand maître en cela ; ce qu'elle dit
à sa dame. La dame, peu sage, sans réfléchir que si l'écolier avait connu la nécromancie, il l'aurait employée pour
soi-même, ajouta foi aux paroles de sa servante, et lui dit
aussitôt de savoir de lui s'il voulait le faire, et de lui promettre pour sûr, qu'en récompense elle ferait ce qu'il lui
plairait.

« La servante fit la commission bien et en diligence ; ce qu'oyant l'écolier, il dit en soi-même tout joyeux : « — Dieu, « sois loué ; le temps est venu où, avec ton aide, je châtierai « la méchante femme de l'injure qu'elle m'a faite pour prix « du grand amour que je lui portais. — » Et il dit à la servante : « — Tu diras à ma dame qu'elle ne soit point en « peine à ce sujet, car, son amant fût-il dans l'Inde, je l'en « ferai promptement venir et demander pardon de ce qu'il « lui a fait contre son plaisir ; mais quant au moyen qu'elle « aura à employer pour cela, j'entends le lui dire à elle « quand et où cela lui plaira. Dis-lui donc ainsi, et réconforte-la de ma part. — » La servante fit la réponse et arrangea tout pour qu'ils pussent se trouver ensemble dans Santa Lucia del Prato. La dame et l'écolier y étant allés, la dame, ne se rappelant plus qu'elle l'avait conduit quasi à la mort, lui dit ouvertement son cas et ce qu'elle désirait, et le pria de la sauver. A quoi l'écolier dit : « — Madame, « il est vrai que parmi les autres choses que j'ai apprises à « Paris se trouve la nécromancie, dont je sais à coup sûr « tout ce qu'on peut en savoir, mais pour ce qu'elle déplaît « grandement à Dieu, j'avais juré de ne jamais m'en servir « ni pour moi ni pour autrui. Il est vrai que l'amour que je « vous porte est d'une telle force, que je ne saurais rien vous « refuser de ce que vous voudriez que je fisse ; et pour ce, « quand même je voudrais pour cela seul aller en la demeure du diable, je suis prêt à le faire, puisque cela vous « plaît. Mais je vous rappellerai que la chose est plus malaisée à faire que vous ne vous l'êtes peut-être imaginée, « surtout quand une femme veut ramener un homme « à l'aimer et réciproquement quand l'homme veut » ramener une femme, pour ce que cela ne se peut faire « que par la personne intéressée, et que celui ou celle qui « le fait doit être d'un grand courage, car il faut le faire « de nuit, en des lieux solitaires et sans compagnie aucune, « lesquelles choses, je ne sais si vous êtes disposée à les « faire. — » A quoi la dame plus énamourée que sage, répondit : « — Amour m'éperonne d'une telle façon, qu'il « n'est rien que je ne fisse pour ravoir celui qui m'a injustement abandonnée ; mais cependant si cela te plaît, « indique-moi en quoi il faut que je me montre courageuse. — »

« L'écolier qui avait la queue marquée d'un mauvais poil, dit : « — Madame, il faudra que je fasse une image d'étain « au nom de celui que vous désirez reconquérir ; quand je « vous l'aurai envoyée, il faudra, la lune étant fortement en « décroissance, que vous descendiez nue en un ruisseau « d'eau courante, toute seule, à l'heure du premier sommeil, vous vous baignerez sept fois avec cette image ;

« puis, toujours toute nue, vous monterez sur un arbre ou
« sur le toit de quelque maison inhabitée, et là, tournée vers
« le vent de bise, l'image à la main, vous direz sept fois cer-
« taines paroles que je vous donnerai par écrit. Aussitôt que
« vous les aurez dites, viendront à vous deux damoiselles,
« des plus belles que vous ayez jamais vues ; elles vous
« salueront, et vous demanderont gracieusement ce que
« vous voulez que l'on fasse. Vous ferez en sorte de leur dire
« bien et dûment votre désir ; et gardez-vous de nommer
« une personne pour une autre. Dès que vous leur aurez
« parlé, elles s'en iront, et vous pourrez descendre à l'en-
« droit où vous aurez laissé vos vêtements, vous revêtir et
« retourner chez vous. Et pour sûr avant la moitié de la
« nuit suivante, votre amant viendra en pleurant vous de-
« mander merci et miséricorde ; et sachez que jamais, à
« partir de ce jour, il ne vous laissera pour une autre. — »

« La dame, ayant écouté tout cela et y ajoutant foi entière,
s'imagina avoir déjà son amant dans ses bras ; redevenue à
demi joyeuse, elle dit : « — Sans aucun doute je ferai très
« bien tout cela, et j'ai le plus beau lieu du monde pour le
« faire. J'ai en effet un domaine au-dessus du Val d'Arno,
« lequel est très proche de la rivière, et comme nous sommes
« à présent en juillet, il sera très agréable de se baigner. Je
« me souviens aussi que non loin de la rivière est une tou-
« relle inhabitée, si ce n'est que parfois les bergers montent
« par des échelles en bois de châtaigner sur une terrasse qui
« se trouve à son sommet, pour chercher à voir leurs bêtes
« égarées. C'est un lieu très solitaire et hors de tout chemin;
« j'y monterai, et là j'espère le mieux du monde faire ce que
« tu m'ordonneras. — » L'écolier qui connaissait parfaitement le domaine de la dame et la tourelle, satisfait de savoir
qu'elle consentait, dit : « — Madame, je ne suis jamais allé
« dans cet endroit, et pour ce je ne connais ni le domaine
« ni la tourelle ; mais si c'est comme vous dites, il ne peut
« pas y avoir d'endroit plus propice au monde. Et pour ce,
« quand il sera temps, je vous enverrai l'image et la prière ;
« mais je vous prie, quand vous aurez ce que vous désirez,
« et que vous aurez reconnu que je vous ai bien servi, sou-
« venez-vous de moi et tenez la promesse que vous m'avez
« faite. — » A quoi la dame dit qu'elle le ferait sans faute,
et, ayant pris congé de lui, elle s'en retourna chez elle.

« L'écolier joyeux de ce que son projet semblait devoir
aboutir, fit une image avec ses caractères particuliers, et
écrivit une faribole quelconque en guise de prière ; puis,
quand le moment lui sembla venu, il l'envoya à la dame,
et lui fit dire que, la nuit suivante, elle eût à faire sans plus
de retard ce qu'il lui avait dit; après quoi, il s'en alla secrètement avec un sien serviteur chez un de ses amis qui de-

meurait tout près de la tourelle, pour achever son entreprise. De son côté, la dame se mit en route avec sa servante et s'en alla dans sa métairie. Dès que la nuit fut venue, feignant d'aller au lit, elle envoya sa servante se coucher, et à l'heure du premier somme, sortant de la maison, elle s'en vint près de la tourelle sur la rive de l'Arno. Là, après avoir bien regardé tout autour, ne voyant et n'entendant personne, elle se dépouilla de ses vêtements, qu'elle cacha sous un buisson, et se baigna sept fois avec l'image ; après quoi, toute nue, et l'image en sa main, elle se dirigea vers la tourelle. L'écolier qui, dès la tombée de la nuit, s'était caché près de la tourelle avec son serviteur, parmi les saules et les autres arbres, avait tout vu ; quand elle passa ainsi nue, quasi à côté de lui, et qu'il vit la blancheur de son corps vaincre l'obscurité de la nuit, il regarda sa poitrine et toutes les autres parties de sa personne, et les trouvant belles, et songeant à part soi à ce que ces beautés allaient devenir en peu d'instants, il eut quelque pitié d'elle ; d'un autre côté, l'aiguillon de la chair l'assaillit soudain, et fit lever sur pied tel qui dormait, le poussant à sortir de sa cachette, à aller s'emparer de la dame, et à en faire à son plaisir ; et il fut bien près d'être vaincu par l'un et l'autre de ces deux sentiments. Mais se rappelant qui il était et quelle avait été l'injure reçue, et pour quoi et par qui, et sa colère en ayant été rallumée, il chassa la pitié et l'appétit charnel, se raffermit dans sa résolution, et laissa aller la dame.

« Celle-ci étant montée sur la tour et tournée vers le vent de bise, commença à dire les paroles que l'écolier lui avait données par écrit. Quelques instants après, ce dernier étant entré sans bruit dans la tourelle, enleva doucement l'échelle par laquelle la dame était montée sur la terrasse ; après quoi il attendit ce qu'elle devait dire et faire. La dame, après avoir dit sept fois son oraison, se mit à attendre les deux damoiselles, et son attente fut si longue — sans compter que la fraîcheur de la nuit la lui faisait paraître plus longue qu'elle n'aurait voulu — qu'elle vit l'aurore apparaître ; pour quoi, toute marrie qu'il n'en fût point advenu comme l'écolier le lui avait annoncé, elle se dit : « — Je
« crains bien qu'il n'ait voulu me faire passer une nuit
« comme celle que je lui ait fait passer ; mais si telle a été
« son intention, il a mal su se venger, car celle-ci n'a pas
« été le tiers aussi longue que le fut la sienne, sans compter
« que le froid était de toute autre qualité. — » Et pour que le jour ne la surprît point en cet endroit, elle voulut descendre de la tour, mais elle vit que l'échelle n'y était plus. Alors, comme si la terre lui avait soudain manqué sous les pieds, ses esprits l'abandonnèrent et elle tomba vaincue sur la terrasse de la tour.

« Quand les forces lui revinrent, elle se mit à pleurer amèrement et à se plaindre ; et comprenant bien que tout cela était l'œuvre de l'écolier, elle se reprocha de l'avoir offensé et de s'être ensuite fiée à lui, qu'elle devait justement croire son ennemi. Elle resta longtemps plongée dans ces pensées. Puis, regardant s'il n'y avait aucun moyen de descendre, et n'en voyant point, elle se remit à pleurer, et en proie à d'amères pensées, elle se disait : « — Ô malheureuse
« que vont dire tes frères, tes parents, tes voisins et en
« général tous les Florentins, quand on saura que tu as été
« trouvée ici toute nue ? Ton honnêteté, jusque-là si esti-
« mée, on verra qu'elle était fausse ; et si tu essaies de trou-
« ver quelques mauvaises excuses — à la rigueur on en
« pourrait trouver — le maudit écolier, qui sait toutes tes af-
« faires, ne te laissera pas mentir. Ah ! pauvre misérable,
« en une même heure tu auras perdu ton jeune amant qui
« ne t'aime plus et ton honneur ! — » Sa douleur devint alors si grande, qu'elle fut sur le point de se jeter du haut de la tour sur le sol.

« Le soleil étant levé, elle s'approcha le plus qu'elle put d'un des bords de la tour, regardant s'il ne passerait point quelque petit berger avec ses bêtes, qu'elle pût envoyer vers sa servante. Sur ces entrefaites, l'écolier qui avait dormi quelque peu au pied d'un buisson, se réveilla, la vit et fut vu d'elle. Il lui dit : « — Bonjour, Madame. Les damoiselles
« sont-elles venues ? — » La dame le voyant et l'entendant, se remit à pleurer fortement et le supplia de venir près de la tour pour qu'elle pût lui parler. L'écolier lui fut en cela très courtois ; sur quoi la dame s'étant mise à plat ventre sur la terrasse, ne laissa voir que sa tête sur le bord de la trappe, et dit en pleurant : « — Rinieri, vraiment si je t'ai fait pas-
« ser une mauvaise nuit, tu t'es bien vengé de moi, pour ce
« que, bien que nous soyons en juillet, j'ai cru cette nuit,
« étant toute nue, que j'allais geler ; sans compter que j'ai
« tant pleuré sur le méchant tour que je t'ait fait et sur ma
« sottise de t'avoir cru, que c'est une merveille que les yeux
« me soient restés en tête. Et pour ce, je te prie, non pour
« l'amour de moi que tu ne saurais aimer, mais pour amour
« de toi-même, car tu es gentilhomme, de te contenter, pour
« venger l'injure que je t'ai faite, de ce que tu as fait jus-
« qu'ici : fais-moi rendre mes vêtements et laisse-moi des-
« cendre d'ici ; ne cherche pas à m'enlever ce que, quand
« même tu le voudrais, tu ne pourrais plus me rendre,
« c'est-à-dire l'honneur. Et si je t'ai privé du plaisir d'être
« avec moi pendant cette nuit, je puis, à quelque moment
« que cela te plaise, t'en rendre plusieurs pour une. Con-
« tente-toi donc de cela, et comme il convient à un galant
« homme, qu'il te suffise d'avoir pu te venger et de me l'a-

« voir fait savoir ; il n'y a point de gloire pour l'aigle à
« triompher d'une colombe ; donc, pour l'amour de Dieu et
« pour ton propre honneur, aie pitié de moi. — »

« L'écolier, se rappelant d'un cœur féroce l'injure reçue,
et voyant la dame pleurer et supplier, éprouvait tout à la fois
plaisir et ennui : plaisir de la vengeance qu'il avait désirée
par-dessus tout ; ennui, l'humanité le portant à avoir pitié de
la malheureuse. Mais pourtant l'humanité ne pouvant vaincre
la férocité de son appétit de vengeance, il répondit : « — Ma-
« dame Elena, si mes prières — que je n'ai point su, il est vrai,
« baigner de larmes et rendre mielleuses comme tu sais le faire
« maintenant pour les tiennes — m'avaient obtenu, la nuit que
« je mourais de froid dans ta cour pleine de neige, la faveur
« de pouvoir un instant m'abriter sous un endroit couvert,
« il me serait facile d'exaucer aujourd'hui tes prières. Mais
« s'il te soucie maintenant de ton honneur plus que par le
« passé, et qu'il te soit si pénible de rester ainsi nue, adresse
« ces prières à celui dans les bras duquel tu n'as pas craint,
« pendant la nuit que tu viens de rappeler, de rester nue,
« alors que tu m'entendais aller et venir dans ta cour, bat-
« tant des dents et piétinant dans la neige ; fais-toi aider par
« lui ; dis-lui de te rendre tes vêtements, de t'apporter l'é-
« chelle pour descendre ; efforce-toi de l'intéresser à ton
« honneur que tu n'as pas hésité à mettre à toute heure
« mille fois en péril pour lui. Pourquoi ne l'appelles-tu pas
« pour qu'il te vienne en aide ? A qui cela appartient-il
« mieux qu'à lui ? Tu es à lui, et à qui donnera-t-il aide et
« protection, s'il ne te protège et s'il ne t'aide ? Appelle-le,
« sotte que tu es, et essaie si l'amour que tu lui portes, si
« ton adresse jointe à la sienne, te pourront délivrer de ma
« sottise à propos de laquelle pendant que tu te satisfaisais
« avec lui, tu lui demandais ce qu'il lui semblait être le plus
« fort, de ma sottise ou de l'amour que tu lui portais. Tu
« ne saurais maintenant te montrer accommodante au sujet
« de ce que je ne désire point, pas plus que tu ne pourrais
« me le refuser, si je le désirais ; réserve tes nuits pour ton
« amant, s'il arrive que tu partes d'ici vivante ; tes nuits
« sont à lui : moi, j'en eus trop d'une, et il me suffit d'avoir
« été bafoué une fois. Usant de toute ton astuce dans tes pa-
« roles, tu t'ingénies aussi à capter ma bienveillance en me
« flattant ; tu m'appelles gentilhomme plein de valeur, et tu
« t'efforces doucement à m'amener à renoncer, en homme
« magnanime, à te punir de ta méchanceté ; mais tes flat-
« teries ne m'obscurciront point aujourd'hui les yeux de
« l'intelligence comme le firent autrefois tes promesses dé-
« loyales. Je me connais : je n'en ai pas autant appris de
« moi-même, pendant tout le temps que je suis resté à Pa-
« ris, que tu ne m'en as fait connaître dans une seule de tes

« nuits. Mais, à supposer que je sois magnanime, tu n'es
« pas de celles à qui la magnanimité doit montrer ses effets.
« Pour les bêtes sauvages comme toi, la fin du châtiment
« comme de la vengeance doit être la mort, alors que pour
« les hommes on doit se contenter de ce que tu dis. Pour
« quoi, bien que je ne sois pas aigle, te connaissant non
« pour colombe mais pour serpent venimeux, j'entends te
« poursuivre de toute la force de ma haine, comme mon
« plus ancien ennemi. Tout ce que je te fais ne se peut
« d'ailleurs appeler vengeance mais plutôt châtiment, en
« tant que la vengeance doit surpasser l'offense, ce
« qui n'arrivera point ici ; pour ce que si j'avais voulu me
« venger, me souvenant à quelle extrémité tu réduisis mon
« âme, ta vie ne m'aurait pas suffi si je te l'avais prise, non
« plus que cent autres comme la tienne, car j'aurais occis
« une vile, mauvaise et coupable femme. Et que diable —
« mettant de côté le peu de beauté de ta figure que quelques
« années feront disparaître en la remplissant de rides —
« vaux-tu plus qu'une autre pauvre servante, toi qui as failli
« faire mourir un galant homme, comme tu m'appelais il y
« a un moment, dont la vie pourra peut-être encore être un
« jour plus utile en ce monde que cent mille de tes pareilles
« ne pourraient l'être pendant toute la durée de l'univers ?
« Je t'apprendrai donc par le châtiment que tu endures, ce
« que c'est que de te moquer des hommes qui ont un sen-
« timent dans le cœur, ce que c'est que de se moquer des
« écoliers, et je te donnerai sujet de ne plus jamais tomber
« dans une pareille folie, si tu en réchappes. Mais si tu as
« si grand désir de descendre, que ne te jettes-tu à terre ? En
« te rompant le col, avec l'aide de Dieu, tu te délivreras en
« même temps du supplice où il te semble être, et tu me
« rendras l'homme le plus heureux du monde. Maintenant,
« je ne t'en veux plus dire davantage ; j'ai su si bien faire
« que je t'ai fait monter là-haut ; sache à présent si bien
« faire, toi, que tu en descendes comme tu sus te moquer
« de moi. — »

« Pendant que l'écolier parlait ainsi, la malheureuse dame
ne cessait de pleurer, et le temps s'écoulait, le soleil mon-
tant toujours plus haut. Quand elle vit qu'il se taisait, elle
dit : « — Hélas ! homme cruel, si cette maudite nuit te fut
« si douloureuse, et si ma faute te parut si grande que ni ma
« jeune beauté, ni mes larmes amères, ni mes humbles
« prières n'ont pu émouvoir ta pitié, laisse-toi au moins
« émouvoir, et relâche-toi de ta rigueur et de ta sévérité,
« par cela seul que je me suis confiée tout dernièrement à
« toi, et que je t'ai découvert tous mes secrets, ce qui t'a
« fourni l'occasion de pouvoir me faire reconnaître ma faute ;
« comme aussi, si je ne m'étais pas confiée à toi, tu n'aurais

« pu trouver aucun moyen de te venger de moi, ce que tu
« parais avoir souhaité avec tant d'ardeur. Hélas ! laisse ta
« colère et pardonne-moi désormais ; si tu veux me pardon-
« .ner et me faire descendre d'ici, je suis toute prête à aban-
« donner mon déloyal amant, et à t'avoir seul pour amant
« et pour maître, bien que tu dénigres fort ma beauté, en
« la donnant pour passagère et de peu de prix. Quelle que
« soit ma beauté, je sais que, comme celle des autres
« femmes, si on ne la doit point estimer pour autre chose,
« elle est un amusement et un passe-temps pour la jeunesse
« des hommes ; et tu n'es point vieux. Et, bien que je sois
« cruellement traitée par toi, je ne peux cependant pas
« croire que tu voudrais me donner une mort si cruelle que
« de me forcer à me jeter en désespérée au bas de cette tour,
« devant tes yeux auxquels — tu l'avouerais si tu n'étais pas
« devenu menteur — j'ai tellement plu jadis. Hélas ! aie
« pitié de moi, pour l'amour de Dieu ; aie pitié ! le soleil
« commence à devenir trop chaud, et, de même que le trop
« grand froid m'a fait souffrir cette nuit, la trop grande
« chaleur commence à me faire endurer grandissime souf-
« france. — »

« L'écolier qui prenait plaisir à prolonger cette conversa-
« tion, répondit : « — Madame, tu ne t'es point confiée à moi
« à cause de l'amour que tu me portais, mais pour recon-
« quérir celui que tu avais perdu, et pour ce ta con-
« fiance ne mérite autre chose qu'un traitement pire. Et
« tu as cru follement, si tu t'es imaginée que cette voie
« a été la seule ouverte à la vengeance que je souhaitais.
« J'en avais mille autres ; en faisant semblant de t'aimer,
« j'avais tendu autour de tes pieds plus de mille lacs ; et avant
« peu, si ce cas ne s'était pas présenté, tu devais de toute
« nécessité tomber dans l'un d'eux. Quel qu'eût été celui où
« tu fusses tombée, tu n'aurais pas éprouvé une peine ni
« une honte moindres que celui-ci ne t'en occasionne ; si j'ai
« employé celui-ci, ce n'est point par considération pour
« toi, mais pour me satisfaire plus vite. Et quand bien
« même tous eussent manqué, j'avais ma plume, avec
« laquelle j'aurais écrit sur ton compte tant de choses et de
« telle façon que, quand tu les aurais sues — et tu les aurais
« sues — tu aurais désiré mille fois n'être point née. Les
« forces de la plume sont beaucoup plus grandes que ne
« l'estiment ceux qui ne les ont point éprouvées par leur
« propre expérience. Je jure Dieu — puisse-t-il m'être
« propice jusqu'à la fin dans cette vengeance que je prends
« de toi, comme il me l'a été dès le commencement — que
« j'aurais écrit sur toi des choses telles que, rougissant de
« toi-même, tu te serais crevé les yeux pour ne point te
« voir ; et pour ce, ne reproche pas à la mer d'avoir été

« accrue par un petit ruisselet. De ton amour, ou de te
« posséder, je n'ai, comme je t'ai déjà dit, nul souci; sois
« donc à celui avec qui tu as été, si tu le peux; de même
« que je l'ai haï autrefois, je l'aime présentement en pensant
« à ce qu'il t'a fait. Vous allez, vous amourachant des jou-
« venceaux et convoitant leur amour, pour ce que vous les
« voyez le teint plus vif, la barbe plus noire, la taille élancée,
« et qu'ils dansent et qu'ils joutent; mais tout cela, ceux qui
« sont quelque peu plus âgés l'ont eu eux aussi, et ils savent
« de plus tout ce que ces jouvenceaux ont encore à apprendre.
« En outre, vous les trouvez meilleurs cavaliers, faisant plus
« de milles en leur journée que les hommes plus mûrs.
« Certes, je confesse qu'ils savent secouer les jupons avec
« plus de force, mais les gens plus âgés, étant plus experts,
« savent mieux en quels endroits se tiennent les puces. Il
« vaut mieux manger peu et savoureux, que beaucoup et in-
« sipide; le grand trot rompt et fatigue, quelque jeune
« qu'on soit, tandis que l'allure douce, encore qu'elle vous
« fasse arriver moins vite à l'auberge, vous y conduit au
« moins sans fatigue. Vous ne vous apercevez point, bêtes
« sans intelligence, combien de mal est caché sous ce peu de
« belle apparence. Les jouvenceaux ne se contentent point
« d'une seule, mais autant ils en voient, autant ils en
« désirent, d'autant ils se croient dignes. Pour quoi, leur
« amour ne peut être stable, et tu peux à cette heure en
« avoir par toi-même une preuve irrécusable. Il leur semble
« qu'ils méritent d'être révérés et caressés par leurs dames,
« et ils n'ont pas de plus grande gloire que de se vanter de
« celles qu'ils ont eues, lequel défaut en a fait tomber beau-
« coup, qui ne le redisent point, sous les coups de frères irri-
« tés. Bien que tu prétendes que tes amours n'ont jamais été
« connues que par ta servante et par moi, tu n'en sais rien,
« et tu crois mal si tu crois ainsi. Dans sa rue et dans la
« tienne, on ne parle que de cela ; mais la plupart du temps
« ceux à qui ces choses arrivent en dernier lieu sont ceux
« qui y sont les plus intéressés. Les jouvenceaux vous volent
« par-dessus le marché, tandis que les gens âgés vous font
« des présents. Donc, toi qui as mal choisi, reste à celui à
« qui tu t'es donnée, et laisse à une autre celui dont tu t'es
« moquée, car j'ai trouvé une dame bien au-dessus de toi,
« et qui a su mieux me connaître que tu ne l'as fait. Et afin
« que tu puisses emporter dans l'autre monde une plus
« grande certitude du désir de mes yeux que tu ne sembles
« l'avoir en ce monde par mes paroles, jette-toi tout de suite
« en bas, et ton âme, aussitôt reçue dans les bras du dia-
« ble, comme je crois, pourra voir si mes yeux se seront
« troublés ou non de t'avoir vue précipitée de là-haut. Mais
« pour ce que je crois que tu ne voudras point me faire un

« tel plaisir, je te conseille, si le soleil commence à te
« chauffer, de te souvenir du froid que tu m'as fait souf-
« frir, et si tu mêles ce souvenir à la chaleur que tu
« endures, sans aucun doute tu en sentiras le soleil
« adouci. — »

« L'inconsolable dame, voyant que les paroles de l'écolier avaient une conclusion si cruelle, recommença à se lamenter et dit : « — Eh bien! puisque rien ne peut t'émouvoir de
« pitié pour moi, laisse-toi toucher au nom de l'amour
« que tu portes à cette dame plus avisée que moi que tu as
« trouvée et dont tu dis être aimé; pardonne-moi pour
« que je puisse me revêtir, et fais-moi descendre d'ici. — »
L'écolier se mit alors à rire, et voyant que la troisième heure était déjà largement passée, il répondit : « — Eh bien!
« je ne saurais te dire non, puisque tu m'en as priée au
« nom d'une telle dame. Dis-moi où sont tes vêtements,
« j'irai te les chercher et je te ferai descendre. — » La dame, croyant cela, se rassura un peu, et lui indiqua l'endroit où elle avait déposé ses habits. L'écolier, étant sorti de la tour, ordonna à son serviteur de ne point s'éloigner, et de veiller à ce que personne n'entrât dans la tour avant qu'il ne revînt; après quoi, il s'en alla chez un de ses amis, où il déjeuna tout à son aise; puis, quand l'heure lui sembla venue, il s'en fut dormir.

« La dame, restée sur la tour, quoiqu'un peu réconfortée par un sot espoir, s'en fut, bien triste encore, s'asseoir à l'endroit où le mur faisait un peu d'ombre, et se mit à attendre, faisant d'amères réflexions. Plongée dans ses pensées, tantôt espérant, tantôt désespérant de voir revenir l'écolier avec ses vêtements, et passant d'une idée à une autre, elle s'endormit, vaincue par la douleur, et comme une personne qui n'avait pas dormi de toute la nuit précédente. Le soleil qui était déjà très ardent, ayant atteint le milieu de sa course, frappait à découvert et d'aplomb sur le corps tendre et délicat de la dame, et dardait sur sa tête que rien ne protégeait, avec une telle force, que non seulement il lui brûla les chairs, mais qu'il les lui fendit et les lui ouvrit toutes, et la cuisson fut telle qu'elle réveilla l'infortunée qui dormait. Se sentant brûler, elle voulut changer un peu de place, mais à chaque mouvement il lui semblait que toute sa peau s'ouvrait et éclatait, comme nous voyons faire d'une feuille de parchemin brûlée quand on veut l'étirer ensuite; en outre, la tête lui faisait si mal qu'il lui semblait qu'elle allait se rompre, ce qui n'était en rien surprenant. La terrasse de la tour était si brûlante, qu'elle ne pouvait s'y tenir ni sur les pieds ni autrement; pour quoi, ne pouvant rester à la même place, elle allait et venait en gémissant. En outre, comme il ne faisait pas un souffle de vent, il y avait des mouches et des taons en grandissime quantité, lesquels se posant sur ses chairs fendues, la piquaient si cruellement, que chaque piqûre lui semblait une pointure d'aiguillon; pour quoi, elle ne cessait de les chasser avec les mains, maudissant la vie, son amant et l'écolier. Etant ainsi molestée, blessée, torturée par la chaleur horrible du soleil, par les mouches et les taons, comme aussi par la faim et plus encore par la soif; livrée à l'angoisse de mille pensers douloureux, elle se dressa sur ses pieds et se mit à regarder si elle ne verrait pas ou n'entendrait pas quelqu'un s'approcher d'elle, disposée, quoi qu'il lui en dût advenir, à l'appeler et à lui demander secours. Mais sa mauvaise fortune lui avait encore enlevé cette chance. Les laboureurs avaient tous quitté les champs à cause de la chaleur; ajoutons que ce jour-là, personne n'était venu travailler près de la tour, tous les voisins étant à battre leur blé chez eux; pour quoi, elle n'entendait rien que les cigales, et ne voyait que l'Arno qui, lui apportant le désir de boire de son eau, n'apaisait point sa soif, mais l'augmentait au contraire. Elle apercevait aussi plus loin des bois ombreux et des maisons où elle aurait bien voulu être, et qui lui étaient également un sujet d'angoisse.

« Que dirons-nous plus de la malheureuse dame? Le soleil sur sa tête, la chaleur de la terrasse sous ses pieds, les piqûres des mouches et des taons par côté l'avaient tellement rongée de toutes parts, que la pauvre femme qui, la nuit précédente, dissipait les ténèbres par la blancheur de sa peau, était devenue maintenant rouge comme rage, toute zébrée de sang, et aurait paru, à qui aurait pu la voir, la plus vilaine chose du monde. Pendant qu'elle était ainsi, sans espérance et sans conseil, attendant plutôt la mort qu'autre chose, l'écolier, l'heure de none étant passée, se réveilla, et se souvenant de sa dame, il retourna vers la tour pour voir ce qu'il en était d'elle, et envoya manger son serviteur qui était encore à jeun. La dame l'ayant entendu, vint toute faible et succombant sous l'angoisse, s'asseoir sur le bord de la trappe, et se mit à dire en gémissant : « — Rinieri, « tu t'es bien vengé outre mesure, car si je t'ai fait geler de « nuit dans ma cour, tu m'as de jour fait rôtir sur cette « tour, voire brûler, et de plus mourir de faim et de soif; « pour quoi, je te prie, pour l'amour de Dieu seul, de monter « ici, et, puisque je n'ai pas le cœur de me donner la mort « moi-même, de me la donner toi, car je la désire plus « que toute autre chose, tant est grand le tourment que « j'éprouve. Et si tu ne veux pas me faire cette grâce, fais-« moi apporter au moins un verre d'eau, que je puisse y « baigner ma bouche à laquelle mes larmes ne suffisent « point, tant est grande la sécheresse et l'ardeur que je res-« sens. — »

« L'écolier reconnut bien à sa voix quelle était sa faiblesse ; il vit aussi en partie son corps tout grillé par le soleil, tout cela et ses humbles prières lui inspirèrent un peu de pitié pour elle ; mais pourtant il répondit : « — Méchante « femme, tu ne mourras point de mes mains ; tu mourras des « tiennes si l'envie t'en vient ; et tu auras de moi autant « d'eau pour alléger ta chaleur que j'eus de toi du feu pour « alléger mon froid. Je ne me plains que d'une chose, à « savoir que, tandis que la maladie occasionnée par le froid « que j'éprouvai dut se guérir par la chaleur d'un fumier « infect, la maladie produite par la chaleur que tu endures « présentement se pourra soigner par le froid de l'eau de rose « odoriférante ; et que, alors que j'ai failli perdre les nerfs « et tout le corps, toi, écorchée par cette chaleur, tu resteras « aussi belle que le serpent qui a quitté sa vieille peau. — »
« — Oh ! misérable de moi — dit la dame — que Dieu « donne à ceux qui me veulent du mal ces beautés acquises « de telles façons ; mais toi, plus cruel qu'aucune bête féroce, comment as-tu pu souffrir de me briser de cette manière ? Qu'aurais-je pu attendre de plus de toi ou de tout « autre, si j'avais fait périr toute ta famille sous les plus « cruels tourments ? Certes, je ne sais pas quelle plus « grande cruauté on aurait pu exercer envers un traître qui « aurait mis à mort toute une cité, que celle avec laquelle tu « m'as traitée en me faisant rôtir au soleil et manger des « mouches ; tu n'as pas même voulu me donner un verre « d'eau, alors qu'aux assassins condamnés par la justice et » qu'on mène à la mort, on donne à boire souvent du vin « quand ils le demandent. Eh bien ! puisque je vois que tu « persistes dans ton acerbe cruauté, et que la passion que « j'endure ne peut en rien t'émouvoir, je me disposerai « patiemment à recevoir la mort, afin que Dieu ait miséri« corde de mon âme ; et je le prie de jeter un juste regard « sur ton ouvrage. — » Et ces paroles dites, elle se traîna péniblement vers le milieu de la terrasse, désespérant d'échapper à une si ardente chaleur. Là, pleurant abondamment, et se lamentant sur son triste sort, elle crut mourir de soif et de douleur, non pas une fois, mais mille.

« L'heure de vespres étant déjà arrivée, l'écolier estimant avoir assez fait, fit prendre les vêtements de la dame, les fit envelopper dans le manteau de son serviteur, et s'en alla à la maison de la malheureuse, où il trouva la servante qui était assise sur le seuil de la porte, triste, désolée, ne sachant quel parti prendre, et il lui dit : « — Bonne femme, qu'est-il arrivé à ta maîtresse ? — » A quoi la servante répondit : « — Messire, je ne sais. Je croyais ce matin la « trouver dans le lit où il m'avait semblé la voir aller hier « soir ; mais je ne l'ai trouvée ni là, ni ailleurs, et je ne sais

« ce qu'elle est devenue, de quoi j'éprouve un grandissime
« chagrin. Mais vous, messire, ne saurez-vous rien m'en
« dire ? — » A quoi l'écolier répondit : « — Eussé-je pu te
« tenir aussi avec elle là où je l'ai tenue, afin de te punir
« de ta faute comme je l'ai punie de la sienne! Mais
« pour sûr, tu ne m'échapperas pas des mains que je ne te
« paie tes bons offices, de sorte que tu ne fasses jamais
« plus de méchant tour à personne sans te souvenir de
« moi. — » Cela dit, il dit à son domestique. « — Donne-
« lui ces vêtements, et dis-lui qu'elle aille trouver sa maî-
« tresse, si elle veut. — » Le domestique fit selon qu'il lui
avait ordonné ; pour quoi, la servante ayant pris les vêtements et les ayant reconnus, et se rappelant ce qu'on venait
de lui dire, trembla qu'ils ne l'eussent tuée, et eut peine à
se retenir de crier. L'écolier étant parti, elle s'en alla sur-
le-champ, en courant, vers la tour et toute en pleurs.

« Ce même jour, un laboureur de la dame avait par
hasard perdu deux cochons ; comme il allait à leur recherche,
il arriva vers la tourelle un peu après le départ de l'écolier,
et regardant partout s'il ne verrait pas ses cochons, il entendit les plaintes que poussait la malheureuse dame ; pour
quoi, s'étant approché, il cria tant qu'il put : « — Qui est-
« ce qui se plaint là-haut ? — » La dame reconnut la voix
de son laboureur, et l'ayant appelé par son nom, elle dit :
« — Eh ! va chercher ma servante, et fais en sorte qu'elle
« puisse venir me trouver ici. — » Le laboureur, l'ayant reconnue, dit : « — Hélas ! Madame, qui vous a portée là-
« haut ? Votre servante vous a cherché tout aujourd'hui ;
« mais qui aurait jamais pensé que vous deviez être là ? — »
Et ayant pris les deux bras de l'échelle, il se mit à la dresser
comme elle devait être, et à la lier avec des cordes et des
bâtons en travers. Sur ces entrefaites, survint la servante qui
étant entrée dans la tour, ne pouvant plus retenir sa voix et
se frappant le front avec les mains, se mit à crier : « — Hé-
« las ! ma douce âme, où êtes-vous ? — » La dame l'entendant, dit le plus fort qu'elle put : « — Ma sœur, je suis
« ici, en haut ; ne pleure pas, mais apporte-moi vite mes
« vêtements. — » Quand la servante l'entendit parler, quasi
toute réconfortée, elle monta par l'échelle que le laboureur
avait déjà presque entièrement raccommodée, et, aidée par
lui, elle parvint sur la terrasse. Quand elle vit sa maîtresse,
qui ressemblait non à un corps humain, mais à un cep de
vigne à moitié brûlé, toute brisée, toute pâle, gisant nue sur
la terre, elle mit ses mains sur ses yeux, et se mit à pleurer
comme si elle était morte. Mais la dame la pria de se taire
pour l'amour de Dieu, et de l'aider à se vêtir. Ayant appris
d'elle que personne ne savait où elle avait été, sinon ceux
qui lui avaient apporté ses vêtements et le laboureur qui

était encore là, elle se calma un peu, et elle les pria, pour l'amour de Dieu, de n'en jamais rien dire à personne.

« Le laboureur, après de nombreuses paroles, ayant mis sur ses épaules la dame qui ne pouvait marcher, la porta enfin sans encombre hors de la tour. La malheureuse servante, qui était restée en arrière, en descendant avec moins de précautions, fit un faux pas, tomba de l'échelle par terre et se rompit la cuisse, sur quoi, de douleur, elle se mit à mugir si fort qu'on aurait dit un lion. Le laboureur, ayant déposé la dame sur un tas d'herbes, alla voir ce qu'avait la servante, et ayant vu qu'elle avait la cuisse rompue, il la porta aussi sur le tas d'herbes, et la posa à côté de la dame. Celle-ci, voyant ce nouveau malheur s'adjoindre à tous ses autres maux, celle dont elle espérait aide plus que de toute autre avec la cuisse cassée, fut affligée outre mesure, et recommença à pleurer si misérablement que non seulement le laboureur ne la put consoler, mais qu'il se mit de son côté à pleurer aussi. Mais, le soleil étant déjà bas, afin que la nuit ne les surprît point en cet endroit, selon le désir de l'inconsolable dame, il s'en alla chez lui, et là, ayant appelé ses deux frères et sa femme, ils revinrent tous les quatre avec une civière sur laquelle ils mirent la servante et la portèrent à la maison. Puis le laboureur ayant réconforté la dame avec un peu d'eau fraîche et de bonnes paroles, la prit sur son dos et la porta dans sa chambre. La femme du laboureur, après lui avoir donné à manger du pain lavé et l'avoir déshabillée, la mit au lit, et ils prirent leurs mesures pour que la servante et elle fussent transportées à Florence pendant la nuit ; ce qui fut fait. Là, la dame qui avait à sa disposition un grand fonds de mensonges, ayant inventé une fable tout à fait opposée à ce qui était arrivé, fit croire à ses frères et à ses sœurs, et à tout le monde que tout cela était arrivé à sa servante et à elle par enchantements de démons. Les médecins furent appelés, et non sans grandissime angoisse et péril pour la dame dont la peau resta plus d'une fois attachée à ses draps, ils la guérirent d'une ardente fièvre et des autres accidents. Ils guérirent aussi la servante de sa cuisse cassée. Sur quoi, la dame ayant oublié son amant, se garda dorénavant de se moquer des autres et d'aimer. Quant à l'écolier, apprenant que la servante s'était rompue la cuisse, il estima avoir obtenu une entière vengeance, et joyeux, il passa outre sans plus rien dire.

« Voilà donc ce qu'il advint à la sotte jeune dame de ses moqueries. Elle avait cru se jouer d'un écolier comme elle aurait fait d'un autre, ne sachant point que la plupart d'entre eux, sinon tous, savent où le diable a la queue. Et pour ce, gardez-vous, mes dames, de vous moquer de personne, e surtout des écoliers. — »

NOUVELLE VIII

Deux hommes mariés se fréquentent journellement, l'un d'eux couche avec la femme de l'autre, lequel s'en étant aperçu, s'entend avec la femme du traître pour enfermer celui-ci dans une caisse sur laquelle ils prennent ensuite tous deux leurs ébats.

Les dames avaient éprouvé du chagrin et de l'ennui à entendre raconter les malheurs d'Élena ; mais pour ce qu'elles estimaient qu'ils lui étaient en partie justement arrivés, ils leur avaient inspiré une pitié fort modérée, bien qu'elles tinssent l'écolier pour un homme rigide, fièrement entêté, voire cruel. Mais Pampinea étant parvenue à la fin de sa nouvelle, la reine ordonna à la Fiammetta de poursuivre. Celle-ci, désireuse d'obéir, dit : « — Plaisantes dames, pour ce qu'il me semble que la sévérité de l'écolier bafoué vous a quelque peu troublées, j'estime qu'il convient de ragaillardir vos esprits attristés par quelque chose de plus agréable ; c'est pourquoi j'entends vous dire une petite nouvelle à propos d'un jeune homme qui reçut une injure avec plus de mansuétude, et s'en vengea d'une façon plus modérée. Par elle, vous pourrez comprendre que, quand un homme fait tant que de se venger, il doit bien lui suffire d'avoir rendu un âne en échange de celui qu'il a reçu, sans chercher à tirer plus forte vengeance qu'il ne convient.

« Il faut donc que vous sachiez qu'à Sienne, ainsi que je l'ai entendu dire jadis, il y avait deux jeunes gens très aisés et de bonnes familles bourgeoises, dont l'un s'appelait Spinelloccio Tanena, et l'autre Zeppa di Mino ; tous les deux demeuraient porte à porte dans la rue Camollia. Ces deux jeunes gens étaient toujours ensemble, et paraissaient s'aimer autant et même plus que s'ils eussent été frères. Chacun d'eux avait pour femme une fort belle dame. Or il advint que Spinelloccio, fréquentant beaucoup la maison de Zeppa, que Zeppa y fût ou n'y fût pas, devint tellement familier avec la femme de ce dernier, qu'il finit par coucher avec elle, et les deux amants continuèrent un bon temps ce jeu sans que personne ne s'en aperçut. Pourtant, à la longue, Zeppa étant un jour chez lui sans que sa femme le sût, Spinelloccio s'en vint le demander. La dame lui dit qu'il n'était point à la maison ; sur quoi Spinelloccio étant monté promptement trouva la dame dans la salle et voyant qu'il n'y avait personne, se mit à la prendre dans ses bras et à l'embrasser ; et elle en fit autant. Zeppa qui vit cela, ne souffla mot, et se tint caché pour voir où le jeu s'arrêterait. Il ne tarda point à voir sa femme et Spinelloccio ainsi embrassés s'en aller dans la chambre et s'y enfermer, de quoi il fut fort courroucé. Mais comprenant que s'il faisait du bruit l'injure qui lui avait été faite n'en serait pas moindre, qu'au contraire elle serait augmentée de la honte, il donna toute sa pensée à chercher quelle vengeance il en devait tirer de façon que, sans qu'on n'en sût rien au dehors, il en fût satisfait. Après y avoir longtemps pensé, il crut avoir trouvé le moyen, et se tint caché pendant tout le temps que Spinelloccio demeura avec la dame.

« Quand celui-ci s'en fut allé, il entra dans la chambre où il trouva la dame qui n'avait pas encore fini de rajuster sur sa tête son voile que Spineloccio en jouant avec elle avait fait tomber, et il dit : « — Femme, que fais-tu là ? — » A quoi la dame répondit : « — Ne le vois-tu pas ? — » « — Oui « bien — dit Zeppa — oui ; j'ai vu aussi autre chose que je « n'aurais pas voulu voir. » — Sur ce, il entra en grandes explications sur ce qui s'était passé, et la dame, tremblant de peur, après lui avoir avoué ce qu'elle ne pouvait véritablement nier de ses relations avec Spinelloccio, se mit à pleurer et à lui demander pardon. A quoi le Zeppa dit : « — Vois, « femme, tu as mal fait ; si tu veux que je te le pardonne, « songe à faire entièrement ce que je t'ordonnerai, et le « voici : je veux que tu dises à Spinelloccio que demain ma-« tin, sur l'heure de tierce, il trouve un motif quelconque « pour me quitter et venir ici te trouver ; quand il y sera, « je reviendrai, et dès que tu m'entendras, tu le feras aus-« sitôt entrer dans cette caisse où tu l'enfermeras. Puis, « quand tu auras fait cela je te dirai ce qu'il te restera à « faire. Et tu ne devras avoir aucune hésitation à ce faire, « car je te promets que je ne lui ferai aucun mal. — » La dame pour le contenter, dit qu'elle le ferait, et elle le fit en effet.

« Le lendemain, sur la troisième heure, Zeppa et Spinelloccio étant ensemble, Spinelloccio qui avait promis à la dame d'aller la trouver à cette heure-là, dit à Zeppa : « — Je « dois déjeuner ce matin avec un ami et je ne veux pas me « faire attendre ; pour ce, va avec Dieu. — » Zeppa dit : « — Il n'est pas encore l'heure de déjeuner, il s'en faut. — » Spinelloccio dit : « — Cela ne fait rien ; j'ai aussi à causer « avec lui d'une affaire, de sorte qu'il faut que j'y sois de « bonne heure. — » Spinelloccio ayant donc quitté Zeppa, fit un détour et s'en alla chez ce dernier trouver sa femme. Ils venaient à peine d'entrer dans la chambre, que Zeppa revint. La dame l'entendant, se montra très effrayée, et le fit entrer dans la caisse comme son mari le lui avait dit ; après quoi, l'y ayant enfermé, elle sortit de la chambre.

« Zeppa étant monté, dit : « — Femme, est-il l'heure
« de déjeuner ? — » La dame répondit : « — Oui, dans un
« moment. — » Zeppa dit alors : « — Spinelloccio est allé
« déjeuner ce matin avec un sien ami et a laissé sa femme
« seule, mets-toi à la fenêtre et appelle-la ; dis-lui qu'elle
« vienne déjeuner avec nous. — » La dame, craignant pour
elle-même, et pour ce devenue tout à fait obéissante, fit ce que
son mari lui ordonnait. La femme de Spinelloccio, après en
avoir été bien priée par la femme de Zeppa, se décida à venir
en apprenant que son mari ne devait pas déjeuner à la maison. Quand elle fut venue, Zeppa lui faisant de grandes caresses et la prenant amicalement par la main, ordonna doucement à sa femme d'aller à la cuisine, et emmena avec lui sa
voisine dans la chambre où, à peine entré, il se retourna et
ferma la porte en dedans. Quand la dame vit fermer la porte
en dedans, elle dit : « — Eh ! Zeppa, que veut dire ceci ?
« C'est donc pour cela que vous m'avez fait venir ? Voilà l'a-
« mitié que vous portez à Spinelloccio, et la loyale compagnie
« que vous lui faites ? — » A quoi Zeppa s'était approché de
la caisse où était le mari de la dame, et tenant celle-ci dans
ses bras, dit : « — Femme, avant de te mettre en colère,
« écoute ce que je veux te dire : j'ai aimé et j'aime Spinel-
« loccio comme un frère, et hier, bien qu'il ne le sache pas,
« j'ai trouvé que la confiance que j'avais en lui avait abouti
« à ceci, à savoir qu'il couche avec ma femme tout comme
« avec toi. Or, précisément parce que je l'aime, je n'entends
« pas tirer de lui une autre vengeance que de lui faire la
« même injure qu'il m'a faite : il a eu ma femme, et j'entends
« à mon tour t'avoir. Si tu refuses, il faudra certainement
« que je le prenne céans, et comme je n'entends pas laisser
« cette offense impunie, je lui ferai un tel jeu, que ni toi ni
« lui ne serez jamais plus joyeux de votre vie. — »

« La dame, oyant cela, et Zeppa continuant à la presser
vivement, finit par le croire et dit : « — Mon cher Zeppa,
« puisque c'est sur moi que doit retomber cette vengeance,
« j'en suis contente, pourvu que, après ce que nous allons
« faire, tu me fasses rester en paix avec ta femme, comme
« j'entends, nonobstant ce qu'elle m'a fait, lui conserver mon
« amitié. — » A quoi Zeppa répondit : « — Certainement,
« je le ferai ; en outre, je te donnerai un rare et beau
« joyau comme tu n'en as jamais eu. — » Ceci dit, l'ayant
prise dans ses bras, il se mit à l'embrasser, l'étendit sur la
caisse où était enfermé le mari, et là, il se satisfit tout autant
qu'il lui plut avec elle, et elle avec lui.

« Spinelloccio qui était dans la caisse, et qui avait entendu tout ce que Zeppa avait dit, ainsi que la réponse de
sa femme, et qui, ensuite avait senti la danse de Trévise
qu'on faisait sur sa tête, éprouva un moment une si grande

douleur qu'il faillit en mourir ; et n'eût été qu'il craignait Zeppa, il aurait dit de grosses injures à sa femme, tout enfermé qu'il était. Cependant, en songeant que l'offense avait commencé de son chef, et que Zeppa avait raison de faire ce qu'il faisait, et qu'il s'était comporté envers lui humainement et comme un camarade, il se dit qu'il devait rester plus que jamais l'ami de Zeppa, si celui-ci y consentait.

« Zeppa, après être resté avec la dame autant qu'il lui plut, descendit de la caisse, et comme la dame lui demandait le joyau qu'il lui avait promis, il ouvrit la porte de la chambre et fit rentrer sa femme, laquelle ne dit autre chose que ceci : « — Madame, vous m'avez rendu un pain pour
« une fouasse. — » Sur quoi, elle se mit à rire. Zeppa lui dit alors : « — Ouvre cette caisse — » ce qu'elle fit, et Zeppa montra à la dame son Spinelloccio. Il serait trop long de dire lequel des deux eut le plus de honte, du Spinelloccio à la vue de Zeppa et sachant que ce dernier savait ce qu'il avait fait, ou de la dame voyant son mari et comprenant qu'il avait entendu et senti ce qu'elle lui avait fait sur la tête. Zeppa lui dit : « — Voilà le joyau que je te donne. — »

« Spinelloccio, étant sorti de sa caisse, sans trop faire de réflexions, dit : « — Zeppa, nous sommes quitte à quitte ;
« et pour ce, il est bon, comme tu le disais tout à l'heure à
« ma femme, que nous restions amis, comme d'habitude ; et
« puisqu'entre nous deux il n'y a que nos femmes qui ne
« soient pas en commun, il faut les mettre en commun elles
« aussi. — » Zeppa y consentit, et dans la meilleure entente du monde tous les quatre déjeunèrent ensemble. A partir de ce jour, chacune de ces dames eut deux maris, et chacun de ceux-ci eut deux femmes, sans que jamais la moindre contestation ou la moindre querelle s'élevât entre eux à ce sujet. — »

NOUVELLE IX

Maître Simon, médecin, ayant été conduit de nuit en certain lieu par Bruno et Buffamalcco pour faire partie d'une troupe qui allait en course, est jeté par Buffamalcco dans une fosse d'ordure et y est laissé.

Après que les dames eurent quelque peu plaisanté sur la communauté des femmes des deux Siennois, la reine à laquelle il restait seule à parler pour ne pas faire tort à Dioneo, commença : « — Amoureuses dames, Spinelloccio méritait fort bien l'injure qui lui fut faite par Zeppa; pour quoi, il ne me semble pas qu'il faille aigrement blâmer, comme Pampinea voulait peu auparavant nous le montrer, quiconque trompe celui qui court au-devant de la tromperie ou qui la mérite; Spinelloccio avait mérité d'être bafoué, et moi j'entends vous parler de quelqu'un qui était allé chercher son propre dommage, estimant que ceux qui le lui firent subir ne sont point à blâmer, mais sont au contraire dignes de louanges. L'aventure arriva à un médecin qui retourna de Boulogne à Florence tout couvert de poil de vair [1], bien qu'il ne fût qu'un ignorant.

« Comme nous le voyons chaque jour, nos concitoyens nous reviennent de Bologne, qui juge, qui médecin, qui notaire, avec les robes longues et larges, couleur d'écarlate et doublées de vair, et avec d'autres grandissimes apparences; quant aux faits qui s'ensuivent, nous les voyons aussi chaque jour. Parmi ces faux savants, un maître Simone da Villa, plus riche de biens paternels que de science, nous revint, il n'y pas longtemps, docteur en médecine, selon ce qu'il disait lui-même, vêtu d'écarlate et coiffé d'une grande cornette, lequel prit une maison dans la rue que nous appelons aujourd'hui la rue du Concombre. Ce maître Simone tout nouvellement venu, comme je viens de le dire, avait entre autres remarquables habitudes, celle de demander à la personne qui se trouvait avec lui le nom de tous ceux qu'il voyait passer dans la rue; et comme s'il avait dû composer les médecines qu'il donnait à ses malades d'après l'attitude des gens, il prêtait attention à tous et les recueillait en sa mémoire. Parmi ceux qui attirèrent plus particulièrement ses regards, il y eut deux peintres, dont il a été déjà parlé ici deux fois en ce jour, Bruno et Buffamalcco, qu'on voyait continuellement ensemble et qui étaient ses voisins. Et comme il lui parut que les deux compères s'embarrassaient moins de soucis et vivaient plus joyeusement que qui que ce fût au monde, ce qui était en effet, il s'informa à plusieurs personnes de leur condition. Chacun lui ayant dit qu'ils étaient de pauvres peintres, il se mit dans la tête qu'il n'était pas possible que leur pauvreté leur permît de vivre si joyeusement; mais il pensa, pour ce qu'il avait entendu dire que c'étaient des hommes pleins d'astuce, qu'ils devaient tirer de grandissimes profits d'une autre façon qu'on ne connaissait pas. Pour quoi, il lui vint le désir de se lier avec eux, si c'était possible, ou tout au moins avec l'un deux. Il eut l'occasion de faire connaissance de Bruno, et celui-ci ayant au bout de quelques jours reconnu que ce médecin était un sot animal, se mit à tirer de lui le plus bel amusement du monde,

---

1. Qui revint à Florence docteur en médecine. La marque distinctive des docteurs était alors la robe d'écarlate et le bonnet doublé de peau de vair.

grâce à ses sottises, et, de son côté, le médecin prenait avec lui un merveilleux plaisir. Après l'avoir plusieurs fois invité à déjeuner, et pour ce, croyant pouvoir deviser familièrement avec lui, il lui dit quel étonnement il éprouvait à les voir, lui et Buffamalcco, qui étaient de pauvres gens, vivre si joyeusement, et il les pria de lui apprendre comment ils faisaient.

« Bruno, entendant ce que lui disait le médecin, et la demande de celui-ci lui paraissant une de ses sottises et de ses âneries habituelles, se mit à rire, et pensa à lui répondre comme sa bêtise le méritait ; il dit : « — Maître, je « ne dirais pas à beaucoup de personnes comment nous « faisons, mais je n'aurai garde de refuser de vous le dire, à « vous, parce que vous êtes un ami et que je sais que vous ne « le direz pas à d'autres. Il est vrai que mon compagnon et « moi, nous vivons aussi joyeusement et aussi bien qu'il « paraît, et mieux encore ; cependant pas plus avec notre « profession qu'avec les revenus que nous retirons de nos « domaines, nous ne pourrions payer l'eau avec laquelle « nous travaillons. Je ne veux point, pour cela, que vous « croyiez que nous allions voler, mais nous allons en course, « et c'est de là que, sans aucun dommage pour autrui, nous « tirons tout ce qu'il faut pour nos plaisirs et pour nos « besoins ; c'est de là que vient la vie joyeuse que vous nous « voyez mener. — » Le médecin, oyant cela, s'étonna beau- « coup, et sans savoir ce que c'était qu'aller en course, il le « crut ; puis soudain il entra en un chaud désir de savoir ce « que c'était qu'aller en course, et il pria instamment Bruno « de le lui dire, lui affirmant qu'il ne le dirait pour sûr ja- « mais à personne.

« — Holà ! maître — dit Bruno — que me demandez- « vous ? C'est un trop grand secret que celui que vous voulez « connaître, et chose à me ruiner et à me faire chasser du « monde, voire à me faire mettre dans la bouche de Lucifer « da San Gallo, si on le savait ; mais si grande est l'amitié « que je porte à votre qualitative ânerie de Legnaja, et si « grande est la confiance que j'ai en vous, que je ne peux « vous refuser quelque chose que vous désirez ; et pour ce, « je vous le dirai, à cette condition que vous me jurerez sur « la croix de Montesone que jamais, comme vous me l'avez « promis, vous ne le direz à personne. — » Le maître affirma qu'il ne le dirait point. « — Donc, mon doux maître — dit « Bruno — il faut que vous sachiez qu'il n'y a pas encore « longtemps il y avait en cette cité un grand maître en né- » cromancie, nommé Michele Scotto pour ce qu'il était « d'Ecosse, et que beaucoup de gentilshommes, dont bien peu « sont aujourd'hui vivants, recevaient en grandissime hon- « neur. Quand il voulut partir d'ici, sur leurs instances et sur

« leurs prières, il nous laissa deux de ses disciples fort suf-
« fisants pour le remplacer, auxquels il ordonna de se tenir
« toujours aux ordres des gentilshommes qui l'avaient ainsi
« honoré. Ceux-ci donc servaient loyalement les susdits gen-
« tilshommes dans leurs amours et dans leurs autres affaires;
« puis, la cité leur plaisant, ainsi que les mœurs de ses ha-
« bitants, ils résolurent d'y demeurer à tout jamais, et se
« prirent de grande et étroite amitié avec quelques-uns de
« nos concitoyens, sans regarder s'ils étaient nobles ou non,
« riches ou pauvres, mais seulement si leurs habitudes et
« leurs manières étaient conformes aux leurs. Pour com-
« plaire à ceux qui étaient ainsi devenus leurs amis, ils for-
« mèrent une société d'environ vingt-cinq membres qui de-
« vaient se réunir au moins deux fois par mois en un lieu
« choisi par eux; là, chacun des assistants leur exprimait
« son désir, et soudain ils lui donnaient satisfaction cette
« nuit même. Comme Buffamalcco et moi nous étions en
« singulière relation et amitié avec ces deux nécromanciens,
« nous fûmes introduits par eux dans cette compagnie, et
« nous en sommes encore. Et je vous le dis, quand il arrive
« que nous nous ressemblons, c'est chose merveilleuse à
« voir que les tentures qui ornent la salle où nous man-
« geons, les tables servies d'une façon royale, la quantité
« des nobles et beaux serviteurs, tant hommes que femmes
« mis à la disposition de chaque membre de cette société; et
« les bassines, les aiguières, les flacons, les coupes et les
« autres vases d'or et d'argent dans lesquels nous mangeons
« et buvons; sans compter les victuailles nombreuses et va-
« riées au gré de chacun, qu'on apporte devant nous, cha-
« cune à son temps. Je ne pourrais jamais vous énumérer
« la qualité et la quantité des instruments de musique dont
« les doux sons s'y font entendre, ainsi que les chants pleins
« de mélodie qu'on y écoute; je ne pourrais non plus vous
« dire la quantité de cire que l'on brûle à ces soupers, ni
« celle des confetti qui s'y consomment, et combien sont
« exquis les vins qui s'y boivent. Je ne voudrais pas, ma
« bonne tête de citrouille, que vous croyiez que nous nous
« tenons là avec les vêtements que vous nous voyez; il n'y
« en a pas un de nous qui ne vous fît l'effet d'un empereur,
« tellement nous sommes parés de vêtements magnifiques
« et de belles choses. Mais par-dessus tous les plaisirs que
« nous y goûtons, il y a celui des belles dames que l'on fait
« venir de toutes les parties du monde, selon le désir de
« chacun. Vous y verriez la dame des Barbanicchi, la reine
« des Basques, la femme du Soudan, l'impératrice d'Osbech,
« la Chianchianfera de Norwège, la Sémistante de Berlin-
« zone et la Scalpèdre de Narsia. Mais pourquoi vous les
« énumérer? Il y a toutes les reines du monde, je dis jusqu'à

« la Schinchimurra du prêtre Jean, qui, pour moi, a des
« cornes au cul. Or, voyez à présent vous-même : après qu'on
« a bien bu et bien mangé des confetti, et dansé une danse
« ou deux, chacune de ces reines s'en va dans sa chambre
« avec celui qui l'a fait venir. Et sachez que ces chambres
« paraissent un paradis tant elles sont belles ; elles exhalent
« des parfums non moins agréables que ceux qui sortent des
« boîtes d'épices de votre boutique, quand vous faites piler
« le cumin ; il y a des lits qui vous paraîtraient plus beaux
« que celui du doge de Venise ; c'est là-dessus qu'on va se re-
« poser. Or comment on s'y démène, comment les susdites
« tisseuses y tirent le châssis à elles pour faire le drap
« serré, je vous le laisse à penser. Mais parmi tous nos
« autres compagnons, ceux, à mon avis, qui sont le mieux
« partagés, c'est Buffamalcco et moi, pour ce que la plupart
« du temps Buffamalcco fait venir pour lui la reine de
« France et moi je fais venir la reine d'Angleterre, qui,
« toutes deux, sont les plus belles femmes du monde ; et
« nous avons su si bien faire, qu'elles n'ont point autre
« chose en tête que nous. Pour quoi, vous pouvez de vous-
« même penser si nous pouvons et devons vivre plus heu-
« reux que les autres hommes, puisque nous avons l'amour
« de deux si grandes reines ; sans compter que, quand nous
« voulons avoir d'elles un ou deux mille florins, nous les
« avons. C'est cela que nous appelons vulgairement aller
« en course ; pour ce que, de même que les corsaires pillent
« et dérobent les autres, ainsi nous faisons ; différant seule-
« ment d'eux en cela qu'ils ne rendent jamais ce qu'ils ont
« pris, et que nous, nous le rendons quand nous nous en
« sommes servi. Maintenant, mon bon maître, vous avez
« compris ce que nous appelons aller en course, et vous
« pouvez voir combien cela doit être tenu secret ; et pour ce
« plus ne vous le dis, ni ne vous en prie. — »

« Le maître, dont la science ne s'étendait probablement
pas plus loin qu'à soigner les enfants de la teigne, ajouta
autant de foi aux paroles de Bruno qu'on devrait le faire
pour une bonne vérité, et il s'enflamma d'un si vif désir
d'être admis dans cette société, qu'il n'avait jamais brûlé
autant d'envie pour n'importe quelle chose désirable. Pour
quoi, il répondit à Bruno que ce n'était point étonnant s'ils
vivaient joyeux, et il se retint à grand'peine de ne pas le
requérir sur-le-champ de le faire recevoir, remettant cela au
moment où, lui ayant encore fait plus d'avances, il pourrait
lui adresser sa requête avec plus de confiance. Ayant donc
réservé cette question, il continua de plus en plus à le fréquenter, à l'avoir soir et matin à sa table et à lui témoigner
une amitié démesurée ; et leur liaison était devenue si grande
et si continuelle, qu'il ne semblait pas que le maître eût pu

ni su vivre sans Bruno. Celui-ci, se voyant si bien traiter, pour ne point paraître ingrat de l'honneur que lui faisait le médecin, avait peint dans son salon le carême, un *agnus Dei* à l'entrée de sa chambre, et sur la porte de la rue un pot de chambre, afin que ceux qui auraient besoin de ses conseils sussent le reconnaître parmi ses autres confrères. Il lui avait peint aussi dans une petite galerie qu'il avait, la bataille des rats et des chats, laquelle paraissait au médecin une très belle chose. En outre, il disait parfois au maître quand il n'avait pas soupé avec lui : « — Cette nuit, j'ai été à l'assemblée, « et comme j'étais un peu las de la reine d'Angleterre, j'ai « fait venir la Gumèdre du grand Kan de Tartarie. — » Le maître disait : « — Que veut dire Gumèdre? Je n'entends « rien à ces noms. — » « — O mon maître, — disait « Bruno — je ne m'en étonne point, car j'ai bien entendu « dire que Porc-gras et Vennacena n'en parlent mie. — » Le maître dit : « — Tu veux dire Hippocrate et Avicennes. — » Bruno dit : « — Ma foi! je n'en sais rien, je m'entends « aussi mal à vos noms que vous aux miens; mais la Gu- « mèdre, dans la langue du grand Kan, veut dire impé- « ratrice dans notre langue. Oh! quelle belle femme elle « vous paraîtrait! Je puis bien vous dire qu'elle vous ferait « oublier les médecines et les arguments, et tous les em- « plâtres. — »

« Comme il lui tenait de temps en temps de semblables discours pour l'enflammer de plus en plus, il advint qu'un soir à la veillée, pendant que le maître tenait la lumière à Bruno qui peignait la bataille des rats et des chats, il pensa qu'il l'avait assez comblé de politesse pour qu'il pût se risquer à lui ouvrir son âme. Comme ils étaient seuls, il « lui dit : « — Bruno, Dieu sait qu'il n'y a aujourd'hui per- « sonne au monde pour qui je ferais tout, comme je le ferais « pour toi; et pour un peu, si tu me disais d'aller d'ici « à Peretola, je crois que j'irais; et pour ce, je ne veux « pas que tu t'étonnes si je te requiers de bonne amitié et « en toute confiance. Comme tu sais, il n'y a pas longtemps « que tu m'as parlé des faits et gestes de votre joyeuse com- « pagnie, de quoi il m'en est venu un si grand désir d'en « être, que je n'ai jamais rien désiré tant que cela. Et ce « n'est pas sans raison, comme tu verras, s'il arrive jamais « que j'en sois; car je veux que tu te moques de moi si je « n'y fais pas venir la plus belle servante que tu aies vue de « longtemps et que j'ai aperçue l'année dernière à Cacavin- « cigli. Je lui veux toute sorte de bien, et je lui ai offert dix « gros bolonais si elle voulait consentir à m'écouter; mais « elle n'a pas voulu. C'est pourquoi, autant que je peux, je « te prie de m'apprendre ce que j'ai à faire pour pouvoir « être de la compagnie, et de t'employer pour que j'en sois;

« de vrai, vous aurez en moi un bon et fidèle compagnon qui
« vous fera honneur. Tu vois d'ores et déjà comme je suis
« bel homme et comme mes jambes sont solides sous moi ;
« j'ai une figure qui paraît fraîche comme une rose, et en
« outre je suis docteur en médecine, et vous n'en avez, je
« crois, aucun parmi vous. Je sais nombre de belles choses,
« de belles chansons, et je veux t'en dire une. — » Et sur
ce, il se mit à chanter.

« Bruno avait si grande envie de rire, qu'il en étouffait ;
pourtant il se retint. La chanson finie, le maître dit :
« —Que t'en semble ? — » Bruno dit : « — Pour sûr, les ci-
« thares en tiges de blé noir ne gagneraient point avec vous,
« tellement vous chantez fort et si majestueusement. — »
Le maître dit : « — Je te dis que tu ne l'aurais jamais cru,
« si tu ne m'avais pas entendu. — » « — Pour sûr, vous
« dites vrai, — » dit Bruno. Le maître dit : « — J'en sais
« encore bien d'autres ; mais laissons cela pour le moment.
« Tel que tu me vois, mon père fut gentilhomme, bien qu'il
« habitât au village, et d'un autre côté j'appartiens par ma
« mère aux Vallecchio. Comme tu as pu le voir, j'ai bien les
« plus beaux livres et la plus belle garde-robe qu'aucun
« médecin de Florence. Sur ma foi en Dieu, j'ai une robe
« qui, tout compté, m'a bien coûté près de cent livres de
« bogatins, il y a déjà plus de dix ans ; pour quoi, je te
« prie le plus que je peux, de faire en sorte que je sois de
« votre compagnie, et sur ma foi, si tu le fais, tu peux
« tomber malade quand tu voudras, jamais je ne te deman-
« derai un denier pour te soigner. — » Bruno, entendant
cela, et le maître lui paraissant plus que jamais un énorme
niais, il dit : « — Maître, faites un peu plus de lumière de
« ce côté, et ne vous impatientez pas jusqu'à ce que j'aie
« fini de faire les queues à ces rats, et puis je vous répon-
« drai. — »

« Les queues finies, Bruno, feignant d'être fort ennuyé de
ce qu'on lui demandait, dit : « — Mon maître, vous feriez
« de grandes choses pour moi, je le reconnais ; mais cepen-
« dant celle que vous me demandez, bien qu'elle soit petite
« eu égard à la grandeur de votre cervelle, est très grande
« pour moi, et je ne connais personne au monde pour qui
« je la ferais, le pouvant si je ne la faisais pas pour vous,
« tant pour ce que je vous aime comme il convient, que pour
« vos paroles, lesquelles sont si remplies de bon sens qu'elles
« feraient non moins sortir les bigottes d'une paire de bottes
« que moi de ma résolution ; et plus je vous fréquente, plus
« vous me semblez sage. Et je vous dis encore ceci, que si
« je ne vous voulais pas du bien pour autre chose, je vous
« en voudrais pour ce que je vois que vous êtes énamouré
« d'une chose aussi belle que vous le dites. Mais je dois

« vous le dire : je n'ai pas en cette affaire autant de pou-
« voir que vous le croyez, et pour ce, je ne peux pas faire
« pour vous ce dont il serait besoin ; mais si vous me pro-
« mettez sur votre grande et finie foi de me garder le secret,
« je vous dirai comment il faudra vous y prendre, et je
« sais qu'ayant, comme vous me l'avez dit tout à l'heure,
« de si beaux livres et tant d'autres choses, vous réussirez.
« — » A quoi le maître dit : « — Parle sans crainte ; je
« vois que tu ne me connais pas bien, et que tu ne sais pas
« encore comme je suis discret. Quand messer Guaspar-
« ruolo était juge du podestat de Forlinpopoli, il y avait
« peu de choses qu'il fît sans me les faire savoir, pour ce
« qu'il me savait très discret. Et veux-tu voir si je dis vrai ?
« Je fus le premier à qui il dit qu'il allait épouser la Berga-
« mina ; vois-tu maintenant ! — » « — Or bien, dit Bruno —
« si celui-ci se fiait à vous, je puis bien m'y fier, moi. Le
« moyen qu'il vous faudra employer est celui-ci : Nous avons
« toujours à la tête de notre compagnie un capitaine et deux
« conseillers, qu'on change de six mois en six mois ; sans
« aucun doute aux calendes prochaines Buffamalcco sera
« capitaine et moi je serai conseiller ; c'est chose arrêtée.
« Celui qui est capitaine peut beaucoup pour faire recevoir
« qui lui plaît ; pour ce, il me semble que vous devriez,
« tant que vous pourrez, vous lier avec Buffamalcco, et lui
« faire des politesses. C'est un homme qui, vous voyant si
« sage, s'éprendra de vous incontinent ; et quand vous vous
« le serez quelque peu attaché par votre mérite et toutes les
« bonnes choses que vous avez, vous pourrez lui faire votre
« demande ; il ne saura pas vous dire non. Je lui ai déjà
« parlé de vous, et il vous veut le meilleur bien du monde :
« quand vous aurez fait ainsi, laissez-moi faire avec lui. — »
Le maître dit alors : « — Ce que tu me dis me plaît fort ;
« s'il est homme à se plaire avec les savants, et qu'il cause
« un peu avec moi, je ferai si bien qu'il viendra toujours
« me chercher, pour ce que j'ai tant d'esprit que j'en pour-
« rais fournir à toute une ville et que je resterais encore
« fort savant. — »

« La chose ayant été ainsi convenue, Bruno raconta tout
à Buffamalcco ; sur quoi il semblait à Buffamalcco qu'il se
passerait mille ans avant qu'on en vînt à faire ce que voulait
ce maître sot. Le médecin qui désirait par-dessus tout aller
en course, n'eut pas de cesse qu'il ne fût devenu l'ami de
Buffamalcco, ce dont il vint facilement à bout. Il commença
à lui donner les plus beaux dîners et les plus beaux déjeu-
ners du monde, ainsi qu'à Bruno ; et ceux-ci humant les
vins exquis, les gros chapons, et quantité d'autres bonnes
choses, le tenaient de fort près sans se faire trop inviter ; et
disant toujours qu'ils ne le feraient point pour un autre, ils

ne le quittaient pas. Cependant, quand le moment parut venu au maître, il adressa sa demande à Buffamalcco comme il l'avait déjà fait à Bruno. De quoi Buffamalcco se montra fort courroucé et fit de grands reproches à Bruno, disant : « — J'en jure le grand Dieu de Pasignano, je me tiens à « peine de te donner un tel coup de poing sur la tête que « le nez te tombe dans les talons, traître que tu es, car ce « n'est pas un autre que toi qui as dévoilé ces choses-là au « maître. — » Mais ce dernier l'excusait fort, disant et jurant qu'il l'avait su d'autre part ; enfin, il finit par l'apaiser. Buffamalcco s'étant retourné vers le maître dit : « — Mon « maître, on voit bien que vous avez été à Bologne, et que « vous avez apporté la bouche close jusqu'en cette ville ; je « dis plus : vous n'avez pas appris l'A B C sur une pomme, « comme bon nombre d'imbéciles veulent faire, mais vous « l'avez appris sur un melon qui est si long ; et si je ne me « trompe, vous avez été baptisé un dimanche. Et bien que « Bruno m'ait dit que vous avez étudié là-bas la médecine, « il me paraît à moi que vous avez appris à prendre les « hommes ; ce que, avec votre esprit et vos belles paroles, « vous savez faire mieux qu'homme que j'aie jamais « vu. — »

« Le médecin lui coupant la parole, se tourna vers Bruno et dit : « — Quelle chose c'est que de causer avec des sa« vants et de les fréquenter ! Qui aurait aussi vite saisi tou« tes les particularités de mon esprit, comme l'a fait ce ga« lant homme ? Tu ne t'es pas aperçu, toi, de ce que je va« lais, aussi vite que lui ; mais au moins, ce que je t'ai dit « quand tu me disais que Buffamalcco se plaisait avec les « savants hommes, te semble-t-il que je l'aie fait ? — Bruno « dit : — Encore mieux. — » Alors le maître dit à Buffa« malcco : « — Tu aurais bien dit autre chose si tu m'avais « vu à Bologne, où il n'y avait personne, grand ni petit, « docteur ou écolier, qui ne me voulût le meilleur bien du « monde, tant je savais les captiver tous par mes raisonne« ments et mon esprit. Et je te dirai plus : Je n'y disais « jamais un mot qui ne fît rire tout le monde, si fort je « leur plaisais ; et quand j'en partis, ils firent tous entendre « les plus grandes lamentations du monde, et tous voulaient « que je restasse ; et la chose en vint à ce point que pour « me faire rester, ils voulaient que je fusse chargé d'ensei« gner la médecine aux écoliers qui s'y trouvaient ; mais je « ne voulus point, étant résolu de venir ici où j'ai de gros « héritages qui ont toujours été à ceux de ma maison, ce « que je fis. — »

« Bruno dit alors à Buffamalcco : « — Que t'en semble ? « Tu ne me croyais pas quand je te le disais. Par ma foi, il « n'y a pas en cette ville médecin qui se connaisse à l'urine

« d'âne comme celui-ci, et pour sûr tu n'en trouverais pas,
« d'ici aux portes de Paris, un autre pareil. Va, tâche
« maintenant de refuser de faire ce qu'il veut — » Le mé-
« decin dit : « — Bruno dit vrai, mais je ne suis pas connu
« ici. Vous êtes gens aussi grossiers que pas un ; mais je
« voudrais que vous me vissiez au milieu de docteurs,
« comme je sais m'y tenir. — » Buffamalcco dit alors :
« — Vraiment, maître, vous en savez bien plus que je n'au-
« rais jamais cru ; vous parlant comme on doit parler
« à un savant de votre espèce, je vous dis mirifiquement
« que je m'efforcerai sans faute de vous faire entrer dans
« notre compagnie. — »

« Après cette promesse, le médecin redoubla les politesses qu'il leur faisait ; et eux, en joyeux compères, lui faisaient chevaucher la chèvre des plus grandes sotises du monde ; et ils lui promirent de lui donner pour maîtresse la comtesse de Civilari, qui était la plus belle chose qu'on pût trouver dans tous les lieux d'aisance de l'humaine génération. Le médecin ayant demandé quelle était cette comtesse, Buffamalcco lui dit : « — Ma bonne citrouille à semence, c'est
« une très grande dame, et il y a peu de maison par le
« monde sur lesquelles elle n'ait pas quelque juridiction ;
« les Frères Mineurs eux-mêmes lui rendent hommage au
« son des trompettes. Et je puis vous dire que quand elle se
« promène, elle se fait bien sentir, bien que le plus souvent
« elle se tienne enfermée ; mais cependant il n'y a pas long-
« temps elle a passé devant votre porte, une nuit qu'elle
« allait à l'Arno se laver les pieds et prendre un peu l'air ;
« mais elle demeure le plus souvent dans la Latrine. La plu-
« part du temps quelques-uns de ses sergents vont autour
« d'elle, portant tous en signe de sa puissance la verge et
« le plomb. Quant à ses barons, on en voit partout en
« quantité, comme le Tamagnin de la porte, don Etron,
« Manico de Scopa, le Squachere et d'autres, qui sont,
« je crois de vos amis, mais dont, pour l'heure, vous ne
« vous souvenez pas. C'est dans les bras charmants d'une
« si grande dame que nous vous mettrons, si notre projet
« réussit, laissant de côté cette Cacavincigli. — » Le médecin, qui était né et avait grandi à Bologne, n'entendait
point les expressions de ceux-ci, pour quoi il se déclara satisfait d'avoir cette dame.

« Peu de temps après cette conversation, les peintres lui dirent qu'on allait le recevoir. La veille de la nuit où l'on devait se réunir, le maître les eut tous deux à déjeuner, et quand ils eurent déjeuné, il leur demanda quel moyen il devait prendre pour aller dans cette compagnie. Buffamalcco lui dit : « — Voyez, maître, il vous faut beaucoup de fer-
« meté, pour ce que si vous n'étiez pas très ferme, vous

« pourriez être refusé et nous causer à nous un grand dom-
« mage ; et vous allez voir en quoi il vous faut être très
« ferme. Il faut que vous vous arrangiez de façon à vous
« trouver ce soir, sur le premier somme, sur un de ces tom-
« beaux relevés qu'on a construits il y a peu de temps, en
« dehors de Santa Maria Novella, avec une de vos plus
« belles robes sur le dos, afin que, pour la première fois,
« vous comparaissiez honorablement devant la compagnie,
« et aussi pour ce que, — d'après ce qui nous a été dit...
« mais cette fois-là nous n'y étions pas — comme vous êtes
« gentilhomme, la comtesse entend vous faire chevalier du
« bain à ses frais ; là, vous attendrez jusqu'à ce que vienne
« vous chercher celui que nous enverrons. Et pour que vous
« soyez informé de tout, il viendra pour vous chercher une
« bête noire et cornue, pas très grande ; elle ira, faisant
« devant vous sur la place de grands sauts et soufflant très
« fort pour vous effrayer ; mais quand elle verra que vous
« ne vous épouvantez point, elle s'approchera doucement de
« vous. Quand elle sera tout près, vous descendrez alors
« sans crainte de dessus le tombeau, et sans penser à invo-
« quer Dieu ou les saints, vous monterez sur son dos, et
« aussitôt que vous y serez monté, vous vous croiserez les
« mains sur la poitrine, sans toucher la bête. Alors, elle
« s'en ira doucement et vous portera vers nous. Mais pen-
« dant tout ce temps, si vous vous recommandez à Dieu ou
« aux saints, ou si vous avez peur, je vous préviens qu'elle
« pourrait bien vous jeter en un lieu où vous ne sentiriez
« pas bon ; et pour ce, si vous n'avez pas assez de cœur
« pour ne point trembler n'y allez pas, car vous vous nui-
« riez à vous-même, sans aucun profit pour nous. — »

« Le médecin dit alors : « — Vous ne me connaissez pas
« encore ; vous vous méfiez peut-être parce que je porte des
« gants aux mains et des vêtements longs. Si vous saviez ce
« que j'ai fait autrefois de nuit à Bologne, quand j'allais
« parfois avec mes camarades courir les femmes, vous seriez
« étonnés. Sur ma foi en Dieu, il y eut telle nuit où, une
« femme ne voulant pas venir avec nous — c'était une mal-
« heureuse et, qui pis est, pas plus haute que le coude —
« je lui donnais tout d'abord de grands coups de poing,
« puis l'ayant prise de force, je crois que je la portai plus
« d'un jet d'arbalète, et je fis tant qu'il fallut qu'elle vînt
« avec nous. Une autre fois, je me souviens que, n'ayant
« avec moi personne autre qu'un mien serviteur, je passai
« un peu après l'*Ave Maria* le long du cimetière des Frères
« Mineurs, où l'on avait le jour même enterré une femme,
« et je n'éprouvai pas la moindre peur. Pour ce, ne vous
« méfiez pas de mon courage, car, pour courageux et vail-
« lant, je ne le suis que trop. Et je vous dis que pour vous

« faire honneur, je mettrai ma robe d'écarlate avec laquelle
« je fus fait docteur ; vous verrez si la compagnie ne se ré-
« jouira pas quand elle me verra, et si je ne serai pas fait
« promptement capitaine. Vous verrez aussi comme la chose
« ira quand j'y serai, puisqu'avant même de m'avoir vu, cette
« comtesse s'est tellement amourachée de moi, qu'elle veut
« me faire chevalier du bain ; et probablement la chevalerie
« ne m'ira pas si mal, et je saurai bien la soutenir. Laissez-
« moi seulement faire. — » « Buffamalcco dit : « — Vous
« parlez fort bien ; mais prenez garde de me faire le tour
« de ne pas venir ou de ne pas vous y trouver quand nous
« vous enverrons chercher. Je dis cela pour ce qu'il fait
« froid, et que vous, messieurs les médecins, vous craignez
« beaucoup le froid. — » « — Ne plaise à Dieu — dit le
« médecin — je ne suis pas de ces frileux ; je n'ai cure du
« froid ; quand je me lève la nuit pour les besoins du corps,
« comme il arrive parfois à chacun, je ne mets pas autre
« chose sur ma chemise que ma pelisse ; et pour ce, j'y serai
« certainement. —

« Les deux compères étant partis, le maître, dès que la nuit fut venue, trouva un prétexte vis-à-vis de sa femme, et ayant pris en cachette sa belle robe, il l'endossa, et quand il lui parut temps, il se rendit sur un des tombeaux susdits ; là sur ces marbres resserrés, le froid était grand, il se mit à attendre la bête. Buffamalcco qui était grand et robuste de sa personne, se procura un de ces masques dont on se servait pour certains jeux qui ne se font plus, et se mit sur le dos une pelisse noire à l'envers ; et il s'accoutra de telle sorte avec elle qu'il ressemblait à un ours, si ce n'est que sa figure était celle d'un diable et avait des cornes. Ainsi accoutré, il s'en alla sur la place neuve de Santa Maria Novella, suivi de loin par Bruno, qui voulait voir comment la chose irait. Dès qu'il se fut aperçu que le maître y était, il se mit à gambader et à faire une grandissime rumeur par la place, à souffler, à hurler et à grincer des dents comme s'il eût été enragé. A peine le maître l'eut-il vu et entendu, que tous ses poils se hérissèrent sur son dos, et qu'il se mit à trembler de tous ses membres, comme quelqu'un qui était plus poltron qu'une femme ; et il eut un moment où il aurait préféré être chez lui que là. Mais cependant, puisqu'il y était venu, il s'efforça de se rassurer, tant l'emportait son désir d'arriver à voir les merveilles dont on lui avait parlé.

« Quand Buffamalcco eut exhalé quelque temps sa rage, comme je viens de le dire, feignant de s'apaiser, il s'approcha du tombeau sur lequel était le maître, et se tint immobile. Le maître, tout tremblant de peur, ne savait que faire, s'il devait monter sur la bête ou n'y pas monter. Enfin, crai gnant qu'elle ne lui fît du mal s'il n'y montait pas, cette nouvelle peur chassa la première, et il descendit du tombeau disant tout bas : Dieu me soit en aide ! Puis il monta sur la bête, et après s'y être bien installé, il se croisa les mains, tout tremblant, de la façon qu'il lui avait été dit. Alors Buffamalcco se dirigea doucement vers Santa Maria della Scala, et marchant à quatre pattes il le porta jusque vers les dames de Ripole. Il y avait alors dans cette rue des fosses dans lesquelles les laboureurs des champs voisins faisaient vider la comtesse de Civillari pour engraisser leurs champs. Dès que Buffamalcco fut auprès, il s'approcha du bord de l'une d'elle, et prenant bien son temps, il porta la main à l'un des pieds du médecin, et s'en débarrassant d'un coup d'épaule, il le jeta dans la fosse la tête la première, puis il se mit à grincer des dents, à sauter, à faire le furieux, et s'en alla le long de Santa Maria della Scala du côté du pré d'Ognisanti où il retrouva Bruno qui, ne pouvant se retenir de rire, s'était enfui. Et tous deux s'en donnant à cœur joie, se mirent à regarder de loin ce que ferait le médecin embrené.

« Messer le médecin, se voyant dans un endroit si abominable, s'efforçait de se relever et d'en sortir, et retombant tantôt d'un côté, tantôt de l'autre, il s'empêtra de la tête aux pieds ; enfin, dolent et tout plaintif, après en avoir avalé quelques drachmes, il réussit à en sortir, en y laissant toutefois son capuchon. S'essuyant avec les mains du mieux qu'il pouvait, ne sachant quel autre parti prendre, il s'en rétourna chez lui et frappa jusqu'à ce qu'on lui ouvrît. Il était à peine entré, et la porte venait de se refermer sur lui, que Bruno et Buffamalcco arrivèrent juste pour entendre comment le maître était reçu par sa femme. S'étant mis à écouter, ils entendirent la dame lui dire les plus grosses injures qui eussent jamais été dites à un pauvre diable ; elle disait : « — Eh ! comme cela te sied bien ! Tu étais allé voir
« quelque autre femme, et tu voulais paraître devant elle
« avec honneur dans ta robe d'écarlate. Or, ne te suffisais-je
« pas, moi ? Ma mie, je suffirais à tout un peuple, et non
« seulement à toi. T'eusse-t-on aussi bien noyé comme on
« t'a jeté là où tu méritais d'être jeté. Voilà, par ma foi, un
« honnête médecin ! Il a femme, et il va la nuit chercher les
« femmes des autres ! — » Et pendant que le médecin se faisait laver du haut en bas, la dame ne cessa de le tourmenter jusqu'à minuit avec de semblables reproches et bon nombre d'autres.

« Le lendemain matin, Bruno et Buffamalcco, après s'être peints sur toute la peau des taches livides comme en laissent les coups de bâton, s'en vinrent à la maison du médecin, et le trouvèrent déjà levé. Etant entrés, ils sentirent que tout

y puait, car on n'avait pas encore pu tout nettoyer. Le médecin les voyant venir, alla à leur rencontre, disant que Dieu leur donnât le bonjour. A quoi Bruno et Buffamalcco, qui s'étaient entendus d'avance, répondirent d'un air courroucé :
« — Nous ne vous en disons pas autant ; au contraire, nous
« prions Dieu qu'il vous donne tant de male an que vous en
« mourriez, comme étant le plus déloyal, le plus grand traî-
« tre qui existe ; pour ce qu'il n'a point dépendu de vous,
« alors que nous nous efforçions de vous faire honneur et
« plaisir que nous n'ayions été assommés comme des chiens.
« Grâce à votre déloyauté, nous avons reçu cette nuit tant
« de coups, qu'il en faudrait moins pour qu'un âne aille à
« Rome ; sans compter que nous avons été sur le point
« d'être chassés de la compagnie dans laquelle nous avions
« tout préparé pour vous faire recevoir. Et si vous ne nous
« croyez point, regardez notre pauvre corps comme il est
« arrangé. — » Et s'étant retirés dans un coin, ils ouvrirent le devant de leurs vêtements et lui montrèrent leur poitrine toute peinte, qu'ils se hâtèrent de recouvrir. Le médecin voulait s'excuser et parler de sa mésaventure, et comment il avait été jeté dans la fosse ; mais Buffamalcco lui dit : « — Je
« voudrais qu'il vous eût jeté du haut du pont dans l'Arno.
« Pourquoi vous êtes-vous recommandé à Dieu et aux saints ?
« Ne vous avais-je point prévenu d'avance de ne point le
« faire ? — » Le médecin dit : « — Sur ma foi en Dieu, je
« ne m'y suis point recommandé. — » « — Comment — dit
« Buffamalcco, — vous ne vous êtes pas recommandé ! Vous
« vous y êtes recommandé très fort ; notre messager nous a
« dit que vous trembliez comme la feuille et ne saviez où
« vous étiez. Or, vous nous avez bien joué le tour ; mais
« personne ne nous le fera plus, et nous vous en ferons
« à vous l'honneur qu'il convient. — » Le médecin se mit à leur demander pardon et à les prier pour Dieu de ne point lui faire de reproches ; et du mieux qu'il sut il s'efforça de les apaiser. Et de peur qu'ils ne divulguassent son aventure, il leur fit depuis ce moment beaucoup plus de politesses et d'amitiés qu'il ne leur en avait fait auparavant, les engageant souvent à sa table et autres choses semblables. C'est ainsi, comme vous venez de l'entendre, qu'on enseigne le bon sens à qui n'en a point appris à Bologne. — »

NOUVELLE X

Une Sicilienne enlève par ruse à un marchand l'argent qu'il avait apporté à Palerme ; celui-ci y étant revenu et feignant d'y avoir apporté encore plus de marchandises que la première fois, emprunte de l'argent à la dame et lui laisse en paiement de l'eau et de l'étoupe.

Combien la nouvelle de la reine fit en plusieurs endroits rire les dames, il ne faut pas le demander ; il n'y en eut pas une à qui, de fou rire, les larmes n'en vinssent aux yeux une douzaine de fois. Mais quand elle fut finie, Dioneo qui savait que c'était son tour dit : « — Gracieuses dames, c'est chose manifeste que les bons tours sont d'autant plus plaisants qu'ils sont joués artificieusement aux trompeurs mêmes. Et pour ce, bien que vous ayiez toutes raconté de très belles choses, j'entends en raconter une qui devra encore plus vous plaire que celles déjà dites, d'autant que celle qui fut jouée était une maîtresse femme en fait de jouer les autres, et bien supérieure à toutes celles et à toux ceux dont vous avez parlé.

« C'était l'usage — et peut-être l'est-ce encore aujourd'hui — dans toutes les villes maritimes qui ont un port, que tous les marchands qui y arrivent avec des marchandises, après les avoir fait décharger, les fassent porter dans un entrepôt qu'en beaucoup d'endroits on nomme douane et que tient le conseil ou le seigneur de la ville. Et là, ceux qui sont préposés à cet effet, après avoir reçu un état détaillé de la marchandise et du prix, donnent au marchand un magasin dans lequel il dépose lui-même sa marchandise et l'enferme sous clef ; puis les susdits douaniers inscrivent sur le livre de la douane, au compte du marchand, toute la marchandise et se font ensuite payer leurs droits par le marchand au fur et à mesure que celui-ci retire de la douane tout ou partie de son dépôt. C'est sur ce livre de la douane que les courtiers s'informent de la qualité et de la quantité des marchandises qui s'y trouvent, quels sont les marchands à qui elles appartiennent, pour ensuite traiter avec eux à l'occasion d'échanges, de trocs, de vente ou d'autres genres d'affaires. Cet usage, comme en beaucoup d'autres lieux, existait à Palerme, en Sicile. Là, également, il y avait et il y a encore bon nombre de femmes très belles de corps, mais ennemies de l'honnêteté, et qui, par qui ne les connaîtrait pas, seraient et sont tenues grandes et très honnêtes dames. Etant toutes à l'affût d'une occasion non pas de plumer mais d'écorcher les hommes, dès qu'elles apercevaient un marchand étranger, elles couraient s'informer au livre de la douane de ce qu'il possédait et de ce qu'il pouvait faire ; puis, par leurs agaceries et leurs avances amoureuses, par leurs doux propos, elles s'ingéniaient à amorcer ces marchands et à les faire tomber dans leurs lacs amoureux. Elles en ont déjà séduit un grand nombre auxquels elles ont soutiré des mains une bonne partie de leurs marchandises, sinon toutes ; il y en a même qui y ont laissé la marchandise, le navire, la chair et les os, si doucement la barbière a su mener le rasoir.

« Or, il n'y a pas encore longtemps, il advint, qu'envoyé par ses maîtres, arriva à Palerme un de nos jeunes florentins dit Nicolo da Cignano, bien qu'il s'appelât réellement Salabaetto, avec un si fort chargement de draps de laine qui lui restait de la foire de Salerne, qu'il pouvait bien valoir cinq cents florins d'or. Après en avoir remis la liste aux douaniers, il les mit dans un magasin, et sans trop montrer grande presse de les vendre, il se mit à se divertir par la ville. Comme il était frais et blond, fort beau et bien portant, il advint qu'une de ces barbières qui se faisait appeler madame Blanchefleur, ayant eu vent de ses faits et gestes jeta l'œil sur lui. S'en étant aperçu et pensant que c'était une grande dame, il crut qu'il lui avait plu pour sa beauté, et il résolut de mener très secrètement cette amourette. Sans en rien dire à personne, il se mit à passer et à repasser devant la maison de la dame. Celle-ci, s'en étant aperçue, commença par l'allumer avec quelques œillades pour lui faire voir qu'elle se consumait pour lui, puis elle lui envoya secrètement une de ses femmes qui connaissait admirablement l'art du maquerellage. Cette femme, quasi les larmes aux yeux, après forces paroles, lui dit qu'avec sa beauté et ses manières plaisantes, il avait séduit sa dame à ce point qu'elle n'avait de repos ni le jour ni la nuit ; et pour ce, quand il lui plairait, elle désirait par-dessus tout pouvoir se rencontrer avec lui secrètement dans une maison de bains. Puis, ayant tiré un anneau de sa bourse, elle le lui donna de la part de sa dame.

« Salabaetto, entendant cela, fut l'homme le plus joyeux qu'il y eut jamais ; il prit l'anneau, le porta à ses yeux, et le baisa ; puis il le mit à son doigt et répondit à la bonne femme que si madame Blanchefleur l'aimait, elle en était bien payée, pour ce que lui l'aimait plus que sa propre vie, et qu'il était tout prêt à aller la trouver dès que cela lui ferait plaisir et à quelque heure que ce fût. La messagère étant donc retournée vers sa dame avec cette réponse, revint peu après dire à Salabaetto à quelle maison de bains il devait aller l'attendre le lendemain à l'heure de vesprée. Salabaetto sans en souffler mot à personne; y alla à l'heure qui lui avait été indiquée et trouva que la maison de bains avait été retenue par la dame. Il y était depuis quelques instants à peine, quand vinrent deux esclaves chargées l'une d'un grand et beau matelas de coton, et l'autre d'un grand panier plein de toutes sortes de choses. Ce matelas ayant été étendu sur une litière dans une des chambres de l'établissement, on mit dessus une paire de draps légers bordés de soie, et une couverture de coton de Chypre très blanche, avec deux oreillers richement brodés. Salabaetto s'étant déshabillé et étant entré au bain, les deux esclaves le lavèrent et le nettoyèrent complètement.

« Il n'attendit guère sans que la dame vînt à la maison de bains avec deux autres esclaves. Là, dès qu'elle fut seule avec lui, elle fit à Salabaetto une grandissime fête, et après les plus beaux soupirs du monde, après l'avoir à plusieurs reprises accolé et baisé, elle lui dit : « — Je ne sais pas « quel autre que toi aurait pu m'amener à faire cela ; tu « m'as mis le feu aux armes, chien de Toscan. — » Après quoi, selon qu'il lui plut, ils entrèrent tous deux nus au bain avec les deux esclaves. Alors la dame, sans le laisser toucher par personne autre, lava merveilleusement Salabaetto de la tête aux pieds, avec du savon parfumé à l'odeur de girofle ; puis elle se fit laver et frotter à son tour par les esclaves. Cela fait, les esclaves apportèrent deux draps très blancs et très fins d'où s'échappait une si forte odeur de rose, que tout ce qui était là sentait la rose ; dans l'un elles enveloppèrent Salabaetto et dans l'autre la dame ; puis, les ayant pris sur leur dos, elles les portèrent tous les deux sur le lit préparé. Là, après qu'ils eurent transpiré pendant un instant, les esclaves leur enlevèrent les draps, et les mirent tout nus dans des draps frais ; alors on tira du panier des flacons d'argent magnifiques et pleins les uns d'eau de rose, les autres d'eau de fleur d'oranger, ceux-ci d'eau de fleur de jasmin, ceux-là d'eau de naffe, dont on les arrosa de la tête aux pieds ; puis on sortit les boîtes de confetti et les vins précieux, et ils se réconfortèrent un peu.

« Il semblait à Salabaetto qu'il était au paradis, et il avait examiné plus de mille fois la dame qui, de vrai, était très belle, et chaque heure lui paraissait durer cent ans dans son désir de voir ces esclaves s'en aller pour qu'il pût rester seul dans les bras de la belle. Sur l'ordre de celle-ci, les esclaves, après avoir laissé dans la chambre un flambeau allumé, s'en allèrent enfin, et la dame et Salabaetto s'étant mutuellement embrassés, ils demeurèrent ainsi pendant une grande heure, au grandissime plaisir de Salabaetto à qui il semblait que la dame était dévorée d'amour pour lui. Mais quand il parut temps à celle-ci de se lever, elle fit revenir les esclaves et ils se revêtirent ; puis, buvant de nouveau et mangeant des confetti, ils se restaurèrent quelque peu et se lavèrent le visage et les mains avec les eaux de senteur susdites. Alors, désirant partir, la dame dit à Salabaetto : « — Si cela t'agrée, ce me serait à « moi une grande faveur que tu t'en vinsses ce soir souper « et coucher avec moi. — » Salabaetto qui déjà était pris par la beauté et par la grâce rusée de cette femme, croyant fermement être aimé d'elle comme s'il eût été l'âme de son corps, répondit : « — Madame, tout ce qui peut vous plaire « m'agrée très fort, et pour ce, ce soir et toujours, j'entends « faire ce qu'il vous plaira, et ce que vous m'ordonnerez. — »

« Sur ce, la dame étant retournée chez elle, et ayant fait orner sa chambre de ce qu'elle avait de plus beau, fit apprêter un splendide souper et attendit Salabaetto. Celui-ci, dès que l'obscurité fut un peu venue, s'en alla la rejoindre, et ayant été joyeusement reçu, soupa en grande liesse et admirablement servi. Puis, étant entrés dans la chambre de la dame, il y sentit une merveilleuse odeur de bois d'aloès ; il vit un lit très riche, sur les colonnes duquel étaient sculptés des oiseaux de Chypre, et une foule de beaux vêtements sur les porte-manteaux. Toutes ces choses ensemble, et chacune d'elles en particulier, lui firent penser que sa maîtresse devait être une grande et riche dame. Bien qu'il eût entendu murmurer le contraire sur sa façon de vivre, il ne le voulut croire pour rien au monde ; et s'il pensait qu'elle avait déjà bien pu se jouer de quelques imbéciles, il ne pouvait s'imaginer qu'une pareille chose dût lui arriver à lui. Il coucha donc cette nuit avec elle, à son grandissime plaisir, s'en éprenant de plus en plus. Le lendemain matin, la dame lui ceignit une belle et jolie ceinture d'argent, lui donna une belle bourse et lui dit : « — Mon doux Salabaetto, je me « recommande à toi ; et de même que ma propre personne, « tout ce qui est ici est à ton service, ainsi que tout ce qui « dépend de moi. — » Salabaetto, joyeux, l'accola et la baisa, puis étant parti de chez elle, il s'en alla là où les autres marchand se tenaient d'habitude.

« Il revit de cette façon plusieurs fois la dame, sans que cela lui coûtât la moindre chose du monde, et de plus en plus épris d'elle. Sur ces entrefaites, il vendit ses marchandises comptant et avec un bon gain, ce que la dame apprit sur-le-champ, non par lui, mais par d'autres. Salabaetto étant un soir allé la voir, elle se mit à plaisanter et à jouer avec lui, à l'accoler et à le baiser, se montrant si fort éprise qu'elle paraissait devoir mourir d'amour dans ses bras ; elle voulait par-dessus le marché, lui donner deux magnifiques nappes d'argent qu'elle avait, ce que Salabaetto refusait d'accepter, ayant déjà reçu d'elle, à diverses reprises, pour une valeur d'au moins trente florins d'or, sans avoir pu lui faire accepter chose qui valût un sol. A la fin, quand elle l'eut bien allumé par ses caresses et ses libéralités, une de ses esclaves, à laquelle elle avait donné des ordres en conséquence, vint l'appeler ; pour quoi, après être sortie de la chambre et être restée un instant dehors, elle rentra tout en larmes, se jeta le visage sur le lit, et se mit à pousser les plus grandes lamentations que jamais femme ait faites. Salabaetto s'en étonnant, la prit dans ses bras, se mit à pleurer avec elle, et lui dit : « — Eh ! cœur de mon corps, qu'avez-vous « si soudain ? qu'elle est la cause de cette douleur ? Dites-le « moi, chère âme. — » Après que la dame se fut fait longtemps prier, elle dit : « Hélas ! mon doux seigneur, je ne « sais que faire ni que dire ; je viens de recevoir une lettre « de Messine ; c'est mon frère qui m'écrit que, dussé-je « vendre et engager tout ce que j'ai chez moi, je lui envoie « sans faute, d'ici à huit jours, mille florins d'or, sinon qu'il « aura la tête coupée ; et je ne sais ce que je dois faire pour « avoir promptement cette somme. Si j'avais seulement « quinze jours devant moi, je trouverais moyen de l'avoir « d'un endroit où l'on m'en doit bien davantage, ou bien je « vendrais quelqu'une de mes propriétés ; mais, comme je « ne le puis pas, je voudrais être morte plutôt que d'avoir « reçu cette méchante nouvelle. — » Cela dit, se montrant fort désolée, elle ne s'arrêtait pas de pleurer.

« Salabaetto, auquel les flammes amoureuses avaient enlevé une grande partie de son bon sens, croyant ces larmes vraies et plus encore ces paroles, dit : « — Madame, je ne « pourrais vous offrir mille florins d'or, mais je puis bien « vous en prêter cinq cents, si vous pensez pouvoir me les « rendre d'ici à quinze jours. Par bonheur pour vous, j'ai « vendu hier mes marchandises, car autrement je n'aurais « pas pu vous prêter un sol. — » « — Hélas ! — dit la « dame — tu as donc manqué d'argent ? Pourquoi ne m'en « demandais-tu pas ? Si je n'ai pas mille florins ici, j'en « avais bien cent et même deux cents à te donner. Tu m'as « ôté tout courage pour recevoir de toi le service que tu « m'offres. — » Salabaetto, de plus en plus gagné par ces « paroles, dit : « — Madame, je ne veux pas que vous me « refusiez pour cela ; car si j'avais eu le même besoin d'ar« gent que vous, je vous en aurais fort bien demandé. — »
« — Hélas ! — dit la dame — mon doux Salabaetto, je re« connais bien là ton véritable et parfait amour pour moi, « puisque, sans attendre que je te le demande, tu m'offres « généreusement de me venir en aide en cette circonstance, « en me prêtant une si forte somme. Certes, je n'avais pas « besoin de cela pour être tout à toi, mais cela fait que je « t'appartiens bien plus encore, et jamais je n'oublierai que

« je te dois la vie de mon frère. Mais Dieu sait que c'est
« bien malgré moi que je prends cet argent, considérant que
« tu es marchand et sachant ce que les marchands peuvent
« faire avec leur argent. Mais pour ce que la nécessité m'y
« force, et que j'ai le ferme espoir de te le rendre bientôt,
« je l'accepterai, et pour le reste, si je ne trouve pas un
« moyen plus prompt, j'engagerai tout ce que je possède.—»
Ayant dit cela tout en pleurant, elle se laissa tomber le visage
sur le sein de Salabaetto. Celui-ci se mit à la consoler, et
après être resté toute la nuit avec elle, pour bien lui montrer
qu'il était son libéral serviteur, sans attendre qu'elle lui en
fît la demande, il lui porta cinq cents beaux florins d'or
qu'elle prit, riant en son cœur et pleurant des yeux, Salabaetto s'en remettant à sa simple parole.

« A peine la dame eut-elle l'argent, que les manières commencèrent à changer ; tandis qu'auparavant, toutes les fois
qu'il avait plu à Salabaetto d'aller voir la dame, l'entrée de
la maison lui avait été libre, on trouvait maintenant toutes
sortes de prétextes qui faisaient qu'il pouvait à peine entrer
une fois sur sept, et il ne trouvait plus le même visage, les
mêmes caresses, le même accueil qu'avant. Le terme où il
devait ravoir son argent étant passé depuis un mois et même
deux, il le réclama, mais on lui donna de belles paroles en
paiement. Sur quoi, Salabaetto s'apercevant de la ruse de
la méchante femme et son peu de sens ; sentant qu'il ne
pouvait dire de tout ceci que ce qu'il lui plairait à elle de
dire, n'ayant de ce prêt aucun écrit ni témoignage, et n'osant
s'en plaindre à personne, tant pour ce qu'il en avait été averti
auparavant que par crainte des moqueries que sa bêtise méritait, dolent outre mesure, se désolait en lui-même de sa
sottise. Ayant reçu de ses maîtres plusieurs lettres où on lui
enjoignait de changer l'argent et de l'envoyer, et comme
il ne pouvait pas le faire, il se décida à partir afin que sa
faute ne fût pas découverte. Etant monté sur un navire,
il s'en alla, non à Pise, comme il aurait dû, mais à Naples.

« Il y avait à Naples, à cette époque, notre compère Pietro
dello Canigiano, trésorier de madame l'impératrice de Constantinople, homme de grande intelligence et d'esprit subtil,
et qui était grand ami de Salabaetto et de sa famille. Au bout
de quelques jours, Salabaetto se plaignit à lui, et comme il
était un homme très discret, il lui raconta ce qu'il avait fait
et sa triste aventure, lui demandant aide et conseil pour
trouver un moyen de gagner sa vie à Naples, et affirmant
qu'il avait l'intention de ne plus jamais retourner à Florence
Le Canigiano, fâché de cela dit : « — Tu as mal fait ; tu
« t'es mal comporté ; tu as mal obéi à tes maîtres ; tu as dé-
« pensé trop d'argent à la fois pour tes plaisirs ; mais ce qui

« est fait est fait ; il faut voir à le réparer. — » Et, en homme avisé, il vit promptement ce qu'il y avait à faire, et il le dit à Salabaetto. Le conseil plut à celui-ci, et il se décida à le suivre. Il avait encore quelque argent, et le Canigiano lui en ayant prêté quelque peu, il fit faire de nombreux ballots bien ficelés et bien emballés ; il acheta une vingtaine de barriques à huile, qu'il fit remplir ; puis, ayant chargé le tout, il s'en retourna à Palerme. Là, il donna aux douaniers la liste et le prix des barriques, et après les avoir fait inscrire toutes à son nom, il les mit en magasin, disant qu'il n'y voulait point toucher jusqu'à ce que d'autres marchandises qu'il attendait fussent arrivées.

« Blanchefleur ayant appris cela, et ayant entendu dire que ce qu'il avait présentement apporté valait bien deux mille florins d'or et plus, sans compter ce qu'il attendait et qui en valait bien plus de trois mille, pensa que ce qu'elle lui avait soutiré était peu de chose, et résolut de lui rendre les cinq cents florins, afin d'avoir la plus grande partie des cinq mille. Elle l'envoya chercher, et Salabaetto, devenu prudent, y alla. La dame, feignant de ne rien savoir de ce qu'il avait apporté, lui fit une merveilleuse fête, et dit : « — Si tu étais fâché contre moi parce que je ne t'ai pas « rendu ton argent à l'époque fixée... — » Salabaetto se mit à rire et dit : « — Madame, il est vrai que cela m'a bien un « peu fâché, car je me serais arraché le cœur pour vous le « donner si j'avais cru vous faire plaisir ; mais je veux que « vous entendiez comment je suis fâché contre vous. L'amour « que je vous porte est tel, que j'ai fait vendre la plus grande « partie de mes biens, et que j'ai apporté ici de la marchan« dise pour plus de deux mille florins, et que j'en attends « du Ponant pour plus de trois mille. J'entends établir en « cette ville un magasin et m'y fixer, pour être toujours près « de vous, car il me semble être plus satisfait de votre amour « qu'aucun autre amant puisse l'être du sien. — A quoi la dame dit : « — Vois, Salabaetto, tout ce qui t'agréera me « plaît fort, comme étant l'homme que j'aime plus que ma « vie, et je suis très contente que tu sois revenu ici avec « cette intention, car j'espère avoir encore beaucoup de bon « temps avec toi ; mais je veux un peu m'excuser de ce que « tu as trouvé parfois la porte fermée quand tu as voulu « venir ici, dans le temps où tu fus pour t'en aller, comme « aussi de ce que tu n'y as pas été quelquefois aussi bien « reçu que d'habitude, enfin de ce que je ne t'ai pas rendu « ton argent au terme convenu. Tu sauras que j'étais alors « plongée dans une grandissime douleur, dans une grandis« sime affliction, et que lorsqu'on est dans une telle dispo« sition, quelque fortement qu'on aime les gens, on ne peut « leur faire aussi bon visage, ni être aussi attentionné pour

« eux comme ils le désireraient ; tu sauras ensuite qu'il est
« très difficile à une femme de trouver mille florins d'or ; on
« nous dit tout le long du jour des mensonges, on ne nous
« tient pas ce qu'on nous avait promis, de sorte que nous
« sommes forcées, à notre tour, de mentir ; et de là vient,
« et non d'autre cause, que je ne t'ai pas rendu ton argent ;
« mais je l'ai eu peu de temps après ton départ, et si j'avais
« su où te l'envoyer, pour sûr je te l'aurais envoyé ; mais,
« comme je ne le savais pas, je te l'ai gardé. — » Et s'étant
fait apporter une bourse où étaient les mêmes florins qu'il
lui avait donnés, elle la lui mit dans la main, et dit : « —
Vois s'il y en a bien cinq cents. — »

« Jamais Salabaetto n'avait été plus content. Ayant compté
les florins et en ayant trouvé cinq cents, il les serra sur lui
et dit : « — Madame, je vois que vous dites vrai, mais vous
« en avez bien assez fait ; et je vous dis que, pour l'amour
« que je vous porte, vous ne m'en sauriez demander pour
« vos besoins une si grande quantité que si je le pouvais faire,
« je ne les misse à votre service ; et quand je serai établi
« ici, vous pourrez en faire l'épreuve. — » Ayant de cette
façon réintégré son amour avec elle en paroles, Salabaetto
se remit à la fréquenter assidûment, et, de son côté, la dame
lui procurait les plus grands plaisirs et les plus grands
honneurs du monde, lui témoignant l'amour le plus vif. Mais
Salabaetto voulant, par une tromperie, punir la tromperie
de sa maîtresse, un jour que celle-ci lui avait fait dire de
venir souper et coucher avec elle, y alla si mélancolique et
si triste, qu'on eût dit qu'il voulait mourir. Blanchefleur,
l'accolant et le baisant, se mit à lui demander pourquoi il
avait un tel chagrin. Après qu'il se fut fait prier un peu, il
dit : « — Je suis perdu, pour ce que le navire sur lequel est
« la marchandise que j'attendais a été pris par des corsaires
« de Monaco et est mis à rançon pour dix mille florins d'or,
« sur lesquels il faut que j'en paie mille ; et je n'ai pas un
« denier sur moi, pour ce que les cinq cents que tu m'as
« rendus, je les ai immédiatement envoyés à Naples pour
« en acheter de la toile pour faire venir ici. Or, si je veux
« vendre maintenant la marchandise que j'ai ici, c'est à
« peine si je pourrai avoir un denier de mes deux denrées,
« pour ce que ce n'est pas le moment, et je ne suis pas en-
« core assez connu ici pour trouver quelqu'un qui me vienne
« en aide ; et pour ce, je ne sais que faire ni que dire. Si
« je n'envoie pas l'argent tout de suite, la marchandise sera
« conduite à Monaco, et je n'en reverrai jamais un mor-
« ceau. — »

« La dame fut fort affligée de cet événement, car il lui
semblait que tout était perdu pour elle ; et songeant au
moyen qu'elle devait prendre pour que la marchandise n'al-

lât point à Monaco, elle dit : «— Dieu sait que j'en suis très
« ennuyée par amour pour toi ; mais que sert de se tant la-
« menter ? Si j'avais cet argent, Dieu sait que je te le prê-
« terais sur-le-champ ; mais je ne l'ai pas. Il est vrai qu'il y
« a une personne, qui l'autre jour me prêta les cinq cents
« florins qui me manquaient, mais elle prête à grosse usure,
« car elle ne le veut pas faire à moins de trente pour cent.
« Si tu veux user de cette personne, il faudra lui fournir un
« bon gage ; et pour moi, je suis décidée à engager tout ce
« que je possède et jusqu'à ma personne pour te servir. Mais
« pour le reste, quelle garantie donneras-tu ? — » Salabaetto comprit la raison qui poussait la dame à lui rendre
ce service, et que ce serait elle qui prêterait l'argent. Cela
lui plaisant fort, il la remercia tout d'abord, puis il lui dit
que la nécessité le contraignant, il ne reculerait pas devant
un gros intérêt. Il ajouta qu'il donnerait pour sûreté la marchandise qu'il avait en douane, en la faisant inscrire au
nom de celui qui lui prêterait l'argent, mais qu'il voulait
garder la clef des magasins, tant pour pouvoir montrer sa
marchandise si quelqu'un lui demandait à la voir, que pour
qu'elle ne fût touchée, gâtée ou changée par personne. La
dame dit qu'il parlait bien, et que c'était là une sûreté suffisante.

« En conséquence, quand le jour fut venu, elle envoya
chercher un courtier en qui elle avait grande confiance, et
ayant causé avec lui de cette affaire, elle lui donna mille
florins d'or que le courtier prêta à Salabaetto, et qui fit
inscrire en son nom à la douane ce que Salabaetto y avait ;
après quoi, tous étant d'accord, ils vaquèrent à leurs autres
affaires. Salabaetto, le plus tôt qu'il put, monta sur un
navire avec mille cinq cents florins d'or et s'en retourna à
Naples vers Pietro dello Canigiano. De là, il envoya ce qui
revenait à ses maîtres qui l'avaient envoyé avec des draps ; il
paya à Pietro et aux autres tout ce qu'il leur devait, et se
donna ensuite du bon temps avec le Canigiano, grâce au bon
tour joué à sa Sicilienne. Puis, ne voulant plus rester marchand, il s'en vint à Ferrare. Blanchefleur, ne voyant plus
Salabaetto à Palerme, commença à s'en étonner et conçut
des soupçons. Après l'avoir attendu deux bons mois, voyant
qu'il ne venait pas, elle fit ouvrir les magasins par le courtier.
Ayant tout d'abord visité les tonneaux qu'elle croyait être
pleins d'huile, elle les trouva remplis d'eau de mer, ayant
chacun seulement la valeur d'un barillet d'huile à l'entour de
la bonde. Puis, ayant ouvert les ballots, on les trouva tous,
hors deux qui contenaient des draps, remplis d'étoupes ;
bref, le tout ne valait pas plus de deux cents florins. De
quoi Blanchefleur se tenant pour jouée, pleura longuement
les cinq cents florins et plus encore les mille prêtés, disant

souvent en elle-même : « — Qui a affaire avec un Toscan, ne doit pas être borgne. — » Et ainsi, restant avec sa perte et le mauvais tour qu'on lui avait fait, elle vit que les uns en savent autant que les autres. — »

Dès que Dioneo eut fini, Lauretta comprenant que le terme de sa royauté était arrivé, après avoir loué le conseil de Pietro Canigiano, lequel réussit fort bien, ainsi que la sagacité de Salabaetto qui ne fut pas moindre à mettre le conseil à exécution, ôta la couronne de laurier de dessus sa tête et la mit sur celle d'Émilia, en disant d'un air amical : « — Madame, je ne sais quelle plaisante reine nous aurons « en vous, mais pour belle, nous l'aurons à coup sûr ; faites « donc que vos actes répondent à votre beauté. — » Puis elle retourna s'asseoir. Émilia rougit un peu, non pas tant d'être faite reine, que de se voir publiquement louée de ce que les dames ont coutume de désirer le plus, et son visage devint ce que deviennent les roses nouvelles au lever de l'aurore. Cependant, après avoir tenu un instant les yeux baissés, et quand sa rougeur eut disparu, ayant donné ses ordres à son sénéchal pour les besoins de la compagnie, elle se mit à parler ainsi :

« Aimables dames, nous voyons très manifestement que, lorsque les bœufs sont restés une partie du jour à travailler liés au joug, on les délie du joug et on les laisse aller paître librement, où il leur plaît, à travers les bois. Nous voyons aussi que les jardins plantés d'arbres variés sont non moins beaux, voire plus beaux que les bois que nous voyons plantés seulement de chênes. Pour quoi, considérant toutes les journées que nous avons passées à deviser sous un sujet imposé, j'estime qu'il est non seulement utile mais opportun que nous prenions un peu de liberté, de façon à reprendre des forces pour rentrer sous le joug. Et pour ce, je n'entends pas restreindre à aucun sujet spécial ce que vous aurez à dire demain, mais je veux que chacun devise selon qu'il lui plaira, ayant pour certain que la variété des choses qui seront dites ainsi, ne sera pas moins agréable que si nous parlions d'une seule. Quand nous aurons fait ainsi, celui de nous qui me succédera dans la royauté, pourra, comme étant plus fort, nous astreindre plus sûrement à nos lois accoutumées. — » Cela dit, elle donna à chacun sa liberté jusqu'à l'heure du dîner.

Chacun approuva ce que la reine avait dit, comme étant fort sage ; et s'étant levés, ils se livrèrent qui à un divertissement, qui à un autre : les dames à tresser des guirlandes et à s'ébattre, les jeunes gens à jouer et à chanter ; et ainsi ils passèrent le temps jusqu'à l'heure du dîner. Cette heure venue, ils dînèrent joyeusement autour de la belle fontaine, puis, après le dîner, ils se récréèrent suivant leur habitude, chantant et dansant. Enfin la reine, pour suivre l'exemple de ses prédécesseurs, nonobstant les chansons qui avaient été déjà dites volontairement par plusieurs d'entre eux, ordonna à Pamphile d'en chanter une. Celui-ci commença aussitôt ainsi :

> Amour, il est si grand le bien
>   Que par toi j'éprouve, ainsi que mon allégresse et ma joie,
>   Que je suis heureux, brûlé de ta flamme.
> L'abondante allégresse que j'ai dans le cœur,
>   Venant de cette haute et chère joie
>   Dans laquelle tu m'as jeté,
>   Ne pouvant y tenir, s'échappe au dehors,
>   Et sur ma figure éclairée
>   Montre mon joyeux état ;
>   Car, étant énamouré
>   En si haut et si recommandable lieu,
>   Il m'est doux d'être dans le feu où je brûle.
> Je ne sais pas exprimer par mon chant,
>   Ni écrire avec les doigts,
>   O Amour, le bien que je ressens :
>   Et si je le savais, il me faudrait cacher.
>   Car s'il était connu,
>   Il se changerait en tourment.
>   Mais je suis si satisfait,
>   Que tout ce que je dirais, serait peu et faible
>   Avant que j'en eusse dit seulement une partie.
> Qui pourrait croire que mes bras
>   Eussent pu jamais arriver
>   A la tenir là où je l'ai tenue,
>   Et que jamais mon visage
>   L'eût pu approcher aussi
>   Par sa grâce et pour mon bonheur ?
>   On ne voudrait pas croire
>   A mon bonheur ; C'est pourquoi tout entier je brûle,
>   Cachant ce qui me réjouit et me rend heureux.

La canzone de Pamphile était finie, et bien que tous y eussent répondu, il n'y en eut aucun qui n'en notât les paroles avec plus d'attention qu'il ne lui appartenait, s'efforçant de deviner ce qu'il convenait au chanteur de tenir caché. Et bien qu'ils s'imaginassent toutes sortes de choses, aucun d'eux pourtant ne devina la vérité. Mais la reine, voyant la chanson de Pamphile finie, et que les jeunes dames et les jeunes gens s'iraient volontiers reposer, ordonna que chacun s'en allât dormir.

NEUVIÈME JOURNÉE

La huitième journée du Décaméron finie, commence la neuvième dans laquelle, sous le commandement d'Émilia, chacun devise comme il lui plaît et de ce qui lui agrée le mieux.

La lumière, dont la splendeur met en fuite les ombres de la nuit, avait déjà changé la teinte azurée du huitième ciel en une couleur bleue foncée, et les fleurettes commençaient à relever la tête par les prés, quand Émilia s'étant levée, fit appeler ses compagnes ainsi que les jeunes gens. Quand ils furent tous venus, suivant à pas lents leur reine, ils allèrent jusqu'à un bosquet peu éloigné du palais, et y étant entrés, ils virent les animaux tels que chevreuils, cerfs et autres, quasi rassurés des chasseurs depuis que la peste régnait, qui les attendaient comme s'ils n'eussent plus eu aucune crainte ou s'ils étaient devenus familiers. S'approchant tantôt de celui-ci, tantôt de celui-là, comme s'ils allaient les attraper, ils se divertirent quelque temps à les faire sauter et courir. Mais le soleil étant déjà élevé, il leur parut temps de s'en retourner. Ils étaient tous couronnés de feuilles de chêne, et les mains pleines d'herbes odoriférantes et de fleurs, et qui les eût rencontrés, n'aurait pu dire autre chose, sinon : ou bien ceux-ci ne seront pas vaincus par la mort, ou bien elle les frappera en pleine joie.

S'en allant donc de la sorte, pas à pas, chantant, jouant et plaisantant, ils arrivèrent au palais où ils trouvèrent toute chose parfaitement ordonnée et leurs serviteurs joyeux et empressés. Là, s'étant un peu reposés, ils n'allèrent point à table avant que six chansons légères, plus joyeuses les unes que les autres, n'eussent été chantées par les jeunes gens et par les dames. Après quoi, l'eau ayant été donnée pour les mains, le sénéchal, suivant le bon plaisir de la reine, les mit tous à table, et les victuailles ayant été servies, ils mangèrent allègrement. Quand ils eurent fini, ils se mirent pendant quelque temps à danser et à sonner du luth, puis sur l'ordre de la reine, chacun s'en alla reposer. Mais l'heure habituelle étant venue, ils se réunirent tous à l'endroit accoutumé pour deviser. Là, la reine se tournant vers Philomène, lui dit de donner le signal des nouvelles de la présente journée. Celle-ci, souriant, commença de cette façon :

NOUVELLE I

Madame Francesca, aimée d'un certain Rinuccio et d'un certain Alessandro, et n'en aimant aucun, s'en débarrasse adroitement en faisant entrer l'un dans un tombeau comme s'il était mort, et en faisant que l'autre aille l'en tirer, de sorte que ni l'un ni l'autre ne peuvent arriver à leurs fins.

« — Madame, il m'agrée fort, puisque cela vous plaît, d'être la première à jouter dans ce champ ouvert et libre où votre magnificence nous a donné carrière pour raconter ; si je le fais bien, je ne doute point que ceux qui viendront après moi ne le fassent bien et mieux. Il a été souvent démontré dans nos récits, gracieuses dames, combien grandes et combien nombreuses sont les forces de l'amour ; je ne crois pas cependant qu'on ait tout dit là-dessus, ni qu'on aurait encore tout dit quand même, pendant une année entière, nous ne parlerions pas ici d'autre chose ; et pour ce que non seulement l'amour met les amants en multiples dangers de mort, mais qui les pousse à pénétrer dans les demeures des morts pour en arracher les morts, il me plaît de vous raconter là-dessus, en outre de celles qui ont été dites, une nouvelle par laquelle non seulement vous comprendrez la puissance de l'amour, mais où vous verrez avec quel bon sens une valeureuse dame se débarrassa de deux individus qui l'aimaient contre sa volonté.

« Je dis donc que dans la cité de Pistoja fut jadis une très belle dame veuve. Deux de nos Florentins qui y vivaient en exil, et qui s'appelaient l'un Rinuccio Palermini et l'autre Alessandro Chiarmontesi, l'aimaient souverainement sans s'être aperçus de leur rivalité, épris qu'ils étaient de son mérite. Chacun d'eux faisait sans bruit tout ce qu'il pouvait pour gagner son amour. Cette gente dame qui avait nom madame Francesca de' Lazzari, se voyant sans cesse pressée par leurs messages et leurs prières, y avait plus d'une fois prêté l'oreille d'une façon rien moins que sage ; mais voulant se dégager et ne le pouvant, il lui vint une idée pour se délivrer de leur poursuite ; ce fut de les requérir d'un service tel qu'elle estimait qu'aucun d'eux ne pourrait le faire, de sorte qu'alors, elle eût couleur de raison honnête pour ne plus les voir et pour ne plus écouter leurs messages.

« Le jour même que cette idée lui vint, était mort à Pistoja un individu qui, bien que ses ancêtres eussent été gentilshommes, était réputé pour le plus méchant homme qui fut, non pas seulement dans Pistoja, mais dans le monde entier. En outre de sa manière de vivre, il était si contrefait et

si monstrueux de visage, que quiconque ne l'aurait pas connu, en aurait eu peur à première vue. Il avait été enterré dans un tombeau hors de l'église des Frères Mineurs. La dame pensa que ce mort pourrait en partie lui être d'un grand secours pour son projet. Pour quoi, elle dit à sa servante : « — Tu sais l'ennui, la fatigue que me causent tout
« le long du jour les messages de ces deux Florentins,
« Rinuccio et Alessandro. Je ne suis nullement disposée à
« leur complaire en leur donnant mon amour, et pour m'en
« débarrasser, j'ai résolu, à propos des grandes offres qu'ils
« me font, de les éprouver par une chose qu'ils ne feront
« point, j'en suis sûre ; et de la sorte, je me débarrasserai de
« leur importunité. Écoute comment : Tu sais que ce matin
« a été enterré dans le cimetière des Frères Mineurs le fa-
« meux Scannadio — c'est ainsi que s'appelait ce méchant
« homme dont nous avons parlé plus haut — que les hommes
« les plus courageux de cette ville ne pouvaient voir sans en
« avoir peur, même avant qu'il fût mort. Tu vas t'en aller
« d'abord secrètement vers Alessandro, et tu lui parleras
« ainsi : « — Madame Francesca t'envoie dire que le moment
« est venu où tu peux posséder son amour que tu as tant dé-
« siré, et où tu peux te trouver avec elle si tu le veux, de la
« façon suivante : pour une raison que tu sauras plus tard,
« un de ses parents doit cette nuit porter chez elle le corps
« de Scannadio qui a été enseveli ce matin ; et comme elle
« a très peur de lui qui est mort, elle ne voudrait pas qu'on
« le lui apportât ; pour quoi, elle te demande comme un
« grand service, d'aller ce soir à l'heure du premier somme,
« dans le tombeau où Scannadio est enseveli, de te vêtir de
« ses habits, et de prendre sa place, jusqu'à ce qu'on vienne
« te chercher, et alors, sans rien dire ni rien faire de te laisser
« prendre et emporter chez elle où elle te recevra et où tu
« pourras rester auprès d'elle et t'en aller quand tu voudras,
« lui laissant faire le reste. — » S'il dit qu'il consent à le
« faire, c'est bon ; s'il dit qu'il ne le veut point, dis-lui de ma
« part qu'il ne se montre plus jamais où je serai, et, s'il tient
« à la vie, qu'il se garde de ne plus jamais envoyer messager
« ni message. Puis, tu iras vers Rinuccio Palermini et tu lui
« parleras ainsi : « — Madame Francesca te fait dire qu'elle
« est prête à faire selon ton plaisir, pourvu que tu lui rendes
« un grand service, à savoir que tu t'en ailles cette nuit, vers
« minuit, au tombeau où a été enseveli Scannadio, et que là,
« sans dire un mot, quoi que tu entendes ou que tu voies, tu
« l'enlèves sans bruit et le lui portes chez elle. Tu sauras alors
« pourquoi elle veut ainsi, et tu pourras jouir d'elle ; et s'il
« ne te convient pas de ce faire, elle te fait dire de ne plus
« jamais lui adresser messager ni message. — »

« La servante alla trouver les deux jeunes gens, et dit

très adroitement à chacun comme on lui avait ordonné de dire. A quoi tous deux répondirent que, si cela lui plaisait, ils pénétreraient non pas dans un tombeau, mais dans l'enfer. La servante transmit la réponse à la dame, et celle-ci attendit de voir s'ils seraient assez fous pour le faire.

« La nuit étant venue, à l'heure du premier somme, Alessandro Chiarmontesi, s'étant mis un simple pourpoint, sortit de chez lui pour aller prendre la place de Scannadio dans le tombeau; mais en y allant, il lui vint une grande pensée de peur en l'esprit; et il se mit à se dire : — « Eh! suis-je bête! où vais-je? Sais-je si les parents de « cette dame, s'étant par hasard aperçus que je l'aime et « croyant ce qui n'est pas, ne font pas cela pour me tuer dans « ce tombeau? Si cela était, je me serais perdu moi-même et « l'on n'en saurait jamais rien qui pût leur nuire. Sais-je « aussi si ce n'est pas quelque ennemi à moi qui a imaginé « cette aventure et qui, étant peut-être aimé d'elle, la veut « ainsi contenter? — » Puis il disait : « — Mais supposons « que rien de tout cela ne soit vrai et que ses parents me « doivent porter chez elle; je dois croire qu'ils n'ont pas l'in-« tention d'enlever le corps de Scannadio pour le tenir dans « leurs bras ou pour le lui mettre dans les bras à elle; au « contraire, il est à croire qu'ils veulent le mettre en pièces « pour ce qu'il leur a peut-être fait quelque injure. Elle m'a « fait dire que je ne bouge pas, quoi que je sente. Mais s'ils « m'arrachent les yeux ou les dents, s'ils me brisent les « membres, ou se livrent sur moi à quelque jeu de ce genre, « que deviendrai-je? Comment pourrais-je rester muet? Et « si je parle, ils me reconnaîtront et me maltraiteront, ou « bien s'ils ne me font point de mal, cela ne m'avancera en « rien, car ils ne me laisseront point avec la dame; celle-ci « dira ensuite que j'ai désobéi à ses ordres, et ne fera jamais « chose qui me plaise. — » Ce disant, il fut tout près de retourner chez lui; mais pourtant son grand amour le poussa en avant avec des arguments contraires et d'une telle force, qu'ils le conduisirent jusqu'au tombeau. Il l'ouvrit et y entra, dépouilla Scannadio de ses habits, qu'il revêtit et s'enferma dans le tombeau. A peine eut-il pris la place de Scannadio, qu'il se mit à lui revenir en la pensée ce qu'était ce dernier, ce qu'il avait entendu dire des choses qui arrivaient la nuit non seulement dans les sépulcres des morts mais ailleurs, et tous les poils de son corps se hérissèrent et il lui semblait que Scannadio allait se lever tout d'un coup et l'étrangler céans. Mais, grâce à son fervent amour, il réussit à chasser toutes ces funèbres pensées, et se tenant étendu comme s'il était mort, il se mit à attendre ce qu'il adviendrait de lui.

« Minuit approchant, Rinuccio sortit à son tour de chez

lui pour faire ce que sa dame lui avait envoyé dire ; tout en y allant, il lui vint une foule de pensées diverses sur ce qui pourrait bien lui arriver de cette aventure, comme par exemple de tomber aux mains de la Seigneurie pendant qu'il aurait le corps de Scannadio sur les épaules, et d'être condamné au feu comme sorcier ; ou bien d'encourir la haine des parents de Scannadio ou de tant d'autres, si cela se savait ; lesquelles pensées faillirent l'arrêter du tout. Mais, passant outre, il dit : « — Eh ! dirai-je non, à la première « chose dont je suis requis par cette gente dame que j'ai « tant aimée et que j'aime tant, surtout quand il s'agit de « gagner ses faveurs ? Quand même je serais sûr de mourir, « ne devrais-je pas me mettre à faire ce que je lui ai pro-« mis ? — » Et ayant poursuivi son chemin, il alla jusqu'au tombeau qu'il ouvrit doucement. Alessandro entendant ouvrir, bien qu'il eût grand peur, se tint coi. Rinuccio étant entré, et croyant prendre le corps de Scannadio, prit Alessandro par les pieds et le tira en dehors, puis le plaçant sur ses épaules, il se dirigea vers la demeure de la gente dame, et tout en marchant de la sorte il heurtait son fardeau tantôt à un angle de maison, tantôt à une planche qui se trouvait sur un des côtés de la rue, et la nuit était si sombre et si obscure qu'il ne pouvait distinguer là où il allait.

« Rinuccio était déjà arrivé à la porte de la gente dame qui s'était mise à la fenêtre avec sa servante, pour voir si Rinuccio apporterait Alessandro, et qui se préparait déjà à les renvoyer tous les deux, lorsque les familiers de la Seigneurie qui s'étaient postés dans cette rue et y attendaient en silence le moment de surprendre un bandit, entendant le bruit des pas de Rinuccio, tirèrent soudain une lumière pour voir ce que c'était et où il fallait aller, et, remuant leurs écus et leurs lances crièrent : qui est là ? Rinuccio les reconnaissant, et n'ayant pas le temps de réfléchir longuement, laissa tomber Alessandro, et s'enfuit aussi vite que ses jambes pouvaient le porter. Alessandro s'étant relevé promptement, s'enfuit d'un autre côté emportant sur son dos les vêtements du mort qui étaient fort longs.

« La dame, grâce à la lumière des familiers, avait parfaitement vu Rinuccio avec Alessandro sur ses épaules ; elle avait également vu qu'Alessandro avait sur lui les habits du mort, et elle s'était fort étonnée de la grande audace de tous les deux ; mais quelque grand que fût son étonnement, elle rit beaucoup en voyant Alessandro jeté à terre, puis prendre la fuite. Joyeuse d'un tel résultat, et louant Dieu qui l'avait débarrassée de la poursuite de ceux-ci, elle rentra dans sa chambre, affirmant avec sa servante que sans aucun doute tous les deux l'aimaient beaucoup, puisqu'ils avaient fait, comme il apparaissait bien, ce qu'elle leur avait imposé.

« Rinuccio, pestant et maudissant son aventure, ne s'en retourna point pour cela chez lui, mais les familiers ayant quitté la rue, il revint à l'endroit où il avait jeté Alessandro, et se mit à le chercher à tâtons pour le retrouver, afin d'achever son entreprise; mais ne le retrouvant pas, et pensant que les familiers l'avaient emporté, il s'en retourna fort mécontent chez lui. Quant à Alessandro, ne sachant que faire, et sans avoir reconnu celui qui l'avait emporté, tout dolent de l'aventure il s'en retourna également chez lui.

« Le lendemain matin, le tombeau de Scannadio ayant été trouvé tout ouvert et Scannadio n'y ayant point été vu, pour ce que Alessandro l'avait jeté tout au fond de la fosse, tout Pistoja en fit une foule de gorges chaudes, les sots estimant que le diable l'avait emporté. Néanmoins, chacun des deux amants, ayant fait savoir à la dame ce qu'il avait fait et ce qui était intervenu, et s'excusant là-dessus de n'avoir pu lui obéir complètement, lui réclama ses faveurs et son amour. Mais celle-ci refusant de les croire, leur fit répondre sèchement qu'elle ne ferait jamais rien pour eux, puisqu'ils n'avaient pas fait ce qu'elle leur avait demandé; et ainsi elle s'en débarrassa. — »

NOUVELLE II

Une abbesse se lève en toute hâte et dans l'obscurité, pour aller surprendre au lit une de ses nonnes qu'on lui avait dit être couchée avec son amant. Étant elle-même couchée avec un prêtre, elle croit mettre sur sa tête son voile appelé psautier, et y met les culottes du prêtre; ce que voyant la nonne accusée, elle l'en fait apercevoir, est absoute et peut tout à son aise rester avec son amant.

Déjà Philomène se taisait et l'adresse de la dame à se débarrasser de ceux qu'elle ne voulait pas aimer avait été approuvée par tous, tandis qu'au contraire l'audacieuse présomption des deux amants avait été taxée de folie plutôt que d'amour, quand la reine dit gracieusement à Elisa : « — Continue, Elisa. — » Celle-ci commença aussitôt : « — Très chères dames, madame Francesca sut très habilement, comme il a été dit, se débarrasser de ceux qui l'ennuyaient; mais une jeune nonnain, la fortune lui aidant, se tira par une parole adroite d'un péril imminent. Et, comme vous savez, il y a beaucoup de gens, qui, étant très sots, se mettent à admonester les autres, à les morigéner. Ceux-là, comme vous pourrez le voir par ma nouvelle, sont parfois très justement châtiés par la fortune ; c'est ce qui advint à l'abbesse sous les ordres de laquelle était la nonne dont je dois vous parler.

« Vous saurez donc qu'il y a en Lombardie un monastère très fameux pour sa sainteté et sa religion. Entre autres nonnes qui s'y trouvaient, était une jeune fille de sang noble et douée d'une merveilleuse beauté. Elle s'appelait Isabetta, et un jour un de ses parents étant venu la voir à la grille avec un beau jeune homme, elle s'énamoura de celui-ci. Le jouvenceau la voyant si belle, et ayant vu dans ses yeux ce qu'elle désirait, s'enflamma également pour elle, et tous deux endurèrent pendant longtemps cet amour sans pouvoir en tirer aucun fruit. Enfin, l'un et l'autre étant sollicité par une même envie, le jeune homme trouva un moyen de voir secrètement sa nonne, de quoi celle-ci fut fort contente, de sorte qu'il la visita non une fois mais souvent, au grand plaisir de chacun d'eux. Ce manège continuant, il arriva qu'une nuit il fut vu par une des dames de la maison, sans que ni l'un ni l'autre s'en aperçût, au moment où il quittait l'Isabetta pour s'en aller. La dame le redit à quelques-unes de ses compagnes. Leur premier mouvement fut d'aller l'accuser auprès de l'abbesse qui avait nom madame Usimbalda, bonne et sainte personne suivant l'opinion des dames nonnains et de quiconque la connaissait ; puis elles pensèrent, afin qu'elle ne pût nier, qu'il valait mieux la faire surprendre avec le jeune homme par l'abbesse elle-même. Ayant donc gardé le silence, elles se partagèrent en secret les veilles et les gardes afin de la surprendre.

« L'Isabetta ne se méfiant point de cela et ignorant tout, il arriva qu'une nuit elle fit venir son amant ; ce que surent aussitôt celles qui la surveillaient. Quand elles crurent le moment venu, une bonne partie de la nuit étant déjà passée, elles se partagèrent en deux bandes, dont l'une resta à faire la garde à la porte de la cellule de l'Isabetta, et l'autre courant à la chambre de l'abbesse, frappa à la porte, et comme celle-ci répondait, elles lui dirent : « — Sus, Madame, le-« vez-vous vite, car nous avons découvert que l'Isabetta a un « jouvenceau dans sa cellule. — »

« Cette même nuit, l'abbesse était en compagnie d'un prêtre qu'elle introduisait souvent dans un coffre. Entendant tout ce bruit, et craignant que les nonnains, par trop de précipitation ou de méchant désir, ne poussassent tellement la porte que celle-ci s'ouvrît, elle se leva précipitamment, et s'habilla de son mieux dans l'obscurité ; croyant prendre certains voiles pliés que les nonnes portent sur la tête et qu'elles appellent le psautier, elle prit les culottes du prêtre, et sa hâte fut si grande que, sans s'en apercevoir, elle se les jeta sur la tête à la place du psautier, et sortit de sa chambre dont elle ferma vivement la porte, en disant : « — Où est « cette maudite de Dieu ? — » Et avec les autres, qui brûlaient d'une telle envie de faire trouver l'Isabetta en faute qu'elles ne s'apercevaient pas de ce que l'abbesse avait sur la tête, elle arriva à la porte de la cellule qu'elle jeta par terre, aidée par l'une et par l'autre. Etant entrées dans la cellule, les nonnes trouvèrent au lit les deux amants étroitement embrassés et qui, tout étourdis d'être ainsi surpris, ne sachant que faire, se tinrent coi. La jeune fille fut sur-le-champ saisie par les autres nonnes et, sur l'ordre de l'abbesse, conduite au chapitre. Le jouvenceau, remis de son émotion, avait repris ses habits et attendait la fin de l'aventure, disposé à faire un mauvais parti à toutes celles qu'il pourrait joindre s'il était fait le moindre mal à sa jeune nonnain, et à l'emmener avec lui.

« L'abbesse, après s'être assise au chapitre, en présence de toutes les nonnes qui n'avaient de regards que pour la coupable, se mit à lui adresser les plus grandes injures qui eussent été jamais dites à une femme, comme ayant contaminé, par ses actes indignes et vitupérables, l'honneur, la bonne renommée du couvent, si cela venait à se savoir au dehors ; aux injures, elle ajoutait les plus graves menaces. La jeune nonne, honteuse et timide, se sentant coupable, ne savait que répondre, et se taisait, inspirant compassion à toutes les autres. Comme l'abbesse continuait à se répandre en reproches, la jeune fille venant à lever les yeux, vit ce que l'abbesse avait sur la tête, et les liens de la culotte qui pendaient deçà et delà ; sur quoi, s'avisant de ce que c'était, elle dit, toute rassurée : « — Madame, que Dieu vous soit « en aide ; rajustez votre coiffe et puis dites-moi tout ce que « vous voudrez. — » L'abbesse, qui ne la comprenait pas, « dit : « — Quelle coiffe, femme coupable ? As-tu maintenant « le courage de plaisanter ? Te semble-t-il avoir commis une « chose où les bons mots aient leur raison d'être ? — » Alors la jeune nonne dit de nouveau : « — Madame, je vous « prie de nouer votre coiffe, puis dites-moi ce qu'il vous « plaira. — » Là-dessus, plusieurs des nonnes levèrent les yeux sur la tête de l'abbesse, et celle-ci y ayant également porté les mains, on s'aperçut pourquoi l'Isabetta parlait ainsi. L'abbesse, reconnaissant son erreur, et voyant que toutes les nonnes s'en étaient aperçues et qu'il n'y avait pas moyen de la cacher, changea soudain de langage, et se mit à parler sur un tout autre ton qu'elle avait fait jusque-là ; elle en vint à conclure qu'il est impossible de se défendre des excitations de la chair ; et pour ce, elle dit que chacune devait se donner en cachette autant de bon temps qu'elle pourrait, comme on avait fait jusqu'à ce jour. Ayant fait relâcher l'Isabetta, elle s'en retourna coucher avec son prêtre, et l'Isabetta avec son amant, qu'elle fit revenir souvent depuis, en dépit de celles qui lui portaient envie. Pour les autres qui étaient sans amant, elles pourchassèrent en secret leur aventure du mieux qu'elles surent. — »

NOUVELLE III

Maître Simon, sur les instances de Bruno, de Buffamalcco et de Nello, fait croire à Calandrino qu'il est en mal d'enfant. Ce dernier, en guise de médecine, donne aux susdits compères des chapons et de l'argent et guérit sans accoucher.

Quand Elisa eut fini sa nouvelle, et tous ayant rendu grâces à Dieu de ce que la jeune nonne s'était heureusement tirée des griffes de ses envieuses compagnes, la reine ordonna à Philostrate de poursuivre. Celui-ci, sans attendre plus ample commandement, commença : « — Très belles dames, le grossier juge marquisan, dont je vous ai parlé hier me tire de la bouche une nouvelle de Calandrino que je voulais vous dire. Et, pour ce que tout ce qu'on raconte de lui ne peut que redoubler notre gaîté, bien qu'il ait été déjà beaucoup parlé de lui et de ses compagnons, je vous dirai encore la nouvelle que j'avais hier en l'esprit.

« Il a déjà été démontré assez clairement ce qu'étaient Calandrino et les autres dont je dois parler dans cette nouvelle ; pour ce, sans rien ajouter à ce sujet, je dis qu'il arriva qu'une tante de Calandrino mourut et lui laissa deux cents livres comptant, en petite monnaie. Sur quoi, Calandrino se mit à dire qu'il voulait acheter un domaine, et il allait, proposant marché à tous les courtiers qu'il y avait à Florence, comme s'il avait eu à dépenser dix mille florins d'or ; mais l'affaire se gâtait toujours quand on en venait au prix du domaine en question. Bruno et Buffamalcco qui savaient cela, lui avaient plus d'une fois dit qu'il ferait mieux de dépenser son argent à s'amuser avec eux, que de chercher à acheter de la terre, comme s'il avait eu à faire des balles ; mais ils n'avaient pas même pu l'amener à leur payer une seule fois à dîner. Pour quoi, un jour qu'ils s'en plaignaient entre eux, un peintre de leurs compagnons, nommé Nello, étant survenu, ils résolurent tous les trois de trouver un moyen pour se graisser le museau aux dépens de Calandrino ; et, sans plus de retard, ayant arrêté entre eux ce qu'ils devaient faire, ils guettèrent, le lendemain matin, le moment où Calandrino sortait de chez lui. A peine ce dernier eut-il fait quelques pas, que Nello vint à sa rencontre et dit : « — Bonjour, Calandrino. — » Calandrino lui répondit que Dieu lui donnât bon jour et bon an. Après quoi, Nello l'ayant retenu quelque temps, se mit à le regarder au visage. Calandrino lui dit : « — Que regardes-tu ? — » Et Nello lui dit : « N'a-tu rien senti cette nuit ? Tu ne me « sembles pas le même. — » Calandrino se mit aussitôt à douter et dit : « — Eh ! quoi ? Que te semble-t-il que j'aie ?—» Nello dit : « — Eh ! je ne le dis pas pour cela, mais tu me « parais tout changé ; ce ne sera probalement rien. — » Et il le laissa aller.

« Calandrino, tout pensif, ne se sentant cependant pas le moindre malaise du monde, poursuivit son chemin. Mais Buffamalcco, qui se tenait non loin de là, voyant qu'il avait quitté Nello, vint à lui, et l'ayant salué, lui demanda s'il ne se sentait rien. Calandrino répondit : « — Je ne sais pas ; « pourtant Nello me disait tout à l'heure que je lui parais-« sais tout changé ; serait-il possible que j'eusse quelque « chose ? — » Buffamalcco dit : « — Tu pourrais bien « avoir quelque chose en effet ; tu sembles à moitié mort.—» Calandrino croyait déjà avoir la fièvre, quand voici venir Bruno ; la première chose qu'il dit, fut : « — Calandrino, « quelle figure est-ce là ? On dirait que tu es mort ; qu'é-« prouves-tu ? — » Calandrino, entendant chacun d'eux parler ainsi, tint en lui-même pour très sûr qu'il était malade, et, tout inquiet, il lui demanda : — Que me faut-il « faire ! — » Bruno dit : « — Je crois que tu dois t'en re-« tourner chez toi, te mettre au lit et te bien couvrir ; tu « enverras de ton urine à maître Simon, qui est, comme tu « sais, notre ami dévoué. Il te dira tout de suite ce que tu « auras à faire, nous irons auprès de toi, et s'il y a quelque « chose à faire, nous le ferons. — »

« Sur ces entrefaites, Nello les ayant rejoints, ils s'en retournèrent avec Calandrino chez ce dernier, lequel, en entrant d'un air accablé dans la chambre, dit à sa femme : « — Viens et couvre-moi bien, car je me sens bien mal. — » S'étant donc couché, il envoya, par une petite servante, de son urine à maître Simon, dont la boutique était alors sur le Marché-Vieux, à l'enseigne du Melon. Bruno dit à ses compagnons : « — Vous, restez ici avec lui ; moi, je vais « voir ce que dira le médecin et, s'il en est besoin, je l'amè-« nerai ici. — » Calandrino dit alors : « — Eh ! oui, mon « compagnon, va et tâche de me dire ce qu'il en est, car je « me sens je ne sais quoi en dedans. — » Bruno, étant allé vers maître Simon, y arriva avant la petite servante qui portait l'urine, et eut vite informé maître Simon du fait. Pour quoi, la servante étant arrivée, et le maître ayant examiné l'urine, il dit à la servante : « — Va, et dis à Calandrino de « se tenir bien chaud, que je vais venir incontinent le voir « et que je lui dirai ce qu'il a et ce qu'il aura à faire. — » La jeune servante rapporta la réponse telle quelle, et peu après arrivèrent le maître avec Bruno. Le médecin, s'étant assis auprès de lui, commença par lui tâter le pouls, et au bout d'un instant, sa femme étant présente, il dit : « — Vois-tu « Calandrino, à te parler en ami, tu n'as pas d'autre mal « que d'être en mal d'enfant. — »

« A peine Calandrino l'eut-il entendu, qu'il se mit à crier douloureusement et à dire : « — Hélas, Tessa, que m'as-tu « fait en ne voulant pas te tenir autrement que dessus ? Je « te le disais bien ! — » La dame, qui était une fort honnête personne, entendant son mari parler de la sorte, devint toute rouge de honte, et baissant le front, sortit de la chambre sans répondre. Calandrino, continuant à se plaindre, disait : « — Hélas ! c'est fait de moi ! Comment accouche- « rai-je de cet enfant ? Par où sortira-t-il ? je vois bien que « je suis mort par la rage de ma femme ; que Dieu la rende « aussi triste que je voudrais être joyeux ! Ah ! si j'étais « aussi bien portant que je suis malade, je me lèverais et je « lui donnerais une telle raclée que je la briserais toute, « quoique cela soit bien fait pour moi, car je ne devais pas « la laisser mettre sur moi ; mais pour sûr, si j'échappe de « cette fois, elle pourra bien mourir d'envie avant que je la « laisse monter dessus. — »

« Bruno, Buffamalcco et Nello avaient si grande envie de rire en entendant les paroles de Calandrino, qu'ils étouffaient ; mais cependant ils se retenaient ; quant à maître Scimmione, il riait si fort qu'on aurait pu lui arracher toutes les dents. Enfin, à la longue, Calandrino se recommandant au médecin, et le priant en cette circonstance de lui donner aide et conseil, le maître lui dit : « — Calandrino, je ne « veux pas que tu te tourmentes, car, grâce à Dieu, nous « nous sommes assez tôt aperçus de la chose pour t'en dé- « livrer avec peu de peine et en peu de jours ; mais il fau- « dra dépenser quelque argent. — » Calandrino dit : « — Ah ! « mon cher maître, oui, pour l'amour de Dieu ; j'ai là deux « cents livres avec lesquelles je voulais acheter un domaine ; « s'il les faut toutes, prenez-les toutes, pourvu que je n'aie « point à accoucher, car je ne sais comment je ferais. J'ai « entendu les femmes faire une si grande rumeur quand « elles sont pour accoucher, bien qu'elles aient passage assez « large pour ce faire, que je crois, si j'avais à supporter une « pareille souffrance, que je mourrais avant d'accoucher. — » Le médecin dit : « — Ne pense pas à cela. Je te ferai faire

« une certaine tisane distillée très bonne et très agréable à
« boire qui, en trois matinées, fera tout disparaître et te
« remettra mieux portant qu'un poisson dans l'eau ; mais tu
« feras en sorte d'ête sage dorénavant et de ne plus tomber
« dans cette sottise. Or, nous avons besoin, pour cette ti-
« sane, de trois paires de bons chapons bien gras ; et pour
« le reste, tu donneras à chacun de tes amis ici présents
« cinq livres de petite monnaie pour qu'ils achètent tout ce
« qu'il faudra et me le fasse porter à ma boutique ; quant
« à moi, sur le saint nom de Dieu, je t'enverrai demain
« matin de ce breuvage distillé et tu commenceras à en
« boire un bon verre à chaque fois. — »

« Calandrino, entendant cela, dit : « — Maître, je me fie
« à vous. — » Et ayant donné cinq livres à Bruno et des
deniers pour trois paires de chapons, il le pria de se donner
cette peine pour son service. Le médecin, l'ayant quitté, lui
fit faire une certaine eau claire, et la lui envoya. Bruno,
ayant acheté les chapons et tout ce qu'il fallait pour faire
bombance, s'en fut les manger avec le médecin et ses compagnons. Quant à Calandrino, pendant trois jours il but l'eau
claire ; après quoi le médecin l'étant venu voir avec ses compagnons, il lui tâta le pouls et dit : « — Calandrino, tu es
« guéri, sans le moindre doute : tu peux désormais vaquer
« à tes affaires, et tu n'as pas besoin de garder plus long-
« temps la maison. — » Calandrino, joyeux, s'étant levé, alla
à ses affaires, louant beaucoup, auprès de toutes les personnes qu'il rencontrait, la belle cure que le maître Simon avait faite sur lui, en le faisant en trois jours, dégros-
sir sans la moindre souffrance. Bruno, Buffamalcco et Nello
se tinrent pour satisfaits d'avoir trompé l'avarice de Calandrino, bien que madame Tessa, s'étant aperçue du tour, eût
fortement querellé son mari. — »

NOUVELLE IV

Cecco Fortarrigo joue tout ce qu'il possède ainsi que l'argent de Cecco Angiullieri son maître ; puis il se met à courir en chemise après ce dernier, disant
qu'il l'avait volé ; il le fait prendre par des paysans, revêt ses habits, monte
sur son cheval et revient en laissant Angiullieri en chemise.

Les paroles que Calandrino avait dites à sa femme avaient
été écoutées par toute la compagnie avec de grandissimes
risées ; mais quand Philostrate se fut tu, Néiphile, sur
l'ordre de la reine, commença : « — Valeureuses dames,

s'il n'était pas plus malaisé aux hommes de montrer leur intelligence et leur vertu que leurs vices et leur sottise, il y en aurait beaucoup qui se travailleraient en vain à mettre un frein à leurs paroles. C'est ce que vous a très bien montré la bêtise de Calandrino, qui n'avait nul besoin, pour se guérir d'un mal auquel sa simplicité lui faisait croire, de révéler en public les plaisirs secrets de sa femme Cela m'a remis en mémoire une aventure toute contraire, c'est-à-dire comment la malice d'un individu l'emporta sur le bon sens d'un autre, au grand dam et à la honte de celui-ci. Il me plaît de vous la raconter.

« Il y a quelques années à peine, vivaient à Sienne deux hommes déjà d'un certain âge. Tous deux s'appelaient Cecco, mais l'un était fils de messer Angiullieri et l'autre de messer Fortarrigo. Bien qu'ils différassent beaucoup comme mœurs et comme caractère, ils s'accordaient si bien sur un point, à savoir que tous deux haïssaient leur père, qu'ils en étaient devenus amis et se fréquentaient souvent. Mais l'Angiullieri, qui était beau et élégant, trouvant qu'il ne pouvait pas vivre convenablement à Sienne avec la pension que lui donnait son père, et ayant appris qu'un cardinal avec lequel il était en excellentes relations était arrivé dans la marche d'Ancône comme légat du pape, résolut d'aller le trouver dans l'espoir d'améliorer sa position. Ayant soumis ce projet à son père, il s'entendit avec lui pour toucher d'une seule fois ce qui lui revenait pendant six mois, afin de pouvoir se fournir de vêtements et de chevaux et de voyager honorablement. Comme il cherchait quelqu'un qu'il pût emmener à son service, le Fortarrigo en eut vent, et étant allé le lendemain trouver l'Angiullieri, il se mit du mieux qu'il sut, à le prier de l'emmener avec lui, disant qu'il consentait à être son domestique, son familier, tout ce qu'il voudrait, sans autre salaire que sa dépense. L'Angiullieri lui répondit qu'il ne voulait pas l'emmener, non point parce qu'il ne le croyait pas capable de faire un bon service en toute chose, mais pour ce qu'il jouait et s'enivrait souvent. A quoi le Fortarrigo répondit qu'il se garderait sans faute sur l'un et l'autre point, et le lui affirma par serment, ajoutant de si vives prières, que l'Angiullieri finit par céder et consentir.

« S'étant mis tous deux en chemin, par une belle matinée, ils allèrent déjeuner à Buonconvento. Après avoir déjeuné, la chaleur étant grande, l'Angiullieri fit préparer un lit dans l'auberge, se déshabilla avec l'aide de Fortarrigo et s'en alla dormir en lui disant de l'appeler comme nones sonneraient. Pendant que l'Angiullieri dormait, le Fortarrigo descendit dans la taverne, et là, après avoir bu un tantinet il se mit à jouer avec quelques voyageurs qui, en peu de temps lui eurent gagné les quelques deniers qu'il avait, ainsi que les vêtements qu'il portait ; sur quoi, désireux de se rattraper, il s'en alla, tout en chemise qu'il était, à l'endroit où reposait l'Angiullieri, et le voyant profondément endormi, il lui prit tout l'argent qu'il avait dans sa bourse, puis retourna au jeu où il perdit cet argent comme il avait perdu l'autre.

« L'Angiullieri s'étant réveillé se leva, et s'étant habillé s'enquit de Fortarrigo. Comme on ne le trouvait pas, l'Angiullieri pensa qu'il devait dormir ivre en quelque endroit, comme il avait l'habitude de le faire autrefois. Pour quoi, s'étant décidé à le laisser, il fit mettre la selle et sa valise sur son palefroi, remettant de se munir d'un autre familier quand il serait à Corsignano. Au moment de payer l'hôte, il ne se trouva plus aucun argent, de quoi il y eut grande rumeur et grand trouble dans toute l'hôtellerie, l'Angiullieri disant qu'il avait été volé céans, et menaçant de les faire tous conduire en prison à Sienne. Là-dessus, arrive Fortarrigo en chemise qui venait pour enlever les habits, comme il avait fait pour l'argent. Voyant l'Angiullieri prêt à monter à cheval, il dit : « — Qu'est cela, Angiullieri ? Voulons-nous nous « en aller déjà ? Eh ! attends un peu. Il doit venir ici tantôt « un compère qui a pris mon pourpoint en gage pour trente-« huit sols ; je suis sûr qu'il nous le rendra pour trente-cinq « si nous le payons comptant. — » Pendant qu'il parlait, survint quelqu'un qui assura l'Angiullieri que c'était Fortarrigo qui lui avait volé son argent en lui montrant la somme qu'il avait perdue. Pour quoi, l'Angiullieri, fort courroucé, dit à Fortarrigo toutes sortes d'injures, et s'il n'avait pas craint autre chose plus qu'il ne craignait Dieu, il lui aurait fait un mauvais parti ; enfin le menaçant de le faire pendre par le col, ou de le faire bannir de Sienne sous peine de la potence, il monta à cheval.

« Le Fortarrigo, comme si l'Angiullieri eût parlé à un autre et non à lui, disait : « — Eh ! Angiullieri, laissons-là « toutes ces paroles qui ne valent pas le diable ; pensons « seulement à cela ; nous le rachèterons pour trente-cinq « sols, en le payant comptant, tandis que si nous attendons « jusqu'à demain, il ne vaudra pas moins de trente-huit, « comme il m'a prêté ; il me fait cette concession parce que « je me suis remis à sa discrétion. Eh ! pourquoi ne gagne-« rions-nous pas ces trois sols ? — » L'Angiullieri, l'entendant parler de la sorte, se désespérait, surtout en se voyant regarder de travers par ceux qui l'entouraient et qui semblaient croire non pas que le Fortarrigo eût joué les deniers de l'Angiullieri, mais que l'Angiullieri s'était emparé des siens ; il lui disait : « — Qu'ai-je à faire de ton pourpoint ? « Que pendu sois-tu par la gorge, car non seulement tu m'as « volé mon argent et tu l'as joué, mais tu as retardé mon

« départ, et par-dessus le marché tu te moques de moi. — »
Le Fortarrigo n'en restait pas moins impassible comme si
ce n'eût pas été à lui qu'on parlât, et il disait : « — Eh !
« pourquoi ne veux-tu pas me faire gagner ces trois sols ?
« Crois-tu que je ne puisse pas te les prêter encore ? Va ;
« fais-le si tu as souci de moi. Pourquoi es-tu si pressé ?
« Nous arriverons bien encore ce soir à Torrenieri. Va, tire
« ta bourse ; sache que je pourrais chercher dans tout Sienne
« sans en trouver un qui m'allât aussi bien que celui-ci ; et
« dire que je le lui ai laissé pour trente-huit sols alors qu'il
« en vaut encore quarante et plus ! Tu me ferais ainsi tort
« de deux façons. — »

« L'Angiullieri, saisi d'un grand ennui en se voyant voler
par ce drôle et en s'entendant tenir pareil langage, sans plus
répondre, fit faire volte-face à son palefroi, et prit le chemin
de Torrenieri. Sur quoi, le Fortarrigo, saisi d'une subite malice, se mit à trotter derrière lui en chemise. Il avait déjà
fait deux bons milles à ses trousses en le priant de lui rendre
son pourpoint, et l'Angiullieri allait plus vite pour s'ôter
cette rumeur des oreilles, quand Fortarrigo aperçut des laboureurs dans un champ voisin de la route, en avant de
l'Angiullieri ; il se mit à leur crier de toute ses forces :
« — Arrêtez-le, arrêtez-le. — » Pour quoi, ces gens, qui
avec sa houe, qui avec sa bêche, s'étant mis en travers du
chemin de l'Angiullieri, l'arrêtèrent et se saisirent de lui,
pensant qu'il avait volé celui qui courait après lui en chemise. L'Angiullieri eut beau leur dire qui il était et comment
le fait s'était passé cela lui servit peu. Mais le Fortarrigo,
accouru sur les lieux, dit d'un air courroucé : « — Je ne
« sais pourquoi je ne te tue point, larron déloyal, qui t'en-
« fuies avec ce qui m'appartient. — » Et s'étant retourné
vers les laboureurs, il dit : « — Vous voyez, messieurs, en
« quel équipage il m'a laissé dans l'auberge, après avoir
« joué tout ce qui était à moi ! Je puis bien dire que c'est
« grâce à Dieu et à vous que j'aurai au moins recouvré
« une partie de mon bien, dont je vous serai toujours
« tenu. — » L'Angiullieri disait tout le contraire mais on
ne l'écoutait pas. Le Fortarrigo, avec l'aide des paysans, le
fit descendre de son palefroi, le dépouilla de ses habits qu'il
revêtit et étant monté à cheval, retourna à Sienne, laissant
l'Angiullieri en chemise et pieds nus, et disant partout qu'il
avait gagné à l'Angiullieri son cheval et ses habits. Quant à
l'Angiullieri, qui croyait s'en aller en riche équipage vers le
Cardinal dans la Marche, il revint pauvre et en chemise à
Buonconvento, et, de honte, n'osa pas retourner tout de suite
à Sienne. Quelques vêtements lui ayant été prêtés, il monta
sur le roussin que chevauchait Fortarrigo, et s'en alla chez
ses parents à Corsignano, avec lesquels il resta jusqu'à ce

qu'il fût de nouveau secouru par son père. C'est ainsi que la malice du Fortarrigo entrava la bonne résolution de l'Angiullieri ; toutefois celui-ci ne laissa pas en temps et lieu ce méchant tour impuni. — »

NOUVELLE V

Calandrino s'amourache d'une jeune fille. Bruno lui fait un talisman sous forme d'écrit, en lui disant qu'aussitôt qu'il en toucherait la jeune fille, celle-ci le suivrait. Calandrino ayant obtenu un rendez-vous, sa femme le surprend et fait grand tapage.

Quand Néiphile eut fini sa courte nouvelle, sans que la compagnie en eût ni trop ri, ni trop parlé, la reine s'étant tournée vers la Fiammetta, lui ordonna de poursuivre. Celle-ci, toute joyeuse, répondit : Volontiers ! et commença : « — Très gentes dames, comme vous le savez, je crois, il est des choses qui plaisent toujours davantage plus on en parle, si celui qui parle veut se donner la peine de bien choisir le temps et le lieu convenables. Et pour ce, si je considère le motif pour lequel nous sommes ici — et nous y sommes pour nous tenir en fête et avoir du bon temps, et non pour autre motif — j'estime que tout ce qui pourra nous procurer fête et plaisir, a ici son lieu et place ; et bien qu'on ait pu en parler déjà mille fois, on ne peut qu'éprouver du plaisir en en parlant encore. Pour quoi, bien qu'il ait été souvent question entre nous des faits et gestes de Calandrino, si je considère, comme vous l'a dit il y a un moment Philostrate, qu'ils sont tous plaisants, je me hasarderai, en sus de celles qui ont déjà été dites, à vous conter une nouvelle, laquelle, si j'eusse voulu ou si je voulais m'écarter de la vérité, j'aurais bien su, je saurais bien composer et raconter sous d'autres noms ; mais pour ce que se départir de la vérité en racontant diminue grandement le plaisir de ceux qui écoutent, je vous la dirai sous sa propre forme, pour la raison susdite.

« Niccolo Cornacchini fut notre concitoyen. C'était un homme très riche, et parmi ses autres domaines, il en possédait un fort beau à Camerata, sur lequel il fit construire un élégant et magnifique château. Il s'entendit, pour le faire complètement peindre, avec Bruno et Buffamalcco, lesquels, pour ce qu'il y avait beaucoup de travail, s'adjoignirent Nello et Calandrino, et se mirent à la besogne. Bien qu'il y eût en ce château bon nombre de chambres bien fournies en lits et en autres choses opportunes, une vieille servante y demeurait seule pour le garder, sans autres domestiques ; aussi, un fils du susdit Niccolo, nommé Filippo, en jeune homme qu'il était et non marié, avait coutume d'y mener parfois quelque femme pour se divertir, de l'y garder un jour ou deux, puis de la renvoyer. Une fois, entre autres, il lui arriva d'en amener une qui avait nom la Niccolosa, et qu'un triste homme, nommé le Mangione, entretenait en une maison de Camaldoli, et prêtait en louage. Cette fille était belle et bien vêtue, et, pour une femme de son métier, se tenait et parlait bien.

« Etant un jour sortie de sa chambre à l'heure de midi, en jupon blanc, et les cheveux roulés autour de la tête, pour se laver les mains et la figure à un puits qui se trouvait dans la cour du château, Calandrino y vint par hasard pour puiser de l'eau, et la salua familièrement. La donzelle lui ayant rendu son salut, se mit à le regarder, plus pour ce qu'il lui paraissait un homme naïf, que par un désir quelconque. Calandrino, de son côté, se mit à l'examiner, et comme elle lui parut belle, il trouva un prétexte pour rester près d'elle et ne pas rapporter l'eau à ses compagnons. Mais, ne la connaissant point, il n'osait rien lui dire. Elle, qui s'était aperçue qu'il la regardait, le regardait aussi parfois pour se moquer de lui, en poussant quelque soupir ; pour quoi, Calandrino s'en coiffa soudain, et ne s'en alla de la cour que lorsqu'elle eut été rappelée dans la chambre par Filippo.

« Calandrino étant retourné à son travail, ne faisait que soupirer ; de quoi Bruno, qui le taquinait sans cesse pour ce qu'il prenait grand plaisir à ses sottises, s'étant aperçu, lui dit : « — Que diable as-tu, compère Calandrino ? Tu ne « fais que souffler ! — » A quoi Calandrino dit : « — Com- « père si j'avais quelqu'un qui voulût m'aider, cela irait « bien. — » « — Comment ? — dit Bruno. — » A quoi Calandrino dit : « — Il ne faut le dire à personne ; il y a « là-bas une jeune femme qui est plus belle qu'une fée, et « qui est si fort amoureuse de moi, que cela te semblerait « un grand cas. Je m'en suis aperçu tout à l'heure en allant « chercher de l'eau. — » « — Eh ! — dit Bruno — prends « garde que ce ne soit la femme de Filippo. — » Calandrino « dit : « — Je crois que c'est elle, pour ce qu'il l'a appelée, « et qu'elle s'en est allée dans sa chambre ; mais qu'est-ce « que cela fait ? Je tromperais le Christ en de semblables « choses, et non pas seulement Filippo. Je te vais dire la « vérité, compère ; elle me plaît tant, que je ne pourrais te « le dire. — » Bruno dit alors : « — Compère, je saurai te « dire qui elle est ; et si elle est la femme de Filippo, j'ar- « rangerai en deux mots tes affaires, pour ce qu'elle est fort

« mon amie. Mais comment ferons-nous pour que Buffa-
« malcco ne le sache pas? Je ne puis jamais lui parler qu'il
« ne soit avec moi. — » Calandrino dit : « — De Buffa-
« malcco je n'ai cure, mais gardons-nous de Nello ; car il est
« parent de la Lessa, et il nous gâterait tout. — » « — Bien
« dit, — répliqua Bruno.

« Or Bruno savait fort bien qui était la donzelle, car il l'avait vue arriver, et du reste Filippo le lui avait dit. Pour quoi, Calandrino ayant un instant quitté sa besogne pour aller la voir, Bruno raconta tout à Nello et à Buffamalcco, et ils arrangèrent en secret ensemble ce qu'ils devaient faire à propos de cet amourachement de Calandrino. Dès que celui-ci fut de retour, Bruno lui dit tout bas : « — L'as-tu vue ? — » Calandrino répondit : « — Eh ! oui ; elle m'a tué. — » Bruno dit : « — Je veux aller voir si c'est bien celle que je crois ; si
« c'est elle, laisse-moi faire. — » Sur ce, Bruno étant descendu dans la cour, s'en alla trouver Filippo et la dame ; il leur dit par le menu ce que c'était que Calandrino, ce qu'il lui avait dit, et arrêta avec eux ce que chacun aurait à faire et à dire pour avoir liesse et plaisir de l'amourachement de Calandrino. Puis étant retourné vers Calandrino, il lui dit :
« — C'est bien elle ; et pour ce, il faut procéder sagement,
« car si Filippo s'apercevait de la chose, toute l'eau de l'Arno
« ne nous laverait pas. Mais que veux-tu que je lui dise de
« ta part, si je viens à lui parler ?— » Calandrino répondit :
« — Eh ! tu lui diras tout d'abord premièrement que je lui
« souhaite mille muids de ce bon bien qui fait engrosser ; et
« puis que je suis son serviteur si elle veut quelque chose ;
« m'as-tu bien compris ? — » « — Oui, — dit Bruno —
« laisse-moi faire. — »

« L'heure du souper venue, nos compères ayant quitté leur ouvrage et étant descendus dans la cour où étaient Filippo et la Niccolosa, s'y arrêtèrent quelque temps pour faire plaisir à Calandrino qui se mit à regarder la Niccolosa et à lui faire les plus belles œillades du monde, tant et si bien qu'un aveugle s'en serait aperçu. De son côté, la donzelle faisait tout ce qu'elle croyait devoir le bien enflammer, s'inspirant le mieux du monde des renseignements que Bruno lui avait donnés sur les manières de Calandrino. Filippo, Buffamalcco et les autres faisaient semblant de causer entre eux et de ne pas s'apercevoir de ce manège. Mais au bout d'un moment, au grandissime ennui de Calandrino, ils s'en allèrent ; et tandis qu'ils se dirigeaient sur Florence, Bruno dit à Calandrino : « — Je te dis bien que tu la fais fondre comme glace
« au soleil ; par le corps Dieu, si tu apportes ici ta gui-
« tare, et si tu chantes un peu avec elle quelques chansons,
« d'amour, tu la feras se jeter par les fenêtres pour venir te
« trouver. — » Calandrino dit : « — Tu crois, compagnon,

« tu crois que je ferai bien de l'apporter ? — » « Oui, — ré-
« pondit Bruno. — » A quoi Calandrino dit : « — Tu ne
« m'as pas cru aujourd'hui quand je te disais : pour sûr,
« compère, je suis d'avis que je sais mieux que quiconque
« faire ce que je veux. Qui aurait su, sinon moi, rendre si
« vite amoureuse une aussi belle dame que celle-ci ? En
« bonne vérité, l'auraient-ils su faire, ces jouvenceaux de
« trombe marine, qui s'en vont toute la journée ici et là, et
« qui ne sauraient pas, en mille ans, assembler trois poi-
« gnées de noix ? Or, je veux que tu me voies un peu avec
« mon rebec ; tu verras un beau jeu. Sache bien que je ne
« suis pas aussi vieux que je te semble ; elle s'en est bien
« aperçue, elle ; mais je l'en ferai apercevoir autrement, si
« je lui pose le grappin sur le dos. Par la cordieu, je lui fe-
« rai un tel jeu, qu'elle courra après moi, comme la folle
« après son enfant. — » « Oh ! — dit Bruno — tu la four-
« rageras ; il me semble te voir mordre, avec tes dents faites
« comme des chevilles de guitare, sa bouche vermeille et
« ses joues qui ressemblent à deux roses, et puis la manger
« tout entière. — » Calandrino, entendant cela, et croyant
être déjà à la besogne, s'en allait chantant et dansant, si
joyeux qu'il ne tenait plus dans sa peau.

« Le lendemain, ayant apporté son rebec, il chanta de
nombreuses chansons, au grand plaisir de toute la bande.
Bref, il en vint à un tel désir de voir souvent la donzelle,
qu'il ne travaillait presque plus, allant mille fois par jour
tantôt à la fenêtre, tantôt à la porte, tantôt dans la cour
pour la voir. De son côté, la dame, agissant fort adroitement suivant les instructions de Bruno, lui en donnait de
nombreuses occasions. Bruno, d'autre part, répondait lui-
même à ses messages, et écrivait parfois aussi au nom de
la dame. Quand celle-ci n'était pas au château, ce qui arrivait la plus grande partie du temps, il faisait venir des
lettres d'elle, dans lesquelles elle donnait à Calandrino
grande espérance pour ses désirs, et lui disait qu'elle était
chez ses parents, où il ne pouvait point, présentement, la
voir. De cette façon, Bruno et Buffamalcco, qui tenaient
l'affaire en main, se divertissaient le mieux du monde des
faits et gestes de Calandrino, se faisant parfois donner,
comme si c'était demandé par la dame, tantôt un peigne
d'ivoire, tantôt une bourse, tantôt un petit couteau et autres
bagatelles, et lui donnant en échange des bijoux faux de
nulle valeur, et dont Calandrino faisait une merveilleuse
fête. En outre, ils en tiraient de bons repas et d'autre hon-
nêtetés, afin qu'ils fussent soucieux de ses intérêts.

« Or, après qu'ils l'eurent bien tenu deux mois de cette
façon, sans plus en arriver au fait, Calandrino voyant que
l'ouvrage tirait à sa fin, et comprenant que s'il ne venait

pas à bout de ses amours avant que le travail fût fini, il ne pourrait jamais plus retrouver l'occasion favorable, commença à presser et à solliciter Bruno. Pour quoi, la jeune fille étant un jour venue au château, Bruno, après avoir combiné avec elle et avec Filippo ce qu'il y avait à faire, dit à Calandrino : « — Vois, compère, cette dame m'a bien
« mille fois promis de faire ce que tu voudrais, et elle n'en
« fait rien ; aussi il me semble qu'elle te mène par le bout
« du nez ; et pour ce puisqu'elle ne fait pas ce qu'elle a pro-
« mis, nous le lui ferons faire, qu'elle veuille ou non, si tu
« le veux. — » Calandrino répondit : « — Eh ! oui, pour
« l'amour de Dieu, faisons vite. — » Bruno dit : « — Auras-
« tu le courage de la toucher avec un talismam que je te
« donnerai ? — » « — Oui bien — dit Calandrino. — »
« — Donc, — dit Bruno, — fais en sorte de m'apporter un
« peu de parchemin vierge, une chauve-souris vivante et
« une chandelle bénite, et puis, laisse-moi faire. — »

« Calandrino passa toute la nuit suivante avec toutes sortes d'engins pour prendre une chauve-souris ; à la fin il en prit une et la porta à Bruno avec les autres choses que celui-ci lui avait demandées. Bruno, s'étant retiré dans une chambre, écrivit sur ce parchemin certaines balivernes de son crû en caractères fantastiques, et le lui rapporta en disant : « — Calandrino, sache que, lorsque tu la toucheras
« avec cet écrit, elle te suivra incontinent et fera tout ce que
« tu voudras. Si donc Filippo s'en va aujourd'hui quelque
« part, accoste-la sous un prétexte quelconque et touche-la,
« puis va-t-en dans la grange qui est à côté, car c'est l'en-
« droit le plus propice, pour ce que personne n'y va ja-
« mais ; tu verras qu'elle t'y suivra ; une fois qu'elle y sera,
« tu sais bien ce que tu as à faire. — » Calandrino fut
« l'homme le plus joyeux du monde, prit le parchemin et
« dit : « — Compère, laisse-moi faire. — »

« Nello, dont Calandrino se défiait, s'amusait comme les autres de tout cela, et contribuait avec eux à le bafouer ; pour ce, ainsi que Bruno l'avait arrangé, il s'en alla à Florence trouver la femme de Calandrino, et lui dit : « — Tessa,
« tu sais quelle raclée Calandrino te donna sans la moindre
« raison le jour qu'il revint avec les pierres du Mugnon,
« pour ce, j'entends que tu t'en venges ; et si tu ne le fais
« pas, je ne veux plus t'avoir jamais pour parente ni amie.
« Il s'est amouraché là-bas d'une dame, et cette femme est
« assez dévergondée pour s'enfermer souvent avec lui ; et il
« n'y a pas bien longtemps qu'ils se sont donné rendez-vous ;
« pour quoi, je veux que tu te venges, et qu'après l'avoir
« pris sur le fait, tu le corriges d'importance. — » La dame, en entendant cela, ne crut pas à un jeu, mais s'étant levée d'un bond, elle se mit à dire : « — Eh ! larron public, me

« fais-tu cela ? Par la croix de Dieu, cela ne se passera pas
« ainsi sans que je ne te le fasse payer. — » Et, ayant pris
son manteau, et emmenant avec elle une petite servante, elle
alla au château avec Nello, plus vite qu'il n'était besoin.

« Dès que Bruno la vit venir de loin, il dit à Filippo :
« — Voici notre ami. — » Pour quoi, Filippo étant allé là
où Calandrino et les autres travaillaient, dit : » — Maîtres,
« il faut que j'aille tout de suite à Florence ; travaillez à
« force. — » Et feignant de partir, il alla se cacher dans un
endroit d'où, sans être vu, il pouvait voir tout ce que ferait
Calandrino.

« Celui-ci, dès qu'il pensa que Filippo était assez loin,
descendit dans la cour où il trouva la Niccolosa seule, et
entra en conversation avec elle. La dame, qui savait ce
qu'elle avait à faire, l'accueillit avec un peu plus de familiarité que d'habitude. Sur quoi Calandrino la toucha avec son
parchemin, et dès qu'il l'eut touchée, sans plus rien dire, se
dirigea vers la grange où la Niccolosa le suivit. Quand ils y
furent entrés, après avoir fermé la porte, elle embrassa Calandrino, le renversa à terre sur la paille qui se trouvait
là, se mit à cheval sur lui et lui tenant les mains sur les
épaules sans le laisser approcher de son visage, elle se mit
à le regarder comme un grand objet de convoitise, disant :
« — O mon doux Calandrino, cœur de mon corps, mon âme,
« mon bien, ma paix, depuis combien de temps ai-je désiré
« de t'avoir et de te pouvoir tenir à mon souhait ! Tu m'as,
« par ta gentillesse, tiré tout le fil de la chemise, tu m'as
« chatouillé le cœur avec ton rebec ; est-il bien possible que
« je te tienne ? » — Calandrino, pouvant à peine remuer,
disait : « — Eh ! ma douce âme, laisse-moi te baiser. — »
La Niccolosa disait : « — Oh ! tu as grande hâte ; laisse-
« moi d'abord te voir tout mon saoûl ; laisse-moi me rassa-
« sier les yeux de ton doux visage. — »

« Bruno et Buffamalcco étaient allés rejoindre Filippo, et
tous les trois voyaient et entendaient tout. Or Calandrino
en était au moment de vouloir baiser la Niccolosa à toute
force, quand arriva Nello avec Monna Tessa. En arrivant,
Nello dit : « — Je parie qu'ils sont ensemble. — » Quand ils
furent à la porte de la grange, la dame qui enrageait, la
poussant avec les mains, l'ouvrit toute grande, et étant entrée, vit la Niccolosa à cheval sur Calandrino. Niccolosa, en
voyant la dame, se leva soudain, s'enfuit, et s'en alla là où
était Filippo. Monna Tessa sauta, les ongles en l'air, au visage de Calandrino qui n'avait pas encore eu le temps de se
lever, le lui égratigna du haut en bas, puis, le prenant par
les cheveux, et le traînant deçà delà, elle se mit à dire :
« — Failli chien, voilà donc ce que tu me fais ? Vieil imbé-
« cile ! maudit soit le bien que je t'ai voulu ; donc, tu ne

« crois pas avoir assez à faire chez toi, que tu vas t'amou-
« racher par ailleurs ? Voilà un bel amoureux ! Ne te con-
« nais-tu donc point, malheureux ? Ne te connais-tu point,
« sot que tu es ? En te pressant tout entier, il ne sortirait
« pas assez de jus pour faire une sauce. Par Dieu, ce n'était
« pas la Tessa qui t'engrossait tout à l'heure ; que Dieu la
« punisse quelle qu'elle soit, car pour sûr elle doit être peu
« de chose pour avoir désir d'un aussi beau bijou que
« toi ! — »

« En voyant arriver sa femme, Calandrino n'était resté ni mort ni vif ; il n'eut pas le courage de faire la moindre défense ; mais tout égratigné, tout pelé, tout battu qu'il était, il ramassa son chapeau et se leva, se bornant à prier humblement sa femme de ne pas crier, si elle ne voulait qu'il fût haché en pièces, pour ce que celle avec qui il était, était la femme du maître de la maison. La dame dit : « — Soit ! « que Dieu lui donne la male an. — » Bruno et Buffamalcco qui, en compagnie de Filippo et de la Niccolosa, avaient ri tout leur saoûl de cette scène, feignant d'accourir au bruit, arrivèrent sur les lieux, et après avoir eu beaucoup de peine à apaiser la dame, ils conseillèrent à Calandrino de s'en aller à Florence et de ne plus revenir au château, de peur que Filippo, s'il venait à savoir quelque chose de tout cela, ne lui fît un mauvais parti. Ainsi donc, Calandrino triste et battu, tout égratigné et les cheveux arrachés, s'en revint à Florence n'osant plus retourner là-haut et mit fin à ses amours, tourmenté et molesté jour et nuit par les reproches de sa femme, après avoir donné beaucoup à rire à ses compagnons ainsi qu'à la Niccolosa et à Filippo. — »

NOUVELLE VI

Deux jeunes gens logent chez un hôtelier. L'un couche avec sa fille, l'autre avec sa femme. Celui qui avait couché avec la fille, couche ensuite dans le même lit que le père auquel il raconte tout, croyant le dire à son compagnon. Une dispute s'ensuit. La femme de l'hôtelier, étant allée dans le lit de la fille, arrange tout avec certaines paroles.

Calandrino qui avait déjà fait rire bien des fois la compagnie, la fit encore rire cette fois. Quand les dames eurent assez devisé de ses faits et gestes, la reine ordonna à Pamphile de parler ; celui-ci dit : « — Louables dames, le nom de la Niccolosa aimée de Calandrino, m'a remis en mémoire une nouvelle touchant une autre Niccolosa, et qu'il me plaît de vous conter, pour ce que vous y verrez comment la subite prévoyance d'une bonne dame évita un grand scandale.

« Dans la plaine du Mugnon, était, il n'y a pas longtemps, un brave homme qui donnait, pour leur argent, à manger et à boire aux voyageurs ; et, bien qu'il fût pauvre et que sa maison fût petite, il lui arrivait parfois de loger par grand besoin, non pas tout le monde, mais des gens de connaissance. Cet homme avait une femme très belle dont il avait eu deux enfants : l'une était une jeune fille de quinze à seize ans et non encore mariée ; l'autre était un petit garçon qui n'avait pas encore un an et que sa mère allaitait. La jeune fille avait attiré les regards d'un jeune gentilhomme de notre cité, aux manières agréables et plaisantes, qui fréquentait beaucoup l'endroit, et aimait ardemment la belle. Celle-ci qui était fort glorieuse d'être aimée par un jeune homme de cette qualité, en s'efforçant de le retenir en son amour par des manières aimables, s'énamoura pareillement de lui, et plusieurs fois, suivant le désir des deux parties, cet amour aurait eu bonne fin, si Pinuccio, — c'est ainsi que le jouvenceau avait nom — n'eût voulu éviter le déshonneur de la jeune fille et le sien. Cependant, leur ardeur croissant de jour en jour, le désir vint à Pinuccio de se trouver avec elle, et il chercha dans sa pensée le moyen d'être hébergé chez son père, avisant, en homme qui connaissait la disposition intérieure de la maison de la jeune fille, que s'il se faisait qu'il y fût logé, il pourrait trouver l'occasion d'être avec elle sans que personne s'en aperçût. Cette pensée lui fut à peine venue en l'esprit, qu'il la mit sans retard à l'essai.

« Un soir, vers une heure tardive, lui et un sien compagnon fidèle, appelé Adriano, qui connaissait son amour, ayant pris deux roussins de louage sur lesquels ils posèrent deux valises, sortirent de Florence, et après avoir fait un détour, arrivèrent en chevauchant dans la plaine du Mugnon, à la nuit tombante. Là, comme s'ils venaient de la Romagne, ils firent volte-face, et s'en vinrent frapper à l'auberge du brave homme. Celui-ci qui les connaissait beaucoup tous les deux, leur ouvrit promptement la porte. Pinuccio lui dit : « — Vois, il faut que tu nous héberges cette « nuit ; nous pensions pouvoir entrer à Florence, et nous « nous sommes si peu pressés, que nous sommes arrivés « ici, comme tu vois, à l'heure qu'il est. — » A quoi l'hôte répondit : « — Pinuccio, tu sais bien comme je suis peu en « état de pouvoir héberger des hommes comme vous ; mais « pourtant, puisque l'heure vous a surpris ici, et qu'il n'est « plus temps d'aller ailleurs, je vous hébergerai volontiers « comme je pourrai. — » Les deux jeunes gens étant donc descendus de cheval, et étant entrés dans l'auberge, pansèrent tout d'abord leurs roussins, puis, ayant apporté avec eux de quoi bien manger, ils soupèrent avec l'hôte.

« Or, l'hôte n'avait qu'une chambrette très petite, dans laquelle il avait mis du mieux qu'il avait pu trois lits, sans que pour cela il restât beaucoup d'espace libre ; deux de ces lits étaient sur un même côté de la chambre et le troisième de l'autre côté en face des deux premiers, de sorte qu'on ne pouvait que difficilement passer entre eux. L'hôte fit préparer le moins mauvais de ces trois lits pour les deux compagnons et les fit coucher ; puis, au bout d'un moment, ni l'un ni l'autre ne dormant, bien qu'ils fissent semblant de dormir, l'hôte fit coucher sa fille dans un des deux autres lits et se mit dans le troisième avec sa femme qui, à côté du lit où elle était couchée, plaça le berceau dans lequel était son petit enfant. Les choses étant en cet état, et Pinuccio ayant bien vu comment tout était disposé, quand il lui sembla que chacun était endormi, il se leva doucement, s'en alla droit au petit lit où était couchée la jeune fille qu'il aimait et se glissa à côté d'elle. Celle-ci, encore qu'elle eût grand'peur, l'accueillit joyeusement et il put goûter avec elle de ce plaisir qu'ils désiraient le plus l'un et l'autre.

« Pendant que Pinuccio était avec la jeune fille, il arriva qu'une chatte fit tomber quelque chose, ce que la maîtresse du logis étant éveillée entendit ; pour quoi, craignant que ce ne fût autre chose, elle se leva dans l'obscurité, et s'en alla à l'endroit où elle avait entendu le bruit. Sur ces entrefaites Adriano, qui ne pensait à rien de mal, se leva par hasard pour satisfaire un besoin naturel ; en y allant, il trouva le berceau placé là par la dame, et ne pouvant passer sans l'ôter, il le prit, l'ôta de l'endroit où il était, et le posa à côté du lit où il couchait lui-même ; puis ayant satisfait au besoin qui l'avait fait lever, il revint se remettre dans son lit, sans plus songer au berceau. De son côté, la dame ayant cherché, et ayant trouvé que ce qui était tombé n'était point ce qu'elle pensait, ne songea pas autrement à allumer une chandelle pour le voir, mais après avoir crié contre la chatte, elle revint dans la chambrette, et se dirigea à tâtons vers le lit où son mari dormait. Mais n'y retrouvant pas le berceau, elle se dit en elle-même : « — Eh ! pauvre de moi, voyez ce « que je faisais ! Sur ma foi en Dieu, je m'en allais droit « au lit de mes hôtes. — » Alors ayant fait quelques pas de plus et ayant trouvé le berceau, elle se coucha dans le lit qui était à côté et où était Adriano, croyant se coucher avec son mari.

« Adriano, qui n'était pas encore endormi, sentant cela, la reçut bien et joyeusement, et sans dire mot, remplit plus d'une fois copieusement son office au grand plaisir de la dame. Sur ces entrefaites, Pinuccio craignant que le sommeil ne le surprît auprès de la jeune fille, et ayant pris tout le plaisir qu'il désirait, la quitta pour retourner dormir dans son lit ; en y retournant, il rencontra le berceau, et crut que c'était le lit de l'hôtelier ; pour quoi, ayant poussé un peu plus outre, il alla se coucher auprès de l'hôtelier, croyant être aux côtés d'Adriano, et dit : « — Je puis bien te dire « qu'il n'y eut jamais si douce chose que la Niccolosa. Par « la corps Dieu ! j'ai eu avec elle le plus grand plaisir que « jamais homme ait eu avec une femme. Et je te dis que « j'ai fait plus de six lieues depuis que je suis parti d'ici. — » L'hôtelier, entendant ces étranges propos qui ne lui plaisaient guère, se dit tout d'abord à part soi : « — Que diable « celui-ci vient-il faire là ? — » Puis, plus irrité que prudent, il dit : « — Pinuccio, tu viens de commettre une grande « scélératesse, et je ne sais pourquoi tu m'as fait cela ; mais « par la Corps Dieu, tu me le paieras. — » Pinuccio, qui n'était pas l'homme le plus fin du monde, reconnaissant son erreur, n'essaya pas de s'excuser de son mieux, mais il dit : « — Comment te la paierai-je ? Que pourras-tu me « faire ? — »

« La femme de l'hôtelier, qui croyait être avec son mari, dit à Adriano : « — Eh ! entends nos hôtes qui ont je ne « sais quelle querelle ensemble. — » Adriano répondit en riant : « — Laisse faire ; que Dieu leur donne la male an ; « ils ont trop bu hier soir. — » La dame qui croyait que c'était son mari qui allait lui répondre, entendant la voix d'Adriano reconnut sur-le-champ où elle était et avec qui ; pour quoi, en femme avisée, sans dire un mot, elle se leva soudain, et ayant pris le berceau de son petit enfant, profitant de l'obscurité complète qui régnait dans la chambre, elle le porta vers le lit de sa fille, à côté de laquelle elle se coucha. Puis, comme si elle était réveillée par les cris de son mari, elle l'appela et lui demanda ce qu'il avait avec Pinuccio. Le mari répondit : « — N'entends-tu pas ce qu'il dit avoir fait « cette nuit à la Niccolosa. — » La dame dit : « — Il ment « par la gorge, car je me suis couchée avec elle et je n'ai pu « dormir un seul instant ; et toi, tu es une bête de le croire. « Vous buvez tellement le soir, que vous rêvez toute la nuit ; « vous allez d'un côté et d'autre sans vous en douter, et il « vous semble avoir fait merveille. C'est grand dommage que « vous ne vous rompiez pas le col ; mais que fait Pinuccio « là-bas ? Pourquoi n'est-il pas dans son lit ? — »

« De son côté, Adriano voyant que la dame couvrait sagement sa honte et celle de sa fille, dit : « — Pinuccio, je te « l'ai dit cent fois de ne pas t'en aller hors de chez toi ; que « ce défaut que tu as de te lever pendant que tu dors, et de « raconter comme vraies les choses que tu rêves, te joueront « à la fin un mauvais tour ; reviens vers moi ; que Dieu te « donne la male nuit ! — » L'hôtelier, entendant ce qu'avait dit sa femme et ce que disait Adriano, commença à croire très bien que Pinuccio rêvait ; pour quoi, le prenant par les épaules, il se mit à le secouer, à l'appeler en disant : — Pi- « nuccio, réveille-toi ; retourne dans ton lit. — » Pinuccio ayant entendu ce qui s'était dit de part et d'autre, se mit, comme un homme qui rêve, à recommencer d'autres divagations, de quoi l'hôtelier fit les plus grandes risées du monde. A la fin pourtant, se sentant de plus en plus secouer, Pinuccio fit semblant de se réveiller, et appelant Adriano, dit : « — Est-ce qu'il est déjà jour, que tu m'appelles ? — » Adriano dit : « — Oui, viens ici. — » Pinuccio dissimulant toujours et feignant d'être tout endormi, finit par quitter l'hôtelier et retourna dans le lit d'Adriano. Le jour venu, ils se levèrent tous et l'hôtelier ne manqua pas de rire et de se moquer de Pinuccio et de ses rêves. Tout en plaisantant, d'un mot à un autre, les deux jeunes gens ayant apprêté leurs roussins, mis leurs valises dessus et bu avec l'hôtelier, remontèrent à cheval et s'en revinrent à Florence, non moins contents de la façon dont l'aventure s'était passée que de l'effet qui s'en était suivi. Par la suite, ayant pris d'autres mesures, Pinuccio se retrouva avec la Niccolosa qui avait affirmé à sa mère que leur hôte avait rêvé. Pour quoi, la bonne dame, se souvenant des embrassements d'Adriano, soutenait qu'elle seule avait veillé. — »

NOUVELLE VII

Talano di Molese rêve qu'un loup déchire la gorge et le visage de sa femme ; il lui dit d'y prendre garde ; elle n'en fait rien, et la chose lui arrive.

La nouvelle de Pamphile étant finie, et la prévoyance de la dame ayant été louée de tous, la reine dit à Pampinea de dire la sienne, et celle-ci commença : « — Il a déjà été parlé entre nous, plaisantes dames, de la vérité évidente des songes, dont beaucoup se moquent ; mais quoi qu'il ait été dit là-dessus, je ne m'abstiendrai pas de vous narrer, dans une petite nouvelle fort brève, ce qui advint à une mienne voisine, il n'y a pas longtemps, pour n'avoir pas cru à un songe que son mari avait eu à son sujet.

« Je ne sais si vous connaissez Talano di Molese, homme fort honorable. Il avait pris pour femme une jeune fille nommée Margarita, belle entre toutes mais bizarre, déplaisante, et si acariâtre, qu'elle ne voulait jamais écouter l'avis des autres, et que les autres ne pouvaient rien faire à son goût. Bien que cela lui fût dur, Talano, ne pouvant faire autre-

ment, la supportait de son mieux. Or, une nuit que Talano était avec sa Margarita à la campagne dans une sienne ferme, il arriva qu'en dormant il lui sembla voir en songe sa femme s'en aller à travers un bois fort beau qui se trouvait non loin de leur ferme ; et pendant qu'il la voyait aller ainsi, il lui sembla que d'un coin du bois sortait un énorme et féroce loup qui se jetait à la gorge de la dame, la renversait par terre et s'efforçait de l'emporter tandis qu'elle criait à l'aide ; et quand elle lui sortit de la gueule, il lui sembla qu'elle avait tout le visage abîmé. Le lendemain, en se levant, il dit à sa femme : « — Femme, bien que ton caractère aca-
« riâtre ne m'ait pas permis de passer un jour tranquille
« avec toi, je serais marri qu'il t'arrivât du mal ; et pour
« ce, si tu croyais mon conseil, tu ne sortirais point aujour-
« d'hui de la maison. — » Comme elle lui demandait pour-
« quoi, il lui conta le songe qu'il avait fait.

« La dame, branlant la tête, dit : « — Qui mal te veut,
« mal rêve de toi ; tu te fais de moi grand souci, mais tu
« rêves à mon sujet ce que tu voudrais me voir arriver ; pour
« sûr, je me donnerai de garde, aujourd'hui et toujours, de
« te donner le plaisir de me voir arriver mal en cela comme
« en toute autre chose. — » Talano dit alors : « — Je savais
« bien que tu me répondrais ainsi, pour ce que, à qui peigne
« un teigneux il en revient pareil remerciement ; mais crois
« ce qu'il te plaira ; pour moi je te le dis dans ton intérêt,
« et de nouveau je te donne le conseil de rester à la maison
« aujourd'hui. ou du moins de te garder d'aller dans notre
« bois. — » La dame dit : « — Bien ; je le ferai. — »
Puis elle se dit en elle-même : « — As-tu vu comme celui-
« ci croit malicieusement m'avoir fait peur d'aller aujour-
« d'hui dans notre bois ? Pour sûr il doit y avoir donné
« rendez-vous à quelque catin, et il ne veut pas que je l'y
« surprenne. Or, il serait bon pour moudre avec les aveugles,
« et je serais bien sotte si je ne voyais ce qu'il veut et si je
« le croyais. Mais certes, il n'y réussira point ; il faut que je
« voie, quand je devrais guetter tout le jour, quelle est cette
« marchandise qu'il veut faire aujourd'hui. — » Sur ces réflexions, une fois son mari sorti de la maison, elle sortit de son côté, et se cachant de son mieux, elle s'en alla sans retard au bois où elle se cacha dans le fourré le plus épais, attendant et regardant de tous côtés si elle ne voyait venir personne.

« Pendant qu'elle se tenait ainsi sans songer au loup, voici qu'un loup énorme et terrible sortit tout près d'elle d'une épaisse touffes d'arbres, et elle eut à peine le temps de dire : Seigneur, secourez-moi ! que le loup lui avait sauté à la gorge, et l'ayant saisi fortement, se mettait à l'emporter comme si elle avait été un petit agneau. Elle ne pouvait crier, tellement elle avait la gorge comprimée, ni s'aider en quoi que ce soit ; pour quoi, le loup l'emportant, il l'aurait certainement étranglée, s'il n'eût rencontré quelques bergers dont les cris la forcèrent à la lâcher. La malheureuse femme, ayant été reconnue par les bergers et portée chez elle, fut guérie par les médecins après de longs soins, mais pas si bien qu'elle n'eût toute la gorge et une partie du visage ravagée de telle sorte que, de belle qu'elle était auparavant, elle eut depuis l'air affreuse et contrefaite. Aussi, ayant honte de se montrer là où on aurait pu la voir, elle pleura amèrement sur son mauvais caractère, et de n'avoir pas voulu, bien qu'il ne lui en coûtât rien, ajouter foi au songe que son mari avait eu. — »

NOUVELLE VIII

Biondello se joue de Ciacco en lui faisant faire un mauvais déjeuner ; de quoi Ciacco se venge cauteleusement en faisant battre Biondello.

Chacun, dans la joyeuse compagnie, soutint généralement que ce que Talano avait vu en dormant n'était point un songe, mais une vision, tellement cela s'était réalisé sans que rien n'y manquât. Mais tous se taisant, la reine ordonna à la Lauretta de continuer, et celle-ci dit : « — Très sages dames, de même que ceux qui ont parlé aujourd'hui avant moi se sont quasi tous mis à raconter sur quelque sujet déjà traité, ainsi la rude vengeance de l'écolier, que Pampinea a contée hier, m'amène à vous parler d'une vengeance qui fut assez pénible pour celui qui en fut l'objet, bien qu'elle n'ait point été aussi féroce. Et pour ce, voici ce que j'ai à dire :

« Il y avait à Florence un individu que chacun appelait Ciacco, homme le plus glouton qui eût jamais existé. Comme il n'avait pas le moyen de satisfaire sa gloutonnerie, et que d'autre part il était de belles manières et plein de bons mots et de plaisantes réparties, il s'adonna non pas à être un homme de cour, mais un parasite, fréquentant ceux qui étaient riches et se plaisaient à manger de bonnes choses, et allant très souvent dîner et déjeuner chez eux, bien que la plupart du temps il n'eût pas été invité. Il y avait aussi à cette époque à Florence un certain Biondello, petit de sa personne, très recherché dans sa mise et plus brillant qu'une mouche avec sa coiffe sur la tête, sa chevelure blonde dont pas un cheveu ne dépassait l'autre, et qui faisait le même métier que Ciacco. Un matin de carême qu'il était allé là où l'on vend le poisson, et qu'il achetait deux énormes lamproies pour Messer Vieri de' Cerchj, il fut aperçu par Ciacco. Ce dernier, s'étant approché de Biondello, dit : « — Que veut « dire ceci ? — » A quoi Biondello répondit : « — On en a « envoyé hier soir trois autres bien plus belles encore que « celles-ci, ainsi qu'un esturgeon, à Messer Corso Donati ; « mais comme il n'y en a pas assez pour donner à manger « à plusieurs gentilshommes, il m'a chargé d'acheter ces « deux autres-là. N'y viendras-tu pas ? — » Ciacco répondit : « — Tu sais bien que j'y viendrai. — » Et en effet, quand il lui parut temps, il alla chez Messer Corso et le trouva avec quelques-uns de ses voisins, qui n'était pas encore allé déjeuner. Messer Corso lui ayant demandé ce qu'il venait faire, il répondit : « — Messire, je viens déjeu-« ner avec vous et avec votre compagnie. — » A quoi Messer Corso dit : « — Tu es le bien venu, et pour ce il est « temps, allons-y. — » S'étant mis à table, on leur servit d'abord des pois-chiches et du thon salé, puis des poissons de l'Arno en friture, sans rien autre.

« Ciacco comprenant que Biondello s'était moqué de lui, et en ayant été fort irrité, résolut de lui faire payer, peu de jours se passèrent sans qu'il rencontrât son compère qui avait déjà fait rire bon nombre de gens en leur racontant ce bon tour. Biondello l'ayant aperçu, le salua et lui demanda en riant comment avaient été les lamproies de Messer Corso ; à quoi Ciacco dit pour toute réponse : « — Avant qu'il soit huit jours, « tu sauras mieux le dire que moi. — » Et sans plus retarder son projet, ayant quitté Biondello, il alla trouver un rusé brocanteur, convint avec lui d'un prix, et lui ayant donné un flacon de verre, il le conduisit près de la galerie des Cavicciuli où il lui montra un chevalier nommé Messer Filippo Argenti, homme grand, vigoureux et fort, hautain, colère, plus bizarre que quiconque, et lui dit : « — Va-t-en vers lui avec « ce flacon à la main, et dis lui ceci : Messire, Biondello « m'envoie vers vous pour vous prier d'avoir la complaisance « de lui renrubiner ce flacon de votre bon vin rouge, parce « qu'il veut se régaler un peu avec quelques amis ; mais « prends bien garde qu'il ne mette les mains sur toi pour ce « qu'il te fera un méchant accueil, et tu aurais gâté mes « affaires. — » Le brocanteur dit : « — Aurai-je à dire « autre chose ? — » « — Non — dit Ciacco — dès que tu lui « auras dit cela, reviens ici avec le flacon et je te paierai. — »

« Le brocanteur s'étant éloigné, fit la commission à Messer Filippo. Messer Filippo, après l'avoir écouté en homme ayant peu de cervelle, croyant que Biondello, qu'il connaissait, se moquait de lui, devint tout rouge de colère, et s'écriant : Quel enrubinement, quels amis veux-tu dire ? Que Dieu vous donne la male an à lui et à toi, il se leva tout debout et étendit le bras pour saisir le brocanteur avec la main; mais celui-ci, qui était sur ses gardes, fut prompt à s'enfuir, et étant revenu vers Ciacco, qui avait tout vu, il lui répéta ce que Messer Filippo lui avait dit. Ciacco satisfait, paya le brocanteur, et n'eut pas de cesse qu'il n'eût trouvé Biondello à qui il dit : « — Y « a-t-il longtemps que tu n'es allé à la galerie des Cavic- « ciali ? — » Biondello répondit : « — Mais non; pourquoi « me demandes-tu cela ? — » Ciacco dit : « — Parce que « j'ai à te dire que Messser Filippo te fait chercher; je ne « sais ce qu'il te veut. — » Biondello dit alors : « — Bien, « j'y vais; je lui parlerai. — »

« Biondello parti, Ciacco le suivit pour voir comment irait l'aventure. Messer Filippo, n'ayant pu attraper le brocanteur, était resté fort courroucé et se rongeait lui-même de colère, ne pouvant rien comprendre aux paroles du brocanteur, sinon que Biondello, à l'instigation de quelqu'un, avait voulu se moquer de lui. Pendant qu'il ruminait sa colère, Biondello survint. Dès que Filippo le vit, il courut à sa rencontre, et lui donna un grand coup de poing au visage. « — Hé! messire — dit Biondello, — qu'est cela ? — » Messer Filippo, le prenant par les cheveux, lui arracha la coiffe de la tête, lui jeta son capuchon par terre, et lui disait tout haut en le gourmant fort : « — Traître, tu le verras bien ce « que c'est « enrubinez-moi » et que « ces amis » que tu « m'envoies dire! Est-ce que je te fais l'effet d'un enfant « dont on doive se moquer? — » Ce disant, il lui martelait le visage de ses poings qu'il avait durs comme du fer, et ne lui laissa sur la tête un seul cheveu qui tînt bon; puis, l'ayant renversé dans la boue, il lui déchira tous ses vêtements; et il allait de si bon cœur à la besogne, que Biondello ne put pas même dire un mot, ni demander pourquoi il le traitait de la sorte. Il avait bien entendu l'autre lui parler « d'enrubinez-moi » et « d'amis », mais il ne savait ce que cela voulait dire. A la fin, quand Messer Filippo l'eut bien battu, un grand nombre de personnes étant accourues, on eut la plus grande peine du monde à le lui tirer des mains, tout meurtri et tout mal arrangé qu'il était; on lui dit alors pourquoi Messer Filippo l'avait traité ainsi, en le blâmant de ce qu'il lui avait envoyé dire, et en ajoutant qu'il devait bien connaître Messer Filippo et savoir que ce n'était pas un homme dont on pût se moquer. Biondello s'excusait en pleurant et disait qu'il n'avait jamais envoyé demander du vin à Messer Filippo; mais quand il se fut un peu remis, il s'en retourna chez lui triste et dolent, avisant que tout cela pouvait bien être l'ouvrage de Ciacco. Au bout de quelques jours, les meurtrissures de son visage ayant disparu, il commença à sortir de chez lui, et sur ces entrefaites Ciacco l'ayant rencontré lui demanda en riant : « — Biondello, « comment as-tu trouvé le vin de Messer Filippo ? — » Biondello répondit : « — Eusses-tu trouvé pareilles les « lamproies de Messer Corso ! — » Ciacco dit alors : — « Tiens-toi pour assuré désormais que, quand tu voudras me « faire aussi bien manger que tu l'as fait, je te donnerai à « boire comme tu as bu. — » Biondello qui savait qu'il n'avait rien à gagner de bon à lutter contre Ciacco, pria Dieu de faire sa paix avec lui, et depuis ce moment il se garda bien de se moquer jamais plus de lui. — »

NOUVELLE IX

Deux jeunes gens demandent conseil à Salomon, l'un pour savoir comment il pourrait être aimé, l'autre comment il pourrait corriger sa femme acariâtre. Il répond au premier d'aimer, et à l'autre d'aller au Pont aux Oies.

Il ne restait plus qu'à la reine à dire sa nouvelle, car elle voulait garder le privilège de Dioneo. Après que les dames eurent bien ri du malencontreux Biondello, elle se mit à parler ainsi d'un air joyeux : « — Aimables dames, si l'on regarde avec un esprit juste l'ordre des choses, on verra facilement que l'universelle multitude des femmes a été soumise aux hommes par la nature, par les usages et par les lois, et qu'elles doivent se gouverner et se comporter suivant la discrétion de ceux-ci. Pour ce, toutes celles qui veulent avoir paix, consolation et repos avec les hommes auxquelles elles appartiennent, doivent être humbles, patientes, obéissantes, en sus de l'honnêteté, le souverain et spécial trésor de toute dame sage. Et quand bien même les lois qui en toutes choses ont en vue le bien général, quand bien même l'habitude, je veux dire la coutume dont les forces sont grandes et dignes de respect, ne nous enseigneraient pas cela, la nature nous le montre assez clairement, car elle nous a faites de corps délicates et faibles, timides et peureuses d'esprit ; elle nous a donné peu de force corporelle, la voix douce, les mouvements gracieux, toutes choses témoignant que nous avons besoin du gouvernement d'autrui. Et quiconque a besoin d'être aidé et gouverné, la raison veut qu'il soit soumis, obéissant et respectueux envers qui le gouverne. Or, qui avons-nous pour gouverneurs et pour aides, sinon les hommes ? Donc, nous devons nous soumettre aux hommes, et les honorer en tout point ; et celle qui déroge à cette loi, j'estime qu'elle mérite non-seulement une grave réprimande, mais un dur châtiment. J'ai été amenée à ces considérations, bien que je les aie eues d'autres fois, par ce que Pampinea a raconté au sujet de la méchante femme de Talano à laquelle Dieu envoya le châtiment que son mari n'avait pas su lui donner, et dans mon jugement j'estime, comme j'ai déjà dit, dignes d'un rude et rigoureux châtiment toutes celles qui ne sont point complaisantes, douces et soumises, comme la nature, l'usage et les lois le veulent. Pour quoi, il m'agrée de vous raconter un conseil donné par Salomon, comme étant un utile remède pour guérir celles qui sont affectées d'une semblable maladie. Ce conseil, celles qui ne méritent point qu'on leur applique un tel remède ne doivent point penser qu'il a été dit pour elles, bien que les hommes usent du proverbe suivant : à bon ou mauvais cheval, il faut de l'éperon ; à bonne ou mauvaise femme, il faut du bâton. A qui voudrait interpréter plaisamment ces paroles, vous accorderiez bien toutes qu'elles sont vraies ; mais si on voulait les prendre au sérieux, je dis qu'on ne devrait pas l'accorder. Les femmes sont généralement toutes fragiles et complaisantes, et pour ce, pour corriger celles qui se laissent aller trop au delà des bornes qui leur sont imposées, il faut que le bâton les châtie ; d'une autre côté, pour que la vertu des autres ne se laisse point abattre, il faut que le bâton les soutienne et leur fasse peur. Mais laissons les sermons de côté pour le moment, et venons à ce que j'ai à vous dire. Je dis que :

« La très haute renommée du miraculeux sens de Salomon étant jadis répandue quasi par tout l'univers, ainsi que la libéralité avec laquelle il en donnait des preuves à qui les lui demandait, une foule de gens accouraient vers lui de toutes les parties du monde pour leurs affaires les plus embrouillées et les plus ardues. Parmi ceux qui y allèrent, un jeune homme nommé Melisso, noble et fort riche, s'en vint de la cité de Lajazzo où il était né et où il habitait. Comme il chevauchait vers Jérusalem, il advint qu'en sortant d'Antioche, il fit route pendant quelque temps en compagnie d'un autre jeune homme, appelé Joseph, qui suivait le même chemin que lui, et avec lequel, suivant la coutume des voyageurs, il se mit à entrer en conversation. Melisso, après avoir appris de Joseph quelle était sa condition et d'où il était, lui demanda où il allait et le motif de son voyage ; à quoi Joseph dit qu'il allait trouver Salomon pour avoir conseil de lui sur la façon dont il devait s'y prendre avec sa femme, plus que toute autre acariâtre et méchante, et dont ni par prières, ni par caresses, ni d'aucune autre façon il ne pouvait corriger le mauvais caractère. Après cette confidence, Joseph demanda à son tour à Melisso d'où il était, où il allait et pour quelle cause il voyageait ; à quoi Melisso

répondit : « — Je suis de Lajazzo, et de même que tu as un
« ennui, j'en ai un autre. Je suis riche, jeune, et je dé-
« pense mon bien à tenir table ouverte et à faire honneur à
« mes concitoyens ; et c'est chose neuve et étrange à penser
« que, malgré tout cela, je ne puisse pas trouver un seul
« homme qui me veuille du bien. C'est pourquoi je vais où
« tu vas toi-même, pour demander comment je dois faire
« pour être aimé. — »

« Les deux compagnons cheminèrent donc ensemble, et
arrivés à Jérusalem, ils furent conduits davant Salomon par
l'entremise d'un de ses barons. Melisso lui dit brièvement
son cas. A quoi Salomon répondit : « — Aime. — » Et cela dit,
Melisso fut sur-le-champ reconduit, puis Joseph dit l'affaire
pour laquelle il était venu. A quoi Salomon ne fit pas d'autre
réponse sinon : « — Va au Pont aux Oies. — » Là-dessus,
Joseph fut également reconduit hors de la présence du roi,
et ayant retrouvé Melisso qui l'attendait, il lui dit ce qu'il
avait eu comme réponse. Tous deux, pensant aux paroles de
Salomon, et ne pouvant en comprendre le sens, ni en tirer
profit pour leur affaire, se remirent en route pour s'en retourner, de l'air de gens dont on se serait moqué.

« Après quelques jours de marche, ils arrivèrent à une
rivière sur laquelle était un beau pont ; et pour ce qu'en ce
moment une longue caravane de mulets, et de chevaux lourde-
ment chargés passait sur le pont, il leur fallut attendre
qu'elle fût passée. Quasi tous étaient déjà passés, quand par
aventure un mulet vint à prendre ombrage, comme on les
voit faire souvent, et ne voulait en aucune façon aller plus
avant ; pour quoi un muletier, ayant pris une trique, se mit
à le frapper tout d'abord assez doucement pour le faire passer. Mais le mulet, allant tantôt à droite, tantôt à gauche,
traversait le chemin, revenait parfois en arrière, mais ne
voulait absolument point passer. Ce que voyant, le muletier, fortement irrité, se mit à lui donner avec sa trique les
meilleurs coups du monde, tantôt sur la tête, tantôt sur les
flancs, tantôt sur la croupe ; mais rien n'y faisait. Pour
quoi, Melisso et Joseph qui regardaient en attendant, dirent
à plusieurs reprises au muletier : « — Eh ! mauvais, que
« vas-tu faire ? veux-tu le tuer ? Pourquoi n'essaies-tu pas
« de le traiter doucement ? Il marcherait plus volontiers
« qu'en le bâtonnant comme tu fais. — » Le muletier leur
répondit : « — Vous connaissez vos chevaux et moi je con-
« nais mon mulet ; laissez-moi faire. — » Cela dit, il se remit à le battre, et il lui en donna tant de tous les côtés que
le mulet passa, de sorte que le muletier vint à bout de ce
qu'il voulait.

« Les deux jeunes gens étant sur le point de s'éloigner,
Joseph demanda à un bon homme qui était assis à l'entrée du

pont, comment s'appelait cet endroit. A quoi le bon homme répondit : « — Messire, cet endroit s'appelle le Pont aux « Oies. — » Dès que Joseph eut entendu cette réponse, il se souvint également des paroles de Salomon et dit à Melisso : « — Compagnon, je te dis maintenant que le conseil que m'a « donné Salomon pourrait bien être juste et bon, pour ce que « je reconnais manifestement que je ne savais pas battre ma « femme ; mais ce muletier m'a montré ce que j'ai à faire. — »

« A quelques jours de là, étant arrivés à Antioche, Joseph retint Melisso chez lui pour se reposer quelque temps, et comme sa femme avait accueilli froidement son compagnon de voyage, il lui dit de préparer à souper comme Melisso l'ordonnerait. Ce dernier voyant que cela plaisait à Joseph, dit en peu de mots ce qu'il désirait. La dame, selon son habitude, fit non pas comme Melisso l'avait indiqué, mais quasi tout le contraire ; ce que voyant Joseph, il dit d'un air courroucé : « — Ne t'avait-on pas dit de quelle façon tu devais « faire ce souper ? — » La dame s'étant retournée avec hauteur, dit : « — Que veut donc dire ceci ? Eh ! que ne soupes-« tu, si tu veux souper ? Si l'on m'a dit de faire autrement, il « m'a convenu à moi de faire ainsi ; si cela te plaît, tant « mieux ; sinon, ne mange pas. — » Melisso s'étonna de la réponse de la dame et la blâma beaucoup. Joseph, entendant cela, dit : « — Femme, tu es bien toujours la même ; mais « crois-moi, je te ferai changer tes manières. — » Et s'étant tourné vers Melisso, il dit : « — Ami, nous allons voir tout à « l'heure ce que vaut le conseil de Salomon ; mais je te prie « de ne point t'émouvoir de ce que tu verras, ni de prendre « pour un jeu ce que je vais faire. Et afin que tu ne m'en « empêches point, souviens-toi de la réponse que nous fit le « muletier, quand nous avions pitié de son mulet. — » A quoi Melisso répondit : « — Je suis dans ta maison où je « n'entends pas m'élever contre ton bon plaisir. — »

« Joseph, ayant trouvé un bâton rond, fait d'une tige de jeune chêne, monta à la chambre où la dame, après s'être levée de table, s'en était allée en grommelant de dépit, et l'ayant prise par les cheveux, il la jeta par terre et se mit à lui donner une fière volée de son bâton. La dame commença par crier, puis en vint aux menaces ; mais voyant que malgré tout cela Joseph ne s'arrêtait point, elle se mit, déjà toute meurtrie, à demander grâce pour Dieu, le priant de ne pas la tuer, disant qu'elle ne ferait jamais rien désormais contre sa volonté. Malgré cela, Joseph ne s'arrêtait pas ; au contraire, il frappait avec plus de furie, la battant tantôt sur les côtes, tantôt sur les hanches, tantôt sur les épaules, et lui rabattait les coutures. Il ne s'arrêta que lorsqu'il fut fatigué, et quand il n'y eut plus sur le dos de la bonne dame un endroit qui ne fût meurtri. Cela fait, il

s'en revint vers Melisso et lui dit : « — Demain nous ver-
« rons quel résultat aura produit le conseil d'aller au Pont
« aux Oies. — » Et après s'être un peu reposé et lavé les
mains, il soupa avec Melisso, et, le moment venu, ils allèrent se reposer.

« La malheureuse femme eut grand'peine à se lever de
terre, et se jeta sur son lit où elle se reposa du mieux qu'elle
put ; le lendemain, s'étant levée de bonne heure, elle fit demander à Joseph ce qu'il voulait qu'elle fît pour déjeuner.
Celui-ci, ayant ri de cette demande avec Melisso, ordonna
le déjeuner, et quand l'heure en fut venue, étant rentrés à
maison, ils trouvèrent toute chose exactement faite suivant
l'ordre donné, pour quoi ils louèrent beaucoup le conseil
qu'ils avaient mal compris tout d'abord. Quelques jours
après, Melisso ayant pris congé de Joseph, et étant retourné
chez lui, répéta à un homme qui passait pour sage la réponse qu'il avait eue de Salomon. Ce sage lui dit : « — Il
« ne pouvait te donner un conseil plus juste ni meilleur. Tu
« sais bien que tu n'aimes personne, et que les politesses et
« services que tu rends, tu les rends non par l'amitié que
« tu portes aux autres, mais pour ostentation. Aime donc,
« comme Salomon te l'a dit, et tu seras aimé. — » Ainsi fut
châtiée la femme acariâtre, et ainsi le jeune homme en aimant fut aimé. — »

NOUVELLE X

Maître Jean, sur les instances de son compère Pierre, fait un enchantement pour changer la femme de celui-ci en jument. Quand il en vient à appliquer la queue, compère Pierre, disant qu'il n'y voulait pas de queue, gâte toute l'opération.

La nouvelle dite par la reine donna quelque peu à murmurer aux dames et à rire aux jeunes gens ; mais quand
les uns et les autres se furent arrêtés, Dioneo commença à
parler ainsi : « — Charmantes dames, parmi de blanches
colombes un corbeau noir paraît bien plus beau qu'un cygne
immaculé ; de même, parfois, au milieu de nombreux sages,
un moins sage non seulement augmente en valeur et en
éclat au contraste de leur maturité, mais encore y trouve
soulagement et plaisir. Pour quoi, comme vous êtes toutes
très discrètes et modestes, je dois vous être plus cher, moi
qui, ayant peu d'esprit, fais briller d'autant votre mérite par
mon infériorité, que si, par une plus grande valeur, je rendais

votre mérite plus obscur. Par conséquent, je dois avoir une plus large liberté pour me montrer à vous tel que je suis, et je dois être, dans ce que je vais dire, supporté par vous plus patiemment que vous ne devriez faire si j'étais plus sage. Je vous dirai donc une nouvelle peu longue, dans laquelle vous verrez avec quel soin il convient d'observer les formalités imposées par ceux qui font œuvre d'enchantement, et combien la plus petite infraction à ces formalités gâte tout ce qu'a fait l'enchanteur.

« L'autre année, il y avait à Barletta un prêtre appelé maître Jean de Barolo, lequel, ayant une église trop pauvre, se mit, pour gagner sa vie, à colporter de côté et d'autre, sur une jument, des marchandises aux foires de la Pouille, à acheter et à vendre. Ainsi voyageant, il se lia intimement avec un certain Pierre de Tresanti, qui faisait le même métier avec un âne. En signe d'affectueuse amitié, suivant la coutume de Pouille, il ne l'appelait que compère Pierre, et chaque fois que celui-ci arrivait à Barletta, il l'emmenait à son presbytère, où il lui offrait l'hospitalité, lui faisant de son mieux les honneurs du logis. De son côté, compère Pierre qui était très pauvre et ne possédait à Tresanti qu'une petite cabane à peine suffisante pour lui, pour sa belle et jeune femme et pour son âne, menait maître Jean chez lui, toutes les fois que ce dernier passait à Tresanti, et le traitait le mieux qu'il pouvait, en reconnaissance de la réception qu'il en recevait à Barletta. Cependant, quant à la question du coucher, compère Pierre n'ayant qu'un petit lit dans lequel il dormait avec sa femme, il ne pouvait recevoir maître Jean comme il aurait voulu, mais il était obligé de l'envoyer coucher sur un peu de paille dans une petite écurie où la jument de maître Jean était remisée à côté de son âne. La femme, sachant la bonne réception que le prêtre faisait à son mari à Barletta, avait plus d'une fois voulu, quand maître Jean venait, aller dormir avec une de ses voisines nommée Zita Carapresa de Giudice Leo, afin que leur hôte pût reposer dans le lit avec son mari, et elle l'avait souvent proposé au prêtre ; mais celui-ci n'avait jamais voulu. Une fois, entre autres, il lui dit : « — Commère
« Gemmata, ne t'inquiète pas de moi ; je suis fort bien,
« parce que, quand cela me plaît, je change ma jument en
« une belle jeune fille et je couche avec elle. Puis, quand je
« veux, je la fais redevenir jument. C'est pourquoi je ne me
« séparerais pas d'elle. — » La jeune femme étonnée, le crut et le dit à son mari, ajoutant : « — S'il est ton ami autant
« que tu le dis, que ne te fais-tu enseigner cet enchante-
« ment ? Tu pourrais me changer en jument et faire tes af-
« faires avec un âne et une jument. De la sorte, nous ga-
« gnerions le double. Quand nous serions de retour, tu

« pourrais me faire redevenir femme, comme je suis. — »
Compère Pierre, qui était aussi simple que pas un, la crut,
goûta le conseil et, du mieux qu'il sut, se mit à solliciter
maître Jean de lui enseigner la chose. Maître Jean s'efforça
de le détourner de cette sotte idée ; mais ne le pouvant, il
dit : « — Eh bien, puisque vous le voulez absolument, nous
« nous lèverons demain matin, suivant notre habitude, avant
« le jour, et je vous montrerai comment on fait. A vrai dire,
« le plus malaisé en cette affaire c'est d'attacher la queue,
« comme tu verras. — » Compère Pierre et commère Gemmata, ayant à peine dormi de la nuit, tellement ils attendaient le moment désiré, se levèrent dès l'approche du jour
et appelèrent maître Jean, lequel s'étant levé en chemise,
vint dans la chambre de compère Pierre et dit : « — Je ne
« sais personne au monde pour qui je ferais cela, si ce n'est
« pour vous. Donc, puisque cela vous plaît, je le ferai ; mais
« il faut que vous fassiez tout ce que je vous dirai, si vous
« voulez que la chose réussisse. — » Ceux-ci dirent qu'ils
feraient ce qu'il leur dirait. Sur quoi, maître Jean prit une
chandelle, la mit dans la main de compère Pierre et lui dit :
« — Regarde bien comme je ferai et rappelle-toi bien com-
« ment je dirai. Garde-toi, si tu as bon désir de ne pas gâ-
« ter tout, quelque chose que tu entendes ou que tu voies,
« de dire une seule parole ; et prie Dieu que la queue s'at-
« tache bien. — » Compère Pierre prit la chandelle et dit
qu'il le ferait bien. Alors maître Jean fit mettre commère
Gemmata nue comme à sa naissance, et la fit placer les
mains et les pieds par terre, comme se tiennent les juments,
la prévenant aussi qu'elle n'eût à dire mot, quoi qu'il advînt.
Puis, avec les mains, il se mit à lui toucher la figure et la
tête et commença par dire : « — Que ceci soit belle tête de
« jument. — » Il lui toucha les cheveux et dit : « — Que
« ceci soit belle crinière de jument. — » Lui touchant les
bras, il dit : « — Et que ceci soit belles jambes et beaux
« pieds de jument. — » Passant ensuite au sein et le trouvant ferme et rond, il sentit se réveiller et se lever quelque
chose qui n'avait pas été appelé, et il dit : « — Que ceci
« soit beau poitrail de jument. — » Il fit de même pour
l'echine, le ventre, la croupe, les cuisses et les jambes. Enfin, ne restant plus à faire que la queue, il leva sa chemise,
et prenant le plantoir avec lequel il plantait les hommes, il
le mit prestement dans la gaîne pour ce faite, et dit : « — Et
« que ceci soit belle queue de jument. — » Compère Pierre,
qui avait tout regardé fort attentivement, voyant cette dernière opération, et ne la trouvant pas de son goût, dit :
« — O maître Jean, je n'y veux pas de queue, je n'y veux
« pas de queue ! — » Déjà l'humide radical, par lequel toutes les plantes prennent racine, était venu, quand maître

Jean, retirant son outil, dit : « — Eh ! compère Pierre,
« qu'as-tu fait ? Ne t'ai-je pas dit de ne pas bouger, quoi
« que tu visses ? La jument allait être faite ; mais en par-
« lant, tu as tout gâté, et il n'y a plus moyen de la refaire
« jamais maintenant — » Compère Pierre dit : « — C'est
« bon ; je n'y voulais pas cette queue. Pourquoi ne me di-
« siez-vous pas : fais-là, toi ? Et puis, vous l'attachiez trop
« bas. — » Maître Jean dit : « — Parce que tu n'aurais pas
« su l'attacher si bien que moi la première fois. — » La
jeune femme, entendant cela, se leva sur ses pieds et dit
naïvement à son mari : « — Bête que tu es ; pourquoi as-tu
« gâté tes affaires et les miennes ? Quelle jument as-tu ja-
« mais vu sans queue ? Que Dieu me soit en aide ; tu es
« pauvre, mais ce serait bien fait que tu le fusses encore
« davantage. — » Et voyant qu'il n'y avait plus moyen d'être
changée de jeune femme en jument, elle se rhabilla mélancolique et toute marrie. Quant à compère Pierre, il s'en tint
à son âne, ainsi qu'il en avait l'habitude, pour faire son métier. Il s'en alla avec maître Jean à la foire de Bitonto, et
plus jamais il ne requit de lui semblable service. — »

Combien on rit de cette nouvelle, mieux comprise des
dames que Dioneo ne voulait, celui-là se l'imagine qui en
rira encore lui-même. Mais la nouvelle étant finie et le soleil commençant déjà à tiédir, la reine reconnut que la fin
de son pouvoir était venue. S'étant levée, elle ôta la couronne de dessus sa tête et la mit sur celle de Pamphile, le
seul de tous qu'il restât à honorer d'un tel honneur. Puis
elle dit en souriant : « — Mon seigneur, grande charge
t'incombe, étant, à défaut de moi et des autres qui ont déjà
tenu la place que tu tiens, le dernier à être Roi. Pour quoi,
Dieu te prête sa grâce, comme il me l'a prêtée. — » Pamphile, ayant joyeusement reçu cet honneur, dit : « — Votre
mérite et celui de mes autres sujets, fera que je m'en tirerai
moi-même avec gloire, comme les autres. — » Et, suivant
l'habitude de ses prédécesseurs, ayant réglé avec le sénéchal
toutes les choses opportunes, il se retourna vers les dames
qui attendaient et dit : « — Amoureuses dames, la discrète
Émilie, qui a été notre reine d'aujourd'hui, pour rendre
quelque repos à vos forces, vous donna la permission de
parler de ce qui vous plairait le plus. Pour quoi, comme
vous êtes déjà reposées, je juge qu'il est bon de revenir à
notre règlement ordinaire ; et je veux que demain chacune
de vous songe à raisonner sur ceci, à savoir, ceux qui, par
libéralité ou munificence, ont fait œuvre d'amour ou autre.
Ce disant et faisant, vos esprits sans aucun doute se senti-
ront tout dispos à opérer vaillamment. Car c'est ainsi que
notre vie, qui ne peut être que brève dans un corps mortel, se perpétuera grâce à la renommée louangeuse ; laquelle

renommée, quiconque ne sert pas seulement son ventre, comme les bêtes font, doit non seulement désirer, mais poursuivre de tous ses efforts et travailler en conséquence.—» Le raisonnement plut à la joyeuse compagnie. Avec licence du nouveau roi, elle se leva toute de l'endroit où elle était assise, et se livra à ses jeux accoutumés, chacun allant là où son désir l'attirait le plus. Et ainsi ils firent, jusqu'à l'heure du dîner où ils se rendirent en fête, et où ils furent servis avec célérité et avec ordre. A la fin du repas, ils se levèrent pour baller comme d'habitude, et après qu'on eut chanté peut-être mille chansons, plus plaisantes de paroles que remarquables comme chant, le roi commanda à Néiphile d'en chanter une en son nom. Celle-ci, d'une voix claire et joyeuse, sans se faire prier et sans retard commença ainsi :

> Je suis toute jeunette et volontiers
>   Je me réjouis et je chante en la saison nouvelle,
>   Merci d'amour et de douces pensées.
>
> Je vais par les vertes prairies, regardant
>   Les fleurs blanches, jaunes et vermeilles,
>   Les roses sur les buissons et les lis blancs ;
>   Et je les compare toutes, tant qu'elles sont,
>   Au visage de celui qui, m'aimant,
>   M'a prise et me gardera toujours, comme celle
>   Qui n'a d'autre pensée que de satisfaire ses désirs.
>
> Et si parmi elles j'en trouve une qui soit,
>   A ce qu'il me semble, bien semblable à lui,
>   Je la cueille et je la baise, et je lui parle ;
>   Et, comme je sais, je lui ouvre
>   Toute mon âme et ce que mon cœur désire.
>   Puis, avec les autres, j'en fais une guirlande,
>   Que je lie de mes cheveux blonds et légers.
>
> Et ce même plaisir que la fleur naturelle
>   Fait éprouver aux yeux, je l'éprouve
>   Comme si je voyais la personne même
>   Qui m'a allumé de son doux amour.
>   Ce que son parfum me fait éprouver,
>   Je ne puis l'exprimer avec la parole,
>   Mais mes soupirs en sont un vrai témoignage.
>
> Ils ne s'échappent jamais de ma poitrine
>   Comme ceux des autres femmes, âpres ni pesants ;
>   Mais ils sortent tièdes et suaves,
>   Et s'en vont à mon amour

Qui sitôt qu'il les sent, vient de lui-même
Me donner soulagement, et arrive juste au moment
Où je suis prête à m'écrier : ah! viens, ne me désespère pas !

Le roi et toutes les dames applaudirent beaucoup la chanson de Néiphile ; après quoi, la nuit étant déjà fort avancée, le roi commanda que chacun allât se reposer jusqu'au jour.

DIXIÈME JOURNÉE

La neuvième journée du Décaméron finie, commence la dixième, dans laquelle, sous le gouvernement de Pamphile, on devise de ceux qui, par libéralité ou par munificence, ont fait œuvre d'amour ou autre.

Certains nuages à l'occident étaient encore vermeils, ceux de l'orient étant déjà à leurs extrémités resplendissants comme l'or, à cause des rayons solaires qui, étant plus proches d'eux, les frappaient, quand Pamphile s'étant levé, fit appeler les dames et ses compagnons. Tous étant venus, après avoir délibéré avec eux où ils pourraient aller prendre leurs ébats, il se mit en marche à leur tête, accompagné de Philomène et de Fiammetta, tous les autres venant après et tout en devisant longuement entre eux de ce qu'ils allaient faire ce jour-là, ils se promenèrent longtemps. Après avoir fait une grande promenade, le soleil commençant à être déjà trop chaud, ils retournèrent au palais, et là, les bouteilles ayant été mises à rafraîchir autour de la claire fontaine, ceux qui en eurent envie purent boire; puis, ils allèrent se délasser sous les plaisants ombrages du jardin. Enfin, quand ils eurent mangé et dormi, comme d'habitude, ils se réunirent où cela plut au roi, et celui-ci ordonna à Néiphile de dire la première nouvelle, ce qu'elle commença joyeusement ainsi :

NOUVELLE I

Un chevalier sert le roi d'Espagne. Il croit en être mal récompensé, sur quoi le roi lui prouve que ce n'est pas sa faute mais bien celle de sa mauvaise fortune; puis il lui fait de magnifiques présents.

« — Honorables dames, je dois considérer comme une grandissime faveur que notre roi m'ait choisie pour parler la première sur une si belle chose que la munificence, laquelle, de même que le soleil est la beauté et l'ornement du ciel tout entier, est la clarté et la lumière de toutes les autres vertus. Je dirai donc à ce sujet une petite nouvelle, très belle à mon avis, que certainement il ne pourra qu'être utile de se rappeler.

« Il faut donc que vous sachiez que, parmi les autres valeureux chevaliers qui ont été depuis longtemps en notre cité, il y en eut un, le meilleur peut-être, messer Ruggieri de Figiovanni, lequel, riche et de grand cœur, et voyant que, vu la manière de vivre et les mœurs de la Toscane, il ne pourrait, s'il y demeurait, faire peu ou pas du tout montre de sa vaillance, prit le parti d'aller pendant quelque temps auprès d'Alphonse, roi d'Espagne, dont le renom de vaillance dépassait celui de tous les autres seigneurs de ce temps. Fort honorablement pourvu d'armes, de chevaux et de serviteurs, il s'en alla le trouver en Espagne, où il fut gracieusement reçu par le roi. Messer Ruggieri demeurant donc là, et vivant d'une façon splendide, accomplissant de merveilleuses choses en faits d'armes, se fit bientôt connaître pour un vaillant. Il y avait déjà un certain temps qu'il y était, lorsqu'ayant fort observé la manière d'agir du roi, il lui sembla voir que celui-ci donnait tantôt à l'un tantôt à l'autre, et assez peu discrètement, châteaux, villes et baronnies, à des gens en un mot qui en étaient peu dignes; et pour ce qu'on ne lui donnait rien à lui qui connaissait ce qu'il valait, il pensa que sa renommée en était fort diminuée; pour quoi il résolut de partir et demanda congé au roi. Le roi le lui accorda, et lui donna une des meilleures mules qu'on eût jamais chevauchées, voire la plus belle, laquelle, vu le long chemin qu'il avait à faire, fut fort prisée par messer Ruggieri. Après quoi, le roi ordonna à un sien familier très discret, de s'arranger du mieux qu'il lui semblerait pour chevaucher de compagnie avec messer Ruggieri, de façon qu'il ne parût pas être envoyé par le roi, et d'écouter tout ce qu'il dirait afin de pouvoir le lui redire, puis le lendemain de lui commander de retourner vers le roi. Le familier, ayant épié le moment où messer Ruggieri sortait de la ville, lui tint fort adroitement compagnie, lui donnant à croire qu'il se dirigeait vers l'Italie.

« Messer Ruggieri chevauchant donc sur la mule que le roi lui avait donnée, et parlant de choses et d'autres, comme la troisième heure approchait, dit : « — Je crois que nous « ferons bien de laisser pisser nos bêtes. — » Et les ayant fait entrer dans une étable, elles pissèrent toutes, sauf la mule. Pour quoi, ayant repris leur marche, et l'écuyer étant toujours attentif aux paroles du chevalier, ils arrivèrent vers une rivière, où, leurs bêtes s'étant mises à boire, la mule pissa. Ce que voyant, messer Ruggieri, il dit : « — Eh! que « Dieu te confonde, vilaine bête, car tu es comme le Sei-

« gneur qui t'a donnée à moi. — » Le familier retint ces paroles, et bien qu'en cheminant tout le long de la journée avec lui, il en recueillit beaucoup d'autres, il ne lui en entendit dire aucune autre qui ne fût à la louange du roi ; pour quoi, le lendemain, étant monté à cheval, et le chevalier se disposant à continuer sa route vers la Toscane, le familier lui fit commandement du roi d'avoir à rebrousser chemin, ce que messer Ruggieri fit incontinent.

« Le roi, après avoir appris ce qu'il avait dit à propos de la mule, le fit appeler, l'accueillit d'un air joyeux, et lui demanda pourquoi il l'avait comparé à sa mule, ou plutôt pourquoi il avait comparé sa mule à lui. Messer Ruggieri d'un air ouvert lui dit : « — Mon seigneur, parce que vous
« lui ressemblez, attendu que comme vous donnez quand il
« ne le faut pas et ne donnez pas quand il le faudrait, ainsi elle
« n'a point pissé là où il l'aurait fallu et a pissé là où il ne
« fallait pas. — » Le roi dit alors : « — Messire Ruggieri,
« si je ne vous ai pas donné comme je l'ai fait à beaucoup
« d'autres qui ne sont rien en comparaison de vous, cela
« n'est point advenu parce que je ne vous avais pas reconnu
« pour un vaillantissime chevalier, digne de grandes récom-
« penses, mais c'est votre fortune qui a fauté en cela et non
« moi, ne m'ayant point permis de vous récompenser ; et je
« vous montrerai manifestement que je dis vrai. — » A quoi messer Ruggieri répondit : « — Mon seigneur, je ne me suis
« point fâché de n'avoir reçu aucune récompense de vous,
« pour ce que je ne désirais pas une récompense afin de de-
« venir plus riche, mais de ce qu'en aucune circonstance
« vous n'ayez rendu témoignage de ma valeur. Néanmoins,
« je tiens votre excuse pour bonne et honnête, et je suis
« prêt à voir ce qu'il vous plaira de me montrer, bien que je
« vous croie sans avoir besoin de preuves. — »

« Sur ce, le roi l'ayant mené dans une grande salle où, selon ses ordres, on avait porté deux grands coffres fermés, lui dit, en présence d'un grand nombre de personnes :
« — Messire Ruggieri, dans l'un de ces coffres est ma
« couronne, le sceptre royal et le globe, ainsi que nombre de
« belles ceintures à moi, des colliers, des anneaux et d'au-
« tres bijoux que je possède ; l'autre est plein de terre. Pre-
« nez-en un, et quel que soit celui que vous aurez choisi, il
« sera à vous, et vous pourrez voir qui a été injuste envers
« votre vaillance, de moi ou de votre fortune. — » Messer
« Ruggieri, voyant que cela plaisait ainsi au roi, choisit un des coffres que le roi ordonna d'ouvrir, et il se trouva que c'était celui qui était plein de terre. Sur quoi, le roi dit en riant : « — Vous pouvez bien voir, messire Ruggieri, que ce
« que je vous ai dit de votre fortune est vrai ; mais certes,
« votre valeur mérite que je corrige son influence maligne

« Je sais que vous ne désirez point devenir Espagnol, et pour
« ce je ne veux pas vous donner ici ni château ni ville, mais
« bien le coffre que la fortune vous a empêché d'avoir; en
« dépit d'elle, je veux qu'il vous appartienne, afin que vous
« puissiez l'emporter dans votre pays, et vous glorifier parmi
« vos compatriotes de mes dons faits en témoignage de votre
« vaillance. — » Messer Ruggieri prit le coffre, et ayant remercié le roi comme un don si considérable le demandait, il
s'en retourna joyeux en Toscane.

NOUVELLE II

Ghino di Tacco fait prisonnier l'abbé de Cluny et le guérit d'une maladie d'estomac; puis il lui rend la liberté. L'abbé, de retour à la cour de Rome, réconcilie Ghino avec le pape Boniface, et le fait nommer prieur de l'hôpital.

La munificence du roi Alphonse envers le chevalier florentin avait déjà été fort approuvée, quand le roi, auquel la
nouvelle avait plu beaucoup, ordonna à Elisa de poursuivre.
Celle-ci commença aussitôt : « — Délicates dames, qu'un
roi se soit montré magnifique, et ait exercé sa munificence
en faveur de qui l'avait servi, cela ne peut être que considéré
comme une louable et grande chose; mais que dirons-nous,
si on nous raconte qu'un homme d'église a usé d'une admirable munificence vis-à-vis de quelqu'un que personne ne
l'aurait blâmé de traiter en ennemi? Nous dirions que si la
munificence du roi fut vertu, celle de l'homme d'église fut
miracle, étant donné qu'ils sont tous plus avares que les
femmes, et ennemis jurés de toute libéralité. Et bien que
chacun ait naturellement soif de venger les offenses reçues,
les hommes d'église, comme cela se voit, quoique prêchant
la patience et surtout le pardon des offenses, se laissent aller à la vengeance plus fougueusement que les autres. Laquelle chose, à savoir comment un homme d'église se montra magnifique, vous pourrez apertement voir dans ma nouvelle que voici :

« Ghino di Tacco, homme fameux pour sa férocité et ses
brigandages, ayant été chassé de Sienne et devenu l'ennemi
des comtes de Santa Fiore, fit révolter Radicofani contre l'E-
glise de Rome, et s'étant établi dans cette ville, il faisait dé-
trousser par ses satellites quiconque passait dans les environs. Or, Boniface VIII étant pape à Rome, l'abbé de Cluny s'en
vint à sa cour. C'était, à ce que l'on croit, un des plus riches
prélats du monde. Le séjour de la cour lui ayant gâté l'estomac, les médecins lui conseillèrent d'aller aux bains de

Sienne et lui dirent qu'il y guérirait sans faute. Pour quoi, le pape l'y ayant autorisé, il se mit en route avec un grand train de bête de somme, de chevaux et de serviteurs, sans se soucier de ce qu'on disait de Ghino. Celui-ci apprenant sa venue, tendit ses rêts, et sans laisser échapper le plus petit domestique, il enferma l'abbé, avec toute sa suite et tout son équipage dans un endroit fort resserré. Cela fait, il envoya vers l'abbé un des siens — le plus instruit — qui lui dit très courtoisement de sa part, de lui faire le plaisir de descendre dans le château de Ghino. Ce qu'entendant l'abbé, il répondit tout furieux qu'il n'en voulait rien faire, n'ayant rien à voir avec Ghino ; mais qu'il continuerait sa route et qu'il voudrait bien voir qui l'en empêcherait. L'ambassadeur, lui parlant d'un air humble, dit : « — Messire, vous êtes venu
« en un lieu, où, hors la colère de Dieu, nous ne craignons
« rien, et où les excommunications et les interdictions sont
« elles-mêmes excommuniées, et pour ce, vous ferez mieux
« de satisfaire Ghino. — » Pendant cet entretien, l'endroit avait été complètement cerné par les soudards ; pour quoi, l'abbé se voyant pris avec tous les siens, s'achemina d'un air de dépit vers le château, en compagnie de l'ambassadeur et suivi de toute sa troupe et de ses bagages. Dès qu'il fut descendu de cheval, on l'installa seul, sur l'ordre de Ghino, dans une petite chambre du palais, très obscure et mal commode, et tout le reste de sa suite fut assez bien logé, chacun selon sa qualité, dans le château ; quant aux chevaux et aux bagages, ils furent mis en sûreté, sans qu'on y touchât rien.

« Cela fait, Ghino s'en alla trouver l'abbé et lui dit :
« — Messire, Ghino, dont vous êtes l'hôte, vous envoie prier
« de vouloir bien lui dire où vous alliez et le motif de votre
« voyage. — » L'abbé qui, en homme sage, avait un peu rabattu de sa fierté, lui dit où il allait et pourquoi. Ce qu'ayant ouï Ghino, il le quitta et résolut de le guérir sans bains Ayant fait entretenir continuellement dans la petite chambre un grand feu, et l'ayant fait bien garder, il ne retourna vers l'abbé que le lendemain matin, et sur une serviette très blanche il lui porta deux tranches de pain rôti et un grand verre de vin blanc de Corniglia, du même qui appartenait à l'abbé, et il lui parla ainsi : « — Messire, quand Ghino était
« plus jeune, il étudia la médecine et il dit qu'il a appris
« qu'il n'y a pas de meilleur remède pour le mal d'estomac
« que celui qu'il vous fera et dont ce que je vous apporte est
« le commencement ; et pour ce, prenez-le, et réconfortez-
« vous. — » L'abbé qui avait plus faim qu'envie de causer, mangea le pain et but le vin blanc, bien qu'il le fît d'un air dédaigneux ; puis, tenant nombre de propos hautains, il fit beaucoup de questions, donna beaucoup d'avis, et insista

surtout pour voir Ghino. Ce qu'entendant Ghino, il en laissa une bonne part s'en aller en vaine fumée, et répondit au reste fort courtoisement, affirmant qu'aussitôt que Ghino le pourrait il viendrait lui faire visite ; cela dit, il le quitta, et ne revint le voir que le lendemain avec la même quantité de pain rôti et de vin blanc. Et de cette façon il le tint pendant plusieurs jours, jusqu'à ce qu'il se fût enfin aperçu que l'abbé avait mangé des fèves sèches qu'il avait portées en secret et qu'il lui avait laissées sans rien dire. Pour quoi, il lui demanda de la part de Ghino comment il lui semblait se trouver de l'estomac ; à quoi l'abbé répondit : « — Il me semble
« que cela irait bien, si j'étais hors de ses mains ; après
« cela, je n'éprouve pas d'autre envie que de manger, telle-
« ment ses remèdes m'ont bien guéri. — »

« Ghino lui ayant en conséquence fait préparer une belle chambre avec ses propres bagages, et ayant fait dresser un grand banquet auquel toute la suite de l'abbé devait prendre part, avec un grand nombre de gens du château, s'en alla le trouver le lendemain matin et lui dit : « — Messire, puisque
« vous vous sentez bien, il est temps de sortir de l'infir-
« merie. — » Et l'ayant pris par la main, il le conduisit dans la chambre qu'il lui avait fait préparer, et l'ayant laissé avec ses gens, il alla veiller à ce que le banquet fût magnifique. L'abbé se récréa quelque peu avec ses familiers et leur conta quelle avait été sa vie pendant les jours précédents, tandis qu'eux, au contraire, lui dirent qu'ils avaient été merveilleusement traités par Ghino. Mais l'heure de manger étant venue, l'abbé et tous les autres convives furent abondamment servis de bonnes victuailles et de bons vins, sans que Ghino se fût encore fait connaître. Quand l'abbé eut été ainsi traité de cette façon pendant quelques jours, Ghino après avoir fait mettre tous ses bagages dans une salle, et tous ses chevaux jusqu'au moindre roussin, dans une cour qui se trouvait au-dessous de la dite salle, s'en alla trouver l'abbé et lui demanda comment il se trouvait et s'il se croyait assez fort pour monter à cheval. A quoi l'abbé répondit qu'il était très fort et bien guéri de l'estomac, et qu'il se trouverait tout à fait bien dès qu'il serait hors des mains de Ghino.

« Alors Ghino mena l'abbé dans la salle où étaient ses bagages et toute sa suite, et l'ayant fait approcher d'une fenêtre d'où il pouvait voir tous ses chevaux, il dit : « — Mes-
« sire l'abbé, vous saurez que ce n'est point la méchanceté
« d'âme qui a poussé Ghino — lequel je suis — à se faire
« voleur de grands chemins et ennemi de la Cour de Rome,
« mais bien sa qualité de gentilhomme, après s'être vu
« chassé pauvre de sa maison, et pour défendre sa vie et sa
« noblesse contre les nombreux et puissants ennemis qu'il

« a ; mais pour ce que vous me paraissez un vaillant sei-
« gneur, et bien que je vous aie guéri de l'estomac, je
« n'entends pas vous traiter comme un autre à qui, le tenant
« dans mes mains comme je vous tiens, je prendrais ce que
« bon me semblerait de ce qui lui appartiendrait ; j'entends,
« au contraire, que, considérant quels sont mes besoins,
« vous me donniez vous-même ce que vous voudrez de ce
« que vous avez. Tous vos bagages sont ici devant vous, et
« de cette fenêtre vous pouvez voir vos chevaux dans la
« cour ; pour ce, prenez-en une partie, ou prenez tout,
« comme il vous plaira ; dès à présent vous pouvez vous en
« aller ou rester à votre plaisir. — »

« L'abbé, étonné d'entendre des paroles si généreuses
chez un voleur de grands chemins, et cela lui plaisant beaucoup, sentit soudain tomber sa colère et son dédain qui se
changèrent en bienveillance, et devenu en son cœur l'ami
de Ghino, il courut l'embrasser en disant : « — Je jure Dieu
« que pour gagner l'amitié d'un homme comme désormais
« je juge que tu es, je souffrirais une bien plus forte in-
« jure que celle qu'il m'avait semblé que tu m'avais faite
« jusqu'ici. Maudite soit la fortune qui t'a contraint à un
« métier si condamnable. — » Après quoi, ayant fait prendre parmi ses bagages et ses chevaux le strict nécessaire, il
lui laissa le reste et s'en retourna à Rome.

« Le pape avait su la capture de l'abbé et il en avait été
très affligé ; en le voyant, il lui demanda si les bains lui
avaient profité. A quoi l'abbé répondit en souriant :
« — Saint Père, j'ai trouvé avant d'arriver aux bains un
» savant médecin qui m'a parfaitement guéri. — » Et il lui
raconta comment ; de quoi le pape rit beaucoup. L'abbé
poursuivit son récit, et, poussé par une pensée généreuse,
demanda une grâce. Le pape, croyant qu'il lui demanderait
autre chose, promit libéralement de faire ce qu'il demanderait. Alors l'abbé dit : « — Saint-Père, ce que j'entends
« vous demander, c'est que vous rendiez vos bonnes grâces
« à Ghino di Tacco, mon médecin, pour ce que, parmi les
« autres hommes de valeur que je connaisse, je n'en ai
« certes jamais rencontré un qui vaille plus ; quant au mal
« qu'il fait, je l'impute beaucoup plus à la fortune qu'à lui-
« même ; changez donc cette fortune en lui donnant chose
« dont il puisse vivre selon sa condition, et je ne doute pas
« qu'en peu de temps vous ne le voyiez tel que je le vois moi-
« même. — » Entendant cela, le pape, qui avait l'âme
grande et qui aimait les hommes généreux, dit qu'il le ferait volontiers, si cela était comme il le disait, et qu'il pouvait le faire venir en toute sûreté. Sous la foi de cette
parole, Ghino s'en vint donc à la Cour, dès qu'il plut à
l'abbé ; et il ne resta guère auprès du pape sans que celui-ci

ne le tînt pour un homme de valeur et ne se réconciliât avec lui, et lui donnât un grand prieuré de ceux de l'hôpital dont il l'avait auparavant fait chevalier, charge qu'il conserva toute sa vie pendant laquelle il fut ami et serviteur de la sainte Eglise et de l'abbé de Cluny.

NOUVELLE III

Mitridanes envieux de la générosité de Nathan et étant allé pour le tuer, lui parle sans le connaître. Nathan lui indique le moyen d'atteindre son but, et il va l'attendre, selon ses indications, dans un petit bois, où, Mitridanes l'ayant reconnu, a honte de son crime et devient son ami.

Il semblait à tous avoir entendu chose semblable à un miracle, à savoir qu'un homme d'église eût fait œuvre de munificence ; mais après que les belles dames eurent cessé d'en deviser, le roi ordonna à Philostrate de poursuivre. Celui-ci commença sur-le-champ : « — Nobles dames, la munificence du roi d'Espagne fut grande, et celle de l'abbé de Cluny fut chose probablement jamais ouïe auparavant ; mais peut-être ne vous paraîtra-t-il pas moins merveilleux d'apprendre comment un homme, pour user de libéralité envers un autre qui avait soif de son sang et de sa vie, se décida sans rien dire à lui en faire le sacrifice ; ce qu'il aurait mis à exécution si son ennemi avait voulu en profiter, ainsi que j'entends vous le montrer dans ma petite nouvelle. — »

« C'est chose très certaine — si l'on peut ajouter foi aux paroles de quelques Génois et d'autres gens qui vivent en ce pays — que dans certaines parties du Catay fut jadis un homme de noble lignage et riche sans comparaison, nommé Nathan. Cet homme avait un domaine voisin d'une route par laquelle devait passer quasi nécessairement quiconque voulait aller du Ponant au Levant, ou du Levant au Ponant, et comme son âme était grande et généreuse et qu'il voulait le prouver par ses actes, il manda en cet endroit un grand nombres d'artistes, et leur fit construire en peu de temps un des plus beaux, des plus grands et des plus riches palais qu'on eût jamais vus, et le fit remplir abondamment de tout ce qu'il fallait pour recevoir avec honneur des gentilshommes. Ayant avec lui un nombreux domestique, il y faisait recevoir avec honneur, au milieu des plaisirs et des fêtes, quiconque allait et venait ; et il persévéra tellement dans cette louable coutume, que sa renommée fut bientôt connue non seulement dans le Levant, mais dans quasi tout le Ponant.

« Etant déjà chargé d'ans, sans que pour cela sa générosité se fût lassée, il advint que sa renommée arriva jusqu'aux oreilles d'un jeune homme nommé Mitridanes, habitant d'un pays peu éloigné du sien, lequel, se sentant non moins riche que Nathan, devint envieux de sa réputation et de son mérite, et se proposa de l'annuler ou de l'éclipser par une libéralité plus grande. Ayant fait faire un palais semblable à celui de Nathan, il se mit à faire les plus démesurées libéralités qu'eût jamais faites un autre homme, à quiconque allait ou venait par là, et il devint sans conteste en peu de temps très fameux. Or il advint, un jour que le jeune homme était demeuré tout seul dans la cour de son palais, qu'une vieille femme entra par une des portes, lui demanda l'aumône, et la reçut ; étant ensuite rentrée par une autre porte, elle reçut encore une nouvelle aumône, et ainsi successivement jusqu'à la douzième ; comme elle revenait une treizième fois, Mitridanes dit : « — Bonne femme, tu es bien « prompte à revenir demander ! — » Néanmoins, il lui fit encore l'aumône. La petite vieille, entendant cette réponse, dit : « — O générosité de Nathan, combien tu es merveil-« leuse ! Je suis entrée par les trente-deux portes qu'a son « palais, comme j'ai fait pour celui-ci, et je lui ai chaque « fois demandé l'aumône ; mais il n'a point fait semblant de « me reconnaître et il me l'a toujours donnée ; tandis que je « ne suis venue ici que treize fois encore, et j'ai été recon-« nue et réprimandée. — » Et ce disant, elle partit sans plus revenir.

« Mitridanes, entendant les paroles de la vieille et estimant que ce qu'il venait d'entendre au sujet de la renommée de Nathan diminuait la sienne, s'enflamma d'une rageuse colère, et se mit à dire : « — Malheur à moi ! Quand donc « égalerai-je la libéralité de Nathan dans les grandes choses, « loin de les dépasser, comme je le cherche, puisque même « dans les plus petites choses, je ne puis en approcher ? « Vraiment, je m'efforcerai en vain d'y arriver, si je ne le « fais disparaître de dessus terre ; puisque la vieillesse ne « veut pas se charger de ce soin, il faut que sans plus de « retard, mes mains se chargent de cette besogne. — » Et s'étant levé dans cet accès de fureur, sans communiquer son dessein à personne, il monta à cheval avec une suite peu nombreuse, et arriva le troisième jour à l'endroit où Nathan demeurait. Là, ayant ordonné à ses compagnons de faire semblant ne n'être point avec lui et de pas le connaître, il leur dit de chercher à se loger jusqu'à ce qu'il leur donnât d'autres ordres.

« Resté seul, et le soir commençant à venir, il rencontra, à peu de distance du beau palais, Nathan qui se promenait seul et sans le moindre vêtement d'apparat. Ne le connais-

sant pas, il lui demanda s'il pourrait lui enseigner où Nathan demeurait. Nathan lui répondit joyeusement : « — Mon
« fils, personne en ce pays ne saurait mieux te l'ensei-
« gner que moi ; et pour ce, quand il te plaira, je t'y mène-
« rai. — » Le jeune homme dit que cela lui agréerait fort, mais que, si c'était possible, il ne voulait point être vu ni
« connu de Nathan. A quoi Nathan dit : « — Et je ferai en-
« core ainsi, puisque cela te plaît. — » Etant donc descendu de cheval, Mitridanes s'en alla jusqu'au beau palais avec Nathan qui se mit à lui tenir la plus plaisante conversation. Là Nathan fit prendre le cheval du jeune homme par un de ses familiers, et s'étant penché vers l'oreille de ce dernier, il lui ordonna d'informer promptement tous les gens de la maison que personne ne s'avisât de dire au jeune homme qu'il fût Nathan ; ce qui fut fait. Quand ils furent dans le palais, il installa Mitridanes dans une magnifique chambre où nul ne pouvait le voir excepté ceux qu'il avait commis à son service, et lui faisant rendre de grands honneurs, il lui tint lui-même compagnie.

« Pendant qu'il était avec lui, Mitridanes, bien que le révérant comme un père, lui demanda cependant qui il était. A quoi Nathan répondit : « — Je suis un petit serviteur de
« Nathan ; depuis ma plus tendre enfance j'ai vieilli avec
« lui, et il ne m'emploie pas à autre chose qu'à ce que tu
« vois ; pour quoi, bien que tous les autres se louent beau-
« coup de lui, je ne puis guère m'en louer pour mon
« compte. — » Ces paroles donnèrent à Mitridanes quelque espérance de pouvoir mettre à exécution son perfide dessein avec plus d'aide et de facilité. Nathan lui demanda à son tour très courtoisement qui il était, et quel motif l'amenait, lui offrant ses conseils et son aide en ce qu'il pourrait. Mitridanes resta un moment sans répondre ; enfin, se décidant à se confier à lui, il employa un long détour pour exiger sa parole ; puis, lui demandant aide et conseil, il lui découvrit entièrement qui il était et pour quel motif il était venu. Nathan, entendant ce discours et le cruel dessein de Mitridanes, fut tout bouleversé au fond de lui-même ; cependant, d'un cœur fort et d'un visage ferme, il lui répondit sans trop d'hésitation : « — Mitridanes, ton père était
« gentilhomme, et tu ne veux pas dégénérer, ayant résolu
« une si haute entreprise, à savoir d'être libéral envers
« tous ; et je loue très fort l'envie que tu portes au mérite
« de Nathan, pour ce que s'il y avait beaucoup d'entrepri-
« ses semblables, le monde, qui est très misérable, devien-
« drait bien vite bon. Ton dessein que tu m'as confié sans
« hésiter sera gardé secret ; je puis plutôt en cela te donner
« conseil que grande aide, et ce conseil est celui-ci : tu peux
« voir d'ici à un mille de distance à peu près, un petit bois

« dans lequel Nathan va quasi tous les matins se promener
« longtemps seul; là, il te sera facile de le trouver et de
« faire à ton plaisir. Si tu le tues, afin de pouvoir retourner
« sans empêchement chez toi, tu t'en iras non par le che-
« min que tu as pris pour venir ici, mais par celui que tu
« vois sortir du bois à gauche, pour ce que, bien qu'il soit
« un peu plus sauvage, il est plus près de chez toi et par-
« tant plus sûr pour toi. — »

« Après avoir reçu cette information, et quand Nathan l'eut quitté, Mitridanes fit secrètement prévenir ses compagnons qui étaient aussi dans le château, de l'endroit où ils devaient l'attendre. Le lendemain, Nathan, invariable dans ses sentiments, malgré le conseil donné à Mitridanes, et sans rien changer à ses habitudes, s'en alla seul vers le petit bois pour y mourir. Mitridanes, s'étant levé, et ayant pris son arc et son épée, — car il n'avait pas d'autres armes, — monta à cheval, s'en alla droit au bois, et vit de loin Nathan qui se promenait tout seul. Voulant, avant de l'assaillir, le voir et l'entendre parler, il courut vers lui, et, le saisissant par le bandeau qu'il avait sur la tête, il dit : « — Vieillard, « tu es mort! — » A quoi Nathan ne répondit rien, si ce n'est : « — Alors, c'est que je l'ai mérité. — » Mitridanes entendant sa voix et le regardant au visage, le reconnut aussitôt pour celui qui l'avait si bien accueilli, qui lui avait courtoisement fait compagnie et l'avait loyalement conseillé ; pour quoi, sa fureur tomba soudain et sa colère se changea en honte. Alors, jetant son épée qu'il avait déjà tirée pour le frapper, il descendit de cheval, courut en pleurant se jeter aux pieds de Nathan, et dit : « — Je reconnais manifeste-
« ment votre générosité, très cher père, considérant avec
« quelle délicatesse vous êtes venu ici pour me donner votre
« vie, laquelle, bien que je n'en eusse aucune raison, je me
« suis montré à vous-même désireux de vous arracher. Mais
« Dieu, plus soucieux que moi de mon devoir, m'a ouvert,
« juste au moment où il en était le plus besoin, les yeux de
« l'intelligence, que la méchante envie m'avait fermés. Et
« pour ce, je me reconnais d'autant plus avoir mérité d'être
« puni de mon erreur, que vous avez été plus empressé à
« me complaire ; prenez donc de moi telle vengeance que
« vous jugerez convenable pour mon crime. — »

« Nathan fit relever Mitridanes, le serra tendrement dans ses bras, l'embrassa, et lui dit : « — Mon fils, il n'est pas
« besoin que tu demandes pardon ni que je te pardonne
« pour ton entreprise, que tu la veuilles appeler crime ou
« autrement, pour ce que tu ne la poursuivais point par haine,
« mais afin de pouvoir être tenu pour le meilleur. Vis donc
« sans aucune crainte de moi, et sois certain qu'il n'y a per-
« sonne que j'aime autant que toi, considérant la grandeur

« de ton âme qui ne s'est point adonnée à entasser de l'ar-
« gent, comme font les avares, mais à le dépenser. N'aie
« point non plus vergogne d'avoir voulu me tuer pour deve-
« nir plus renommé, et ne crois pas que je m'en étonne.
« Les illustres empereurs et les plus grands rois n'ont
« agrandi leur royaume, et par conséquent leur renommée,
« qu'en employant quasi uniquement l'art de tuer, non pas
« un homme comme tu voulais faire, mais un nombre infini
« de gens, qu'en brûlant des pays entiers et renversant les
« villes ; pour quoi, si toi tu as voulu me tuer, moi seule-
« ment, pour te rendre plus fameux, tu faisais une chose ni
« fort étonnante, ni nouvelle, mais fort habituelle. — »

« Mitridanes, sans excuser son dessein pervers, mais
louant beaucoup l'honnête excuse trouvée par Nathan, en
vint à dire, tout en devisant avec lui, qu'il s'émerveillait
outre mesure de ce que Nathan eût pu se résoudre à lui
donner le conseil et le moyen de le tuer. A quoi Nathan dit :
« — Mitridanes, je ne veux pas que tu t'étonnes du conseil
« que je t'ai donné ni de ma résolution, pour ce que depuis
« que j'ai eu mon libre arbitre et que je me suis résolu à faire
« ce que tu as toi-même entrepris, personne n'est jamais venu
« en ma maison que je n'aie satisfait à sa demande. Tu y es
« venu désireux de me prendre la vie ; pour quoi, te l'en-
« tendant demander, et afin que tu ne fusses pas seul à t'en
« aller d'ici sans avoir obtenu ce que tu demandais, je me
« suis sur-le-champ décidé à te la donner ; et pour que tu
« pusses la prendre, je t'ai donné ce conseil que j'ai cru
« bon pour que tu eusses ma vie sans risquer de perdre la
« tienne ; et pour ce, je te dis encore, et je te prie, si elle te
« fait toujours envie, de la prendre et de te satisfaire toi-
« même en cela, attendu que je ne crois pas que je ne la puisse
« employer mieux. Je m'en suis déjà servi pendant quatre-
« vingts ans, et je l'ai employée pour mes plaisirs et mon
« contentement ; et je sais que, suivant le cours de la nature,
« ainsi qu'il advient des autres hommes, et généralement
« de tout, elle ne m'est laissée que pour peu de temps
« désormais. Pour quoi, je crois qu'il est mieux de la
« donner, comme j'ai toujours donné et dépensé mes tré-
« sors, que de la vouloir tellement garder qu'elle me soit,
« contre mon gré, ôtée par la nature. C'est faire un mince
« présent que de donner cent années ; combien donc en est-
« ce un moindre de donner les six ou huit ans que j'ai à
« vivre ? Prends-la donc, si elle t'agrée, je t'en prie ; pour
« ce que, pendant tout le temps que j'ai vécu, je n'ai
« encore trouvé personne qui l'ait désirée, et je ne sais si
« je trouverai jamais qui la veuille, si toi, qui l'as demandée,
« tu ne la prends pas. Et si pourtant il arrivait qu'il s'en
« trouvât un, je reconnais que plus je la garderai, moins

« elle aura de prix ; donc, avant qu'elle devienne plus vile,
« prends-la, je t'en prie. — »

« Mitridanes, plein de vergogne, dit : « — A Dieu ne
« plaise, non pas seulement que je sépare de vous une vie
« aussi précieuse que la vôtre et que je la prenne, mais que
« j'en conçoive même le désir, comme je le faisais naguère ;
« bien loin de diminuer ses années, je l'allongerais volon-
« tiers des miennes. — » A quoi Nathan dit aussitôt :
« — Et, si tu veux, tu peux les en allonger en effet, et tu
« me feras faire vis-à-vis de toi ce que je n'ai jamais fait
» pour aucun autre, c'est-à-dire prendre de ce qui est à toi,
« moi qui jamais n'acceptai rien d'autrui. — » « — Oui, — »
« dit vivement Mitridanes. « — Donc — dit Nathan —
« tu feras comme je vais te dire : tu resteras, jeune comme
« tu es, ici, dans ma maison, et tu t'appelleras Nathan, et
« moi, j'irai dans la tienne, et je me ferai désormais
« appeler Mitridanes. — » Alors Mitridanes répondit :
« — Si je savais aussi bien agir que vous savez et que vous
« avez toujours su, j'accepterais sans trop hésiter ce que
« vous m'offrez ; mais pour ce qu'il me paraît très certain
« que mes œuvres diminueraient la renommée de Nathan, et
« que je n'entends pas gâter chez les autres, ce que je ne
« sais pas arranger pour moi-même, je ne l'accepte pas. — »

« Après ces plaisants entretiens entre Nathan et Mitridanes, et beaucoup d'autres encore, ils revinrent ensemble
au palais, selon qu'il plut à Nathan. Là, Nathan combla
d'honneurs Mitridanes pendant plusieurs jours, et avec
beaucoup d'esprit et de savoir l'encouragea dans sa grande
et noble entreprise. Et Mitridanes voulant s'en retourner
chez lui avec sa suite, Nathan lui donna congé après lui
avoir fait bien voir qu'il ne pourrait jamais le surpasser en
libéralité. — »

NOUVELLE IV

Messer Gentile de' Carisendi, de retour de Modène, tire du tombeau où on l'avait ensevelie comme morte, une dame aimée de lui. Revenue à elle, cette dame accouche d'un enfant mâle et messer Gentile la rend, elle et l'enfant, à Niccoluccio Caccianimico, son mari.

Cela sembla à tous chose merveilleuse qu'on fût ainsi libéral de son propre sang, et ils affirmèrent que la générosité de Nathan avait vraiment dépassé celle du roi d'Espagne et celle de l'abbé de Cluny. Mais quand, d'une chose à une autre, on en eut assez dit sur ce sujet, le roi, regardant du côté de Lauretta, lui fit voir qu'il désirait qu'elle contât à

son tour ; pour quoi, la Lauretta commença aussitôt :
« — Jeunes dames, les choses qui ont été racontées sont magnifiques et belles, et il me semble qu'il ne nous reste plus rien, à nous qui avons à parler, pour surpasser l'intérêt de ces nouvelles, tellement elles ont été embellies par la magnificence des choses racontées ; à moins que nous ne revenions aux sujets d'amour, qui prêtent toujours abondamment matière à deviser ; et pour ce, tant pour ce motif que parce que cela convient principalement à notre âge, il me plaît de vous raconter un acte de munificence accompli par un amoureux, lequel acte, tout bien considéré, ne vous paraîtra pas d'aventure inférieur à aucun de ceux déjà racontés, s'il est vrai qu'on donne les trésors, qu'on oublie les inimitiés et qu'on jette en mille périls la vie et, ce qui est bien plus, l'honneur et la réputation pour posséder la chose aimée.

« Donc, il y eut à Bologne, très noble cité de la Lombardie, un chevalier très estimé pour son mérite et pour la noblesse de son sang, et qui s'appelait Messer Gentile Carisendi. Etant tout jeune, il s'énamoura d'une gente dame nommée Madame Catalina, femme d'un certain Niccoluccio Caccianimico ; et comme il était mal payé de son amour par la dame, il s'en alla, quasi désespéré, à Modène, où il avait été appelé comme podestat. A cette même époque, Niccoluccio étant absent de Bologne, et la dame s'étant rendue dans sa campagne, située à environ trois milles de la ville, elle y fixa son séjour, pour ce qu'elle était grosse. Or il advint qu'elle fut prise d'un accident si grave, que tout signe de vie l'abandonna, et qu'en conséquence tous les médecins déclarèrent qu'elle était morte. Ses plus proches parents ayant assuré qu'elle leur avait dit être enceinte depuis trop peu de temps pour que son enfant fût viable, sans s'embarrasser d'autre chose, on l'ensevelit telle qu'elle était dans une tombe de l'église voisine.

« Cet événement ayant été annoncé soudainement à Messer Gentile par un de ses amis, il s'en affligea beaucoup, bien qu'il eût été peu favorisé des faveurs de la dame, et en dernier lieu il se dit à lui-même : « — Voici, madame Catalina,
« que tu es morte ; pendant que tu vivais, je n'ai pu avoir
« un seul regard de toi ; pour quoi, maintenant que tu ne
« peux plus te défendre, il faut que, toute morte que tu
« sois, je te prenne un baiser. — » Cela dit, la nuit étant venue, il donna des ordres pour que son absence fût tenue secrète, et étant monté à cheval avec un de ses familiers, il alla sans s'arrêter jusqu'à l'endroit où était ensevelie la dame. Ayant ouvert la tombe, il y entra sur-le-champ, et s'étant couché à côté de la dame, il approcha son visage du sien et se mit à l'embrasser à plusieurs reprises en versant d'abondantes larmes. Mais, comme nous voyons que l'ap-

pétit de l'homme n'est jamais content et désire toujours davantage, surtout celui des amoureux, Gentile, ayant résolu de ne pas rester plus longtemps en cet endroit, dit : « — Eh ! « pourquoi ne lui touché-je point un peu la gorge, puis- « que je suis ici ? Je ne la dois plus jamais toucher, et je ne « l'ai oncques touchée. — » Vaincu donc par ce désir, il lui mit la main sur la gorge, et il l'y tenait depuis un moment, quand il lui sembla sentir le cœur de la dame battre faiblement. Chassant tout sentiment de crainte, et cherchant avec plus d'attention, il vit qu'en effet elle n'était pas morte, bien qu'il estimât peu de chose la vie qui lui restait ; pour quoi, aussi doucement qu'il put, aidé par son familier, il la sortit de la tombe, et l'ayant placée devant lui sur son cheval, il la porta secrètement en sa maison à Bologne.

« Il avait là avec lui sa mère, valeureuse et sage dame, laquelle après que son fils lui eût tout dit, mue de pitié, rappela l'infortunée à la vie en faisant un grand feu et en la mettant dans un bain. Dès qu'elle fut revenue à elle, elle poussa un grand soupir et dit : « — Hélas ! où suis-je mainte- « nant ? — » A quoi l'excellente dame répondit : « — Calme- « toi ; tu es en bon lieu. — » Madame Catalina complètement remise, regarda tout autour d'elle, et ne reconnaissant pas bien l'endroit où elle était, voyant devant elle messer Gentile, fut remplie d'étonnement, et pria la mère de celui-ci de lui dire comment elle se trouvait là : sur quoi, messer Gentile lui conta tout de point en point. Très affligée de cela, après y avoir réfléchi un moment, elle le remercia le mieux qu'elle put, puis elle le pria, par l'amour qu'il lui avait autrefois porté, et par sa courtoisie, de faire qu'elle ne reçût pas dans sa maison chose qui fût moins qu'honnête pour son honneur et pour celui de son mari, et que, dès que le jour serait venu, il la laissât retourner chez elle. A quoi messer Gentile répondit : « — Madame, quel qu'ait été précédem- « ment mon désir, je n'entends point pour le présent, ni « pour l'avenir — puisque Dieu m'a fait cette faveur de « vous avoir rendue à la vie grâce à l'amour que je vous ai « jusqu'ici porté — vous traiter ici ni ailleurs autrement « que comme une sœur ; mais le service que je vous ai rendu « cette nuit mérite une récompense, et pour ce je veux que « vous ne me refusiez point une grâce que je vous deman- « derai. — » La dame lui répondit d'un air affable qu'elle était prête à le faire si elle le pouvait, et si la chose était honnête. Alors messer Gentile dit :

« — Madame, tous vos parents et tous les Bolonais croient « et ont pour certain que vous êtes morte ; pour quoi, per- « sonne chez vous ne vous attend ; et pour ce, voici la faveur « que je réclame de vous : je vous prie de rester en secret « ici avec ma mère jusqu'à ce que je sois revenu de Modène,

« ce qui ne tardera pas. La raison pour laquelle je vous fais
« cette demande est celle-ci : j'entends, en votre présence
« et devant les principaux citoyens de notre cité faire à votre
« mari un don cher et solennel. — » La dame, se reconnaissant l'obligée du chevalier, et voyant que sa demande était honnête, bien qu'elle désirât réjouir ses parents en leur faisant voir qu'elle était vivante, se décida à faire ce que messer Gentile demandait, et le lui promit sur sa foi. Mais à peine lui eut-elle répondu, qu'elle sentit que le moment d'accoucher était venu ; pour quoi, tendrement secourue par la mère de messer Gentile, elle ne tarda pas à mettre au monde un bel enfant mâle, ce qui redoubla la joie de messer Gentile et d'elle-même. Messer Gentile ordonna de faire tout ce qui était nécessaire, et de la servir comme si c'eût été sa propre femme, puis il s'en retourna secrètement à Modène.

« Là, le temps de son office de podestat terminé, et devant s'en retourner à Bologne, il fit préparer pour le matin du jour où il entrerait à Bologne, un beau festin dans sa maison pour un grand nombre de gentilshommes Bolonais, parmi lesquels était Niccoluccio Caccianimico. A son retour, descendu de cheval, il se trouva au milieu de ses convives, ayant également trouvé la dame plus belle et mieux portante que jamais, et son petit enfant en bon état ; aussi, il fit asseoir ses hôtes à table d'un air de vive allégresse, et les fit magnifiquement servir de toutes sortes de victuailles. Le repas touchant à sa fin, et ayant tout d'abord prévenu la dame de ce qu'il entendait faire, et arrangé avec elle la façon dont elle devait s'y prendre, il se mit à parler ainsi : « — Sei-
« gneurs, je me souviens d'avoir une fois entendu dire
« qu'en Perse il existe une coutume très bonne à mon avis
« et qui consiste en ceci : lorsque quelqu'un veut faire
« grand honneur à son ami, il l'invite à dîner et là il lui
« montre ce qu'il a de plus cher, soit sa femme, soit un
« ami, soit sa fille, soit toute autre chose, affirmant que, s'il
« pouvait, il lui montrerait de même le fond de son cœur.
« Cette coutume, j'entends l'observer à Bologne. Vous avez
« bien voulu honorer mon banquet, et je veux vous faire
« honneur à la mode de Perse, en vous montrant la chose la
« plus chère que j'aie au monde et que je doive jamais avoir.
« Mais auparavant, je vous prie de me dire ce que vous
« pensez d'un doute que je vais vous soumettre. Il y a quel-
« qu'un qui a chez lui un bon et fidèle serviteur, lequel
« tombe gravement malade ; sans attendre la mort de ce
« serviteur, son maître le fait porter au milieu de la rue, et
« n'a plus cure de lui. Vient un étranger qui, mu de pitié,
« le recueille dans sa maison et l'entourant de grands soins
« le ramène en bonne santé. Je voudrais savoir si, le gar-
« dant chez lui et s'en servant comme d'un serviteur, le pre-

« mier maître peut en bonne équité s'en plaindre ou se fâ-
« cher contre le second maître si celui-ci refuse, sur sa
« demande, de lui rendre son serviteur. — »

« Les gentilshommes, après avoir fort discuté entre eux, et se trouvant tous d'un même avis, confièrent leur réponse à Niccoluccio Caccianimico, pour ce qu'il était beau parleur. Celui-ci loua tout d'abord la coutume de Perse et dit qu'il était du même avis que les autres ; que le premier maître n'avait plus aucun droit sur son serviteur, puisqu'il l'avait non seulement abandonné dans une telle circonstance, mais chassé ; et que par les bienfaits du second maître, le serviteur lui semblait justement devenu sien ; pour quoi, en le retenant à son service, le second maître ne faisait aucun tort, aucune violence, aucune injure au premier. Tous les autres convives, parmi lesquels il y avait des hommes de grande valeur, dirent tous qu'ils s'en tenaient à ce qui avait été répondu par Niccoluccio.

« Le chevalier, satisfait d'une telle réponse, et surtout de ce que c'était Niccoluccio qui la lui avait faite, affirma qu'il partageait aussi cette opinion ; puis il dit : « — Il est temps « que je vous fasse honneur selon ma promesse. — » Et ayant appelé deux de ses familiers, il les envoya vers la dame qu'il avait fait richement vêtir et orner, et lui fît dire qu'elle lui fît le plaisir de venir réjouir les gentilshommes par sa présence. La dame, ayant pris sur les bras son enfant qui était très beau, s'en vint dans sa salle, accompagnée des deux familiers. Là, sur la prière du chevalier, elle s'assit auprès d'un gentilhomme, et messer Gentile dit : « — Sei-« gneurs, cette dame est ce que j'ai et ce que j'entends « avoir de plus précieux ; voyez s'il vous semble que j'aie « raison. — » Les gentilshommes après l'avoir grandement honorée et louée, et avoir affirmé au chevalier qu'il devait l'avoir pour chère, se mirent à la regarder, et il y en avait beaucoup qui auraient dit qui elle était, s'ils ne l'avaient tenue pour morte. Mais Niccoluccio la regardait plus que tous les autres, et le chevalier étant sorti un instant, brûlant de savoir qui elle était, et ne pouvant plus se contenir, il lui demanda si elle était Bolonaise ou étrangère. La dame se voyant interroger par son mari, eut peine à se tenir pour ne pas répondre ; mais cependant pour observer la convention établie, elle se tut. Un autre convive lui ayant demandé si cet enfant était le sien, et un autre si elle était la femme de Gentile, ou bien sa parente d'une autre façon, elle ne répondit à aucun d'eux. Mais, messer Gentile revenant, l'un de ses hôtes dit : « — Messire, c'est une belle chose que vous « avez là, mais elle nous semble muette ; est-il vrai qu'elle « le soit ? — » « — Seigneurs — dit messer Gentile — « son silence jusqu'à présent n'est pas petite preuve de son

« mérite. — » « — Dites-nous donc, vous — poursuivit
« son interlocuteur — qui elle est. — » Le chevalier dit :
« — Je le ferai volontiers, à condition que vous me promet-
« trez quelque chose que je dise, que personne de vous ne
« bougera de sa place avant que j'aie fini ce que j'ai à
« dire. — » Chacun l'ayant promis et les tables étant enlevées, messer Gentile alla s'asseoir à côté de la dame et dit :
« — Seigneurs, cette dame est le loyal et fidèle serviteur
« à propos duquel je vous ai posé une question il y a un
« moment ; les siens la tenant pour peu chère, l'ont jetée
« comme une chose vile et moins qu'utile au milieu de la
« rue ; elle a été recueillie par moi, et par ma sollicitude et
« de mes propres mains je l'ai arrachée à la mort, et Dieu,
« ayant égard à ma bonne affection, de corps épouvantable
« qu'elle était, me l'a fait devenir aussi belle. Mais afin que
« vous entendiez plus complètement comment cela m'est ad-
« venu, je vous le dirai brièvement. — » Et commençant
par leur raconter comment il s'était énamouré d'elle, il leur
dit entièrement ce qui était advenu jusqu'à l'heure présente,
au grand étonnement des assistants ; puis il ajouta : « — C'est
« pourquoi, si vous n'avez point changé d'avis depuis un
« moment, et spécialement Niccoluccio, cette dame m'ap-
« partient justement, et personne ne peut à juste raison me
« la réclamer. — »

« A cela, personne ne répondit, mais chacun attendait ce
qu'il avait encore à dire. Niccoluccio, tous les autres qui
étaient là, et la dame elle-même, pleuraient d'émotion ; mais
messer Gentile, s'étant levé debout, et prenant le petit enfant dans ses bras et la dame par la main alla droit à Niccoluccio et dit : « — Lève-toi compère ; je ne te rends pas
« ta femme que tes parents et les siens ont rejeté ; mais je
« veux te donner cette dame, qui est ma commère, avec son
« fils, lequel, j'en suis sûr, a été engendré par toi et que j'ai
« tenu au baptême et nommé Gentile. Et je te prie de ne
« pas l'avoir pour moins chère, parce qu'elle est restée près
« de trois mois dans ma maison, car je te jure — par ce
« Dieu qui peut-être me fit autrefois devenir amoureux d'elle
« afin que mon amour fût, comme il a été en effet, la cause
« de son salut, — qu'elle n'a jamais vécu plus honnêtement
« avec son père, avec sa mère, ou avec toi-même, qu'elle ne
« l'a fait chez moi. — » Cela dit, il se tourna vers la dame
et dit : « — Madame, désormais je vous délie de la pro-
« messe que vous m'avez faite, et je vous remets libre à
« Niccoluccio. — » Et ayant remis la dame et l'enfant entre
les bras de Niccoluccio, il retourna s'asseoir.

« Niccoluccio reçut sa femme et son fils avec un grandissime désir, d'autant plus joyeux qu'il était plus loin de s'y
attendre ; et du mieux qu'il put et qu'il sut, il remercia le

chevalier ; et tous les autres, qui pleuraient de pitié, le louèrent beaucoup de cette action, et il en fut approuvé par quiconque l'entendit. La dame fut reçue chez elle avec une merveilleuse fête et fut regardée longtemps avec admiration par les Bolonais quasi comme une ressuscitée. Quant à messer Gentile, il vécut constamment ami de Niccoluccio et de ses parents, ainsi que de ceux de la dame.

« Que direz-vous donc, ici, mes bénignes dames ? Estimerez-vous que l'action d'un roi, qui a donné le sceptre et la couronne ; d'un abbé qui a, sans qu'il lui en ait coûté rien, réconcilié un malfaiteur avec le pape ; ou d'un vieillard qui a offert sa gorge au couteau de son ennemi, puisse égaler l'action de messer Gentile, lequel, jeune et ardent, et croyant avec un juste titre à la possession de ce que la sottise d'autrui avait repoussé et que sa bonne fortune lui avait fait recueillir, non seulement tempéra honnêtement son ardeur, mais restitua libéralement ce qu'il avait longtemps désiré et cherché à dérober ? Certes, aucune des actions généreuses déjà racontées ne me paraît égaler celle-là. — »

NOUVELLE V

Madame Dianora demande à messer Ansaldo un jardin aussi beau en janvier qu'au mois de mai. Messer Ansaldo, avec l'aide d'un nécromancien, le lui donne. Son mari lui accorde la permission de se mettre à la disposition de messer Ansaldo. Celui-ci, ayant appris la générosité du mari, la relève de sa promesse, et de son côté, le nécromancien, sans rien vouloir de lui, tient messer Ansaldo pour quitte.

Chacun dans la joyeuse compagnie avait porté les louanges de messer Gentile jusqu'aux nues, quand le roi ordonna à Emilia de poursuivre ; celle-ci, quasi désireuse de parler, commença ainsi hardiment, « — Délicates dames, nul ne pourrait dire avec raison que messer Gentile n'a pas magnifiquement agi ; mais si l'on voulait dire qu'on ne peut pas agir plus magnifiquement encore, il ne serait pas difficile à montrer que cela se peut ; c'est ce que je prétends vous raconter dans ma petite nouvelle.

« Dans le Frioul, pays, quoique froid, égayé de belles montagnes, de nombreuses rivières et de claires sources, est une ville nommée Udine, dans laquelle fut jadis une belle et noble dame, appelée madame Dianora et femme d'un certain Gilberto, homme très riche, fort plaisant et de bonne mine. Le mérite de cette dame lui valut d'être souverainement aimée par un noble et grand baron, lequel avait nom messer Ansaldo Cradense, homme de grande entreprise et connu partout par ses faits d'armes et sa courtoisie. Il aimait ardemment la dame, faisant tout ce qu'il pouvait pour être aimé d'elle, la pressant souvent par messages ; mais il s'efforçait en vain. Les sollicitations du chevalier étant même très ennuyeuses à la dame, celle-ci voyant qu'il ne lui suffisait pas de refuser tout ce qu'il lui demandait pour le faire renoncer à son amour et à ses poursuites, imagina de s'en débarrasser par une demande étrange et, à son avis, impossible à réaliser. Elle parla un jour ainsi à une femme qui venait souvent la trouver de la part du chevalier : « — Bonne « femme, tu m'as souvent affirmé que messer Ansaldo « m'aime par-dessus tout et tu m'as offert de sa part de « merveilleux présents que je veux qu'il garde par devers « lui, pour ce que je ne me déciderais jamais pour de tels « présents à l'aimer ni à lui complaire. Et si je pouvais être « sûre qu'il m'aime autant que tu dis, je me déciderais sans « faute à l'aimer et à faire ce qu'il voudrait ; et pour ce, s'il « veut m'en donner une preuve en faisant ce que je demanderai, je me tiendrai à ses ordres. — » La bonne femme dit : « — Qu'est-ce, madame, que vous désirez qu'il « fasse ? — » La dame répondit : « — Ce que je désire, le « voici : je veux pour le mois de janvier prochain auprès « de cette ville un jardin plein d'herbes vertes, de fleurs et « d'arbres feuillus, non autrement fait que si c'était au mois « de mai ; s'il ne le fait pas, qu'il ne t'envoie plus jamais « vers moi ; pour ce que s'il me presse davantage, de même « que j'ai jusqu'ici tout caché à mon mari et à mes parents, « je m'en plaindrai à eux et je tâcherai de m'en débarrasser « ainsi. — »

« Le chevalier, ayant appris la demande et la proposition de la dame, et bien que la chose lui parût difficile et quasi impossible à faire, et qu'il comprît que la dame ne lui demandait pas pour un autre motif que pour lui enlever toute espérance, résolut cependant de tenter ce qu'il pourrait, et il envoya chercher dans toutes les parties du monde s'il ne trouverait point quelque part quelqu'un qui lui donnât aide ou conseil. Il mit enfin la main sur quelqu'un qui lui offrit de le faire au moyen de la nécromancie, pourvu qu'il fût bien payé. Ansaldo étant convenu avec lui d'un gros prix d'argent, attendit joyeux le moment qu'on lui avait fixé. Ce moment venu, les froids étaient très grands et tout étant couvert de neige et de glace, le savant nécromancien fit si bien de son art, pendant la nuit qui précédait les calendes de janvier, qu'il fit apparaître le lendemain matin, dans un très beau pré voisin de la ville, un des plus beaux jardins que personne eût jamais vus, suivant l'avis de ceux qui l'aperçurent, avec des plantes, des arbres et des fruits de toutes espèces. Aussitôt que messer Ansaldo l'eut vu, très joyeux, il fit cueillir les plus beaux fruits et les plus belles fleurs qui y étaient et les fit secrètement présenter à la dame en l'invitant à voir le jardin qu'elle avait demandé, afin qu'elle pût connaître par là combien il l'aimait, et se souvenir de la promesse qu'elle lui avait faite avec serment, et lui tenir ensuite, en dame loyale, cette promesse.

« La dame, voyant les fleurs et les fruits, et ayant déjà entendu parler du merveilleux jardin par beaucoup de gens, commença à se repentir de sa promesse ; mais malgré tout son regret, désireuse de voir ces choses extraordinaires, elle alla voir le jardin avec bon nombre d'autres dames de la ville, et après l'avoir beaucoup admiré, non sans étonnement, elle s'en retourna chez elle, plus affligée que femme qu'il y eût, songeant à ce à quoi elle s'était engagée. Son chagrin fut tel, que ne pouvant le cacher assez, il advint que, comme il éclatait au dehors, son mari s'en aperçut et voulut en savoir le motif. La dame se tut par vergogne ; enfin y étant forcée, elle lui dit tout. Gilberto, entendant cela, se fâcha vivement d'abord ; puis, considérant la pureté des intentions de la dame, il chassa la colère, et mieux conseillé il dit : « — Dia-
« nora, ce n'est pas un acte de femme sage, ni honnête que
« d'écouter des messages de cette sorte, ni de livrer à per-
« sonne sa chasteté à la merci d'un pacte. Les paroles re-
« cueillies par les oreilles du cœur ont plus grande force
« que beaucoup ne pensent, et quasi tout devient possible
« aux amants. Tu as donc mal fait d'abord d'écouter,
« puis de t'engager dans un pacte ; mais comme je connais
« la pureté de ton âme, et pour te délier de ta promesse, je
« t'accorderai ce que probablement aucun autre ne ferait,
« poussé que je suis encore par la peur du nécromancien
« auquel peut-être messer Ansaldo irait se plaindre si tu te
« moquais de lui. Je veux que tu ailles le trouver, et si tu
« le peux par un moyen quelconque, efforce-toi de conserver
« ton honneur ; tu seras alors déliée de cette promesse ; si
« tu ne peux pas faire autrement, abandonne-lui pour cette
« fois ton corps, mais non pas ton âme. — »

« En entendant son mari, la dame pleurait et refusait de recevoir de lui une pareille autorisation ; mais, malgré le refus de sa femme, il plut à Gilberto qu'il en fût ainsi. Pour quoi, le lendemain matin, dès l'aurore, sans aucun ornement, précédée de deux de ses familiers et suivie d'une cámeriste, la dame s'en alla en la demeure de messer Ansaldo. Celui-ci, apprenant que la dame était venue, s'étonna fort, et s'étant levé, il fit appeler le nécromancien et dit : « — Je veux que
« tu vois quel bien ton art m'a fait acquérir. — » Et étant allé à la rencontre de la dame, sans montrer d'appétit désordonné, il la reçut honnêtement et avec grand respect ; puis, après avoir fait entrer tout le monde dans une belle cham-

bre où il y avait un grand feu et l'avoir fait asseoir, il dit :
« — Madame, je vous prie, si le long amour que je vous
« ai porté mérite quelque récompense, qu'il ne vous dé-
« plaise point de me dire la raison qui vous a fait venir ici
« en pareille compagnie. » — La dame, pleine de vergogne
et quasi les larmes aux yeux, repondit : « — Messire, ce
« n'est ni l'amour que je vous porte, ni la promesse faite
« qui m'amènent ici, mais l'ordre de mon mari, lequel,
« ayant eu plus d'égard pour les peines de votre amour
« désordonné que pour son honneur et le mien, m'a fait ici
« venir ; et, sur son ordre, je suis prête, pour cette fois, à
« faire selon votre plaisir. — »

« Si messer Ansaldo s'était tout d'abord étonné en entendant la dame, il s'étonna bien plus encore, et tout ému de
la libéralité de Gilberto, il sentit son ardeur se changer en
compassion, et il dit : « — Madame, à Dieu ne plaise, puis-
« qu'il en est comme vous dites, que je souille l'honneur de
« celui qui a eu pitié de mon amour ; et pour ce, vous serez
« ici, si cela vous plaît, non autrement que si vous étiez ma
« sœur, et quand il vous agréera, vous pourrez librement
« partir, à la seule condition que vous rendiez à votre mari
« telles grâces que vous jugerez convenables pour tant de
« courtoisie de sa part, et que vous lui direz qu'il m'aura
« toujours à l'avenir pour frère et pour serviteur. — » La
dame, en entendant ces paroles, plus joyeuse que jamais,
dit : « — Je n'ai jamais cru, considérant vos façons d'agir,
« qu'autre chose dût s'en suivre de ma venue ici que ce que
« je vois que vous me faites, et dont je vous serai toujours
« reconnaissante. — » Et ayant pris congé, elle s'en retourna,
accompagnée avec beaucoup d'honneurs, vers Gilberto, et
lui raconta ce qui était advenu, dont il s'ensuivit entre lui
et messer Ansaldo une étroite et loyale amitié.

« Le nécromancien, auquel messer Ansaldo s'apprêtait à
payer le prix convenu, ayant vu la libéralité de Gilberto envers messer Ansaldo et celle de ce dernier envers la dame,
dit : « — A Dieu ne plaise, qu'après avoir vu Gilberto si
« libéral de son honneur et vous si libéral de votre amour,
« je ne me montre pas moi-même libéral en ce qui concerne
« mon paiement ; et pour ce, reconnaissant que ce paiement
« est bien en vos mains, j'entends que vous le gardiez. — »
Le chevalier rougit, et s'efforça de lui faire accepter tout ou
partie de son salaire ; mais ce fut en vain. Trois jours après,
le nécromancien ayant défait son jardin, et désirant partir,
le chevalier le recommanda à Dieu, et ayant chassé de son
cœur son amour sensuel pour la dame, il resta épris d'une
honnête amitié pour elle.

« Que dirons-nous ici, aimables dames ? Opposerons-nous
la dame presque morte et l'amour déjà refroidi par la perte

de tout espoir, à cette libéralité de messer Ansaldo, épris plus fortement que jamais, quasi enflammé d'une plus vive espérance, et tenant en ses mains la proie tant poursuivie? Ce serait sottise, à mon avis, que la première libéralité pût se comparer à celle-ci. — »

NOUVELLE VI

Le roi Charles le Victorieux, étant vieux, devient amoureux d'une jeune fille ; rougissant de son fol amour, il la marie honorablement ainsi qu'une de ses sœurs.

Qui pourrait pleinement raconter les discussions variées qui eurent lieu entre les dames pour savoir qui avait montré le plus de libéralité, de Gilberto, de messer Ansaldo ou du nécromancien, et au sujet de la conduite de madame Dianora, en aurait trop long à dire. Mais après que le roi les eut laissées discuter quelque temps, il se tourna vers la Fiammetta et lui ordonna de trancher la question entre elles en contant une nouvelle. Celle-ci, sans plus de retard, commença : « — Splendides dames, j'ai toujours été d'avis que dans les réunions comme la nôtre, on devait si largement deviser, que le sens plus ou moins étroit des choses dites ne fût point prétexte à discussions, lesquelles conviennent beaucoup plus dans les écoles aux étudiants qu'à nous, qui suffisons à peine aux travaux de la quenouille et du fuseau. Et pour ce, moi qui avais peut-être à l'esprit quelque chose de douteux, je le laisserai de côté, vous voyant en discussion pour les choses déjà dites, et j'en dirai une, non pas sur un homme de peu d'importance, mais sur un roi valeureux qui agit en chevalier sans porter aucune atteinte à son honneur.

« Chacune de vous peut avoir plus d'une fois entendu rappeler le nom du roi Charles le vieux, autrement Charles premier, par la magnifique entreprise duquel — et surtout par la glorieuse victoire qu'il remporta sur le roi Manfred,— les Gibelins furent chassés de Florence où rentrèrent les Guelfes. Par suite de quoi, un chevalier, nommé messer Neri degli Uberti, étant sorti de la ville avec toute sa famille et de grosses sommes d'argent, ne voulut pas aller se réfugier ailleurs que sous la protection du roi Charles ; et pour vivre en un lieu solitaire où il pourrait tranquillement finir ses jours, il s'en alla à Castel da Mare di Distabia, et là, à une distance d'un trait d'arbalète environ des autres habitations de la ville, au milieu des oliviers, des noyers et des châtaigniers dont le pays abondait, il acheta un domaine sur lequel il fit faire une belle et commode habitation, et, tout à côté, un agréable jardin au milieu duquel ayant des eaux vives en abondance, il établit un vaste et clair vivier qu'il remplit facilement d'une grande quantité de poissons.

« Pendant qu'il ne songeait qu'à rendre son jardin chaque jour plus beau, il advint que le roi Charles, au temps de la canicule, s'en vint à Castello da Mare pour se reposer un peu, et ayant entendu parler de la beauté du jardin de messer Neri, il voulut le voir. Ayant appris à qui il était, il pensa que, le chevalier étant du parti opposé au sien, il fallait en user avec lui d'une façon plus affable, et il lui envoya dire qu'il voulait aller, secrètement et avec quatre amis, souper avec lui la nuit suivante dans son jardin. Cela fut très agréable à messer Neri, et ayant magnifiquement préparé et ordonné avec ses serviteurs ce qu'il y avait à faire, il reçut le roi dans son beau jardin de l'air le plus joyeux qu'il put et qu'il sut. Le roi, après avoir vu et admiré tout le jardin et la maison de messer Neri, et les tables ayant été dressées tout à côté du vivier, s'assit à l'une d'elles, après s'être lavé, et ordonna au comte Guido de Montfort qui était un de ses compagnons, de s'asseoir à un de ses côtés, et à messer Neri de s'asseoir de l'autre ; quant aux trois autres personnes qui étaient venues avec lui, il leur commanda de servir, suivant l'ordre fixé par messer Neri. On apporta de délicates victuailles, les vins furent exquis et précieux, et le service fut si bien et si convenablement fait, que le roi n'eut à souffrir d'aucun bruit de dispute, ce qu'il loua fort.

« Pendant qu'il mangeait d'un air joyeux, et enchanté de ce lieu solitaire, entrèrent dans le jardin deux jouvencelles, âgées d'environ quinze ans chacune, blondes comme l'or, avec les cheveux tout crespelés et surmontés d'une légère guirlande de pervenches. Leurs yeux semblaient plutôt appartenir à des anges qu'à des créatures humaines, tant elles les avait fins et beaux ; et elles portaient sur leur chair des vêtements de lin très fins et blancs comme neige, très étroits au-dessus de la ceinture, et de la ceinture en bas flottants et longs jusqu'aux pieds, comme un pavillon. Celle qui marchait la première portait sur ses épaules une paire de filets à pêcher qu'elle tenait de sa main gauche, et avait dans sa main droite un long bâton. Celle qui venait après, avait sur son épaule gauche une poêle, sous le même bras un petit fagot de bois, et à la main un trépied ; de l'autre main elle portait un petit pot d'huile et un flambeau allumé. Les jeunes filles, arrivées devant le roi, lui firent en rougissant une révérence respectueuse ; puis étant allés à l'endroit par où l'on entrait dans le vivier, celle qui avait la poêle la posa par terre ainsi que tous les autres objets qu'elle portait, prit le bâton que tenait sa compagne, et toutes les deux entrèrent dans le vivier, dont l'eau leur venait jusqu'à la poitrine. Un des familiers de Messer Neri alluma promptement le feu, et ayant posé la poêle sur le trépied après y avoir versé de l'huile, il se mit à attendre que les jeunes filles lui jetassent du poisson.

« Ces deux dernières, l'une d'elles fouillant dans les endroits où elle savait que les poissons se cachaient, et l'autre tenant le filet tout prêt, eurent en peu de temps, au grandissime plaisir du roi qui les regardait attentivement, pris beaucoup de poissons. Après en avoir jeté quelques-uns au familier qui les mettait quasi vivants dans la poêle, elles se mirent très habilement à prendre parmi les plus beaux, et à les jeter sur la table devant le roi, le comte Guido et leur père. Ces poissons sautaient sur la table, de quoi le roi éprouvait un merveilleux plaisir, et prenant lui-même à son tour quelques-uns de ces poissons, il les rejetait en s'amusant aux jeunes filles ; ils plaisantèrent ainsi quelque temps, jusqu'à ce que le familier eût fait cuire ceux qu'on lui avait donnés, et qui, sur l'ordre de Messer Neri, furent mis devant le roi, plutôt comme un entremets, que comme un plat rare ou agréable. Les jeunes filles voyant le poisson cuit, et ayant assez pêché, sortirent du vivier, leur blanc et fin vêtement collant à leur chair et ne cachant pour ainsi dire rien de la forme délicate de leurs formes, et ayant repris chacune les objets qu'elles avaient d'abord, elles passèrent en rougissant devant le roi, et s'en retournèrent à la maison.

« Le roi, le comte et ceux qui les servaient, avaient beaucoup regardé ces jeunes filles, et chacun d'eux les avait, en soi-même, admirées comme belles et bien faites, et en outre pour leurs manières et leur tenue ; mais elles avaient plu au roi par-dessus tout. Il avait si attentivement examiné toutes les parties de leur corps, quand elles étaient sorties de l'eau que si on l'eût piqué, il ne l'aurait point senti. Pensant de plus en plus à elles, sans savoir qui elles étaient ni comment, il se sentit naître dans le cœur un ardent désir de les posséder, pour quoi il vit bien qu'il était prêt d'en devenir amoureux s'il n'y prenait garde ; et il ne savait pas lui-même quelle était celle des deux qui lui plaisait le plus, tellement elles se ressemblaient en tout l'une à l'autre. Mais quand il se fut un moment livré à ces pensers, s'étant retourné vers Messer Neri, il lui demanda qui étaient les deux demoiselles ; à quoi Messer Neri répondit : « — Mon« seigneur, ce sont mes filles, nées toutes deux le même « jour ; l'une s'appelle Ginevra la belle, et l'autre Isotta la « blonde. — » Sur quoi, le roi les loua beaucoup et l'engagea à les marier ; mais Messer Neri s'excusa en disant qu'il ne le pouvait plus.

« Sur ces entrefaites, comme il ne restait plus à servir que les fruits, les deux jouvencelles vinrent, en jupes de taffetas très belles, et portant deux grandissimes plats d'argent chargés de fruits variés, suivant que la saison le comportait, et les posèrent devant le roi sur la table. Cela fait, elles se retirèrent un peu en arrière, et se mirent à chanter une canzone dont les paroles commençaient ainsi :

>   Là où je suis arrivé, Amour,
>   On ne pourrait chanter longuement...

Elles chantèrent d'une façon si douce et si plaisante, qu'il semblait au roi qui les regardait et les écoutait avec ravissement, que toutes les hiérarchies des anges étaient descendues en cet endroit pour chanter. La chanson dite, s'étant agenouillées elles demandèrent congé au roi qui le leur accorda d'un air en apparence joyeux, bien que leur départ le fâchât.

« Le souper fini, le roi et ses compagnons remontèrent à cheval, et ayant quitté Messer Neri, ils s'en retournèrent au logis royal en devisant d'une chose et d'une autre. Là, le roi tenant son amour caché, et ne pouvant, quelque affaire sérieuse qui se présentât, oublier la beauté et la grâce de Ginevra la belle, dont il aimait aussi la sœur pour ce qu'elle lui ressemblait, s'empêtra tellement dans les gluaux amoureux, qu'il ne pouvait songer quasi à autre chose. Saisissant d'autres prétextes, il s'était lié d'une étroite amitié avec Messer Neri, et le visitait très souvent dans son beau jardin, pour voir la Ginevra. Enfin, ne pouvant pas supporter plus longtemps sa passion, et lui étant venu en la pensée de voir s'il ne pourrait point enlever à leur père non seulement une des jeunes filles, mais toutes les deux, il confia son amour et son intention au comte Guido, lequel, pour ce que c'était un honnête homme, lui dit :

« — Monseigneur, j'ai grand étonnement de ce que vous
« me dites, et je l'ai d'autant plus grand que ne l'aurait
« tout autre, qu'il me paraît avoir mieux que personne connu
« vos habitudes depuis votre enfance jusqu'à ce jour. Et ne
« vous ayant jamais connu une telle passion dans votre jeu-
« nesse, alors que l'amour aurait pu plus facilement vous
« saisir dans ses liens, je trouve si nouveau et si extraor-
« dinaire que vous, que je vois déjà vieux, aimiez d'amour,
« que cela me semble quasi un miracle ; et s'il m'apparte-
« nait de vous en blâmer, je sais bien ce que je vous en di-
« rais, considérant que vous avez encore le harnais sur le
« dos dans un royaume nouvellement conquis, parmi une

« population que vous ne connaissez pas et pleine de ruses
« et de trahisons ; que vous êtes tout entier occupé de gran-
« dissimes soucis et de hautes affaires, et que vous n'avez
« pas encore pu vous asseoir. Qu'au milieu de tant de cho-
« ses vous ayiez donné place à un amour trompeur, ce n'est
« pas là l'acte d'un roi magnanime, mais bien d'un jeune
« homme pusillanime. En outre, ce qui est bien pis, vous
« dites que vous avez résolu d'enlever les deux filles au
« pauvre chevalier qui vous a honoré dans sa maison au-
« delà de ses moyens, et, pour vous faire davantage hon-
« neur, vous a fait voir ses filles quasi nues, témoignant
« par là quelle confiance il a en vous, et qu'il croit que vous
« êtes un roi et non un loup rapace. Vous est-il donc si tôt
« sorti de la mémoire que ce sont les violences faites aux
« femmes par Manfred qui vous ont ouvert l'entrée de ce
« royaume ? Quelle trahison fut-elle jamais commise plus
« digne d'un éternel supplice que le serait celle-ci, à savoir
« que vous enleviez à celui qui vous a fait honneur, et son
« honneur, et son espérance et sa consolation ? Que dirait-
« on de vous, si vous faisiez cela ? Vous pensez peut-être
« que ce serait une excuse suffisante de dire : je l'ai fait
« pour ce qu'il est Gibelin. La justice des rois consiste-
« t-elle maintenant à traiter de la sorte ceux, quels qu'ils
« soient, qui se sont réfugiés dans leurs bras ? Je vous rap-
« pelle, ô roi, que ç'a été grandissime gloire pour vous, de
« vaincre Manfred, mais que c'en est une bien plus grande
« de se vaincre soi-même ; et pour ce, vous qui avez à cor-
« riger les autres, triomphez de vous-même et refrénez cet
« appétit, et gardez-vous de souiller par cette tache ce que
« vous avez si glorieusement acquis. — »

« Ces paroles émurent amèrement l'âme du roi, et l'af-
fligèrent d'autant plus qu'il sentait qu'elles disaient vrai ;
pour quoi, après un profond soupir, il dit : « — Comte,
« j'estime certainement qu'il n'y a point d'ennemi, si fort
« qu'il soit, qu'il ne soit plus facile à vaincre par un guer-
« rier habile qu'il n'est facile de vaincre soi-même son
« propre appétit ; mais bien que le chagrin soit grand, et
« qu'il faille une force inexprimable, vos paroles m'ont si
« fort aiguillonné, qu'il faut, avant qu'il soit peu, que je
« vous fasse voir par des preuves que, de même que je sais
« vaincre les autres, je sais aussi me vaincre moi-même. »
Peu de jours après cet entretien, le roi étant retourné à
Naples, tant pour s'enlever toute occasion de faire quelque
action blâmable, que pour récompenser le chevalier de l'honneur qu'il en avait reçu, et bien qu'il lui parût dur de rendre
autrui possesseur du bien qu'il désirait souverainement pour
lui-même, résolut de marier les deux jeunes filles, non
comme si elles étaient les filles de Messer Neri, mais comme

si elles étaient les siennes. Les ayant magnifiquement dotées, du consentement de Messer Neri, il donna Ginevra la belle à Messer Maffeo da Palizzi, et Izotta la blonde à Messer Giuglielmo della Magna, tous deux nobles chevaliers et grands barons. Après les leur avoir remises, il s'en alla dans la Pouille, plein d'une douleur inexprimable, et là il macéra tant et si bien son cruel appétit par de continuelles fatigues, qu'ayant enfin brisé et rompu les amoureuses chaînes, il se délivra pour le reste de sa vie d'une si grande passion.

« Il y en aura peut-être qui diront que c'est petite chose pour un roi que d'avoir marié deux jouvencelles ; je l'accorde, mais je dirai que c'est une grande, une grandissime chose si c'est un roi amoureux qui marie celle qu'il aimait sans avoir pris ou sans prendre de son amour, fleur, feuille ou fruit. Donc, le magnifique roi agit ainsi, estimant bien haut le noble chevalier, honorant d'une façon louable les jeunes filles qu'il aimait, et triomphant fortement de soi-même. — »

NOUVELLE VII

Le roi Pierre ayant appris le fervent amour que lui portait Lisa, va la voir pendant qu'elle est malade et la console. Puis il la marie à un gentil chevalier, la baise au front, et dès ce moment se proclame pour toujours son chevalier.

La Fiammetta étant arrivée à la fin de la nouvelle, et la virile munificence du roi Charles avait été fort louée, bien que quelques-unes des dames qui se trouvaient là n'eussent pas voulu y applaudir, étant gibelines, quand Pampinea, sur l'ordre du roi, commença : « — Il n'est point d'homme avisé, nobles dames, qui ne tiendrait le même langage que vous sur le bon roi Charles, sinon celui qui lui voudrait du mal par ailleurs ; mais pour ce que me vient en la mémoire une chose non moins louable peut-être que la précédente, faite par un roi, ennemi de Charles, à une de nos jeunes Florentines, il me plaît de vous la raconter.

« Au temps où les Français furent chassés de Sicile, il y avait à Palerme, comme apothicaire, un de nos concitoyens de Florence, homme fort riche et nommé Bernardo Puccini, lequel avait eu de sa femme une fille unique très belle et qui était déjà en âge d'être mariée. En ce temps aussi, le roi Pierre d'Aragon était devenu seigneur de l'île et faisait à Palerme une merveilleuse fête avec ses barons. Un jour qu'il joutait à la manière catalane, il arriva que la fille de Bernado, qui avait nom Lisa, le vit courir d'une fenêtre où elle était avec d'autres dames. Il lui plut tellement, que, le regardant à plusieurs reprises, elle s'énamoura fortement de lui. La fête terminée, et rentrée dans la maison de son père, elle ne pouvait songer à autre chose, sinon à l'amour qu'elle portait à si haut et si magnifique personnage. Ce qui lui causait le plus de chagrin, c'était la conscience qu'elle avait de son infime condition, qui ne lui laissait pas la moindre espérance d'un heureux résultat. Pourtant, elle ne voulait point cesser d'aimer le roi, mais, par crainte d'un ennui plus grand, elle n'osait manifester son amour. Le roi ne s'en était point aperçu et n'en avait cure ; de quoi, selon qu'on peut le penser, elle souffrait une intolérable douleur. Il en advint que, son amour s'augmentant sans cesse, et la mélancolie s'ajoutant à la mélancolie, la belle jouvencelle n'en pouvant plus, tomba malade, et elle se consumait de jour en jour à vue d'œil, comme la neige au soleil. Le père et la mère, fort affligés de cet événement, s'efforçaient de la réconforter, et lui prodiguaient, en médecins et en médecines, tous les soins que faire se pouvait ; mais cela ne servait à rien, pour ce que, désespérant de son amour, elle avait résolu de ne plus vivre.

« Or il advint que son père lui offrant de faire tout ce qu'elle désirerait, il lui vint à la pensée de faire, avant de mourir, connaître au roi, si cela se pouvait, et son amour et son désir ; et pour ce elle pria un jour son père de faire venir près d'elle Minuccio d'Arezzo. Minuccio était, en ces temps, tenu pour un très fin chanteur et sonneur de luth, et volontiers reçu par le roi Pierre. Bernardo croyant que la Lisa voulait l'entendre un peu chanter et sonner du luth, le lui fit dire, et lui qui était un homme très complaisant, vint incontinent la voir. Après qu'il l'eut un peu réconfortée par d'amoureux propos, il se mit à sonner doucement sur sa viole une sonate, puis il chanta quelques chansons ; mais tout cela était feu et flamme pour l'amour de la jeune fille, là où Minuccio croyait la consoler. Quand il eut fini, la jeune fille dit qu'elle voulait lui dire quelque chose à lui seul ; pour quoi, tout le monde s'étant retiré, elle lui dit : « — Minuccio, je
« t'ai choisi pour fidèle gardien de mon secret, espérant
« d'abord que tu ne le découvrirais jamais à personne, sinon
« à celui que je te dirai, puis que tu m'aiderais en cela de
« tout ton pouvoir ; ce dont je te prie. Il faut donc que tu
« saches, mon cher Minuccio, que le jour où notre seigneur
« le roi Pierre fit la grande fête de son couronnement, il
« m'est arrivé de le voir pendant qu'il faisait des armes, et
« d'être à ce point touchée par sa vue que, d'amour pour lui,
« un feu s'est allumé en mon âme. C'est lui qui m'a mise en
« l'état où tu me vois. Je connais que mon amour ne con-
« vient point à un roi, mais comme je ne puis, je ne dis pas

« le chasser, mais même en restreindre l'ardeur, et qu'il
« m'est trop douloureux à supporter, j'ai résolu, pour avoir
« moindre mal, de mourir ; et ainsi ferai-je. Il est vrai que
« je m'en irais grandement désolée, si avant que je meure,
« il ne le savait pas ; et comme je ne connais personne qui
« lui puisse plus facilement que toi exposer mon désir, je
« veux t'en donner la mission, et je te prie de ne point re-
« fuser de ce faire. Quand tu l'auras fait, fais-le moi savoir,
« afin que, mourant consolée, je me délivre d'une telle
« peine. — » Et ceci dit, elle se tut tout en pleurs.

« Minuccio, étonné de la hauteur d'âme de cette jeune
fille et de sa fière proposition, en eut grand'pitié, et soudain
ayant imaginé de quelle façon il la pourrait honnêtement
servir, il lui dit : « — Lisa, je t'engage tout d'abord ma foi,
« sur laquelle tu peux te reposer, car jamais tu ne seras
« trompée par elle ; puis je te loue d'une si haute pensée que
« celle d'avoir placé ton amour sur un si grand roi. Je t'offre
« mon concours, à l'aide duquel j'espère, alors que tu veux
« seulement te consoler un peu, faire de telle sorte qu'avant
« que se soit passé le troisième jour, je t'apporterai des
« nouvelles qui te seront chères ; et pour ne point perdre
« de temps, je veux commencer tout de suite. — » La Lisa
l'ayant de nouveau prié et lui ayant promis de se réconforter,
lui dit d'aller à la garde de Dieu.

« Minuccio l'ayant quittée, s'en fut trouver un certain
Mico de Sienne, très bon arrangeur de rimes de cette époque,
et l'amena par ses prières à faire la chanson suivante :

Meus-toi, Amour, et va-t-en vers Messire ;
   Conte-lui les peines que j'endure ;
   Dis-lui que je vais mourir,
Obligée, par crainte, de cacher mon désir.

Je t'en prie, Amour, à mains jointes,
   Va-t-en où reste Messire.
   Dis-lui que je le désire souvent et que je l'aime,
Si doucement mon cœur s'en est énamouré ;
Et que, du feu dont je suis tout embrasée,
Je crains de mourir, sans même savoir l'heure
Où je serai délivrée de la peine si cruelle
Que j'endure pour lui, pleine à la fois de désir,
   De crainte et de vergogne.
   Hélas ! pour Dieu, fais-lui savoir mon mal.

Depuis, Amour, que de lui je me suis énamourée,
   Tu ne m'as pas donné autant d'audace que de crainte,

De sorte que j'aie pu une seule fois
Faire ouvertement montre de mon désir
A celui qui me tient en si grande angoisse ;
Et mourir ainsi m'est chose cruelle.
Peut-être qu'il ne l'aurait point à déplaisir
S'il savait quelle peine je ressens,
Et si tu m'avais donné la hardiesse
De lui faire connaître mon état.

Puisque, Amour, il ne t'a point plu
De me donner cette assurance
De faire connaître mon âme à Messire,
Soit par message, soit par autre signe,
Je te requiers en grâce, mon doux maître,
D'aller à lui et de lui donner souvenance
Que le jour où je le vis avec l'écu et la lance
Combattre avec d'autres chevaliers,
Je me mis à le regarder,
Tellement énamourée que mon cœur en dépérit.

Minuccio mit sur-le-champ ces paroles sur un air suave et plaintif, comme il convenait à un tel sujet, et le troisième jour il s'en alla à la cour où il trouva le roi Pierre encore à table. Le roi lui ayant dit de chanter quelque chose en s'accompagnant de sa viole, il se mit à sonner et à chanter si doucement cette chanson, que tous ceux qui étaient dans la chambre royale avaient l'air d'hommes stupéfaits, tellement ils se tenaient muets et attentifs à écouter, et le roi quasi plus que les autres. Minuccio ayant fini de chanter, le roi lui demanda d'où venait cette chanson, attendu qu'il ne lui semblait pas l'avoir jamais plus entendue. « — Mon Seigneur « — répondit Minuccio — il n'y a pas encore trois jours « que les paroles et la musique en ont été faites. — » Le roi ayant demandé par qui, Minuccio répondit : « — Je n'ose « le révéler, sinon à vous seul. — » Le roi, désireux de l'apprendre, une fois les tables levées, fit venir Minuccio dans sa chambre où celui-ci lui raconta par le menu tout ce qu'il savait. De quoi le roi fit grande fête, loua beaucoup la jeune fille, et dit qu'il voulait avoir compassion d'une si valeureuse jouvencelle ; que, pour ce, Minuccio allât de sa part la trouver pour la réconforter et lui dire qu'il irait sans faute lui faire visite le jour même sur l'heure de vesprée. Minuccio, très joyeux de porter si plaisante nouvelle à la jeune fille, sans perdre de temps, s'en alla avec sa viole, et ayant parlé à elle seule en particulier, lui raconta tout ce qui s'était passé, et lui chanta la canzone sur sa viole. De quoi la jeune fille fut si heureuse et si contente, que sur-le-champ des signes d'un grand mieux se manifestèrent dans son état ; et sans que personne dans la maison sût ou présumât quoi que ce soit, elle se mit à attendre en un grand désir l'heure de vesprée, à laquelle son seigneur devait venir la voir.

« Le roi qui était un seigneur libéral et bon, après avoir plus d'une fois pensé à ce que Minuccio lui avait dit, et connaissant très bien la jouvencelle et quelle était sa beauté, en eut encore plus compassion, et étant monté à cheval sur l'heure de vesprée et feignant de sortir pour se promener, il se rendit à l'endroit où était située la maison de l'apothicaire. Là, ayant demandé qu'on lui ouvrît la porte d'un très beau jardin que l'apothicaire possédait, il y descendit et au bout d'un moment demanda à Bernardo des nouvelles de sa fille, et s'il ne l'avait point encore mariée. Bernardo répondit : « — Mon Seigneur, elle n'est point mariée ; elle a été au « contraire et elle est encore bien malade ; il est vrai que « depuis ce matin neuf heures elle va admirablement « mieux. — » Le roi comprit parfaitement ce que ce mieux signifiait et dit : « — En bonne foi, ce serait dommage qu'une « si belle créature fût si tôt enlevée de ce monde ; nous vou- « lons aller la voir. — » Et suivi de deux de ses gentilshommes seulement et de Bernardo, il se rendit peu d'instants après dans la chambre de la jeune fille. Dès qu'il y fut entré, il s'approcha du lit où la jeune fille, s'étant un peu soulevée, l'attendait en grand désir, et la prenant par la main, il dit : « — Madame, que veut dire ceci ? Vous êtes « jeune et vous devriez réconforter les autres, et vous vous « laissez vaincre par le mal. Nous voulons vous prier de « consentir, pour l'amour de nous, à vous réconforter de « façon à être promptement guérie. — »

« La jeune fille se sentant toucher les mains par celui qu'elle aimait par-dessus toutes choses, bien qu'elle rougît un peu, éprouvait dans l'âme un aussi grand plaisir que si elle eût été en paradis ; et comme elle put, elle répondit : « — Mon Seigneur, c'est d'avoir voulu soumettre mon peu « de force à un poids trop lourd que m'est venue cette ma- « ladie, dont vous me verrez bientôt guérie, grâce à vous. — » Seul le roi comprenait le langage couvert de la jeune fille, et il l'en estimait toujours davantage, maudissant plus d'une fois en lui-même la fortune qui l'avait faite la fille d'un tel homme. Enfin, après être demeuré quelque temps auprès d'elle et l'avoir encore encouragée, il partit.

« Cette humanité du roi fut beaucoup louée et réputée comme un grand honneur pour l'apothicaire et sa fille. Celle-ci était restée si contente, que jamais dame ne le fut autant de son amant, et, soutenue par un meilleur espoir, elle fut en peu de jours guérie et redevint plus belle que jamais. Quand elle fut guérie, le roi, après avoir délibéré avec la reine quelle

récompense on devait lui accorder pour un tel amour, monta un jour à cheval, avec un grand nombre de ses barons et s'en alla à la maison de l'apothicaire. Là, étant entré dans le jardin, il fit appeler l'apothicaire et sa fille, et sur ces entrefaites, la reine étant arrivée avec nombre de dames, et la jeune fille ayant été accueillie au milieu d'elles, on commença une merveilleuse fête. Peu après, le roi et la reine appelèrent la Lisa et le roi lui dit : « — Valeureuse jouven-
« celle, le grand amour que vous nous avez porté vous a
« acquis grand honneur auprès de nous, et nous voulons
« que pour l'amour de nous, vous en ayiez satisfaction.
« L'honneur sera celui-ci, que puisque vous êtes à marier,
« nous voulons que vous preniez pour mari, celui que nous
« vous donnerons, entendant toujours, nonobstant, porter
« le titre de votre chevalier, sans vouloir exiger autre chose
« pour un si grand amour, qu'un baiser de vous. — »

« La jeune fille, qui était devenue toute rouge, faisant sien le plaisir du roi, répondit à voix basse : « — Mon Seigneur,
« je suis sûre que si l'on savait que j'ai été amoureuse de
« vous, la plupart des gens me tiendraient pour folle, croyant
« sans doute que j'avais oublié moi-même ce que j'étais, et
« que je ne connaissais point ma condition et surtout la
« vôtre ; mais, comme Dieu le sait, qui seul voit le cœur
« des mortels, dès la première heure où vous m'avez plu,
« j'ai très bien compris que vous êtes roi et que je suis la
« fille de Bernardo l'apothicaire, et qu'il me convenait mal
« de placer en si haut lieu l'ardeur de mon âme. Mais
« comme vous le savez bien mieux que moi, personne ne
« choisit l'objet de son amour, mais on s'amourache suivant
« son appétit ou son plaisir. A cette loi, j'ai opposé plus
« d'une fois toutes mes forces, et ne pouvant plus résister,
« je vous aimai, et je vous aime et je vous aimerai toujours.
« Il est vrai qu'aussitôt que je me sentis prendre d'amour
« pour vous, je résolus de faire toujours que ma volonté fût
« la vôtre ; et, pour ce, non seulement j'accepte de bon
« cœur, et j'aurai pour cher le mari qu'il vous plaira de me
« donner pour mon honneur et selon mon rang, mais si
« vous me disiez de me jeter dans le feu, cela me serait
« agréable si je croyais que cela vous fît plaisir. Vous avoir
« pour chevalier, vous qui êtes roi, vous savez combien cela
« m'est précieux, et pour ce, je ne réponds plus à cela.
« Quant au baiser que vous demandez, seule preuve que vous
« exigiez de mon amour, avec la permission de madame la
« reine il ne vous sera pas non plus refusé. Néanmoins,
« d'une si grande bonté pour moi, comme est la vôtre et
« celle de madame la reine que voici, Dieu vous rende
« grâce et vous en récompense ; car moi je ne le puis. — »
Et là elle se tut.

« La réponse de la jeune fille plut beaucoup à la reine et elle lui parut aussi sage que le roi l'avait dit. Le roi fit appeler le père et la mère de la jeune fille, et, s'étant assuré qu'ils consentaient à ce qu'il voulait faire, il fit appeler un jouvenceau, lequel était gentilhomme, mais pauvre, et avait nom Perdicon, et lui ayant passé certains anneaux au doigt, sans qu'il se refusât à le faire, il lui fit épouser la Lisa. Séance tenante, le roi, outre les nombreux joyaux et les pierreries que lui et la reine donnèrent à la jeune fille, donna au jeune homme Cefalou et Calatabellotta, deux très bonnes terres d'un excellent revenu, et lui dit : « — Nous te les « donnons pour dot de ta femme ; quant à ce que nous vou- « lons faire pour toi, tu le verras advenir avec le temps. » Et cela dit, il se tourna vers la jeune fille, et dit : « — Main- « tenant, nous voulons prendre ce fruit de votre amour qui « nous est dû. — » Et lui ayant pris la tête avec les deux mains, il la baisa au front.

« Perdicon, le père et la mère de Lisa et Lisa elle-même fort satisfaits, firent une grandissime fête et de joyeuses noces. Et selon que beaucoup l'affirment, le roi tint la pro- messe qu'il avait faite à la jeune fille, en ce que toujours il s'appela son chevalier ; et il n'alla jamais dans une prise d'armes sans porter d'autre bannière que celle que la jeune fille lui avait envoyée. C'est en agissant ainsi que se gagnent les cœurs des sujets, qu'on donne aux autres occasion de bien faire, et qu'on s'acquiert une gloire éternelle. Mais bien peu de gens aujourd'hui, voire pas un, s'ingénient l'esprit à cela, la plupart des seigneurs étant devenus cruels et ty- rans. — »

NOUVELLE VIII

Sophronie, se croyant la femme de Gisippe devient celle de Titus-Quintus Ful- vius et part avec lui pour Rome, où Gisippe arrive lui-même en pauvre état. Se croyant méprisé par Titus, il s'accuse d'avoir tué un homme, afin de trou- ver la mort. Titus, l'ayant reconnu, se déclare l'auteur du meurtre pour sau- ver Gisippe, ce que voyant, le véritable coupable se dénonce lui-même. Sur quoi, tous sont mis en liberté par Octave, et Titus donne sa sœur comme femme à Gisippe et lui fait partager tout son bien.

Pampinea ayant fini de parler, et chaque damoyant ap- prouvé le roi Pietro, surtout celle qui était gibeline, Philo- mène, sur l'ordre du roi, commença : « — Magnifiques dames, qui ne sait que les rois peuvent faire toutes sortes de grandes choses quand ils le veulent, et que c'est à eux spécialement qu'on demande de se montrer magnifiques ? Par conséquent, celui qui, le pouvant, fait ce qu'il doit, fait bien; mais il faut moins s'en émerveiller et l'en moins hautement louer, qu'il conviendrait de le faire pour celui qui, ayant moins de puissance, en serait requis et le ferait. Et pour ce, si vous avez exalté en tant de paroles les actions des rois et si elles vous ont paru belles, je ne doute point que celles de nos égaux vous plairont encore davantage et que vous les louerez d'autant plus, quand elles seront semblables ou sépérieures à celles des rois ; pour quoi, je me suis proposé de vous raconter dans une nouvelle le trait magnifique qui eut lieu entre deux citoyens amis.

« Donc, au temps qu'Octave César, qu'on n'appelait pas encore Auguste, gouvernait l'empire romain, dans le conseil nommé Triumvirat, il y avait à Rome, un gentilhomme, appelé Publius-Quintus Fulvius, lequel ayant un sien fils, Titus-Quintus Fulvius, doué d'un esprit merveilleux, l'envoya étudier la philosophie à Athènes, et le recommanda le plus qu'il put à un gentilhomme du nom de Crémès, qui était son vieil ami. Celui-ci logea Titus dans sa propre maison, en compagnie de son fils nommé Gisippe, et les mit tous les deux sous la direction d'un philosophe appelé Aristipes, afin qu'ils apprissent sa doctrine. Les deux jeunes gens vivant continuellement ensemble, il se trouva que leurs caractères étaient si bien faits l'un pour l'autre, qu'il en naquit entre eux une amitié fraternelle si grande, que jamais depuis elle ne fut brisée que par la mort. Aucun d'eux n'avait de joie ni de tranquillité que lorsqu'ils étaient ensemble. Ils avaient commencé leurs études, et chacun d'eux étant également doué d'un esprit élevé, ils s'élevaient à la glorieuse hauteur de la philosophie, d'un pas égal et à leur merveilleuse louange. Ils persévérèrent ainsi pendant trois bonnes années, au grandissime plaisir de Crémès, qui ne regardait pas l'un plus que l'autre comme son fils. A la fin de ces trois années, comme il arrive de toutes choses, il advint que Crémès déjà vieux, passa de cette vie; de quoi, les jeunes gens eurent un égal chagrin, comme s'ils eussent perdu un père commun, et les amis et les parents de Crémès ne savaient pas lequel des deux ils avaient le plus à consoler de cet événement fortuit.

« Au bout de quelques mois, il advint que les amis de Gisippe, ainsi que ses parents et Titus, se mirent à le tourmenter pour qu'il prît femme, et lui trouvèrent une jeune fille d'une merveilleuse beauté et issue de parents très nobles. Elle était citoyenne d'Athènes, avait nom Sophronie, et était âgée d'environ quinze ans. L'époque des futures noces approchant, Gisippe pria un jour Titus d'aller avec lui la voir, car il ne l'avait point encore vue. Tous deux étant donc allés dans la demeure de la jeune fille, et celle-ci s'étant assise

entre eux, Titus, pour juger de la beauté de l'épouse de son
ami, se mit à la regarder attentivement, et tout en elle
lui plaisant d'une façon démesurée, l'admirant à part soi
souverainement, il s'en éprit, sans en rien faire voir, comme
jamais amant ne s'éprit d'une dame. Mais quand ils furent
restés quelque temps avec elle, ils la quittèrent et s'en retournèrent chez eux. Là, Titus, étant entré seul dans la
chambre, se mit à penser à la plaisante jeune fille, s'enflammant d'autant plus qu'il s'arrêtait plus longtemps sur cette
pensée. S'en étant enfin aperçu, il se mit à se dire, après
plusieurs soupirs brûlants : « — Ah ! quelle vie malheureuse
« est la tienne, Titus ! Où et sur qui vas-tu placer ton esprit,
« ton amour et ton espérance ? Ne vois-tu pas, tant par les
« honneurs que tu as reçus de Crémès et de sa famille, que
« par l'étroite amitié qui existe entre toi et Gisippe, dont
« cette jeune fille est la fiancée, que tu dois avoir pour elle
« le même respect que si elle était ta sœur ? Qui aimes-tu
« donc ? Où te laisses-tu entraîner par un décevant amour,
« et par une trompeuse espérance ? ouvre les yeux de l'in-
« telligence, et reconnais-toi toi-même, ô malheureux ; rap-
« pelle ta raison ; refrène l'appétit de la concupiscence ;
« tempère les désirs malsains, et dirige ailleurs tes pensées ;
« résiste dès le commencement à tes projets libidineux, et
« sache te vaincre toi-même pendant qu'il en est temps en-
« core. Tu ne dois pas vouloir cela, car ce n'est pas hon-
« nête ; et quand tu serais certain de réussir dans ce que
« tu te disposes à poursuivre — et tu ne l'es pas — tu de-
« vrais le fuir, si tu avais égard à ce que réclame la véri-
« table amitié et à ce que tu dois. Que feras-tu donc, Titus ?
« Tu renonceras à cet amour déshonnête, si tu veux faire
« ton devoir. — »

« Et puis, se rappelant Sophronie, changeant de pensées,
il condamnait tout ce qu'il avait dit, ajoutant : « — Les lois
« de l'amour ont plus de puissance que toutes les autres,
« elles détruisent, non pas seulement celles de l'amitié, mais
« les lois divines. Combien de fois un père n'a-t-il pas aimé
« sa fille, un frère sa sœur, la marâtre son beau-fils ? Ces
« choses, plus monstrueuses que l'amour d'un ami pour la
« femme de son ami, sont advenues mille fois. En outre, je
« suis jeune, et la jeunesse est tout entière soumise aux
« amoureuses lois. Ce qui plaît à l'amour doit donc me
« plaire. Les choses honnêtes conviennent aux hommes plus
« mûrs ; je ne puis vouloir autre chose sinon ce que l'amour
« veut. La beauté de celle-ci mérite d'être aimée de chacun ;
« et si je l'aime, moi, qui suis jeune, qui m'en pourra jus-
« tement blâmer ! Je ne l'aime point parce qu'elle est à Gi-
« sippe : mais je l'aime, je l'aimerais, à qui que ce fût qu'elle
« appartînt. Dans ceci, c'est la fortune qui est en défaut,

« puisqu'elle l'a donnée à Gisippe mon ami plutôt qu'à un
« autre; et si elle doit être aimée — et elle doit l'être à
« cause de sa beauté — Gisippe devra être plus content en
« apprenant que c'est moi qui l'aime que si c'était un
« autre. — » Et sur ces raisonnements, se raillant de lui-
même et revenant à ses premières pensées, puis passant al-
ternativement des unes aux autres, il consomma non seulement ce jour et cette nuit, mais plusieurs, si bien qu'ayant
perdu l'appétit et le sommeil, il fut forcé de se mettre au
lit, succombant de faiblesse.

« Gisippe, qui depuis plusieurs jours l'avait vu soucieux
et qui le voyait maintenant malade, en était fort chagrin, et
s'efforçait de tout son art et de toute sa sollicitude à le réconforter, ne le quittant pas un instant, et lui demandant souvent et avec instances la cause de ses soucis et de son mal.
Mais après lui avoir à plusieurs reprises répondu par des
fables dont Gisippe s'était aperçu, Titus, se sentant enfin
contraint de parler, lui répondit de la manière suivante, au
milieu de ses pleurs et de ses soupirs : « — Gisippe, s'il
« eût plu aux dieux, il m'eût été plus agréable de mourir
« que de vivre plus longtemps, quand je songe que la for-
« tune m'a conduit à cette extrémité qu'il me faut donner la
« preuve de ma vertu, et que je vois, à ma grandissime
« honte, que celle-ci est vaincue; mais, certes j'en attends
« promptement la récompense que je mérite, c'est-à-dire la
« mort, qui me sera plus chère que de vivre avec le souve-
« nir de ma lâcheté, laquelle, pour ce que je ne puis ni ne
« te dois rien cacher, je te dirai non sans grandement rou-
« gir. — » Et commençant par le commencement, il lui ré-
véla la cause de ses pensées, et la bataille que ses pensées
s'étaient livrées, et enfin à qui était restée la victoire; il lui
dit qu'il mourrait pour l'amour de Sophronie, affirmant
que, sachant combien cet amour lui convenait peu, il avait
résolu de mourir pour s'en punir, ce dont il espérait bientôt
venir à bout.

« Gisippe, entendant cela et voyant ses larmes, resta
tout d'abord quelque temps recueilli en soi-même, comme
quelqu'un qui était épris de la beauté de la jeune fille, bien
que plus modérément; mais, sans plus de retard, il refléchit
que la vie de son ami lui devait être plus chère que Sophronie. Sur quoi, les larmes de Titus sollicitant les siennes, il
lui répondit en pleurant : « — Titus, si tu n'avais point
« besoin de confort, comme tu en as présentement besoin,
» je me plaindrais de toi à toi-même, comme ayant méconnu
« notre amitié en me tenant si longtemps cachée ta grande
« passion; car bien qu'elle ne te parût point honnête, les
« choses déshonnêtes ne se doivent pas plus cacher à un ami
« que les choses honnêtes, pour ce que celui qui est vérita-

« blement ami, de même qu'il se réjouit avec son ami des
« choses honnêtes, s'efforce d'arracher de l'esprit de son ami
« les choses qui ne le sont pas ; mais je me dispenserai de
« cela pour le moment, et je viens à ce dont je reconnais
« que tu as le plus besoin. Si tu aimes ardemment Sophronie
« qui m'est promise, je ne m'en étonne point ; mais je
« m'étonnerais bien qu'il n'en fût pas ainsi, connaissant sa
« beauté et la noblesse de ton âme d'autant plus apte à
« éprouver une passion que la chose aimée a plus d'excel-
« lence. Et autant tu as raison d'aimer Sophronie, autant tu
« te plains injustement de la fortune — bien que tu ne le
« dises expressément — qui me l'a accordée, en prétendant
« que ton amour pour elle serait honnête, si elle avait été à
« un autre qu'à moi ; mais si tu étais aussi sage que tu l'es
« d'ordinaire, dis-moi à qui la fortune pouvait l'accorder,
« dont tu dusses plus la remercier que de me l'avoir ac-
« cordée à moi ? Tout autre qui l'eût eue, quelque honnête
« que fût alors ton amour, l'aurait aimée pour lui plutôt
« que pour toi, ce que, si tu me tiens pour ton ami, comme
« je suis, tu ne dois pas craindre de moi ; et la raison en est
« celle-ci, que je ne me souviens pas, depuis que nous som-
« mes amis, que j'aie jamais rien eu qui ne fût à toi comme
« à moi. Sur quoi, si la chose était trop avancée qu'on ne
« pût faire autrement, j'en ferais comme des autres ; mais
« elle est encore au point que je peux la faire tienne, et que
« je le ferai ainsi ; pour ce que je ne sais quel cas tu devrais
« faire de mon amitié, si d'une chose qui se peut honnête-
« ment faire, je ne savais, moi le voulant, la faire tienne. Il
« est vrai que Sophronie est ma fiancée, que je l'aimais
« beaucoup, et que j'attendais en grande fête le moment des
« noces ; mais pour ce que, comme mieux entendu que moi,
« tu désires plus ardemment que moi cette chose précieuse,
« sois tranquille, elle viendra dans ma chambre non pas
« comme ma femme, mais comme la tienne. Et pour ce,
« laisse là le souci, chasse la mélancolie, rappelle ta santé
« perdue, le confort, et l'allégresse, et, dès à présent, attends
« joyeusement la récompense de ton amour bien plus méri-
« tant que ne l'était le mien. — »

« Titus, entendant parler ainsi Gisippe, autant la déce-
vante espérance qu'il lui donnait lui faisait plaisir, autant la
juste raison le rendait honteux en lui montrant qu'il lui serait
d'autant plus indigne de profiter de la libéralité de Gisippe,
que cette libéralité était plus grande. Pour quoi, ne cessant
de répandre des larmes, il lui répondit, pouvant à peine
parler : « — Gisippe, ta libérale et véritable amitié me
« montre assez clairement ce qu'il faut que la mienne fasse.
« Dieu me garde que celle qui t'a été donnée comme au plus
« digne, je l'accepte de toi comme mienne. S'il avait jugé

« qu'elle dût être à moi, ni toi ni aucun autre ne devez croire
« qu'il te l'eût jamais accordée. Jouis donc joyeusement de
« ce que tu as été choisi, de son discret conseil et du don
« qu'il t'a fait, et laisse-moi me consumer dans les larmes
« qu'il m'a réservées comme indigne d'un tel bien, je les
« surmonterai, et je t'en serai plus cher, ou bien elles me
« tueront, et je serai hors de peine. — »

« Gisippe lui dit : « — Titus, si notre amitié peut me
« valoir que je te force à contenter mon désir, et peut
« t'amener toi-même à le contenter, c'est le moment où
« j'entends entièrement en user ; et si tu ne consens pas
« bénévolement à ce que je veux, j'emploierai, pour faire
« que Sophronie soit à toi, la force qu'on doit employer
« pour faire du bien à ses amis. Je sais ce que peuvent les
« forces de l'amour ; je sais que, non point une fois, mais
« souvent, elles ont conduit les amants à une mort malheu-
« reuse ; et je t'en vois si près, que tu ne pourrais ni re-
« tourner en arrière, ni vaincre tes larmes ; mais passant
« outre, tu tomberais vaincu ; sur quoi, moi-même je te sui-
« vrais sans doute bientôt après. Donc, quand je ne t'ai-
« merais point pour autre chose, ta vie me devrait être chère
« pour conserver la mienne. Sophronie sera donc à toi, car
« tu en trouverais difficilement une autre qui te plût autant,
« et moi, tournant facilement mon amour vers une autre,
« j'aurai contenté toi et moi. Je ne serais peut-être pas aussi
« libéral en cela, si les femmes se trouvaient aussi difficile-
« ment et étaient aussi rares que les amis ; et pour ce,
« comme je peux très facilement trouver une autre femme,
« mais non un autre ami, j'aime mieux — je ne dis pas la
« perdre, car je ne la perdrai pas en te la donnant, mais je
« la donnerai à un autre meilleur que moi — la passer à un
« autre que de te perdre, toi. Et pour ce, si mes prières
« peuvent quelque chose sur toi, je te prie d'écarter cette
« affliction, de nous contenter d'un même coup toi et moi,
« et de te préparer avec bonne espérance à prendre cette
« joie que ton brûlant amour attend de la chose aimée.— «

« Bien que Titus eût honte de consentir à cela, c'est-à-
dire à ce que Sophronie devînt sa femme, par conséquent
résistât encore, son amour le tirant d'une part, et de l'autre
les encouragements de Gisippe l'excitant, il dit : «— Ecoute,
« Gisippe ; en faisant ce que tu me dis te plaire si fort, je
« ne saurais dire si je cède plus à ton désir qu'au mien ; et
« puisque ta générosité est si forte qu'elle a vaincu ma honte,
« je le ferai ; mais je t'assure que je le fais comme un homme
« qui reconnaît recevoir de toi non pas seulement la femme
« aimée, mais la vie. Fassent les dieux, s'il est possible, que
« je puisse encore, avec honneur et pour ton bien, te mon-
« trer combien je te suis reconnaissant de ce que, ayant plus

« pitié de moi que moi-même, tu fais pour moi. — » Après ces paroles, Gisippe dit : « — Titus, en cette affaire, si nous
« voulons réussir, il me semble que nous devons employer
« le moyen que voici. Comme tu sais, c'est après de longs
« pourparlers entre mes parents et ceux de Sophronie, que
« Sophronie est devenue ma fiancée, et pour ce, si j'allais
« maintenant leur dire que je ne la veux point pour femme,
« il en naîtrait grandissime scandale, et je brouillerais mes
« parents et les siens ; de quoi je n'aurais cure, si par ce
« moyen je la voyais devenir ta femme ; mais je crains, si je
« la laisse ainsi, que ses parents ne la donnent promptement
« à quelque autre, qui probablement ne serait pas toi, et
« ainsi tu aurais perdu ce que je n'aurais plus moi-même.
« Et pour ce, il me semble, si tu y consens, que je pour-
« suive comme j'ai commencé, et que je l'amène comme ma
« femme chez moi, après avoir fait les noces ; alors nous
« saurons faire en sorte que tu couches ensuite avec elle
« comme étant ta femme. Puis, en temps et lieu, nous di-
« vulguerons la chose ; si elle leur plaît, tout ira bien ; si
« elle ne leur plaît point, elle n'en sera pas moins faite, et
« comme on ne pourra revenir en arrière, il faudra bien
« qu'ils s'en montrent contents. — »

« Le conseil plut à Titus ; pour quoi, Gisippe reçut Sophronie dans sa maison, comme si elle était sa femme, Titus étant déjà bien guéri et dispos ; et ayant fait une grande fête, dès que la nuit fut venue, les dames laissèrent la nouvelle épouse dans le lit de son mari, et s'en allèrent. La chambre de Titus était contiguë à celle de Gisippe, et l'on pouvait entrer de l'une dans l'autre ; pour quoi, Gisippe étant dans sa chambre et ayant éteint toutes les lumières, s'en alla sans bruit dans celle de Titus, et lui dit d'aller coucher avec sa femme. Voyant cela, et vaincu par la honte, Titus fut sur le point de se repentir et refusait d'y aller ; mais Gisippe, désireux de conformer ses actes avec ses paroles, finit par l'y envoyer, après une longue contestation. A peine Titus fût-il dans le lit, qu'il prit la jeune fille comme s'il voulait la caresser, et lui demanda tout bas si elle voulait être sa femme. Elle, croyant qu'il était Gisippe, répondit que oui ; sur quoi, il lui mit au doigt un bel et riche anneau, en disant : « — Et moi, je veux être ton mari. — » Puis, le mariage étant consommé, il prit d'elle un long et amoureux plaisir, sans qu'elle, ni personne, s'aperçut qu'elle couchait avec un autre que Gisippe.

« Le mariage de Sophronie et de Titus étant donc en cet état, Publius, son père, vint à passer de cette vie ; pour quoi, on lui écrivit qu'il s'en revînt sans retard à Rome pour veiller à ses affaires ; et pour ce, il résolut avec Gisippe d'y aller et d'emmener Sophronie, ce qu'il pouvait faire sans lui dire comment les choses étaient. Sur quoi, l'ayant fait un jour appelé dans la chambre, ils lui déclarèrent toute la vérité, et Titus la rendit plus manifeste encore en lui racontant plusieurs choses qui s'étaient passées entre elle et lui. Après les avoir regardés l'un et l'autre d'un air de dépit, elle se mit à pleurer abondamment, se plaignant de ce que Gisippe l'avait trompée ; et avant qu'elle en dît rien dans la maison de Gisippe, elle s'en alla chez son père et lui raconta, ainsi qu'à sa mère, la tromperie que Gisippe leur avait faite à elle et à eux, affirmant qu'elle était la femme de Titus, et non de Gisippe, comme ils le croyaient. Cela fut très sensible au père de Sophronie, et fit le sujet d'une longue et grande querelle entre ses parents et ceux de Gisippe, ainsi que la cause de grandes altercations et de grands troubles. Gisippe était devenu en haine à ses parents et à ceux de Sophronie, et tous disaient qu'il avait mérité non seulement le blâme, mais un âpre châtiment. Mais lui, affirmait avoir fait chose honnête, et que les parents de Sophronie devaient le remercier de l'avoir mariée à quelqu'un qui valait mieux que lui. De son côté, Titus savait tout cela, et en éprouvait grand ennui ; et connaissant que le caractère des Grecs est d'autant plus de bruit et de menaces qu'on tarde à leur répondre, mais qu'alors ils deviennent non seulement humbles, mais lâches, pensa qu'il ne devait pas laisser plus longtemps leurs criailleries sans réponse ; et ayant le cœur romain et l'esprit athénien, il fit rassembler dans un temple, sous un prétexte assez adroit, les parents de Sophronie et ceux de Gisippe, et y étant entré, accompagné seulement de Gisippe, il parla ainsi aux assistants :

« — Beaucoup de philosophes croient que ce qui se fait
« par les mortels est disposé et prévu par les dieux immor-
« tels, et pour ce, beaucoup veulent que ce qui arrive ou ar-
« rivera, arrive fatalement, bien qu'il y en ait d'autres qui
« appliquent cette fatalité à ce qui est déjà arrivé seulement.
« Si l'on examine avec quelque attention ces opinions di-
« verses, on verra très apertement que blâmer une chose
« sur laquelle on ne peut revenir, c'est vouloir se montrer
« plus sage que les dieux, lesquels, nous devons le croire,
« nous gouvernent et disposent de nous et de nos choses
« avec une raison constante et sans commettre d'erreur.
« Pour quoi, combien sotte et bestiale est la présomption
« de blâmer leurs actes, vous pouvez très facilement le
« voir, et aussi quels châtiments méritent ceux qui, en cela,
« se laissent entraîner par leur audace. A mon avis, vous
« êtes tous de ceux-là, si ce que j'ai appris que vous avez
« dit et que vous dites continuellement est vrai, pour ce que
« Sophronie est devenue ma femme, alors que vous l'aviez

« donnée à Gisippe, sans prendre garde qu'il était de toute
« éternité disposé qu'elle ne serait pas la femme de Gisippe,
« mais la mienne, comme le fait le démontre présentement.
« Mais comme ce que l'on dit de la secrète prévision et de
« l'intention des dieux semble à beaucoup dur et difficile à
« comprendre, j'admets qu'ils ne se mêlent en rien de nos
« affaires, et il me plaît de m'en tenir aux raisonnements
« humains. En les employant, il me faudra faire deux cho-
« ses très contraires à mes habitudes : l'une me louer moi-
« même, l'autre rabaisser quelque peu les autres. Mais pour
« ce que dans l'une comme dans l'autre je n'entends point
« me départir de la vérité, et que le sujet présent l'exige, je
« le ferai.

« Vos reproches, dictés par la colère plus que par la rai-
« son, vitupèrent, mordent et condamnent Gisippe, que
« vous poursuivez de vos murmures continuels pour
« ce qu'il m'a donné pour femme suivant son jugement,
« celle que vous lui aviez donnée suivant votre jugement à
« vous, alors que, moi, j'estime qu'il faut souverainement le
« louer ; et mes raisons sont celles-ci : la première, parce
« qu'il a fait ce qu'un ami doit faire ; la seconde, parce qu'il
« a agi plus sagement que vous ne l'avez fait vous-mêmes.
« Je n'ai pas l'intention de vous expliquer présentemnt ce
« que les saintes lois de l'amitié veulent qu'un ami fasse pour
« son ami, me contentant seulement de vous avoir rappelé,
« au sujet de ces lois, que le lien de l'amitié lie plus étroi-
« tement que ceux du sang ou de la parenté, attendu que
« nous avons les amis comme nous les choisissons, et les
« parents comme nous les donne la fortune. Et pour ce, si
« Gisippe a préféré ma vie à votre bienveillance, moi qui
« suis son ami, et qui me considère comme tel, personne ne
« s'en doit étonner. Mais venons à la seconde raison par la-
« quelle je veux vous prouver, en insistant davantage, qu'il
« a été plus sage que vous, bien qu'il me semble que vous
« n'ayiez aucun sentiment de la prévision des dieux, et que
« vous connaissiez encore moins les effets de l'amitié. Je
« dis que votre avis, votre conseil, votre délibération avaient
« donné Sophronie à Gisippe, jeune homme et philosophe,
« et que celui de Gisippe l'a donnée à un jeune homme et à
« un philosophe ; vous l'aviez donnée à un Athénien ; Gi-
« sippe l'a donnée à un Romain ; vous l'aviez donnée à un
« gentilhomme, Gisippe l'a donnée à quelqu'un plus noble
« encore ; vous l'aviez donnée à un jeune homme riche, Gi-
« sippe l'a donnée à un jeune homme encore plus riche ;
« vous l'aviez donnée à un jeune homme qui, non seulement
« ne l'aimait point, mais qui la connaissait à peine, Gisippe
« l'a donnée à un jeune homme qui l'aimait plus que sa fé-
« licité suprême, plus que sa propre vie.

« Et que je dise vrai en soutenant que ce qu'il a fait est
« plus à louer que ce que vous avez fait vous-mêmes, je
« vais vous le montrer point par point. Que je sois jeune et
« philosophe, comme est Gisippe, mon visage et mes études
« le peuvent faire voir sans un plus long discours. Nous
« avons tous deux le même âge, et nous avons toujours
« marché du même pas dans nos études. Il est vrai qu'il
« est Athénien et que je suis Romain. Si nous discutons sur
« la renommée de notre ville natale, je dirai que je suis
« d'une cité libre et qu'il est d'une cité tributaire ; je dirai
« que je suis d'une cité maîtresse de tout l'Univers, et lui
« d'une cité qui obéit à la mienne ; je dirai que je suis d'une
« cité illustre par ses armes, sa puissance et ses écoles, tan-
« dis qu'il ne pourra recommander la sienne que par ses
« écoles seulement. En outre, bien que vous me voyiez ici
« comme un humble écolier, je ne suis point né de la fange
« de la populace de Rome ; mais maisons et les lieux publics
« de Rome sont pleins des antiques images de mes ancêtres,
« et l'on pourrait voir les annales romaines remplies des
« nombreux triomphes que les Quintus ont menés au capi-
« tole romain. La gloire de notre nom n'est point non plus
« tombée en vétusté ; au contraire, elle fleurit aujourd'hui
« plus que jamais. Je me tais, par vergogne, sur mes ri-
« chesses, me souvenant que l'honnêteté pauvre a été l'an-
« tique et noble patrimoine des citoyens nobles romains ;
« si cette opinion est condamnée par le vulgaire, si on n'ap-
« précie que les trésors, j'en suis abondamment pourvu,
« non en homme cupide, mais en homme aimé de la for-
« tune.

« Je reconnais fort bien qu'il vous était, qu'il doit vous
« être cher d'avoir Gisippe pour parent ; mais il n'y a au-
« cun motif pour que je ne vous sois pas moins cher à
« Rome, si vous songez que vous aurez en moi, là-bas, un
« hôte précieux, un patron puissant et qui s'empressera de
« vous être utile dans les affaires publiques comme dans
« les affaires privées. Qui donc, mettant de côté son désir et
« n'ayant égard qu'à la raison, approuvera davantage vos
« résolutions que celles de mon Gisippe ? Personne, assu-
« rément. Sophronie est donc bien mariée à Titus-Quintus-
« Fulvius noble, antique et riche citoyen de Rome et ami de
« Gisippe ; pour quoi, en vous plaignant et en récriminant,
« vous ne faites pas ce que vous devez, pas plus que vous
« ne savez ce que vous faites.

« D'aucuns diront peut-être qu'ils ne se plaignent pas
« que Sophronie soit la femme de Titus, mais qu'ils se
« plaignent de la façon dont elle est devenue sa femme, en
« secret, comme à la suite d'un vol, sans qu'ami ou parent
« en ait rien su. Cela même n'est point un miracle, et ce

« n'est pas la première fois que cette chose arrive. Je laisse
« de côté volontiers celles qui ont jusqu'ici pris des maris
« contre la volonté de leurs pères; et celles qui se sont
« enfuies avec leurs amants, ayant été maîtresses avant
« d'être femmes légitimes; et celles qui ont fait connaître
« leur mariage plutôt par leur grossesse ou par leur accou-
« chement que par la langue, et l'ont rendu nécessaire; tout
« cela n'est point advenu pour Sophronie; au contraire,
« elle a été donnée par Gisippe à Titus, dans les formes
« voulues, discrètement et honnêtement. D'autres diront
« que celui qui l'a mariée n'avait pas le droit de le faire.
« Ce sont là de sottes et puériles lamentations, et prove-
« nant de peu de sens. Ce n'est point d'aujourd'hui que la
« fortune use de moyens et d'instruments variés et nou-
« veaux pour amener les choses à des effets déterminés.
« Qu'ai-je à me préoccuper si c'est un cordonnier plutôt
« qu'un philosophe qui aura, selon son jugement, en secret
« ou à découvert, disposé de mes affaires, s'il les a menées
« à bonne fin? Je dois prendre garde, si le cordonnier est
« maladroit, qu'il ne se mêle plus de mes affaires, et le
« remercier de celle qu'il a bien faite. Si Gisippe a bien
« marié Sophronie, se plaindre de lui et de la façon dont il
« s'y est pris est une sottise superflue. Si vous n'avez point
« confiance en son jugement, gardez-vous qu'il ne puisse
« plus marier désormais personne, et remerciez-le d'avoir
« marié celle-ci.

« Vous devez néanmoins savoir que je n'ai cherché, ni
« par ruse, ni par fraude, à souiller d'aucune tache l'hon-
« neur ni la réputation de votre sang dans la personne de
« Sophronie; et bien que je l'aie prise secrètement pour
« femme, je ne suis pas venu comme un voleur lui enlever
« sa virginité; je n'ai pas voulu non plus, comme un en-
« nemi, la posséder d'une façon déshonnête, en refusant
« votre parenté, mais parce que j'étais épris d'elle et de son
« mérite, et sachant que si je l'avais demandée de la façon
« que vous voulez sans doute dire, comme elle était très
« aimée de vous, vous ne me l'auriez pas donnée, dans la
« crainte que je ne l'emmenasse à Rome. J'ai donc usé de
« l'artifice que vous pouvez connaître aujourd'hui, et j'ai
« fait que Gisippe consentît à faire pour moi ce qu'il n'était
« point disposé à faire; ensuite, bien que je l'aimasse ar-
« demment, je n'ai pas cherché ses embrassements comme
« amant, mais comme mari, ne m'approchant point d'elle,
« ainsi qu'elle-même peut en vérité le témoigner, que je ne
« l'eusse épousée avec les paroles consacrées et l'anneau et
« lui avoir demandé si elle me voulait pour mari, à quoi
« elle répondit que oui. S'il lui semble avoir été trompée,
« ce n'est pas moi qui suis à blâmer, mais elle qui ne me

« demanda point qui j'étais. Ceci donc est le grand mal, le
« grand péché, la grande faute faite par Gisippe en qua-
« lité d'ami et par moi en qualité d'amant, à savoir que
« Sophronie soit devenue secrètement la femme de Titus
« Quintus ; c'est pour cela que vous le déchirez, que vous le
« menacez, que vous le soupçonnez. Et que feriez-vous de
« plus, s'il l'avait donnée à un paysan, à un ribaud, à un
« serf? Quelles chaînes, quelle prison, quels supplices vous
« paraîtraient-ils suffisants?

« Mais laissons maintenant cela ; le temps est venu que
« je n'attendais pas de sitôt, à savoir que mon père est mort
« et qu'il me faut retourner à Rome ; pour quoi, voulant
« emmener Sophronie avec moi, je vous ai découvert ce que
« je vous aurais peut-être encore tenu caché, et ce que, si
« vous êtes sage, vous prendrez joyeusement, pour ce que,
« si j'avais voulu vous tromper ou vous outrager, je pouvais
« vous la laisser après m'être joué d'elle ; mais Dieu me
« garde qu'en l'âme d'un Romain une telle lâcheté puisse
« jamais entrer. Donc, Sophronie est ma femme, tant du
« consentement des Dieux et par la force des lois humaines,
« que par la louable résolution de mon ami Gisippe et par
« ma ruse amoureuse, ce que vous, vous croyant d'aventure
« plus sages que les dieux et que les autres hommes ins-
« truits, vous me reprochez brutalement de deux manières
« fort injurieuses pour moi : l'une, en retenant Sophronie
« sur laquelle vous n'avez de pouvoir qu'autant qu'il me
« plaira ; l'autre, en traitant comme un ennemi Gisippe,
« dont vous êtes vraiment les obligés. Je n'entends pas pour
« le moment vous montrer davantage combien vous agissez
« sottement en cela, mais je veux vous conseiller, comme
« à des amis, de déposer votre dédain, de laisser là toutes
« vos haines, et de me rendre Sophronie, afin que je vous
« quitte joyeusement, en parent, et que je reste votre ami.
« Soyez sûrs, du reste, de ceci : que ce qui est fait vous
« plaise ou vous déplaise, si vous entendez faire autrement,
« je soustrairai Gisippe à votre haine, et si je parviens jus-
« qu'à Rome, je saurai bien ravoir celle qui m'appartient
« justement, bien que vous en ayiez ; et je vous ferai con-
« naître par expérience, en vous menaçant sans cesse,
« ce que peut l'indignation des Romains. — »

« Après que Titus eut ainsi parlé, s'étant levé d'un air
courroucé, il prit Gisippe par la main, montrant peu de
souci de tous ceux qui étaient dans le temple, et secouant
la tête en signe de menace, il sortit. Ceux qui étaient restés
dans le temple, en partie attirés vers la parenté et l'amitié
de Titus par ses raisons, en partie effrayés par ses dernières
paroles, décidèrent d'un commun accord qu'il valait mieux
accepter Titus pour leur parent, puisque Gisippe n'avai

pas voulu l'être, que d'avoir perdu Gisippe comme parent, tout en s'étant fait un ennemi de Titus. Pour quoi, étant allés retrouver Titus, ils lui dirent qu'ils consentaient à ce que Sophronie fût à lui, et à l'avoir, lui, pour parent, et Gisippe pour ami ; puis, ayant fait avec lui une fête amicale comme il convient entre parents, ils le quittèrent et lui renvoyèrent Sophronie. Celle-ci, en femme sage, et faisant de nécessité vertu, reporta très vite sur Titus l'amour qu'elle avait pour Gisippe, et partit avec lui pour Rome, où elle fut reçue avec de grands honneurs.

« Gisippe étant resté à Athènes, tenu quasi par tous en petite estime, fut quelque temps après, à la suite de certaines brigues intestines, chassé d'Athènes avec tous ceux de sa famille, et, pauvre et misérable, condamné à un exil perpétuel. Dans cette situation, Gisippe devenu non seulement pauvre, mais réduit à l'état de mendiant, s'en vint à Rome du mieux qu'il put, pour voir si Titus se souviendrait de lui ; et ayant appris qu'il était vivant et estimé de tous les Romains, il se fit enseigner où étaient ses maisons et se tint devant la porte, attendant que Titus y vînt, résolu non pas à lui parler de la misère où il était, mais à se faire voir à lui, afin que Titus le reconnaissant le fît appeler. Mais Titus ayant passé outre, et Gisippe croyant qu'il l'avait vu mais avait dédaigné de le reconnaître, et se souvenant de ce qu'il avait fait autrefois pour lui, s'en alla indigné et désespéré. Il était déjà nuit, et comme il était à jeun et sans argent et qu'il ne savait où aller, il se dirigea, ayant plus envie de mourir que d'autre chose, vers un endroit de la ville fort désert, où ayant vu une grande caverne, il y entra pour s'abriter pendant la nuit ; et se couchant sur la terre nue, en haillons, vaincu par sa longue douleur il s'endormit.

« Sur ces entrefaites, deux individus qui étaient allés ensemble commettre un vol cette nuit même, vinrent le matin dans la caverne avec leur butin, et une querelle s'étant élevée pour le partage, l'un d'eux qui était le plus fort tua l'autre et s'en alla. Ce qu'ayant vu et entendu Gisippe, il lui parut avoir trouvé un moyen de mourir, comme il le désirait tant, sans être obligé de se tuer lui-même ; et pour ce, ne bougeant pas de la caverne, il s'y tint jusqu'à ce que les sergents de la Cour, qui avaient déjà appris le meurtre, y vinssent, lesquels, furieux, emmenèrent Gisippe prisonnier. Celui-ci ayant été interrogé avoua que c'était lui qui avait commis le meurtre et qu'il n'avait pas pu ensuite s'échapper de la caverne ; pour quoi le préteur, qui s'appelait Marcus Varron, ordonna qu'on le fît mourir sur la croix, comme c'était alors l'habitude.

« Titus était, par hasard, venu en ce moment dans le

prétoire ; regardant au visage le malheureux condamné, et ayant entendu la cause de sa condamnation, il reconnut sur-le-champ que c'était Gisippe, et s'étonna de son état misérable et de ce qu'il était arrivé là. Désirant ardemment le sauver, et ne voyant pas d'autre moyen que de s'accuser soi-même pour l'innocenter, il s'avança soudain et cria : « — Marcus Varron, rappelle le pauvre homme que tu as « condamné, pour ce qu'il est innocent. J'ai trop offensé « les dieux par mon crime en tuant celui que tes sergents « ont trouvé mort ce matin, sans vouloir les offenser main-« tenant en causant la mort d'un autre innocent. — » Varron s'étonna de ces paroles, et fut fâché que tout le prétoire les eût entendues; mais son honneur ne lui permettant pas de désobéir aux lois, il fit revenir Gisippe et il lui dit en présence de Titus : — « Comment as-tu été si fol de confes-« ser, sans avoir reçu la torture, ce que tu n'as jamais fait, « y allant de la vie ? Tu disais que tu étais celui qui cette « nuit avait tué cet homme, et maintenant celui-ci vient « dire que ce n'est pas toi mais lui qui l'a tué. — » Gisippe regarda et vit que c'était Titus, et il reconnut bien que c'était pour le sauver qu'il faisait cela, en paiement du service jadis reçu de lui. Pour quoi, pleurant d'émotion, il dit : « — Varron, je l'ai vraiment tué, et la pitié de Titus vient « trop tard pour me sauver. — » D'autre part Titus disait : « — Préteur, comme tu vois, celui-ci est étranger; il a été « trouvé sans armes auprès de celui qui a été tué, et tu « peux voir que sa misère lui fait chercher l'occasion de « mourir; pour ce, remets-le en liberté, et punis-moi, car « je l'ai mérité. — »

« Varron, étonné de l'insistance des deux hommes, et présumant déjà qu'aucun d'eux n'était coupable, pensait au moyen de les absoudre, lorsqu'arriva soudain un jeune homme appelé Pubius Ambustus, perdu d'espoir et connu de tous les Romains comme un voleur émérite ; c'était lui qui avait véritablement commis le meurtre, et sachant bien qu'aucun des deux n'était coupable de ceux-là qui s'accusaient, leur innocence lui mit au cœur une telle pitié pour tous les deux, qu'il s'avança vers Varron et dit : « — Pré-« teur, mes méfaits me poussent à trancher la dure ques-« tion entre ceux-ci ; je ne sais quel Dieu me stimule en « moi-même et me pousse à te dévoiler mon crime ; sache « donc qu'aucun de ces deux hommes n'est coupable de ce « dont chacun s'accuse lui-même. Je suis véritablement « celui qui ce matin, à la pointe du jour, a tué cet homme; « quant à ce malheureux qui est là, je l'ai vu qui dormait, « pendant que je partageais les produits de nos vols avec « celui que j'ai tué. Je n'ai pas besoin de décharger Titus ; « sa renommée est connue partout, on sait qu'il n'est pas

« homme capable d'une telle action ; fais-les mettre en li-
« berté, et fais-moi appliquer les peines que les lois ordon-
« nent. — »

« Octave avait déjà appris cette affaire, et les ayant fait
venir tous les trois devant lui, il voulut savoir le motif pour
lequel chacun demandait à être condamné ; ce qu'ils lui dirent. Sur quoi, Octave les fit mettre tous en liberté, les
deux premiers parce qu'ils étaient innocents, et le troisième
par considération pour eux. Titus ayant pris Gisippe par
la main, et l'ayant fort blâmé de sa timidité et de sa dé-
fiance, lui fit une merveilleuse fête, et l'emmena chez lui où
Sophronie le reçut en pleurant comme un frère. Après l'a-
voir un peu consolé, l'avoir habillé, et l'avoir remis en l'état
qui convenait à son mérite et à sa noblesse, Titus lui fit
part tout d'abord de tout ce qu'il possédait, puis il lui
donna pour femme sa sœur, une toute jeune fille appelée
Fulvia ; ensuite de quoi il lui dit : « — Gisippe, il t'appar-
« tient désormais de rester ici auprès de moi, ou de retour-
« ner à Athènes avec ce que je t'ai donné. — » Gisippe,
forcé d'un côté par la sentence qui l'exilait de sa ville natale, et attiré de l'autre par l'amitié qu'il portait justement
à Titus, se décida à devenir romain. Etant donc resté à
Rome avec sa femme Fulvia, ils vécurent longtemps en joie,
ne faisant toujours qu'une seule maison avec Titus et Sophronie, devenant chaque jour, s'il était possible, de plus en
plus amis.

« C'est donc une très sainte chose que l'amitié, et digne
non seulement d'un singulier respect, mais d'être louée
d'une louange perpétuelle, comme très discrète mère de la
magnificence, de l'honnêteté, sœur de la reconnaissance et
de la charité, ennemie de la haine et de l'avarice, toujours
prompte, sans attendre qu'on l'en prie, à faire pour autrui
ce qu'elle voudrait qu'on fît pour soi-même. Ces divins
effets se voient aujourd'hui rarement entre deux hommes,
faute et honte de la misérable cupidité des mortels, laquelle, regardant seulement à sa propre utilité, a relégué
l'amitié hors des limites de la terre, dans un exil perpétuel. Quel amour, quelle richesse, quelle parenté aurait eu
le pouvoir d'émouvoir si fort le cœur de Gisippe à la vue des
larmes et des soupirs de Titus, qu'il lui cédât la gente et
belle fiancée qu'il aimait, sinon l'amitié? Quelles autres lois
que celles de l'amitié, quelles menaces, quelle peur auraient
pu détourner les jeunes bras de Gisippe de s'abstenir des
embrassements de la belle jouvencelle dans les endroits solitaires, obscurs, voire dans son propre lit, celle-ci l'y invitant parfois elle-même? Quelles grandeurs, quelles dignités,
quels avantages auraient poussé Gisippe à ne point prendre
souci de s'aliéner ses parents et ceux de Sophronie, non

plus que des murmures de la populace, des moqueries et des huées, pour le plaisir de contenter son ami, sinon l'amitié ? Et d'un autre côté, qui aurait, sinon encore l'amitié, rendu Titus — alors qu'il pouvait honnêtement feindre de n'avoir rien vu — si prompt à courir au-devant de sa propre mort pour sauver Gisippe du supplice de la croix, supplice auquel il s'attendait lui-même ? Qui donc, sinon l'amitié, aurait rendu Titus si libéral à partager sans la moindre hésitation son ample patrimoine avec Gisippe auquel la fortune avait enlevé le sien ? Qui aurait, sinon l'amitié, fait que Titus n'hésita point à donner sa sœur à Gisippe qu'il voyait très pauvre et réduit à la plus extrême misère ? Que les hommes s'amusent donc à désirer une multitude de parents, de nombreux frères, une grande quantité d'enfants, et d'accroître le nombre de leurs serviteurs à grands renforts d'argent, sans s'apercevoir que tous ces gens-là ont plus de souci pour le moindre danger qui les menace, que de sollicitude à préserver d'un grand péril leur père, leur frère ou leur maître, tandis que c'est tout le contraire qu'on voit chez un ami. — »

NOUVELLE IX

Le Saladin, déguisé en marchand, est honorablement traité par messer Torello. Ce dernier, partant pour la croisade, fixe à sa femme un délai pour se remarier. Il est fait prisonnier et est conduit vers le Soudan en qualité de fauconnier. Le Soudan le reconnaît, se fait reconnaître par lui et le comble d'honneurs. Messer Torello tombe malade et est transporté en une nuit à Pavie par l'art d'un magicien. Il assiste aux noces qui se faisaient pour sa femme qui se remariait, est reconnu par elle, et rentre avec elle dans sa maison.

Philomène avait déjà mis fin à ses paroles, et la magnifique reconnaissance de Titus avait été louée par tous, quand le roi, réservant la dernière nouvelle à Dionéo, se mit à parler ainsi : « — Amoureuses dames, sans aucun doute, dans ce qu'elle a dit de l'amitié, Philomène a dit vrai, et elle s'est plaint avec raison à la fin de son récit de ce que l'amitié était aujourd'hui peu appréciée par les mortels. Et si nous étions ici pour corriger les défauts du monde ou pour les blâmer, je poursuivrais son raisonnement en de plus longs propos ; mais pour ce que notre but est tout autre, il m'est venu en l'esprit de vous exposer, dans une histoire peut-être un peu longue, mais plaisante pourtant, une des magnificences du Saladin, afin que, par les choses que vous entendrez dans ma nouvelle, si l'on ne peut, grâce à nos vices, acquérir l'amitié de personne, nous prenions au moins plaisir à rendre service, dans l'espoir que, le moment venu, il doive s'ensuivre une récompense pour nous.

« Je dis donc que, suivant que d'aucuns affirment, à l'époque de l'empereur Frédéric I, il se fit parmi les chrétiens une croisade générale pour reconquérir la Terre sainte. Ce qu'ayant su quelque temps avant, le Saladin, très valeureux prince, et alors Soudan de Babylone, résolut de voir en personne les préparatifs faits par les seigneurs de la chrétienté pour cette croisade, afin de pouvoir mieux leur résister. Ayant mis toutes ses affaires d'Egypte en ordre, et feignant d'aller en pèlerinage, il se mit en route sous des habits de marchand, et accompagné seulement de deux de ses plus grands et plus sages courtisans et de trois familiers. Après avoir parcouru bon nombre de provinces chrétiennes, et chevauchant à travers la Lombardie pour passer au-delà, des monts, il advint que, sur la route de Milan à Pavie, vers l'heure de vesprée, ils rencontrèrent un gentilhomme nommé messer Torello d'Istria de Pavie, qui s'en allait, avec ses familiers, ses chiens et ses faucons, résider dans un beau domaine qu'il avait sur le Tessin. Dès que messer Torello les vit, il comprit qu'ils étaient gentilshommes et étrangers, et il résolut de leur faire honneur. Pour quoi, le Saladin ayant demandé à un de ses familiers combien il y avait encore de l'endroit où ils étaient à Pavie, et s'ils pourraient y arriver assez tôt pour y entrer, Torello ne laissa point son familier répondre, mais répondit lui-même : « — Seigneurs, « vous ne pourrez arriver à Pavie assez tôt pour y entrer. — »

« — Donc — dit le Saladin — veuillez nous enseigner, « pour ce que nous sommes étrangers, où nous pourrons « nous loger le mieux possible. — » Messer Torello dit : « — Cela, je le ferai volontiers ; j'étais sur le point d'en-« voyer un des miens tout près de Pavie pour une commis-« sion ; je l'enverrai avec vous, et il vous conduira dans un « endroit où vous serez très convenablement logés. — » Et s'étant approché du plus discret de ses gens, il lui dit ce qu'il avait à faire, et l'envoya avec eux. Quant à lui, étant allé en toute hâte à sa maison de campagne, il fit, du mieux qu'il put, préparer un beau souper, et dresser les tables dans son jardin ; cela fait, il s'en vint sur la porte pour les attendre.

« Le familier causant de choses diverses avec les gentilshommes, les fit passer par certains chemins, et les conduisit, sans qu'ils s'en aperçussent, à la maison de son maître. Dès que messire Torello les vit, il courut à leur rencontre et dit en riant : « — Seigneurs, soyez les bienvenus. — » Le Saladin qui était fort courtois, comprit que ce chevalier avait craint qu'ils n'acceptassent point son invitation en les invi-

tant lorsqu'il les avait rencontrés, et que, pour qu'ils ne pussent refuser de passer la soirée avec lui, il les avait fait conduire d'une façon ingénieuse dans sa demeure. Après avoir répondu à son salut, il dit : « — Messire, si l'on pou-
« vait se plaindre de la courtoisie des gens, nous nous
« plaindrions de vous qui, sans compter que vous nous
« avez empêchés de continuer notre chemin, nous avez
« contraint à recevoir votre hospitalité si courtoise, sans
« que nous ayions mérité votre bienveillance autrement
« que par un salut. — » Le chevalier, homme sage et beau parleur dit : « — Seigneur, l'hospitalité que vous recevez
« de nous sera peu de chose, eu égard à celle qui vous con-
« viendrait à ce que je puis juger sur votre physionomie ;
« mais en vérité, hors de Pavie, vous n'auriez pu être bien
« nulle part ; et pour ce, qu'il ne vous déplaise point de
« vous être un peu détournés de votre chemin pour avoir
« un peu moins de désagrément. — » Ainsi disant, ses familiers qui étaient venus autour des voyageurs prirent leurs chevaux dès qu'ils en furent descendus ; et messer Torello conduisit les trois gentilshommes aux chambres préparées pour eux, où il les fît déchausser et rafraîchir avec des vins très frais, et les retint jusqu'à l'heure du souper en de plaisants entretiens.

« Le Saladin, ses compagnons et ses familiers savaient le latin, pour quoi ils comprenaient très bien et étaient compris, et il semblait à chacun d'eux que ce chevalier était l'homme le plus gracieux, le plus poli et le plus éloquent qu'ils eussent encore vu. D'autre part, il semblait à messer Torello que ceux-ci étaient des gens magnifiques et plus encore qu'il ne l'avait pensé tout d'abord ; pour quoi, il se désolait en lui-même de ne pouvoir les honorer ce soir-là de plus nombreuse compagnie et d'un plus solennel banquet ; aussi songea-t-il à les en dédommager le lendemain matin, et ayant informé un de ses familiers de ce qu'il voulait faire, il l'envoya à Pavie qui était tout près de là et dont on ne fermait jamais les portes, vers sa femme, dame très sage et de grand entendement. Après quoi, ayant conduit les gentilshommes dans le jardin, il leur demanda courtoisement qui ils étaient ; à quoi le Saladin répondit : « — Nous
« sommes des marchands chypriens et nous venons de
« Chypre ; nous allons à Paris pour nos affaires. — » Messer Torello dit alors : « — Plût à Dieu que notre pays produisît
« des gentilshommes semblables aux marchands que Chypre
« produit, à ce que je vois. — » De propos en propos semblables, ils passèrent le temps jusqu'à ce qu'il fût l'heure de souper ; pour quoi, il les laissa se mettre à table comme il leur plut, et là, pour un souper improvisé, ils furent très bien et très convenablement servis. Quand les tables eurent

été levées, messer Torello ne tarda point à s'apercevoir qu'ils étaient las, et après les avoir mis à reposer dans de très beaux lits, il alla lui-même dormir.

« Le familier qui avait été envoyé à Pavie, fit sa commission auprès de la dame ; celle-ci, avec une largesse d'esprit non féminine, mais royale, ayant fait sur-le-champ appeler un grand nombre des amis et des serviteurs de messer Torello, fit apprêter tout ce qu'il fallait pour un grandissime banquet, auquel elle fit, à la lueur des torches, inviter nombre des plus nobles citoyens ; elle fit prendre des draps et des soieries de toutes sortes, et faire en un mot tout ce que son mari lui avait envoyé dire. Le jour venu, les gentilshommes se levèrent ; messer Torello monta avec eux à cheval, et ayant fait venir ses faucons, il les mena à une petite rivière voisine, et leur montra comment ils volaient. Mais le Saladin ayant demandé à un de ses gens de les conduire à Pavie, dans la meilleure hôtellerie, messer Torello dit : « — Ce sera moi qui vous conduirai, pour ce « que j'ai aussi besoin d'y aller. — » Ceux-ci le croyant, en furent satisfaits et se mirent en route avec lui. Vers la troisième heure, arrivés à la ville et croyant aller à la meilleure hôtellerie, ils parvinrent avec messer Torello à la maison de celui-ci, où déjà plus de cinquante des meilleurs citoyens de la ville étaient venus pour recevoir les gentilshommes, et qui aussitôt entourèrent leurs étriers et les guides de leurs montures. Ce que voyant le Saladin et ses compagnons, ils comprirent fort bien ce que c'était, et dirent : « — Messer Torello, ce n'est pas là ce que nous avons « demandé ; vous en avez assez fait pour nous la nuit der-« nière, et plus que nous ne voulions ; pour quoi vous pou-« viez fort bien nous laisser continuer notre chemin. — » A quoi messer Torello répondit : « — Seigneurs, quant à « ce qui vous a été fait hier soir, j'en sais gré à la fortune « plus qu'à vous, car elle vous surprit en chemin de façon « qu'il vous fallut venir dans mon humble maison ; pour « ce qui est de ce matin, je vous en aurai obligation à « vous-mêmes, et avec moi tous ces gentilshommes qui « vous entourent ; s'il vous semble acte de courtoisie de « refuser de déjeuner avec eux, vous pouvez le faire si vous « le voulez. — »

« Le Saladin et ses compagnons vaincus par ces instances, descendirent de cheval, et ayant été joyeusement accueillis par les gentilshommes, furent menés dans les chambres qu'on avait richement préparées pour eux ; puis ayant quitté leurs habits de voyage, et s'étant rafraîchis un peu, ils vinrent dans la salle où le banquet avait été apprêté d'une façon splendide. L'eau ayant été donnée pour les mains, on se mit à table en grande cérémonie, et là ils furent servis de magnifiques et abondantes victuailles, tellement que si l'empereur s'y fût trouvé, on n'eût pas pu lui rendre plus d'honneurs. Bien que le Saladin et ses compagnons fussent de grands seigneurs et habitués à voir de grandes choses, néanmoins ils furent très émerveillés de tout cela, d'autant plus qu'ils considéraient la qualité du chevalier qu'ils savaient être un simple citoyen et non un grand seigneur. Le repas fini, et les tables levées, quand on eut parlé de choses et d'autres, la chaleur étant très grande, sur l'invitation de messer Torello, les gentilshommes de Pavie s'en allèrent tous se reposer, et il demeura seul avec ses trois hôtes ; sur quoi, étant entré avec eux dans une chambre, afin qu'il n'y eût rien de ce qui lui appartenait et qu'il aimait qu'ils n'eussent vu, il fit appeler sa digne femme. Celle-ci, belle et grande de sa personne, s'en vint au devant d'eux, parée de riches vêtements, accompagnée de ses deux petits enfants qui ressemblaient à deux anges, et les salua gracieusement. En la voyant, ils se levèrent debout, la reçurent avec un profond salut, et l'ayant fait asseoir au milieu d'eux, ils lui firent grande fête, ainsi qu'à ses deux beaux enfants.

« Après avoir échangé avec eux quelques plaisants propos, messer Torello étant sorti un moment, elle leur demanda gracieusement d'où ils étaient et où ils allaient ; à quoi les gentilshommes répondirent comme ils l'avaient déjà fait à messer Torello. Alors la dame leur dit d'un air joyeux :
« — Je vois donc que ma prévision de femme sera utile, et
« pour ce, je vous prie comme une faveur spéciale de ne pas
« refuser, et de ne pas dédaigner le petit présent que je vais
« vous faire apporter ; mais considérant que les femmes
« selon leurs petites facultés donnent de petites choses, je
« vous prie de l'accepter en ayant plus égard à ma bonne
« volonté qu'à la valeur du don. — » Et ayant fait apporter pour chacun deux paires de robes, l'une de drap brodé et l'autre de soie, non comme pour de simples citoyens ou des marchands, mais comme pour des seigneurs, des jupes de taffetas et du beau linge, elle dit : « — Prenez tout cela ;
« j'ai donné à mon mari des robes comme celle que je vous
« donne ; quant au reste, pensant que vous êtes loin de vos
« femmes, considérant la longueur du chemin que vous
« avez déjà fait et de celui que vous avez à faire, sachant
« que les marchands sont hommes propres et délicats, j'ai
« cru que cela pourrait vous être agréable, encore que de
« peu de valeur. — »

« Les gentilshommes étaient émerveillés, et ils virent bien que messer Torello ne voulait rien négliger dans sa courtoisie envers eux. Ils crurent, voyant la richesse qu'on leur offrait et qui ne convenait point à des marchands, qu'ils avaient été reconnus par mosser Torello ; cependant l'un d'eux répondit

à la dame : « — Ce sont là, madame, de magnifiques choses
« qu'on ne devrait point accepter à la légère, si vos prières
« ne nous y contraignaient, prières auxquelles il est impos-
« sible de dire non. — » Cela fait, et messer Torello étant
rentré, la dame leur ayant dit adieu, les quitta, et s'en alla
faire remettre à leurs familiers des présents selon leur rang.
De son côté, messer Torello obtint à force de prières qu'ils
demeurassent tout ce jour avec lui ; pour quoi, après qu'ils
eurent dormi, ils revêtirent leurs robes, s'en allèrent avec
messer Torello se promener à cheval par la ville, et, l'heure
de souper venue, ils soupèrent magnifiquement en compagnie
de nombreux convives. Quand il en fut temps, ils allèrent se
reposer, et le jour venu, ils se levèrent et trouvèrent à la
place de leurs roussins fatigués, trois vigoureux et excellents
palefrois, ainsi que des chevaux tout frais et de forte allure
pour leurs familiers. Ce que voyant le Saladin, il se tourna
vers ses compagnons et dit : « — Je jure Dieu qu'il n'y eut
« jamais homme plus accompli, plus courtois, ni plus ave-
« nant que celui-ci ; et si les rois chrétiens sont aussi rois
« que celui-ci est chevalier, le Soudan de Babylone ne se
« pourra défendre d'un seul qui l'assaillira, sans parler de
« tous ceux que nous voyons s'apprêter à lui faire la
« guerre. — » Mais sachant qu'il refuserait en vain ces présents, il en remercia très courtoisement son hôte, et ils montèrent à cheval.

« Messer Torello, suivi de nombreux amis, les accompagna hors de la ville un assez long espace de chemin, et
bien que le Saladin eût grande peine à se séparer de messer
Torello, tellement il l'avait déjà pris en affection, cependant
pressé de continuer sa route, il le pria de s'en retourner.
Messer Torello de son côté, éprouvant aussi beaucoup
d'ennui de les quitter, dit : « — Seigneurs, je le ferai
« puisque vous le voulez, mais je veux vous dire ceci : je
« ne sais pas qui vous êtes, et je ne vous demande pas de m'en
« dire à ce sujet plus qu'il ne convient ; mais qui que vous
« soyez, vous ne me ferez pas croire un instant que vous êtes
« des marchands ; sur ce je vous recommande à Dieu. — »
Le Saladin, ayant déjà pris congé de tous les compagnons
de messer Torello, lui dit : « — Messire, il pourra encore
« advenir que nous vous fassions voir de notre marchan-
« dise, ce qui vous confirmera dans votre croyance ; sur ce,
« allez avec Dieu. — »

« Le Saladin et ses compagnons s'étant donc séparés
d'eux, le Soudan se promit fermement, s'il conservait la vie
et le trône dans la guerre à laquelle il s'attendait, de faire à
messer Torello non moins d'honneurs que celui-ci lui en
avait fait; et il parla longtemps avec ses compagnons de lui,
de sa femme, de leurs faits et gestes, les louant en tout.

Quand il eut visité, non sans grande fatigue, tout le Ponant, il s'embarqua avec ses compagnons et s'en retourna à Alexandrie, où pleinement informé des desseins de ses ennemis, il se prépara à se défendre. Quant à messer Torello, il s'en revint à Pavie, et il fut longtemps à chercher qui pouvaient être ses trois hôtes, sans pouvoir jamais approcher de la vérité.

« Le temps de la croisade venu, et chacun s'y préparant de tous côtés, messer Torello, nonobstant les prières et les larmes de sa femme, se disposa à y aller. Ayant terminé tous ses préparatifs, et au moment de monter à cheval, il dit à sa femme qu'il aimait extrêmement : « — Femme, « comme tu vois, je vais à cette croisade tant pour l'hon- « neur de mon corps que pour le salut de mon âme; je te « recommande nos affaires et notre honneur; et pour ce que « si je suis sûr de l'aller, je n'ai aucune certitude du retour « à cause de mille cas qui peuvent survenir, je veux que tu « me fasses une grâce : quoi qu'il advienne de moi, si tu « n'as pas de nouvelles certaines que je vis encore, tu m'at- « tendras une année, un mois et un jour sans te remarier, à « partir du jour de mon départ. — » La dame qui pleurait fortement, répondit : « — Messer Torello, je ne sais com- « ment je supporterai la douleur dans laquelle me laisse « votre départ; mais si ma vie est plus forte que ma dou- « leur, et quoi qu'il arrive de vous, vivez et mourez sûr que « je vivrai et mourrai la femme de Messer Torello, et fidèle « à sa mémoire. — » A quoi messer Torello dit : « — « Femme je suis très sûr qu'il en sera comme tu me le « promets, autant qu'il dépendra de toi ; mais tu es une « jeune femme; tu es belle et de grande famille et ton « mérite est grand et connu partout; pour quoi, je ne doute « point que bon nombre de grands gentilshommes, au « moindre soupçon de ma mort, ne te demandent à tes « frères et à tes parents ; quoi que tu veuilles, tu ne pourras « te défendre de leurs obsessions, et par force tu finiras par « céder à leur désir ; et voilà la raison pour laquelle je te « demande ce délai et non un plus long. — » La dame dit : « — Je ferai ce que je pourrai de ce que je vous ai « dit; et quand il m'en faudra venir à autre chose, je vous « obéirai en ce que vous m'ordonnez, certainement. Je prie « Dieu qu'il ne nous conduise point, ni vous ni moi, à de « pareilles extrémités avant ce temps. — » Ces paroles dites, la dame embrassa en pleurant messer Torello, et s'ôtant un anneau du doigt, elle le lui donna en disant : « — S'il advient que je meure avant de vous revoir, sou- « venez-vous de moi en le regardant. — » Messer Torello l'ayant pris, monta à cheval, et après avoir dit à chacun un dernier adieu, il partit pour son voyage.

« Arrivé à Gênes avec sa suite, il monta sur une galère et poursuivit sa route; en peu de temps il gagna Saint-Jean d'Acre et se joignit au reste de l'armée des Chrétiens, parmi laquelle presque aussitôt se déclara une grande épidémie suivie d'une grande mortalité. Pendant ce temps, soit effet de l'habileté ou de la fortune du Saladin, quasi tous ceux des chrétiens qui avaient échappé à l'épidémie furent pris par lui et répartis en plusieurs villes comme prisonniers. Messer Torello fut un de ces derniers, et il fut emmené prisonnier à Alexandrie. N'étant connu de personne et craignant de se faire reconnaître, il se mit, contraint par la nécessité, à élever des oiseaux, art en lequel il était un grand maître; pour quoi, le Saladin en ayant entendu parler, le fit mettre hors de prison et le retint près de lui comme son fauconnier. Messer Torello que le Saladin ne nommait pas autrement que le Chrétien, attendu qu'il ne l'avait pas reconnu, de même que Torello ne le reconnaissait point lui-même, avait l'esprit sans cesse à Pavie, et plusieurs fois il avait voulu s'enfuir; mais il n'avait jamais pu y réussir; pour quoi, certains génois ayant été envoyés en ambassadeurs au Saladin pour le rachat de plusieurs de leurs concitoyens et étant sur le point de partir, messer Torello eut la pensée d'écrire à sa femme qu'il était vivant, qu'il retournerait près d'elle dès qu'il pourrait et qu'elle l'attendît; ce qu'il fit. Il pria instamment un des ambassadeurs qu'il connaissait, de faire en sorte que sa lettre parvînt aux mains de l'abbé de san Pietro in Ciel d'Oro, lequel était son oncle.

« Messer Torello étant en cette situation, il advint un jour que le Saladin causant avec lui de ses oiseaux, messer Torello se mit à sourire, et fit un mouvement de lèvres que le Saladin lui avait vu faire souvent quand il était chez lui à Pavie, et qu'il avait fort remarqué. Ce mouvement rappela Messer Torello à l'esprit du Saladin, et il se mit à le regarder fixement et reconnut que c'était bien lui; pour quoi, laissant de côté ce dont il lui avait d'abord parlé, il dit : « — Dis-moi, Chrétien, de quel pays du Ponant es-tu? — »
« — Mon Seigneur — dit Messer Torello — je suis Lom-
« bard, et d'une ville nommée Pavie; je suis pauvre et de
« basse condition. — » Dès que le Saladin eut entendu cette réponse, quasi certain de ce qu'il soupçonnait, il se dit tout joyeux : « — Dieu m'a fourni l'occasion de montrer « à celui-ci combien sa courtoisie m'a été agréable. — » Et sans dire autre chose, ayant fait apporter tous ses vêtements dans une chambre, il y mena Messer Torello et dit :
« — Regarde, Chrétien, si parmi ces robes il n'en est pas
« quelqu'une que tu aies jamais vue? — » Messer Torello se mit à regarder et vit celles que sa femme avait données au Saladin; mais ne pensant pas que ce pouvait être elles,

il répondit : « — Mon Seigneur, je n'en reconnais aucune. « Il est bien vrai que ces deux ressemblent à des robes que « je donnai autrefois à trois marchands qui s'étaient arrêtés « dans ma maison. — »

« Alors le Saladin, ne pouvant plus se contenir, l'embrassa tendrement en disant : « — Vous êtes Messer « Torello d'Istria, et je suis l'un des trois marchands aux« quels votre femme donna ces robes, et maintenant est « venu le moment de juger ce qu'est ma marchandise, « comme en vous quittant je vous dis que cela pourrait « bien arriver. — » Messer Torello, entendant cela, fut joyeux et honteux tout à la fois : joyeux d'avoir eu un tel hôte, et honteux de ce qu'il lui semblait l'avoir si pauvrement reçu. Le Saladin lui dit alors : « — Messer Torello, « puisque Dieu vous a envoyé ici à moi, sachez que ce n'est « plus moi désormais, mais que c'est vous qui êtes le maître « ici. — » Et s'étant fait tous deux une grande fête, il le fit vêtir d'habits royaux ; et l'ayant mené devant tous ses hauts barons, il fit un grand éloge de son mérite, et ordonna que tous ceux qui tiendraient sa faveur pour chère, l'honorassent comme lui-même ; ce que chacun fit, mais surtout les deux seigneurs qui avaient été les compagnons du Saladin dans la maison de Messer Torello.

« La grandeur de la gloire subite où se vit Messer Torello lui ôta quelque peu de la mémoire le souvenir des choses de Lombardie, surtout parce qu'il espérait fermement que ses lettres devaient être parvenues à son oncle. Le jour où le Saladin avait fait prisonnière l'armée des chrétiens, un chevalier provençal de mince mérite, dont le nom était Messer Torello de Digne, avait été tué et enseveli dans le camp ; pour quoi, Messer Torello d'Istria étant connu de toute l'armée pour sa noblesse, tous ceux qui entendirent dire : Messer Torello est mort, crurent qu'il s'agissait de Messer Torello d'Istria, et non de celui de Digne ; et le cas qui s'ensuivit de la prise de Messer Torello d'Istria ne permit pas de détromper ceux qui avaient cru ainsi ; pour quoi, beaucoup d'Italiens retournèrent chez eux avec cette nouvelle, et parmi eux, il y en eut d'assez présomptueux pour oser dire qu'ils l'avaient vu mort et qu'ils avaient assisté à son enterrement. Cela ayant été su par sa femme et par ses parents, ce fut un motif de grand et inexprimable deuil non seulement pour eux, mais pour quiconque l'avait connu. Il serait trop long de raconter quelles furent la douleur, la tristesse, et les larmes de sa femme ; après quelques mois passés dans une affliction continuelle, elle commença à se lamenter moins fort, et comme elle était demandée par les plus grands personnages de la Lombardie, ses frères et ses parents se mirent à la presser de se remarier. Après avoir refusé nombre de fois avec de grandissimes pleurs, elle finit à la fin, contrainte par ses parents, à faire ce qu'ils voulaient, à la condition qu'elle resterait veuve autant de temps qu'elle l'avait promis à Messer Torello.

« Les choses en étaient à ce point à Pavie qu'il ne restait plus que huit jours pour atteindre l'époque où elle devait prendre un mari, lorsqu'il advint qu'un jour Messer Torello vit à Alexandrie un homme qu'il avait vu monter avec les ambassadeurs génois sur la galère qui partait pour Gênes; pour quoi, l'ayant fait appeler, il lui demanda quelle traversée ils avaient eue et quand ils étaient arrivés à Gênes. A quoi cet homme dit : « — Mon seigneur, la galère a fait une
« mauvaise traversée, comme je l'ai appris en Crète où
« j'étais resté ; pour ce que, étant près de la Sicile, il s'éleva
« un vent dangereux qui la poussa jusqu'en Barbarie ; il ne
« se sauva personne, et deux de mes frères, entre autres, y
« périrent. — Messer Torello, ajoutant foi à ces paroles qui étaient du reste très vraies, et se rappelant que le terme qu'il avait fixé à sa femme expirait dans quelques jours et qu'on ne devait rien savoir de lui à Pavie, eut pour certain que sa femme devait s'être remariée; de quoi il tomba en un tel chagrin, que perdant le sommeil et l'appétit, il résolut de mourir. Lorsque le Saladin qui l'aimait beaucoup sut cela, il vint le voir, et à force de prières et avec beaucoup de peine ayant appris la cause de son chagrin et de sa maladie, il le blâma fort de ne le lui avoir pas dit plus tôt, puis il le supplia de se remettre, lui affirmant que s'il le faisait, il s'arrangerait de façon à ce qu'il fût à Pavie au terme marqué, et il lui dit comment. Messer Torello, ajoutant foi aux promesses du Saladin, et ayant entendu dire souvent que la chose était possible et qu'elle avait été faite plusieurs fois, il se rassura un peu et pressa le Saladin pour qu'il fît ce qu'il lui avait promis.

« Le Saladin ordonna à un sien nécromancien, dont il avait déjà mis l'art à l'épreuve, de trouver un moyen pour transporter sur un lit en une nuit Messer Torello à Pavie; le nécromancien lui répondit que cela serait fait, mais que, dans son intérêt il l'endormirait. Ceci ordonné, le Saladin retourna vers Messer Torello, et le trouvant tout à fait résolu à être à Pavie au terme indiqué si cela se pouvait, et, si cela ne se pouvait pas, à mourir, il lui dit ainsi : « — Messer
« Torello, si vous aimez tendrement votre femme et si vous
« craignez qu'elle ne devienne la femme d'un autre, Dieu sait
« que je ne saurais en rien vous en blâmer, pour ce que de
« toutes les femmes que j'aie jamais vues, c'est celle dont
« les manières, les mœurs et le maintien, sans parler de la
« beauté qui est fleur caduque, me paraissent le plus à louer

« et à apprécier. Il m'eût été très agréable, puisque la for-
« tune vous avait envoyé ici, que nous eussions vécu en-
« semble comme deux égaux dans ce royaume que je gou-
« verne, pendant tout le temps qu'il nous reste à vivre à
« vous et à moi; et puisque cette faveur ne devait point
« m'être accordée par Dieu, vous étant venu en l'esprit de
« mourir ou de retourner à Pavie au terme fixé, j'aurais vi-
« vement désiré le savoir à temps, car je vous aurais fait
« conduire chez vous avec les honneurs, la pompe et la
« compagnie dus à votre mérite; puisque cela ne m'est
« point accordé, et que vous désirez être là-bas au jour pré-
« cis, je vous y enverrai comme je peux, de la manière que
« je vous ai dite. — » A quoi Messer Torello dit : « — Mon
« Seigneur, sans qu'il soit besoin de vos paroles, vos actes
« m'ont assez prouvé votre bienveillance que je n'ai jamais
« méritée à un si haut degré, et de ce que vous dites, même
« quand vous ne me le diriez pas, je vivrai et mourrai cer-
« tain. Mais puisque j'ai pris un tel parti, je vous prie de
« faire vite ce que vous me dites, pour ce que c'est demain
« le dernier jour que l'on doit m'attendre. — » Le Saladin
dit que tout était prêt, et le jour suivant, attendant la nuit
pour le faire partir, le Saladin lui fit dresser dans une
grande salle un très riche et très beau lit garni, selon la
mode du pays, de matelas tout couverts de velours et de
draps d'or ; il fit placer dessus une courte-pointe ouvrée de
certains passements de grosses perles et de pierres précieuses, lesquelles furent par ici estimées un grand prix, et
deux oreillers comme il fallait pour un tel lit. Ceci fait, il
ordonna qu'on vêtît Messer Torello, qui était déjà revenu à
la santé, d'une robe à la mode sarrasine, et qui était bien la
plus riche et la plus belle chose que chacun eût encore vue,
et qu'on lui mît sur la tête un de ses plus longs tur-
bans.

« L'heure étant déjà avancée, le Saladin, accompagné d'un
grand nombre de ses barons entra dans la chambre où était
messer Torello, et s'étant assis à côté de lui sur le lit, il se
mit à lui dire quasi tout en pleurs : « — Messer Torello,
« l'heure qui doit vous séparer de moi approche, et pour ce
« que je ne peux vous accompagner, le genre de chemin
« que vous avez à faire ne le permettant pas, il me faut
« prendre congé de vous ici dans cette chambre, ce que je
» suis venu faire. Et pour ce, avant que je vous dise adieu,
« je vous prie, par cette affection, par cette amitié qui existe
« entre nous, de vous souvenir de moi ; et, s'il est possible,
« avant que notre temps s'accomplisse, qu'après avoir mis
« ordre à vos affaires en Lombardie, vous veniez me voir au
« moins une fois, afin que je puisse par cette visite où je me
« réjouirai de vous avoir revu, suppléer au vide qu'il me

« faut présentement supporter à cause de votre départ. Et
« en attendant que cela arrive, qu'il ne vous déplaise point
« de me visiter par lettres et de me demander ce qu'il vous
« plaira, car je le ferai certainement plus volontiers pour
« vous que pour tout autre. — » Messer Torello ne put retenir ses larmes ; et pour ce, empêché par elles de parler, il répondit en peu de mots qu'il n'était pas possible que le souvenir de son mérite et de ses bienfaits lui sortît jamais de la mémoire, et qu'il ferait sans faute ce qu'il lui demandait, dès qu'il en aurait le loisir. Pour quoi, le Saladin, l'ayant tendrement embrassé et ayant été embrassé par lui, lui dit au milieu d'abondantes larmes : « — Allez avec « Dieu — » et sortit de la chambre. Après quoi tous les autres barons prirent congé de lui et s'en vinrent avec le Saladin dans la salle où il avait fait préparer le lit.

« Comme il était déjà tard, et que le nécromancien n'attendait plus que le moment du départ qu'il pressait, vint un médecin avec un breuvage, et ayant donné à entendre à messer Torello qu'il le lui donnait comme cordial, il le lui fit boire ; après quoi, messer Torello ne tarda guère à s'endormir, et fut transporté tout endormi, par ordre du Saladin, sur le lit où le Soudan posa lui-même une grande et belle couronne d'un grand prix, à laquelle il fit une marque qui pût bien faire voir qu'elle était envoyée par le Saladin à la femme de messer Torello. Puis il mit au doigt de messer Torello un anneau dans lequel était enchâssé un rubis si brillant qu'il semblait un flambeau allumé, et dont la valeur pouvait à peine être estimée. Il lui fit ensuite passer au côté une épée, dont la garniture n'aurait pas été facilement évaluée ; en outre, il lui fit mettre au col un collier où il y avait des perles comme on n'en avait encore jamais vues, et de nombreuses pierres précieuses ; enfin, il fit mettre à chacun de ses côtés et tout autour de lui deux grands bassins d'or pleins de doublons, une grande quantité de chapelets de perles, des anneaux, des ceintures, et nombre de choses qui seraient trop longues à dire. Cela fait, il baisa de nouveau messer Torello et dit au nécromancien de le faire partir ; pour quoi, soudain, en présence du Saladin, le lit avec messer Torello et tout ce qui était dessus, disparut aux regards, et le Saladin resta avec ses barons, devisant de lui.

« Messer Torello était déjà déposé, avec tous les susdits joyaux et ornements, dans l'église de san Pierro in Ciel d'Oro de Pavie, comme il l'avait demandé, et il dormait encore, lorsque, matines ayant sonné, le sacristain entra dans l'église une lumière à la main. A l'aspect inprévu de ce riche lit, non seulement il fut étonné, mais ayant une grandissime peur, il tourna les talons et s'enfuit. L'abbé et les moines le voyant s'enfuir, s'étonnèrent et lui en demandèrent la raison.

Le sacristain la leur dit. « — Oh ! — dit l'abbé — es-tu donc
« un enfant, et est-ce la première fois que tu entres dans une
« église, pour t'effrayer si facilement ? Or, allons-y et voyons
« ce qui t'a fait peur. — » Ayant donc allumé plusieurs lumières, l'abbé et tous ses moines entrèrent dans l'église et virent ce lit si merveilleux et si riche sur lequel le chevalier dormait. Pendant que, indécis et timides, et n'osant s'approcher, ils regardaient les magnifiques bijoux, il advint que la vertu du breuvage ayant cessé, messer Torello se réveilla en poussant un grand soupir. Dès que les moines l'eurent vu, l'abbé en tête, ils s'enfuirent épouvantés criant : Seigneur, sauvez-nous ! Messer Torello, ayant ouvert les yeux et regardé autour de lui, reconnut bien qu'il était à l'endroit où il avait demandé au Saladin de le faire déposer, de quoi il fut en soi-même fort satisfait ; pour quoi, s'étant assis sur son séant et ayant regardé avec plus d'attention les objets qui étaient autour de lui, bien qu'il connût déjà la munificence du Saladin, elle lui parut alors bien plus grande et il la connut plus que jamais. Pourtant, sans plus se déranger d'où il était, entendant les moines s'enfuir et comprenant la cause de leur fuite, il se mit à appeler l'abbé par son nom et à le prier de n'avoir aucune crainte, pour ce qu'il était Torello son neveu. L'abbé, entendant cela, eut encore plus peur, car depuis plusieurs mois il le croyait mort ; mais au bout d'un moment rassuré par de bonnes raisons, et s'entendant toujours appeler, il fit le signe de de la sainte croix, et alla vers lui. Messer Torello lui dit alors : « — O mon père de quoi avez-vous peur ? Je suis
« vivant, Dieu merci, et je reviens d'outre mer. — »

« L'abbé, bien que messer Torello eût la barbe longue et qu'il fût habillé à la barbaresque, après l'avoir un instant regardé, fut tout à fait rassuré ; il le prit par la main et dit :
« — Mon fils, tu es le bien revenu. — » Et il ajouta :
« — Tu ne dois point t'étonner de notre peur, pour ce que
« dans cette ville il n'y a pas un homme qui ne te croie fer-
« mement mort, tellement que je puis te dire que madame
« Adalieta, ta femme, vaincue par les prières et les menaces
« de ses parents, est remariée contre sa volonté, et doit aller
« ce matin même à son nouveau mari ; les noces et la fête
« à ce nécessaire sont préparées. — » Messer Torello, étant descendu du lit, et ayant fait à l'abbé et aux moines une merveilleuse fête, les pria tous de ne parler à personne de son retour, jusqu'à ce qu'il eût fini une chose qu'il avait à faire. Après quoi, ayant fait mettre en sûreté les riches joyaux, il raconta à l'abbé ce qui lui était arrivé jusqu'à ce moment. L'abbé joyeux de sa bonne fortune, en rendit avec lui grâces à Dieu. Puis messer Torello demanda à l'abbé quel était le nouveau mari de sa femme. L'abbé le lui dit ;

à quoi messer Torello dit : — Avant qu'on sache rien de
« mon retour, je veux voir quelle est la contenance de ma
« femme dans ces noces ; et pour ce, bien que ce ne soit pas
« l'habitude des personnes de religion d'aller en de pareils
« banquets, je veux que pour l'amour de moi vous vous ar-
« rangiez de façon que nous y allions. — » L'abbé répondit
qu'il le ferait volontiers, et dès que le jour fut venu, il envoya dire au nouveau marié qu'un de ses amis voulait assister à ses noces ; à quoi le gentilhomme répondit que cela
lui plaisait fort.

« L'heure de se mettre à table étant donc venue, messer
Torello, sous l'habit qu'il avait, s'en alla avec l'abbé en la
maison du nouvel époux, regardé avec étonnement par tous
ceux qui le voyaient, mais sans être reconnu de personne.
L'abbé disait à tous que c'était un Sarrasin envoyé comme
ambassadeur au roi de France par le Soudan. Messer Torello fut en conséquence mis à table juste en face de sa
femme qu'il regardait avec un grandissime plaisir, et dont
le visage lui paraissait attristé par ces noces. De son côté,
elle le regardait souvent, mais sans le reconnaître, car sa
longue barbe, son habit étranger, et la ferme croyance qu'elle
avait qu'il était mort, l'en détournaient. Mais quand le moment parut venu à messer Torello de voir si elle se souvenait de lui, ayant retiré de son doigt l'anneau que la dame
lui avait donné à son départ, il fit appeler un jeune serviteur
qui servait devant elle, et lui dit : « — Dis de ma part à la
« mariée, qu'il est d'usage, quand un étranger, comme je
« suis ici, mange à la table d'une nouvelle mariée, comme elle
« l'est ce soir, qu'elle lui envoie la coupe où elle boit pleine
« de vin, en signe qu'elle a sa présence pour chère, puis
« quand l'étranger a bu, il lui renvoie la coupe, et elle boit
« à son tour. — » Le jouvenceau fit la commission à la
dame, laquelle, en femme sage et bien élevée, croyant que
l'étranger était un homme de grande qualité, pour montrer
que sa présence lui plaisait, ordonna de laver et d'emplir de
vin une grande coupe dorée qui était devant elle, et de la
porter au gentilhomme ; et ainsi fut fait. Alors, messer Torello ayant mis l'anneau dans sa bouche, le laissa, en buvant, tomber dans la coupe, sans que personne s'en aperçût,
et y ayant laissé un peu de vin, la recouvrit et la renvoya à
la dame. Celle-ci l'ayant prise afin d'observer l'usage jusqu'au bout, et l'ayant découverte, la porta à sa bouche et
vit l'anneau ; sur quoi, sans rien dire, elle le regarda un
instant, et ayant reconnu que c'était celui qu'elle avait donné à messer Torello à son départ, elle le prit, et ayant regardé fixement celui qu'elle croyait être un étranger, et le
reconnaissant déjà, comme si elle était devenue furieuse, elle
renversa la table qui était devant elle, et s'écria : « — Celui-

ci est mon seigneur ; celui-ci est vraiment messer Torello. — » Et courant à la table où il était assis, sans prendre garde aux draps, ni à ce qui était sur la table, elle se jeta à son col et l'embrassa étroitement ; et on ne put pas la faire ôter de là, quoi qu'eussent pu dire et faire tous ceux qui étaient présents, jusqu'à ce que messer Torello lui eût dit de se contenir, pour ce qu'elle aurait encore suffisamment le temps de l'embrasser.

« Alors, après qu'elle se fut relevée, et les convives étant tout troublés mais en grande partie joyeux d'avoir retrouvé un chevalier de tel mérite, messer Torello, priant chacun de faire silence, leur raconta à tous ce qui lui était arrivé, depuis son départ jusqu'à ce moment, concluant que le gentilhomme qui, le croyant mort, avait épousé sa femme, ne devait pas trouver mauvais qu'il la reprît puisqu'il était vivant. Le nouvel époux, bien qu'il fût un peu confus, répondit généreusement et sur un ton ami, qu'il avait le désir de faire tout ce qui lui plairait le plus. La dame quitta aussitôt l'anneau et la couronne que lui avait donnés le nouvel époux, se passa au doigt l'anneau qu'elle avait retiré de la coupe, et se mit sur la tête la couronne qui lui avait été envoyée par le Soudan. Sur quoi, étant sortis de la maison où ils étaient, ils allèrent avec toute la pompe des noces à la maison de messer Torello ; et là, ses amis et ses parents désolés, et tous les citoyens qui le regardaient comme un miracle, se consolèrent dans une longue et joyeuse fête. Messer Torello, ayant donné une partie de ses joyaux à celui qui avait fait les dépenses des noces, ainsi qu'à l'abbé et à beaucoup d'autres, et annoncé par plusieurs messages au Saladin son heureux retour dans sa patrie, se disant toujours son ami et son serviteur, vécut de nombreuses années avec sa valeureuse femme, usant plus que jamais de courtoisie. Telle fut donc la fin des malheurs de messer Torello et de ceux de sa chère femme, et la récompense de leurs libéralités et de leurs promptes largesses. Bon nombre de gens s'efforcent d'en faire autant, et, bien qu'ils en aient les moyens, savent si mal s'y prendre, qu'ils font acheter leurs libéralités plus qu'elles ne valent ; pour quoi, s'ils n'en retirent aucun fruit, ni eux ni personne ne s'en doivent étonner. — »

NOUVELLE X

Le marquis de Saluces, forcé par les prières de ses vassaux de prendre femme, afin de la prendre à sa fantaisie, épouse la fille d'un vilain, de laquelle il a deux enfants qu'il fait semblant de faire tuer. Puis, donnant à croire à sa femme qu'il ne veut plus d'elle et qu'il a pris une autre femme, il fait revenir chez lui sa fille comme si elle était sa nouvelle femme, après avoir chassé la première en chemise. Quand il a vu qu'elle prenait toutes ces épreuves en patience, il la reconduit dans sa maison, la tenant pour plus chère que jamais; il lui montre ses enfants devenus grands et l'honore et la fait honorer comme marquise.

La longue nouvelle du roi finie, et tous l'ayant trouvée fort agréable, Dioneo dit en riant : « — Le brave homme qui attendait la nuit suivante pour faire baisser la queue droite du fantôme, n'aurait pas donné deux deniers de tous les éloges que vous accordez à messer Torello. — » Puis, sachant qu'il ne restait plus que lui à dire sa nouvelle, il commença : « — Mes douces dames, à ce qu'il m'a paru, la journée d'aujourd'hui a été consacrée à un roi, à des sultans, et à gens de semblable condition. Afin que je ne fasse pas trop contraste avec vous, je veux vous conter, d'un marquis, non un acte de munificence, mais une extravagante brutalité. Quoique, en fin de compte, la chose lui réussit, je ne conseille à personne de suivre son exemple, car ce fut grand dommage qu'il lui en advînt bien.

« Il y a grand temps déjà, parmi les marquis de Saluces, le plus illustre de la maison fut un jeune seigneur nommé Gaultier, lequel étant sans femme et sans enfants, ne dépensait pas son temps à autre chose qu'à oiseler et à chasser, et ne songeait en aucune façon à prendre femme ou à avoir des enfants, en quoi il méritait d'être réputé très sage. Cela ne plaisant point à ses vassaux, ils le prièrent à plusieurs reprises de prendre femme, afin qu'ils ne restassent point, lui sans héritier, eux sans seigneur ; s'offrant de lui en trouver une de telle valeur, et née de père et de mère tels, qu'il pourrait fonder bonne espérance sur elle, et en être très satisfait. A quoi Gaultier répondit : « — Mes amis, vous
« me contraignez à ce que j'étais entièrement résolu de ne
« faire jamais, considérant comme c'est chose difficile de
« trouver compagne qui aille à ses habitudes ; comme, au
« contraire, est grande la foule des autres, et combien dure
« est la vie pour celui qui tombe sur une femme qui ne lui
« convient pas. Quant à dire que vous croyez, d'après le

« caractère des pères et des mères, connaître les filles, d'où
« vous puissiez répondre de m'en donner une qui me satis-
« fasse, c'est une sottise. Encore que je ne sache pas où
« vous auriez pu connaître les pères, ni comment vous pour-
« riez savoir le secret des mères, quand bien même vous
« les connaîtriez, les filles sont le plus souvent dissem-
« blables aux parents. Cependant, puisqu'il vous plaît de me
« lier de ces chaînes, moi aussi j'y veux consentir. Et pour
« que je n'aie à me plaindre de personne autre que de moi,
« si la chose tourne à mal, je veux trouver moi-même ; vous
« affirmant que, quelle que soit celle que je choisisse, si par
« vous elle n'est pas honorée comme Dame, vous verrez, à
« votre grand détriment, ce qu'il vous en coûtera de m'avoir
« contraint, par vos prières, à prendre femme malgré mon
« désir. — » Les braves vassaux répondirent qu'ils étaient
contents rien que de le voir consentir à se marier.

« Depuis quelque temps, Gaultier avait été charmé des
manières d'une pauvre jeune fille qui était d'un village voisin de son château, et comme elle lui avait paru très belle,
il pensa qu'avec elle il pourrait mener une vie très paisible.
Pourquoi, sans plus chercher, il résolut de l'épouser. Ayant
fait appeler le père qui était très pauvre, il convint avec lui
de la prendre pour femme. Cela fait, Gaultier assembla tous
ses amis de la contrée, et leur dit : « — Mes amis, il vous
« a plu, il vous plaît que je cherche à me marier, et je m'y
« suis prêté plus pour vous complaire que par désir de ma
« part d'avoir femme. Vous savez ce que vous m'avez pro-
« mis, c'est-à-dire d'être satisfaits de celle que j'aurai choi-
« sie et, quelle qu'elle soit, de l'honorer comme votre Dame.
« Le moment est venu de tenir la promesse que je vous ai
« faite, et je veux que vous teniez la vôtre. J'ai trouvé tout
« près d'ici une jeune fille selon mon cœur ; j'entends la
« prendre pour femme et la mener, d'ici à peu de jours,
« en ma demeure. Donc, songez à ce que la fête des noces
« soit belle, et à la recevoir avec honneur, afin que je puisse
« me déclarer satisfait de l'exécution de votre promesse,
« comme vous pourrez vous déclarer satisfaits de l'exécution
« de la mienne. — » Les bons vassaux, tout joyeux, répondirent que cela leur plaisait et, — qu'elle fût qui il voudrait, — qu'ils l'accepteraient pour Maîtresse et l'honore-
raient en tout comme leur Dame. Après cela, tous se préparèrent à grande et joyeuse fête, et, de son côté, Gaultier en
fit autant. Il fit apprêter des noces grandioses et magnifiques et invita une foule d'amis, de parents et de gentilshommes des environs. En outre, il fit tailler et confectionner
en grand nombre de riches et belles robes, sur la mesure
d'une jeune fille qui lui parut de même taille que celle qu'il
se proposait d'épouser. Il fit également préparer des cein-

tures, des anneaux, une riche et belle couronne et tout ce qui est d'usage pour une nouvelle épousée.

« Le jour qu'il avait fixé pour les noces étant arrivé, Gaultier, vers la troisième heure, monta à cheval ainsi que tous ceux qui étaient venus pour lui faire honneur. Ayant ainsi tout disposé, il dit : « — Seigneurs, il est temps d'al-
« ler chercher la nouvelle épousée. — » Et s'étant mis en route, lui et toute sa suite, ils parvinrent au village. Arrivés devant la maison du père de la jeune fille, ils trouvèrent celle-ci portant de l'eau, qui revenait en grande hâte de la fontaine, afin d'aller avec les autres femmes, voir venir l'épousée de Gaultier. Comme Gaultier la vit, il l'appela par son nom, c'est-à-dire Griselda, et lui demanda où était son père. A quoi rougissant, elle répondit : « — Mon seigneur,
« il est à la maison. — » Alors, Gaultier descendit de cheval, et ayant ordonné à tous ses gens de l'attendre, il entra seul dans la pauvre maison où il trouva le père qui avait nom Jeannot, et lui dit : « — Je suis venu pour épouser la
« Griselda ; mais auparavant, je veux savoir quelque chose
« d'elle, en ta présence. — » Et il lui demanda si, l'ayant prise pour femme, elle s'efforcerait toujours de lui complaire, sans se troubler en rien de ce qu'il dirait ou ferait ; si elle serait obéissante, et beaucoup d'autres choses semblables, à toutes lesquelles elle répondit oui. Alors Gaultier, la prenant par la main, la mena au dehors et, en présence de toute sa suite, et des autres assistants, il la fit mettre nue. Ayant fait ensuite apporter les vêtements qu'il avait fait faire, il l'en fit revêtir, chausser, et sur ses cheveux épars comme ils étaient, il fit poser une couronne. Après quoi, chacun s'étonnant de tout cela, il dit : « — Seigneurs,
« voilà celle que j'entends prendre pour ma femme, du mo-
« ment qu'elle me veut pour mari. — » Puis, s'étant tourné vers elle qui se tenait rougissante et troublée, il lui dit : « — Griselda, me veux-tu pour ton mari ! — » A quoi, elle répondit : « — Mon seigneur, oui. — » Et il dit : « — Et
« moi, je te veux pour ma femme. — » Et, en présence de tous, il l'épousa. L'ayant fait monter sur un palefroi, il l'accompagna respectueusement à son château où il la conduisit. Là, les noces furent belles et grandes, et la fête ne fut pas autre que s'il avait pris la fille du roi de France.

« Il sembla qu'en changeant de vêtement, la jeune épouse eût changé d'esprit et de manières. Elle était, comme nous avons déjà dit, belle de corps et de visage, et elle devint aussi avenante qu'elle était belle, et si aimable, de façons si accortes, qu'elle semblait être non la fille de Jeannot, une ancienne gardeuse de moutons, mais la fille de quelque noble seigneur, en quoi elle faisait l'étonnement de tous ceux qui l'avaient primitivement connue. En outre, elle était si obéissante à son mari, si empressée à le servir, qu'il se tenait pour l'homme le plus heureux et le mieux payé du monde. Semblablement, elle était si gracieuse, si affable envers les sujets de son mari, qu'il n'y en avait pas un qui ne l'honorât comme digne du rang qu'elle occupait. Tous priaient pour son bonheur, pour sa santé, pour sa prospérité, disant — de même qu'ils avaient dit que Gaultier avait agi en homme peu sage en la prenant pour femme — qu'il était le plus sage et le plus avisé des hommes, puisque nul autre que lui n'avait jamais su reconnaître la haute valeur qu'elle cachait sous ses pauvres habits de paysanne. En peu de temps, elle sut faire de telle sorte, que non seulement dans son marquisat, mais partout, on parlait de sa vertu, de ses bonnes œuvres, et qu'elle changea en éloge le blâme qu'on avait pu jeter sur son mari à son sujet, quand il l'avait épousée.

« Elle ne fut pas longtemps avec Gaultier sans devenir grosse et, en temps voulu, elle accoucha d'une fille ; de quoi Gaultier fit grande fête. Mais peu après, une nouvelle pensée étant entrée en son esprit, il voulut éprouver par une longue épreuve et des traitements intolérables, la patience de sa femme. Il commença par la brutaliser en paroles, lui montrant un visage troublé et lui disant que ses vassaux étaient mécontents d'elle à cause de sa basse condition, et surtout parce qu'ils voyaient qu'elle lui donnait des enfants ; et qu'ils étaient tellement tristes de la naissance de sa fille, qu'ils ne cessaient de murmurer. La dame, entendant ces paroles, sans changer de visage, de langage et de contenance, dit : « — Mon seigneur, fais de moi ce que tu croi-
« ras le plus utile à ton honneur et à ta tranquillité. Je serai
« contente de tout, car je reconnais que je suis moins qu'eux
« et que je n'étais pas digne de l'honneur auquel, par ta
« courtoisie, tu m'as appelée. — » Cette réponse fut très agréable à Gaultier, qui reconnut que les hommages que lui et les autres lui avaient rendus ne l'avaient nullement enorgueillie. Peu de temps après, ayant dit en termes vagues à sa femme que ses sujets ne pouvaient souffrir la fille née d'elle, il donna ses instructions à un de ses familiers et l'envoya à Griselda. Celui-ci, avec un visage tout dolent, lui dit : « — Madame, si je ne veux mourir, il me faut faire ce
« que mon seigneur me commande. Il m'a ordonné de pren-
« dre votre fille et de… — » Il n'en dit pas davantage. La dame, à ces mots, considérant le visage du familier, et se souvenant des paroles de son mari, comprit qu'il lui avait ordonné de tuer sa fille. Pour quoi, l'ayant vivement ôtée de son berceau, l'ayant baisée et bénie, bien qu'elle ressentît un grand désespoir en son cœur, sans changer de visage, elle la mit dans les bras du familier et lui dit :

« — Fais de tout point ce que ton seigneur et le mien t'a
« commandé, mais ne l'abandonne pas en pâtures aux bê-
« tes et aux oiseaux, à moins qu'il ne te l'ait aussi or-
« donné. — » Le familier prit l'enfant et rapporta à Gaultier
ce que lui avait dit la dame. Gaultier, s'étonnant d'une telle
fermeté, envoya le familier à Bologne avec l'enfant chez une
de ses parentes, en la priant de l'élever avec soin, sans jamais lui dire de qui elle était fille.

« Il arriva par la suite que la dame devint grosse de
nouveau et, à époque dite, accoucha d'un enfant mâle, lequel fut très cher à Gaultier. Mais ce qu'il avait fait ne lui
suffisant pas, il traita la dame plus brutalement encore et,
avec un visage troublé, lui dit un jour : « — Femme, de-
« puis que tu as fait cet enfant mâle, je n'ai pu vivre en
« aucune façon avec les miens, si durement ils me repro-
« chent qu'un petit-fils de Jeannot doive, après moi, deve-
« nir leur seigneur ; sur quoi je crains, si je ne veux être
« chassé, qu'il ne me faille faire une seconde fois ce que
« j'ai déjà fait, et te laisser pour prendre une autre femme.—»
La dame l'écouta d'une âme patiente, et ne répondit pas
autre chose, sinon : « — Mon seigneur, pense à te conten-
« ter et à faire selon ton plaisir, et ne te préoccupe nullement
« de moi, parce que nulle chose ne m'est chère, qu'autant
« que je vois qu'elle te plaît. — » Peu de jours après, Gaultier, de la même façon qu'il avait agi pour sa fille, procéda
pour son fils, et feignant aussi de l'avoir fait tuer, il l'envoya à Bologne pour l'élever, comme il avait envoyé la jeune
fille. A cela, la dame ne fit pas un autre visage, ni une autre réponse que pour sa fille. De quoi Gaultier s'étonna fort
et, à part lui, affirmait que nulle autre femme n'aurait pu
en faire autant. Et s'il ne l'eût vue, pendant que cela lui
plaisait, très affectionnée pour ses enfants, il aurait cru
qu'elle agissait ainsi par indifférence, tandis qu'il reconnut
que c'était par sagesse. Ses sujets, croyant qu'il avait fait
tuer ses enfants, le blâmaient fort et le tenaient pour un
homme cruel, et avaient grande compassion de sa femme.
Celle-ci, aux dames qui lui adressaient leurs condoléances
sur ses enfants morts ainsi, ne dit jamais autre chose sinon
que rien ne lui plaisait à elle que ce qui plaisait à celui qui
les avait engendrés.

« Mais plusieurs années s'étant écoulées depuis la naissance de sa fille, il parut temps à Gaultier de faire la suprême épreuve de ce que sa femme pouvait supporter. Il dit
à plusieurs des siens qu'en aucune façon il ne pouvait plus
souffrir d'avoir Griselda pour femme, et qu'il reconnaissait
avoir agi mal et en jeune homme lorsqu'il l'avait prise.
Pour quoi, il voulait s'adresser au pape, afin qu'il lui permît de prendre une autre femme et de laisser Griselda ; ce

dont il fut vivement blâmé par la plupart de ses bons vassaux. Mais il ne leur répondit rien, si ce n'est que cela lui convenait ainsi. La dame, apprenant ces choses, et prévoyant qu'elle devait s'attendre à retourner à la maison de son père, peut-être à garder les moutons comme autrefois, et à voir une autre femme posséder celui auquel elle s'était entièrement dévouée, se lamentait grandement en elle-même. Toutefois, de même qu'elle avait soutenu les autres coups de la fortune, elle se préparait à recevoir d'un visage aussi ferme ce qu'elle devrait encore supporter. Quelque temps après, Gaultier fit venir de Rome des lettres fausses, et fit voir à ses sujets que le pape, par ces lettres, l'avait autorisé à prendre une autre femme et à laisser Griselda. Pour quoi, l'ayant fait venir en présence de tous il lui dit : « — Femme,
« grâce à la faveur qui m'est concédée par le pape, je puis
« prendre une autre femme et te laisser ; et pour ce que
« mes ancêtres ont été grands gentilshommes et seigneurs
« de ces contrées, où les tiens ont toujours été simples arti-
« sans, j'entends que tu ne sois plus ma femme, mais que
« tu t'en retournes à la maison de Jeannot, avec la dot que
« tu m'as apportée. Pour moi, je mènerai ensuite ici une
« autre épouse que j'ai trouvée et qui me convient. — » La dame entendit ces paroles non sans une peine extrême ; mais domptant sa nature de femme, elle retint ses larmes et répondit : « — Mon seigneur, j'ai toujours reconnu que
« ma basse condition ne convenait nullement à votre no-
« blesse, et ce que j'ai été près de vous, de vous et de Dieu
« je reconnais le tenir, et je ne l'ai jamais considéré comme
« mon bien propre, mais toujours comme un prêt. Il vous
« plaît de me le reprendre, et à moi il doit me plaire, il me
« plaît de vous le rendre, voici votre anneau avec lequel
« vous m'épousâtes ; prenez-le. Vous m'ordonnez d'emporter
« la dot que je vous ai apportée ; pour ce faire, il ne sera
« pas besoin à vous de rien payer à moi de bourse ni de
« bête de somme, car il ne m'est point sorti de la mémoire
« que vous m'avez prise nue. Et si vous jugez honnête que
« ce corps, dans lequel j'ai porté les enfants engendrés de
« vous, soit vu de tous, je m'en irai nue. Mais je vous prie,
« en échange de ma virginité que j'ai apportée ici et que je
« ne puis remporter, qu'il vous plaise me laisser prendre
« sur ma dot une seule chemise. — » Gaultier qui avait meilleure envie de pleurer que d'autre chose, garda cependant un visage dur et dit : « — Soit ; emporte une che-
« mise. — » Tous ceux qui l'entouraient le priaient de lui donner une robe, afin qu'on ne vît pas celle qui, pendant treize ans et plus, avait été sa femme, quitter son château si pauvre et si honteusement vêtue qu'elle dût en sortir en chemise. Mais les prières furent vaines. Donc, la dame, en

chemise et pieds nus, et sans rien sur la tête, ayant recommandé tout le monde à Dieu, sortit du château et s'en retourna chez son père, faisant verser des larmes et pousser des sanglots à tous ceux qui la virent. Jeannot, qui n'avait jamais pu croire que tout ce qui était arrivé fût vrai, c'est-à-dire que Gaultier dût garder sa fille comme femme, s'attendait chaque jour à cet événement et avait conservé les vêtements qu'elle avait dépouillés le matin où Gaultier l'épousa. Pour quoi, elle les reprit, s'en revêtit, et se remit aux modestes travaux de la maison paternelle, ainsi qu'elle avait coutume de le faire jadis, soutenant d'une âme forte le rude assaut de la fortune ennemie.

« Quand Gaultier eut fait cela, il fit savoir aux siens qu'il avait pris une jeune fille d'un des comtes de Panago, et, faisant faire de grands apprêts pour les noces, il envoya dire à Griselda de venir le trouver. Celle-ci venue, il lui dit :
« — Je mène chez moi la dame que j'ai nouvellement prise,
« et j'entends lui faire honneur dès son arrivée. Tu sais que
« je n'ai pas dans le château de femmes qui sachent prépa-
« rer les chambres, ni faire les nombreuses choses qui ont
« lieu en cette circonstance. Pour quoi, toi, qui mieux qu'une
« autre, connais les êtres de la maison, ordonne ce qu'il faut
« faire ; fais inviter les dames qu'il te semblera convenable
« et reçois-les comme si tu étais dame ici. Puis, les noces
« faites, tu pourras t'en retourner chez toi. — » Bien que chacune de ces paroles fût coup de couteau au cœur de Griselda qui n'avait pu dépouiller l'amour qu'elle lui portait aussi facilement qu'elle avait renoncé à la bonne fortune, elle répondit : « — Mon seigneur, je suis prête et toute dis-
« posée. — » Et étant entrée avec ses habits de gros drap de Romagne dans cette demeure dont, peu auparavant, elle était sortie en chemise, elle commença à nettoyer les chambres et à les arranger, à faire placer les tentures et les tapis dans les salles, à faire apprêter la cuisine. Comme si elle avait été une humble servante de la maison, elle mit la main à chaque chose, et ne se reposa que lorsqu'elle eut tout préparé et ordonné comme il convenait. Puis elle fit, de la part de Gaultier, inviter toutes les dames de la contrée et attendit la fête.

« Le jour des noces venu, bien qu'elle n'eût sur elle que ses pauvres habits, elle reçut courageusement, d'un visage joyeux et avec les manières d'une maîtresse de maison, toutes les dames qui vinrent. Gaultier avait fait élever avec soin ses enfants à Bologne chez sa parente qui était mariée dans la famille des comtes de Panago. Sa fille, âgée déjà de douze ans, était la plus belle créature qui se fût jamais vue, et son fils avait six ans. Gaultier envoya à Bologne prier son parent de venir à Saluces avec sa fille et son fils, lui recommandant de mener avec lui belle et honorable compagnie, et de dire à tous qu'il conduisait la jeune fille pour être sa femme, sans révéler à personne qui elle était. Le gentilhomme, ayant fait comme le marquis l'en priait, se mit en chemin et, quelques jours après, la jeune fille, son frère et noble compagnie, il arriva sur l'heure du dîner à Saluces, où il trouva tous les paysans et beaucoup de gens des environs, qui attendaient la nouvelle épousée de Gaultier. Celle-ci fut reçue par les dames et conduite dans la salle où les tables étaient mises. Griselda y vint aussi, comme elle était, et se porta d'un air joyeux à sa rencontre, disant : « — Ma dame, sois la bienvenue! — Les dames qui avaient beaucoup, mais en vain, prié Gaultier de faire que la Griselda se tînt dans une chambre, ou qu'il lui prêtât du moins une des robes qui lui avaient appartenu, afin qu'elle ne se montra point ainsi devant ses hôtes étrangers, se mirent à table, et on commença à les servir. La jeune fille attirait les regards de tous les convives et chacun disait que Gaultier avait fait bon échange. Mais, de tous les assistants, c'était Griselda qui la louait le plus, elle et son frère.

« Gaultier estima alors avoir obtenu tout autant qu'il désirait de la patience de sa femme. Voyant que la nouveauté de toutes ces choses ne la changeait en rien, et étant certain qu'elle n'agissait point par bêtise, car il la connaissait pour très sensée, il lui parut temps de la tirer de l'amertume qu'il savait bien qu'elle cachait sous un visage fort. Pour quoi, l'ayant fait venir en présence de tous ses vassaux, il lui dit en souriant : « — Que te semble de notre épousée? — »
« — Mon seigneur — répondit Griselda — elle me paraît très
« bien, et si elle est aussi sage que belle, ce que je crois, je
« ne doute pas que vous ne deviez être avec elle le plus heu-
« reux seigneur du monde. Mais autant que je puis, je vous
« prie de ne pas la soumettre aux épreuves que vous avez
« fait subir à cette autre qui fut vôtre aussi, car je crois
« qu'elle pourrait difficilement les supporter. Non seulement
« elle est plus jeune, mais elle a été élevée délicatement
« alors que l'autre avait été, toute petite, habituée à une
« peine continuelle. — » Gaultier voyant qu'elle croyait fermement que la jeune fille devait être sa femme et que, malgré cela, elle n'en parlait pas moins bien, la fit asseoir à côté de lui et dit : « — Griselda, il est temps désormais
« que tu recueilles le fruit de ta longue patience, et que
« ceux-ci, qui m'ont réputé cruel, inique et brutal, sachent
« que ce que j'ai fait était dans un but prévu. J'ai voulu ap-
« prendre : à toi, à être une véritable épouse; à eux, à savoir
« choisir la leur et à la conserver, et, en même temps, me
« conquérir une perpétuelle tranquillité pour tout le temps
« que j'ai à vivre avec toi, ce que, lorsque j'en suis venu à

« prendre femme, j'avais grand'peur de n'obtenir jamais.
« Pour quoi, afin d'en faire l'épreuve, je t'ai brutalisée et
« persécutée en diverses façons que tu sais. Et comme je ne
« me suis jamais aperçu qu'en paroles ou en fait, tu te sois
« opposée à mon bon plaisir, et que j'ai eu de toi les satis-
« factions que je désirais, j'entends te rendre en une heure
« ce que je t'ai enlevé en plusieurs fois, et récompenser par
« une douceur extrême les tourments que je t'ai causés.
« Accueille donc d'un cœur joyeux celle que tu crois être
« mon épouse et son frère, qui sont tes enfants et les miens.
« Ce sont ceux que toi et beaucoup d'autres avez cru long-
« temps que j'avais fait tuer par cruauté. Et moi, je
« suis ton mari qui t'aime par-dessus tout, car je crois
« pouvoir me vanter qu'il n'en est pas un autre qui puisse,
« comme moi, être satisfait de sa femme. — » Ayant dit
ainsi, il la prit dans ses bras et la baisa ; et comme elle pleurait d'allégresse, il se leva avec elle, et ils allèrent à la place
où leur fille était assise et, toute stupéfaite, entendait toutes
ces choses. Griselda l'ayant embrassée tendrement, ainsi que
son frère, elle, et tous ceux qui étaient là, furent enfin désa-
busés. Les dames très joyeuses, se levèrent de table et se retirèrent avec Griselda dans une chambre où, sous de meilleurs présages, elles lui enlevèrent ses vêtements grossiers
et la revêtirent d'une de ses robes de dame noble. Puis,
comme Dame, ce qu'elle paraissait même sous ses haillons,
elles la ramenèrent dans la salle. Là, elle fit avec ses enfants
une merveilleuse fête, et chacun étant très heureux de ce
dénouement, on multiplia les jeux et les amusements ; et on
les continua pendant plusieurs jours. Tous réputèrent Gaultier comme fort sensé, bien qu'ils tinssent pour trop cruelles
et intolérables les épreuves faites par lui sur sa femme. Mais,
par-dessus tout, ils considérèrent Griselda comme très sage.
Le comte de Panago, quelques jours après, s'en retourna à
Bologne, et Gaultier, ayant enlevé Jeannot à ses travaux, le
traita comme son beau-père, de sorte qu'il vécut honoré et
fort heureux tout le reste de sa vieillesse. Gaultier ayant
par la suite marié sa fille en haut lieu, vécut longtemps
tranquille avec Griselda, l'honorant le plus qu'il pouvait.

« Que pourrait-on dire ici, sinon que dans les pauvres
chaumières pleuvent du ciel de divins esprits ; comme aussi
dans les demeures royales on en trouve qui seraient plus
dignes de garder les porcs que de posséder droits de seigneurie sur les hommes ? Qui, excepté Griselda, aurait pu
supporter, d'un visage non seulement sec, mais joyeux, les
épreuves rigoureuses et inouïes tentées par Gaultier ? Quant
à celui-ci, ce n'aurait peut-être pas été un mal, s'il était
tombé sur une femme qui, lorsqu'il l'eut chassée en chemise

hors de son château, se fût avisée de se faire secouer la pelisse par un autre, afin de se procurer une belle robe. — »

La nouvelle de Dioneo était finie, et les dames qui différaient complètement d'avis, celle-ci blâmant une chose, celle-là louant une autre, en avaient fait l'objet d'un assez long entretien, quand le roi leva les yeux vers le ciel. Voyant que le soleil était déjà bas, à l'heure de vesprée, il commença, sans quitter son siège, à parler ainsi : « — Gracieuses dames, vous n'ignorez pas, je crois, que l'intelligence des mortels ne consiste pas seulement à se rappeler les choses passées, ou à connaître les choses présentes, mais à savoir, au moyen des unes et des autres, prévoir les choses futures ; c'est là ce qui fait la grande réputation des hommes illustres. Comme vous le savez, il y aura demain quinze jours que nous sommes sortis de Florence pour prendre quelque divertissement, et cela dans le but de conserver la santé et la vie, jusqu'à ce qu'aient disparu les tristesses, les douleurs et les angoisses qui, depuis le commencement de ce temps de pestilence, n'ont pas discontinué dans notre cité. En quoi, selon mon jugement, nous avons honnêtement fait. Car, si j'ai bien su voir, quoiqu'il se soit dit ici des nouvelles joyeuses et pouvant peut-être pousser à la concupiscence ; quoique l'on ait continuellement bien mangé et bien bu, et sonné du luth, et chanté, toutes choses propres à exciter les esprits faibles à des jeux moins honnêtes, aucun acte, aucune parole, rien enfin de votre part ou de la nôtre n'a été, à ma connaissance, sujet à blâme. Une perpétuelle honnêteté, une perpétuelle concorde, une perpétuelle familiarité fraternelle, m'ont toujours paru régner entre nous. Cela, sans contredit, vous a fait honneur et vous a servi, et j'en suis très heureux. Mais pour que, d'une trop longue habitude, il ne puisse naître quelque chose qui se change en lassitude, et afin qu'un trop long séjour de notre part ne puisse devenir prétexte à querelle, chacun de nous du reste ayant eu sa journée et sa part d'honneur, lequel réside pour le moment en moi, je pense, si toutefois cela vous est agréable, qu'il convient désormais de retourner d'où nous venons. Sinon, et si vous y réfléchissez bien, notre société, déjà connue de plusieurs autres des environs, pourrait s'augmenter de façon que tout notre plaisir nous fût enlevé. Pour quoi, si vous approuvez mon conseil, je conserverai la couronne que vous m'avez donnée, jusqu'à notre départ que je fixe à demain matin. Si vous en décidez autrement, je suis prêt à choisir celui que je dois couronner pour le jour suivant. — »

La discussion fut longue entre les dames et les trois jeunes gens ; mais, finalement, ils trouvèrent le conseil du roi bon et honnête, et décidèrent de faire ainsi qu'il avait proposé. En conséquence, le roi, ayant fait appeler le sénéchal, s'entendit avec lui sur ce qu'il aurait à faire le lendemain matin. Puis, ayant licencié la compagnie jusqu'à l'heure du souper, il se leva de son siège. Les dames et les autres s'étant aussi levés, se livrèrent, comme d'habitude, qui à un divertissement, qui à un autre, et, l'heure du souper venue, ils s'y rendirent avec un plaisir extrême. Après le souper, ils se mirent à chanter, à sonner du luth et à danser. La Lauretta menant la danse, le roi ordonna à la Fiammetta de dire une chanson. Celle-ci, très complaisamment, commença à chanter ainsi :

Si l'Amour venait sans jalousie,
   Je ne sais pas s'il y aurait au monde
   Femme plus heureuse que moi.

Si gentille jeunesse,
   En un bel amant doit contenter une femme,
   Ou bien prix de vertu
   Ardeur ou vaillance,
   Esprit, belles manières ou beau langage,
   Ou beauté accomplie,
   Je suis celle-là, car, pour mon salut,
   Etant amoureuse,
   Je vois toutes ces qualités en celui qui est mon espoir.

Mais pour ce que je m'aperçois
   Que les autres dames sont aussi avisées que moi,
   Je tremble de peur,
   Et, craignant chose pire,
   Je vois qu'existe chez les autres ce même désir
   Qui me ronge l'âme;
   De sorte que ce qui m'est une suprême aventure
   Me rend inconsolable,
   Me fait soupirer fort et vivre d'une misérable vie.

Si j'avais autant confiance
   En mon seigneur, que je sens son mérite,
   Je ne serais pas jalouse;
   Mais on en voit tant
   Qui manquent à la foi jurée,
   Que je les tiens tous pour coupables.
   Cela m'afflige et volontiers j'en mourrais.
   A chaque femme qu'il regarde,
   J'ai soupçon, et je crains qu'il ne m'échappe.

Par Dieu donc, que chaque dame
Soit prévenue de ne pas s'aviser
De me faire outrage en cela ;
Car, s'il s'en trouvait une
Qui, par paroles, par signes ou par caresses,
Chercherait à me faire en cela dommage
Ou me le ferait, et si je venais à le savoir,
Que je sois défigurée
Si je ne lui ferais pas pleurer amèrement une telle folie.

Comme la Fiammetta eut fini sa chanson, Dioneo, qui était à côté d'elle, dit en riant : « — Madame, ce sera grande courtoisie à vous de faire connaître votre amant à toutes, afin que, par ignorance, on ne vous en enlève point la possession, ce dont vous pourriez vous fâcher. — » Après cette chanson, ils en chantèrent plusieurs autres. La nuit était déjà près de moitié achevée, lorsque, selon qu'il plut au roi, tous allèrent se reposer. Dès que le jour suivant apparut, s'étant levés, et le sénéchal ayant déjà fait partir leurs bagages, ils s'en retournèrent vers Florence, sur les pas de leur roi avisé. Les trois jeunes gens ayant laissé les sept dames dans Santa Maria Novella, d'où ils étaient partis avec elles, ils en prirent congé, et s'en allèrent à leurs autres plaisirs. Quant à elles, lorsqu'il leur en parut temps, elles s'en retournèrent à leurs demeures.

CONCLUSION DE L'AUTEUR

Très nobles jeunes dames, pour la consolation desquelles je me suis mis à un si long travail, je crois, avec l'aide de la grâce divine — obtenue, à mon avis, par vos pieuses prières et non par mes propres mérites — avoir entièrement accompli ce que, dès le commencement du présent ouvrage, j'avais promis de faire ; pour quoi, après en avoir rendu grâce à Dieu d'abord, puis à vous, il est temps d'accorder du repos à ma plume et à ma main fatiguée. Mais avant que je le leur accorde, j'entends répondre brièvement à quelques petites objections que peut-être certaines d'entre vous, voire d'autres, mues par des motifs secrets, pourraient faire, bien qu'il me semble que ces nouvelles ne doivent point avoir un privilège plus spécial que les autres, et que je me souvienne même avoir montré, au commencement de la quatrième journée, qu'elles ne l'ont pas.

D'aventure, quelques-unes d'entre vous diront qu'en écrivant ces nouvelles j'ai usé d'une trop grande licence, comme, par exemple, en faisant parfois dire aux dames, et plus souvent en leur faisant écouter des choses qu'il ne convient pas à d'honnêtes dames d'écouter ni de dire. Cela je le nie, pour ce qu'il n'est chose si déshonnête dont chacun ne puisse deviser, si elle est dite en termes honnêtes, ce qu'il me semble avoir fait ici fort convenablement. Mais supposons qu'il en soit ainsi — je n'entends pas discuter le cas avec vous, car vous me battriez — je dis que, pour expliquer pourquoi j'ai fait de la sorte, les raisons m'arrivent promptement. Premièrement, s'il se trouve dans quelques-unes de ces nouvelles un peu trop de licence, la nature même des nouvelles l'a voulu, et toute personne compétente qui voudra bien les examiner d'un œil impartial, reconnaîtra certainement qu'à moins de vouloir en altérer la forme, je ne pouvais les raconter autrement. Et s'il s'agit par hasard de quelques passages, de quelques mots plus libres qu'il ne convient aux femmes dévotes, lesquelles pèsent plus les paroles que les actes et s'ingénient plus à paraître bonnes qu'à l'être vraiment, je dis qu'on ne doit pas plus me dénier le droit de les avoir écrits, qu'on ne refuse généralement aux hommes et aux femmes de dire chaque jour : *trou, cheville, mortier, pilon, saucisse, mortadelle*, et tout plein de choses semblables. Sans compter qu'il ne doit pas être moins concédé de liberté à ma plume qu'au pinceau du peintre qui, sans qu'on puisse le lui reprocher, au moins justement — laissant de côté qu'il fasse frapper par saint Michel le serpent avec l'épée ou la lance, et par saint Georges le dragon, où il lui plaît — fait le Christ mâle et Ève femelle, et cloue sur la croix, tantôt avec un clou, tantôt avec deux, les pieds de Celui qui voulut y mourir pour le salut de la race humaine. Puis, on peut très bien voir que ces nouvelles n'ont pas été dites dans l'église, dont les choses doivent être traitées avec des pensées et des paroles très pures, bien que, dans les histoires de l'Eglise, il s'en trouve d'autrement faites que celles que j'ai écrites. Elles n'ont pas été dites non plus dans les écoles de philosophie, où l'honnêteté est non moins exigée qu'ailleurs, ni nulle part entre gens d'église ou philosophes, mais dans des jardins, en guise de distraction, entre personnes jeunes, bien que déjà mûres et difficiles sur le choix des nouvelles, dans un temps où il était permis aux plus honnêtes d'aller les brayes sur la tête pour sauver leur vie.

Ces nouvelles, telles qu'elles sont, peuvent nuire et porter profit, comme toute autre chose, suivant celui qui les entend. Qui ne sait que le vin est chose excellente pour tous les vivants, à ce que disent Cinciglione, Scolajo et beaucoup d'autres, et qu'il est nuisible à celui qui a la fièvre ? Dirons-nous, parce qu'il nuit aux fiévreux, qu'il est chose mauvaise ? Qui ne sait que le feu est très utile, voire nécessaire aux hommes ? Dirons-nous, parce qu'il brûle les maisons, les châteaux et les cités, qu'il est mauvais ? Pareillement, les armes assurent le salut de ceux qui désirent vivre en paix, mais elles tuent souvent, non parce qu'elles sont chose mauvaise, mais à cause de la perversité de ceux qui s'en servent méchamment. Jamais esprit corrompu n'entendit sainement une parole quelconque ; et de même qu'aux esprits viciés les paroles honnêtes ne servent à rien, ainsi celles qui ne sont point honnêtes ne peuvent contaminer les esprits dispos, pas plus que la fange ne peut souiller les rayons solaires, ou que les ordures du sol ne peuvent altérer les beautés du ciel. Quels livres, quelles paroles, quelles lettres sont plus saints, plus dignes, plus vénérables que ceux de la Sainte-Ecriture ? Et pourtant, ils ont été nombreux ceux qui, entendant ces écrits, ces paroles et ces lettres d'une façon mauvaise, se sont perdus et ont entraîné autrui dans leur perdition. Chaque chose, en soi-même, est bonne à quelque chose, et, si elle est mal employée, peut être nuisible en nombre de cas ; c'est ce que je dis de mes nouvelles. Qui voudra tirer d'elles mauvais conseil ou œuvre mauvaise, elles ne l'empêcheront nullement de le faire si, par aventure il a cela en lui, et si elles sont tordues et tirées dans ce sens. Mais qui voudra en avoir utilité et profit, elles ne le lui refuseront pas, et elles ne seront jamais réputées et tenues que pour utiles et honnêtes, si elles sont lues en leur temps et par les personnes pour lesquelles elles ont été racontées. Quant à ceux qui ont à dire leurs patenôtres ou à faire la tourte et la courbette devant leur curé, qu'ils laissent mes nouvelles ; elles ne courront après personne pour se faire lire. D'ailleurs, les bigotes disent et font bien d'autres choses par moments !

Il y en aura aussi qui diront, qu'il aurait été meilleur que quelques-unes de ces nouvelles n'existassent point. Je le leur accorde ; mais moi, je ne pouvais ni ne devais écrire que celles qui ont été racontées ; par conséquent les dames qui les ont dites auraient dû les dire belles, et alors je les aurais écrites belles. Mais si l'on voulait prétendre que j'en ai été l'inventeur et l'auteur — ce qui n'est pas — je dis que je n'en rougirais pas s'il en était ainsi, pour ce qu'il ne s'est jamais trouvé ouvrier, en dehors de Dieu, qui ait fait bien et complètement tout ce qu'il a fait. Charlemagne, lui-même, qui le premier fit les Paladins, n'en sut point assez créer pour pouvoir en former une armée. Il faut, dans la multitude des choses, trouver diverses qualités de choses. Il n'y eut jamais de champ si bien cultivé que les orties, les chardons, où quelques ronces ne s'y trouvent mêlés aux bonnes herbes. Sans compter que, pour parler aux simples jouvencelles comme le sont la plupart d'entre vous, ç'aurait été une sottise que d'aller chercher et de se fatiguer à trouver des choses trop relevées, et que de mettre son soin à parler sur un ton démesuré. Cependant, que ceux qui se hasarderont à lire ces nouvelles, laissent de côté celles qui ennuient et lisent celles qui amusent. Afin de ne tromper personne, elles portent toutes, marqué au front, ce qu'elles tiennent caché en leur sein.

Je crois qu'il y en aura encore qui diront que quelques-unes de ces nouvelles sont trop longues. A celles-là, je dirais également que quiconque a autre chose à faire, ferait une folie de les lire même si elles étaient toutes courtes. Et bien qu'il se soit passé beaucoup de temps depuis que j'ai commencé à écrire, jusqu'à l'heure présente où j'arrive à la fin de mon travail, il ne m'est pourtant pas sorti de la mémoire que j'ai offert mon labeur aux gens de loisir et non aux autres. Pour qui lit par passe-temps, aucune lecture n'est longue, si elle donne le résultat que cherche le lecteur. Les choses brèves conviennent beaucoup mieux aux étudiants, lesquels travaillent non pour passer le temps mais pour l'employer utilement, qu'à vous, mesdames, pour lesquelles tout le temps que vous ne dépensez pas à vos amoureux plaisirs est du temps perdu. En outre, comme aucune de vous ne va étudier ni à Athènes, ni à Bologne, ni à Paris, il faut qu'on vous parle plus longuement qu'à ceux qui ont aiguisé leur esprit dans l'étude.

Je ne mets point en doute aussi qu'il n'y en ait qui diront que ces récits sont trop remplis de bons mots et de plaisanteries, et qu'il n'était pas convenable à un homme de poids et sérieux d'écrire de cette façon. A celles-là, je suis tenu de rendre grâces et je les leur rends, pour ce que, mues par un zèle louable, elles sont soucieuses de ma renommée. Mais voici ce que je veux répondre à leur objection : je confesse être un homme de poids, et avoir été pesé souvent en ma vie ; et pour ce, m'adressant à celles qui ne m'ont point pesé, j'affirme que je ne suis point pesant ; au contraire, suis-je si léger, que je flotte sur l'eau comme une noix de galle. Et considérant que les prédications faites par les moines pour vitupérer les hommes de leurs péchés, sont, aujourd'hui, la plupart du temps pleines de jeux de mots, de plaisanteries, de bouffonneries, j'ai pensé que ces mêmes choses ne seraient point mauvaises dans mes nouvelles écrites pour chasser la mélancolie des femmes. Toutefois, si celles-ci en rient trop, les lamentations de Jérémie, la Passion du Sauveur et la pénitence de la Magdeleine les en pourront facilement guérir.

Et qui doute qu'il s'en trouvera encore qui diront que j'ai la langue venimeuse et mauvaise, pour ce que, en certains endroits, j'ai écrit la vérité sur les moines? A celles qui diront ainsi, il faut pardonner, pour ce qu'il n'est point à croire qu'un autre motif, qu'un motif juste les pousse, attendu que les moines sont de bonnes gens qui fuient la peine pour l'amour de Dieu, meulent par éclusées et ne le disent point ; et n'était que tous sentent un peu le bouc, il serait beaucoup plus agréable d'avoir à faire à eux. J'avoue néanmoins que les choses de ce monde n'ont aucune stabilité, mais sont en perpétuel changement, et qu'il serait possible qu'il en fût ainsi advenu de ma langue, laquelle — ne voulant pas croire moi-même à mon jugement que je récuse autant que possible dans toutes les affaires qui me concernent — une de mes voisines m'a dit naguère que je l'avais la meilleure et la plus douce du monde. Et en vérité, quand cela arriva, il restait peu des susdites nouvelles à écrire. Et pour ce que celles qui parlent ainsi en raisonnent par sympathie, je veux que ce que j'ai dit leur suffise comme réponse.

Maintenant, laissant chacune dire et croire comme bon lui semble, il est temps de mettre fin à mes discours, et de remercier humblement Celui qui, après une aussi longue fatigue, m'a par son aide mené à la fin souhaitée. Et vous, plaisantes dames, demeurez en paix avec sa grâce, vous souvenant de moi, si par hasard il sert à quelqu'une de vous d'avoir lu ces nouvelles.

Ici finit la dixième et dernière Journée du livre appelé Décaméron et surnommé
PRINCE GALEOTTO.

FIN

TABLE DES MATIÈRES

Préface du Traducteur I

LE DÉCAMÉRON.

Avant-propos 1

PREMIÈRE JOURNÉE

Dans laquelle, après que l'auteur a expliqué pour quelle cause il advint que différentes personnes dont il est parlé ci-après se réunirent pour causer entre elles, on devise, sous le commandement de Pampinea, de ce qui plaît le plus à chacun. 5

Nouvelle I. — Ser Ciappelletto trompe un saint moine par une fausse confession, et meurt. Après avoir été un très méchant homme pendant sa vie, il passe pour un saint après sa mort, et est appelé San Ciappelletto. 21

Nouvelle II. — Le juif Abraham, poussé par Jeannot de Chevigné, va à la cour de Rome, et voyant la dépravation des gens d'église, il retourne à Paris et se fait chrétien 31

Nouvelle III. — Le juif Melchissedech, avec une histoire de trois anneaux, évite un piège dangereux que le Saladin lui avait tendu. 35

Nouvelle IV. — Un moine ayant commis un péché digne d'une très grave punition, échappe à la peine qu'il avait méritée en reprochant adroitement la même faute à son abbé 37

Nouvelle V. — La marquise de Montferrat, au moyen d'un repas uniquement composé de poules, et avec quelques paroles gracieuses, réprime le fol amour du roi de France. 40

Nouvelle VI. — Un brave homme confond par un bon mot la méchante hypocrisie des gens de religion. 43

Nouvelle VII. — Bergamino, en contant une nouvelle concernant Prismasso et l'abbé de Cluny, critique honnêtement un trait inaccoutumé d'avarice chez messer Can della Scala. 45

Nouvelle VIII. — Guiglielmo Borsiere, avec quelques mots polis, perce jusqu'au vif messer Ermino de Grimaldi sur son avarice. 49

Nouvelle IX. — Le roi de Chypre, piqué au vif par une dame de Gascogne, devient homme d'énergie, de pusillanime qu'il était. 51

Nouvelle X. — Maître Albert de Bologne fait honnêtement rougir une dame qui avait voulu lui faire honte de ce qu'il était amoureux d'elle. 52

DEUXIÈME JOURNÉE

Dans laquelle sous le commandement de Philomène, on devise de ceux qui, après avoir été molestés par diverses choses, sont, au delà de leur espérance, arrivés à joyeux résultat. 58

Nouvelle I. — Martinello feint d'être perclus et de recouvrer la santé sur le corps de saint Arrigo. Sa fourberie ayant été reconnue, il est battu, mis en prison, et en grand danger d'être pendu. Finalement il en échappe. 58

Nouvelle II. — Renauld d'Asti ayant été dévalisé, arrive à Castel-Guiglielmo où il reçoit l'hospitalité d'une dame veuve. Après avoir été dédommagé de toutes ses pertes, il retourne chez lui sain et sauf. . . 62

Nouvelle III. — Trois jeunes gens ayant dissipé leur avoir, tombent dans la misère. Leur neveu revenant désespéré chez lui, fait la rencontre d'un abbé qui se trouve être la fille du roi d'Angleterre, laquelle l'épouse, répare les pertes de ses oncles et les rétablit dans leur premier état. . . . 67

Nouvelle IV. — Landolfo Ruffolo ruiné se fait corsaire. Pris par des Génois, il fait naufrage et se sauve sur une caisse pleine de pierreries. Il est recueilli à Gulfe par une brave femme et retourne chez lui plus riche qu'avant. 74

Nouvelle V. — Andreuccio de Pérouse, venu à Naples pour acheter des chevaux, éprouve dans une même nuit trois graves accidents ; il se tire de tous les trois et retourne chez lui avec un riche rubis. 78

Nouvelle VI. — Madame Beritola, ayant perdu ses deux fils, est trouvée sur une île déserte avec deux chevraux. Elle va en Lunigiane où l'un de ses fils, entré au service de son seigneur, est surpris avec la fille de celui-ci et mis en prison. Reconnu par sa mère, il épouse la fille du seigneur, et son frère ayant été retrouvé, ils reviennent tous en leur premier état. 88

Nouvelle VII. — Le Soudan de Babylonie envoie sa fille en mariage au roi de Garbe. Celle-ci, par suite de nombreux accidents, tombe dans l'espace de quatre années aux mains de neuf hommes qui l'emmènent en divers pays. En dernier lieu, rendue à son père comme pucelle, elle est de nouveau envoyée au roi de Garbe 99

Nouvelle VIII. — Le comte d'Angers, faussement accusé, s'enfuit en exil et laisse ses deux enfants en Angleterre. Revenu incognito, il les trouve en bonne situation, va comme palefrenier à l'armée du roi de France, et, reconnu innocent, est rétabli dans son premier état. 116

Nouvelle IX. — Bernabo de Gênes, induit en erreur, perd son argent et ordonne de tuer sa femme innocente. Celle-ci se sauve et entre, sous des habits d'homme, au service du Soudan. Elle retrouve celui qui a trompé son mari, le fait punir, et ayant repris ses habits de femme, elle revient avec son mari à Gênes 129

Nouvelle X. — Paganino de Monaco enlève la femme de messer Ricciardo da Chinzica, lequel, ayant appris où elle est, va la redemander à Paganino. Mais elle ne veut pas retourner avec lui, et messer Ricciardo étant mort, elle devient la femme de Paganino. 140

TROISIÈME JOURNÉE

Dans laquelle, sous le commandement de Néiphile, on devise de ceux qui, par leur adresse, ont acquis ce qu'ils avaient longtemps désiré, ou qui ont recouvré ce qu'ils avaient perdu 149

Nouvelle I. — Masetto de Lamporeschio s'étant fait passer pour muet, devient jardinier d'un couvent de nonnes qui finissent toutes par coucher avec lui. 152

Nouvelle II. — Un palefrenier couche avec la femme du roi Agilulf. Ce dernier s'en aperçoit, retrouve le coupable et lui tond une mèche de

cheveux. Le tondu tond à son tour ses camarades, et se tire ainsi de
sa male aventure. 157

Nouvelle III. — Sous prétexte de confession et de pureté de conscience,
une dame énamourée d'un jouvenceau pousse un moine, sans que celui-
ci s'aperçoive de la supercherie, à lui faciliter le moyen de voir son
amant 161

Nouvelle IV. — Don Felice enseigne à frère Puccio comment il deviendra bienheureux en faisant une certaine pénitence. Pendant que
frère Puccio fait cette pénitence, don Felice se donne du bon temps
avec la femme de celui-ci. 169

Nouvelle V. — Le Magnifique donne son palefroi à messer Francesco
Vergellesi, sous condition de parler seul avec sa femme. Celle-ci ne
répondant pas, il fait lui-même la réponse, dont l'effet ne tarde pas à
s'ensuivre. 173

Nouvelle VI. — Ricciardo Minutolo aime la femme de Filippello Fighi-
nolfo. Sachant qu'elle était jalouse de son mari, il lui dit que Filippello a un rendez-vous le jour suivant dans une maison de bain avec
sa femme à lui. La dame ne manque pas d'y aller et, croyant être avec
son mari, elle couche avec Ricciardo. 178

Nouvelle VII. — Tedaldo irrité contre une sienne maîtresse, part de
Florence. Il y revient quelque temps après sous un déguisement de pèlerin : il parle à sa maîtresse, lui fait reconnaître son erreur, sauve
la vie de son mari qui était accusé de l'avoir tué, le réconcilie avec
ses frères, et jouit, en paix des faveurs de la dame. 185

Nouvelle VIII. — Ferondo avale une certaine poudre et est enterré
comme mort. Tiré du sépulcre par l'abbé qui jouit de sa femme, il est
tenu par celui-ci en prison, et on lui fait croire qu'il est dans le purgatoire. Une fois ressuscité, il élève comme sien un fils que l'abbé avait
eu avec sa femme. 198

Nouvelle IX. — Giletta de Narbonne guérit le roi de France d'une fistule. Elle demande pour mari Beltram de Roussillon, lequel l'ayant épousée
contre sa volonté, s'en va de dépit à Florence. Là, il fait la cour à une
jeune fille et couche avec Giletta, croyant coucher avec elle. Il en a
deux fils : pour quoi, par la suite, la tenant pour chère, il l'honore comme
sa femme. 20

Nouvelle X. — Alibech s'étant faite ermite, le moine Rustico lui apprend
à remettre le diable en enfer. Elle devient ensuite la femme de Néerbale. 213

QUATRIÈME JOURNÉE

Dans laquelle, sous le commandement de Philostrate, on devise de ceux
dont les amours eurent une fin malheureuse. 221

Nouvelle I. — Tancrède, prince de Salerne, tue l'amant de sa fille, et envoie à celle-ci le cœur de son amant dans une coupe d'or. La jeune fille
boit du poison et meurt. 227

Nouvelle II. — Frère Alberto fait croire à une dame que l'ange Gabriel est amoureux d'elle, et se faisant passer pour l'ange Gabriel, il
couche plusieurs fois avec la dame. Surpris par les parents de cette
dernière, il se sauve de chez elle et se réfugie chez un pauvre homme

qui, le lendemain, le conduit sur la place sous le déguisement d'un homme sauvage. Là; il est reconnu, pris et mis en prison. . . . 235

Nouvelle III. — Trois jouvenceaux aiment trois sœurs et s'enfuient avec elles en Crète. L'aînée tue son amant par jalousie ; la seconde lui sauve la vie en couchant avec le duc de Crète. Son amant l'ayant su, la tue et s'enfuit avec la sœur aînée. Le troisième amant et la troisième sœur sont accusés du meurtre ; ils sont mis en prison, corrompent le gardien et se sauvent à Rhodes, où ils meurent dans la misère. 243

Nouvelle IV. — Gerbino, malgré la parole donnée par son aïeul le roi Guiglielmo, attaque un navire du roi de Tunis pour enlever la fille de ce dernier. Celle-ci est tuée par ceux qui étaient sur le navire. Gerbino les tue tous, et à, à son tour, la tête tranchée par ordre de son aïeul. . . 248

Nouvelle V. — Les frères de Lisabetta tuent l'amant de celle-ci. Il lui apparaît en songe et lui montre l'endroit où il est enterré. Elle le retrouve, lui coupe la tête et l'enterre dans un pot de basilic sur lequel elle ne cesse de pleurer. Ses frères lui enlèvent le pot de basilic, et elle meurt peu après de chagrin. 253

Nouvelle VI. — L'Andreuola aime Gabriotto. Ils se racontent chacun un songe qu'ils ont eu ; après quoi Gabriotto meurt dans les bras de sa maîtresse. Pendant que celle-ci, aidée de sa servante, le porte chez lui, elles sont prises par les gens de la Seigneurie. Le podestat veut lui faire violence ; mais elle ne le souffre pas. Son père l'ayant appris, et son innocence ayant été reconnue, elle est mise en liberté. Ne voulant plus vivre dans le monde, elle se fait religieuse. 257

Nouvelle VII. — La Simone aime Pasquino ; ils se donnent rendez-vous dans un jardin. Pasquino s'étant frotté les dents avec une feuille de sauge, meurt. La Simone est prise, et voulant montrer au juge comment est mort Pasquino, elle se frotte les dents avec une feuille de sauge et meurt à son tour. 263

Nouvelle VIII. — Girolamo aime la Salvestra. Cédant aux prières de sa mère, il va à Paris ; quand il revient, il trouve la Salvestra mariée. Il pénètre en cachette chez elle et meurt à ses côtés. On le porte à l'église où la Salvestra meurt à son tour à côté de lui. 267

Nouvelle IX. — Messer Guiglielmo Rossiglione donne à manger à sa femme le cœur de messer Guiglielmo Guardastagno qu'il a tué et qu'elle aime. La dame l'ayant su, se jette par la fenêtre et se tue. Elle est ensevelie avec son amant. 271

Nouvelle X. — La femme d'un médecin met dans un coffre son amant endormi et qu'elle croit mort. Deux usuriers emportent le coffre chez eux. L'amant est découvert et pris pour un voleur. La servante de la dame raconte à la Seigneurie que c'est elle qui l'a mis dans le coffre volé par les usuriers, de sorte qu'il échappe à la potence ; les usuriers sont condamnés à l'amende pour avoir volé le coffre. 274

CINQUIÈME JOURNÉE

Dans laquelle, sous le gouvernement de Fiammetta, on devise de ce qui est arrivé d'heureux à certains amants après plusieurs aventures cruelles ou fâcheuses. 285

Nouvelle I. — Cimon devient sensé en devenant amoureux, et enlève en mer sa dame Ephigénie. Il est mis en prison à Rhodes. Lisimaque

TABLE DES MATIÈRES.

l'en tire, et tous les deux enlèvent Ephigénie et Cassandre au milieu de leurs noces. Ils s'enfuient avec elle en Crète où ils les épousent, et, devenus riches, ils sont rappelés chez eux. 286

NOUVELLE II. — Costanza aime Martuccio Gomito. Entendant dire qu'il était mort, elle monte de désespoir dans une barque qui est poussée par le vent à Suse. De là, elle s'en va à Tunis où elle le retrouve vivant. Elle se fait connaître à lui et l'épouse. Martuccio, devenu riche, s'en revient avec elle à Lipari. 295

NOUVELLE III. — Pietro Boccamazza s'enfuit avec l'Agnolella. Il rencontre des voleurs ; la jeune fille fuit à travers une forêt et arrive vers un château. Pietro est pris par les voleurs et se sauve de leurs mains. Après divers accidents, il arrive au château où était l'Agnolella, et l'ayant épousée, il s'en revient avec elle à Rome. 300

NOUVELLE IV. — Ricciardo Manardi est trouvé par messer Lizio da Valbona avec la fille de celui-ci. Il l'épouse et fait sa paix avec le père. 306

NOUVELLE. V. — Guidotto da Cremona laisse à Giacomino da Pavia une petite fille et meurt. Celle-ci devenue grande et demeurant à Faenza, est aimée par Giannole di Severino et Minghino dit Mingole qui se la disputent. La jeune fille est reconnue pour être la sœur de Giannole, et épouse Minghino. 310

NOUVELLE VI. — Gianni di Procida est trouvé avec une jeune fille qu'il aime et qui avait été donnée au roi Federigo. Tous deux sont liés à un pal pour être brûlés. Mais Gianni est reconnu par Ruggierri dell'Oria : il échappe au supplice et épouse sa dame. 315

NOUVELLE VII. — Théodore, amoureux de Violante, fille de messer Amerigo, son seigneur, la rend grosse et est condamné à être pendu. Pendant qu'on le conduit au supplice en le fouettant de verges, il est reconnu par son père et mis en liberté ; après quoi il épouse Violante. 320

NOUVELLE VIII. — Nastagio degli Onesti aimant une dame de la famille des Traversari, dépense toute sa fortune sans parvenir à se faire aimer. Sur les instances des siens, il s'en va à Chiassi. Là, il voit un chevalier donner la chasse à une jeune femme, la tuer et la donner à dévorer à deux chiens. Il invite à déjeuner ses parents et la dame qu'il aime, et celle-ci voit la même jeune femme subir le susdit supplice. Craignant qu'il lui en arrive autant, elle consent à prendre Nastagio pour mari. . 325

NOUVELLE IX. — Federigo degli Alberighi aime et n'est point aimé. Ayant dépensé tout son bien en prodigalités, il ne lui reste plus qu'un faucon qu'il donne à manger à sa dame venue chez lui pour le voir. Celle-ci apprenant cette nouvelle preuve d'amour, change de sentiment, le prend pour mari et le fait riche.. 330

NOUVELLE X. — Pietro di Vinciolo va dîner hors de chez lui. Sa femme fait venir un jeune garçon. Pietro étant revenu, elle cache le garçon sous une cage à poules. Pietro raconte qu'on vient de trouver chez Arcolano, avec lequel il soupait, un jouvenceau que sa femme y avait introduit. La dame blâme vivement la femme d'Arcolano. Par malheur, un âne pose son pied sur les doigts du garçon qui était sous la cage. Il crie, Pietro y court, le voit et reconnaît la fourberie de sa femme, avec laquelle il s'accorde pourtant afin de satisfaire sa vile passion. 335

SIXIÈME JOURNÉE

Dans laquelle, sous le gouvernement d'Élisa, on devise de ceux qui, provoqués par quelque bon mot, ont riposté, ou qui, par une prompte réponse ou une sage prévoyance, ont évité perte, danger ou honte. 345

Nouvelle I. — Un cavalier engage madame Oretta à monter en croupe derrière lui, promettant de lui raconter une nouvelle. La dame trouvant qu'il raconte fort mal, le prie de la remettre à terre. 347

Nouvelle II. — Le boulanger Cisti fait d'un mot revenir messer Geri Spina de sa demande indiscrète. 348

Nouvelle III. — Monna Nonna de'Pulci, par une prompte répartie à une plaisanterie rien moins qu'honnête de l'évêque de Florence, lui impose silence. 351

Nouvelle IV. — Chichibio, cuisinier de Conrad Gianfigliazzi, par une prompte répartie change en rire la colère de Conrad, et échappe au châtiment dont ce dernier l'avait menacé. 353

Nouvelle V. — Messer Forese da Rabatta et maître Giotto, le peintre, revenant de Mugello, se moquent mutuellement de leur laide apparence. 359

Nouvelle VI. — Michele Scalza prouve à certains jeunes gens comme quoi les Baronci sont les plus anciens gentilshommes du monde et de la Maremme, et gagne un souper. 357

Nouvelle VII. — Madame Filippa, trouvée par son mari avec un sien amant, et appelée en justice, se sauve par une prompte et plaisante réponse, et fait changer la loi. 358

Nouvelle VIII. — Fresco invite sa nièce à ne pas se regarder en un miroir, puisque, comme elle le disait, les gens laids lui déplaisaient à voir. 3615

Nouvelle IX. — Guido Cavalcanti injurie en termes polis certains chevaliers florentins qui l'avaient surpris. 362

Nouvelle X. — Frère Cipolla promet à des paysans de leur montrer la plume de l'ange Gabriel. Trouvant à la place de celle-ci des charbons, il leur dit que ce sont les charbons qui avaient fait griller saint Laurent. 364

SEPTIÈME JOURNÉE

Dans laquelle, sous le gouvernement de Dioneo, on devise des tromperies que les femmes, poussées par l'amour ou en vue de leur propre salut, ont faites à leurs maris, que ceux-ci s'en soient aperçus ou non. 376

Nouvelle I. — Gianni Lotteringhi entend frapper la nuit à sa porte et réveille sa femme. Celle-ci lui fait croire que c'est un fantôme. Tous deux vont le conjurer avec une prière, et le bruit cesse. 37

Nouvelle II. — Peronella entendant son mari rentrer, fait cacher un sien amant dans un cuvier que le mari venait justement de vendre. Elle lui dit qu'elle l'a vendu de son côté à quelqu'un qui est entré dedans pour voir s'il est en bon état. L'amant étant sorti du cuvier, le fait nettoyer par le mari pendant qu'il caresse la femme, puis le fait porter chez lui. 382

TABLE DES MATIÈRES.

Nouvelle III. — Frère Renaud couche avec sa commère. Le mari le trouve dans la chambre de celle-ci, et tous deux lui font croire qu'ils conjuraient les vers de son petit enfant. 385

Nouvelle IV. — Tofano laisse une nuit sa femme à la porte de sa maison. La dame voyant que les prières sont inutiles, fait semblant de se jeter dans un puits et y jette une grosse pierre. Tofano sort de la maison et court au puits pendant ce temps, sa femme rentre dans la maison, le ferme dehors et lui dit des injures par la fenêtre. 39

Nouvelle V. — Un mari jaloux se déguise en prêtre et confesse sa femme. Celle-ci lui fait croire qu'elle aime un prêtre, lequel vient la trouver toutes les nuits. Pendant que le jaloux fait le guet pour surprendre le prêtre la dame fait venir par les toits un sien amant et se divertit avec lui. . . 393

Nouvelle VI. — Madame Isabetta, se trouvant chez elle avec son amant Leonetto, reçoit la visite de messer Lambertuccio qui l'aime. Son mari étant survenu sur ces entrefaites, la dame fait sortir de chez elle messer Lambertuccio avec un couteau à la main, comme s'il était à la poursuite de Leonetto qu'elle fait ensuite reconduire par son mari. 400

Nouvelle VII. — Ludovic découvre à madame Béatrice l'amour qu'il lui porte. La dame envoie son mari Egano à sa place dans le jardin, et couche avec Ludovic, lequel s'étant ensuite levé, va dans le jardin et bâtonne Egano. 403

Nouvelle VIII. — Un mari devient jaloux de sa femme. Celle-ci s'attache la nuit une ficelle au doigt de pied pour connaître quand son amant vient la trouver. Le mari s'aperçoit du stratagème; il poursuit l'amant, et pendant ce temps la dame fait coucher à sa place, dans son lit, une autre femme qu'à son retour le mari bat et à qui il arrache les cheveux. Il va ensuite chercher les frères de sa femme; ceux-ci, trouvant que ce qu'il leur a dit n'est point vrai, l'accablent d'injures. 408

Nouvelle IX. — Lidia, femme de Nicostrate, aime Pirrus. Celui-ci, pour croire à son amour, lui demande trois choses qu'elle fait toutes les trois; en outre, en présence de Nicostrate, elle se satisfait avec Pirrus et fait croire à Nicostrate que ce qu'il a vu n'est point vrai. 414

Nouvelle X. — Deux Siennois aiment une dame commère de l'un deux. Le compère meurt et revient trouver son ami, selon la promesse qu'il lui avait faite, et lui raconte ce qu'il y a dans l'autre monde. . . . 423

HUITIÈME JOURNÉE

Dans laquelle, sous le gouvernement de Lauretta, on devise des tromperies que chaque jour les femmes font aux hommes, de celles que les hommes font aux femmes, ou de celles que les hommes se font entre eux. . . . 429

Nouvelle I. — Gulfardo obtient de la femme de Guasparruolo de coucher avec elle moyennant une somme d'argent. Il emprunte la somme au mari et la donne à la dame. Puis, en présence de cette dernière, il dit à Guasparruolo qu'il a rendu à sa femme l'argent prêté et celle-ci est obligée de dire que c'est vrai. 429

Nouvelle II. — Le curé de Varlungo couche avec Monna Belcolore. Il lui laisse en gage son manteau et lui emprunte un mortier. Quelque temps après il lui renvoie le mortier en lui faisant redemander le manteau qu'il dit lui avoir laissé en garantie. La dame rend le manteau en exhalant sa mauvaise humeur par un proverbe de circonstance. 432

Nouvelle III. — Calandrino, Bruno et Buffamalco vont dans la plaine du Mugnon chercher la pierre précieuse appelée l'Elitropia. Calandrino croit l'avoir trouvée. Il revient chez lui chargé de pierres. Sa femme l'ayant querellé, il entre en colère et la bat, puis il raconte à ses compagnons ce qu'ils savent mieux que lui. 436

Nouvelle IV. — Le prévôt de Fiesole aime une dame veuve dont il n'est point aimé. Il couche avec sa servante croyant coucher avec elle, et les frères de la dame, d'accord avec celle-ci, font de telle sorte que le prévôt est trouvé par son évêque couché avec la servante. 443

Nouvelle V. — Trois jouvenceaux tirent les culottes à un juge marquisan venu à Florence, pendant qu'il tenait l'audience sur son siège. . . . 447

Nouvelle VI. — Bruno et Buffamalcco volent un cochon à Calandrino ; pour le retrouver, ils lui font une épreuve magique qui consiste à avaler des pilules de gingembre préparées pour les chiens, et dont le résultat est que c'est Calandrino qui a volé lui-même le cochon. Ils finissent par lui faire donner de l'argent pour qu'ils ne le disent pas à sa femme. . 450

Nouvelle VII. — Un écolier aime une dame. Celle-ci amoureuse d'un autre le fait rester toute une nuit à l'attendre dans la neige. L'écolier, pour s'en venger, trouve à son tour le moyen de faire rester la dame toute nue, pendant une nuit et un jour, en plein mois de juillet, au sommet d'une tour exposée aux mouches, aux taons et au soleil. . . 456

Nouvelle VIII. — Deux hommes mariés se fréquentent journellement ; l'un deux couche avec la femme de l'autre, lequel s'en étant aperçu, s'entend avec la femme du traître pour enfermer celui-ci dans une caisse sur laquelle ils prennent ensuite tous deux leurs ébats. 471

Nouvelle IX. — Maître Simon, médecin, ayant été conduit de nuit en certain lieu par Bruno et Buffamalcco pour faire partie d'une troupe qui allait en course, est jeté par Buffamalcco dans une fosse d'ordures et y est laissé. 477

Nouvelle X. — Une Sicilienne enlève par ruse à un marchand l'argent qu'il avait apporté à Palerme ; celui-ci étant revenu et feignant d'y avoir apporté encore plus de marchandises que la première fois, emprunte de l'argent à la dame et lui laisse en paiement de l'eau et de l'étoupe. 491

NEUVIÈME JOURNÉE

Dans laquelle, sous le commandement d'Emilia, chacun devise comme il lui plaît et de ce qui lui agrée le mieux. 502

Nouvelle I. — Madame Francesca, aimée d'un certain Rinuccio et d'un certain Alessandro, et n'en aimant aucuns, s'en débarrasse adroitement en faisant entrer l'un dans un tombeau comme s'il était mort, et en faisant que l'autre aille l'en tirer, de sorte que ni l'un ni l'autre ne peuvent arriver à leurs fins. 503

Nouvelle II. — Une abbesse se lève en toute hâte et dans l'obscurité, pour aller surprendre au lit une de ses nonnes qu'on lui avait dit être couchée avec son amant. Étant elle-même couchée avec un prêtre, elle croit mettre sur sa tête son voile appelé psautier, et y met les culottes du prêtre ; ce que voyant la nonne accusée, elle l'en fait apercevoir, est absoute et peut tout à son aise rester avec son amant. 507

Nouvelle III. — Maître Simon, sur les instances de Bruno, de Buffamalcco et de Nello, fait croire à Calandrino qu'il est en mal d'enfant. Ce der-

TABLE DES MATIÈRES.

nier, en guise de médecine, donne aux susdits compères des chapons et de l'argent et guérit sans accoucher. 510

Nouvelle IV. — Cecco Fortarrigo joue tout ce qu'il possède ainsi que l'argent de Cecco Angiulieri son maître ; puis il se met à courir en chemise après ce dernier, disant qu'il l'avait volé ; il le fait prendre par des paysans, revêt ses habits, monte sur son cheval et revient en laissant Angiulieri en chemise. 513

Nouvelle V. — Calandrino s'amourache d'une jeune fille. Bruno lui fait un talisman sous forme d'écrit, en lui disant qu'aussitôt qu'il en toucherait la jeune fille, celle-ci le suivrait. Calandrino ayant obtenu un rendez-vous, sa femme le surprend et fait grand tapage. 517

Nouvelle VI. — Deux jeunes gens logent chez un hôtelier. L'un couche avec sa fille, l'autre avec sa femme. Celui qui avait couché avec la fille couche ensuite dans le même lit que le père auquel il raconte tout, croyant le dire à son compagnon. Une dispute s'ensuit. La femme de l'hôtelier, étant allée dans le lit de la fille, arrange tout avec certaines paroles. 523

Nouvelle VII. — Talano dit Molese rêve qu'un loup déchire la gorge et le visage de sa femme ; il lui dit d'y prendre garde ; elle n'en fait rien, et la chose lui arrive. 527

Nouvelle VIII. — Biondello se joue de Ciacco en lui faisant faire un mauvais déjeuner ; de quoi Ciacco se venge cauteleusement en faisant battre Biondello. 529

Nouvelle IX. — Deux jeunes gens demandent conseil à Salomon, l'un pour savoir comment il pourrait être aimé, l'autre comment il pourrait corriger sa femme acariâtre. Il répond au premier d'aimer, et à l'autre d'aller au Pont-aux-Oies. 532

Nouvelle X. — Maître Jean, sur les instances de son compère Pierre, fait un enchantement pour changer la femme de celui-ci en jument. Quant il en vient à appliquer la queue, compère Pierre, disant qu'il n'y voulait pas de queue, gâte toute l'opération. 536

DIXIÈME JOURNÉE

Dans laquelle, sous le gouvernement de Pamphile, on devise de ceux qui par libéralité ou par munificence, ont fait œuvre d'amour ou autre. . . 542

Nouvelle I. — Un chevalier sert le roi d'Espagne. Il croit en être mal récompensé ; sur quoi le roi lui prouve que ce n'est pas sa faute, mais bien celle de sa mauvaise fortune, puis il lui fait de magnifiques présents. 542

Nouvelle II. — Ghino di Tacco fait prisonnier l'abbé de Cluny et le guérit d'une maladie d'estomac ; puis il lui rend la liberté. L'abbé, de retour à Rome, reconcilie Ghino avec le pape Boniface et le fait nommer prieur de l'hôpital. 545

Nouvelle III. — Mitridanes, envieux de la générosité de Nathan, et étant allé pour le tuer, lui parle sans le connaître. Nathan lui indique le moyen d'atteindre son but, et Mitridanes va l'attendre, selon ses indications, dans un petit bois où, l'ayant reconnu, il a honte de son crime et devient son ami. 549

NOUVELLE IV. — Messer Gentile de Carisendi, de retour de Modène, tire du tombeau où on l'avait ensevelie comme morte, une dame aimée de lui. Revenue à elle, cette dame accouche d'un enfant mâle, et messer Gentile la rend, elle et l'enfant, à Niccoluccio Caccianimico, son mari. . 554

NOUVELLE V. — Madame Dianora demande à messer Ansaldo un jardin aussi beau en janvier qu'au mois de mai. Messer Ansaldo, avec l'aide d'un nécromancien, le lui donne. Son mari lui accorde la permission de se mettre à la disposition de messer Ansaldo. Celui-ci ayant appris la générosité du mari, la relève de sa promesse, et de son côté le nécromancien, sans rien vouloir de lui, tient messer Ansaldo pour quitte. . 560

NOUVELLE VI. — Le roi Charles le Victorieux, étant vieux, devient amoureux d'une jeune fille. Rougissant de son fol amour, il la marie honorablement ainsi qu'une de ses sœurs. 564

NOUVELLE VII. — Le roi Pierre ayant appris le fervent amour que lui portait Lisa, va la voir pendant qu'elle est malade et la console. Puis il la marie à un gentil chevalier, la baise au front, et dès ce moment se proclame pour toujours son chevalier. 569

NOUVELLE VIII. — Sophronie se croyant la femme de Gisippe devient celle de Titus Quintus Fulvius et part avec lui pour Rome où Gisippe arrive lui-même en pauvre état. Se croyant méprisé par Titus, il s'accuse d'avoir tué un homme afin de trouver la mort. Titus l'ayant reconnu, se déclare l'auteur du meurtre pour sauver Gisippe ; ce que voyant, le véritable coupable se dénonce lui-même. Sur quoi, tous sont mis en liberté par Octave, et Titus donne sa sœur pour femme à Gisippe et lui fait partager tout son bien. 575

NOUVELLE IX. — Le Saladin, déguisé en marchand, est honorablement traité par messer Torello. Ce dernier, partant pour la croisade, fixe à sa femme un délai pour se remarier. Il est fait prisonnier et est conduit vers le Soudan en qualité de fauconnier. Le Soudan le reconnaît, se fait reconnaître par lui et le comble d'honneurs. Messer Torello tombe malade et est transporté en une nuit à Pavie par l'art d'un magicien. Il assiste aux noces qui se faisaient pour sa femme qui se remariait, est reconnu par elle, et rentre avec elle dans sa maison. 590

NOUVELLE X. — Le marquis de Saluces, forcé par les prières de ses vassaux de prendre femme, afin de la prendre à sa fantaisie, épouse la fille d'un vilain de laquelle il a deux enfants qu'il fait semblant de faire tuer. Puis, donnant à croire à sa femme qu'il ne veut plus d'elle et qu'il a pris une autre femme, il fait revenir chez lui sa fille comme si elle était sa nouvelle femme, après avoir chassé la première en chemise. Quand il a vu qu'elle prenait toutes ces épreuves en patience, il la reconduit dans sa maison, la tenant pour plus chère que jamais ; il lui montre ses enfants devenus grands et l'honore et la fait honorer comme marquise. 605

CONCLUSION DE L'AUTEUR. 617

FIN DE LA TABLE DES MATIÈRES.

Imprimerie de DESTENAY, à Saint-Amand (Cher)

BIBLIOTHÈQUE-CHARPENTIER

EXTRAIT DU CATALOGUE

CLASSIQUES LATINS

à 3 fr. 50 le volume

JULES CÉSAR
COMMENTAIRES ET GUERRE DES GAULES. Traduction avec le texte latin, des notes et un index par Charles Louandre. 1 vol.

HORACE
ŒUVRES POÉTIQUES. Traduction avec le texte en regard, précédée et suivie d'études biographiques et littéraires, par M. Patin, de l'Académie française. . . . . 2 vol.

LUCRÈCE
DE LA NATURE. Traduction avec le texte latin, par M. Crouslé professeur de rhétorique au lycée Corneille. . . . . 1 vol.

SALLUSTE
ŒUVRES. Traduction avec le texte latin, par M. Émile Pessonneaux. . . . . 1 vol.

SUÉTONE
LES DOUZE CÉSARS. Traduction avec le texte latin, un commentaire et un index, par Émile Pessonneaux. . . . 4 vol.

TACITE
ŒUVRES COMPLÈTES. Traduction avec le texte latin, une notice, un index, des notes, par Charles Louandre . . . . . 2 vol.

TÉRENCE
COMÉDIES. Traduction avec le texte en regard, et une introduction par Eug. Talbot. . . . . 2 vol.

VIRGILE
ŒUVRES COMPLÈTES. Traduction avec le texte latin, et des notices par E. Pessonneaux. . . . . 2 vol.